사사기
강 해

믿음의 영웅들

사사기 강해

믿음의 영웅들

2014년 7월 1일 초판 1쇄 인쇄
2014년 7월 5일 초판 1쇄 발행

지은이 | 김서택
펴낸이 | 박영호
펴낸곳 | 도서출판 솔로몬

주소 | 서울시 동작구 사당로 155 신주빌딩 B1
전화 | 599-1482
팩스 | 592-2104
직영서점 | 596-5225

등록일 | 1990년 7월 31일
등록번호 | 제 16-24호

ISBN 978-89-8255-522-0 03230

사사기 강해

믿음의 영웅들

Judges

김서택 지음

차례

믿음의 영웅들

머리말

성경 중에서 가장 매력적이고 흥미진진한 이야기는 사사기에 있습니다.

왼손잡이 에훗이나 여사사 드보라, 집에서 쫓겨난 입다나 힘센 용사 삼손의 이야기가 다 사사기에 있습니다. 사사기는 혼란의 역사라고 말하는 분들도 있지만 실제로는 부흥의 역사입니다.

이스라엘 백성들이 하나님의 말씀을 버리고 세상으로 갔을 때 그 어둡고 답답한 시대에 사사들이 오직 성령의 능력으로 놀라운 부흥을 일으킨 역사입니다.

지금도 하나님은 성령의 능력을 통하여 성도 한 분 한 분을 위대한 믿음의 용사로 만들어 주실 것입니다. 이 부족한 사사기 강해가 이 땅의 교회와 성도들을 부흥시키는 교본이 되기를 바랍니다.

이 '믿음의 영웅들'을 기꺼이 출판해 주신 도서출판 솔로몬의 박영호 사장님과 모든 직원들에게 깊은 감사를 드립니다.

대구동부교회 수성교 옆에서

김서택 목사

CHAPTER 01

가나안 정복의 시작

사사기 1:1-15

혼란의 시대는 강력한 지도자를 필요로 합니다. 이런 때일수록 사람들은 자기중심적으로 생각하기 마련입니다. 그런데 이런 혼란의 시기에 혜성같이 나타난 지도자들은 거의 대개 남의 어려움을 먼저 생각하고, 사고하는 그릇이 크며, 나라나 민족에 철저하게 헌신된 사람입니다.

성경 중에서 가장 매력적이면서도 어려운 책이 사사기입니다. 우선 사사기가 매력적인 이유는 이스라엘이 위기에 처하게 되었을 때 혜성처럼 나타나서 원수들을 물리치고 나라와 민족을 구한 영웅들의 이야기가 가득하기 때문입니다. 사사기 때 이스라엘은 그야말로 춘추전국 시대였습니다. 사람들은 다 자기 자신의 안일만 생각하고 편하게 살려고 할 때입니다. 그때 오직 믿음 하나만으로 도저히 이길 수 없는 적들을 물리치고 나라를 구한 영웅들이 여기에 있습니다.

그러나 사사기가 어려운 것은 그런 가운데서도 통일성이 없는 것입니다. 사사기의 구조를 살펴보면 처음에 서론격으로 이스라엘 백성들이 가나안 원주민들을 철저하게 몰아내지 않았기 때문에 결국 신앙적으로 타락한 이야기가 나옵니다. 그래서 사사기는 이스라엘 족속들의 침체에서부터 이야기가 시작이 됩니다. 그러나 두 번째는 어려움에 빠진 이스라엘을 건지기 위하여 오직 성령의 능력으로 일어선 영웅들의 이야기가 나옵니다. 그 중에는 큰 사사도 나오고 작은 사사도 나옵니다. 큰 사사는 체격이 큰 사사를 말하는 것이 아니라, 큰 어려움에서 이스라엘 백성들을 구원하여 놀라운 구원의 역사를 나타낸 사람들을 말합니다. 작은 사사들은 별로 한 일이 없이 자리만 차지한 사람들이며 그 중에 어떤 사람들은 물질적인 욕심에 빠져든 사람들도 있습니다.

사사기 마지막에는 이스라엘 백성들의 가장 큰 타락상을 고발 또는 자백하고 있는 내용입니다. 그것은 단 지파가 참 신앙을 버리고 우상숭배에 빠져들게 된 이야기와 베냐민 지파의 성적인 타락과 그것으로 인한 이스라엘 안에서의 치열한 내전을 보여주고 있는 내용입니다.

우리가 이스라엘의 역사를 생각할 때, 여호수아의 가나안 정복이 시작되면서 사사기는 생략하고 바로 다윗의 왕정으로 넘어가는 것이 정상적이었을 것 같습니다. 그래서 사사기 안에도 '이스라엘에 왕이 없으므로'라는 표현이 반복해서 등장하고 있습니다. 다시 말해서 통일된 왕국이 아니었기 때문에 많은 혼란이 생기게 되었다는 뜻입니다. 그러나 여호수아의 침공 이후에 이스라엘 백성들은 각 지파로 나누어져서 지리멸렬하게 가나안 원주민들과 밀고 당기는 줄다리기가 약 4백년 이상 지속이 됩니다. 그래서 많은 사람들이 이 사사기의 역사를 실패의 역사라 부르기도 하고, 어떤 사람들은 모순의 시기라고 부르기도 합니다. 그러나 사사기의 이 혼란의 시기는 오늘날의 교회 시대를 보여주는 중요한 교훈이 들어있습니다.

구약 성경을 구속사적으로 보면 여호수아의 가나안 침공은 그리스도의 십자가 승리를 나타냅니다. 가장 대표적인 것이 여호수아가 기브온 전투에서 승리한 후 아모리 다섯 왕의 목을 발로 밟는 것입니다. 그리스도의 십자가 사건은 사탄의 머리를 깨는 것이며 원수의 목을 발로 밟는 것과 같습니다. 사실 여호수아는 커다란 전투에서 승리했습니다. 원수의 주력 부대들을 부수어 놓았습니다. 그러나 가나안의 패잔병들은 그대로 남아 있었고 이들을 몰아내는 것은 이스라엘 각 지파가 스스로 해야 할 일이었습니다. 하나님께서 가나안 정복을 이스라엘 백성들의 손에 맡긴 이 기간은 혼란의 시기였습니다. 그러나 그들은 가나안 족속들을 몰아내기보다는 오히려 닮아갔으며, 때로는 그들의 지배를 받아서 이스라엘은 실패를 너무나도 많이 했습니다. 그때마다 하나님께서는 성령의 기름부음을 받은 종들을 통하여 이스라엘을 위기에서 건져내게 하신 것입니다.

사사기는 교회론적으로 접근하는 것이 옳습니다. 그래서 사사기야말로 이 어렵고 혼란스러운 시대에 교회가 어떻게 다시 믿음으로 승리할 것인지 보여주는 놀라운 말씀입니다.

사사라고 하는 직책은 재판관이라는 뜻인데 요즘 우리가 생각하는 그런 재판관이 아니고 일종의 목회자들이었습니다. 이 사람들은 왕도 아니고 장군도 아닌 평신도와 같은 사람들이었습니다. 이들은 사람들에게 하나님의 말씀을 가르치고 또 어려운 일이 생기면 성경적으로 카운슬링을 하는 사람들이었습니다. 그러니까 이들은 레위인도 아니고 그냥 평신도로 백성들을 신앙적으로 지도하는 선생이었던 것입니다. 그런데 바로 이 사람들이 이스라엘이 위기에 처했을 때 성령이 임하심으로 완전히 다른 사람으로 변했는데 바로 이스라엘을 위기에서 건지는 장군으로 변했던 것입니다. 그래서 사사기에서 가장 많이 보게 되는 것이 이 사사들에게 '여호와의 신이 임하였다'고 말씀합니다. 이것은 오늘 우리들에게도 마찬가지입니다. 아무리 우리의 현실이 어렵고 힘들어도 하나님의 성령의 능력으로 우리는 얼마든지 이겨낼 수 있는 것입니다.

여호수아가 죽은 후에

우리는 여기서 모세의 시대와 여호수아의 시대 그리고 사사들의 시대를 구별할 필요가 있습니다. 모세의 시대는 위대한 출애굽의 역사에서부터 시작됩니다. 모세 시대의 특징은 '시내 산'과 '율법'과 '광야'라고 말할 수 있습니다. 이스라엘 백성들은 불타는 사막을 걸으면서 오로지 모세의 율법의 가르침을 받았습니다. 그런데 그것이 끝이 아니었습니다. 하나님께서는 여호수아로 하여금 이스라엘 백성들을 데리고 요단 강을 건너서 가나안 땅을 정복하게 하십니다. 우리는 죄에서 구원받는 것으로 모든 것이 끝난 것이 아닙니다. 과거에는 요단 강을 건너는 것은 죽는 것으로 생각했습니다. 그래서 많은 크리스천들이 이 세상에서 어떻게 믿음으로 살아야 하는가 하는 것을 잘 몰랐습니다. 물론 우리가 죽어서 천국에 들어가는 것도 중요합니다. 그러나 그것 못지않게 중요한 것이 이 세상에서 믿음으로 사는 것입니다.

모세의 시대는 율법의 시대입니다. 이스라엘 백성들은 하나님께서 시내 산에서 불과 화염 가운데서 나타난 것과 죄에 대하여 진노하시는 것을 보았습니다. 율법의 특징은 나무도 없고 물도 없는 상황에서 하나님의 율법의 말씀만 붙들고 사는 것입니다. 사실 그리스도가 오시기까지 풍성함이라고 하는 것은 없습니다.

세례 요한이야말로 율법의 정신을 제대로 깨달은 자였습니다. 가죽옷을 입고 메뚜기와 들꿀을 먹고 날마다 자기 죄에 대하여 애통하는 모습이 율법의 모습입니다. 그리스도가 오실 때까지 죄인들은 풍성한 삶을 살 수가 없었습니다.

그러나 여호수아는 그리스도의 모습을 보여줍니다. 여호수아는 모세와 같은 그런 카리스마가 없었습니다. 그럼에도 불구하고 그는 모세가 해

내지 못한 가나안 족속들을 정복하는 일을 했습니다. 여호수아는 아모리 다섯 왕의 목을 발로 밟아서 죽였습니다. 가나안 족속들은 연합해서 이스라엘 백성들을 멸망시키기 위하여 기브온으로 몰려들었지만, 여호수아의 기도로 태양과 달이 기브온과 아얄론에서 지지 않았고, 여호수아는 하나님의 능력으로 가나안의 그 많은 족속들을 정복했습니다. 그러나 여호수아는 모든 가나안 족속들을 다 멸망시키지 않고 각 지파에게 제비를 뽑게 해서 각 지파가 스스로 자기 땅에서 원수를 몰아내고 나라를 세우게 했습니다. 이것은 바로 오늘 교회 시대와 비슷한 모습입니다.

예수님께서 갈보리 산 위에서 십자가에 못 박혀 죽으심으로 마귀는 완전히 패배했습니다. 그러나 사탄의 세력이 완전히 멸망당한 것은 아닙니다. 아직도 이 세상에는 사탄의 패잔병들이 남아서 하나님을 대적하고 있습니다.

이제 우리 한 사람 한 사람이 이 세상에서 사탄의 세력과 싸워서 하나님의 나라를 세워야 하는 것입니다. 이것이 바로 우리가 믿음 생활을 해야 하는 이유입니다. 물론 교회가 부흥이 될 때에는 성도들이 힘을 내서 세상의 우상과 죄를 몰아내고 하나님께 영광을 돌리기도 하지만 어떤 때에는 그리스도인들이 침체되어서 세상의 죄와 타협해 굴욕적인 삶을 살 때도 있는 것입니다. 이때 하나님께서는 사사라고 하는 평범한 사람들에게 성령을 부으셔서 침체된 이스라엘을 다시 일으키시고 원수들을 몰아내어서 하나님의 나라를 부흥시키신 것입니다.

그런데 이 사사시대야말로 출신이나 사회적인 신분과 상관없이 하나님의 말씀에 헌신된 자는 누구든지 성령의 능력으로 하나님을 위하여 큰 일을 할 수 있는 시대요, 열린 시대입니다. 바로 지금이 열린 시대입니다. 누구든지 하나님의 말씀에 헌신된 자는 엄청난 승리를 남길 수 있는 열려진 시대입니다. 그래서 예수님께서는 제자들에게 말씀하시기를 '하나님

나라는 침노하는 자가 빼앗는다'(마 11:12)라고 하셨습니다. 누구든지 하나님의 나라를 위하여 달음질하는 자는 상을 얻는 것입니다. 사도 바울은 "자기의 육체를 위하여 심는 자는 육체로부터 썩어질 것을 거두고 성령을 위하여 심는 자는 성령으로부터 영생을 거두리라"(갈 6:8)고 말씀하셨습니다.

유다 지파의 진격

하나님께서는 이스라엘 모든 지파에게 가나안 족속들을 다 몰아내고 우상과 음란으로 뒤덮인 이 땅을 하나님의 나라로 만드는 사명을 주셨습니다. 그럼에도 불구하고 모든 이스라엘 백성들은 가나안 족속들을 몰아내지 못하고 열심히 타협하면서 살았습니다. 그 이유는 크게 두 가지였습니다. 첫 번째는 이스라엘 백성들은 가나안 땅에서 먹고 살아야만 했습니다. 이스라엘 백성들이 광야에 있을 때에는 만나가 내렸는데 가나안 땅에서는 만나가 내리지 않았습니다. 그래서 이스라엘 자손들은 신앙을 지키는 것보다는 이 세상에서 먹고 사는 것을 더 중요하게 생각한 것입니다. 즉 신앙도 일단 먹고 사는 문제가 해결된 후에 잘 믿으면 된다고 생각한 것입니다. 요즘 부모들이 생각하듯이 자녀들이 대학 들어가고 난 후에, 취직을 하고 난 후에 신앙생활을 하면 된다고 생각하는 것과 같습니다. 그러나 이스라엘 자손들이 신앙을 멀리하는 동안 먹고 사는 문제는 일시적으로 해결이 되는데 결국 하나님의 은혜를 놓치게 되었습니다. 그래서 결과적으로는 더 비참한 상태에 빠지게 된 것입니다.

두 번째는 가나안 족속들이 농사를 짓는 데는 전문가들이었습니다. 이스라엘 자손들이 광야에서 돌아다니는 동안 세상은 너무나 많이 발전을 했습니다. 그리고 이스라엘 백성들은 농사를 지어본 적이 없었습니다.

그러니까 가나안 족속의 도움을 받을 수밖에 없었는데 그들은 농사만 배운 것이 아니고 가나안 족속들의 타락한 생활까지도 함께 배웠던 것입니다. 그래서 여호수아가 죽었을 때에는 이스라엘 백성들이 신앙적으로 지극히 침체된 때였습니다. 이스라엘 백성들은 교회로 치면 열기는 모두 싸늘하게 식어있고 전부 자기 이익을 챙기기 바쁜 그런 모습이었습니다. 겉으로는 믿는다고 하면서도 실제로는 믿음으로 사는 사람이 없는 상황이었습니다.

그때 제일 먼저 신앙의 불길을 당긴 지파가 있었습니다. 그 지파가 바로 유다 족속이었습니다.

1, 2절 여호수아가 죽은 후에 이스라엘 자손이 여호와께 여쭈어 이르되 우리 가운데 누가 먼저 올라가서 가나안 족속과 싸우리이까. 여호와께서 이르시되 유다가 올라갈지니라 보라 내가 이 땅을 그의 손에 넘겨 주었노라 하시니라

사실 누가 먼저 올라가야 하는지 물어 볼 필요가 없었습니다. 이미 그들이 차지할 땅은 정해져 있었고 그들 각자가 자기 땅을 향하여 나가면 됩니다. 그러나 이들은 너무나도 신앙적으로 나태해져 있었기 때문에 그냥 이대로 살면 되지, 굳이 가나안 땅을 정복해야 한다고 생각하지 않았습니다. 그때 하나님께서는 유다 지파부터 싸움을 시작하라고 명령하셨고 유다는 순종을 했습니다.

하나님께서 가나안 땅을 침공하라고 하시며 유다를 지목하신 것은 가나안 땅을 침공하는 일이 영적인 사명이라는 뜻이 있습니다. 이것은 단지 땅을 많이 차지하기 위한 전쟁이 아니라 가나안 땅의 우상과 죄악을 몰아내고 하나님이 통치하시는 믿음의 나라를 만들라는 뜻입니다.

유다가 하나님의 말씀에 순종해서 전쟁을 시작했을 때 예상치도 못한 승리를 거두게 되었습니다.

4-7절 유다가 올라가매 여호와께서 가나안 족속과 브리스 족속을 그들의 손에 넘겨 주시니 그들이 베섹에서 만 명을 죽이고. 또 베섹에서 아도니 베섹을 만나 그와 싸워서 가나안 족속과 브리스 족속을 죽이니. 아도니 베섹이 도망하는지라 그를 쫓아가서 잡아 그의 엄지손가락과 엄지발가락을 자르매. 아도니 베섹이 이르되 옛적에 칠십 명의 왕들이 그들의 엄지손가락과 엄지발가락이 잘리고 내 상 아래에서 먹을 것을 줍더니 하나님이 내가 행한 대로 내게 갚으심이로다 하니라 무리가 그를 끌고 예루살렘에 이르렀더니 그가 거기서 죽었더라

여기서 "유다가 올라갔다"고 하는 것은 남쪽이 산지로 되어 있는 것을 말합니다. 우리나라는 북쪽에 산이 많고 남쪽은 평지이지만, 팔레스타인은 반대로 북쪽이 평지이고 남쪽은 산지로 되어 있습니다. 유다는 남쪽을 분할 받았기 때문에 산지로 올라갔습니다.

사실 이스라엘 자손들과 가나안 백성들의 전쟁은 이스라엘 자손들이 전적으로 불리했습니다. 왜냐하면 가나안 족속들은 우선 체격이 컸고 힘이 세었고 말도 있었고 병거도 있었기 때문입니다. 이것은 마치 돌팔매를 가지고 탱크에게 덤벼드는 것과 같았습니다. 그런데 이상하게도 하나님의 말씀에 순종하니까 이스라엘이 이겼습니다. 그 이유는 눈에 보이지 않는 하나님의 능력이 함께 하시기 때문입니다.

여기서 유다 지파는 베섹에서 큰 승리를 거두게 되었습니다. 베섹에서 가나안 족속 만 명을 죽이는 승리를 하게 됩니다. 그리고 베섹왕인 아도니 베섹을 잡아서 수족을 베었습니다. 이것은 다시는 대항하지 못하게 하

려는 것입니다. 손의 엄지손가락을 자르면 무기를 손에 들 수가 없습니다. 그리고 엄지발가락을 자르면 힘 있게 서 있을 수가 없습니다. 그래서 손과 발의 엄지를 자르는 것은 다시는 영원히 대항하지 못하게 하려는 것입니다. 예전 서부 영화를 보면 악당들이 총잡이 주인공을 잡아서 총의 개머리판으로 총을 쏘는 손을 으깨어 버리는 장면이 있습니다. 이것은 다시는 총을 잡지 못하게 하려는 것입니다. 그러나 주인공은 다른 손으로 총 쏘는 것을 연습해서 악당을 물리칩니다.

이스라엘 백성들이 아도니 베섹의 손과 발의 엄지가락을 자르니까 그의 입에서 놀라운 말이 나왔습니다. 그는 예전에 70인의 왕을 잡아가지고 그들의 손과 발의 엄지가락을 자르고 개처럼 자기 상 아래서 음식을 주워 먹게 하였다는 것입니다. 그러면서 '하나님께서 나의 행한 대로 갚으신다'고 말을 하고 있습니다. 이 한 가지 사실을 통하여 우리가 알 수 있는 것이 무엇입니까? 아도니 베섹은 굉장히 잔인하고 악한 왕이었다는 사실입니다. 그가 얼마나 교만한지 다른 70인의 왕 엄지손가락과 발가락을 자르고 그들에게 자기 상 아래서 기어 다니면서 자기가 던지는 음식을 주워 먹게 했습니다.

이 아도니 베섹은 자기가 하나님인 것처럼 절대적인 군주로 악하게 행동했습니다. 그러다가 이스라엘 자손들의 침공으로 이제는 자기 자신의 엄지손가락과 엄지발가락이 잘리게 된 것입니다. 하나님께서 이스라엘 자손들에게 가나안 땅을 정복하게 하시는 이유는 바로 여기에 있습니다. 이 철저한 죄악의 도시들을 정복해서 정의롭고 공정한 사회로 만들라는 것입니다. 그러기 위해서는 아도니 베섹 같은 자를 물리쳐야 합니다.

우리가 하나님의 진리를 붙들고 나갈 때 사람의 머리로는 도저히 이길 수 없는 전쟁에도 이기게 됩니다. 왜냐하면 하나님께서 우리의 편이 되어주시기 때문입니다. 유다 지파가 하나님의 말씀에 순종했을 때 하나님께서는 큰 복을 주셨습니다. 그들은 남쪽의 중요한 아도니 베섹을 잡아 죽였고 예루살렘을 빼앗았습니다. 그리고 남쪽의 난공불락의 성으로 알려져 있는 헤브론을 빼앗고 거기에 있는 거인 세 명을 쳐 죽이는 공을 세웁니다.

10절에 보면 유다 족속들이 헤브론에 가서 가나안 사람 세새와 아히만과 달매를 죽인 것으로 나옵니다. 그리고 20절에 보면 아낙의 세 아들을 쫓아내었다고 말하고 있습니다. 여기 세 사람과 아낙의 세 아들은 같은 사람입니다. 아낙은 거인이었고 아낙 자손들이라고 하면 거인족을 말했습니다. 그런데 보통 거인들은 머리가 좀 모자라고 어리숙한 것이 특징인데 아낙의 자손들은 그렇지 않았습니다. 키도 크고 힘도 세고 아주 악했습니다. 나중에 다윗 시대에 이스라엘 백성들을 공포에 몰아넣었던 골리앗은 바로 이때 완전히 씨를 없애지 못한 아낙의 자손입니다.

하나님께서 이스라엘 백성들에게 요구하신 것은 죄의 씨는 철저하게 뿌리를 뽑으라는 것입니다. 마치 암을 수술할 때 암의 뿌리까지 다 제거해야 다시 발병하지 않는 것과 같습니다. 암을 수술할 때에는 암 세포 주위만 도려내는 것이 아니라 전이된 부분까지 살을 도려내고 계속 방사능 치료나 항암치료를 받아야 합니다. 그렇지 않으면 재발하여 더 큰 병에 걸리게 됩니다.

용감한 자에게 주는 상급

군인이 전쟁을 할 때 용감하게 싸우는 것은 명예도 있지만 공을 세웠을 때 주는 상급이 있기 때문입니다.

유다 지파의 노장 갈렙은 늙었지만 가나안 땅을 차지하기 위하여 전쟁에 직접 나섰습니다. 갈렙은 전략적으로 아주 중요한 드빌이라는 곳을 공격하게 되었습니다. 그곳은 공격하기가 쉽지 않았습니다. 그래서 갈렙은 드빌, 곧 기럇 세벨이라고 불리우는 이곳을 공격하는 자에게는 자기 딸 악사를 아내로 주겠다고 공표를 했습니다. 이것은 지친 병사들에게는 아주 큰 상급이었습니다. 이 당시에는 처녀를 한 사람 차지하는 것은 보통 큰 상급이 아니었습니다. 결국 병사들은 갈렙의 딸을 서로 차지하려고 용기를 내게 되었는데 결국 갈렙의 아우 옷니엘이 기럇 세벨을 빼앗고 악사와 결혼을 하게 되었습니다. 물론 우리는 몇 가지 문제를 보게 됩니다.

여기에서 우리의 상식으로는 잘 이해가 되지 않는 점이 있습니다. 즉 아무리 전쟁 중이라고 하더라도 장수가 자기 딸을 상으로 내어놓을 수 있느냐 하는 것입니다. 그리고 옷니엘은 갈렙의 아우인데 이런 식의 근친상간이 가능한가 하는 문제도 있습니다. 우리는 이 당시 사람들이 결혼에 대하여 가지고 있던 생각이 오늘 우리들과는 완전히 다르다는 것을 알 필요가 있습니다. 아무리 신앙의 사람이요 하나님의 백성이라 하더라도 무지로 인하여 하나님께서 명하신 창조의 원리를 잘 깨닫지 못하고 있던 상태였습니다. 그 당시 결혼을 하기 위해서는 남자가 엄청난 신부 대금을 아내 쪽에 지불을 해야만 했습니다. 물론 나쁘게 생각하면 아버지가 딸의 결혼을 전략적으로 이용했다고 생각할 수도 있습니다. 그러나 이 당시의 결혼관은 지금 우리와는 완전히 달랐고 아마도 갈렙은 자신의 딸의 결혼이 하나님의 땅을 회복하는데 좋게 사용될 것이라 생각한 것 같습니다. 이것은 유다 사람들에게 아주 좋은 뜻으로 받아 들여졌습니다. 뿐만 아니라 이 당시는 신앙의 순결을 위하여 근친결혼이 용납되고 있었습니다. 믿음의 조상들 중에서 근친결혼이 많았는데 이것은 모두 신앙의 순결을 위한 것이었습니다. 요즘으로 해석하면 신앙의 순결을 위해서 좀 부족하지만 같은 교회 안에서 결혼 상대를 구하는 것과 같습니다.

또 옷니엘이 갈렙의 친동생이 아니라는 학설도 있습니다.

가나안 정복을 위하여 열심히 싸운 옷니엘은 갈렙의 딸을 아내로 맞이하는 상급까지 얻게 되었습니다. 그런데 갈렙의 딸은 그냥 시집을 간 것이 아니라 아버지에게서 가장 중요한 것을 결혼 지참금으로 얻어갔습니다. 그것은 두 개의 샘이었습니다.

14, 15절 악사가 출가할 때에 그에게 청하여 자기 아버지에게 밭을 구하자 하고 나귀에서 내리매 갈렙이 묻되 네가 무엇을 원하느냐 하니. 이르되 내게 복을 주소서. 아버지께서 나를 남방으로 보내시니 샘물도 내게 주소서 하매 갈렙이 윗샘과 아랫샘을 그에게 주었더라

아마 유다 백성들에게는 딸을 가지고 기럇 세벨을 정복하게 한 아버지도 대단하지만 그 딸도 보통이 아니었습니다. 딸은 가장 중요한 샘을 두 개나 결혼 지참금으로 가져갔습니다. 이것은 이스라엘의 용감한 자에게는 가장 중요한 것을 축복으로 얻게 된다는 대표적인 예로 유명해졌습니다.

2차 세계대전 중의 독일 병사들의 짐 속에는 『젊은 베르테르의 슬픔』이라는 괴테의 책이 언제나 들어 있었다고 합니다. 어쩌면 젊은 사람의 순진한 사랑이 다른 곳의 전승 보고보다 더 시원한 청량제 역할을 했을지도 모르겠습니다. 이것을 보면 믿음으로 전쟁을 시작한 유다 백성들이 얼마나 복된지 모르겠습니다. 유다 지파는 믿음으로 전쟁을 감당했기 때문에 아도니 베섹 같은 악한 왕을 죽일 수 있었고, 헤브론의 세 명의 거인도 죽였으며, 그나마 전쟁 중에 아름다운 사랑의 스토리도 있을 수 있었습니다.

아버지는 딸을 걸어 기럇 세벨을 정복했다면, 딸은 결혼을 걸어서 남

쪽에 있는 샘물을 두 곳이나 챙겼습니다. 결국 이 옷니엘이 처음으로 사사 시대의 문을 여는 용사가 됩니다. 옷니엘은 한 번은 결혼을 위하여 싸우고 다음에는 이스라엘 백성들을 메소보다미아 왕 구산 리사다임의 손으로부터 구원하기 위하여 싸움을 합니다. 옷니엘은 위대한 사사 시대의 문을 여는 사람이었습니다. 그의 가슴속에는 뜨거운 사랑이 있었고 하나님께 대한 열정이 있었습니다. 옷니엘은 결혼도 별나게 하더니 결국 하나님 나라를 위하여 큰일을 합니다. 하나님 나라는 용감한 자가 모든 것을 차지하게 되어 있습니다. 미인도 차지하고 샘물도 두 곳이나 차지한 것입니다. 가만히 있는 사람은 아무것도 가지지 못합니다.

그러나 19절을 보면 유다의 한계를 알 수 있습니다.

"여호와께서 유다와 함께 하신 고로 그가 산지 주민을 쫓아내었으나 골짜기의 주민들은 철병거가 있으므로 그들을 쫓아내지 못하였으며"

유다 백성들은 말이나 병거가 없었기 때문에 일종의 게릴라 전법으로 적을 공격했습니다. 그들은 산에서 산을 공격해 내려왔습니다. 그러나 평지에 오면 그들은 병거가 없었기 때문에 더 이상 전진하지 못했습니다. 그래서 유다가 빼앗은 땅들은 모두 다 산지에 있는 땅들이었습니다. 그러나 이들은 무기가 없다고 불평하지 않고 정복할 수 있는 곳부터 정복을 했습니다. 이것이 유다의 전법이었습니다.

안 되는 곳보다는 되는 쪽을 두드린 것입니다. 이들은 그들이 할 수 있는 거의 한계점까지 내려와서 정복을 했습니다. 이스라엘 지파 중에서 유다 지파만큼 큰 승리를 거둔 지파가 없었습니다. 환경은 참으로 열악했지만 할 수 있는 범위 내에서 최선을 다 했습니다. 그 결과는 놀랍게도 승리였습니다. 아마 그들이 병거가 없다고 불평만하고 있었다면 아무것도 이루지 못했을 것입니다.

본문이 우리에게 말씀하고 있는 것이 무엇입니까? 사사기 시대는 오늘 교회 시대와 비슷하다는 것입니다. 지금 우리 시대는 누구든지 하나님을 위하여 싸울 수 있고 또 심은 대로 거두게 되어 있습니다. 얼마나 좋습니까? 주님을 위하여 일한 만큼 그는 축복을 누리게 되어 있습니다. 힘든 곳에서 일하는 사람에게는 그만큼 더 큰 힘과 용기를 주십니다. 어려운 처지에서 주님을 위하여 일하는 사람에게는 더 함께 하십니다. 유다 지파를 보십시오. 그들이 받은 축복이 얼마나 많습니까? 그러나 다른 지파들의 사정은 그렇지 못했습니다. 모두 타협했고 결과는 빈약한 열매를 거둘 뿐이었습니다. 그것도 제대로 된 열매가 아니었습니다.

육체를 위하여 일하는 사람은 육체의 열매를 거두게 되어 있습니다. 그것은 썩은 것이라고 성경이 말씀하고 있습니다. 성령을 위하여 심는 자는 영원한 것을 거둘 것입니다. 천국은 침노하는 자가 빼앗는다고 말씀하셨습니다.

주님은 기럇 세벨을 정복하는 자는 가장 멋진 여인과 결혼할 것이며 그것 이상의 축복을 주실 것이라고 말씀하십니다. 사실 주신다고 약속도 하지 않았는데 자기들이 달라고 하는 것입니다. 그러나 그것도 주실 것입니다. 주님을 위하여 일하는 자에게 반드시 상급이 주어지게 되어 있습니다.

CHAPTER 02

세상과 타협하는 삶

사사기 1:21–36

예수님이 가르치신 기도에는 '나라가 임하옵시며'(마 6:10)라는 내용이 있습니다. 그것은 우리가 살고 있는 이 세상이 하나님의 나라로 변하게 해 달라는 뜻입니다. 어떻게 하면 우리가 살고 있는 이 세상이 하나님의 나라로 변할 수가 있겠습니까? 우선 이 땅에 사는 사람들이 다 예수를 믿게 된다면 일차적으로 세상은 하나님의 나라로 변할 것입니다. 그러면 예수 믿는 사람들이 모인 교회는 완전한 하나님의 나라인가 하면 꼭 그렇지는 않습니다. 믿는 사람들 안에도 여전히 혈기가 있고 미움과 시기심이 있기 때문에 다투기도 하고 어떤 때에는 다른 사람에게 덕스럽지 못한 영향을 끼칠 때도 있습니다.

교회가 진정한 하나님의 나라가 되려면 하나님의 은혜가 충만해야 합니다. 우리에게 하나님의 은혜가 충만하면 다른 사람들의 잘못도 용서하고 또 내 자신의 욕심도 버릴 수가 있는 것입니다. 그런데 하나님의 은혜가 충만하려면 하나님의 말씀이 풍성히 증거되어야 하는 것입니다.

그래서 존 칼빈은 『기독교 강요』 초판에서 '나라가 임하옵시며'라는 말씀을 해석하면서 물론 그리스도가 오셔서 이 세상의 죄를 완전히 심판하실 때 완전한 하나님의 나라가 임하겠지만 그 전에 우리들이 할 일이 있다는 것입니다. 그것은 우리가 전도를 해서 믿는 사람들이 많아지게 하는 것과 또 하나님의 말씀이 풍성하게 증거되고 은혜가 충만하게 하고 또 우리 사회의 악한 풍습들을 제거해서 건전한 사회가 되게 하는 것이라고 말합니다.

하나님께서 여호수아에게 가나안 땅을 정복하라고 한 것은 단순히 땅을 욕심내어서 빼앗으라는 말이 아닙니다. 여호수아 당시 가나안 땅은 우상 숭배와 음란이 가득한 곳이었습니다. 하나님께서는 이런 죄를 가나안 땅에서 완전히 몰아내고 새로운 나라를 건설하라는 사명을 주신 것입니다. 그러나 워낙 가나안 사람들의 저항이 강해서 이스라엘 백성들은 그들을 몰아내지 못하고 그냥 이 사람들과 함께 생활하고 있었습니다. 그때 가장 먼저 부흥의 불길을 높이 든 사람들이 유다 지파였습니다. 그리고 그 다음에 요셉 지파가 가나안 족속들과 싸움을 시작했습니다.

우리 사회에서 가장 암적인 두 요소로 지적되고 있는 곳이 사창가와 점치는 곳입니다. 사회가 혼란스러울수록 사창가나 점치는 곳은 흥왕하게 되어 있습니다. 옛날 제가 처음 서울에 올라온 지 얼마 되지 않았을 때 남산 도서관에 공부하러 가면 올라가는 길 양 쪽에 점치는 곳이 늘어서 있었습니다. 별의 별 점이 다 있었는데 거북점이 많고 족집게 도사점도 있었습니다. 그리고 건너편은 유명한 사창가였습니다. 사실 서울의 심장이라고 볼 수 있는 남산은 점쟁이들과 창녀들의 본산이었습니다. 그러나 서울시의 지속적인 노력으로 점집이나 사창가는 거의 사라졌습니다.

예전에 서울에 제가 살던 곳에서 그렇게 멀지 않는 곳에 천호동이라는 곳이 있습니다. 일반 사람들은 잘 알지 못하는 동안 그곳이 사창가로 발전했는데 특히 청소년들을 고용해서 윤락 행위를 시키는 곳도 있었습니다. 그곳에 있는 주민들은 밤만 되면 손님을 부르는 창녀들의 소리나 술 취해서 싸우는 취객들의 소리로 도저히 잠을 잘 수 없었다고 합니다. 그럼에도 불구하고 그곳을 단속하는 공무원들은 아무런 조치를 취하지 못했습니다. 왜냐하면 그곳의 죄의 뿌리가 너무나도 깊었기 때문입니다. 아마도 그곳에 근무하는 많은 경찰들이 사창가로부터 정기적인 상납을 받아왔던 것으로 알려져 있습니다. 그러나 한 경찰서장이 부임하면서 사창가와의 전쟁을 선포했습니다. 그는 청소년들이 윤락 행위에 악용되는 것을 집중적으로 단속하기 시작했습니다. 사창가 종사자들은 단속이 하루 이틀 형식적으로 하다가 그칠 줄 알았습니다. 그러나 경찰서장은 의지를 가지고 사창가와의 전쟁을 치렀습니다. 그것은 정말 하나의 전쟁이었습니다. 그들은 여러 방법으로 단속을 중단시키려고 했습니다. 더 높은 곳에 진정을 넣기도 하고 뇌물을 먹이려고 해도 안 되니까 세금을 내겠다고 제안을 하기도 했습니다. 그러나 서장은 꿈쩍도 하지 않았습니다. 결국 장사가 되지 않으니까 포주들이나 창녀들이 하나씩 둘씩 그곳을 떠났습니다.

대전 근교의 계룡산의 신도안은 마치 신흥 종교의 박물관이라고 말할 수 있을 정도로 괴상한 도사들이나 종교인들의 집합촌이었습니다. 옛날에 신흥 종교를 연구하던 분들은 이 신도안을 마치 자기 집 드나들 듯이 출입하곤 했습니다. 그런데 거기에 군부대가 들어서게 되었습니다. 그것도 보통 군부대가 아니라 육해공군 본부가 거기에 들어서게 되었습니다. 이야기를 들으니까 한 군목이 사병에게 무전기를 들리워 가지고 산 구석구석을 다니면서 무당이나 도사들이 적발되면 바로 군 부대에 연락해서 철거시키는 방법으로 이 도사들과 계속 싸웠다고 합니다. 결국 신도안의 무당들이나 신흥 종교 교주들은 모두 다 정리하고 그곳을 떠나 대부분 대전 시내로 들어간 것으로 알고 있습니다.

이것은 단지 세상에서 죄를 추방하는 한 예를 보여주고 있을 뿐입니다. 오늘 우리가 살고 있는 이 세상에는 너무나도 많은 죄의 뿌리들이 여기저기에 깊이 박혀 있습니다. 이혼의 문제도 있고, 남편이 술을 마시고 상습적으로 아내나 아이들을 폭행하고, 십대 청소년들의 원조 교제라는 것도 있습니다. 그리고 정신질환자들의 문제도 있습니다. 하나님께서는 단순히 우리 혼자 예수 믿는 것으로 끝나는 것이 아니라 이 세상의 이런 죄들을 뿌리 뽑는 천사로 우리를 세상에 보내신 것입니다.

우리는 사사기에서 하나님께서 이스라엘 백성들로 하여금 가나안 족속들을 철저하게 몰아내라고 명령하시는 것을 보게 됩니다. 우리는 하나님의 그런 명령을 보고서 '왜 하나님께서는 힘이 없고 가난한 이 가나안 원주민들을 이스라엘 백성들과 함께 살게 하지 않고 억지로 다 몰아내시는지 잘 이해하지 못합니다. 그러나 가나안 족속들은 그냥 가나한 원주민들이 아니었습니다. 그들은 모두 도사들이나 창녀들과 같았습니다. 예를 들면, 가나안 땅은 창녀들이나 점쟁이들이 득실늑실한 예전의 남산과 같았습니다. 하나님께서는 이 더러운 곳을 청소해서 깨끗한 하나님의 나라를 건설하려고 하는 것입니다.

이 당시 가나안 족속들은 나라의 형태를 갖춘 무당들이요 창녀들이었습니다. 요즘으로 치면 폭력 조직과 같고 마피아와 같은 조직들이었습니다. 우리가 오늘 본문에서 보게 되는 것은 결국 이스라엘 백성들이 가나안 족속들을 몰아내지 못하는 것입니다. 그들이 새로운 하나님의 나라를 건설하기보다는 가나안 족속들과 함께 공존하고 타협함으로 결국 그들의 자녀들이 세상에 물들어 가는 것을 보게 됩니다.

요셉 지파의 실수

요셉 지파는 유다 지파와 함께 이스라엘 열두 지파 중에서 가장 중요한 지파였습니다. 요셉 지파는 북쪽을 공략하기 위하여 무엇보다 먼저 벧엘을 공격했습니다.

22절 요셉 가문도 벧엘을 치러 올라가니 여호와께서 그와 함께 하시니라

요셉 지파에 대한 하나님의 뜻이 무엇입니까? 그들이 무당과 점치는 자들과 창녀들로 더럽혀져 있는 가나안 땅을 깨끗하게 청소해서 하나님만 섬기는 나라를 건설하는 것입니다. 그래서 요셉 지파가 벧엘을 치러갔을 때 하나님께서 요셉 지파와 함께 하셨습니다. 하나님께서는 유다 지파와 함께 하신다고 해서 요셉 지파와는 함께 못하시는 것이 아닙니다. 하나님의 성령은 언제 어디서나 누구든지 믿는 사람들과 함께 하셔서 도우십니다.

요셉 지파가 벧엘을 공격하는 것을 보면 이스라엘 백성들이 여리고를 공격할 때와 거의 비슷하다는 생각이 듭니다. 그들은 무엇보다 먼저 정탐꾼을 보냈습니다. 그리고 거기서 나오는 어떤 사람에게 중요한 정보를 물었고 그가 협조를 해 주자 그를 보호해 주겠다고 약속을 했습니다. 그리고 그의 정보대로 벧엘을 침공한 후에 그 성을 멸망시키고 그 사람은 약속대로 살려 주었습니다. 여기까지는 여리고 성의 작전과 비슷합니다. 그러나 그 후에는 완전히 이야기가 달라집니다.

23-25절 요셉 가문이 벧엘을 정탐하게 하였는데 그 성읍의 본 이름은 루스라. 정탐꾼들이 그 성읍에서 한 사람이 나오는 것을 보고 그에게 이르되 청

하노니 이 성읍의 입구를 우리에게 보이라 그리하면 우리가 네게 선대하리라 하매. 그 사람이 성읍의 입구를 가리킨지라 이에 그들이 칼날로 그 성읍을 쳤으되 오직 그 사람과 그의 가족을 놓아 보내매

아마도 벧엘은 입구가 보이지 않는 비밀성이었던 것 같습니다. 벧엘 사람들은 언젠가는 이런 전쟁이 일어날 줄 알고 입구를 비밀 통로로 해서 자기들만 알게 했기 때문에 요셉 지파 사람들은 성 입구를 찾지 못했던 것 같습니다. 그런데 요셉 지파 사람들은 마침 그 성에서 나오는 사람을 보고 부탁을 합니다. 이 성의 입구를 우리에게 가르쳐 주면 선대하겠다는 것입니다. 여기서 선대하겠다는 것은 책임지고 목숨을 지켜주겠다는 것입니다. 그러니까 그 사람은 순순하게 성의 입구를 가르쳐 주었고 이스라엘 백성들은 그 성을 쳐서 빼앗았습니다. 그러나 중요한 것은 그 뒤의 일이었습니다.

26절 그 사람이 헷 사람들의 땅에 가서 성읍을 건축하고 그것의 이름을 루스라 하였더니 오늘까지 그곳의 이름이 되니라

요셉 지파에게 성의 입구를 가르쳐 준 사람은 가나안의 죄를 떠나기 위해서 가르쳐준 것이 아니었습니다. 여리고 성을 공격할 때 라합이라는 기생이 이스라엘 두 정탐꾼을 감추고 도와준 것은 하나님에 대한 소문을 듣고 하나님의 백성이 되려고 한 것입니다. 그런데 벧엘의 이 사람은 가나안 삶의 방식을 버릴 생각이 전혀 없었습니다. 아마도 그가 벧엘의 입구를 가르쳐 준 것은 자기 혼자 살기 위해서였습니다. 그는 전혀 미신이나 음란한 짓을 버릴 생각이 없었습니다. 그래서 이 사람은 벧엘이 망한 후에 루스라는 곳에서 새로운 성을 쌓고 거기서 가나안 생활을 했던 것입

니다. 결국 벧엘을 빠져 나간 이 사람은 상당히 중요한 사람이었고 그는 뱀으로 치면 머리에 해당되는 사람이었습니다. 결국 요셉 지파는 성을 쉽게 빼앗기 위하여 가나안의 괴수 한 사람을 살려주고 말았던 것입니다.

하나님께서는 이 가나안 땅의 미신과 음란을 제하고 하나님 나라를 건설하는 사명을 그들에게 주셨습니다. 그리고 하나님께서는 요셉 지파와 함께 하셨다고 말씀하고 있습니다. 그러나 그들은 성의 입구를 찾지 못하니까 너무 쉽게 타협을 해버렸던 것입니다. 결국 그들은 쉽게 성을 차지하기 위하여 무당 중의 두목에 해당되는 사람을 살려둔 것입니다. 결국 그는 다른 곳에 가서 루스라는 간판을 달고 멋지게 새로운 장사를 시작했습니다. 그 간판 밑에는 이스라엘이 후원하는 집이라는 것을 적어 놓았을 것입니다.

결국 요셉 지파는 처음부터 하나님의 뜻을 실천하는데 철저하지 못했습니다. 그들은 빨리 가시적인 성과를 얻기 위하여 대충대충 일을 한 것과 같습니다. 예를 들면, 어느 경찰이 창녀촌을 습격하기 위하여 한 포주와 협상을 하는 것과 같습니다. 비밀 통로를 알려 주면 너만은 살려 주겠다는 것입니다. 그래서 경찰은 그곳의 창녀들이나 포주들을 일망타진하는 대성과를 얻었습니다. 그러나 그와 협상을 했던 그 포주는 바로 옆에서 성황리에 새로운 장사를 시작하는 것입니다. 이제는 경쟁업자들도 제거되었기 때문에 장사를 더 잘하고 있습니다.

요셉의 편의주의는 가장 중요한 범죄인과 타협하게 하는 결과를 가져왔습니다. 그들이 좀 힘들더라도 철저하게 공격했으면 그런 타협은 필요하지가 않았습니다. 그런데 일을 쉽게 하려고 하는 바람에 아주 중요한 원수와 타협하고 그를 보호하는 책임을 떠안게 되었습니다. 물론 겉으로 보기에 요셉 지파는 철저하게 벧엘 사람들을 죽인 것 같습니다. 그러나 이미 중요한 적은 빠져나간 후의 일이었습니다.

다른 지파들의 타협 그리고 공존

요셉 지파외의 다른 지파들은 아예 요셉 지파의 흉내조차도 내지 못했습니다. 그들은 가나안 족속들을 칼날로 멸망시킨다고 하는 것은 상상하지도 못하고 타협을 해서 함께 공존을 하거나 혹은 오히려 밀리기까지 했습니다. 좀 힘이 강한 쪽에는 그들을 노예로 삼아서 사역을 시킬 뿐이었습니다.

21절 베냐민 자손은 예루살렘에 거주하는 여부스 족속을 쫓아내지 못하였으므로 여부스 족속이 베냐민 자손과 함께 오늘까지 예루살렘에 거주하니라

예루살렘은 유다 지파가 이미 공격을 해서 파괴시킨 곳이었습니다.

8절에 보면 "유다 자손이 예루살렘을 쳐서 점령하여 칼날로 치고 그 성을 불살랐으며"라고 되어 있습니다. 이미 유다 자손들이 공격을 해서 무찌른 곳을 베냐민 족속들은 차지하지 못하고 있었습니다. 그 이유가 무엇입니까? 불탄 곳에 다시 여부스 족속들이 들어와서 집을 짓거나 판자촌을 형성해서 살기 시작했기 때문입니다. 한번 칼로 친다고 해서 사람들이 다 없어지는 것이 아닙니다. 아무리 칼로 치더라도 살아남은 자는 자기 집터로 돌아와서 다시 집을 짓고 살게 되어 있습니다. 그러나 이미 성이 불타버렸기 때문에 베냐민 지파 사람들이 열심을 내고 일을 했으면 얼마든지 이 사람들을 몰아낼 수 있었을 것입니다. 그러나 베냐민 지파 사람들은 너무 게을렀기 때문에 이미 빼앗은 성도 차지하지 못했습니다. 이것은 앞에 상을 차려주어도 손을 놀리기 싫어서 식사를 하지 않고 굶고 있는 것과 같습니다.

27, 28절 므낫세가 벧스안과 그에 딸린 마을들의 주민과 다아낙과 그에 딸린 마을들의 주민과 돌과 그에 딸린 마을들의 주민과 이블르암과 그에 딸린 마을들의 주민과 므깃도와 그에 딸린 마을들의 주민들을 쫓아내지 못하매 가나안 족속이 결심하고 그 땅에 거주하였더니. 이스라엘이 강성한 후에야 가나안 족속에게 노역을 시켰고 다 쫓아내지 아니하였더라

여호수아 12장에 보면 여호수아가 이 성들을 다 쳐서 빼앗은 것을 알 수 있습니다. 이미 가나안 사람들은 왕이 죽었기 때문에 큰 힘을 내지는 못했습니다. 그러나 한 사람 한 사람 모두 다 쫓아내는 것은 그렇게 쉬운 일이 아니었습니다. 이스라엘 백성들은 이 사람들을 몰아내지 못했습니다. 왜냐하면 사람을 두려워했기 때문입니다.

29절에 에브라임 지파는 게셀에 있는 가나안 사람들을 쫓아내지 못하였다고 되어 있습니다. 30절에 스불론 지파는 기드론 거민과 나할롤 거민을 쫓아내지 못하였습니다. 31절에 아셀 지파는 악고와 시돈 등의 거민들을 내어 쫓지 못하였다고 되어 있습니다. 34절에 보면 단 지파는 아예 아모리 사람들에게 밀려서 평지에는 내려오지도 못하고 산 위로 도로 쫓겨 간 경우입니다. 그리고 그들이 결심하고 헤레스 산과 아얄론과 사알빔에 거하였다고 말씀하고 있습니다.

거의 대부분의 이스라엘 지파들이 이미 이긴 싸움에서 가나안 사람들을 쫓아내지 못하고 있습니다.

우리가 알아야 할 것은 우리의 신앙은 두 단계로 되어 있습니다. 첫째로 우리는 이 세상을 떠나서 하나님의 백성이 되어야 합니다. 이것이 바로 이스라엘 백성들의 출애굽으로 나타납니다. 우리가 예수를 믿으려고 하면 바로가 얼마나 방해를 하는지 모릅니다. 부모나 친척들이나 친구들이 모두 다 덤벼들어서 예수를 믿지 못하게 하려고 합니다. 그러나 하나

님의 강한 손이 우리를 붙들고 있기 때문에 우리는 예수를 믿게 됩니다. 그리고 나서는 광야에서 하나님을 만나는 체험을 하고 하나님의 말씀으로 훈련을 받습니다. 이때 하나님께서는 우리를 하늘의 만나로 먹이시고 반석에서 나온 생수로 먹이십니다. 이때 우리는 사람이 떡으로만 사는 것이 아니요 하나님의 입에서 나오는 말씀으로 사는 체험을 합니다.

그리고 나서 우리는 다시 이 세상으로 들어가서 세상 죄와 싸우면서 믿음 생활을 해야 합니다. 그것이 무엇인가 하면 이스라엘 백성들이 여호수아의 인도를 따라서 가나안 땅에 진격해 들어가는 것입니다. 그런데 그 첫 번째 장애가 무엇입니까? 요단 강입니다. 우리가 세상에서 사회생활을 하려고 할 때 우리는 이미 이 세상과 너무 동떨어진 사람이 되고 만 것입니다. 어떤 사람은 사업에 실패를 한 후 예수를 믿기도 하고 어떤 사람은 병에 걸려서 예수를 믿기도 했습니다. 또 어떤 사람은 신앙생활을 하는 과정에서 취직이 되지 않은 채로 몇 년을 보내기도 합니다. 그러다가 다시 사회생활을 시작하려고 하니까 엄두가 나지 않는 것입니다. 사업을 시작하려고 해도 돈을 빌려주는 사람도 없고 무엇을 해야 할지도 모릅니다. 또 취직을 하려고 해도 나이가 많다고 써주는 직장이 없습니다. 또 어떤 사람은 결혼도 못하고 나이만 들어버렸는데 누가 자기와 같은 사람과 결혼해 줄지 자신이 없습니다. 그런데 예수님은 분명히 우리가 이 세상의 소금이고 빛이라고 말씀을 하신 것입니다.

하나님께서는 첫 번째 장애인 요단 강을 하나님의 능력으로 건너게 하셨습니다. 이것은 우리가 바른 신앙을 가지고 있기만 하면 하나님께서 얼마든지 우리를 이 세상에 다시 진입하게 하신다는 뜻입니다. 첫 번째 성이 무엇입니까? 여리고 성인데 난공불락의 성이었습니다. 이스라엘 백성의 힘으로는 도저히 이 성을 함락시킬 수가 없었습니다. 그런데 이스라엘 백성들이 하루에 한 바퀴씩 돌면서 시위를 하고 마지막 날에 일곱 번

돌았을 때 여리고 성이 사람의 손이 닿지도 않았는데 무너졌습니다. 이것은 우리가 이 세상에서 사회생활을 하는 것도 우리의 힘으로 하는 것이 아니고 하나님의 힘으로 가능하다는 것입니다. 우리는 단지 예수님의 뒤를 따라가기만 하면 가나안 땅을 차지할 수가 있는 것입니다.

그런데 이스라엘 백성들은 가나안 땅을 차지하지 못하고 주저앉아 있습니다. 그 이유는 그들의 목표를 잃어버렸기 때문입니다. 하나님께서 그들을 가나안 땅에 보내신 것은 단순히 직장 생활이나 하고 결혼 생활을 해서 아이나 낳고 잘 살라는 것이 아니라 이 세상의 죄를 믿음으로 이기라는 것인데 믿음에 철저하지 못해서 삶의 방향을 상실해 버린 것입니다. 그래서 그들은 이미 이긴 전쟁에서도 열매를 거두지 못하고 있었습니다.

우리가 알아야 할 것은 이 세상은 마귀의 것도, 세상 사람들의 것도 아닌 오직 하나님의 것입니다. 그리고 그리스도께서는 이미 사탄의 주력 부대를 부수어 놓았습니다. 마치 상륙 작전을 할 때 함포 사격으로 육지에 있는 대포와 기관포를 다 부수어 놓은 것과 같습니다. 이제는 진격하기만 하면 되는데, 총소리가 두려워서 엎드려 해변에 가지도 못하고 뒤로도 후퇴하지도 못하고 있는 형편입니다.

예수님께서 성전에서 장사하는 자들을 내어 쫓는 것을 보고서 제자들은 예수님에 대하여 '주의 전을 사모하는 열심이 나를 삼키리라'(요 2:18)는 성경 말씀이 생각났다고 말하고 있습니다. 장사하는 사람들은 웬만해서는 내어 쫓지 못합니다. 왜냐하면 이것은 그들의 밥줄이 걸려 있는 문제이고 더욱이 이미 상당한 권리금 같은 것을 지불했기 때문에 장사하는 사람들이 그냥 내어 쫓길 리가 없습니다. 성전에서 장사하는 사람들을 내어 쫓는데 있어서 예수님은 열정적이셨습니다.

하나님의 일은 열정 없이는 되지 않습니다. 그리고 자기희생이 없이는 절대로 죄를 몰아낼 수가 없습니다. 이기심을 가지고 있으면 절대로 이 세상의 죄를 이길 수 없습니다. 왜냐하면 죄를 인정하면 편하기 때문입니다. 가나안 사람들을 내어 쫓지 않고서도 그들은 먹고 사는데 아무 지장이 없었습니다. 또 그들은 자진해서 일을 해 주겠다고 했습니다. 죽이는 것 보다는 일을 시키는 것이 더 낫지 않습니까? 결국 그들이 가지고 있던 이기적인 생각들이 자기 생활에 치우쳐서 하나님 나라를 건설하지 못하게 했습니다.

결국 이스라엘 자손들은 가나안 사람들에게 틈을 보여주었습니다.

34, 35절 상 아모리 족속이 단 자손을 산지로 몰아넣고 골짜기에 내려오기를 용납하지 아니하였으며. 결심하고 헤레스 산과 아얄론과 사알빔에 거주하였더니

만일 이스라엘 백성들이 목숨을 걸고 가나안 사람들을 용납하지 않았더라면 결국 가나안 사람들은 다른 곳으로 떠났을 것입니다. 그러나 가나안 사람들은 결국 이스라엘 사람들에게서 그럴만한 의지가 없다는 것을 알았습니다.

이들은 가나안 땅에 사는데 아주 결사적이었습니다. 그들이 그렇게 결사적으로 나왔던 이유가 무엇입니까? 이스라엘 백성들이 틈을 보였기 때문입니다. 끝까지 버티기만 하면 이스라엘 백성들이 봐 준다는 것을 알았고, 또 그들을 위해서 일을 해 주면 쫓아내지 않는다는 것을 알았습니다. 결국 이스라엘 백성들이 약간의 틈을 보였을 때 가나안 족속들은 결사적으로 남게 되었습니다. 죄와 싸우는데 있어서 중요한 것은 약간의 틈도 허용하지 않는 것입니다. 조금이라도 틈을 보이면 마귀는 결사적으로 덤벼듭니다. 아예 처음부터 나의 입장을 분명히 해야 합니다. 그렇지 않으면 절대로 죄를 이기지 못합니다.

이스라엘 백성들이 보기에 아모리 족속들은 너무나도 강한 것 같았습니다. 그들은 철 병거를 가지고 있을 뿐 아니라 지경이 아그랍빔 비탈 바위부터라고 했습니다. 아그랍빔은 전갈이라는 뜻인데 당시에는 아주 유명한 곳이었던 것 같습니다.

적이 너무 강하면 결국 타협을 하게 됩니다. 가장 비참했던 지파가 단 지파였습니다. 그러나 그들이 생각하지 못한 것이 무엇입니까? 강한 자를 상대하기 위하여 하나님께서는 더 강한 자를 보내신다는 것입니다. 단 지파를 위하여 강한 자 삼손이 보냄을 받았습니다. 그러나 중요한 것은 그들의 의지였습니다. 그들은 이미 영적인 전투를 원하지 않았습니다. 이 세상에서 편하게 살기로 결심한 자들이었습니다. 상황이 악하면 악할수록 하나님은 더 큰 능력을 주십니다.

미리 악의 세력의 외모만 보고 낙심하지 마시기 바랍니다.

이스라엘 백성들이 지금 생각하지 못하고 있는 것이 무엇입니까? 그들의 사명이 단지 여기서 밥을 먹고 사는 것이 아니라 하나님의 나라를 건설하는 것이라는 사실입니다. 죄를 심판하고 새로운 세상을 만드는 것이 그들이 할 일이었습니다. 그러나 그들은 먹고 사는 문제에 바빠서 죄와 싸우지 못했습니다. 그 결과가 무엇입니까? 아들 대에 가서는 모두 다 가나안 사람처럼 되고 만 것입니다.

그리스도인들의 영적인 싸움

우리가 구약 이스라엘의 역사를 읽거나 배우면서 가장 크게 어려움을 겪는 것은 구약의 하나님은 사랑의 하나님이 아니시라는 것입니다. 하나님께서는 우리가 생각하기에 별로 큰 죄도 짓지 않은 가나안 족속들을 모두 다 남김없이 죽이라 하십니다. 그래서 어떤 사람은 구약의 하나님은 예수 그리스도의 아버지가 아니라고 주장하기도 했습니다.

초대 교회 때 말시온Marcion이라는 사람인데 예수 그리스도의 하나님은 구약의 그 잔인한 하나님일 수 없다는 것입니다. 그래서 그는 신약 성경에서 철저하게 구약의 요소를 제거하려고 했습니다. 그러나 그는 교회의 중대한 이난으로 정죄되었습니다. 우리는 때때로 모든 원수를 멸하라고 하시는 하나님의 명령을 너무 잔인하다고 생각함으로 우리 자신이 하나님보다 사랑이 많은 것처럼 착각하기 쉽습니다.

그러나 결코 하나님께서 우리 보다 사랑이 적으실 수 없습니다. 아무리 하나님께서 사랑이 적으셔도 적어도 우리들보다는 말할 수 없이 은혜로우시며 우리와는 비교할 수 없을 정도로 자비로우십니다. 하나님께서 이스라엘 백성들에게 가나안 족속들이 멸망시키라고 말씀하신 것은 이미 그들이 인간으로서 기본적인 자세를 오래 전에 버렸고 더 이상 인간으로 살 가치가 없는 생활을 하고 있었기 때문입니다. 그러나 이스라엘 백성들은 마치 하나님이 너무 잔인하신 것처럼 생각해서 그들을 살려 주었습니다. 단지 그들로부터 노력 봉사를 받는 것으로 만족했습니다. 그런 그들의 마음속에는 자기들이 하나님 보다 더 자비롭다는 교만이 들어 있었습니다.

우리는 하나님 보다 더 자비로울 수가 없습니다. 우리는 하나님 보다 더 사랑이 많을 수 없습니다. 하나님께서 가나안 족속들을 멸하게 하신 것은 그들이 마땅히 멸망받기에 합당한 상태에 있었고 인간의 기본적인 상식으로도 도저히 용납할 수 없는 상태에 있었기 때문입니다.

그러면 우리들은 오늘 이 본문의 말씀을 어떻게 우리의 생활 가운데 적용할 수 있을까요? 가장 중요한 것은 우리가 왜 이 세상에 살아야 하느냐 하는 삶의 목적을 분명히 해야 합니다. 하나님께서는 그리스도인들의 새로운 삶의 방식을 통하여 이 세상을 정죄하기를 원하십니다. 우리는 이 세상 사람들과 분명히 다른 방식으로 이 세상을 살아야 합니다.

우선 우리가 이 세상에서 하나님이 안계시다고 한다면 욕망을 위하여 모든 짓을 다 할 수 있을 것입니다. 그래서 사람들은 하나님의 존재를 부정하기 위하여 온갖 짓을 다 합니다. 만약 하나님이 이 세상에 계시지 않다면 이 세상은 심판이 없는 운동 경기와 같을 것입니다. 누구든지 힘이 센 자는 자기 멋대로 모든 것을 다 가질 것입니다. 그러나 그리스도인들은 하나님의 존재를 믿기 때문에 내 욕심대로 할 수 있는 것이 아무것도 없습니다. 모든 것을 정당하게 해야 하고 정직하게 해야 합니다. 여기서 우리는 너무나도 불리한 게임을 할 수밖에 없습니다.

어떤 사람들은 '장사가 손해보고 물건을 판다'는 말은 거짓말이라고 합니다. 그런데 그리스도인들이 정직하게 '내가 얼마 남기고 팝니다'라고 말하면 사람들은 물건 값을 더 깎으려고 할 것입니다. 그래도 그리스도인들은 정직한 방법으로 이 세상을 이겨야 하는 것입니다. 믿지 않는 사람들이 굿을 해서 이기거나 병을 고친다면, 우리는 기도로 그리고 바른 방법으로 병을 이겨야 하고 세상에서도 성공을 해야 하는 것입니다.

그리고 우리는 세상 사람들의 죄에 동참해서는 안 됩니다. 그것이 그들의 죄를 정죄하는 것입니다. 노아는 당시 사람들의 타락한 방식에 동참하지 않음으로 세상을 정죄했다고 성경은 기록하고 있습니다. 예를 들어, 대학교 신입생들이 신입생 환영회를 하면서 술을 마시는데, 거기에 동참하지 않는 것이 그들을 정죄하는 것입니다. 사람들이 불법적으로 어떤 이득을 취하는데 그리스도인들은 그런 이득을 포기함으로 그들의 죄를 정죄하는 것입니다. 모든 식구들이 조상에게 절을 하는 가운데도 절하지 않음으로 해서 우리는 그런 식으로 하나님의 영광을 더럽혀서는 안 되며 마땅히 모든 영광을 하나님께 돌려야 한다는 것을 말하는 것입니다. 만일 세상 사람들이 혼전 순결을 버리는 것이 융통성이 있는 것이라고 생각한다면 그런 융통성은 없어도 된다는 것을 보여줄 필요가 있을 것입니다. 무리하게 사업을 확장해서 다른 사람들에게 피해를 주는 방식으로 경영을 하는 것이 예사라 하더라도 그렇게 하지 않음으로 그런 탐욕스러운 자들을 정죄하는 것이 하나님의 뜻입니다. 그러나 하나님께서 우리에게 권력을 주셨을 때에는 적극적으로 나의 영역 안에서는 모든 부조리와 죄악을 몰아내어야 합니다.

그렇게 하기 위해서 그리스도인들은 힘들게 살 각오를 해야 합니다. 내가 이 세상에 사는 목적은 살기 위해서가 아니라 하나님이 살아계신 것을 보여 주기 위해서라는 것을 분명히 해야 합니다.

이스라엘 백성들이 가나안 땅에서 살아야 한다는 사실 자체가 엄청난 긴장이었습니다. 왜 하나님께서 썩을 대로 썩은 그곳을 그들에게 주셨을까요? 바로 오늘 우리들이 사는 곳이 그러하기 때문입니다.

예수님께서는 '너희 착한 행실을 보고 하늘에 계신 너희 아버지께 영광을 돌리게 하라'(마 5:16)고 말씀하셨습니다. 할 수 있는 대로 다른 사람들에게 선을 베풀고 사랑의 통로로 사용되시기 바랍니다. 그러나 그들의 죄나 악한 사상은 한 방울도 흘러 들어오지 못하게 싸워야 합니다.

우리는 적어도 나의 영역 안에서는 사탄이 보금자리를 틀지 못하게 해야 합니다. 만일 내가 가지고 있는 건물 안에서 누군가가 점을 치고 있다면 무슨 수를 써서라도 그 사람을 쫓아내야 합니다. 만약 그가 계속 점을 치게 내버려 둔다면 결국 내가 악을 키우게 됩니다. 누군가가 나의 건물에 세 들어서 단란주점을 한다면 그것을 몰아내야 합니다. 우리는 무슨 수를 써서라도 악을 내 집에서 뿌리 뽑아야 합니다. 만일 나의 직장 안에서 내가 모르는 가운데 좋지 못한 풍습이 이루어지고 있다면 그런 것은 결코 하지 못하게 뿌리를 뽑아야 합니다. 예를 들어, 마약이나 도박이 행해지고 있으면 어떤 일이 있어도 뿌리를 뽑아야 합니다. 그런 사람을 불쌍히 여기면 내가 하나님보다 더 의롭게 되는 것입니다. 만일 나의 부하가 어떤 일을 시작하기 전에 고사를 지낸다면 하지 못하게 해야 합니다. 그 말을 듣지 않으면 아무리 유능하고 똑똑해도 내어 쫓아야 합니다. 결국 하나님의 백성들이 희생을 하지 않으면 이런 죄스러운 세력을 자신의 영역에서 몰아낼 수가 없습니다.

결국 하나님의 백성들에게 필요한 것은 열정입니다. 편하고 쉽게 살려고 하는 것보다 더 무서운 하나님의 백성들의 올무가 없습니다. 결국 요셉 지파의 타협은 다른 모든 지파에 영향을 주었습니다. 하나님의 뜻을 끝까지 이루어 드리려고 하는 열정이 있어야 합니다. 물론 그리스도가 오시기까지 이 세상에 완전한 하나님의 나라는 세워지지 않습니다. 그러나 죄와 싸운 자들만이 주님과 함께 영원히 왕노릇하는 것입니다. 이 세상에서 편하게 살고 타협하면서 산 사람은 주님과 함께 다스리지 못할 것입니다.

요셉을 위시해서 타협한 많은 지파는 이 세상에서 죄와 타협한 많은 교회들을 나타내고 있습니다. 교회를 키우기 위하여 교회의 문턱을 낮추고 진리를 감추어서라도 사람들을 용납하고 그들의 선물을 기뻐한 교회는 결국 힘을 잃게 되고 죄와 싸우는 역할을 감당하지 못하게 될 것입니다. 교회는 죄와 싸우기 위하여 존재하는 것입니다. 목사는 사람들을 많이 놓치는 한이 있다 하더라도 진리가 무엇이며 죄가 무엇인지 밝혀야 합니다. 교회는 죄인을 치료하는 병원입니다. 그런데 죄가 무엇인지도 모르면 치료할 수 없을 것입니다.

우리는 다시 한 번 왜 우리가 이 세상에 사는지 그 이유를 생각해 봅시다. 그리고 하나님의 그 거룩한 열정을 회복하도록 합시다.

우리의 삶을 다시 한 번 살펴보면 나의 집 안에 우상의 요소가 활개를 치고 있지 않습니까? 성도의 집 안 찬장에 술이 진열되어 있지 않습니까? 나의 아이들이 술을 파는 집에서 아르바이트를 하고 있지는 않습니까? 성도가 보지 말아야 할 음란물들이 진열되어 있지 않습니까? 나의 삶 가운데 오래된 불법의 관행이 받아들여지고 있지 않습니까?

모두 열정을 가지고 정리하도록 합시다. 대적이 아무리 강한 힘을 가지고 있어도 사력을 다하여 저항하면 결국 쫓겨나게 되어 있습니다. 그래서 우리의 삶 가운데 하나님의 나라가 임하기를 바랍니다.

CHAPTER 03

보김으로 온 여호와의 사자

사사기 2:1–10

제가 경기도의 어느 작은 교회에 부흥회를 인도할 때였습니다. 얼마 되지 않는 교인들 중에서 어디서 본 듯한 자매의 얼굴이 보였습니다. 저는 속으로 '참으로 이상한 일도 다 있구나. 어떻게 세상에 이렇게 닮은 사람도 있을까?' 하면서 설교를 마쳤습니다. 그런데 그 자매가 저에게 와서 인사를 했습니다. 바로 제가 설마하면서 생각했던 그 사람이었습니다. 자매는 오래전 제가 공장에 들어가서 그들에게 전도할 때 함께 갔었던 믿음이 아주 좋은 자매였습니다. 그런데 믿지 않는 남편과 오래 결혼 생활을 하는 동안에 신앙의 열정이 다 식어버렸습니다. 나중에는 거의 신앙이 없는 것처럼 되어 버렸습니다. 그는 도저히 이렇게 살아서는 안 되겠다고 생각하다가 다른 사람의 전도를 받아서 다시 교회를 나가기 시작하고 있었습니다. 그때 자신이 사는 아파트에 붙은 제가 부흥회 설교를 한다는 안내문을 보고 찾아 온 것이었습니다. 자매는 설교를 들으면서 끊임없이 눈물을 흘리고 있었습니다. 나중에 어른이 되어서 예수를 믿는 분들은 아마 이런 맛을 잘 모를 것입니다.

청소년 시절이나 혹은 대학생 때 함께 모여서 기도를 하거나 혹은 수

련회에 가서 말씀을 듣고 은혜를 크게 받으면 함께 한 친구들이 자신들의 남은 삶을 온전히 주님께 드리기로 결단을 합니다. 그리고 실제로 자기들끼리 돈을 모아서 문서를 만들어 발행하기도 하고, 방을 얻어서 공동체 생활을 하기도 하고, 혹은 외국에 선교 여행을 떠나기도 합니다. 그러나 그 후 십 년, 이십 년 지난 후에 보면 옛날의 그 열정과 믿음을 끝까지 가지고 있는 사람이 거의 없다는 것을 발견하게 될 것입니다. 어떤 사람은 이런 일로, 어떤 사람은 저런 일로 다 흩어지고 맙니다. 그리고 취직을 하고 결혼을 하면서 그 열정이 식어지거나 변질되어서 나중에는 자신의 신앙도 지키지 못하는 경우가 많습니다.

그 이유가 무엇입니까? 현실의 장벽이 너무 높기 때문입니다. 처음에는 열정 하나로 온 세상을 변화시킬 수 있을 것 같았는데 현실 속에 뛰어 들어가 보니까 세상이 악하고 험합니다. 그러면 옛날의 그 뜨거운 신앙의 열정이 사라져버립니다.

이스라엘 백성들이 하나님 앞에서 신앙적으로 가장 뜨거웠던 때는 길갈에서 할례를 행할 때였습니다. 그들은 여호수아의 지도를 받던 젊은이들이었습니다. 그들은 요단 강을 걸어서 건너 온 후 얼마나 하나님의 은혜로 충만하였던지 적을 눈앞에 두고 할례를 행함으로 하나님께 대한 그들의 헌신을 다짐했습니다. 적을 눈앞에 두고 할례를 행한다고 하는 것은 지금 당장 적이 쳐들어 와서 죽여도 좋다는 것입니다. 그들은 이미 하나님께 모든 것을 다 맡겨버렸기 때문에 당장 죽어도 두렵지 않다는 뜻으로 할례를 받았습니다.

그러나 그들이 가나안 땅에 들어온 지 십 년, 이십 년이 되면서 옛날의 그 열정은 모두 다 없어지고 말았습니다. 이 가나안 땅에 우상과 음란의 세력을 몰아내고 하나님 나라를 세우겠다는 젊은 열정은 다 사라지고, 자신들의 신앙도 지키지 못할 정도로 믿음이 식어져 버렸습니다. 그 이유가 무엇입니까? 이 세상의 현실의 파도가 너무나 드세었기 때문입니다. 그들은 뜨거운 열정 하나로 가나안 땅에 들어왔지만 결코 그곳은 그렇게 만만한 곳이 아니었습니다. 그들은 어쩔 수 없이 현실과 타협하면서 살았고 결국 처음의 그 헌신과 열정은 다 잃어버리고 말았습니다. 이런 상태에 있는 그들에게 길갈의 그 하나님의 사자가 찾아왔습니다. 보김이라는 곳까지 찾아 왔습니다. 그리고 그들에게 옛날 그들이 듣던 그 말씀을 들려주었습니다. 그들은 옛날 그들을 감동시키던 말씀을 듣고 얼마나 울었는지 모릅니다. 그래서 그들은 그 장소 이름을 보김이라고 지었습니다. 이것은 '우는 사람들'이라는 뜻입니다.

길갈에서 찾아 온 하나님의 사자

이스라엘 백성들이 가나안 땅에 정착하면서 나타난 현상은 그들이 원래 가지고 있던 의도와는 달리 점점 가나안 사람들을 닮아 가지 않을 수 없었다는 것입니다. 이것이 다른 사람들에게서 나타난 현상이 아니라, 바로 하나님 앞에서 자신의 전 삶을 드리겠다고 맹세했던 그 길갈 세대에게서 나타난 현상이었습니다.

1, 2절 여호와의 사자가 길갈에서부터 보김으로 올라와 말하되 내가 너희를 애굽에서 올라오게 하여 내가 너희의 조상들에게 맹세한 땅으로 들어가게 하였으며 또 내가 이르기를 내가 너희와 함께 한 언약을 영원히 어기지 아니하리니. 너희는 이 땅의 주민과 언약을 맺지 말며 그들의 제단들을 헐라 하였거늘 너희가 내 목소리를 듣지 아니하였으니 어찌하여 그리하였느냐?

가장 중요한 것은 여기에 나타난 여호와의 사자의 정체입니다. 과연 이 분이 누구시냐 하는 것입니다. 가끔 선지자들의 시대에는 무명의 선지지가 나타나서 하나님의 말씀을 전하곤 했습니다. 그러나 아직 이때는 선지자들의 시대가 아니었습니다. 선지자라고 하면 모세가 선지자였고 그 다음 사무엘 때까지 선지자는 거의 나타나지 않았습니다. 그렇다면 이름을 밝히지 않은 이 여호와의 사자는 보통 사람이 아니라 그리스도일 가능성이 많은 것입니다.

하나님의 사자가 길갈에서부터 직접 보김으로 찾아와서 하나님의 말씀을 전하셨습니다. 길갈이 어떤 곳입니까? 바로 이스라엘 백성들이 하나님의 은혜를 받아서 죽기를 각오하고 모두 할례를 받았던 그곳입니다. 그러면 보김은 어떤 곳입니까? 보김이 어떤 곳인지는 확인되지 않습니다. 단지 벧엘이 아닐까 짐작만 하고 있습니다. 그 이유는 요셉 지파의 타협이 벧엘에서부터 시작되었기 때문입니다. 아마도 이스라엘 백성들은 이 벧엘에 다시 모여서 어떤 우상 숭배의 의식 같은 것을 하고 있었을 것으로 추측이 됩니다. 그때 여호와의 사자가 그곳을 찾아왔습니나.

왜냐하면 주님은 그들의 가장 비참한 현장으로 찾아오시기 때문입니다. 아마도 이스라엘 백성들이 가나안 땅에 들어오자마자 가나안화 되기 시작했으며 그들은 자신들의 신앙을 지키지 못한 것 같습니다.

여호와의 사자가 그 백성들에게 외치신 말씀이 무엇입니까?

다른 것이 아니었습니다. 바로 그들이 어떻게 존재하게 되었으며, 어떻게 이곳까지 오게 되었느냐 하는 것이었습니다. '내가 너희를 애굽에서 올라오게 하여'라는 말씀은 그들이 어떻게 해서 존재하게 되었는지 그 뿌리를 밝히시는 말씀입니다. 그들이 애굽의 노예 상태에서 탈출한다는 것은 불가능한 일이었습니다. 그러나 하나님의 능력이 있었기 때문에 탈출할 수 있었습니다.

하나님께서는 이스라엘 백성들을 해방시키신 후 광야에 내팽개치지 않으셨습니다. 그들을 조상들에게 맹세하신 땅으로 인도하셨습니다.

하나님께서 맹세하신 것이 무엇입니까? 구원은 단순히 압제에서부터 해방되는 것이 아니라는 것입니다. 구원은 구원에 따르는 엄청난 축복이 있습니다. 그래서 그들이 이 가나안 땅까지 오게 된 것입니다. 그리고 하나님께서 맹세하시기를 '내가 너희와 함께 한 언약을 영원히 어기지 않겠다'고 하신 것입니다. 다시 말해서 이 세상의 죄악의 세력이 아무리 강하고 크게 보여도 하나님께서 맹세하신 것은 절대로 지킬 테니까 이 세상을 두려워하지 말고 타협하지 말고 싸우라는 것이었습니다. 바로 이것이 원래 이스라엘 백성들이 가지고 있던 신앙이었습니다. 길갈에서 이스라엘 백성들이 다짐했던 신앙이었습니다. 그러나 지금은 어떻습니까? 그들은 그때의 열정과 헌신을 다 잃어버렸습니다.

2절 너희는 이 땅의 주민과 언약을 맺지 말며 그들의 제단들을 헐라 하였거늘 너희가 내 목소리를 듣지 아니하였으니 어찌하여 그리하였느냐

예를 들어, 어렵게 회사에 들어가 보니 회사의 분위기가 술 마시는 문화입니다. 술을 마시지 않으면 거기서 도저히 버틸 수 없는 분위기라면 어떻게 하겠습니까? 당장 술자리에 빠지면 상사가 욕을 퍼붓습니다. 물론 하나님께서는 약속을 하셨습니다. 하나님이 맹세하신 것을 절대로 어기지 않겠고 우리의 삶을 지켜주시겠다고 하셨습니다. 그런데 회사에서 바른 소리 한번 하면 목이 날아가고, 부정을 거부하면 당장 보따리를 싸서 집에 가서 아이나 보라고 할지도 모릅니다. 물론 하나님께서는 지켜 주실 것입니다. 그러나 그것이 결코 쉬운 것이 아닙니다. 결국 하나씩 둘씩 양보하다 보니까 나중에는 모든 것을 다 양보해버리게 되는 것입니다.

하나님께서 우리에게 말씀하시는 것이 무엇입니까? 이 세상에서 가장 힘든 것이 우리가 하나님의 백성이 되는 것입니다. 이것은 마치 감옥에 갇힌 죄수가 탈옥을 하는 것과 같고 노예가 집단으로 탈출에 성공하는 것과 같습니다. 그러나 우리가 이 세상에서 하나님의 백성으로 살아가는 것도 처음 믿는 것만큼이나 어렵습니다. 그러나 하나님께서는 그것도 하나님께서 책임지겠으며 너희와 세운 언약을 영원히 어기지 아니하겠다고 맹세하셨습니다.

하나님께서는 우리가 이 세상에서 직장 생활을 하거나 결혼해서 사는 것도 다 책임을 지시겠다고 말씀하십니다. 그런데 왜 신앙을 버리고 이 세상과 타협을 했느냐고 책망하시는 것입니다.

주님이 이스라엘 백성들에게 요구하시는 것이 무엇입니까? 길갈에서 할례를 하던 그 용기와 열정을 회복하라는 것입니다. 사실 우리 신앙에서 이것보다 더 어려운 것이 없을 것입니다. 젊었을 때에는 처자식이 없었습니다. 그때에는 굶어 죽어도 혼자 죽으니까 상관이 없지만 이제는 아이들도 컸고 식구들도 많아졌습니다. 그런데 어떻게 옛날처럼 죽으면 죽으라는 식으로 신앙생활을 할 수 있습니까? 그러나 주님이 요구하시는 것은 '왜 그렇게 못하느냐?' 하는 것입니다.

하나님의 사자의 책망

2, 3절 너희는 이 땅의 주민과 언약을 맺지 말며 그들의 제단들을 헐라 하였거늘 너희가 내 목소리를 듣지 아니하였으니 어찌하여 그리하였느냐. 그러므로 내가 또 말하기를 내가 그들을 너희 앞에서 쫓아내지 아니하리니 그들이 너희 옆구리에 가시가 될 것이며 그들의 신들이 너희에게 올무가 되리라 하였노라

길갈의 세대가 가나안 땅에 들어가서 한 것이 무엇입니까? 물론 그들은 하나님을 완전히 버린 것은 아니었습니다. 그러나 그들은 가나안 사람들의 삶의 방식도 하나의 삶의 방식으로 인정했습니다. 다시 말해서 '이 세상을 사는 길은 오직 하나만 있는 것이 아니다. 우리가 하나님을 믿듯이 이들은 자기 신들을 믿을 권리가 있다'는 식이었습니다.

그것에 대하여 하나님의 사자는 어떻게 책망했습니까? 하나님의 목소리를 청종치 않았다는 것입니다. 하나님께서는 이스라엘 자손들에게 가나안 땅의 모든 우상을 멸절시키라고 말씀하셨습니다. 이 세상에서 먹고 사는 것보다 더 중요한 것이 하나님의 나라를 세우는 것이라고 말씀하셨습니다. 그러나 이스라엘 백성들은 먹고 사는 문제로 신앙을 양보하고 우상을 허용한 것입니다.

이스라엘 백성들의 문제가 무엇입니까? 너무 쉽게 안정된 길을 붙들려고 한 것입니다. 길갈의 방식은 어떻게 보면 독선적인 것이고 이 세상에서는 결코 다른 사람들과 어울리지 않겠다는 말과 같았습니다. 그러나 주님께서는 차라리 그 백성들이 그렇게 해 주기를 바라셨던 것입니다. 다른 사람들로부터 좀 이상한 놈이라는 손가락질을 당하고, 남들은 쉽게 잘 넘어가는 것도 신앙적인 이유 때문에 고민도 하고 갈등도 겪고 그래서 어렵게 어렵게 살아 보라는 것입니다. 그렇게 할 때 나타나는 현상이 무엇입니까? 그때 우리는 기도하게 되고 현실가운데서 나를 향한 하나님의 뜻을 이해하느라고 몸부림을 치게 됩니다.

하나님의 사자가 하신 말씀이 무엇입니까?

3절 그러므로 내가 또 말하기를 내가 그들을 너희 앞에서 쫓아내지 아니하리니 그들이 너희 옆구리에 가시가 될 것이며 그들의 신들이 너희에게 올무가 되리라 무슨 말씀입니까? 가나안 땅에서 믿음으로 사는 것은 결코 공짜로 되는 것이 아니라는 것입니다. 이스라엘 백성들이 애굽에서 구원받는 것은 순전히 은혜였습니다. 그러나 가나안 땅에 사는 것은 그들 자신의 힘으로 이루어야지 가만히 있는데 저절로 되어지지는 않을 것이라는 뜻입니다. 차라리 그들이 처음부터 힘들게 살려고 했다면, 그들은 나중에 아주 편하게 신앙생활을 할 수 있을 것입니다. 왜냐하면 이미 인생 밑바닥까지 내려가는 경험을 통하여 사람을 두려워하지 않는 것을 배웠기 때문입니다. 그러나 사람을 한 번 두려워하기 시작하면 계속 사람을 두려워하게 되고 결국 그것이 올무가 되어서 결코 하나님의 말씀대로 순종하지 못하게 된다는 뜻입니다.

우리가 여기서 한번 질문을 하고 넘어가야 할 것은 '만일 이스라엘 백성들이 가나안 사람들과 타협하지 않고 철저하게 투쟁했더라면 그들의 삶이 어떠했겠느냐?' 하는 것입니다. 과연 처음부터 형통했을까요?, 아니면 처음에는 거의 모든 것을 다 잃을 정도로 바닥까지 내려갔을까요? 문제는 바로 여기에 있습니다. 만일 그들이 가나안 땅에서 철저하게 투쟁 일변도로 나갔더라면 그들의 가나안 초기 생활은 궁핍과 불안정으로 엉망이 되었을 것입니다. 그러나 그들은 믿음 하나는 분명하게 지킬 수 있었을 것입니다. 그러면 하나님의 축복의 때에 30배, 60배, 100배의 결실을 거두게 되는 것입니다.

그들이 농사를 지으려면 안정이 필요했고 안정하려면 서로 협상을 하지 않을 수 없었습니다. 그러나 하나님께서 이스라엘 백성들에게 책망하신 것이 무엇인가 하면 무엇이 급하다고 그렇게 가나안 땅에서 빨리 정착하려고 했느냐 하는 것입니다. 차라리 농사를 좀 짓지 못하고 계속 어렵고 힘들게 살더라도 하나님의 말씀을 철저히 지켰어야 한다는 것입니다. 가나안 땅에서 안정되게 사는 것이 무엇이 그렇게 중요하다고 들어가자마자 그들과 협상을 해서 하나님 나라를 건설하는 일을 등한히 하느냐는 것입니다.

말씀을 들은 길갈 세대의 반응

하나님의 사자의 책망하시는 말씀을 들었을 때 가나안 땅에서 신앙의 열정을 다 잃었던 이스라엘 백성들은 크게 울었습니다.

4, 5절 여호와의 사자가 이스라엘 모든 자손에게 이 말씀을 이르매 백성이 소리를 높여 운지라. 그러므로 그곳을 이름하여 보김이라 하고 그들이 거기서 여호와께 제사를 드렸더라

왜 이스라엘 백성들이 여호와의 사자의 말씀을 듣고 이렇게 소리를 높여서 울었을까요? 그들의 마음속에 옛날의 그 열정이 생각난 것입니다. 그들의 마음속에 늘 자리를 잡고 있던 것이 무엇인가 하면 '내가 이렇게 살면 안 되는데…다시 한 번 하나님을 사랑하는 마음이 불 같이 일어나야 하는데…' 하는 것이었습니다. 그들의 마음속에 늘 무거운 납덩이처럼 누르고 있는 것이 무엇인가 하면 신앙의 뜨거운 열정을 잃어버렸다는 죄책감이었습니다.

그런데 하나님의 사자가 나타나셔서 옛날 그들이 그렇게 듣고 은혜 받고 자신의 삶을 하나님께 바치기로 결단했던 그 말씀을 다시 들려주시는 것입니다. 그들은 하나님의 사자의 말씀을 듣고 지금 그들의 모습과 과거의 순수했던 자신들의 모습을 비교해 볼 수 있었습니다. 그리고 그들의 마음속에 다시 뜨거운 눈물이 흘러내렸습니다. 그들은 마구 소리를 지르면서 울었습니다. 얼마나 사람들이 많이 울었던지 후손들은 그곳의 이름

을 '우는 사람들'이라는 뜻으로 '보김'이라고 불렀습니다.

다시 말해서 이들이 말씀을 듣고 울 수 있었던 것 하나만 보아도 그들의 마음 속 한 구석에는 하나님을 사랑하는 마음이 있었다는 것을 알 수 있습니다.

저는 가끔 아주 오래된 교회에서 설교할 때, 은퇴하신 장로님들이 눈물을 흘리면서 인사하러 오는 것을 만날 때가 있습니다. 그 이유가 무엇입니까? 설교 말씀을 들으니까 옛날 열정이 생각나는 것입니다. 옛날 한 때는 뜨겁게 주님을 사랑하던 때가 있었습니다. 그러나 오랫동안 기쁨 없이 신앙생활을 하다 보니까 마음이 메마를 대로 메말랐습니다. 그러다가 복음을 들으니까 옛날의 그 순수한 열정이 마음속에서 다시 일어나는 것입니다.

바로 이것이 부흥의 시작이었습니다. 아무리 신앙이 좋은 사람이라 하더라도 하나님의 말씀을 오랫동안 듣지 않으면 자기가 지금 어디에 있는지 어디로 가고 있는지 알지 못합니다. 그러던 중에 능력 있는 하나님의 말씀을 듣게 되면 자신의 위치를 분명하게 알 수 있습니다. 그리고 내가 바른 신앙에서 멀리 떨어져 있구나 하고 생각할 때 바른 은혜의 자리로 돌아가고 싶은 마음이 불같이 일어나게 되는 것입니다. 이것이 바로 부흥의 시작입니다. 그리고 하나님의 백성들이 바른 신앙을 향하여 첫걸음을 옮길 때 이미 하나님의 은혜는 부어지기 시작하는 것입니다. 그래서 하나님의 백성들은 그분의 말씀이 없으면 자기가 얼마나 하나님에게서 떨어져 생활하고 있는지 모르기 때문에 우는 것도 없고 애통해 하지도 않는 것입니다.

본문 6절 이하는 이 길갈 세대에 대한 대략적인 설명입니다.

7절 백성이 여호수아가 사는 날 동안과 여호수아 뒤에 생존한 장로들 곧 여호와께서 이스라엘을 위하여 행하신 모든 큰 일을 본 자들이 사는 날 동안에 여호와를 섬겼더라

10절 그 세대의 사람도 다 그 조상들에게로 돌아갔고 그 후에 일어난 다른 세대는 여호와를 알지 못하며 여호와께서 이스라엘을 위하여 행하신 일도 알지 못하였더라

길갈 세대 사람들은 적어도 이번에는 하나님의 말씀을 듣고 남은 날 동안 하나님을 섬겼습니다. 그리고 비교적 이스라엘 백성들 전체가 이번의 각성으로 크게 정신을 차린 것 같습니다.

그러면 이 본문이 우리에게 말씀하고 있는 것이 무엇입니까?

첫 번째는 이 세상의 현실이 그렇게 생각만큼 만만한 것이 아니라는 것입니다. 하나님께서 우리를 죄에서 구원하셨고 또 내가 전능하신 하나님을 믿고 있으니까 이 세상을 쉽게 이길 수 있는 것처럼 생각하는데, 이 세상은 그렇게 생각만큼 간단한 것이 아니었습니다. 오히려 그들의 길갈에서의 헌신이 나중에는 부끄럽게 느껴질 정도로 옛날의 신앙을 버리고 세상에 타협할 때가 많은 것입니다. 열정 하나로 가나안을 정복할 수 있을 것으로 생각했던 이스라엘 백성들은 거의 대부분 두터운 현실의 벽을 뛰어 넘지 못하고 모두 거의 자신들의 신앙도 팔아먹을 수밖에 없는 그런 처지에 있었습니다. 이런 경우 나타나는 것이 '냉소주의'입니다. 냉소주의 신앙은 머리로는 알지만 가슴은 냉랭해져서 비판적인 신앙이 됩니다. 이런 신앙은 깊이 병든 신앙입니다. 그러나 하나님의 말씀은 이런 냉소주의 신앙을 치료해서 다시 뜨거운 신앙이 되게 합니다.

두 번째로 이스라엘 백성들이 실패했던 가장 큰 이유는 너무나도 쉽게 고지를 정복하려고 했다는 사실입니다. 그들은 가나안 땅에 들어가자마자 신앙의 모순을 느꼈습니다. 그것이 무엇입니까? 농사를 지으면서 전쟁도 치러야 하는 것이었습니다. 어떻게 농사도 지으면서 전쟁을 치를 수 있습니까? 그래서 그들은 일단 회해부터 해 놓고 농사부터 지었습니다.

하나님께서는 우리들에게 모순되는 것을 요구하십니다. 공부도 하면서 신앙생활도 열심히 하라고 하십니다. 장사도 열심히 하면서 교회 봉사도 하라고 하십니다. 그런 하나님의 요구는 모순되게 느껴집니다. 세상 사람들은 공부만 하든지, 장사만 하든지 합니다. 그래도 겨우 먹고 살 수 있을까말까 할 정도입니다. 그런데 하나님의 백성들은 두 가지 일을 다 해야 합니다. 그러니까 둘 다 잘하지 못하는 것입니다. 세상일도 제대로 되지 않는 것 같고 하나님을 믿는 일도 제대로 하지 못하는 것 같습니다. 그러나 이것이 모든 그리스도인들이 해내어야 하는 숙제인 것입니다. 그러나 하나님은 이것도 책임져주시겠다고 약속을 하셨습니다.

결국에는 한 때 원수들앞에서 할례를 행할 정도로 용감했던 그들이 자기 신앙조차 팔아 버리고 우상의 신전에서 절하고 있는 자신을 발견하게 될 것입니다.

하나님께서 원하시는 것이 무엇입니까? 처음부터 성공하려고 하지 말라는 것입니다. 처음에 이 세상에서 아예 실패할 각오를 하라는 것입니다. 그래서 밑바닥부터 올라가야 제대로 성공할 수 있는 것입니다.

'젊었을 때 고생은 사서라도 하라'는 속담이 있습니다. 그러면 그런 생고생 가운데 세상을 보는 눈이 열리고 또 하나님의 뜻을 분별하는 능력이 생깁니다. 결국 그런 사람이 이 세상을 이기는 것입니다.

세 번째로 길갈 세대는 하나님의 말씀을 듣고 크게 울었습니다. 다시 말해서 말씀을 듣고 다시 하나님을 사랑하는 마음이 생긴 것입니다. 내가 바른 신앙에서 얼마나 떠나 있는가 하는 것을 생각하고 우는 데서부터 부흥이 시작됩니다.

만일 말씀과 기도가 살아 있다면 아무리 이 세상에서 실패하고 절망한다고 하더라도 하나님의 백성들은 살아날 수 있습니다.

이스라엘 백성들이 가나안을 이길 수 있는 방법이 무엇입니까?

오늘 본문은 여호수아가 죽었다는 것을 아주 강조하고 있습니다.

8, 9절 여호와의 종 눈의 아들 여호수아가 백십 세에 죽으매. 무리가 그의 기업의 경내 에브라임 산지 가아스 산 북쪽 딤낫 헤레스에 장사하였고

가나안 땅을 정복한다고 하는 것은 결코 쉬운 일이 아니었습니다. 여호수아는 죽고, 어떻게 이스라엘 백성들이 가나안에 동화되지 않고 이들을 몰아낼 수 있습니까? 결국 이스라엘 백성들은 신앙을 다 잃고 가나안화되고 맙니다.

그러나 하나님께서는 여호수아 없이도 이스라엘 백성들이 신앙을 지킬 수 있게 하셨습니다. 여호수아가 죽었다고 하는 것은 이제 한 사람에게 의존하던 신앙을 버려야 한다는 것을 의미합니다. 이제는 각자가 자신의 신앙을 지켜야 하고 자신과의 싸움을 해야 합니다. 어떻게 하면 그렇게 할 수 있습니까? 바로 사사들이었습니다. 사사들은 결코 영웅들이 아니었습니다. 그들은 단지 평범한 평신도 목회자들이었습니다. 하나님께서는 이 악한 세대를 이기는 방법으로 교회를 주셨습니다. 교회 안에서 우리는 옛날의 열정을 그대로 간직할 수 있습니다. 만일 말씀과 기도가 살아 있다면 아무리 이 세상에서 실패하고 절망한다고 하더라도 하나님의 백성들은 살아날 수 있습니다. 한때 영웅들은 다 사라져도 교회를 통하여 신실하게 신앙을 지킨 자들은 날마다 그 신앙이 새롭게 자랍니다. 그

래서 결국 결정적인 순간이 왔을 때 사탄에게 결정타를 가하고 믿음으로 승리하게 됩니다.

여호수아의 화려한 승리에 비하면 사사들의 가르침은 너무나도 보잘것 없었습니다. 그리고 그것은 또 사실이었습니다. 그러나 하나님께서는 교회 안에서 하나님의 백성들이 식지 않게 하셨고 녹지 않게 하시고 오히려 시간이 갈수록 더 뜨겁게 달아오르게 하셨습니다. 이것이 교회가 가지는 신비였습니다. 물론 이스라엘 백성들은 교회를 무시하고 자기 멋대로 살았습니다. 그 결과는 철저한 암흑이었습니다. 우리는 앞으로 하나님께서 이 평범한 목회자들을 통하여 어떻게 원수를 멸하시며 또 그들을 말씀으로 다스려 나가시는지 보게 될 것입니다.

보김으로 온 여호와의 사자는 하나님의 백성들의 신앙을 평가하시고 책망하셨습니다. 오늘 우리는 이곳이 단순히 한번 우는 보김으로 끝날 것이 아니라 다시 길갈로 돌아가는 기회가 되기를 바랍니다. 젊은 시절 너무 쉽게 잘 사는 사람은 앞으로 한 평생 올무에 매어 살게 될 것입니다. 무엇이 올무가 되든지 그의 올무가 되어서 그의 한 평생의 삶이 피곤할 것입니다. 그러나 좀 고집스러워 보여도 하나님의 말씀대로 한번 살아보는 그가 가나안 땅을 자치할 것입니다.

CHAPTER 04

사사의 역할

사사기 2:11-23

수련회나 캠프를 가면 밤에 캠프파이어를 할 때가 있습니다. 이미 해는 져서 어두운데 공터 한 가운데 쌓아 놓은 장작더미에 불을 지피면 갑자기 온 세상이 환해집니다. 그러면 사람들은 그 불을 중심으로 동그랗게 둘러앉아서 노래를 부르기도 하고 혹은 춤을 추기도 합니다. 아마 낮에 그런 일을 하면 재미가 없을 것입니다. 밤이기 때문에 그 불이 더 아름답게 보이고 밤이기 때문에 더 낭만을 즐길 수 있을 것입니다. 그리고 불이 꺼져가려고 하면 그 위에 기름을 붓습니다. 그러면 다시 한 번 불꽃이 일어나면서 장작은 타 들어가기 시작합니다.

나라가 어두울 때를 보면 온 세상이 캄캄합니다. 온 세상을 불의가 뒤덮고 있고 사회 어느 한 구석도 부패하지 않는 곳이 없습니다. 그런데 그런 어려운 시기에 바른 정신을 가진 한 사람이 등장합니다. 그는 사고방식만 바른 것이 아니라 자기가 옳다고 믿는 것을 위하여 전적으로 모든 것을 바쳐서 헌신을 합니다. 그러면 사람들은 그 사람으로부터 일시적으로 환한 빛을 보게 됩니다. 어두운 가운데 그의 바른 정신은 얼마나 아름답고 빛난 것인지 모릅니다. 그리고 사람들은 그 불빛 아래로 몰려들기 시작합니다.

여기에 세상의 불꽃과 하나님의 불꽃의 차이가 있습니다. 이 세상 불꽃은 한번 사그러지면 그것으로 끝나지만 하나님의 불꽃은 그 안에 근본적으로 불씨가 남아 있기 때문에 언제든지 기름부음이 있기만 하면 다시 타오르게 되어 있습니다. 그것을 잘 보여주는 것이 사사기입니다.

이스라엘 백성들이 진군한 가나안 땅은 철저히 어두운 곳이었습니다. 이곳이 어두운 이유는 인간의 죄악이 철저하게 양심을 덮고 있기 때문입니다. 물론 이스라엘 백성들은 환한 횃불을 들고 가나안 땅으로 쳐들어갔지만 그 불꽃은 너무 빨리 사그러들고 말았습니다. 온 세상은 다시 어두움 속에 빠질 수밖에 없었습니다. 그때 무려 400년 동안이나 어두움을 밝혀 온 불꽃들이 있었습니다. 그들은 모두 평범한 평신도 지도자들인 사사들이었습니다. 그들이 하나님의 말씀에 붙들렸을 때 이스라엘 백성들에게는 이들에게 성령의 기름을 부어주셨고 그들은 자기를 억압하던 악의 세력을 물리치고 하나님 나라를 다시 부흥시킬 수 있었습니다.

가나안 땅의 바알과 아스다롯 우상

이스라엘 백성들은 가나안 땅에 들어간 지 얼마 되지 않아서 가나안 사람들의 신인 바알과 아스다롯 신을 섬기기 시작했습니다. 우리가 생각하기에 이들의 행동은 잘 이해가 되지 않습니다. 그들에게는 여호와라는 신이 있고 그 하나님께서는 그들을 애굽에서 인도하여 이곳 가나안 땅까지 오게 하셨습니다. 그런데 어떻게 하나님께서 가장 싫어하시는 바알과 아스다롯 신을 섬길 수가 있습니까?

11–13절 이스라엘 자손이 여호와의 목전에 악을 행하여 바알들을 섬기며.

애굽 땅에서 그들을 인도하여 내신 그들의 조상들의 하나님 여호와를 버리고 다른 신들 곧 그들의 주위에 있는 백성의 신들을 따라 그들에게 절하여 여호와를 진노하시게 하였으되. 곧 그들이 여호와를 버리고 바알과 아스다롯을 섬겼으므로

이스라엘 백성들이 그들의 조상의 하나님을 버리고 주위에 있는 신들을 섬기게 된 것은 이것이 바로 그들의 생활과 직결되는 문제였기 때문입니다. 이스라엘 백성들은 가나안 땅으로 들어가면서 조상 대대로 이어오던 직업을 버리고 새로운 직업을 가져야만 했습니다. 그것이 무엇인가 하면 농사였습니다. 이스라엘 백성들은 대대로 목축을 해 왔습니다. 물론 가끔씩 농사를 짓지 않았던 것은 아니지만 그들의 본업은 목축업이었습니다. 그런데 이 목축업이라고 하는 것은 날씨나 비와 직접적으로 관계되는 것은 아니었습니다. 비가 오지 않으면 비가 와서 풀이 있는 다른 곳으로 가면 되는 것이지, 비가 오지 않는다고 해서 풀이 다 말라죽는 것은 아니었습니다. 그러나 농사라고 하는 것은 아무렇게나 하는 것이 아니었습니다. 아무 때나 씨를 뿌린다고 해서 곡식이 나는 것이 아닙니다. 씨를 뿌릴 때가 있고 또 거둘 때가 있으며 비가 올 때가 있고 비가 오지 않을 때가 있습니다. 이스라엘 백성들은 가나안 땅에 들어가서 전혀 농사를 지을 줄 모르는 상황에서 농사를 지어야만 했습니다. 그러다 보니 가나안 사람들에게 농사를 배워야만 했고, 농사는 모든 것이 날짜에 따라서 해야 하는데 날짜에는 음력이 있고 양력이 있으며 또 날짜마다 농사와 관계되는 의미가 있었습니다.

우리들은 양력으로 된 달력을 쓰지만 농사를 짓는 사람은 음력으로 된 달력을 써야 합니다. 거기에는 경칩이니 곡우니 해서 농사와 관계되는 날들이 표시되어 있고 만일 그날들을 놓치면 한 해 농사를 망치게 됩니

다. 그래서 우리나라도 그런 날짜를 잊지 않기 위하여 어떤 미신과 연결시켜 지키게 했습니다.

예를 들어, 동지는 밤이 낮보다 길기 때문에 농사지을 준비를 해야 하는데 그냥 그렇게 말하면 잊어버리기 때문에 귀신을 내어 쫓기 위하여 팥죽을 끓이게 한 것입니다. 이스라엘 백성들은 조상 대대로 목축을 해왔습니다. 그러나 이제 환경이 바뀌면서 가나안 땅에서 농사를 지어야 하니까 옛날 조상들의 지혜나 신앙 같은 것이 별로 소용이 없게 되어버렸습니다. 마치 요즘 컴퓨터 세대에 할아버지나 할머니의 지혜는 별로 도움이 되지 않는 것과 같습니다. 이제 아이들은 자기들에게 필요한 것은 학원에서 배울 수밖에 없습니다. 이스라엘 백성들이 가나안 땅에서 바알과 아스다롯 신을 섬겼던 것은 농사를 지으려고 하면 이 신과 관계하지 않고는 도저히 농사를 지을 수가 없었기 때문입니다.

예를 들어, 바알은 해의 신이었습니다. 그리고 아스다롯은 달의 신입니다. 더욱이 가나안 땅은 기후가 좀 특별해서 양력과 음력 모두를 지켜야 했던 것 같습니다. 그래서 비가 오는 것은 양력을 지배하는 바알을 섬기고, 씨를 뿌리는 것 등은 음력을 지배하는 아스다롯을 섬기게 되었던 것입니다. 이스라엘 백성들이 바알이나 아스다롯을 섬겼던 것은 현실적인 문제 때문이었습니다. 그들이 농사를 지으려면 가나안 사람들에게서 배울 수밖에 없었고 농사를 배운다는 것은 바로 그들의 관습을 따라야 한다는 것을 의미했습니다.

하나님께서 그들에게서 원하신 것은 처음부터 농사를 잘 지으려고 하지 말고 많은 시행착오를 겪으면서 나름대로의 농사법을 만들어 보라는 것입니다. 물론 가나안 사람들의 농사법을 배우면 농사를 훨씬 잘 지을 수가 있습니다. 그러나 그들의 농사에는 사탄의 사상이 들어 있기 때문에 아예 농사를 몇 년간은 완전히 망치더라도 바닥부터 시작을 해보라는 뜻이었습니다. 그러나 사람의 마음이 그렇게 됩니까? 쉽게 잘살 수 있는 길이 있는데 굳이 힘들게 어렵게 살 사람이 어디에 있습니까? 결국 이스라엘 백성들이 여호와의 신앙을 버리고 바알이나 아스다롯이라는 우상을 따라가게 된 것입니다.

그들이 하나님의 백성으로 차라리 이 세상에서 좀 힘들게 살려고 마음을 먹었더라면 그들은 농사는 잘 짓지 못해도 신앙은 지킬 수 있었을 것입니다.

오늘 하나님께서 우리들에게 원하시는 것은 이 세상에서 너무 빨리 잘되려고 하지 말라는 것입니다. 왜냐하면 이 세상 처세술 안에는 독이 들어 있습니다. 자기도 모르는 사이에 하나님으로부터 멀어지게 만드는 사탄의 술수가 들어 있습니다. 물론 세상의 문화라고 해서 다 틀린 것은 아닙니다. 그러나 하나님의 백성들이 좀 고민도 하고, 좀 낮아지기도 하고, 좀 실패하는 과정을 통하여 철저하게 하나님의 인도하심을 받으면, 처음에 힘들어서 그렇지 나중에 시간이 가면 갈수록 더 형통해지게 되어 있습니다. 예수를 믿는다고 하면서 결혼을 위하여 궁합을 봐야하고, 아이 이름을 짓는데 사주팔자를 봐서 지어야 한다면 갈수록 어려워지게 될 것입니다. 그래서 하나님의 백성들은 처음부터 모든 것을 바르게 해야 합니다. 그러면 나중에 쉬워집니다.

하나님의 시험

하나님께서는 여호수아로 하여금 가나안 모든 족속들을 다 쫓아내지 않게 하시고 그 대신 주력 부대만 치게 하시고 가나안 원주민의 상당수를 남겨두게 하셨습니다. 그 이유는 이스라엘 백성들의 마음을 시험해 보기 위해서라고 말씀하십니다.

20-22절 여호와께서 이스라엘에게 진노하여 이르시되 이 백성이 내가 그들의 조상들에게 명령한 언약을 어기고 나의 목소리를 순종하지 아니하였은즉. 나도 여호수아가 죽을 때에 남겨 둔 이방 민족들을 다시는 그들 앞에서 하나도 쫓아내지 아니하리니. 이는 이스라엘이 그들의 조상들이 지킨 것 같이 나 여호와의 도를 지켜 행하나 아니하나 그들을 시험하려 함이라 하시니라

하나님께서는 가나안 사람들을 다 쫓아낼 수 있음에도 불구하고 이스라엘 백성들을 시험해 보기 위하여 그들을 그냥 내버려두셨다고 말씀하십니다. 여기서 '시험해 본다'는 것은 안에 들어 있는 것을 꺼내어 보인다는 뜻입니다. 사람은 겉모습만 봐서는 그 사람의 생각이나 됨됨이나 실력을 전혀 알 수 없습니다. 학생들도 겉모습만 봐서는 실력을 알 수 없습니다. 겉으로는 공부를 잘하게 생겼는데 실제로는 못하는 학생이 있는가 하면, 어떤 학생은 겉으로는 공부를 못하게 생겼는데 실제로는 실력이 좋은 학생이 있습니다. 이것은 모두 시험을 쳐보아야 알 수가 있습니다.

하나님께서는 가나안 족속들을 남겨두신 것은 이스라엘 백성들을 시험해 보기 위해서라고 말씀하고 있습니다. 이것은 그들이 진짜 하나님을 사랑하는 마음이 있는지 확인을 해 보려고 하시는 것입니다. 얼마든지 쉽게 살 수 있는 길이 있음에도 불구하고 힘들게 하나님을 믿으면 이들은 시험에 합격하는 것입니다. 그러나 쉽게 잘 살 수 있는 길이 있다고 해서 신앙을 버리거나 양보하면 이것은 불합격인 것입니다. 하나님께서는 우리에게 좋은 것을 그냥 주시지 않으십니다. 하나님은 반드시 사람들의 마음을 시험해 보신 후에 온전한 축복을 주십니다.

그러면 어떻게 해서 가나안 사람들이 이스라엘 백성들에게 시험거리가 됩니까?

우선 가나안 사람들은 이스라엘 백성들보다는 세련되었습니다. 그들은 풍족하게 살았습니다. 그러나 그들의 문제는 정신은 썩어 있었고 삶은 부패해 있었습니다. 이스라엘 백성들이 시험에 빠지지 않으려면 가나안 사람들의 편안한 삶을 보고 좋아하면 안 되고 그들의 부패한 삶을 보고 두려워해야 합니다. 젊은이들 중에서 머릿속이 제대로 들어 있는 사람은 다른 젊은이들이 분수에 넘치는 차를 몰고 다니고 화려하게 사는 것을 절대로 부러워하지 않습니다. 그 대신에 라면을 삶아 먹고 김치볶음밥을 먹더라도 정신이 똑바로 된 삶을 살기를 원하는 것입니다. 정신없고 사치스럽게 사는 사람들의 허망한 생활을 보고 멀리합니다.

이스라엘 백성들은 가나안 사람들의 물질적인 행복만 보고 정신적인 타락을 보지 못했습니다. 이것이 바로 그들이 하나님의 시험에서 불합격한 것이었습니다.

왜 가나안 사람들이 이스라엘 백성들에게 올무가 되었습니까? 하나님의 은혜는 하나님의 백성들이 전심으로 하나님을 사랑하지 않으면 막히게 되어 있습니다. 가나안 사람들의 여유 있는 삶은 이스라엘 백성들을 하나님으로부터 멀어지게 했고 하나님의 은혜가 막히게 했습니다.

예를 들어, 어떤 남자가 술집에 갔다고 합시다. 술집 여자들 중에서 남자들에게 잘해주지 않는 사람이 어디에 있습니까? 좀 더 아양을 떨고 좀 더 잘 해주어야 다음에도 술을 마시러 올 것 아닙니까? 차렷 자세로 술만 붓는데 그 집에 계속 올 손님이 어디에 있습니까? 그러니까 자꾸 독을 섞어야 합니다. 마음에도 없지만 사랑하는 체하고 걱정하는 체하고 딴 짓도 해야 자꾸 술을 마시러 올 것입니다. 그것은 무서운 유혹이요, 시험입니다. 거기에 넘어가는 사람은 가정을 파괴시키는 것입니다. 이런 사람은 인생 시험에 낙제한 사람입니다.

이스라엘 사람들은 가나안 사람들이 부러웠습니다. 모든 점에서 여유가 있었고 행복해 보였습니다. 그러나 그들의 삶 깊은 곳에는 목적이 없었습니다. 그 안에는 순결하다든지 거룩하다든지 하는 것의 아름다움을 전혀 찾아 볼 수 없었습니다. 이스라엘 백성들은 가나안의 내면의 깊은 타락한 모습을 보고 멀리했어야 합니다.

그러나 결국 이것이 인간의 가장 힘든 부분입니다. 비만한 사람들은 음식을 먹는 것을 줄여서 살을 빼야 한다는 것을 압니다. 그러나 한번 살이 찌고 나면 살이 살을 부릅니다. 머리로는 더 먹어서는 안 된다는 것을 알고 있습니다. 그러나 막상 식욕을 느끼거나 배가 고프면 한순간에 그런 것은 다 잊어버립니다. 유명한 영화배우였던 말론 브란도는 몸무게가 2백 킬로그램에 가까웠다고 하는데 음식을 먹지 못하도록 냉장고 문을 열쇠로 채워놓으면 문을 부수고서라도 꺼내 먹고야 말았다는 것입니다. 그래서 이제는 비만을 병으로 봅니다. 비만한 사람은 자신을 환자로 보아서 치료하듯이 비만과 싸우지 않으면 절대로 살은 빠지지 않습니다. 담배도 마찬가지입니다. 담배를 피우는 사람들 중에서 담배가 몸에 해롭다는 것을 모르는 사람은 아무도 없습니다. 사실 흡연으로 인하여 폐암으로 사망하는 사람이 많습니다. 그럼에도 불구하고 담배를 끊는다고 하는 것이 얼마나 어려운지 모릅니다. 담배를 피우고 싶은데 담배가 떨어져 버리면 쓰레기통을 뒤지기 시작합니다. 그 이유는 우리 몸 안에는 무서운 욕망의 지배자가 버티고 있기 때문입니다.

죄는 머리로 아는 것만으로 절대 끊지 못합니다. 전적으로 치료를 받아야 고쳐질 수 있습니다. 우리 안에 있는 죄의 본성은 뼈 속까지 스며들어가 있습니다. 이스라엘 백성들이 머리로는 가나안 사람들을 닮아가서는 안 된다는 것을 알았지만 실제로는 가나안 사람들을 물리친다고 하는 것이 불가능했습니다. 결국 이스라엘 백성들은 어떻게 되었습니까? 깊은 죄의 노예가 되고 말았습니다.

텔레비전 드라마를 보면 멋있게 생긴 배우들이 아주 호화로운 집에서 최고로 좋은 가구와 옷을 입고 병든 사랑을 하는 것을 봅니다. 이것이 바로 사람을 시험하는 것입니다. 영화배우들을 보십시오. 못생긴 사람을 누가 배우로 시켜줍니까? 어떤 의미에서는 수많은 사람들 중에서 한 명 뽑은 사람들입니다. 그러나 그들의 사랑은 너무나도 병든 사랑입니다. 그들이 사랑하는 것을 보면 등에 식은땀이 흘러야 합니다. '여기는 재앙이야. 완전히 모든 것이 썩어 있구먼. 잠시라도 여기에 머물러 있어서는 안 돼' 하면서 뒷걸음질 치면서 도망을 쳐야 하나님의 은혜를 잃어버리지 않는 것입니다.

여기서 가장 무서운 것은 17절 말씀입니다.

'그들이 그 사사들에게도 순종하지 아니하고 오히려 다른 신들을 따라가 음행하며 그들에게 절하고'라고 말씀하고 있습니다. 여기서 '음란하듯 쫓는다'라고 하는 것은 이스라엘 백성들의 변질에는 영적인 간음일 뿐 아니라 실제로 그들의 우상 의식 속에는 간음이 포함되어 있었습니다. 가나안 사람들은 바알에게 힘을 실어 주려면 추수감사제 때에 성행위를 많이 해야 한다고 믿었습니다. 그래서 바알 사당에는 여사제가 있었는데 이들은 모두 종교적인 창녀들이었습니다. 음란은 사람의 정신을 썩게 만듭니다. 그런데 이것을 이스라엘 백성들은 너무 좋아했던 것입니다.

결국 이스라엘 백성들에게 나타난 결과가 무엇입니까?

14-15절 여호와께서 이스라엘에게 진노하사 노략하는 자의 손에 넘겨 주사 그들이 노략을 당하게 하시며 또 주위에 있는 모든 대적의 손에 팔아 넘기시매 그들이 다시는 대적을 당하지 못하였으며, 그들이 어디로 가든지 여호와의 손이 그들에게 재앙을 내리시니 곧 여호와께서 말씀하신 것과 같고 여호와께서 그들에게 맹세하신 것과 같아서 그들의 괴로움이 심하였더라

이스라엘 자손들이 하나님의 시험에 불합격한 결과가 무엇입니까? 하나님의 은혜의 단절이었습니다. 세상은 그들을 압제했습니다. 하나님의 백성들이 하나님만 두려워해야 하는 이유가 무엇입니까? 하나님만 두려워하면 이 세상 그 어느 것도 두렵지가 않습니다. 어느 누구도 우리를 이길 수가 없습니다. 그러나 하나님만 두려워하지 않고 다른 것을 두려워하기 시작하면 세상의 모든 것들이 다 그들을 두렵게 할 것입니다.

하나님께서 그들을 다른 부족들에게 파셨다고 했습니다. 여기서 '파셨다'고 하는 것은 지켜주시지 않고 내버려 두셨다는 뜻입니다. 이스라엘 백성들이 이 세상을 살 수 있는 길은 오직 하나님께서 붙들어 주시고 늘 은혜로 지켜 주시는 것입니다. 지금까지 그들이 강해서 주위에 있는 약탈자들이 침략하지 못했던 것이 아닙니다. 하나님께서 그들을 지켜 주셨기 때문에 약탈자들이 가까이 오지 못한 것입니다. 그러나 그들이 죄에 빠졌을 때 하나님께서는 그들을 위하여 아무것도 하실 수가 없었습니다. 그 결과가 무엇입니까? 그들이 가는 곳마다 재앙이 떠나지 않았습니다.

이 본문이 우리에게 주시는 말씀이 무엇입니까? 하나님께서는 우리가 강요당한 상태에서 신앙생활하는 것을 기뻐하시지 않습니다. 제대로 된 신앙은 우리가 이 세상의 더러운 본성을 깨닫고 아무리 좋은 것이 있어도 그것을 뿌리치고 바른 신앙을 붙드는 것입니다. 신앙 안에는 반드시 손해 보는 것이 들어 있습니다. 이 세상이 주는 것을 다 잡으면 절대로 하나님을 기쁘시게 할 수 없습니다. 하나님을 기쁘시게 하려면 이 세상의 것을 놓아야 합니다.

이 세상에 있는 것은 겉만 보아서는 안 됩니다. 그 웃는 모습 뒤에 무서운 증오감과 거짓과 교만을 보아야 합니다.

그뿐만 아니라 비록 너무나도 미련해서 중간에 돌이키지 못하고 갈 데까지 가서 모든 것이 엉망이 되었다 하더라도 하나님께 부르짖기만 하면 하나님의 은혜는 회복되게 되어 있습니다. 하나님의 은혜는 그 백성의 부르짖는 소리에 회복되게 되어 있습니다. 그래서 은혜 받고 하나님께 돌아오는데 있어서 이미 늦은 경우는 없습니다.

우리 하나님께 모든 좋은 것이 다 있습니다. 그러나 그냥 주면 사람들은 하나님의 은혜가 얼마나 귀한 것인지 미처 알지 못합니다. 그래서 하나님께서는 가나안의 헛된 영광을 남겨 두셨습니다. 물론 처음에는 가나안의 그 영광이 하나님의 율법보다 훨씬 더 좋은 것 같습니다. 그러나 이스라엘 백성들이 죄의 비참함을 깨닫고 하나님께 부르짖을 때 하나님의 은혜는 다시 그들에게 흘러넘치게 됩니다. 참으로 복된 사람이 어떤 사람입니까? 이 세상에서 모든 것을 다 취하지 않는 사람입니다. 얼마든지 손을 뻗치기만 하면 잘 살 수도 있고, 부자가 될 수도 있고, 유명해질 수도 있지만 하나님이 너무 좋고 하나님의 은혜가 너무 귀해서 굳이 가지려고 하지 않습니다. 얼마든지 가질 수 있는 이 세상의 축복에서 하나님께로 돌아서는 자는 복 받은 자입니다. 하나님께서 모든 귀한 것으로 그에게 채워주실 것입니다.

어두움의 시대를 밝혔던 사사들

여호수아가 가나안 땅을 침공했을 때 가나안 땅에는 환한 빛이 비춰었습니다.

왜냐하면 그가 잡아 죽인 왕들은 모두 가장 악한 왕들이었기 때문입니다. 모처럼 이 가나안 땅에서는 정의의 사정의 칼날이 번득였습니다. 그러나 여호수아가 죽고 난 후 이런 개혁의 칼날은 사라졌습니다. 이스라엘 백성들은 죽여야 할 자들을 모두 살려 주었고 오히려 그들의 도움을 받았습니다. 현실적인 이유 때문이었지만 가나안 땅에서는 다시 정의가 실종되고 말았습니다.

여러분, '세상이 어둡다'고 할 때 무엇이 어두운 것입니까? 정의가 제대로 시행되지 않는 것이 어두운 것입니다. 정의가 악과 타협해서 도움을 받고 오히려 그들을 살려주는 것이 세상이 어두운 것입니다.

이스라엘 백성들은 농사를 위해서 개혁해야 할 자들을 오히려 다 살려두고 그들과 손을 잡았습니다. 그 결과가 무엇이었습니까? 가나안 땅이 다시 어두워진 것입니다. 그러나 부분적으로 이 어두움을 빛으로 밝힌 자들이 있었습니다. 바로 무명의 평신도 지도자들이었습니다. 그들은 자기에게 주어진 말씀으로 백성들을 일깨웠습니다. 그들은 모두 말씀으로 백성들의 눈을 뜨게 했습니다. 그들이 얼마나 존귀한 자들이며 얼마나 놀라운 하나님의 능력이 그들에게 약속되어 있는지 가르쳐 주었습니다. 그들이 믿음으로 살기로 결단하기만 하면 하나님의 크신 은혜가 그들에게 회복될 것을 가르쳤습니다.

18절 여호와께서 그들을 위하여 사사들을 세우실 때에는 그 사사와 함께 하셨고 그 사사가 사는 날 동안에는 여호와께서 그들을 대적의 손에서 구원하셨으니 이는 그들이 대적에게 압박과 괴롭게 함을 받아 슬피 부르짖으므로 여호와께서 뜻을 돌이키셨음이거늘

사사들이 귀했던 이유가 무엇입니까? 모든 사람들이 다 편한 삶을 따라가고 있습니다. 그러나 그들은 자신들의 그 연약한 믿음을 절대로 버리지 않았습니다. 사사들은 결코 위대한 장군이 아니었습니다. 그들은 전혀 이름이 없는 평신도들이었습니다. 그러나 그들은 말씀을 있는 그대로 믿은 사람들입니다.

이 세상에서 먹고사는 문제에 빠져서 세상과 타협하고 능력을 잃어버린 그들에게 하나님은 살아 계시며 하나님은 능히 그들이 겪고 있는 이 모든 어려움에서 건질 수 있는 분이라는 것을 외쳤습니다. 하나님의 백성들에게 그들이 얼마나 존귀한 자이며 얼마나 축복받은 자들인지 이 세상의 마술에 취해서 힘을 잃고 있는지 그것을 깨우친 자들이었습니다.

그들은 아무 힘도 없는 자들이었습니다. 그러나 믿음 하나로 하나님의 백성들의 마음속에 있는 믿음에 불을 붙인 사람들이었습니다. 물론 그들은 그 말씀 증거의 대가로 엄청난 고통을 받아야만 했습니다. 사탄의 세력은 이 말씀의 세력이 일어나려고 하면 모든 힘을 다 끌어 모아서 그들을 없애려고 했습니다. 그러나 이들은 이런 싸움을 두려워하지 않았습니다. 왜냐하면 자신들이 살아 있는 이유가 바로 이런 어려운 때 하나님의 백성들을 어려움에서 건지기 위하여 살아 있다고 믿었기 때문입니다. 그러나 그들은 모두 놀라운 승리를 거두었습니다. 그리고 그들이 살아 있는 동안에는 사탄이 하나님의 백성들을 건드리지 못했습니다.

여기에 보면 백성들이 사사들의 말을 잘 청종치 않았다고 기록하고 있습니다. 처음에는 아무도 그들을 믿어주지 않았습니다. 그러나 모든 사람들의 마음속에 믿음의 불씨는 있었습니다. 끝까지 믿음으로 나갈 때 믿음의 불이 하나씩 둘씩 붙기 시작했고 이것은 엄청난 성령의 역사로 나타나게 되었습니다.

결국 어두움은 이 이름 없는 사사들을 위하여 존재하는 것이었습니다. 아마도 어두움이 없었더라면 이런 사람들의 존재는 알려지지도 않았을 것입니다. 어두움의 시대는 바로 이런 믿음의 사람들의 믿음을 더욱 드러내고 더욱 더 그들의 믿음을 찬란하게 비취게 하였습니다. 이들은 어두움을 두려워하지 않았습니다. 왜냐하면 그들의 마음속에 놀라운 하나님의 말씀의 빛이 있었기 때문입니다.

우리가 이 세상에 사는 이유가 무엇입니까? 바로 이 어두운 때 빛을 밝히기 위하여 존재하는 것입니다. 세상적으로 성공을 했다고 해도 나보다 더 성공하고 더 똑똑한 사람들이 많습니다. 그것으로는 빛을 밝힐 수가 없습니다.

그러나 하나님의 말씀을 전적으로 믿고 거기에 자신의 모든 것을 바쳤던 이들은 영원히 꺼지지 않는 등불이었습니다.

이 세상도 일시적으로 불을 밝힐 때가 있습니다. 주로 정권이 바뀔 때입니다. 너무나도 오랫동안 불의와 탄압 아래서 신음하던 자들에게 약간의 만족감을 주기 위하여 부정부패 일소 같은 개혁을 단행합니다. 그러나 궁극적으로 이런 세상의 빛은 오래가지 못합니다. 왜냐하면 죄를 사랑하는 것이 그 안에 들어 있기 때문입니다.

그러나 교회는 그렇지 않습니다. 교회는 하나님의 말씀이 바로 증거되면 살아나게 되어 있습니다. 교회는 성령의 기름 부음이 있습니다. 사람들의 마음속에 하나님의 말씀이 비춰지면 위대한 부흥이 일어나게 됩니다. 하나님의 백성들이 애통하기만 하면 하나님의 은혜는 쏟아지게 되어 있습니다. 문제는 그들이 하나님이 얼마나 크시며 그들에게 약속된 하나님의 축복이 얼마나 큰지 깨닫지 못하고 있는 것입니다.

오늘 우리에게 필요한 것이 무엇입니까? 더 환한 진리의 말씀입니다. 하나님이 얼마나 능력이 있으신가 하는 믿음입니다. 그리고 우리를 이 세상에서 살리는 것은 이 세상에서 잘 적응하는 것이 아니라 하나님을 전적으로 신뢰하지 못하는 우리의 이기심이라는 것입니다. 이 세상에서 직장을 좀 잃으면 어떻습니까? 공부를 좀 못하면 어떻습니까? 그리고 자기 집을 가지고 있지 못하면 어떻습니까? 좀 늦게 결혼하면 어떻습니까? 대신 하나님의 아름다움과 그의 무한한 의와 그의 진리를 사랑한다면 그는 이 세상에서 가장 아름다운 삶을 살 수 있는 사람입니다. 이 세상이 어두울수록 진리의 등불을 밝힐 사람을 찾습니다. 이 세상이 죄로 가득할수록 의를 위하여 주리고 목말라 하는 사람을 기다리게 되어 있습니다.

사사들은 바로 그런 사람들이었습니다. 가난했고, 여성이었으며, 때로는 장애인이었지만, 그들은 하나님의 말씀을 그대로 믿었고 그 믿음으로 백성들의 잠자는 믿음을 깨웠던 사람들입니다. 좀 담대하게 주님을 믿을 수 있는 용기가 우리에게 필요합니다.

CHAPTER 05

고통은 외부로부터

사사기 3:1-11

군대에서는 특수한 목적을 위해 폭발이나 요인 암살 혹은 침투 등의 훈련을 받은 부대나 대원들이 있습니다. 이런 사람들은 반드시 그 목적을 위해서만 투입되고 그 목적이 달성되면 그 부대는 해체되어야 합니다. 그렇지 않고 만일 그 특수부대 사람들이 제대 후에 범죄 집단과 손을 잡고 일하게 된다면 그 사람들 자체가 사회에 큰 위협이 되지 않을 수 없습니다.

하나님께서 이스라엘 백성들을 가나안 땅에 옮겨 놓으신 것은 특수한 목적을 수행하기 위해서였습니다. 그것은 가나안 땅에 있는 모든 악의 세력을 몰아내는 특수부대로 보내신 것입니다. 물론 처음에는 이스라엘 백성들이 여호수아의 지휘 아래 그 임무를 잘 수행하는 듯 했습니다. 그러나 차츰 시간이 지나면서 백성들은 자신의 임무를 잊게 되었습니다. 그래서 그들은 힘들게 가나안 사람들을 몰아내는 대신 그들과 친구가 되어서 어울려 사는 처지가 되고 말았습니다. 물론 이스라엘 백성들이 가나안 사람들과 싸우지 않으니까 육체는 편했는지 모르지만, 그러나 그들을 가나안 땅에 보내신 하나님의 목적은 무의미하게 되고 말았습니다.

예를 들어, 악한 자들을 토벌하러 군대를 보내었는데 그들이 악한 자들과 한 통속이 되어서 잘 지내고 있다면 이것은 원래 자신들을 보낸 자를 배신하는 것입니다. 하나님께서는 이렇게 목적을 잃은 이스라엘 백성들을 가만히 내버려두지 않으셨습니다. 하나님께서는 외부의 적을 일으키셔서 이스라엘 백성들로 하여금 더 고통을 받게 하셨습니다. 메소보다미아의 구산 리사다임의 공격을 받아서 고통을 받게 하셨는데 구산 리사다임은 가나안 사람들보다 배나 악한 자들이었습니다. 결국 이스라엘 백성들이 깨달은 것은 싸우는 것이 타협하는 것보다 더 편안하다는 것이었습니다. 그들이 다시 싸우기 위하여 일어섰을 때 그들에게는 40년의 평화가 주어졌습니다. 이스라엘 백성들이 깨달은 것이 바로 이것입니다. 이스라엘은 싸울 때 그 존재의 의미가 있다는 것입니다. 이스라엘 백성들은 좀 편하게 지내려고 가나안 사람들과 타협을 했다가 그들은 배나 고생을 하게 되었습니다. 이스라엘은 싸울 때 자신의 권리를 되찾을 수 있었으며, 이스라엘은 싸울 때 평화를 얻을 수 있었습니다.

전쟁을 알지 못하는 세대

하나님께서 이스라엘 백성들을 애굽에서 불러내신 것은 가나안 땅의 악을 멸하시기 위해서였습니다. 그러나 그들은 강력한 지도자 여호수아가 살아있는 동안에 가나안 사람들을 모두 몰아내지 못했습니다. 그래서 자꾸 세월이 흘러서 가나안 전쟁을 치렀던 세대들은 대부분 죽고 이스라엘 백성들은 거의 전쟁을 모르는 세대로 채워지게 되었습니다.

1, 2절 여호와께서 가나안의 모든 전쟁들을 알지 못한 이스라엘을 시험하려 하시며. 이스라엘 자손의 세대 중에 아직 전쟁을 알지 못하는 자들에게 그

것을 가르쳐 알게 하려 하사 남겨 두신 이방 민족들은

여기서 '전쟁을 알지 못하는 자'라고 하는 것은 나중에 태어나서 전쟁을 경험해보지 않은 세대라는 뜻도 있지만, 더 중요한 것은 자신들이 왜 이 가나안 땅에서 전쟁을 치러야 하는지 이해하지 못하는 자라는 뜻입니다. 여호수아의 지휘 아래서 가나안 사람들과 싸웠던 이스라엘 세대는 자기들이 왜 가나안 사람들과 싸워야 하는지 이유를 분명히 알고 있었습니다. 그들이 싸우는 것은 단지 먹고살기 위한 땅을 차지하기 위해서가 아니었습니다. 그들은 단지 양식이 없어서 양식을 빼앗기 위한 싸움을 하는 것도 아니었습니다. 그들의 싸움은 죄와의 싸움이었고 악의 세력을 이 거룩한 땅에서 몰아내기 위한 싸움이었습니다. 이스라엘 백성들이 가나안 사람들과 싸울 수밖에 없었던 이유는 그들이 모두 악한 자들이었기 때문입니다.

우리는 이 가나안 전쟁의 성격을 이런 민족주의적인 입장에서 바라보면 큰 오해를 하게 됩니다. 하나님께서는 가나안 원주민들이 단지 택함을 받은 선민들이 아니기 때문에 모두 죽이거나 내어 쫓으라는 것이 아니었습니다. 이미 이들은 하나님이 보시기에나 사람들이 보기에 도저히 더 이상 두어서는 안 되는 악한 자들이었습니다. 물론 그들이 얼마나 악했는지는 성경에 자세한 기록이 없어서 우리가 잘 알지 못하지만 하나님께서 내어 쫓으라 하셨을 정도로 악한 사람들이었던 것은 분명합니다.

그러나 이스라엘 백성들은 세월이 흐르면서 더 이상 가나안 사람들과 이런 전쟁을 치러야 할 이유를 알지 못하게 되었습니다. 왜냐하면 그들이 정신적으로 가나안 사람들과 동화되었기 때문입니다.

오늘 우리 그리스도인들이 이 세상에서 사는 것은 바로 이 '거룩한 전쟁'을 치르기 위해서입니다. 물론 우리는 다른 어떤 사람도 신앙이 다르다는 이유로 박해하거나 어떤 불이익을 주어서도 안 됩니다. 그러나 사람들의 머릿속은 옛날 가나안 사람들과 다를 바가 아무것도 없습니다. 그것이 오늘날의 타락한 문화를 통하여 나타나는 것입니다. 특히 요즘 텔레비전 드라마에서는 폭력과 불륜이 나오지 않으면 재미가 없습니다. 그런데 사람들이 그런 드라마를 보면서 전혀 거부 반응을 느끼지 못합니다. 그 이유는 점점 그런 세상에 동화되었기 때문입니다.

영화를 보면 어떤 영웅이 사람을 그렇게 많이 죽일 수가 없습니다. 또 영화에 나오는 악한 사람들은 그렇게 쉽게 죽을 수가 없습니다. 관객들은 주인공이 무차별로 사람을 죽이는 것을 통해서 희열을 느낍니다. 또 영화에서 성적으로 추악하고 더러운 장면이 나오면 나올수록 더 호기심을 가지고 보게 되어 있습니다. 그 이유가 무엇입니까? 점점 더 세상이 성적으로 타락해가고 있기 때문입니다.

오늘 그리스도인들이 존재하는 것은 바로 이런 가치관과 싸우기 위해서입니다. 그러나 실제로 한번 생각해 보십시오. 이런 폭력과 섹스와 더러운 거짓에 우리는 얼마나 익숙해져 있습니까? 우리들 자신도 직접적으로 행동만 하지 않으면 되지 머리로 생각하는 것 정도는 전혀 죄가 되지 않는다고 생각하지 않습니까?

아이들은 좋지 않은 게임을 하지 않기 위하여 영적인 싸움을 해야 합니다. 청소년들은 좋지 못한 노래나 이야기들로부터 자기를 지키기 위하여 영적인 싸움을 해야 합니다. 청년들이나 어른들은 영혼을 병들게 하는 불건전한 영화나 텔레비전 드라마로부터 자신이나 자기 가족을 지키기 위하여 투쟁을 해야 합니다. 그러나 사실 그렇게 잘되지 않습니다.

이 본문이 우리에게 말씀하고 있는 것이 무엇입니까? 이런 영적인 전쟁을 치르기 위하여 먼저 내 자신의 정신적인 순결을 되찾으라는 것입니다. 나의 존귀함부터 되찾지 않으면 죄와의 전쟁을 제대로 할 수가 없습니다.

우리는 동시에 두 가지를 해야 합니다. 하나는 내 영혼의 가치와 순결을 되찾는 것이고, 다른 하나는 이 세상의 추악하고 탐욕스러운 가치관과 싸우는 것입니다.

하나님께서 가나안 족속들을 남겨 두신 이유에 대하여 무엇이라고 말씀하고 있습니까?

4절 남겨 두신 이 이방 민족들로 이스라엘을 시험하사 여호와께서 모세를 통하여 그들의 조상들에게 이르신 명령들을 순종하는지 알고자 하셨더라

하나님께서 억지로 이스라엘 백성들에게 신앙생활을 강요하는 것은 시험이 아닙니다. 시험이라고 하는 것은 자기 속에 타락하고 싶은 유혹이 있지만 그것을 참고 제대로 믿음 생활을 하는 것이 시험에 합격하는 것입니다. 그런데 이스라엘 백성들은 하나님의 시험에 불합격했습니다.

우리가 이 세상을 따라간다고 해서 누가 뭐라고 하는 사람은 아무도 없습니다. 그럼에도 불구하고 자기 자신을 지키는 것이 하나님의 시험에 합격하는 것입니다. 우리 믿는 사람의 능력은 경건에서 나옵니다. 경건은 어느날 갑자기 되는 것이 아니고 평소에 자기 자신을 하나님 앞에서 무릎으로 기도하고, 말씀에 자기 자신을 쳐 복종시키는 가운데 되어지는 것입니다.

이스라엘 백성들의 타협

만일 여러분의 집 주위에 지존파 같은 악한 자들이 살고 있다면 어떻게 하겠습니까? 물론 경찰에 신고해야겠지요. 그러나 경찰이 없는 곳은 어떻게 하시겠습니까?

결국 그들과 잘 지내려고 할 것입니다. 그들과 협정을 맺어서 서로 해치지 않게 한다면 얼마나 다행스러운 일이겠습니까? 이스라엘 백성들은 가나안 족속들과 협정을 맺었습니다.

5, 6절 그러므로 이스라엘 자손은 가나안 족속과 헷 족속과 아모리 족속과 브리스 족속과 히위 족속과 여부스 족속 가운데에 거주하면서, 그들의 딸들을 맞아 아내로 삼으며 자기 딸들을 그들의 아들들에게 주고 또 그들의 신들을 섬겼더라

옛날의 결혼은 요즘처럼 사랑하는 사람을 만나서 결혼하는 것이 아니었습니다. 그때의 결혼은 아주 중요한 거래 수단이었고 특히 부족 간의 전쟁을 예방하기 위한 평화의 방법이기도 했습니다. 갈등하고 있는 두 부족이 평화로우려면 자식들을 결혼시키는 것보다 더 확실한 방법이 없습니다. 아무리 상대방이 미워도 내 딸이 거기에 가 있고 또 저쪽 부족 추장의 딸이 며느리로 와 있기 때문에 전쟁을 삼가게 됩니다.

이스라엘 자손들은 바로 주위에 물과 기름처럼 도저히 하나 될 수 없는 악한 사람들과 함께 살고 있었습니다. 정상적으로 한다면 그들과 항상 싸우지 않을 수가 없었습니다. 그러나 그들은 굳이 이들과 싸울 필요를 알지 못했습니다. 왜냐하면 그들의 사는 방식에 조금씩 동화되어 갔기 때문입니다. 그래서 그들은 서로 결혼을 하고 제사에 참석함으로 서로를 인정했습니다. 하나님께서 가나안 족속들을 남겨 두신 것은 이스라엘 백성들로 하여금 싸우라는 것입니다. 이스라엘 백성들은 이 세상에 사는 동안 내내 싸워야 했습니다.

사자도 사냥을 해 봐야 짐승을 잡을 수가 있습니다. 내내 우리 안에서 자란 사자는 야수성이 없어서 늑대가 소리를 지르면 도망을 칩니다. 사자

라고 해서 사냥이 쉬운 것이 아닙니다. 사자도 온 힘을 다해야 노루나 산양을 잡을 수가 있지, 전혀 연습하지 않으면 사냥질도 하지 못합니다. 그러나 이스라엘 백성들은 결혼 관계나 혹은 상대방의 제사에 참석해서 절을 함으로 가나안 사람들과 하나가 되어버렸습니다. 그러니까 더 이상 가나안 사람들과 싸울 수가 없게 된 것입니다. 왜냐하면 이스라엘은 가나안 사람들과 친구가 되었기 때문입니다.

그때 고통은 생각지도 않은 외부에서 찾아 왔습니다.

7, 8절 이스라엘 자손이 여호와의 목전에 악을 행하여 자기들의 하나님 여호와를 잊어버리고 바알들과 아세라들을 섬긴지라. 여호와께서 이스라엘에게 진노하사 그들을 메소보다미아 왕 구산 리사다임의 손에 파셨으므로 이스라엘 자손이 구산 리사다임을 팔 년 동안 섬겼더니

여기서 중요한 것은 이스라엘 자손들이 '여호와의 목전에 악을 행했다'는 표현입니다. 여기서 '목전'이라고 하는 것은 하나님의 얼굴을 의미합니다. 다시 말해서 하나님께서 이스라엘 백성들의 모든 것을 다 보고 계신다는 뜻입니다. 이것은 이스라엘 백성들은 하나님과 특별한 관계에 있다는 뜻입니다.

결국 성경이 말씀하려고 하는 것이 무엇입니까?

하나님의 백성은 하나님께서 택하신 목적 외에 다른 용도로 사용될 수 없다는 것입니다. 이것은 마치 특수부대의 목적과 같습니다. 특수부대는 특수목적을 위해서만 사용되어야 하며 그 목적이 아니면 해체되어야 합니다. 이스라엘 백성들은 가나안 땅의 죄와 싸우기 위하여 존재했습니다. 그들은 힘이 부쳐도 계속 싸워야만 했습니다. 생활이 불안정해도 영적인 전쟁을 치르는 동안 그들은 존재할 이유가 있었습니다. 그러나 그들이

스스로 싸움을 포기해 버리고 주저앉았을 때 하나님께서는 그들을 그대로 내버려두시지 않으셨습니다. 하나님께서는 배나 악한 자를 사용해서 이스라엘 백성들을 고통스럽게 하신 것입니다.

여기의 메소보다미아의 '구산 리사다임'이라고 했는데 '구산 리사다임'은 별명입니다. '배나 악한 자'라는 뜻입니다. 이것은 메소보다미아 왕이 가나안 사람들에 비해서 그렇다는 뜻입니다. 이스라엘 백성들은 가나안 사람들의 등쌀에 시달리다 못해서 그들과 협상을 하고 타협을 했습니다. 그러나 그것은 곰을 피하려고 하다가 사자를 만난 격이었습니다. 메소보다미아의 구산 리사다임은 가나안 사람들보다 배나 악한 자였습니다. 이스라엘 백성들은 좀 편하게 살려고 하다가 정말 악한 임자를 만나게 되었습니다. 하나님의 백성들은 편하게 살려고 하면 안 됩니다. 왜냐하면 편하게 믿으려고 요령을 부리다가 더 악한 자를 만나게 되기 때문입니다. 그리스도인들은 스스로 싸움터를 찾아서 나서야 합니다. 왜냐하면 그것이 능력 있고 안전하게 사는 길이기 때문입니다. 미리 말씀을 듣고 죄를 회개하는 것이 훨씬 낫습니다. 약은 교인들은 조금 편하려고 하다가 나중에 엄청난 재앙을 만날 때가 많이 있습니다. 성경 본문을 보면 '하나님이 파셨다'고 되어 있습니다. 이것은 하나님께서 이스라엘 백성들을 돌보아 주시지 않고 내버려두셨다는 뜻입니다. 그래서 배나 악한 자에게 극심한 고통을 당하게 하셨습니다.

이스라엘의 부르짖음과 옷니엘의 구원

여기서 성경은 이스라엘 백성들이 고통으로 인하여 하나님께 부르짖었다고 말씀하고 있습니다.

9절 이스라엘 자손이 여호와께 부르짖으매 여호와께서 이스라엘 자손을 위하여 한 구원자를 세워 그들을 구원하게 하시니 그는 곧 갈렙의 아우 그나스의 아들 옷니엘이라

여기서 이스라엘 백성들이 하나님께 부르짖었다고 했습니다. 이것은 지금까지 그들이 노력한 수고의 결과가 아무것도 아닌 것을 보면서 하나님의 손길을 깨달은 것입니다. 그들은 그동안 나름대로 살기 위하여 애를 많이 썼습니다. 그렇게 썩 마음에 내킨 것은 아니지만 가나안 사람들과 화해하기 위하여 딸도 주고 그들의 제사에 가서 절을 하기도 했습니다. 그러나 그 결과는 너무나도 좋지 못한 것이었습니다. 전혀 엉뚱한 곳에서 구멍이 뚫린 것입니다. 생각지도 않은 메소보다미아의 왕이 쳐들어 와서 이스라엘 백성들의 모든 것을 다 빼앗아간 것입니다. 그런 어려움들이 이스라엘 백성들의 마음을 가난하게 해서 결국 하나님께로 돌아갈 마음이 일어나게 했습니다. 그래서 하나님께 부르짖게 한 것입니다. 하나님의 백성들은 어려운 지경에 처했을 때 다른 것이 필요하지 않습니다. 오직 부르짖기만 하면 하나님께서 그 부르짖음을 들으시고 도와주십니다.

하나님께서 이스라엘 백성들에게서 원하신 것은 오직 그들이 얼마나 연약하며 얼마나 간사하며 얼마나 유혹에 빠지기 쉬운 연약한 존재인가 하는 것을 깨닫고 하나님께 돌아오는 것입니다. 그렇게 하면 하나님의 은혜가 나타나기 시작합니다.

우리는 기도할 때 조용히 기도할 때도 있고 부르짖으면서 기도할 때도 있습니다. 그러나 하나님께 돌아갈 때는 부르짖으면서 기도하게 되는 이유가 무엇입니까? 너무나도 자신의 미련함과 고집스러움에 가슴이 아프기 때문입니다. 그동안 믿음으로 살지 않아서 이렇게 비참하게 된 것이 너무나도 가슴이 아픈 것입니다. 하나님께서는 그 눈물을 귀하게 보십니다.

하나님께서 그리스도인들로 하여금 이 세상에 살게 하신 것은 자기 힘으로 살라고 하신 것이 아닙니다. 하나님께서 우리들과 함께 하시지 않으면 우리는 아무것도 할 수 없습니다. 그것을 뻔히 알면서도 너무나도 자주 그 사실을 잊어버리고 교만에 빠져서 실패한 자기 자신을 보면 너무나도 원통하고 억울한 것입니다. 여러 교회를 돌면서 설교를 해 보면 확실히 경제적인 위기가 우리 그리스도인들의 마음을 가난하게 만들었다는 것을 깨닫게 됩니다. 예배 때마다 사람들이 참으로 많이들 몰려들어서 간절하게 기도를 합니다. 그 이유가 무엇입니까? 지금까지는 이 세상이 자기를 행복하게 해줄 줄 알고 세상에 최선을 다 했습니다. 그런데 돌아온 결과가 무엇입니까? '정리해고'입니다. 세상에 속은 것이 그렇게 분할 수가 없는 것입니다.

이것이 의미하는 것이 무엇입니까? 하나님께 돌아오라는 것입니다. 하나님께 부르짖으라는 것입니다. 하나님께 부르짖기만 하면 하나님의 은혜의 강물은 다시 흐리기 시작합니다. 사실 아무리 애통해도 말씀으로 돌아오지 않으면 그 애통이 진정한 신앙이 되지 못합니다. 애통할 때 하나님의 말씀 앞으로 나아가야 합니다. 그래야 그 애통이 신앙으로 발전할 수가 있습니다.

"이스라엘 자손이 여호와께 부르짖으매 여호와께서 이스라엘 자손을 위하여 한 구원자를 세워 그들을 구원하게 하시니 그는 곧 갈렙의 아우 그나스의 아들 옷니엘이라"(9절)

이미 하나님께서는 이스라엘 백성들에게 구원의 능력을 주셨습니다. 단지 그들이 하나님의 말씀에 불순종함으로 그 능력을 잃어버렸을 뿐입니다. 하나님께서는 다른 특별한 일을 하시지 않으셨습니다. 그 백성 중 한 사람 옷니엘에게 성령을 부으셨습니다.

10절 여호와의 영이 그에게 임하셨으므로 그가 이스라엘의 사사가 되어 나가서 싸울 때에 여호와께서 메소보다미아 왕 구산 리사다임을 그의 손에 넘겨 주시매 옷니엘의 손이 구산 리사다임을 이기니라

하나님께서는 성령을 옷니엘에게 부으셨습니다. 옷니엘은 물론 젊었을 때 믿음의 용기를 가졌고 그 결과 특별한 축복을 받은 사람이었습니다. 그는 젊었을 때 기럇 세벨을 쳐서 빼앗음으로 갈렙의 딸 악사와 결혼한 용사였습니다. 그러나 그 후 그는 아마도 대단히 평범하게 살았던 것 같습니다. 그러나 성령이 그에게 부어졌을 때 그는 더 이상 평범한 옷니엘이 아니었습니다. 그는 사자 같은 용기를 가지고 엄청난 메소포다미아의 구산 리사다임을 쳐부수었습니다.

세상에서 사람을 변하게 하는 것이 두 가지입니다. 그 중에 하나는 술이고, 다른 하나는 성령입니다. 술은 사람 속에 들어가면 그 사람을 완전히 다른 사람으로 만들어 놓습니다. 아주 내성적인 사람도 술을 마시면 소리를 지르면서 평소에 하지 못했던 말을 다 하기도 합니다. 그러나 이것은 진짜 사람이 변하는 것이 아니고 마비가 와서 정신을 차리지 못해서 그런 것입니다.

그러나 성령은 우리를 완전히 다른 사람으로 만들어 놓습니다. 성령이 임하시면 너무나도 소심했던 사람도 상상할 수 없을 정도로 용기 있는 사람이 됩니다. 평소에는 양처럼 조용하고 얌전했던 사람이 성령이 임하시면 사자가 되는 것입니다. 왜 하나님께서 옷니엘을 택하셨을까요? 역시 그는 가나안 전쟁에 참여했던 자로서 가나안 전쟁의 의미를 누구보다 잘 알고 있는 사람이었습니다. 초기 가나안 전쟁에 참여했던 사람들은 이 전쟁이 사람에게 속한 것이 아니라는 것을 알았습니다. 그들은 만일 그들의 동기가 바르기만 하면 하나님을 의지하면 반드시 이긴다는 것을 알았던

사람들입니다. 지금 이스라엘에는 젊고 패기 있는 사람들도 많았습니다. 그런데 하나님께서는 이미 은퇴한 옷니엘 같은 늙은 자를 들어서 성령으로 충만케 하셨습니다. 이것은 현역 중에도 동작이 민첩하고 용기가 있는 사람들이 많이 있는데 예비역을 기용하는 것과 같습니다. 그 이유는 역시 하나님께서는 하나님의 전쟁에 있어서는 이기고 지는 것보다 그 정신이 더 중요하다고 보신 것입니다.

그러면 성령으로 일하는 것과 신념으로 일하는 것은 어떤 차이가 있습니까? 신념으로 일하는 것은 마치 운동선수들이 약물을 먹는 것과 같습니다. 한순간의 흥분으로 순발력을 내는 것입니다. 예를 들면, 삼국지에 보면 조조가 적벽대전에서 도망을 치다가 군사들이 너무나도 목말라 하니까 군사들에게 저 산만 넘으면 과일밭이 있다고 자극을 주고 그들로 하여금 산을 넘게 한 이야기가 있습니다. 이런 경우에 자기 힘으로 할 수 있는데 정신이 통일되지 않아서 안 되는 것을 극복하는데 효력이 있을 것입니다.

그러나 정말 어려운 일은 신념이나 자기 최면으로도 되지 않습니다. 요즘처럼 우리나라 경제 전체가 어려울 때에는 신념으로 되지 않습니다. 이럴 때에는 정말 하나님이 우리를 도와주셔야 합니다.

이스라엘 백성들이 메소보다미아 군대와 싸운다고 하는 것은 정신력으로 될 일이 아니었습니다. 그들은 이미 가나안 족속들과도 타협할 정도로 약해진 사람들이었습니다. 그러나 하나님께 한번 순종하니까 상황은 달라지기 시작했습니다. 무엇인가 자기 힘이 아닌 다른 힘이 그들을 도왔습니다. 그것이 바로 하나님의 능력이었습니다.

그리고 나타난 결과가 무엇입니까?

11절 그 땅이 평온한 지 사십 년에 그나스의 아들 옷니엘이 죽었더라

이스라엘 백성들이 그토록 편하게 살려고 할 때에는 단 하루도 편할 때가 없었는데 오히려 옷니엘의 말을 듣고 싸웠더니 그들에게는 놀라운 평화가 주어졌습니다. 그들은 무려 40년 동안이나 태평하게 살 수 있었습니다.

이 본문이 우리들에게 하시는 말씀이 무엇입니까?

우리 그리스도인들은 영적인 전쟁을 위하여 존재한다는 것입니다. 우리는 이 세상과 싸우기 위하여 존재합니다. 그래서 영적인 전쟁을 치룰 때에만 자신의 삶의 존재 가치를 찾을 수 있습니다. 신앙적인 투쟁이 싫어서 세상과 타협할 때에는 오히려 전혀 생각하지도 못한데서 어려움이 찾아오는데 '배나 지독한 것'이 찾아오게 되어 있습니다. 우리의 싸움은 무엇입니까? 이 세상의 악한 가치관과 싸우는 것입니다. 우리는 경건의 굴레로 스스로를 잡아매어야 합니다. 왜냐하면 그렇게 하는 것이 가장 안전하고 가장 복되게 사는 길인줄 알기 때문입니다. 풀어 놓으면 결과는 패망입니다.

그뿐만 아니라 오늘 우리들은 하나님께 부르짖을 때입니다. 그 이유가 무엇입니까? 그동안 우리는 세상이 우리를 행복하게 할 줄 알고 열심히 세상을 향하여 뛰었습니다. 그러나 그 결과가 무엇입니까? 아무것도 남은 것이 없습니다. 이제 그리스도인들은 부르짖어야 합니다.

그리스도인들의 문제의 해결은 어디에 있습니까? 성령의 부으심에 있습니다. 성령이 부으시면 어떻게 됩니까? 평소에 이기심 때문에 결단할 수 없는 것을 결단하게 됩니다. 그리고 하나님의 도우심을 체험하게 됩니다.

하나님의 백성들은 편하게 살려고 하면 노예가 되게 되어 있습니다. 한 평생 살면서 영적인 부담에서 벗어날 수가 없습니다. 차라리 영적으로 싸울 때 우리는 평화를 누릴 수 있을 것입니다.

CHAPTER 06

장애인 사사 에훗

사사기 3:12-30

예전에 이탈리아에서 가수 대상을 받은 여자 가수가 시각장애인이었습니다. 그는 미스 이탈리아로 뽑히기도 했는데 사람들은 나중까지 그가 시각장애인인 것을 몰랐다고 합니다. 무대 위에서 그가 어떻게 움직여야 하는지 그리고 그의 자세가 자연스러운지 아닌지는 그녀의 남자 친구가 무대 밑에서 작은 무전기로 알려주었다고 합니다.

올림픽 경기에서 누군가가 금메달을 따면 사람들은 그에게 박수와 갈채를 보냅니다. 그러나 사람들은 장애인 올림픽에 대해서는 별로 관심을 가지지 않습니다. 어떤 의미에서는 신체적인 장애를 딛고 일어서서 몸이 성한 사람 못지않게 달리기도 하고 수영도 하며 운동하는 장애인 경기가 더 소중한 경기일 수 있습니다.

그동안 우리 사회에서는 장애인들에 대하여 너무나 심한 편견을 가지고 무시하는 경향이 있었습니다. 저는 저희 교회의 장애를 입은 성도들의 경우를 보면 교통사고 장애가 가장 많다는 것을 알았습니다. 그리고 후천적인 질병으로 장애를 입은 분들이라는 것을 알게 되었습니다. 그러나 얼마나 성령 충만하고 믿음이 좋으신지 모릅니다. 사실 장애인들은 정상인보다 정신적으로나 신앙적으로 부족한 것이 전혀 없습니다. 단지 신체적으로 조금 불편할 뿐인데, 편견을 가지고 대할 때가 많은 것입니다.

성경 본문을 보면 이스라엘 백성들이 무려 18년 동안이나 모압 왕의 지배를 받아왔는데 하나님께서 하루 사이에 놀라운 구원을 베푸셔서 악한 자들을 몰아내게 하십니다. 그런데 하나님께서 이 놀라운 구원을 베푸시는데 사용한 사람은 한 손을 전혀 쓰지 못하는 장애인이었습니다.

신앙의 사이클

12–14절 이스라엘 자손이 또 여호와의 목전에 악을 행하니라. 이스라엘 자손이 여호와의 목전에 악을 행하므로 여호와께서 모압 왕 에글론을 강성하게 하사 그들을 대적하게 하시매. 에글론이 암몬과 아말렉 자손들을 모아 가지고 와서 이스라엘을 쳐서 종려나무 성읍을 점령한지라. 이에 이스라엘 자손이 모압 왕 에글론을 열여덟 해 동안 섬기니라

우리가 사사기를 보면 이스라엘 백성들의 영적인 사이클이 있는 것을 보게 됩니다. 이스라엘 백성들의 신앙은 주로 몇 십 년이나 아니면 백 년에 걸쳐서 신앙이 최고의 지점에서 최저 바닥으로 내려갔다가 다시 하나님의 도우심으로 회복되는 과정의 반복이었습니다. 이스라엘 백성들은 처음에는 하나님의 놀라운 능력을 맛보고 하나님의 말씀대로 삽니다. 그러나 생활이 좀 편해지고 가나안 사람들과 어울려 살면서 점차 신앙의 열기는 식어져서 나중에는 우상을 숭배하고 가나안 사람들의 삶의 방식을 따라가기 시작합니다. 그러면 하나님께서는 내버려두지 않으시고 그들을 주위의 다른 민족의 압제 하에 두셔서 고생하게 하십니다. 그리고 이스라엘 백성들은 고생 가운데 마음이 가난하여져서 다시 하나님을 찾고

하나님께 부르짖게 됩니다. 그러면 하나님께서 사사를 통하여 그들에게 놀라운 구원을 이루십니다. 이것이 이스라엘 백성들의 신앙의 주기였습니다.

우리는 성도 개인에게도 이런 신앙의 주기가 있다는 것을 알게 됩니다. 처음 믿을 때에는 열정적인 신앙을 가지고 믿습니다. 저녁예배도 나오고 수요예배도 나오고 새벽에도 나옵니다. 그러다가 일이 뜻대로 잘되지 않거나 혹은 교회 안에서 좋지 않은 일이 있어서 상처를 받고 나면 신앙이 냉소적이 되어버립니다. 그때부터는 자기 혼자서 교회에 휴학계를 내고 빠지기 시작합니다. 어떤 분은 한번 침체되기 시작했는데 그 기간이 무려 10년이나 20년이 걸리기도 합니다. 그동안 이 분은 자기도 모르게 세상과 타협해서 살면서 많은 죄를 짓습니다. 그리고 자기도 모르는 사이에 도덕이 바닥으로 떨어지고 맙니다. 그런데 하나님께서는 택한 백성을 그냥 내버려두시지 않으십니다. 어느 한순간 하나님께서 치시기 시작하시는데 어떤 때에는 병으로 치시기도 하시고 어떤 때에는 물질적인 어려움으로 치시기도 하십니다. 그러면 결국 어쩔 수 없어서 '천부여, 의지 없어서 손들고 옵니다' 찬송을 부르면 다시 하나님 앞에 나아오게 되는 것입니다.

우리는 이런 신앙의 주기를 없애야 합니다. 이것은 개인적으로도 그렇고 교회적으로도 그렇습니다. 이런 침체기를 없애려면 성경 중심으로 신앙생활을 해야 합니다. 그러면 처음에 힘이 들어서 그렇지 시간이 가면 갈수록 독수리의 날개 치며 올라가는 용기를 얻게 됩니다. 그래서 개인적으로도 지속적으로 축복을 받고, 교회적으로도 한 번도 침체되거나 시험드는 일없이 지속적으로 부흥하게 되는 것입니다.

영국 사람들은 100년 주기로 부흥이 찾아온다고 말하기도 합니다. 처음 복음이 증거되면 사람들은 말씀의 능력에 사로잡혀서 말씀그대로 믿습니다. 그러나 생활이 편해지고 여유가 있으면 신앙이 간절해지지 않고 신앙은 일종의 여가 선용처럼 되어 버립니다. 그러면 벌써 그들의 삶 가운데 세상적인 방식이 마구 파고 들어오게 되어 있습니다. 그러면 신앙은 껍데기만 남고 속에는 하나님을 전혀 모르는 사람들이 들어 있는 것입니다. 그러면 하나님께서 모든 생활을 어렵게 하십니다. 경제적으로 어렵게 하시고 정치적으로 혼란스럽게 하십니다. 그러면 다시 하나님의 백성들이 하나님의 은혜를 간절히 구하면서 다시 부흥이 찾아오게 됩니다. 요즘은 바로 그런 부흥의 시기입니다.

모압 왕 에글론은 군사들을 몰고 이스라엘에 쳐들어 와서 종려나무 성읍을 점령했습니다. 여기서 종려나무 성읍이라고 하는 것은 여리고를 말합니다. 여리고는 이스라엘 백성들이 가나안 땅을 영원히 심판하는 의미로 처음 멸망시킨 곳이었습니다. 그러나 여호수아가 이 여리고를 멸망시킨 지 그렇게 오랜 세월이 지나지 않아서 다시 악한 세력이 그곳에 사령부를 두고 이스라엘을 지배하고 있습니다.

하나님의 놀라운 구원

15절 이스라엘 자손이 여호와께 부르짖으매 여호와께서 그들을 위하여 한 구원자를 세우셨으니 그는 곧 베냐민 사람 게라의 아들 왼손잡이 에훗이라. 이스라엘 자손이 그를 통하여 모압 왕 에글론에게 공물을 바칠 때에

무엇보다 먼저 성경 본문은 이스라엘 백성들이 하나님께 부르짖었다고 말씀하고 있습니다. 하나님께서는 이스라엘 백성들이 부르짖으면서 나아오기를 기다리고 계셨습니다. 하나님은 무려 18년 동안이나 그들의 입에서 울부짖는 소리가 나오기를 기다리셨습니다. 그 이유가 무엇입니까? 이스라엘 백성들은 도저히 자기 힘으로는 이 가나안 땅에 버틸 수 없는

사람들이었습니다. 하나님의 능력 없이는 이 악한 세상에서 잠시도 승리할 수 없는 연약한 자들이었습니다. 그러나 그들은 무려 18년 동안이나 자기 힘으로 이 어려움을 해결하기 위하여 하나님께 나아가지 않았습니다. 그들은 마치 하나님을 의지하는 것이 비겁한 일이나 되는 것처럼 마지막 순간까지 자존심을 지켰습니다. 그러다가 도저히 견딜 수 없게 되었을 때 그들의 입에서 부르짖는 소리가 나왔습니다. 하나님 앞에서 부르짖었다는 것은 아주 중요한 것입니다. 이것은 지금까지 자기들이 버텨 온 것이 완전히 허세요, 고집이었으며 하나님의 도우심 없이는 이제 망할 수밖에 없다는 것을 공개적으로 고백하는 것입니다.

그런데 하나님께서 준비하신 사람은 오른손을 쓰지 못하는 장애인이었습니다. '왼손잡이' 에훗이라고 했는데 여기서 '왼손잡이'는 의역입니다. 직역을 하면 '오른손이 묶여 있는'이 됩니다. 다시 말해서 오른손을 사용할 수 없는 장애인을 말합니다. 원래 베냐민 지파에는 왼손잡이들이 많이 있었습니다. 그러나 이 왼손잡이들은 오른손보다 왼손을 더 잘 쓰는 왼손잡이들입니다. 그러나 에훗은 오른손을 쓸 수 없어서 왼손잡이가 된 사람이었고, 아마 그의 오른손은 표시 나게 불구였던 것 같습니다. 예를 들면, 손이 그냥 달려 있기만 했든지 아니면 조막손 같이 되어 있어서 누가 보아도 장애인이라는 것을 금방 알 수 있는 정도였습니다. 그러니까 에글론이 에훗을 의심하지 않고 혼자서 만났던 것입니다.

베냐민 사람들은 에훗으로 하여금 에글론에게 공물을 바치는 일을 하게 했습니다. 아마도 정상적인 사람들은 모두 자존심이 상해서 이런 치욕스러운 일을 맡으려고 하지 않았던 것 같습니다. 그래서 에훗같은 장애인이 공물을 바치는 일을 했습니다. 에훗은 평소와 다름없이 공물을 준비해서 에글론에게 바쳤습니다. 그 대신 그는 아주 짧은 양날이 선 칼 하나를 준비해서 옷 안에 우편 다리에 잡아매었습니다.

16, 17절 에훗이 길이가 한 규빗 되는 좌우에 날선 칼을 만들어 그의 오른쪽 허벅지 옷 속에 차고, 공물을 모압 왕 에글론에게 바쳤는데 에글론은 매우 비둔한 자였더라

여기서 '비둔하다'고 하는 것은 뚱뚱하게 살이 쪘다는 말도 되지만, 엄청나게 거구였다는 뜻도 됩니다. 아마도 에글론은 아주 거구였고 힘에 센 사람이었던 것 같습니다. 에훗은 먼저 조공을 바쳤습니다. 물론 이 조공이 에글론의 마음을 기쁘게 했을 것이며 그의 부하들의 마음도 즐겁게 했을 것입니다.

18, 19절 에훗이 공물 바치기를 마친 후에 공물을 메고 온 자들을 보내고, 자기는 길갈 근처 돌 뜨는 곳에서부터 돌아와서 이르되 왕이여 내가 은밀한 일을 왕에게 아뢰려 하나이다 하니 왕이 명령하여 조용히 하라 하매 모셔 선 자들이 다 물러간지라

여기서 '길갈 근처 돌 뜨는 곳'이라고 하는 것은 돌을 캐어내는 채석장이라는 의미도 있지만 돌로 새긴 우상의 의미도 있습니다. 제가 생각하기에는 아마도 여기서 돌 우상을 만들어서 이스라엘 전역에 보내었던 것 같습니다. 다시 말해서 이스라엘 전역에 세워져 있는 바알의 우상들은 바로 여기서부터 만들어져서 공급되었던 것 같습니다. 이스라엘 백성들이 사는 곳곳에는 이런 바알의 돌 우상이 새겨져 있었습니다. 이것이 의미하는 것이 무엇입니까? 하나님의 백성들이 말도 하지 못하는 우상들에 의하여 정복당했다는 것을 보여주는 것입니다. 한때는 이스라엘 백성들이 하나님 앞에서 전적인 헌신을 다짐했던 길갈 부근이 이제는 우상을 깎아서 공급하는 곳이 되고 말았습니다.

에훗은 돌아가는 것처럼 하다가 혼자 에글론에게 돌아갔습니다. 그는 모압 왕에게 은밀한 일을 말하겠다고 했습니다. 에글론은 전적으로 에훗을 믿고 주위를 완전히 물리쳤습니다. 아마도 그는 에훗이 오른팔을 쓰지 못하는 장애인인데다 비무장이었기 때문에 전혀 의심하지 않았단 것 같습니다. 그리고 혹시 에훗이 무엇인가 비밀스러운 정보를 가져다 줄 것으로 생각했습니다. 예를 들면, 이스라엘 안의 어떤 동태에 대한 보고라든지 혹은 다른 특별한 중요한 정보를 주려고 한다고 생각했습니다. 왜냐하면 장애인은 그 사회에서 무시당하고 소외되어 있는 자들이기 때문에 얼마든지 자기 동족을 배신할 수 있다고 생각했을 수 있습니다.

20-22절 에훗이 그에게로 들어가니 왕은 서늘한 다락방에 홀로 앉아 있는 중이라. 에훗이 이르되 내가 하나님의 명령을 받들어 왕에게 아뢸 일이 있나이다 하매 왕이 그의 좌석에서 일어나니. 에훗이 왼손을 뻗쳐 그의 오른쪽 허벅지 위에서 칼을 빼어 왕의 몸을 찌르매. 칼자루도 날을 따라 들어가서 그 끝이 등 뒤까지 나갔고 그가 칼을 그의 몸에서 빼내지 아니하였으므로 기름이 칼날에 엉겼더라

성경 본문은 에훗이 어떻게 모압왕 에글론을 죽였는지 너무나도 상세하게 기록을 하고 있습니다. 아마 이렇게 한 이유는 에훗이 장애인이었기 때문이라고 생각됩니다. 그냥 에훗이 에글론을 죽였다고 하면 사람들이 믿지 않을지 모르기 때문에 상세하게 기록하고 있는 것 같습니다. 그뿐만 아니라 앞으로 오는 믿음의 백성들에게 아무리 장애인이고 불리한 입장에 있다 하여도 지혜롭게 기회만 잡으면 능히 원수를 이길 수 있다는 것을 보여 주기 위하여 이렇게 상세한 기록을 남기고 있는 것 같습니다.

에훗은 좌우가 다 물러 갔을 때 자기가 줄 것은 '하나님의 말씀'이라고 담대하게 말하고 있습니다. 에글론은 에훗이 어떤 비밀 정보를 주려고 하나 혹은 다른 무슨 선물을 내어 놓으려고 하나 기대하고 있는데, 에훗은 자기가 줄 수 있는 것은 하나님의 말씀이라고 말을 합니다. 그 소리를 듣고 에글론은 자리에서 벌떡 일어섰습니다. 에글론이 자리에서 일어선 것은 여호와의 말씀에 경의를 표하기 위해서가 아니라 에훗이 자기가 기대한 것과는 전혀 다른 쪽으로 돌변하기 때문에 놀라서 자리에서 일어선 것입니다. 에훗은 그 순간을 놓치지 않고 바로 왼손으로 오른쪽 다리에 매였던 칼을 빼어서 에글론의 배를 찔렀습니다. 그가 얼마나 세게 찔렀던지 에훗은 두 번 찌를 필요를 느끼지 못했습니다. 칼자루가 칼날을 따라 배안으로 들어가서 칼날이 등 뒤까지 나왔다고 말씀하고 있습니다. 그런데 여기에 해석상의 문제가 있습니다.

우리 번역에는 칼이 등 뒤로 나왔다고 되어 있는데 히브리 성경에는 '파라쉬돈나'로 되어 있습니다. 즉 '그것이 뒤에서 나왔다'고 되어 있습니다. 이것은 칼이 등으로 나온 것을 말하는지, 아니면 그가 놀라서 항문으로 배설을 한 것을 말하는지 분명치가 않습니다. 그런데 저는 에글론이 죽으면서 뒤로 배설을 했다고 봅니다. 왜냐하면 나중에 에글론의 신하들이 왕의 문이 잠긴 것을 보고 발을 가리우는 줄 알았다고 합니다. 이것은 무슨 좋지 않는 냄새가 났기 때문에 그런 생각을 한 것입니다.

에글론 같은 장사가 그것도 오른손을 사용하지 못하는 장애인의 손에, 그것도 단 한 번의 칼에 찔려서 몸에 칼이 박혀 있었다는 것은 하나님의 큰 은혜입니다. 하나님께서는 가장 연약한 자를 들어서 강한 자를 쓰러트리십니다. 특히 자기 자신을 높여서 감히 하나님의 백성을 탄압하는 자에게 최대의 치욕을 안겨다 주십니다.

24절 에훗이 나간 후에 왕의 신하들이 들어와서 다락문들이 잠겼음을 보고 이르되 왕이 분명히 서늘한 방에서 그의 발을 가리우신다 하고

여기서 '발을 가린다'고 하는 것은 왕에게 사용하는 완곡 표현입니다. 대개 두 가지 경우에 발을 가린다고 하는데 하나는 대변을 보는 경우이고 다른 하나는 낮잠을 자는 경우입니다. 그런 때는 방해를 받지 않기 위하여 문을 잠그거나 다른 사람들이 가까이 오지 못하게 합니다. 특히 여기서 발을 가리운다고 하는 것은 대변을 보는 것으로 생각한 것 같습니다. 그 이유는 에글론의 몸에서 나온 변과 관계가 있습니다. '그것이 뒤에서 나왔다'고 하는데 에훗이 칼로 에글론의 배를 찌를 때 에글론은 놀라면서 힘을 쓴 결과 좋지 않은 것을 배설한 것입니다. 그 냄새 때문에 신하들은 문을 열지 못하고 밖에서 계속 기다린 것으로 생각됩니다.

결국 여기서 우리가 생각하게 되는 것이 무엇입니까? 하나님께서 하시는 일은 하나에서 열까지 그렇게 맞아 떨어질 수가 없다는 것입니다. 공군에서는 비행기 공중 충돌도 기적에 속한다고 합니다. 왜냐하면 하나에서 열 가지가 맞아 떨어지지 않으면 비행기 사고는 생길 수 없다는 것입니다. 거의 기적에 가까울 정도로 모든 좋지 못한 우연한 일들이 다 맞아 떨어져야 비행기 공중 충돌이 일어나게 된다고 합니다. 에훗이 에글론을 죽이는 것을 보면 하나에서 열까지 그렇게 맞아 떨어질 수가 없습니다. 아마 에훗이 말할 때 에글론이 계속 앉아 있었더라면 그렇게 힘껏 찌를 수가 없었을 것입니다. 그리고 묘하게 주위에 있는 사람들이 자리를 비켜 주었고 심지어는 냄새까지도 에훗에게 시간을 벌어 주었습니다. 결국 힘이 세다고 해서 이기는 것이 아닙니다. 하나님께서 함께 해 주셔야 합니다. 하나님께서 함께 하시면 도저히 사람의 머리로는 불가능한 일들이 하나의 일처럼 연결되어서 놀라운 결과로 나타나게 됩니다.

다시 일어서는 이스라엘

25-29절 그들이 오래 기다려도 왕이 다락문들을 열지 아니하는지라 열쇠를 가지고 열어 본즉 그들의 군주가 이미 땅에 엎드러져 죽었더라. 그들이 기다리는 동안에 에훗이 피하여 돌 뜨는 곳을 지나 스이라로 도망하니라. 그가 이르러 에브라임 산지에서 나팔을 불매 이스라엘 자손이 산지에서 그를 따라 내려오니 에훗이 앞서 가며. 그들에게 이르되 나를 따르라 여호와께서 너희의 원수들인 모압을 너희의 손에 넘겨 주셨느니라 하매 무리가 에훗을 따라 내려가 모압 맞은편 요단 강 나루를 장악하여 한 사람도 건너지 못하게 하였고. 그때에 모압 사람 약 만 명을 죽였으니 모두 장사요 모두 용사라 한 사람도 도망하지 못하였더라

하나님께서는 에훗을 통하여 이스라엘 백성들을 주저앉아 있는 그 자리에서 일으켜 세우셨습니다. 이스라엘 백성들은 에훗이 장애인이기 때문에 공물을 바치는 가장 치욕스러운 일을 맡겼었는데 에훗은 정상인들이 해낼 수 없는 일을 해내었습니다. 이것이 이스라엘 백성들에게 나도 할 수 있다는 용기를 심어주었습니다. '은과 금은 내게 없거니와 내게 있는 이것을 네게 주노니 나사렛 예수 그리스도의 이름으로 일어나 걸으라' 그 말씀과 같습니다. 하나님의 백성들은 말씀의 능력으로 일어설 수 있습니다. 만일 그들이 이 세상을 보지 않고 자신의 능력 없음을 보지 않고 하나님만 바라본다면 다시 일어설 수 있습니다. 이스라엘 백성들이 에훗의 말을 듣고 일어섰을 때 그들은 자기 힘으로 감당할 수 없는 일을 해내었습니다. 그것은 모압의 장수들을 모조리 다 붙잡아서 죽인 것입니다. 마치 모압의 장수들은 그물 안에 든 물고기와 같았습니다. 요단 강 나루턱을 지키니까 한 명도 도망가지 못하고 용사들이 만 명이나 잡혀서 죽

임을 당했습니다.

이스라엘 백성들이 깨달은 것이 무엇입니까? 신앙적으로 싸우는 것이 훨씬 더 쉬운 길이라는 것입니다. 그들이 타협했을 때 결국 노예 생활밖에 더 했습니까? 그러나 그들이 싸우기를 작정했을 때 무려 만 명이나 되는 모압 용사들을 죽였고 80년 동안 진정한 평화를 맛볼 수 있게 되었습니다.

이 성경 본문이 우리에게 말씀하려고 하는 것이 무엇입니까?

하나님의 교회는 성령의 능력으로 산다는 것입니다. 그러나 성령의 능력은 눈에 보이지 않는 것이기 때문에 이스라엘 백성들은 자꾸 세상적인 것으로 자기를 무장하려고 하면서 세상을 끌어들이게 되었습니다. 결국 그들의 신앙의 생명력을 잃고 실컷 하는 것이 남 좋은 일 시켜주는 것이었습니다. 내가 뼈 빠지게 노력을 했는데도 아무 열매가 없을 때 하나님께서 내가 하는 일을 기뻐하시지 않는다는 것을 바로 깨달아야 합니다. 그리고 바로 하나님 앞에 나아와서 부르짖으면서 기도해야 합니다. 그러면 하나님께서 그 긴 시간 나를 기다리고 계셨다는 것을 깨닫게 될 것입니다.

하나님께서는 그토록 비만하고 자신만만한 에글론을 한 손을 제대로 쓰지 못하는 에훗의 손에 비참하게 죽게 하심으로 하나님의 능력이 사람의 생각과는 다름을 보여주셨습니다. 하나님께서 사용하시는 사람은 볼품없는 장애인이었습니다. 그러나 에훗은 남들이 하기 싫어하는 공물 바치는 일도 묵묵하게 해냈습니다. 그런 에훗에게 성령이 임하셨을 때 그는 강한 용사가 되었습니다.

하나님께서 사용하시는 사람은 침체되어 집에 누워 있는 자가 아니었습니다. 성한 몸을 가지고 학벌이나 자존심을 내세우면서 집에서 놀고 있는 사람이 아니었습니다. 이스라엘을 위해서라면 아무도 하려고 하지 않는 그 비참한 일도 기꺼이 했던 그에게 가장 영광스러운 임무가 주어졌고 그는 결국 감당을 해냈습니다. 하나님께서는 가장 약한 자를 들어서 사용하시기를 기뻐하셨습니다.

그리고 하나님께서는 이스라엘 백성들로 하여금 스스로 일어서게 하셨습니다. 가만히 앉아 있는데 아무도 나의 인생을 대신 살아주는 사람은 없습니다. 하늘을 쳐다보면서 무슨 일이 일어나지 않을까 기대할지 몰라도 그런 생각은 일찌감치 버리는 것이 좋습니다. 기적은 스스로 움직이는 사람이 만들어 내는 것입니다. 이스라엘 백성들이 에훗을 따라 움직였더니 모압 사람들은 그물에 든 고기라는 것을 알았습니다. 요단 나루턱만 잡고 있으니까 저절로 일만 명의 군사를 사로잡을 수 있었습니다. 그리고 무려 80년 동안이나 교회는 평안했습니다. 타협하는 자는 결국 노예가 될 것입니다. 무리인줄 알면서도 싸우는 자는 오래 오래 평안을 누리게 될 것입니다.

오늘 하나님께서 찾는 사람은 다른 사람들을 비웃고 업신여길지라도 묵묵히 자신의 일을 하고 있는 에훗 같은 장애인입니다. 에훗은 기회가 주어졌을 때 망설이지 않았습니다. 얼마나 강하게 에글론의 배를 찔렀든지 자루까지 칼을 따라 들어갔을 정도였습니다. 그리고는 한순간에 하나님의 큰 구원이 시작된 것입니다. 침체되어 있으면 안 됩니다. 무려 18년 동안 노예 생활을 했다 하더라도 교회는 하나님의 말씀만 살아나면 언제든지 다시 영광스러워질 수가 있습니다.

CHAPTER 07

농부 출신 사사 삼갈

사사기 3:31

우리나라는 과거 일본의 식민지가 되었던 적이 있습니다. 그래서 일본과 우리나라 국민 사이에는 오랜 감정적인 미움이 있습니다. 특히 축구 경기라도 하는 날이면 온 국민이 우리팀을 열렬하게 응원하면서 무조건 일본만은 이겨야 한다고 부르짖습니다. 그런데 보면 결국 우리나라 팀이 실력 면에 우리보다 나은 일본팀을 이길 때가 많습니다. 그 이유는 우리가 다른 것은 몰라도 일본만은 이겨야 한다는 정신적인 자세 때문인 것입니다.

과거 임진왜란 때 우리나라의 한 수군 제독은 아주 약한 배와 군사들을 이끌고 일본군을 대패시킨 적이 있었습니다. 그가 바로 이순신 장군입니다. 그래서 전쟁이라고 하는 것은 무기나 장비도 좋아야 하지만 정신적인 부분을 무시할 수가 없는 것입니다.

이스라엘 백성들에게 가장 무서운 적은 블레셋 족속이었습니다. 성경 본문을 보면 이스라엘 백성들과 블레셋의 운명적인 대결이 시작된다는 것을 알 수 있습니다. 그런데 이스라엘 백성의 대 블레셋 관계의 초기에 삼갈이라고 하는 한 농부가 제대로 된 무기도 없이 소 모는 막대기 하나로 블레셋 군인들을 물리친 이야기가 나옵니다.

아마도 삼갈은 농사를 짓던 중에 블레셋 사람들이 이스라엘 사람들을 침공하여 살육 하는 것을 본 것 같습니다. 그는 농사를 짓던 중에 농기구를 들고 가서 그 자리에서 블레셋 사람들 육백 명을 쳐 죽였습니다. 이 한 가지 사건은 이스라엘 백성들에게 아주 중요한 의미가 있었습니다. 그것은 아무리 이스라엘 백성들이 약하고 또 반대로 블레셋 사람들이 강하다 해도 하나님이 주시는 능력만 있으면 적어도 블레셋 사람들만큼은 얼마든지 이길 수 있다는 것입니다. 한 사람이 정식 무기도 아닌 농기구를 가지고 블레셋 사람들을 무찔러서 이스라엘을 구원했다면, 다른 사람들이 해 내지 못할 이유가 없는 것입니다. 그러나 이 이후 이스라엘 백성들은 두고두고 블레셋에 패배를 당합니다. 그 이유가 어디에 있습니까? 그것은 바로 그들의 신앙에 문제가 있다는 것을 보여주는 것입니다.

우리는 사사기에서 뉴스 속보를 접하게 됩니다.

"에훗 이후에 이스라엘 백성들에게 최대의 위기 발생. 다수의 블레셋 사람들이 이스라엘 어느 동네를 기습하여 많은 양민을 학살하였음. 그런데 현장 주위에서 소로 밭일을 하던 삼갈이라는 농부가 소 모는 막대기로 블레셋 사람 육백 명을 죽이고 이스라엘 백성들을 위기에서 구출하였음. 상세한 보도는 다음 뉴스 시간에 보도하겠음."

그런데 문제는 다음 뉴스 시간에 삼갈의 이야기가 나오지 않는 것입니다. 그냥 한 번의 이 간단한 자막으로 삼갈의 활동은 끝나고 맙니다. 왼손잡이 에훗이 모압왕 에글론을 쳐 죽인 것에 대해서는 마치 슬로비디오를 보듯이 상세하게 설명한 성경이 삼갈에 대해서는 단 한 줄의 자막으로 처리해 버리고 끝나는 것입니다.

이스라엘을 구원한 삼갈

성경 본문을 보면 이렇게 되어 있습니다.

31절 에훗 후에는 아낫의 아들 삼갈이 있어 소 모는 막대기로 블레셋 사람 육백 명을 죽였고 그도 이스라엘을 구원하였더라

이 짧은 본문에서 우리는 몇 가지 중요한 정보를 얻어낼 수 있습니다.

첫째는 드디어 이스라엘 백성과 블레셋 사람이 본격적으로 격돌하기 시작했다는 사실입니다. 사실 이스라엘 백성에게 있어서 지속적으로 가장 무서운 원수는 블레셋 족속이었습니다. 이스라엘 백성이 출애굽했을 때 하나님께서는 이스라엘 백성을 해변의 좋은 길로 인도하시지 않은 이유가 바로 블레셋 족속 때문이라고 말씀하고 있습니다. 해변 길로 가려고 하면 이들과 전쟁을 치러야 하는데 이스라엘 백성은 전쟁을 치를만한 준비가 되어 있지 못한 것이 광야로 돌아서 가야 했던 이유 중 하나였습니다.

삼손이 등장했을 때에는 이스라엘은 완전히 블레셋의 식민지가 되어서 이스라엘과 블레셋은 거의 구별 없이 함께 살고 있었습니다. 삼손이 블레셋과 싸우려고 했을 때 이스라엘 백성은 오히려 삼손을 묶어서 넘겨 줄 정도로 블레셋화 되어 있었습니다. 엘리 제사장 때에는 블레셋과 싸우다가 하나님의 법궤를 빼앗기는 큰 패배를 겪었고 실로의 성막이 불타기도 했습니다. 이스라엘의 첫 왕 사울 때에는 블레셋과 싸우다가 사울왕과 두 아들 이렇게 삼부자가 길보아 산에서 전사하는 엄청난 사건을 겪게 됩니다. 이스라엘 백성들이 겨우 블레셋을 이기게 되는 것은 다윗이 블레셋의 용사 골리앗을 꺾으면서 부터입니다. 그러니까 블레셋이라는 족속은 이스라엘에게 가장 무서운 원수였습니다. 그들이 힘을 좀 내려

고 해도 도대체 블레셋 때문에 힘을 쓸 수가 없었습니다. 그러나 삼갈의 사건이 보여주는 것은 적어도 블레셋과의 관계는 힘의 관계가 아니라는 것입니다. 똑같이 강력한 적을 삼갈이라는 자는 평범한 농부로서 무기도 아닌 농사짓는 농기구로 육백 명의 블레셋 사람들을 쳐 죽이고 이스라엘 백성들을 위기에서 건져내었습니다.

두 번째는 삼갈이라는 사람의 정체입니다. 성경 본문은 '아낫의 아들 삼갈이 있어 소 모는 막대기로 블레셋 사람 육백 명을 죽였다'고 말씀하고 있습니다. 여기서 '아낫의 아들'이라고 할 때 '아낫'은 가나안의 신의 이름입니다. 따라서 어떤 사람들은 삼갈을 이방인으로 보기도 합니다. 어쩌면 삼갈의 부모는 이스라엘 자손이면서도 가나안의 우상 숭배에 깊이 빠진 자였던 것 같습니다.

요즘 믿는 집의 아이들 중에서는 예수님의 '예'자나 하나님의 '하'자 또는 은혜의 '은'자가 들어가는 이름을 가진 아이들이 많습니다. 이것은 그 부모가 신앙이 깊은 것을 의미합니다. 그런데 아이의 이름이 스님 비슷한 이름을 가지고 있다면 그 부모는 불교 신앙을 가진 자인 것을 알 수 있습니다. 전에 제가 아는 목사님의 이름이 '천룡'이 있습니다. 그 사람의 외할머니는 무당이었습니다. 그러니까 마귀의 이름을 따서 '천룡'이라고 지은 것입니다.

삼갈이 '아낫의 아들'이라고 불리우는 것을 보면 아마도 삼갈의 부모는 이스라엘의 정통 신앙을 가진 사람이 아닌 것이 분명합니다. 그럼에도 불구하고 삼갈은 부모의 신앙을 따르지 않고 열심히 하나님을 섬기는 사람이었습니다. 그런 그에게 큰 성령의 능력이 나타났던 것입니다.

따라서 '아낫의 아들'이라고 하는 것은 삼갈의 아버지가 아낫이라는 뜻보다는 '아낫의 아들'이라는 것 자체가 삼갈의 또 다른 이름이 아니겠느냐 하는 생각이 듭니다. 정통 이스라엘 백성의 입장에서 본다면 삼갈은 몇 대씩 믿던 집안사람이 아니라 우상 숭배하던 집의 자손인 것 같습니다. 그럼에도 불구하고 삼갈은 부모의 우상을 따라가지 않고 혼자서라도 열심히 믿어서 하나님의 종이 된 사람이었습니다. 그런데 하나님은 이런 삼갈을 귀하게 사용하셨습니다.

하나님의 성령의 역사는 신학적인 정통성이나 지식과는 상관없이 성령을 사모하고 구하는 자에게 나타납니다. 하나님께서는 정통 신학을 가지고 신학 논쟁이나 벌이는 자보다는 좀 무식해도 하나님의 은혜를 간구하는 자에게 성령을 부으시기를 더 기뻐하십니다. 다시 말해서 신학 지식을 가지고 자랑하지 말라는 것입니다. 하나님의 나라는 말에 있지 않고 능력에 있습니다. 얼마나 오래 교회를 다녔으며 얼마나 많은 신학 지식을 가지고 있느냐 하는 것이 중요한 것이 아니라 실제로 어떤 믿음을 가지고 있느냐 하는 것이 더 중요한 것입니다.

세 번째는 그가 사용한 무기입니다. 그가 사용한 '소 모는 막대기'가 무엇이냐 하는 것입니다. 이것을 통하여 그가 무엇을 하는 사람인지 알 수 있습니다. 어떤 사람은 소 모는 막대기가 한쪽 끝은 뾰쪽하게 되어 있어서 소 등에 붙어 있는 더러운 것을 긁어주는 막대기라고 생각하는가 하면, 어떤 사람은 소가 뒤에서 끄는 쟁기의 일종일 것이라고 생각하기도 합니다. 제가 추측하기에 삼갈은 농사짓는 사람이었을 것이라고 생각합니다.

분명한 것은 삼갈은 정식 군인이 아니었고 그가 사용한 무기도 칼이나 창이 아니었습니다. 단지 그는 밭을 갈다가 이스라엘 백성들이 블레셋 사람들로부터 살육을 당하는 현장을 목격하고는 도망치지 않고 오히려 성령에 충만하여서 블레셋 사람들과 싸웠는데 하나님께서는 삼갈로 하여금 블레셋 사람들을 육백 명이나 죽이는 엄청난 승리를 거두게 하신 것입니다. 그리고 그 후부터 블레셋 사람들은 삼갈이라는 말만 들어도 겁을 먹을 정도가 되었던 것 같습니다.

네 번째는 이 본문의 기록이 이렇게 짧은 이유가 무엇이냐 하는 것입니다.

앞에 있는 에훗의 구원은 너무나도 상세한 현장 묘사로 기분이 민망할 정도였습니다. 성경 기자는 에훗이 비둔한 에글론의 배를 찌른 사건을 너무나도 상세하게 기록을 하고 있습니다. 그런데 삼갈에 대해서는 아주 간단한 자막 외에는 전혀 이야기가 없습니다. 그 이유가 무엇이겠습니까? 그것은 삼갈의 구원이 이 한 번으로 그친 것을 의미합니다. 삼갈은 단 한 번만 하나님을 위하여 사용된 사람이었습니다. 하나님의 성령이 임하기 전 삼갈은 평범하게 농사를 짓는 사람이었습니다. 그러나 이스라엘 백성들이 블레셋 사람들에 의하여 죽임을 당하는 것을 보는 순간 삼갈은 하나님의 성령에 충만함을 입었습니다. 하나님의 성령이 임하시는 순간 삼갈은 더 이상 이전의 삼갈이 아니었습니다. 그는 한 마리의 사자로 돌변했습니다. 한 자리에서 육백 명의 블레셋 사람을 쳐 죽일 정도로 강해졌습니다. 그러나 그 일이 있고 난 후 삼갈은 다시 예전의 평범한 삼갈로 돌아갔습니다. 그 후에는 도대체 자기가 무슨 정신으로 그 엄청난 일을 저질렀는지 이해가 되지 않을 정도로 평범한 삼갈로 되돌아 간 것입니다. 삼갈은 단회적으로 사용되었습니다. 그래서 그에 대하여 더 이상 기록할 것이 없어서 이렇게 기록이 간단한 것입니다.

예표로서의 삼갈

우리는 성경에 어떤 기록이 있을 때 그것이 아무 이유 없이 거기에 있다고 생각해서는 안 됩니다. 확실히 삼갈의 기록은 간단하지만 무엇인가 앞으로 있을 일에 대비하여 한 예표로써 기록된 것입니다.

삼갈이 블레셋 사람 육백 명을 죽였다고 하지만 이것으로 블레셋 사람들을 모두 다 몰아낸 것은 아닙니다. 오히려 이것은 앞으로 계속적으로 이스라엘 백성들과 블레셋 사람들 사이의 좋지 않은 관계의 서곡에 불과했습니다. 그러나 하나님께서는 삼갈을 통하여 이스라엘 백성들에게 아주 중요한 하나의 교훈을 주고 있습니다. 그것이 무엇입니까? 블레셋과의 싸움은 사람의 명수나 무기에 달려 있지 않다는 것입니다. 이스라엘 백성들이 블레셋을 이기려면 반드시 하나님의 성령의 능력을 의지해야 하며 성령의 사람이 준비되어 있기만 하면 무기 없이 소 모는 막대기만으로도 얼마든지 블레셋 사람으로부터 이스라엘을 구원할 수 있다는 사실을 보여 줍니다. 이런 의미에서 삼갈은 이 후에 나타날 구원자 삼손의 예표가 됩니다. 삼갈이 소 모는 막대기로 육백 명을 죽인 것은 앞으로도 또 이런 일이 일어날 수 있다는 것을 예고하는 것입니다. 과연 삼손은 나귀 턱뼈 하나로 천명을 죽이는 일을 행했습니다.

지금은 모든 그리스도인들이 다 성령의 사람이지만 구약 시대에는 성령의 사람은 따로 구별되어 있었습니다. 그들은 술을 마시지 않았고 머리에 칼을 대지 않았습니다. 그래서 나실인들은 머리를 길게 길렀습니다. 그것은 그들이 사람에게 속한 자가 아니요 하나님의 소유이며, 하나님께서 뜻하신 대로 언제든지 쓸 수 있다는 것을 의미합니다. 물론 그들에게 늘 성령이 임했던 것은 아닙니다. 그러나 그들에게 성령이 임했을 때 그는 완전히 다른 사람으로 변했습니다. 삼갈은 평생 성령의 사람은 아니었습니다. 그는 단 한번 성령의 감동을 받았고 단 한번의 성령의 능력으로 이스라엘을 위기에서 구원했습니다. 그리고 그는 다시 평범한 삼갈로 돌아왔습니다. 그러나 삼손은 날 때부터 성령의 사람으로 구별되었고 그는 한평생을 통하여 블레셋으로부터 이스라엘을 구원하는 일을 했습니다. 오히려 그는 죽으면서 살았을 때 보다 더 큰 구원을 이루어냈습니다.

삼갈에 대한 기록은 단 한 절로 되어 있지만 이 한 절의 기록은 앞으로 이스라엘 백성들이 위기에 처할 때 마다 그들이 어떻게 해야 이 엄청난 위기로부터 승리할 수 있는지 보여주는 약속이라고 볼 수 있습니다. 그것은 이스라엘 백성들이 오직 하나님의 성령으로 충만해지는 것입니다. 우리 그리스도인들이 이 세상을 이기는 것은 오직 성령의 능력에 붙들리는 것입니다. 물론 처음에는 성령의 은혜를 받는다고 해서 시험 성적이 올라가는 것도 아니고 장사가 잘되는 것도 아닙니다. 그러나 우리가 성령에 붙들리는 훈련을 자꾸 하면 한순간에 능력이 올라가게 되어 있습니다. 결국 이 세상에서 승리하는 비결은 어떻게 하면 나의 능력을 효과적으로 집중시키느냐 하는데 달려 있습니다. 아무리 병력이 우세하더라도 힘이 분산되면 이길 수가 없습니다. 그런데 우리가 성령의 능력을 전적으로 의지할 때 능력이 올라가게 되어 있습니다. 그래서 이 세상에서 그를 당할 자가 없는 것입니다.

사실 우리는 성령의 능력에 대하여 너무나도 많은 것을 알지 못합니다. 성령의 능력은 비밀 병기와 같습니다. 이번에 미군이 이라크를 공격하면서 비밀 병기들을 많이 사용했습니다. 그런데 성령의 능력은 세상 사람들은 절대로 이해할 수 없는 우리들만의 무기인 것입니다.

그런데 중요한 것은 왜 삼갈의 능력은 단회적으로 끝났느냐는 것입니다. 성경에는 삼갈이 그 후에 무슨 죄를 지었다는 말도 없습니다. 단지 삼갈은 단 한번 하나님께 사용되고는 그것으로 끝이었습니다. 이것은 많은 그리스도인들에게도 있는 사실입니다. 청교도 시대에 스코틀랜드에 존 리빙스톤이라는 목사가 있었습니다. 그는 경건하고 진실한 사람이었지만 능력이 있는 설교자는 아니었습니다. 그런데 어느 날 하루 강단에 섰을 때 성령이 그를 붙들어 사용하기 시작했습니다. 그 설교에는 불이 있었고 확신이 있었으며 성령의 부으심이 있었습니다. 단 한번의 설교로 그 교회에는 오백 명의 교인이 증가했습니다. 그러나 리빙스톤의 생애에 그런 능력 있는 설교는 단 한번으로 끝났습니다. 그 이후 그는 다시 그렇게 능력 있는 설교를 하지 못했습니다. 그저 평범하게 살다가 죽었습니다.

이것이 보여주는 것은 무엇입니까? 성령의 능력은 우리 마음대로 주장할 수가 없다는 것입니다. 오직 하나님의 의지에 따라서 우리에게 주어집니다. 그러나 우리가 성령의 능력을 위하여 기도할 수 있고 또 성령의 능력이 지속되게 할 수는 있습니다.

성령님은 한순간에 사람을 뒤집어 놓는 분이십니다. 아무것도 아닌 농사군 삼갈을 엄청난 장사壯士로 만들어 놓았습니다. 성령님은 정식 무기도 아닌 소 모는 막대기로 적군을 쳐 죽이게 만든 능력의 신이십니다. 성령님은 평범한 사람 삼손으로 하여금 나귀 턱 뼈 하나로 일천 명을 쳐 죽이게 만든 능력의 신입니다. 하나님의 백성들은 성령의 능력에 붙들리기만 하면 전혀 다른 사람이 됩니다. 성격이 내성적인 사람이 사자처럼 용감한 사람이 됩니다. 늘 덜렁거리기만 하던 사람이 아주 치밀한 전략가가 되기도 합니다. 단 한번의 설교로 수백 명의 사람을 회개하게 하기도 하십니다.

우리가 여기서 관심을 가지게 되는 것은 성령은 어떻게 우리에게 역사하시느냐 하는 것입니다. 좀 더 구체적으로 말해서 성령은 반드시 말씀과 함께만 역사하시느냐 아니면 말씀 없이도 역사하실 수 있느냐 하는 것입니다. 물론 성령께서 말씀 없이도 역사하실 수 있습니다. 혼자서 기도하는 가운데 자신의 죄가 생각나서 통곡하면서 기도하게 될 때도 있고 혹은 성령의 감동에 사로잡혀서 수많은 사람들을 전도하게 되거나 다른 사람들의 병을 고치게 할 수도 있습니다. 대개 말씀 없는 성령의 직접적인 역사를 은사 운동이라도 부릅니다. 물론 은사 운동이라고 해서 말씀이나 설교가 전혀 없는 것은 아니지만 보다 중요한 것은 성령의 직접적인 역사입니다. 대개 이런 은사 운동은 오랫동안 영적으로 메말랐던 곳에 직접적인 효과를 불러일으킵니다. 말씀을 오랫동안 듣지 못했던 사람들의 마음은 병들대로 병들어 있습니다. 그래서 그들은 무엇인가 직접적인 능력을 보기를 원합니다. 그들이 관심을 가지는 것은 과연 하나님이 살아 계시느냐 계시지 않으냐 하는 것입니다. 그래서 함께 기도하는 가운데 병든 자가 벌떡벌떡 일어나는 것을 보면 과연 성경은 사실이며 하나님은 살아계시는구나 하는 것을 알고는 하나님을 두려워하게 되는 것입니다. 그러나 이런 은사 운동은 그렇게 오래가지 않는 것이 특징입니다. 때로는 아주 짧은 시간 안에 소멸되기도 합니다.

그러나 말씀으로 나타나는 역사는 그렇지가 않습니다. 말씀은 한 사람 한 사람의 의식 속에 파고 들어가서 죄가 무엇인지 그가 지금까지 얼마나 하나님을 인정하지 않고 살아왔는지 깨닫게 합니다. 병자가 일어난다거나 혹은 어떤 특별한 체험 같은 것이 없는 경우가 대부분입니다. 그러나 성령께서 능력 있게 말씀을 증거하시면 마음속 저 깊은 곳에 죄의식이 일어나며 온 영혼이 죄로 떨게 됩니다. 그리고 하나님의 용서를 체험할 때 그렇게 기쁠 수가 없습니다. 이런 것은 말씀을 통하여 나타나는 성령의 역사입니다.

그래서 하나님께서 성령의 직접적인 능력을 나타내시는 것은 일종의 페니실린 효과와 같습니다. 일단 급하게 조치를 해서 죽어가는 것을 막으려고 하는 것입니다. 그리고 그런 능력이나 은사는 말씀으로 가기 위한 준비 과정이며 곧 소멸될 것이라는 것을 알고 있어야 합니다.

블레셋의 정체

우리가 여기서 반드시 생각해야 할 것이 하나 있습니다. 그것은 블레셋은 어떤 족속이며 왜 블레셋 족속은 이스라엘과 영원토록 원수일 수밖에 없었느냐 하는 것입니다. 블레셋 족속은 가나안 원주민 출신이 아닙니다. 그들은 크레타 섬에서 이주한 민족이었습니다. 그러니까 이스라엘 백성들이 애굽을 떠날 때와 거의 비슷한 시기에 그들은 크레타 섬을 떠나서 가나안 땅으로 이주해 왔습니다. 중요한 것은 그들은 가나안 땅에 있지만 가나안 원주민들처럼 무지하지 않다는 것입니다. 그들이 가지고 있는 사고방식은 거의 그리스의 도시국가적인 사고방식이었습니다. 블레셋은 다섯 도시국가로 되어 있는데 정치나 외교는 독자적이면서도 종교나 전쟁은 힘을 합쳐서 하는 대단히 근대적인 정치의 형태를 띠고 있었습니다. 이들은 한마디로 말하면 인간의 가능성을 믿는 자들이었고 철저한 인본주의자들이었습니다. 요즘 그 그리스의 정신이 살아남아 있는 것이 올림픽 게임입니다. 인간이 가지고 있는 능력을 세계적으로 겨루는 것이 얼마나 위대한 일입니까? 그것을 이용해서 돈 버는 사람들은 따로 있는 것입니다. 블레셋은 인간의 위대함을 신앙으로 삼는 나라였습니다. 물론 그들은 다곤이라고 해서 물고기 신을 섬기고 있었지만 결국 그 다곤 제전이라고 하는 것도 일종의 운동 경기나 축제 같은 것이었습니다.

세상적인 기준으로 보면 이스라엘 사람들만큼 매력이 없는 민족이 없을 것입니다. 그들은 신 때문에 아무것도 하지 못하는 자들입니다. 하나님 때문에 운동도 제대로 하지 못하고, 하나님 때문에 일도 제대로 하지 못하고, 하나님 때문에 전쟁도 제대로 벌이지 못합니다. 이스라엘 백성들의 모든 삶을 지배하고 있는 것은 하나님이었습니다. 여기에도 하나님, 저기에도 하나님입니다. 하나님 없이는 아무것도 할 수 없는 것이 이스라엘 백성들입니다. 그러나 블레셋은 그 모든 것의 중심에 인간의 위대함이 있습니다. 인간은 할 수 있다는 것입니다. 그들은 무한한 가능성을 가지고 있으며 자기가 하고 싶은 것은 무엇이든지 할 수 있다는 것입니다. 그래서 그들은 죄라고 하는 개념이 없습니다. 단지 죄라면 배우지 못한 것이며, 죄라면 공부를 많이 하지 못한 것이지, 인간이라고 하는 것은 좋은 여건만 주어지고 힘을 합치기만 하면 얼마든지 위대할 수 있다는 것이 그들의 사상이었습니다.

신본주의 이스라엘의 가장 무서운 원수는 바로 인본주의 사상이었습니다. 인본주의자들은 다른 데는 화를 내지 않습니다. 가난한 사람들이나 도둑질을 한 사람이나 심지어는 더러운 창녀 짓을 한 사람에 대해서도 관대합니다. 그럴 수도 있다는 것입니다. 그러나 유독 하나님이 아니면 안 된다고 하는 사람들을 보면 그렇게 분노할 수가 없습니다. 이를 갈면서 덤벼들고 어떻게 해서든지 그들을 비난하거나 공격하지 않으면 견디지 못합니다. 그 이유가 무엇입니까? 신본주의 앞에서는 인간은 설 곳을 잃게 되기 때문입니다. 하나님 앞에서 인간의 모든 가능성을 무시하고 죄로 모든 인간들을 묶어 버리는 이런 신앙인들을 보면 증오심이 일어나기 때문입니다. 자기가 할 일을 하지 않고 기도만 하는 사람들을 보면 그렇게 비겁하고 무책임하게 느껴질 수가 없는 것입니다. 기도할 시간에 물건이라도 하나 더 팔아서 가난한 자를 도와야 할 것이 아니냐고 소리를 지릅니다. 좌우간 인본주의자들은 가난한 사람을 돕는 것을 무지무지하게 좋아합니다. 그러면서 하나님께 바치는 것은 그렇게 아까워할 수가 없습니다. 이런 사상의 차이 때문에 블레셋과 이스라엘은 영원히 원수가 될 수밖에 없었습니다.

인간적인 측면에서 본다면 블레셋 사람들의 사고방식이 그렇게 멋있을 수가 없습니다. 아마 우리가 이 당시 직접 그곳에 살았다면 블레셋 사람들의 사고방식이 이스라엘 사람들의 사고방식보다 훨씬 더 진보적이고 납득이 가는 것이었을 것입니다. 오히려 이스라엘 백성들의 사고방식이 하나님에 매여서 아무것도 하지 못하는 답답한 것이라고 생각했을 것입니다. 그러나 성경이 말씀하고 있는 것이 무엇입니까? 하나님은 결코 허수아비가 아니시며 인간의 죄라고 하는 것은 그렇게 간단한 것이 아니라는 것입니다. 만일 인간의 죄가 단순한 실수나 무지나 부족한 것이라면 하나님의 아들이 이 세상에 오셔서 십자가에 못 박혀 죽으실 이유가 없었습니다. 인간의 죄는 하나님과 원수된 것이며 결국 이 죄 문제를 해결받기 위해서는 인간적인 모든 능력을 다 부인하고 하나님께 자신을 전적으로 매어 놓아야 한다는 것입니다.

요즘 교회도 인간의 가능성을 추켜 세워주고 격려해주는 교회에는 사람들이 모여들고 있습니다. 그들의 시각에서 보면 죄를 고백하고 오직 하나님의 능력을 의지해야 할 수 있는 자들은 종교의 노예라고 생각될 것입니다. 결국 이 세상적인 시각에서는 블레셋이 이기게 되어 있습니다. 그러나 그것으로는 죄를 이기지 못합니다. 죄라고 하는 것은 절대로 간단한 것이 아닙니다. 마치 감기를 앓듯이, 눈물 한 번 흘리고 나면 끝나는 그런 간단한 것이 아닙니다. 결국 인간이 죄를 이기기 위해서는 십자가 위에 자기 모든 욕망을 다 못 박고 하나님의 은혜로 다시 태어나야 하는 것입니다.

우리가 생각해야 할 것은 이 세상에서 성공하는 것은 반드시 학벌이나 돈의 문제만은 아니라는 것입니다. 결국 이것은 정신의 문제이고 신앙의 문제입니다. 우리가 똑바로 된 정신을 가지고 있으면 이 세상에서 얼마든지 승리할 수 있습니다. 특히 우리가 성령의 능력에 붙들리는 훈련을 하면 능력 있는 삶을 살 수가 있습니다. 이 세상 사람들은 인간의 위대함을 믿고 사는 사람들입니다. 그러나 우리는 하나님의 은혜로 사는 사람들입니다. 상식적으로는 세상적인 생각이 이길 것 같지만 결국 죄가 해결되지 않은 블레셋 문화는 하나님의 진노를 이기지 못하는 것입니다.

이 세상과의 싸움은 우리의 무기나 능력에 달려 있지 않습니다. 오직 성령의 능력에 달려 있습니다. 우리는 그 능력을 위하여 간구해야 합니다. 하나님의 나라는 말에 있지 않고 능력에 있습니다. 하나님은 아무런 기도나 다 들어주시지 않습니다.

'오직 믿음'으로 열심히 간구하는 자의 기도를 들어 주십니다.

CHAPTER 08

여사사 드보라

사사기 4:1-10

여자들이 남자보다 못한 것이 있다면 아마도 육체적인 힘일 것입니다. 그리고 여성들은 남자들에 비하여 힘이 부족하기 때문에 늘 열등한 위치에 있었고, 심지어는 남성들에 의하여 항상 종속적인 위치에 있었던 것이 사실입니다.

남자들은 군대에 가면 심한 문화적인 충격을 받게 됩니다. 그동안 자기는 다 큰 자식이고 대학생이었기 때문에 거의 무한대의 자유를 누리다가, 군에 입대하면서 갑자기 훈련병이 되어서 오직 시키는 대로 해야만 하는 것입니다. 그때 느끼는 것이 도대체 내가 누구며 뭐하는 사람이냐 하는 정체성의 혼란을 겪게 됩니다. 그러나 이것은 여성들에게는 더욱 심한 것입니다. 여성들은 남성들에 비하여 힘이 부족하고 또 아이를 낳아서 키우게 됩니다. 그것 때문에 모든 것을 운명으로 받아들이고 한평생을 종속적인 위치에서 살아야만 했던 것입니다. 그래서 요즘은 여성들이 할 수 있는 대로 자기 직업을 가지려 하고, 어떻게 해서든지 자기 수입을 가지려고 합니다. 그래야 자기 자신의 정체성을 잃지 않는다는 것입니다.

전에 한 명문대 출신의 여성이 있었습니다. 나름대로 집에서 귀여움도 받았고 좋은 대학에서 미술을 전공해서 멋을 부리면서 살았습니다. 그런데 결혼을 하고 난 후부터 그가 해야 하는 것은 빨래였고 반찬을 만드는 것이었고 하루 종일 남편이 돌아오기만을 기다리는 것이었습니다. 그런데 남편은 저녁 늦게 돌아오자마자 피곤하니까 말 한마디도 제대로 하지 못하고 그대로 지쳐서 쓰러져 자는 것입니다. 이 새댁은 자신의 처지를 생각하니까 기가 막혔습니다. 실컷 공부하고 결혼한 결과가 겨우 빨래나 하고 남편이나 기다리는 것이냐 하는 것입니다.

그런데 우리가 이 성경 본문에서 살펴보고자 하는 것은 과연 크리스천 여성이 자신의 정체성을 찾는 길이 반드시 직장을 가지는 것밖에 없느냐 하는 것입니다. 다시 말해서 오늘날 크리스천 여성들은 누구이며 무엇 때문에 존재하는 사람이냐 하는 것입니다.

오늘 본문은 이스라엘 백성들이 가나안 땅에 정착하고 난 후 찾아온 최대의 위기를 보여주고 있습니다. 이때 이스라엘 북쪽 평지인 하솔에 본부를 두고 있는 하솔 왕 야빈과 그의 군대가 아주 심하게 이스라엘 백성들을 박해하고 있었습니다. 야빈은 철 병거 구백승과 또 시스라라고 하는 아주 강한 군대 장관을 거느리고 있었습니다. 야빈과 그의 군대 장관 시스라가 이번에 하려고 계획한 것은 단순히 이스라엘 백성들을 괴롭게 하는 것이 아니라 그들을 완전히 이 세상에서 멸절시키는 것이었습니다. 이번의 위기는 이스라엘 백성들이 가나안 땅에 정착한 후 최대의 위기였던 것으로 생각됩니다. 그런데 이 무서운 위기에서 이스라엘 백성들을 건져낸 것은 놀랍게도 드보라라고 하는 평범한 주부 출신의 여사사였습니다. 드보라는 여자라는 점 외에도 다른 사사와 다른 점이 있었습니다. 다른 사사들은 직접 자기 자신이 칼을 빼어 들고 적과 싸웠습니다. 그러나 드보라는 여자였기 때문에 다른 사사들처럼 직접 나가서 싸울 수가 없었습니다. 그래서 드보라가 할 수 있었던 것은 말씀으로 잠자는 이스라엘 백성들을 일깨웠고 그들로 하여금 하나님의 약속의 말씀을 붙들고 나가서 적과 싸우게 하는 것이었습니다.

이스라엘 백성들이 드보라의 말을 듣고 전쟁에 나가서 싸웠을 때 그 결과는 상상할 수 없는 승리였습니다. 이것은 오늘 우리들에게 두 가지 아주 중요한 답을 주고 있습니다. 하나는 오늘 크리스천 여성들이 진정 무엇으로 무장이 되어야 하느냐 하는 것입니다. 그것은 돈이 아니라 하나님의 말씀이었습니다. 크리스천 여성들은 가정의 신앙의 제사장입니다. 그는 남편이나 아이들이 어떻게 이 세상을 믿음으로 가르쳐야 하는지 보여주는 것입니다. 이 세상에서 가장 행복한 남편은 성경적인 지혜를 가진 부인을 둔 남편입니다. 그 대신 가장 불행한 남편은 부인이 전혀 신앙이 없고 세상적인 세계로 남편이나 가정을 끌고 가려고 하는 부인을 둔 남편입니다.

베드로 사도는 그리스도인 여성들에게 이 세상의 보석 같은 것으로 단장하지 말고 하나님이 주신 지혜와 성품으로 단장을 하라고 말씀했습니다. 그리고 오늘 성경이 보여주는 또 다른 하나의 원리는 도대체 목회라고 하는 것이 무엇인가 하는 것입니다. 오늘 목회자는 힘이 있는 사람이 아닙니다. 힘이 있는 사람은 이 세상에서 돈을 벌고 권세를 가진 사람이지, 목회자는 이미 세상과는 담을 쌓은 사람들입니다. 그래서 때때로 교인들이 어려운 처지에 처하게 되었을 때 도와줄 수는 없으면서 마음 아플 때가 너무나도 많습니다. 그러나 목회자는 아주 강력한 힘을 가지고 있습니다. 그것은 하나님의 말씀으로 교인들을 일깨워서 믿음을 가지게 하고 약속의 말씀을 붙들고 세상에 나가서 싸우게 하는 것입니다. 그런데 성도들이 그 말씀을 믿고 나가서 싸우면 어떻게 됩니까? 상상하지 못한 승리와 축복을 받게 되는 것입니다.

이스라엘의 고질병

우리는 보통 '고질병'이라고 할 때 쉽게 낫지 않아서 그 사람을 두고두고 괴롭히는 병을 말합니다. 그런데 이제는 그것이 상징적인 의미로 많이 사용되어서 어떤 사람이 쉽게 극복하지 못하고 두고두고 실패하고 넘어지는 문제를 그 사람의 '고질병'이라고 부릅니다.

성경 본문은 이렇게 시작되고 있습니다.

1절 에훗이 죽으니 이스라엘 자손이 또 여호와의 목전에 악을 행하매

이스라엘 백성들은 하나님 앞에서 고질병을 하나 가지고 있었습니다. 그것이 구체적으로 무엇인지 밝히고 있지는 않지만 이스라엘 백성들이 위기에 처할 때 마다 성경은 어김없이 '이스라엘 자손들이 여호와 목전에 또 악을 행하였다'고 말씀하고 있습니다.

어떤 개인이든지 그 사람에게는 약한 부분이 있습니다. 그래서 어떤 사람은 술 때문에 몇 번씩 실수하는가 하면, 어떤 사람은 노름 때문에 집에 큰 손실을 주는 것을 봅니다. 또 어떤 사람은 남의 돈을 빌려서 큰 실패를 한 후에도 또 남의 돈을 빌리는 것을 겁내지 않는 것을 보게 됩니다. 어떤 사람은 이성을 잘못 사귀는 바람에 집에 큰 난리를 일으킨 후에도 또 여자 문제나 남자 문제에 빠져드는 사람들이 있습니다. 그런 것을 그 사람의 고질병이라고 합니다. 왜 사람들에게는 이런 고질병이 생기게 되는 것일까요? 바로 이것이 인간의 죄의 본성입니다. 이 세상의 죄는 겉으로 보기에는 그렇게 무섭게 보이지 않지만 모든 죄는 그 안에 무서운 중독성을 가지고 있기 때문에 일단 한번 죄에 빠지면 그 죄에 중독이 되게 됩니다.

사람이 술을 마시면 취하는 기분에 좋다고 하지만 나중에는 알코올 중독자가 되어서 자기 스스로의 힘으로 술이 끊어지지 않을뿐더러 술을 끊으면 심한 금단 증세가 나타나서 견디지 못합니다. 잘못된 이성에 빠질 때에도 처음에는 심각하지 않게 시작하다가 나중에 한 번 두 번 만나게 되고 빠지게 되면 나중에는 정상적인 분별력이 없어져 가정도 버리고 자식도 버리고 신의도 버리게 되는 것입니다. 그래서 제이 아담스라는 상담 학자는 죄를 버리는 것을 옷을 갈아입는 것으로 비유를 했습니다. 즉 헌 옷은 벗고 새 옷을 입어야 하는 것입니다. 여기서 헌 옷과 새 옷이라는 것은 옛날의 습관과 새로운 습관을 말합니다. 즉 어떤 사람이 죄의 습관을 뜯어고치려면 말만해서는 안 되고, 먼저 생각을 바꾸어야 하고 만나는 사람들을 바꾸어야 하고 습관까지 뜯어 고쳤을 때 그는 과거의 죄의 습관에서 치료가 된 것입니다. 그래서 어떤 사람이든지 고질병을 고치려면 한두 번 말로 야단을 치거나 결심을 한다고 해서 되어지는 것이 아닌 것입니다.

그런데 이스라엘 백성들은 가나안 땅에 살면서 자주 어떤 고질병에 빠지곤 했습니다. 이스라엘 백성들이 자꾸 빠졌던 고질병이 무엇이었겠습니까? 그것은 바로 가나안 사람들이 살아가는 삶의 방식이었습니다.

우선 이스라엘 백성들은 눈에 보이지 않는 하나님을 믿는 사람들입니다. 그런데 하나님께서는 이스라엘 백성들에게 항상 '이것도 하지 말고 저것도 하지 말라'는 식으로 가르치셨습니다. 간음하지 말라, 살인하지 말라, 도적질하지 말라 등등이었습니다. 그러니까 이스라엘 백성들이 이 세상에서 할 수 있는 것이 별로 없었습니다. 그런데 가나안 사람들은 모든 것을 다 할 수 있었습니다. 얼마든지 죄를 지을 수도 있고 간음은 모두가 다 하는 것이었습니다. 그런데 가나안 사람들은 하나님의 심판을 받지 않고 너무나도 잘 사는 것입니다.

이것이 무슨 말인지 잘 이해가 되지 않으면 농촌 학생이 서울에 시험을 쳐서 대학에 들어가는 것을 생각하면 될 것 같습니다. 그 학생을 보면 어떻게 됩니까? 신촌에 있는 밤거리에 한번 가보면 이것이 젊은이구나 하는 것을 깨닫게 될 것입니다. 옛날 시골에 있을 때에는 하루 종일 교회에서 예배드리고 성경 공부나 하고, 그래도 목사님으로부터 교만하다는 책망의 설교를 들어야 합니다. 그러나 세상에 한번 나가 보면 모든 것이 다 허용이 되고 모든 것을 다 즐길 수 있습니다. 그 맛을 한번 보고 나면 그 다음부터는 교회에 나가지 않으려고 하는 것입니다.

제가 학생 때에는 싸이키 음악이라는 것이 처음으로 유행을 했습니다. 그때 공부를 하려고 도서관이 앉아 있으면 밖에서 축제를 한다고 얼마나 드럼을 치고 싸이키 전자 기타 소리를 내는지 가슴이 벌렁 거려서 거기 앉아 있을 수가 없었습니다.

이스라엘 백성들은 가나안 사람들이 사는 것을 보면서 세상의 맛을 알게 되었습니다. 그래서 그들은 자꾸 하나님을 떠나게 되었습니다. 이것이 이스라엘 백성들이 반복적으로 빠졌던 고질병입니다. 그런데 이스라엘 백성들이 늘 빠졌던 문제가 무엇인가 하면 하나님의 백성이 된다고 하는 것은 믿는 자의 자녀로 태어나는 것으로 충분하지가 않습니다. 누구든지 하나님의 백성이 되려면 각자 하나님의 말씀으로 거듭나야 하는 것입니다. 이것은 마치 아버지가 천연두 예방주사를 맞았다고 해서 자식이 자동적으로 면역이 되는 것이 아닌 것과 같습니다. 특히 구약 시대에는 면역이라는 것이 없었기 때문에 잠시라도 하나님의 말씀을 소홀히 하면 바로 죄에 감염이 될 수밖에 없었습니다. 그래서 이스라엘 백성들이 고질병에 빠지지 않는 방법은 목숨을 걸고 하나님의 율법을 붙드는 것입니다. 마치 여호수아가 했던 것처럼 율법책을 그 입에서 떠나지 않게 하는 것입니다. 그러나 사람의 마음은 그렇지 않습니다. 잠시라도 세상에 한 눈을 팔면 그 다음에는 세상에 마음이 빼앗겨 버리는 것입니다.

이스라엘 백성들이 이 세상을 사는 것은 마치 물고기가 시냇물을 거슬러 올라가는 것과 같습니다. 물고기가 가만히 있으면 결국 시냇물을 따라 떠내려가지 않을 수가 없습니다. 마찬가지로 하나님의 백성들은 항상 말씀으로 깨우침을 받지 않으면 어느 순간에 세상으로 떠내려가서 세상적으로 죄를 지으면서 살아가고 있는 것입니다.

따라서 이스라엘 공동체가 끈질기게 해야 했던 것은 하나님의 말씀으로 각자의 양심에 도전해서 믿음이 생기게 하는 것이었습니다. 만일 그들이 이 일을 조금이라도 소홀히 하기만 하면 이스라엘 공동체는 여지없이 똑같은 문제에 빠져들곤 했습니다.

그때 하나님께서 하시는 일이 무엇입니까? 그들을 특별히 붙들어 주시고 보호하시던 손을 거두십니다. 원래 하나님의 백성들은 이 세상에서 하나님의 특별한 보호 없이는 살 수 없게 되어 있습니다. 그러나 머릿속에 들어있는 것이 세상적인 사고방식이기 때문에 세상적인 욕심에 따라서 행할 때 다른 사람들은 다 형통한데도 하나님의 백성들은 아무것도 되지가 않습니다. 하나님께서는 이스라엘 백성들을 세상에서 어렵게 하셨습니다. 이것이 이스라엘 백성들에게는 너무나도 끔찍하게 싫은 일이었지만 실제로는 하나님의 사랑이었습니다. 즉 하나님께서는 이스라엘 백성들이 세상으로 떠내려가는 것은 결코 그냥 내버려두시지 않고 여러 가지 어려움을 통하여 막으셨던 것입니다.

우리가 하루라도 이 세상에서 평안하게 사는 것은 하나님의 손길이 함께 하시기 때문이라는 것입니다. 이것은 결코 우리들이 잘나서 평안하게 사는 것이 아닙니다. 그런데 만일 우리가 하나님을 전적으로 의지하지 않고 세상을 따라갈 때 어느 곳에서든지 문제가 터질 수 있습니다. 집에서 보일러가 터질 수도 있고, 차가 갑자기 시동이 꺼질 수도 있고, 친정

식구나 시집 식구들 중에서 사고를 당할 수도 있습니다. 결국 교회가 하나님의 백성들을 돕는 가장 좋은 길이 무엇입니까? 지속적으로 하나님의 말씀을 가르쳐서 그들로 하여금 절대적으로 하나님을 의지하게 만드는 것입니다. 하나님의 허락이나 도움 없이는 아무것도 하지 않겠다고 생각하게 만드는 것입니다. 이것이 결국 가장 평안하고 능력 있게 사는 길입니다.

가나안 왕 야빈

이스라엘 백성들이 하나님을 떠났을 때 이스라엘 백성들은 하솔왕 야빈의 박해를 받게 되었습니다.

2, 3절 여호와께서 하솔에서 통치하는 가나안 왕 야빈의 손에 그들을 파셨으니 그의 군대 장관은 하로셋 학고임에 거주하는 시스라요. 야빈 왕은 철병거 구백 대가 있어 이십 년 동안 이스라엘 자손을 심히 학대했으므로 이스라엘 자손이 여호와께 부르짖었더라

여기서 우리는 두 가지 특징을 볼 수 있습니다. 첫째는 두 명의 하솔왕 야빈이 나오는 것입니다. 여호수아가 북쪽 이스라엘을 침공할 때 하솔왕 야빈이 있었습니다. 그런데 이번에도 이스라엘을 심히 박해한 왕은 하솔왕 야빈이었습니다. 이것을 보면 도대체 야빈이라는 사람이 얼마나 오래 사는가 하는 생각이 들지 모르겠지만 이 두 야빈은 같은 사람이 아닙니다. 원래 야빈은 여호수아가 죽였습니다. 그러나 세월이 흐르면서 자기가 그 야빈의 후예라고 하면서 나타난 왕이 생긴 것입니다. 그러니까 이 후대의 야빈은 과거에 여호수아의 칼날에 망한 야빈이 너무나도 부러운

것입니다. 그래서 자기도 그런 악한 자가 되기 위하여 아예 그 하솔에서 야빈이라는 이름으로 자기를 지칭한 것입니다. 그런데 이 야빈은 철병거 구백승을 가지고 이스라엘 백성들을 압박했습니다. 이 철병거는 요즘의 탱크와 같은 것이었습니다.

그리고 두 번째 특징은 사실 이스라엘 백성들이 하나님의 말씀을 떠났을 때 여호와께서 이스라엘 백성들을 하솔왕 야빈에게 파셨다라고 말씀하고 있는 것입니다. 여기서 '파셨다'는 것은 노예로 팔아서 실컷 고생하고 착취를 당하게 하셨다는 뜻입니다. 예를 들어, 어떤 사람이 자기 자식이 깡패에게 걸려서 실컷 두들겨 맞는데도 아무 상관하지 않고 내버려두고 있다면 여기에 팔았다는 것과 같은 뜻인 것입니다. 그런데 실제로는 하나님께서 야빈에게 이스라엘 백성들을 괴롭히라는 말씀을 하신 적도 없고 이스라엘 백성들을 파는 계약을 체결한 적도 없습니다. 그러나 성경은 이 모든 고통의 원인이 물론 일차적으로는 이스라엘 백성들이 야빈이라는 아주 악한 자에게 걸려든 것도 있지만 그 근본적인 원인을 거슬러 올라가면 하나님께서 이렇게 되도록 허용을 하셨다는 뜻입니다. 즉 이 세상에 하나님의 백성들에게 일어나는 일들 중에서 하나님의 허락 없이 일어나는 일이라고는 전혀 없습니다. 그래서 성경이 하나님이 파셨다고 기록하고 있는 것은 하나님이 원하시면 얼마든지 회수할 수도 있다는 것을 의미하는 것입니다. 즉 하나님 앞에서 불가능한 것이 없다는 뜻입니다.

이 본문을 보면 야빈이 20년 동안 이스라엘 백성들을 심히 학대했기 때문에 이스라엘 백성들이 하나님께 부르짖었다고 말씀하고 있습니다. 이스라엘 백성은 세상을 따라가면 행복할 줄 알았는데 이상하게 모든 일이 자꾸 꼬이게 되고 나중에는 아무것도 할 수 없는 어려운 지경에 빠지게 되니까 결국 하나님을 찾게 된 것입니다. 우리 눈에는 보이지 않지만 하나님께서는 고삐 풀린 망아지와 같은 우리들을 눈에 보이지 않는 손으로 서서히 몰아오신 후에 나중에 결정적인 순간에 하나님 앞에서 부르짖게 하십니다. 하나님께서 이렇게 하시는 이유는 이렇게 해야지만 정신을 차려서 나중에라도 하나님을 제대로 믿게 되기 때문입니다. 그래서 오늘도 하나님의 백성들의 가장 강력한 무기는 어려울 때 하나님 앞에 나아와서 통곡을 하면서 부르짖는 것입니다. 그러면 하나님께서 그 눈물을 귀하게 생각하십니다. 유다 왕 중에 히스기야가 있는데 그가 죽을병에 걸렸을 때 벽을 쳐다보면서 통곡했을 때 하나님께서는 그 눈물을 보셨다라고 말씀하고 있습니다. 하나님께서는 우리 성도들의 눈물을 아주 귀하게 생각하십니다.

여사사 드보라

하나님께서 이스라엘 백성들이 이토록 어려울 때를 대비하여 준비한 사람은 평범한 주부 출신 여사사였습니다.

4, 5절 그때에 랍비돗의 아내 여선지자 드보라가 이스라엘의 사사가 되었는데. 그는 에브라임 산지 라마와 벧엘 사이 드보라의 종려나무 아래에 거주하였고 이스라엘 자손은 그에게 나아가 재판을 받더라

드보라에 대하여는 별로 알려진 것이 없습니다. 우리가 본문을 보면 그는 다른 사람의 아내였는데 성령이 임함으로 백성들의 어려움을 돕기 위한 사사가 되었다는 것밖에 없습니다. 고대 사회에서 여성들이 할 수 있는 역할은 거의 없었습니다. 그런 가운데 남의 아내된 여자에게 하나님의 성령이 임하여 그로 하여금 이스라엘 백성들에게 말씀을 가르치는 자가 되게 했다는 것은 상당히 중요한 의미를 가집니다.

여성 문제가 본격적으로 나타나고 있는 곳은 신약의 고린도 교회였습니다. 여기서 사도 바울은 여자가 사람들 앞에서 가르치는 것이 좋지 않다고 결론을 내리고 있습니다. 여자는 무엇이든지 물을 것이 있으면 조용히 집에 가서 남편에게 묻는 것이 좋다고 조언을 하고 있습니다. 이것은 여자가 전혀 하나님의 말씀을 가르칠 수 없다거나 성령이 주시는 지혜가 없다는 뜻이 아닙니다. 사도 바울은 고린도에서 여자들이 교회 안에서 그렇게 설치게 된 것을 이교들의 영향으로 보고 있는 것 같습니다. 대개 이교들의 사원에는 거룩한 여자들이라고 불리우는 여사제들이 있었습니다. 그들은 대개 고급 창녀들이었습니다. 그래서 고린도 사람들은 으레 신전이나 사원에 가면 여사제들이 판을 치는 것으로 생각했고 또 교회에 있는 여성도들도 마치 창녀나 되는 것처럼 함부로 대하려고 하는 경향이 있었습니다. 그래서 사도 바울은 그런 오해를 받지 않기 위하여 여자는 머리에 수건을 쓰는 것이 좋을 것 같고 또 교회 안에서 너무 나서지 않는 것이 좋겠다고 조언을 하고 있는 것입니다. 그러나 그리스도인 자매에게 가장 필수적으로 있어야 하는 것이 하나 있다면 그것은 하나님의 지혜의 말씀이며 영적인 분별력입니다. 남편들이 결정적인 순간에 부인에게 구하는 것이 무엇인가 하면 바로 이 영적인 분별력입니다. 베드로 사도는 크리스천 여성들에게 이렇게 권면하고 있습니다.

> 벧전 3:3, 4 너희의 단장은 머리를 꾸미고 금을 차고 아름다운 옷을 입는 외모로 하지 말고. 오직 마음에 숨은 사람을 온유하고 안정한 심령의 썩지 아니할 것으로 하라 이는 하나님 앞에 값진 것이니라

그 대신 크리스천 여성이 교만하고 혼자 잘난 체 하는 것은 아무리 좋은 옷을 입고, 좋은 목걸이를 하고 있다 하더라도 보기가 싫은 것입니

다. 이것은 마치 악취가 나는 몸에 향수를 뿌린 것과 같아서 사람의 머리를 아프게 하는 것입니다. 그러나 그리스도인 여성의 무기는 돈을 많이 버는데 있지 않습니다. 그에게 하나님의 지혜의 말씀 있어 그 말씀대로 하니까 불가능한 것이 되더라는 것입니다.

성경 본문에는 드보라가 '드보라 종려나무'라고 불리우는 곳에서 재판을 했다고 기록하고 있습니다. 여기서 재판은 그야말로 법적인 제재력을 가진 재판이 아닙니다. 하나님의 말씀을 가지고 그들의 구체적인 상황에 적용해 주어서 옳고 그른 것을 가르쳐 주는 것입니다. 우리가 '예언'이라고 할 때 단순히 '미래를 예고' 하는 것으로 생각해서는 안 됩니다. 예언은 하나님의 말씀을 가지고 구체적으로 자신들의 삶에 적용시켜주는 것입니다. 사실 교인들이 주일에 교회에 나와 예배드리면서 말씀을 듣는 것은 단순히 어떤 교리나 성경 해석을 배우려고 하는 것이 아닙니다. 그들은 자신의 구체적인 삶에 적용될 수 있는 살아있는 하나님의 말씀을 듣고자 하는 것입니다.

우리는 드보라에게서 오늘 목회의 아주 중요한 원리를 발견하게 됩니다. 그것은 다른 것이 아니고 드보라는 여성이기 때문에 직접 칼을 차고 나가서 적들과 싸울 수가 없었습니다. 드보라가 할 수 있는 것은 오직 하나님의 말씀으로 사람들을 깨우치는 것이었습니다.

우리는 대개 어떤 사람이 어려움에 빠져 있으면 직접 뛰어 들고 싶을 때가 많습니다. 예를 들어, 돈 때문에 고생을 하고 있으면 직접 돈을 빌려주기도 하고, 혹은 공부 때문에 힘들어 하는 학생이 있으면 불러다가 수학이나 영어도 가르쳐 주고, 혹은 집을 여러 채 지어서 집 없는 사람에게 빌려주기도 하는 둥 그들의 어려움에 직접적인 도움을 주고 싶어 할 때가 많습니다. 우리가 지금까지 본 사사들은 바로 그런 사람들이었습니다. 옷니엘이라든지 에훗은 직접 칼을 들고 이스라엘을 괴롭히는 대적들과 싸움으로 그들을 직접적으로 그 어려움에서 건져 내었던 사람들입니다. 요즘으로 말하면 사회 현장에 직접 뛰어 들어서 어려운 자들에게 밥을 퍼주면서 사람들을 선동했던 인물들입니다. 그러나 드보라는 그렇게 할 수 있는 힘이 없었습니다. 옷니엘이나 에훗처럼 칼을 차고 나가서 싸울 수가 없었습니다. 드보라는 '드보라 종려나무' 아래서 가난한 자들에게 밥을 퍼주는 일을 하지 않았습니다. 그가 한 것은 오직 말씀으로 다른 사람들을 일깨워 그들의 발로 직접 일어서게 했습니다. 이스라엘 백성들로 하여금 남이 다 해준 것을 얻어먹게 한 것이 아니라 그들이 직접 말씀을 듣고 스스로 자기 발로 일어서서 직접 싸워서 승리를 쟁취하게 했습니다.

다시 말해서 드보라는 직접 싸우는 전사가 아니요, 각자로 하여금 싸우게 하는 코치였습니다. 그는 돈도 없었고 싸울 힘도 없었습니다. 그는 남편이 있는 여자였고 아마도 아이들도 있었을 것입니다. 그는 오직 말씀으로 하나님의 백성들을 깨워서 그들로 하여금 하나님이 약속하신 그 존귀함과 풍성함을 되찾게 했습니다.

하나님께서 이스라엘 백성들을 애굽에서 불러내신 것은 이렇게 야빈에게 약탈질이나 당하라고 불러내신 것이 아닙니다. 이스라엘 백성들은 자신들의 이 무능하고 무기력한 상태에 대하여 가슴을 쳐야만 했습니다. 그들은 단지 목숨만 부지하고 사는 것으로 만족해서는 안 됩니다. 그들에게는 존귀한 삶과 풍성한 삶이 약속되어 있었습니다. 그들은 되찾아야 할 하나님의 능력이 있고 축복이 있었던 것입니다.

이 본문을 보면 아주 중요한 사실이 나타나고 있습니다.

드보라는 아비노암의 아들 바락을 불러서 납달리와 스불론 사람 만 명을 모아서 야빈의 군대와 싸우라고 말씀을 했습니다.

6, 7절 드보라가 사람을 보내어 아비노암의 아들 바락을 납달리 게데스에서

불러다가 그에게 이르되 이스라엘의 하나님 여호와께서 이같이 명령하지 아니하셨느냐 너는 납달리 자손과 스불론 자손 만 명을 거느리고 다볼 산으로 가라. 내가 야빈의 군대 장관 시스라와 그의 병거들과 그의 무리를 기손 강으로 이끌어 네게 이르게 하고 그를 네 손에 넘겨 주리라 하셨느니라

그러나 실제의 상황은 그것이 불가능하게 보였습니다. 바락은 거의 맨손으로 싸우다시피 하는데 상대방은 강력한 철병거가 구백승이나 있었습니다. 이것은 마치 계란으로 바위를 치라는 것과 같았습니다. 오늘 우리가 믿음을 가지고 이 세상에서 살아가려면 바락과 같은 생각이 들 것입니다. 도대체 아무것도 없이 어떻게 시스라의 철병거 구백승을 대항하여 싸우겠습니까?

그때 바락은 못하겠다고 말하지는 않는 대신 드보라가 같이 가야 싸울 수 있겠다고 조건을 달았습니다.

8절 바락이 그에게 이르되 만일 당신이 나와 함께 가면 내가 가려니와 만일 당신이 나와 함께 가지 아니하면 나도 가지 아니하겠노라

현실을 보았을 때 갑자기 바락의 마음이 약해졌습니다. 머리로는 하나님께서 함께 하시면 이길 수 있을 것 같았지만, 현실을 생각할 때 이것은 너무나도 불가능한 일이었습니다. 도저히 자기 혼자의 힘으로는 감당할 수 없을 것 같았습니다. 그래서 드보라가 함께 가야 자기가 갈 것이라고 했습니다. 그 이유가 무엇입니까? 드보라가 있어야 하나님께서 더 그들을 불쌍히 여기시며 드보라가 있어야 다른 이스라엘 백성들의 마음도 더 단결될 것으로 생각했기 때문입니다.

다시 말해서 자기 힘으로는 도저히 이길 수 없으니까 드보라 당신의

권위와 영력을 빌려달라는 것입니다. 바락은 하나님의 말씀만으로는 믿을 수가 없었던 것입니다. 그는 도저히 자기 힘으로는 이길 수 없을 것 같아서 인간적으로 드보라의 힘을 끌어 들이려고 했던 것입니다. 그때 드보라가 한 말이 무엇입니까?

9절 이르되 내가 반드시 너와 함께 가리라 그러나 네가 이번에 가는 길에서는 영광을 얻지 못하리니 이는 여호와께서 시스라를 여인의 손에 파실 것임이니라 하고 드보라가 일어나 바락과 함께 게데스로 가니라

바락이 말씀만 붙잡지 못하고 드보라라는 사람을 이 전쟁에 끌어들였을 때 그는 가장 중요한 상을 놓치게 되었습니다. 결국 시스라를 때려죽이는 이 공은 또 다른 한 여자에게 돌아가고 말았습니다. 그는 실컷 전쟁은 치르지만 상을 놓치고 말았습니다. 그 이유가 무엇입니까? 하나님께서 말씀하시는 것이 얼마나 큰 축복이며 얼마나 큰 은혜인데 그것을 믿지 못했기 때문입니다.

오늘 교인들의 경향이 말씀을 듣는 것만으로 만족하지 못하는 것입니다. 물론 말씀도 듣지만 거기에 또 개인적인 친분 관계까지 원합니다. 말씀이 은혜로운 것으로 만족하지 못하고 개인적으로 자기에게 더 관심을 가져주고 또 머리에 손을 얹고 한번 '세게'(?) 기도를 해 주어야 만족하는 것입니다. 우리에게 중요한 것은 오늘 내 귀에 하나님의 말씀이 들리고 있는 것이며, 그 말씀을 믿고 나가면 불가능한 것이 이루어지게 됩니다.

"대저 하나님의 모든 말씀은 능하지 못하심이 없느니라"

복음서에 보면 유대인들은 이방인에게 가장 귀한 축복을 빼앗겼습니다. 그 이유가 이방인들은 예수님의 말씀만 듣고도 믿었는데 유대인들은 꼭 안수를 해 주거나 만져주어야 병이 낫는다고 믿었기 때문입니다. 그래

서 가장 귀한 믿음의 축복은 이방인들이 차지를 했습니다.

요즘 우리 그리스도인 형제자매들은 어떻게 해서든지 편하게 믿으려고 하는 것 같습니다. 다른 사람이 자기를 행복하게 해주기를 바라고 있습니다. 그런 신앙은 상이 없습니다. 말씀 하나만으로 우리는 이 세상을 이길 수 있습니다. 말씀이 있는데 무엇을 두려워합니까? 말씀을 듣고서 하나님이 내 편이시며 나에게 이김을 주시기를 기뻐하시는구나 하는 확신을 가지시기 바랍니다. 아직 눈에 보이는 것은 아무것도 없지만, 눈에 보이는 것은 시스라의 철병거 구백승 밖에 없지만, 믿음으로 일어서기 바랍니다. 어차피 한번 치루어야 할 싸움이라면 내 힘으로 용감하게 싸워서 부딪치시기 바랍니다.

하나님께서 가장 힘든 위기에서 이스라엘을 건지시는데 사용하신 사람은 평범한 주부였습니다. 여선지라고 해서 혼자 산에 올라가 기도하면서 수십 년을 보낸 여자가 아니었습니다. 평범한 주부였습니다. 그러나 그에게 하나님의 말씀이 있었고 그는 아무 힘이 없었지만 말씀의 능력으로 이스라엘을 20년의 깊은 잠에서 깨웠습니다.

20년 동안 추운 겨울만 계속된 이 동토의 나라에 봄이 오게 했습니다. 오직 하나입니다. 말씀 하나로 일어서는 것입니다. 그리스도인 여자는 무엇으로 삽니까? 그에게 지혜의 말씀이 있어야 하고 믿음이 있어야 합니다. 다른 사람들을 지혜의 말씀으로 깨울 수 있는 능력이 있어야 합니다.

CHAPTER 09

야엘의 승리

사사기 4:11-24

우리나라가 자주 불안하고 위태로울 때가 많은 것은 이미 하나님 앞에서 별로 가치가 없는 나라가 되고 있다는 증거입니다. 우리가 어떻게 하면 하나님께서 전쟁을 막아주실 수밖에 없는 가치 있는 나라가 될 수 있을까요? 그것은 두 가지입니다. 하나는 하나님의 진리를 자꾸 밝히는 것입니다. 빛이 있는 곳에는 어두움이 파고 들어올 수가 없습니다. 하나님의 진리가 있는 곳에는 사탄이 전쟁을 일으킬 수가 없습니다. 그리고 또 하나는 다시 한 번 우리나라가 복음을 땅 끝까지 전파하는 선교의 전진 기지가 되는 것입니다. 지금 우리가 자꾸 돈을 모으고 살려고 하면 그것이 바로 죽는 길입니다. 우리가 살 수 있는 길은 다른 사람을 살게 하는 길입니다. 그래서 돈을 많이 모으고 자식들에게 공부를 많이 시키는 것보다 더 중요한 것이 하나님의 진리를 밝히는 교회가 되고, 선교를 하는 교회가 되는 것입니다. 그러면 분명히 하나님께서는 우리나라를 지켜주실 것입니다.

본문 말씀은 이스라엘 백성들이 북쪽의 하솔의 야빈왕의 철병거 구백승과 싸워서 이긴 역사를 말씀하고 있습니다. 이스라엘 백성들은 모두

가 민간인이라면 시스라의 군대는 정규 군대였고 중무장을 한 군인들이었습니다. 그런데 하나님께서는 시스라의 정규 군대를 파하시고 민간인인 이스라엘 백성들이 이기게 하셨습니다. 그리고 가장 중요한 것은 시스라라고 하는 군대 장관을 죽이는 공을 이방인인 야엘이라는 여자가 세우게 하신 것입니다.

야엘은 모세의 장인 호밥의 후손들인데 그들은 정식 이스라엘 백성들이 아니었습니다. 그저 이스라엘 백성들을 따라오면서 하나님의 진리의 부스러기라도 얻어먹는 것으로 만족하던 사람들이었습니다. 그런데 본문의 이 사건을 통하여 하나님께서는 얼마나 그들을 사랑하시는지 보여주셨습니다.

모세의 장인 호밥의 후손들

성경 본문은 갑자기 모세의 장인 호밥 자손들에 대하여 말씀하고 있습니다.

11절 모세의 장인 호밥의 자손 중 겐 사람 헤벨이 떠나 게데스에 가까운 사아난님 상수리나무 곁에 이르러 장막을 쳤더라

이스라엘 백성들이 40년 동안 광야를 여행할 때 그들 혼자 여행한 것은 아니었습니다. 40년 내내 그들과 동행한 아주 다정한 광야의 벗이 있었는데 그들은 바로 모세의 장인 이드로의 겐 족속이었습니다. 원래 모세의 장인 이드로는 제사장이었는데 제대로 된 제사장이 아니었습니다. 일종의 사이비 제사장이라고 생각하면 좋을 것입니다. 그러나 호밥은 그의 사위 모세가 하나님의 능력으로 이스라엘 백성들을 애굽에서 이끌어 내

고 홍해를 육지같이 건넌 사건에 대하여 깊은 관심을 가졌습니다. 그래서 호밥의 후손들은 광야에서 모세를 만나서 하나님께서 행하신 것을 듣고 그 후 계속 이스라엘 백성들과 광야를 동행했습니다. 그들이 이스라엘 백성들을 따라 온 것은 무슨 특별한 이유가 있어서가 아니었습니다. 어차피 그들은 유목민이기 때문에 자기 땅이 없었습니다. 그들은 어디를 가나 똑같았습니다. 그런데 특별히 중요한 것은 이스라엘 백성들과 함께 다니면 비록 찌꺼기일지라도 하나님의 은혜를 얻어먹을 수 있었기 때문입니다.

바다에서 작은 어선을 타고 가면 갈매기들이 계속 따라오는 것을 볼 수 있습니다. 갈매기들이 배를 자꾸 따라오는 이유는 배를 따라오면 음식 찌꺼기들을 먹을 수 있기 때문입니다. 그래서 어떤 의미에서 이 갈매기들은 작은 배에 있는 외로운 사람들에게는 망망대해에서 친구 역할을 하기도 합니다. 겐 족속들은 풀 한포기 조차 없는 이 넓은 광야에서 이스라엘 백성들의 길동무가 되어 주었습니다. 그러면서 그들은 이스라엘 백성들로부터 만나를 얻어먹기도 하고 때로는 모세의 율법의 말씀을 얻어듣기도 했던 것입니다. 따라서 겐 족속은 말하자면 복음에 있어서 구걸하는 거지와 같은 자들이었습니다. 그들은 하나님의 말씀 일부라도 얻어듣기 위하여 그 넓은 광야를 계속 따라오면서 이스라엘 백성들과 동행을 했습니다.

우리는 누가복음 16:19절 이하에서 부자와 거지 나사로 비유를 봅니다. 성경은 이 거지에 대하여 '부자의 상에서 떨어지는 것으로 배불리려 하매 심지어 개들이 와서 그 헌데를 핥더라'고 말씀하고 있습니다. 여기서 거지가 부자의 상에서 떨어지는 부스러기로 배를 불리려고 했다는 것이 무엇입니까? 예수님 당시의 이방인이나 사마리아 사람들 혹은 죄인취급 당하는 자들은 당당하게 하나님의 말씀을 배우지 못하고 겨우 상에서 떨어지는 부스러기를 얻어먹는 처지였다는 것입니다. 다시 말해서 그들은 정규 회원이 되지 못하였고 괄시를 당하면서 은혜의 찌꺼기를 얻어 먹기 위하여 회당에 참석했던 자들입니다. 그러나 하나님께서는 어떻게 하셨습니까? 하나님 나라의 정규 멤버들이 바리새인들이나 예루살렘의 유대인들은 그 나라에서 쫓아내시고 이 은혜의 구걸자들로 하나님 나라의 주인이 되게 하기를 기뻐하셨습니다. 그래서 예수님께서는 하나님 나라에서는 먼저 된 자들이 나중 되고, 나중된 자들이 먼저 될 것이라고 여러 차례 말씀하셨습니다.

정류 멤버들의 특징이 무엇입니까? 엄청난 하나님의 말씀을 듣고서도 이것이 귀한 줄 모릅니다. 하나님의 말씀으로 만족하지 못하고 오히려 신앙이 없는 사람들보다 돈을 더 좋아했던 것입니다. 하나님께서는 이런 자들을 싫어하십니다. 은혜 받은 자들은 은혜에 더 갈급하게 되어 있습니다. 이 이방인들의 자세가 무엇입니까? 그들은 어떻게 해서든지 하나님의 말씀을 하나라도 얻어먹기 위하여 이 불타는 사막을 끝까지 따라 왔습니다. 하나님께서는 이번에 이 겐 족속 그 중에서도 특히 여인을 통하여 영광을 받으셨습니다.

그러면 왜 이 겐 족속들은 이스라엘 족속으로 귀화하지 않았을까요? 그 이유는 다른데 있는 것이 아니라 자기들은 그럴 수 있는 자격이 없다고 생각했던 것 같습니다. 그들은 도시 생활을 함으로 자신들이 변질되는 것을 싫어해서 끝까지 유목민으로 남고 싶어 했습니다. 그러나 그들의 마음은 이스라엘을 동경했고 하나님의 은혜의 지극히 작은 부분을 맛보는 것으로 만족하고 감사했습니다.

므깃도의 전쟁

12-14절 아비노암의 아들 바락이 다볼 산에 오른 것을 사람들이 시스라에

게 알리매. 시스라가 모든 병거 곧 철 병거 구백 대와 자기와 함께 있는 모든 백성을 하로셋학고임에서부터 기손 강으로 모은지라. 드보라가 바락에게 이르되 일어나라 이는 여호와께서 시스라를 네 손에 넘겨 주신 날이라 여호와께서 너에 앞서 나가지 아니하시느냐 하는지라 이에 바락이 만 명을 거느리고 다볼 산에서 내려가니

여기서 '다볼 산'이라고 하는 것은 므깃도에 있는 높은 산을 말합니다. 앞으로 두고두고 이 므깃도의 전쟁은 이 세상 악의 세력이 하나님의 백성들을 진멸하기 위하여 자신의 전 세력을 다 모아서 공격하는 전쟁의 전형적인 모델이 되고 있습니다. 요한계시록 16:16절에 보면 사탄이 악한 왕들을 불러 모아서 하나님의 백성들을 대적하려고 하는데 그곳 이름을 '아마겟돈'이라고 합니다. 여기서 '아마겟돈'은 므깃도의 산이라는 뜻의 '할 므깃도'의 헬라식 발음입니다. 다시 말해서 아마겟돈이라고 하는 장소는 야빈과 시스라의 군대가 이스라엘 백성들을 이 세상에서 멸절시키기 위하여 철병거 구백승을 모아 가지고 그들을 대항했던 바로 이곳을 말합니다. 바로 이 다볼 산이 이들에게는 아마겟돈이 되는 것입니다.

이들이 지금 하려고 하는 것은 단순히 이스라엘을 지배하는 것으로 만족하지 못해서 이제 그들을 이 세상에서 완전히 없애려고 하는 것입니다. 이것을 하나님께서는 미리 드보라를 통하여 준비시켰던 것입니다.

우리가 신앙생활하는데 참으로 힘든 문제가 무엇입니까? 바로 이 세상에서 우리가 어떻게 살아야 하느냐 하는 것입니다. 우리는 이 세상 사람들과 어울려 사는데 가치관이나 생활 방식에 있어서 다른 점이 너무 많습니다. 일단 같은 가족이라 하더라도 제사라든지 아니면 직장 동료들도 술을 마시는 것이라든지 너무나도 다른 부분이 많습니다. 거기에다가 가치관까지도 큰 차이가 있습니다.

그런데 믿지 않는 사람들 중에 '이것은 그들의 인생관이고 가치관이야' 하고 내버려두는 사람이 있는가 하면, 언젠가 한번 적당한 때를 노려서 한바탕 복수를 하려고 하는 사람도 있습니다. 한번 날을 잡아서 자기가 가진 모든 것을 다 동원하여 하나님의 백성들을 공격할 때 바로 므깃도의 전쟁이 터지게 되는 것입니다.

다시 말해서 이것은 우리에게 생존에 대한 아주 중요한 문제를 제기합니다. 그것은 이 불신의 세상에서 과연 하나님을 섬기는 백성들이 존재할 수 있느냐 하는 것입니다. 이것에 대한 성경의 답변은 우리를 이 세상에 살게 하신 분은 하나님이시라는 것입니다. 하나님께서는 우리가 하나님을 떠나지 않는 이상 절대로 이 세상에서 쫓겨나지 않게 하십니다. 만약 이 세상 사람들이 하나님의 백성들을 이 세상에서 뿌리를 뽑으려고 할 때에는 하나님께서 그 자리에서 일어서서 그들을 상대로 싸우시게 됩니다. 오늘 많은 크리스천들이 질문하고 있는 것이 바로 이런 것입니다. 즉 '내가 성경대로 살기만 하면 이 세상에서 멸망하지 않고 생존할 수 있느냐' 하는 것입니다. 그 이유는 세상 사람들은 이 세상에 사는 것을 위하여 전력 투구를 합니다.

예를 들어, 학생들은 공부하는 것을 위하여 거의 생명을 바치다시피 합니다. 실제로 자신의 모든 것을 다 걸어놓고 공부하는 사람들도 많이 있습니다. 직장 생활을 하거나 혹은 장사를 하는 사람들도 하나님을 모르는 사람들은 그것 하나만을 위하여 자신의 모든 것을 다 바칩니다. 다시 말해서 이 세상은 자기 모든 것을 다 바쳐서 전력 질주를 해야 겨우 살아남을까 말까 할 정도로 대단히 경쟁적입니다. 이런 세상에서 믿음 생활을 해 가면서도 생존을 해낼 수 있느냐 하는 것입니다. 그뿐만 아니라 세상에서 한번 살아보면 신앙 양심을 지키기가 너무나도 어렵다는 것을 알게 됩니다.

그래서 기독교 신앙을 싫어하는 자들이 한번은 모든 세력을 다 모아서 공격할 때가 있습니다. 그 공격의 의미가 무엇입니까? 그런 식으로 살려고 하면 이 세상을 떠나라는 것입니다. 너희같이 신앙생활하려면 광야로 가서 거기서 하든지 여기 가나안 땅에서는 그런 식으로 살지 말라는 것입니다. 이것이 바로 므깃도 전쟁의 의미입니다.

사탄은 하나님의 백성들을 이 세상에서 없애려는 것이 목적입니다. 타협하면 살려주지만 하나님의 말씀대로 살려고 하는 사람이나 교회는 살려두지 않겠다는 것입니다. 저는 역사에서 가장 큰 아마겟돈 전쟁이 루터를 소환했던 보름스 회의라고 생각합니다. 그 회의가 원했던 것이 무엇입니까? 이 세상에서 진정으로 하나님을 섬기는 교회를 완전히 멸절하려는 것이었습니다. 그러나 루터는 주님을 붙들었고 결코 사탄은 이기지 못했습니다. 오히려 그 회의를 통하여 바로 믿으려고 하는 자들은 힘을 얻게 되었습니다.

성경 본문을 보면 드보라는 제대로 된 변변한 무기도 없는 바락에게 시스라를 대항하여 싸우라고 말씀합니다. 눈에 보이는 것은 아무것도 없는데 무엇을 믿고 전쟁을 합니까? 그 이유는 하나님의 백성들이 이 세상에서 존재할 수밖에 없기 때문에 자기 자신을 지키는 것입니다. 물론 하나님의 백성들도 웬만하면 양보하고 싸우지 않으려고 합니다. 그러나 그들의 요구 사항이 상식적으로도 도저히 받아들일 수 없는 것일 때 그때에는 싸우지 않을 수 없습니다.

가장 무서운 전쟁이 벌어지게 되었을 때 드보라는 이스라엘 장수 바락에게 무엇을 명령했습니까?

14절 드보라가 바락에게 이르되 일어나라 이는 여호와께서 시스라를 네 손에 넘겨 주신 날이라 여호와께서 너에 앞서 나가지 아니하시느냐 하는지라

이에 바락이 만 명을 거느리고 다볼 산에서 내려가니

여기서 드보라는 바락에게 '일어나라'고 말합니다. 이것은 지금 바락이 주저앉아 있기 때문에 일어나라고 하는 것이 아닙니다. 이것은 '믿음에 굳게 서라'는 것입니다. 므깃도의 전쟁은 힘의 전쟁이 아닙니다. 이것은 진리와 비진리의 싸움이며, 하나님과 사탄의 세력 싸움입니다.

이 세상이 우리를 이 세상에서 완전히 추방하려고 할 때 우리가 붙들어야 할 것이 무엇입니까? '우리를 이 세상에 살게 하신 분은 하나님이시다'는 것입니다. 그리고 적어도 나는 지금 이 어려움으로 멸망당하지 않을 것이며 구체적인 과정이나 방법은 모르지만 반드시 승리할 것이라는 믿음입니다.

어려움이 왔을 때 가장 파괴적인 것이 '최악의 시나리오'를 생각해서 비참한 결과를 예측하고 미리 낙담하는 것입니다. 내가 하나님의 진리를 붙들고 있는데 이 세상에서 도저히 살 수 없도록 일이 진행될 때 이것은 나의 전쟁이 아닙니다. 하나님께서 싸워야 할 전쟁입니다. 이때 마귀가 노리는 것은 무력의 시위를 통하여 우리를 기죽게 만드는 것입니다. 내가 하나님을 신뢰함에도 불구하고 이런 일이 일어나게 하신 하나님께 대하여 분노하게 하고 원망하게 하는 것입니다. 나의 믿음이 현실의 높은 장벽 앞에서 무력하다고 생각해서 스스로 믿음을 부끄러워하게 만드는 것입니다. 마귀는 우리를 죽이지 못합니다. 단지 침체하게 만들고, 우리로 하여금 자기 자신을 학대하게 만들고, 하나님을 원망하게 만들고, 스스로 비참하게 느끼게 할 뿐입니다. 그때 우리가 해야 할 일은 믿음으로 일어서는 것입니다. 그 자리에 계속 눌러 앉아 있으면 안 됩니다. 그 자리에서 털고 일어서야 합니다. 내 마음속에서 일어나고 있는 불안이나 두려움을 물리쳐야 하는 것입니다.

이 본문은 하나님께서 어떻게 시스라의 군대를 격파하셨는지는 나타나지 않고 있습니다. 그러나 5장에 있는 드보라의 노래를 보면 역시 기손강의 범람이었다는 것을 알 수 있습니다. 강이 범람했을 때 시스라의 철병거 구백승은 아무 쓸모가 없는 것이 되고 말았습니다. 우리가 알아야 할 것은 하나님의 작전은 무궁무진하다는 것입니다. 하나님은 이 세상의 아무리 뛰어난 자도 흉내 낼 수 없는 지략과 모사의 신이십니다. 아마도 하나님께서는 갑자기 폭우가 내리게 하신 것 같습니다. 그러니까 기손 강에 진을 치고 있던 시스라의 군대는 물에 잠길 수밖에 없었고 다볼 산에 있던 이스라엘 백성들은 안전했습니다. 그들은 마치 낚시를 하듯이 시스라의 군대를 섬멸했습니다.

그러나 실제로 오늘 우리의 싸움은 이런 칼과 창의 싸움이 아닙니다. 정사와 권세와 눈에 보이지 않는 어두움의 세력과의 싸움입니다. 우리는 어떻게 싸워야 합니까? 기도밖에 없습니다. 주님께서 말씀하시기를 '기도 외에는 이런 유가 나갈 수 없느니라'고 하셨습니다. 나의 생존이 달린 어려움인데 나의 힘으로는 할 수 있는 것이 아무것도 없을 때 그때에는 기도할 때입니다. 그리고 아무리 상황이 어렵게 진행된다 하더라도 절대로 두려워하지 마시기 바랍니다.

나에게 어떤 어려움이 닥쳤을 때 그것을 내가 붙들고 있으면 나의 전쟁이 됩니다. 그것을 하나님의 전쟁이 되게 하십시오. 어떻게 하면 그것을 하나님의 전쟁이 되게 할 수 있습니까? 내가 겪고 있는 모든 어려움을 하나님께 다 말씀 드리고 내가 염려하지 않기로 굳게 결심하는 것입니다. 어떤 일이 있어도 내가 다시 고민하거나 그 문제에 빠지지 않도록 내 마음을 지키는 것입니다. 그러면 하나님께서 내 앞에서 행하시는 것을 보게 될 때가 올 것입니다. 믿음은 하나님을 그 보좌에서 일어서게 하는 힘이 있습니다.

이방인 여자 야엘의 승리

전쟁의 결과는 시스라의 대패배였습니다. 철병거 구백승만 믿고 있던 시스라의 군대는 철병거가 쓸 수 없게 되면서 아주 심한 두려움과 자신감의 상실에 빠졌던 것 같습니다. 원래 힘을 믿는 자들이 자기 힘이 통하지 않으면 대책 없이 무너지게 되어 있는 법입니다. 시스라는 도보로 도망을 쳐서 마침 그 가까운 곳에 장막을 치고 있던 겐 사람 헤벨의 아내 야엘의 장막으로 도망을 치게 되었습니다.

17절 시스라가 걸어서 도망하여 겐 사람 헤벨의 아내 야엘의 장막에 이르렀으니 이는 하솔 왕 야빈과 겐 사람 헤벨의 집 사이에는 화평이 있음이라

여기서 우리가 알 수 있는 것이 하솔왕 야빈이 이스라엘 백성들과는 그토록 적대적이었지만 다른 족속들과는 나름대로 괜찮은 관계에 있었던 것을 알 수 있습니다. 그래서 야빈과 겐 족속 사이는 화평한 사이였습니다. 그래서 시스라는 추격을 당하고 있었기 때문에 다급한 것도 있었고 또 설마 겐 족속이 자기를 배반하겠는가 싶어서 안심하고 거기로 들어갔습니다. 도망쳐 온 시스라를 보고서 야엘은 아주 친절하게 맞이했습니다.

18-20절 야엘이 나가 시스라를 영접하며 그에게 말하되 나의 주여 들어오소서 내게로 들어오시고 두려워하지 마소서 하매 그가 그 장막에 들어가니 야엘이 이불로 그를 덮으니라. 시스라가 그에게 말하되 청하노니 내게 물을 조금 마시게 하라 내가 목이 마르다 하매 우유 부대를 열어 그에게 마시게 하고 그를 덮으니. 그가 또 이르되 장막 문에 섰다가 만일 사람이 와서 네게 묻기를 여기 어떤 사람이 있느냐 하거든 너는 없다 하라 하고

시스라는 전혀 야엘을 의심하지 않았습니다. 왜냐하면 너무나도 자연스럽게 그를 영접했고 또 그를 극진하게 대했기 때문입니다. 이방인에게 여자가 이불을 덮어준다고 하는 것은 극진한 대접입니다. 그리고 목말라하는 그에게 물 대신 젖을 준 것은 대단한 호의를 베푼 것입니다. 그래서 시스라는 전혀 야엘을 의심하지 않고 오히려 문 밖에서 망을 좀 봐달라고 하면서 깊은 잠에 빠졌습니다. 야엘은 우리나라로 치면 논개와 같은 여자였습니다. 논개는 적장에게 극진하게 대접하여 완전히 자기를 믿게 한 후 강가에 내려와서는 적장을 끌어안고 물에 빠졌습니다. 지금도 촉석루 옆의 다리에는 논개가 손가락이 풀리지 않도록 열 손가락에 끼었던 가락지를 상징하는 가락지가 다리에 만들어져 있습니다. 그러나 야엘은 가락지로 적장을 죽이지 않았습니다. 말뚝으로 시스라의 머리를 박아 버렸습니다.

21절 그가 깊이 잠드니 헤벨의 아내 야엘이 장막 말뚝을 가지고 손에 방망이를 들고 그에게로 가만히 가서 말뚝을 그의 관자놀이에 박으매 말뚝이 꿰뚫고 땅에 박히니 그가 기절하여 죽으니라

유목민의 여자들은 장막을 치는데 전문가였습니다. 그는 야엘이 깊이 잠든 것을 보고 장막 말뚝을 가지고 들어가서 머리에 말뚝을 박아서 단번에 죽여 버렸습니다. 우리는 여자를 절대로 우습게 알아서는 안 됩니다. 여자들이 늘 사용하는 기구들을 보면 주로 여러 종류의 식칼이나 가스 불 혹은 포크 같은 것이 있습니다. 옛날 한국 여자들이 주로 사용하던 것은 다듬이 방망이가 있었습니다. 여자들 주위에는 항상 무서운 무기들이 있습니다. 그런 무기들을 평화를 위하여 사용하기에 다행이지, 여인들이 분노해서 그가 사용하는 기구들을 무기로 사용하게 될 때에는 감

당할 용사가 없을 것입니다.

우리에게 궁금한 것은 왜 야엘은 평화 관계에 있는 시스라를 죽였느냐 하는 것입니다. 물론 개인적으로 야엘은 시스라에게 아무 감정이 없었습니다. 그러나 호밥의 후손들은 이스라엘에 은혜에 빚진 자였습니다. 그래서 그 말씀에 빚진 은혜를 갚았습니다. 그들은 이스라엘이 하는 것이 다 옳은 것은 아니지만 야빈이 철병거 구백승으로 이스라엘을 멸절시키려는 것은 옳지 않다고 생각했습니다. 야엘의 행동 때문에 동족 전체가 야빈의 복수를 당할지도 모릅니다. 그러나 야엘은 이스라엘이 어려울 때 그냥 넘어가지 않았습니다. 아마도 다른 사람들 같으면 바락에게 알려주는 것만으로도 충분했을 것입니다. 그러나 야엘은 남에게 알려주는 식으로 일을 하지 않았습니다. 그는 이번에 이 일을 끝내기로 작정했습니다. 그는 시스라가 도망가지 못하도록 말뚝으로 박아버렸습니다. 요즘에는 여자들이 맹활약을 하고 있는 것 같습니다.

결국 가장 큰 승리의 상급은 이방 여자 야엘에게 돌아가게 되었습니다. 이것을 통하여 하나님께서 보여주려고 하시는 것이 무엇입니까? 하나님께서는 바락처럼 분명한 하나님의 말씀을 듣고서도 주저하는 정규 멤버보다는 비록 하나님의 은혜의 찌꺼기로 만족한다 하더라도 감사하는 자들을 더 귀하게 생각하시는 것입니다. 하나님께서는 이미 여기에서부터 선교의 전략을 짜놓고 계셨습니다. 많은 말씀을 듣고서도 감사하지 않고 원망과 불평을 하는 이스라엘 백성들보다는 비록 찌꺼기 만나를 먹고 말씀도 제대로 듣지 못하지만 하나님을 사랑하고 사모하는 이들에게 하나님은 더 큰 상급을 주신다는 것입니다. 결국 하나님의 나라에서는 먼저 된 자가 나중 되고 나중된 자가 먼저 되게 되어 있습니다. 하나님께서는 자기만족에 빠져 있는 교만한 자들을 기뻐하시지 않습니다. 늘 자신의 부족함을 알고 하나님의 은혜를 구하며 아주 작은 기회가 주어져도

회피하지 않고 적극적으로 싸우는 그들을 축복하셔서 하나님 나라의 백성이 되게 하십니다.

하나님의 나라는 가만히 있는데 주어지지 않습니다. 육체를 위하여 사는 사람은 육체의 열매를 거두게 되어 있습니다. 좋은 설교를 들으면서도 가만히 있는 사람은 결국 하나님 나라의 엑스트라가 될 수밖에 없습니다. 그러나 아무도 알아주지 않고 자격도 없지만 하나님의 나라를 위하여 열심히 수고하는 자는 반드시 기회가 주어지고 결국 큰 승리를 얻게 됩니다.

이미 한국은 이스라엘 정규 멤버가 된 것 같습니다. 그래서 아무리 많은 말씀을 들어도 감사하지 않고 실천하지 않는 경우가 많습니다. 그러면 하나님의 축복을 빼앗기게 되는데 그 표시가 나타나고 있는 것입니다. 우리가 우리 후손들에게 복된 미래를 물려주려면 다시 하나님의 말씀에 감격해 하는 가난한 마음이 되어야 합니다. 자식들에게 돈을 물려주고 공부를 많이 시키는 것이 잘해주는 것이 아닙니다. 하나님의 진리를 붙들어야 우리나라가 하나님 앞에서 가치 있는 나라가 될 수 있습니다. 그리고 우리는 또 호밥의 후손 같은 자들에게 선교를 해야 합니다.

한국이 살아남을 수 있는 길은 다시 선교의 불을 일으키는 것입니다. 말씀도 붙들지 않고 선교도 하지 않는다면 하나님께서 무엇 때문에 우리나라를 지켜주시겠습니까? 하나님의 은혜에 깊이 젖어들게 되며 하나님에 대한 첫 사랑을 회복하고 선교의 뜨거운 열정이 일어나는 기회가 되기를 바랍니다.

CHAPTER 10

드보라의 노래

사사기 5:1-18

요즘 젊은이들이 하나님을 찬양하는 것을 보면 나이 드신 어른들은 아마 굉장히 놀랄 것입니다. 우선 젊은이들이 부르는 찬양은 힘이 있고 소리가 크고 모든 악기를 다 동원해서 마음껏 자신의 감정을 표현을 합니다. 그리고 자리에 앉아서 부르는 것이 아니라 팔을 들고 부르기도 하고 벌떡 일어나서 부르기도 합니다.

이 세상을 살아가면서 도저히 정상적인 감정으로는 감당할 수 없는 격렬한 감정을 느낄 때가 있습니다. 신앙이 없는 사람들은 그런 일을 당할 때 대개 과음합니다. 그리고 술 취한 상태에서 실컷 자신의 감정을 표현할 것입니다. 옛날에 한번은 제가 직장에서 연수를 받을 때 한 동료가 무슨 좋은 일이 있었던 것 같습니다. 그래서 그는 술집에 가서 술을 실컷 마시고 취해서 숙소에 들어왔습니다. 그러고도 감정이 남아 있어서 얼마나 떠들어대는지 다른 사람들이 참느라고 힘이 들었던 적이 있습니다.

그런데 우리 그리스도인들도 이런 벅찬 감격을 느낄 때가 있습니다. 그럴 때 우리 그리스도인들은 어떻게 해야 합니까? 술을 마시면서 소리를 질러야 합니까? 아니면 다른 사람들을 붙들고 실컷 떠들어야 합니까? 그럴 때 우리는 하나님께로 돌아와야 합니다. 우리는 슬플 때도 하나님께 돌아와야 하고, 기쁠 때도 하나님께로 돌아와야 해결이 됩니다.

그래서 야고보 사도는 "너희 중에 고난당하는 자가 있느냐 그는 기도할 것이요 즐거워하는 자가 있느냐 그는 찬송할지니라"(약 5:13)고 했습니다. 우리 속에 큰 기쁨이나 슬픔이 있을 때 모두 하나님 앞에 가지고 나와서 기도하고 찬송해야 합니다. 특히 혼자 하는 것이 아니라 다른 성도들과 같이 하나님 앞에서 울고 싶을 때는 실컷 울고 기뻐할 때는 실컷 기뻐하는 것입니다. 그러면 하나님께서 우리의 찬송과 기도를 받으시고 그 격한 감정이 깨끗하게 정리가 되면서 새로운 삶을 향하여 나아갈 수 있게 되는 것입니다.

특히 우리 성도들이 오랫동안 짓눌려 있다가 드디어 하나님께서 놀라운 복을 내려주셔서 그 모든 고통의 짐이 벗겨지고 하나님의 놀라운 복이 넘치게 나타날 때 너무 기뻐서 어쩔 줄을 몰라 합니다. 그때 우리는 함께 하나님께 찬송하고 기도하면서 온 힘을 다하여 온 마음을 다하여 하나님께 영광을 돌려드리는 것입니다. 이것이 바로 하나님이 기뻐하시는 산제사이고 오늘날 예배가 그런 예배가 되기를 원합니다. 답답한 분은 눈물을 흘리십시오. 그리고 승리하신 분은 큰 소리로 승리의 찬송을 부르시기 바랍니다. 이렇게 할 때 우리 인생의 한 페이지가 정리되면서 새로운 미래를 향하여 나아갈 수 있는 것입니다.

이 본문은 드보라가 부른 노래입니다. 드보라가 부른 찬송은 그냥 자기가 생각나는 대로 흥얼거린 노래가 아니고 대단히 깊이 있고 정교한 형식으로 짜여진 노래입니다. 특히 드보라는 이스라엘의 여자 사사였고 어떻게 보면 이스라엘의 신앙의 어머니였습니다. 이때 이스라엘 백성들은 하솔의 야빈 왕에게 무려 20년 동안 착취를 당했습니다. 그런데 그것도 모자라서 하솔왕 야빈은 이스라엘 백성들에게 '미안하지만 너희들은 모두 없어져주어야 하겠다'고 하면서 시스라라는 참모총장에게 철병거 구백승을 주어서 이스라엘 백성들을 모두 죽이려고 했습니다. 그때 이스라엘 백성들 중에는 지도자도 없고 능히 무기를 들고 싸울 수 있는 사람도 없었습니다. 오죽 답답했으면 여자인 드보라가 나섰겠습니까? 그러나 드보라가 무슨 힘이 있습니까? 돈이 있습니까? 드보라는 오직 말씀의 능력만 믿고 시스라의 군대와 싸웠습니다. 그런데 놀라운 것은 드보라가 이긴 것입니다. 그것도 그냥 이긴 것이 아니라 완전히 시스라의 군대를 전멸시켰습니다. 과연 이것이 있을 수 있는 일입니까? 일이 이 정도 되면 모든 사람들은 미쳐서 돌아다녔을 것입니다. 그러나 드보라는 모든 이스라엘 백성들을 하나님 앞에 불러 모아서 예배드리고 찬송 드리는 가운데 그 영광이 조금도 사람에게 돌아가지 않고 백 퍼센트 하나님께만 돌아가게 했던 것입니다.

드보라의 노래는 두 부분으로 나눌 수 있습니다. 본문 18절까지는 이번 전쟁에 대한 전체적인 설명으로 생각됩니다. 전쟁이 일어날 때까지 이스라엘 백성들이 어떤 상태에 있었으며 또 드보라 자신이 어떻게 일어서게 되었으며 또 그가 일어섰을 때에 기꺼이 동참한 자들과 이 전쟁을 외면하고 침묵을 지킨 사람들에 대하여 기록하고 있습니다. 그리고 두 번째 부분에서는 전쟁의 상황을 보다 실제적으로 묘사하고 있는데 특히 두 여인의 등장으로 이 찬송은 극치를 이루고 있습니다. 한 여인은 말뚝을 들고 들어가서 시스라의 머리를 박은 야엘이며, 다른 한 명은 자기 아들 시스라가 한 여인의 손에 죽임을 당한지도 모르고 왜 자기 아들이 이렇게 늦게 돌아오는지 초조하게 기다리는 시스라의 늙은 어머니의 심정을 그리고 있는 것입니다.

하나님을 찬양할 이유

구약의 찬송들을 보면 맨 앞에 자신이 먼저 하나님을 찬양하면서 함께 하나님을 찬양할 사람들을 초청하거나 혹은 찬양해야 할 이유들을 설명할 때가 많습니다.

1-3절 이날에 드보라와 아비노암의 아들 바락이 노래하여 이르되, 이스라엘의 영솔자들이 영솔하였고 백성이 즐거이 헌신하였으니 여호와를 찬송하라. 너희 왕들아 들으라 통치자들아 귀를 기울이라 나 곧 내가 여호와를 노래할 것이요 이스라엘의 하나님 여호와를 찬송하리로다

'이날'이라고 하는 것은 하나님께서 드보라와 바락에게 이 놀라운 승리를 주신 날을 의미합니다. 그 모든 싸움이 끝난 후 그들이 생각한 것이 무엇입니까?

드보라는 아무리 생각해도 어떻게 그들이 이 엄청난 시스라의 군대를 이겼는지 이해가 되지 않는 것입니다. 물론 하나님께서 도우셔서 이겼지요. 그러나 머리로는 그렇게 생각하면 간단하지만 실제 상황은 도저히 이길 수 없는 전쟁이었습니다. 정상적으로 하면 이스라엘 백성들은 모두 들판에 시체가 되어 있어야 했습니다. 드보라와 이스라엘 백성들은 시스라의 철병거 앞에서 많이 절망했고 두려워했습니다. 그러나 실제로 이스라엘은 전쟁에서 이겼고 적들은 모두 다 죽임을 당했습니다. 이 엄청난 사실을 어떻게 받아들일 수 있으며 이 감격을 어떻게 감당을 할 수 있겠습니까? 사람이 너무 기쁘면 그것을 누구와 나누지 않으면 미칠 것 같을 것입니다. 그런데 도대체 이 승리는 누구에게 말해야 하며 어떤 식으로 표현을 해야 할까요?

그때 드보라는 이스라엘 백성들이 거리를 돌아다니면서 소리 지르게 하지 않았습니다. 과거에 우리나라가 월드컵에서 4강까지 올라갔을 때 했듯이 밤거리를 돌아다니면서 빵빵거리게 하지 않았습니다. 하나님의 백성들은 기쁜 일이나 슬픈 일이나 모두 다 하나님 앞에 가지고 와서 찬송과 기도로 모든 감정을 다 쏟아놓는 것입니다. 이렇게 할 때 모든 영광이 하나님께 돌아가게 됩니다. 우리는 왜 이렇게 해야 합니까? 기쁜 일이나 슬픈 일이나 모두 다 하나님으로부터 왔고 우리는 이것을 하나님께 돌려드리는 것이 옳기 때문입니다. 그렇게 하면 하나님께서 그 찬송과 예배를 받으시면서 말할 수 없는 위로와 평안함을 허락하여 주십니다.

2절 이스라엘의 영솔자들이 영솔하였고 백성이 즐거이 헌신하였으니 여호와를 찬송하라

아마 여기서 '이스라엘의 영솔자들이 영솔하였다'고 하는 것은 아마도 그들이 이 전쟁을 이끌었다는 뜻으로 생각됩니다. 왜냐하면 그 뒤에 백성들이 즐거이 헌신하였다는 말이 나오기 때문입니다. 다시 말해서 이스라엘 백성들에게는 왕이 없기 때문에 전쟁에 참가하는 자는 모두 자발적으로 참가하는 것이었습니다. 이 전쟁에 참가하는 것은 강제가 아니었습니다. 영솔자들도 자진하는 마음으로 이스라엘 백성들을 이끌었고 또 백성들도 기꺼이 전쟁에 뛰어 들어서 싸웠던 것입니다. 어쩌면 이것이 하나님의 백성들의 전형적인 싸움의 형태인 것 같습니다. 우리 성도들은 모두 각자가 하나님의 말씀을 듣고 깨달아서 각자 자신의 위치에서 앞장서서 리드할 사람은 리드하고 뒤에서 따라 올 사람은 따라오는 것입니다. 그래서 앞장 선 리더들도 더 잘난 것이 없고 뒤에서 따로 오는 자도 부족한 것이 없는 것입니다. 오직 하나님의 전쟁에 구경만 하지 않고 참여한 자

들, 다시 말해서 조금이라도 기여한 자들은 모두 이 승리의 노래를 부를 자격이 있는 것입니다.

물론 그들은 지금까지 이런 식으로 노래하지 못했습니다. 오히려 하솔 군대 때문에 숨 쉬는 소리조차 잘 내지 못했습니다. 그것도 무려 20년 동안이나 꼼짝 못하고 학대를 당했던 것입니다. 여기서 '영솔자'는 강한 자라는 뜻을 가지고 있는데 그들이 지금까지 이렇게 강했던 것이 아닙니다. 그러나 그들이 하나님의 말씀을 믿고 순종했을 때 영솔자가 될 수 있었고 강한 자들이 될 수 있었습니다.

하나님의 백성들이 어려운 역경에 봉착했을 때 가장 답답한 것이 무엇입니까?

하나님을 믿기 때문에 세상적인 방법은 제대로 써 보지 못한 것입니다. '차라리 남들이 다 써보는 세상적인 방법이라도 써 보았더라면 이렇게 억울하지는 않을 텐데'라는 불신앙이 생기게 됩니다. 그리고 어떤 때에는 믿음이 부끄러워지기도 합니다. '하나님을 믿는 사람이 저 모양 저 꼴이라'는 소리를 들을 때 죽고 싶은 심정이기도 합니다. 그런데 한 순간에 하나님께서 상황을 뒤집어 엎으셔서 놀라운 축복과 기도의 응답과 승리를 주시는 것입니다.

그때 우리 성도들은 벙어리처럼 닫혀 있었던 입이 열리면서 찬송이 터지게 됩니다. 지금까지 아무 말이 없던 그들의 입에서 말이 쏟아지기 시작합니다. 그동안 두렵고 부끄러워서 눈치만 보고 있었는데, 하나님께서 기회를 주시니 그동안 하지 못했던 모든 말들을 다 당당하게 쏟아 낼 수 있게 된 것입니다.

구약 성경에 아브라함의 아내 사라는 자식을 낳지 못해서 늘 죄인 취급을 당했습니다. 그러나 믿음으로 이삭을 임신하고 출산하게 되었을 때 무엇이라고 외칩니까? '하나님께서 나를 웃게 하시니 내가 웃으리로다' 그러면서 실컷 웃습니다. 그동안 사라는 자식을 낳지 못해서 한 번도 제대로 웃어본 적이 없었던 것입니다. 그러나 하나님이 축복하셔서 할머니가 자식을 낳았을 때 모든 사람들 앞에서 하나님이 나를 웃게 하시는데 내가 어떻게 웃지 않을 수 있느냐 하면서 그동안 수십 년 동안 참았던 웃음을 다 웃었던 것입니다.

하나님의 영광스러운 임재

어려움에 빠져 있을 때 성도들은 끝없는 터널 속을 걸어가고 있는 느낌이 듭니다. 인간적인 생각으로는 자신의 형편이 나아질 가능성이 전혀 없습니다. 아마도 한평생 이렇게 고생만 하다가 비참하게 죽을 것 같은 두려움이 마음에 계속 들어옵니다. 그런데 어느 한순간 하나님의 때가 되어서 하나님께서 움직이시면 어떻게 됩니까? 그동안 자신을 덮고 있던 어두움의 그림자가 갑자기 사라져 버리고 한순간에 영광의 아침이 옵니다.

4절 여호와여 주께서 세일에서부터 나오시고 에돔 들에서부터 진행하실 때에 땅이 진동하고 하늘이 물을 내리고 구름도 물을 내렸나이다

이 말씀의 배경은 이스라엘 백성들이 출애굽해서 광야를 걸을 때입니다. 광야는 낮이 너무 덥기 때문에 주로 밤에 걸어야 합니다. 이스라엘 백성들은 캄캄한 밤 광야를 정처 없이 걷고 또 걸었습니다. 그들의 눈앞에 펼쳐진 것은 끝없는 어둠뿐이었습니다. 이스라엘 백성들이 광야를 밤새 걷다가 엄청난 장면을 보곤 했습니다. 바로 광야에서 아침에 해가 뜨는 장면이었던 것입니다. 이스라엘 백성들이 광야에서 보면 동쪽에 해당되는 곳이 에돔이었습니다. 그래서 오늘 본문에서 '세일에서 나오시고 에돔

들에서부터 진행한다'는 말이 나오는 것입니다. 아침에 해가 뜰 때 동쪽 산 위에서 약간씩 불그스레해지더니 한순간에 그 찬란한 태양이 떠오르면서 온 세상을 비취기 시작합니다. 태양이 얼마나 강렬한지 눈을 뜰 수가 없고 그 태양 빛이 마치 화살처럼 와서 비취는 것입니다. 우리나라는 산이 많아서 태양이 뜨면 이미 산 중턱에서부터 뜹니다. 그러나 사막이나 광야는 평지이기 때문에 일출의 순간에 그 빛이 얼마나 강렬한지 모릅니다. 끝없는 어둠 속을 걷던 이스라엘 백성들은 한순간에 아침의 영광이 오는 것을 경험했습니다. 특히 거친 광야에서의 해 뜨는 장면은 너무나도 웅장합니다. 그동안 그들의 마음을 지배하고 있던 두려움과 추위와 모든 염려는 한 순간에 없어지고 세상은 한순간에 변하기 시작합니다.

그런데 드보라는 이것을 비로 묘사하고 있습니다.

4절 여호와여 주께서 세일에서부터 나오시고 에돔 들에서부터 진행하실 때에 땅이 진동하고 하늘이 물을 내리고 구름도 물을 내렸나이다

드보라와 바락이 하나님을 찬양할 수밖에 없는 것은 바로 기대하지도 않았던 '비'였습니다. 이스라엘 백성들에게 있어서 시스라의 철병거 구백 승은 절대적인 두려움이었습니다. 그들이 이 철병거를 대상으로 해서 싸운다고 하는 것은 불가능한 일이었습니다. 이스라엘 백성이 이 철병거가 두려워서 산에서 내려오지도 못하고 벌벌 떨고 있을 때 어떤 일이 일어났습니까? 생각하지도 않았던 엄청난 비가 쏟아져서 기손 강이 범람하기 시작했습니다. 그리고 시스라의 철병거는 마치 진흙땅에 빠진 수레처럼 되고 말았습니다. 이때 드보라는 하나님의 임재를 체험했습니다. 하나님께서 정말 자기를 사랑하시며 자기 기도를 들으신다는 것을 몸으로 체

험할 수가 있었습니다. 아마 드보라는 쏟아지는 비 가운데서 울고 또 웃었을 것입니다. 그 이유가 무엇입니까? 지금까지 하나님께서 나를 사랑하신다는 것을 머리로만 알았는데 이제 도저히 부인할 수 없도록 온 몸으로 느끼게 하시기 때문입니다.

한번은 신문에 보니까 '비'를 통하여 하나님의 임재를 느낀 사람들이 또 있었습니다. 그들은 브라질에서 산불을 진화하는 소방대원들이었습니다. 최근의 엘리뇨 현상으로 인하여 생긴 이상 가뭄으로 브라질의 밀림이 산불로 다 타 들어가고 있었습니다. 브라질의 밀림이 탄다고 하는 것은 지구의 허파가 타 들어가는 것과 같습니다. 그들이 아무리 헬기를 동원하고 물을 부어서 불을 끄려고 해도 이 엄청난 산불은 진화될 수가 없었습니다. 그런데 한 순간에 폭우가 내리면서 산불이 모두 꺼지고 말았습니다. 그때 그들이 느낀 것이 무엇입니까? 하나님의 위대하심과 하나님의 광대하심입니다. 그리고 하나님의 임재하심입니다.

그리스도인들이 이 세상에 살면서 가장 어려운 것이 무엇입니까? 이 세상의 어려운 현실 앞에서 나의 믿음이 너무나도 초라한 것입니다. 그래서 성도들이 이 세상에서 사는 것이 너무나도 어려워 하나님 앞에 나와서 엉엉 울면서 통곡을 할 때가 종종 있습니다. 그럴 때는 통곡을 하라고 합니다. 하나님 앞에서 한번 실컷 울어보라는 것입니다. 내가 아무리 기도해도 하나님은 응답해주시지 않고 어려움이나 고통이 더욱 더 심해질 때 우리는 꼭 죽을 것 같습니다.

그럴 때 교회에서 기뻐하라는 설교를 들으면 그렇게 화가 날 수가 없습니다. '자기는 내 사정이 되어보지 않아서 저런 배부른 소리를 하지. 자기도 내 같은 처지가 되어본다면 너도 별 수 없을 거야'라고 말할 것입니다.

우리가 알아야 할 것은 이런 일은 우리 믿는 자들에게 반드시 찾아온다는 것입니다. 그런데 이런 일을 통해서 하나님께서 우리에게 보여주시려고 하는 것이 무엇입니까?

머리로 믿는 것만으로는 아무것도 할 수 없다는 것입니다. 내가 성경을 얼마나 읽었고 신학 책을 어떤 것을 읽었고 성경 공부를 얼마나 했는지는 아무 소용이 없습니다. 하나님의 나라는 말에 있지 않고 능력에 있다고 했습니다. 그리고 우리가 아무리 하나님을 믿는다고 하지만 하나님의 능력이 나타나지 않으면 우리는 아무것도 아닌 것입니다. 하나님은 우리에게 이용당하시는 분이 아닙니다. 우리가 하나님을 기다려야 합니다. 지금까지 우리가 얼마나 하나님을 기다리게 했습니까? 그러나 이제는 우리가 하나님의 때를 기다려야 합니다. 우리는 하나님을 기다리면서 회개라는 회개는 다 해야 합니다. 왜냐하면 하나님이 도와주시지 않으면 나는 망할 수밖에 없기 때문입니다.

그런데 하나님께서 일어나셔서 은혜의 빛을 우리에게 비추시면 그 엄청난 어려움들이 한 순간에 축복으로 변하게 됩니다. 그런데 그 회복의 속도가 도저히 정신 차릴 수 없을 정도입니다. 그리고 가장 중요한 것은 하나님께서 나를 그토록 사랑하신다는 것을 온 몸으로 체험하게 되는 것입니다. 그때 울지 않는 사람이 없고 감격해 하지 않는 사람이 없습니다. 그리고 그 기쁨 앞에서 이 세상의 모든 자랑거리들이 아무것도 아닌 것이 되어버립니다. 학벌이나 돈이나 집이나 좋은 직장에 다니는 것 등이 전혀 아무것도 아니라는 것을 알게 됩니다. 가장 놀라운 것 하나는 '하나님이 나를 정말 사랑하신다'는 한 가지 사실에 감격하게 되는 것입니다. 이것이 바로 복음의 영광된 아침이 나에게 찾아 온 것입니다.

지금까지 이스라엘 백성들의 영적인 상태

갑자기 드보라의 노래는 분위기가 바뀌게 됩니다. 지금까지의 그 영광스럽고 은혜스러운 것과는 달리 이스라엘 백성들이 지금까지 얼마나 무기력하게 살아왔는지 하나님 앞에서 고백하고 있습니다.

6절 아낫의 아들 삼갈의 날에 또는 야엘의 날에는 대로가 비었고 길의 행인들은 오솔길로 다녔도다

삼갈이 블레셋 사람들을 쳐 죽인 때부터 야엘이 시스라의 머리에 말뚝을 박는 순간까지 이스라엘 사람들은 대로로 다니지 못했습니다. 행인들은 길도 제대로 되어 있지 않는 작은 길로 다녔습니다. 그 이유가 무엇입니까? 대로에는 시스라의 철병거가 있었고 약탈하는 사람들이 있기 때문이었습니다.

7절 이스라엘에는 마을 사람들이 그쳤으니 나 드보라가 일어나 이스라엘의 어머니가 되기까지 그쳤도다

여기서 '이스라엘의 관원이 그치고 그쳤다'는 말은 이스라엘에 너무나도 지도자가 없었다는 것입니다. 그래서 어쩔 수 없어서 드보라 같은 여자가 일어서게 된 것입니다. 그러면 이스라엘 남자들은 다 어디에 갔습니까? 그들은 세상을 사랑해서 우상을 따라가는 바람에 위기의 순간에 하나님이 쓰실 수가 없었습니다.

12절에 보면 "깰지어다 깰지어다 드보라여 깰지어다 깰지어다 너는 노래할지어다"라고 노래하고 있습니다.

드보라는 자기 자신에게 수없이 이 말을 노래처럼 불렀던 것입니다. '드보라여, 깰지어다. 깰지어다, 드보라여' 그 이유가 무엇입니까? 드보라가 말씀을 듣고 일어났을 때 이스라엘 백성들의 형편은 너무나도 처참해

서 말씀으로는 이 어려움이 해결될 것 같지 않았기 때문입니다. 그래서 드보라 자신의 마음속에도 자꾸 의심이 생기고 주저앉고 현실에 타협하고 싶은 생각이 들었던 것입니다. 이것이 바로 영혼이 잠이 드는 것입니다. 그때마다 드보라는 자신을 일깨웠습니다. "드보라여, 정신을 차려. 지금이 어느 때인데 안일한 생각을 하느냐? 죽더라도 정신을 차려야 한다"는 것입니다.

8절 우리가 새 신들을 택하였으므로 그때에 전쟁이 성문에 이르렀으나 이스라엘의 사만 명 중에 방패와 창이 보였던가

이스라엘 백성들이 망한 이유가 바로 여기에 있습니다. 그들은 하나님을 버려두고 새 신을 택한 것입니다. 하나님을 버린 남자들은 전혀 이스라엘을 살리는데 힘이 되지 못했습니다. 대부분의 이스라엘 남자들은 하나님의 말씀보다는 이방 신을 택했습니다. 그리고 그들은 적이 바로 눈앞에 쳐들어 왔는데도 불구하고 이스라엘 백성 4만 명 중에서 창이나 방패를 가진 자가 없었습니다.

하나님의 백성들은 끝까지 하나님을 붙드는 것이 힘입니다. 죽든지 살든지 하나님을 믿었으면 끝까지 하나님과 결판을 내는 것입니다.

우리의 영혼이 잠들면 안 됩니다. 영적으로 깨어야 합니다. 춥다고 해서 잠들면 결국 얼어 죽게 되어 있습니다. 산에서 왜 얼어 죽습니까? 졸리니까 잠을 자버리는 것입니다. 그러면 체온이 떨어져서 죽는 것입니다. 아무리 졸려도 깨어 있어야 하고 살아남아야 합니다.

그런데 낙심 중에 있는 드보라에게 힘이 되었던 것이 무엇입니까?

말씀을 듣고 자발적으로 하나님께 헌신한 자들이 나타나기 시작한 것입니다.

9절 내 마음이 이스라엘의 방백을 사모함은 그들이 백성 중에서 즐거이 헌신하였음이니 여호와를 찬송하라

이스라엘 지도자들 중에서 드보라의 말씀을 듣고 자원해서 헌신하는 자들이 일어나기 시작했습니다. 바로 이것이었습니다. 물론 이들의 숫자는 많지 않았습니다. 더욱이 강한 지파 출신들도 아니었습니다. 그러나 이들의 헌신이 드보라의 마음으로 하여금 사모하게 했습니다. 여기서 '사모한다'는 것은 강한 소망을 가지는 것입니다. 아무리 믿음이 좋은 사람이라 하더라도 혼자서는 오래 견디기 어렵습니다. 그러나 말씀을 듣고 그것이 옳은 줄 알고 함께 있기로 자원하는 자들이 있었는데 바로 이들이 이스라엘을 구원한 자들이었습니다.

드보라와 함께 한 자들과 외면한 자들

드보라는 먼저 이 영적인 싸움에 함께 한 자들에게 감사하고 있습니다.

14, 15절 에브라임에게서 나온 자들은 아말렉에 뿌리 박힌 자들이요 베냐민은 백성들 중에서 너를 따르는 자들이요 마길에게서는 명령하는 자들이 내려왔고 스불론에게서는 대장군의 지팡이를 잡은 자들이 내려왔도다. 잇사갈의 방백들이 드보라와 함께 하니 잇사갈과 같이 바락도 그의 뒤를 따라 골짜기로 달려 내려가니 르우벤 시냇가에서 큰 결심이 있었도다

여기에 기록된 자들은 드보라와 함께 싸운 자들입니다. 드보라가 모두 방백이요 대장군이라고 부르고 있지만 실제로는 보잘 것 없는 자들이었습니다. 그러나 그들은 이번 싸움에 기꺼이 동참한 자들이었습니다. 에

브라임 지역 사람들이 참여했는데 그들은 아마도 정상적인 이스라엘 사람이 아니라 아말렉의 피가 섞인 자들인 것 같습니다. 그들은 정통 이스라엘 백성들도 아니지만 신앙 안에서 하나가 되어서 이스라엘을 도왔습니다. 사실 야엘도 겐 사람인데 이스라엘을 도운 것입니다. 이것을 보면 이스라엘이 위기에 처했을 때 귀족이나 훌륭한 사람들보다는 이방인들이 더 큰 활약을 했던 것을 볼 수 있습니다. 그러나 이제부터는 그들이 하나님의 나라에서 주인공이 되는 것입니다. 하나님의 나라는 침노하는 자가 빼앗는 것입니다. 고생하는 것이 싫다고 해서 외면하면 그 후로는 엑스트라로 전락하고 맙니다. 그래서 그리스도인들은 신앙의 도전이 왔을 때 그 도전을 받아 들여야 합니다. 이것은 역사학자 토인비의 말이 아니더라도 도전이 왔는데도 육체의 안일을 생각해서 외면하고 빠져버리는 자는 그 뒤부터는 별 볼일 없는 사람이 되고 마는 것입니다.

그런데 르우벤 지파는 함께 하지 않았습니다. 15절 끝에 '르우벤 시냇가에서 큰 결심이 있었도다'라고 했습니다. 아마도 르우벤 사람들은 드보라의 소식을 듣고 시냇가에서 전쟁을 하기로 큰 결심을 한 것 같습니다. 그러나 그들은 결코 움직이지 않았습니다.

16절 네가 양의 우리 가운데에 앉아서 목자의 피리 부는 소리를 들음은 어찌 됨이냐 르우벤 시냇가에서 큰 결심이 있었도다

르우벤 지파는 처음에는 분명히 참가하겠다고 했는데도 그들은 전쟁의 나팔 소리 대신에 양의 피리 부는 소리를 내고 있습니다. 그 이유가 무엇입니까? 마음이 흔들렸기 때문입니다. 그는 이번 전쟁보다는 양을 돌보는 것이 더 중요하다고 판단을 한 것입니다.

17절 길르앗은 요단 강 저쪽에 거주하며 단은 배에 머무름이 어찌 됨이냐 아셀은 해변에 앉으며 자기 항만에 거주하도다

길르앗 사람들은 길이 멀어서 오지 못하고 단 지파는 배로 무역을 하느라고 오지 못했습니다. 그리고 아셀 사람들은 자신의 편안한 삶을 망치고 싶지 않아서 드보라와 함께 하지 않았습니다. 이들은 나름대로 여러 가지 이유로 이 영적 전쟁에 참가하지 않은 자들입니다.

이것은 예수님께서 유대인들에게 하신 비유와 너무나도 비슷합니다. 왕이 잔치를 벌려 놓고 사람들을 초청했는데 사람들마다 이 핑계 저 핑계대면서 오지 않는 것입니다. 이것은 그 왕을 인정하지 않는다는 뜻입니다. 결국 왕이 한 것이 무엇입니까? 길에 나가서 거지나 저는 자들이나 다른 사람들로 그 잔치를 채운 것입니다.

이 본문이 우리에게 말씀하시는 것이 무엇입니까? 하나님께서는 우리에게 반드시 좋은 것만 주시지 않으신다는 것입니다. 하나님께서는 때때로 우리에게 악을 허용하셔서 우리 안에 있는 교만과 죄성을 보게 하시고 다시 한 번 하나님 앞에 무릎 꿇게 하십니다. 그때 우리가 해야 할 것이 무엇입니까? 영혼의 잠을 자지 않는 것입니다. 드보라처럼 자기 이름을 부르면서 자신을 흔들어 깨워야 합니다. 잠이 쏟아진다고 해서 그대로 자면 얼어 죽을 수밖에 없습니다. 자기 자신을 설득해서 하나님 앞에 나오게 해야 합니다. 그리고 우리에게 생긴 어려움은 다른 사람이 풀어야 할 문제가 아닙니다. 바로 내 자신이 믿음으로 풀어야 할 숙제들입니다. 이것을 외면하면 안 됩니다. 르우벤 지파처럼 결단만 하고 결국 양 때문에 주저앉으면 그들은 하나님 나라에서 웃음거리밖에 되지 않을 것입니다. 그리고 아무리 어두움이 계속되어도 낙심하시지 마시기 바랍니다. 왜냐하면 어느 한 순간에 아침이 찾아오기 때문입니다. 그때 모든 것이 순

간에 다 뒤집어 지고 말 것입니다. 그리고 가장 불쌍했던 내가 하나님으로부터 가장 사랑받는 나로 나타나게 될 것이며 그때 마음껏 승리의 노래를 부르면서 기뻐하는 것입니다.

CHAPTER 11

하나님의 개입

사사기 5:19–31

킬링필드라고 하면 캄보디아가 공산화되면서 크메르루즈 정권에 의하여 수백만 명의 사람들이 학살당한 사실을 두고 하는 말입니다. 그러나 수백만 명의 사람들이 학살을 당해도 전 세계 사람들은 그 사실을 알지 못했습니다. 그러나 이 엄청난 대학살은 거기서 살아서 도망친 한 기자의 고발로 전 세계가 알게 되었습니다. 누군가가 그 생생한 장면을 사진으로 찍어서 전 세계에 보여주면 그때부터 사람들은 그들의 만행에 치를 떨게 되고 다시는 그런 악한 세력의 추악한 선전에 속아 넘어가지 않게 되는 것입니다.

드보라의 승리의 찬양은 두 부분으로 나눌 수 있습니다. 우리가 이미 살펴 본 앞부분은 이번 전쟁에 대한 총론과 같습니다. 전체적인 내용을 개괄적으로 설명하는 식으로 되어 있습니다. 그러나 이 본문인 뒷부분은 드보라가 마치 종군 기자처럼 전쟁의 구체적인 부분에 뛰어 들어서 그 생생한 장면을 사진처럼 우리에게 전해주고 있습니다. 성경 본문은 세 부분으로 되어 있습니다.

첫 부분은 이번 전쟁에서 하나님께서 어떻게 개입하셨는가 하는 것입니다. 그리고 두 번째 부분은 이방여자 헤벨의 아내 야엘의 용기입니다. 그리고 세 번째는 아직 시스라의 죽음을 모르고 해가 늦도록 아들의 귀환을 기다리는 시스라의 어미의 불안한 모습입니다. 이 본문을 보면 도저히 여성이 아니면 그려낼 수 없는 섬세함이 잘 드러나고 있습니다. 드보라는 언어의 사용을 최대한 절제하면서도 가장 생생하고 실감나게 이스라엘의 승리를 그리고 있습니다.

이스라엘의 두려움

믿는 자들로 하여금 가장 힘들게 하는 것은 무엇입니까? 그것은 이 세상의 어려운 상황 가운데서 나의 믿음이 전혀 소용이 없는 것처럼 보일 때일 것입니다. 이 세상 사람들은 무엇인가 자기들이 믿는 것이 있습니다. 그러나 하나님의 백성들은 아무것도 가진 것이 없습니다. 왜냐하면 하나님께서 믿음으로 살라고 그런 것을 주시지 않기 때문입니다. 이런 무방비 상태에서 강한 자들의 공격을 받을 때 하나님의 백성들은 얼마나 절망하게 되는지 모릅니다.

19절 왕들이 와서 싸울 때에 가나안 왕들이 므깃도 물 가 다아낙에서 싸웠으나 은을 탈취하지 못하였도다

이스라엘 백성들에게 있어서 "므깃도의 물 가 다아낙"이라는 곳은 영원히 잊을 수 없는 곳이었습니다. 왜냐하면 바로 이곳이야말로 이 세상에서 하나님의 백성들이 존재할 수 있느냐, 아니면 영원히 멸망할 수밖에 없느냐 하는 것을 결정하는 분수령이었기 때문입니다. 가나안의 열왕들이 이스라엘을 치기 위하여 므깃도의 물 가 다아낙에 모였습니다. 왜 하

솔왕 야빈은 자기 혼자 나오지 않고 다른 가나안 왕들까지 충동질해서 함께 나왔을까요? 그것은 이스라엘 백성들의 기를 완전히 죽여 놓기 위해서입니다. 아마도 야빈은 주위에 있는 가나안 왕들에게 이스라엘 백성들은 전혀 무방비 상태에 있기 때문에 함께 가기만 하면 별로 수고하지 않고 엄청나게 많은 전리품을 얻게 될 것이라고 충동질한 것 같습니다. 그리고 이것은 완전히 틀린 말은 아니었습니다. 야빈이 보기에 이스라엘 백성들은 자신을 지킬만한 무기나 병거가 없었습니다.

이 세상 사람들은 자신들의 힘을 과시하기를 좋아 합니다. 특히 누구 앞에서 과시하기를 좋아 합니까? 아무런 자랑할 것이 없는 하나님의 백성들 앞에서 자랑하기를 좋아합니다. 마귀가 원하는 것이 무엇입니까? 그들은 하나님의 백성들을 멸망시키지 못합니다. 하나님의 허락 없이는 그들의 머리털 하나도 건드리지 못합니다. 그러나 마귀는 자기 세력을 총출동시켜서 하나님 백성들의 기를 죽여 놓으려고 합니다. 그들이 가진 무력 앞에 우리가 가진 믿음이라고 하는 것이 얼마나 보잘 것 없으며 내가 이런 현실 앞에서 하나님만 의지하고 있다는 것이 말도 되지 않는 미친 짓으로 생각하게 만들려고 합니다.

이와 비슷한 예가 존 번연의 『천로 역정』에 나옵니다. 크리스천이란 사람이 믿음의 길을 가는데 얼마 가지 않아서 두 마리 사자가 길 가에 있는 것을 보게 됩니다. 그는 너무 두려워서 그만 믿음의 길을 포기하려고 합니다. 실제로 다른 많은 사람들이 사자를 보고서 믿음의 길을 포기했습니다. 그러나 다른 크리스천이 그에게 알려 주었습니다. 저 사자를 자세히 보라는 것입니다. 그가 사자를 자세히 보니까 발이 쇠사슬에 묶여 있었습니다. 사자는 이를 드러내고 소리를 질러 무섭게 할 수는 있지만 덤벼들어 그를 해칠 수는 없었습니다.

그때 이스라엘 백성들에게 가나안 사람들의 말발굽 소리가 얼마나 무섭게 들렸는지 잘 보여주고 있습니다. 마치 한국 전쟁 때 북한의 탱크 소리와 같습니다. 소총만 들고 있는 한국 군인들에게 북한의 탱크는 너무나도 절망적인 존재였습니다.

이스라엘 백성들에게는 말이 없었습니다. 왜냐하면 하나님께서 여호수아에게 모든 말의 뒤 힘줄을 끊으라고 명령하셨기 때문입니다. 만약 말이 있으면 말을 의지하기 때문에 말은 전부 못쓰게 하라고 하셨습니다. 그래서 이스라엘 백성들에게는 말이 없었습니다. 그러나 가나안 사람들이 타고 질주하는 말과 병거가 이스라엘 백성들에게는 얼마나 두려운 대상이었는지 모릅니다.

'군마가 달리는 소리' 이것이 무엇입니까? 바로 이것이 이스라엘 백성들의 믿음을 시험하는 소리였습니다. 아마도 이스라엘 백성들의 마음속에는 자기들이 너무 순진해서 하나님께서 시키시는 대로 한 것에 대하여 후회하는 마음이 들었을 것입니다. 하나님께서는 우리로 하여금 하나님 한 분만 의지하도록 하기 위하여 모든 것을 다 주시지 않습니다. 가장 중요한 하나를 주시지 않습니다. 그러나 실제로 이 세상에서 바로 하나님이 주시지 않은 그 하나가 문제가 될 때 우리 마음속에는 하나님에 대한 원망과 분노가 일어나게 하는 것입니다.

하나님께서는 우리에게 때로 집을 주시지 않으십니다. 때로는 결혼을 늦게 하도록 하십니다. 때로는 명예를 주시지 않거나 혹은 건강을 잃게 하십니다. 물론 그것 때문에 신앙을 가지게 된 것은 사실입니다. 그러나 그것이 없는 부분 때문에 다시 어려움이 오면 우리 안에는 불안과 분노가 솟아오릅니다.

그래서 우리 믿는 사람들에게는 가장 큰 어려움이 눈에 보이는 현실을 믿느냐, 눈에 보이지 않는 하나님의 말씀을 믿느냐 하는 것입니다. 이스라엘 백성들이 출애굽했을 때 하나님은 한 두 사람도 아닌 수십만 명의 사람들을 물도 없고 양식도 없는 광야로 몰아 넣으셨습니다. 그 이유는 사람이 떡으로만 사는 것이 아니요 하나님의 말씀으로 산다는 것을 체험하게 하기 위한 것입니다. 그러나 이것이 말로는 쉽지만 실제로는 얼마나 어려운 일인지 모릅니다. 이스라엘 백성들은 그들의 삶이 한계에 부딪칠 때마다 하나님을 원망했습니다.

하나님의 개입

하나님께서는 이 세상에 악한 자들이 득세할 때 바로 나서지 않으십니다. 그 대신 오래 침묵하시다가 결정적인 순간에 개입하셔서 악한 자들을 내리치십니다.

20, 21절 별들이 하늘에서부터 싸우되 그들이 다니는 길에서 시스라와 싸웠도다. 기손 강은 그 무리를 표류시켰으니 이 기손 강은 옛 강이라 내 영혼아 네가 힘 있는 자를 밟았도다

'별들이 하늘에서부터 싸웠다'는 말이 무슨 뜻입니까? 역사는 하늘에서부터 나타나기 시작합니다. 여기서 드보라가 말하는 별들의 전쟁이라고 하는 것은 갑작스런 우뢰와 벽력을 말합니다. 아마 이들이 전쟁할 때에는 전혀 비가 올 계절이 아니었던 것 같습니다. 그러니까 시스라의 군대가 마음껏 철병거를 끌고 나온 것입니다. 시스라의 군대라고 해서 바보들만 모인 것은 아니었습니다. 그들 나름대로 때와 시간을 다 살펴보

고 안전하다고 생각하니까 전쟁을 시작한 것입니다. 그러나 도저히 별들의 전쟁이라고 말하지 않으면 설명할 수 없는 일이 일어나기 시작했습니다. 그것은 하늘에서 천둥과 벽력이 시스라의 군대만 따라 다니면서 터지는 것입니다. 마치 하늘의 별들이 시스라의 군대를 공격하는 것 같았습니다. 그리고 엄청난 폭우가 쏟아지면서 시스라의 철병거는 모두 물에 빠지고 그의 군대는 표류하게 되었습니다. 결국 이스라엘을 공격한 야빈과 가나안 군사들은 한 명도 살아서 돌아가지 못했습니다.

사람들이 믿는 것이 무엇입니까? 사람들의 수나 무기나 말의 숫자입니다. 그러나 하나님께서는 자연 자체가 하나님의 종입니다. 천둥과 벽력 그리고 비나 바람, 수많은 모기나 파리 혹은 개구리나 쥐 이 모든 것이 하나님의 부하들입니다. 하나님께는 얼마나 많은 방법이 있는지 모릅니다. 결국 하나님께서는 교만한 자들로 하여금 마음껏 교만하게 하신 후 하나님의 능력으로 이들을 내리치십니다. 바로 그때가 구원의 날이요 승리의 순간입니다. 그때 지금까지 겸손하게 하나님을 의지하면서 살아왔던 사람들은 아무것도 두려워할 필요가 없습니다.

이 본문에서 드보라는 메로스 사람들에 대한 섭섭한 마음을 유감없이 표현하고 있습니다.

23절 여호와의 사자의 말씀에 메로스를 저주하라 너희가 거듭거듭 그 주민들을 저주할 것은 그들이 와서 여호와를 돕지 아니하며 여호와를 도와 용사를 치지 아니함이니라 하시도다

여기서 '메로스' 사람들이라고 하는 것은 납달리 땅의 메로스 거민들을 두고 하는 말입니다. 그들은 이스라엘 사람들이 죽을힘을 다하여 야빈의 군대와 싸울 때 이스라엘을 도울 수 있었음에도 불구하고 외면한 사

람들이었습니다. 우리가 여기서 알아야 할 것은 하나님께서 함께한 전쟁이라고 해서 모든 것이 쉬웠던 것은 아니었습니다. 이스라엘 백성들은 사력을 다하여 싸워야만 했고 대단히 어려운 지경에 빠졌던 적도 있었던 것 같습니다. 이때 메로스 사람들이 조금만 도와주었더라면 이스라엘 사람들은 큰 힘을 얻을 수 있었을 텐데 이들은 끝까지 모르는 체 하였습니다.

그래서 참된 신앙을 가진 사람들에게 가장 무서운 적이 누구인가 하면 함께 고난을 받으려고 하지 않고 세상적으로 편하게 살려고 하는 사람들입니다. 이런 사람들은 영적인 전쟁을 하려고 하지 않습니다. 왜냐하면 그런 구차한 싸움이 싫기 때문입니다. 이런 사람들은 하나님의 축복을 받을 수 없습니다. 그래서 메로스를 저주하라고 하는 것입니다.

하나님께서 준비하신 영웅

드보라의 찬송 뒤 두 명의 여자를 등장시키고 있습니다. 이것이 이 찬송의 클라이맥스를 이루고 있는 부분입니다. 그 첫 번째 사람이 이번 므깃도 전쟁의 영웅 야엘입니다.

24절 겐 사람 헤벨의 아내 야엘은 다른 여인들보다 복을 받을 것이니 장막에 있는 여인들보다 더욱 복을 받을 것이로다

야엘이라는 여자는 이스라엘 사람이 아니었습니다. 그는 겐 족속이었고 모세의 장인 이드로의 후손이었습니다. 그들은 광야에서 줄곧 이스라엘 백성들을 따라오면서 은혜의 찌꺼기를 얻어먹는 영적인 거지들이었습니다. 그런데 이번 전쟁의 최고 상급은 바로 이 겐 족속의 한 아녀자에게로 돌아갔습니다.

그 이유가 무엇입니까? 물론 형식적인 이유로는 이스라엘의 장군 바락이 말씀만 붙들지 못하고 인간적으로 드보라에게 매달린 것이 이유였습니다. 말씀만 믿고 갔더라면 바락이 시스라를 죽일 수 있었을텐데, 바락은 말씀만 붙들지 못하고 전쟁에 드보라를 끌어들였습니다. 우리에게 어려움이 왔을 때 어떻게 해야 합니까? 이 어려움은 반드시 내가 감당할 수 있는 것이라는 것을 알아야 합니다. 그러나 한번도 시도해 보지도 않고 다른 사람을 끌어들이려고 할 때 고생은 고생대로 하고 상은 전혀 엉뚱한 사람에게로 돌아가게 됩니다.

그러나 더 근본적인 이유는 이미 하나님께서는 자신이 얼마나 이방인들을 사랑하시며 그들이 하나님 나라에서 중요한 역할을 감당할 것인지 보여주시기로 미리 작정하신 것입니다. 하나님께서는 계속 광야에서 이스라엘 백성들을 따라오면서 하나님의 은혜의 찌꺼기라도 얻어먹는 겐 족속들을 아주 귀하게 생각하셨습니다. 그래서 사람의 눈으로 보기에 이들은 하나님의 은혜 밖의 사람이요 축복에 있어서 구걸하는 처지이지만, 하나님 앞에서는 정규 이스라엘 백성들보다 훨씬 더 존귀하며 중요한 역할을 감당하게 될 것을 보여주시려고 하시는 것입니다.

예수님께서 두로 지방에 갔을 때 한 이방인 여자가 한 말이 무엇입니까? '주여 옳소이다마는 개들도 제 주인의 상에서 떨어지는 부스러기를 먹나이다'(마 15:27). 여기서 '개들'은 누구를 말하는 것입니까? 바로 자기 같은 이방인들입니다. 설사 이방인이라 하더라도 하나님의 은혜의 부스러기를 얻어먹을 수 있다는 것입니다. 그는 예수님이 자기 딸의 귀신을 쫓아내시는 것을 은혜의 부스러기로 알고 있었습니다.

여기서 드보라는 야엘이 '장막에 거한 자'보다 더 복이 있다고 말했습니다. 여기서 '장막에 거하는 자'라고 하는 것은 존귀한 부인들을 말합니다. 다시 말해서 하나님의 은혜에 있어서 다른 어느 누구보다 우선권이 있는 이스라엘의 부인들을 의미합니다. 이스라엘의 부인들은 어느 누구보다 먼저 하나님께 나아갈 수 있었습니다. 하나님의 말씀을 어느 누구보다 먼저 들을 수 있는 특권이 있었습니다. 그러나 그들은 그것이 얼마나 귀한지 몰랐습니다. 그래서 그들은 하나님의 말씀을 듣는데 있어서 적극적이지 않았습니다. 그들은 오히려 세상의 부스러기나 주워 먹으려는데 혈안이 되어 있었습니다. 그래서 하나님께서는 그들의 축복을 빼앗아서 이방 여자 야엘에게 주셨습니다.

이 본문에서 드보라는 야엘이 시스라를 죽인 장면을 상세하게 재구성하고 있었습니다. 이것은 같은 여자의 입장에서도 야엘의 행동이 너무나도 침착했고 또 한편 대담했기 때문입니다.

25절은 야엘이 도망치는 시스라를 영접해서 전혀 의심 없이 자기에게 몸을 맡기게 하는 내용입니다.

"시스라가 물을 구하매 우유를 주되 곧 엉긴 우유를 귀한 그릇에 담아 주었고"

우리가 놀라게 되는 것은 야엘의 대담함입니다. 그는 시스라가 물을 구하는데 우유를 줍니다. 그것도 귀한 그릇에 담아 주어서 자기를 의심하지 못하게 합니다. 어떻게 이렇게 감쪽같이 시스라를 속일 수가 있습니까? 그것은 하나님께서 야엘과 함께 하셨기 때문입니다. 이런 때에는 누군가가 옆에서 무엇을 어떻게 해야 할지 일러주는 것 같습니다. 하나님께서는 야엘과 함께 하셔서 그를 뱀처럼 지혜롭게 하셨습니다.

26절에는 내용이 완전히 뒤집어 집니다.

"손으로 장막 말뚝을 잡으며 오른손에 일꾼들의 방망이를 들고 시스라를 쳐서 그의 머리를 뚫되 곧 그의 관자놀이를 꿰뚫었도다"

얼마나 대담한 행동입니까? 아마도 야엘이 직접 시스라를 죽이지 않고 그가 누워 있는 곳을 알려주기만 했더라도 야엘의 상은 적지 않았을 것입니다. 그러나 야엘은 기회를 놓치는 여자가 아니었습니다. 이스라엘을 괴롭게 하는 적이 자기 손에 걸려드는 것은 흔한 일이 아니라는 것을 알았습니다. 이것은 일생에 한번 있을까 말까 한 일입니다. 야엘이 누군가를 부르러 간 동안 시스라가 잠을 깨어서 도망을 치면 또 다시 그가 이스라엘 백성들을 괴롭힐 것이 아닙니까? 오히려 메로스 사람들은 이스라엘 백성들이 고통 받는 것을 보면서도 못 본체 하는데 야엘은 오히려 말뚝을 들고 들어가서 시스라의 머리를 땅에 박아 죽여 버렸습니다. 그렇다면 누가 참 이스라엘 편에 서 있는 것입니까? 형식적인 이스라엘이 이스라엘 편입니까? 아니면 얼마든지 피할 수 있음에도 불구하고 피하지 않고 이스라엘을 위하여 위험을 감수한 야엘입니까?

27절에는 시스라의 멸망을 아주 강렬하게 표현하고 있습니다.

"그가 그의 발 앞에 꾸부러지며 엎드러지고 쓰러졌고 그의 발 앞에 꾸부러져 엎드러져서 그 꾸부러진 곳에 엎드러져 죽었도다"

여기서 반복되는 말은 그가 무너졌고 그가 넘어졌으며 그가 쓰러졌다는 것입니다. 이 표현이 반복되면서 끝에 가서 '그가 죽었도다'라고 끝을 내고 있습니다.

이스라엘 백성들에게 있어서 시스라는 도저히 죽을 수 없는 절대자였습니다. 아마도 이스라엘 사람들 중에서 시스라의 머리에 말뚝이 들어갈 수 있을 것이라고 생각한 사람은 아무도 없었을 것입니다. 그들은 시스라가 영원히 살아서 이스라엘 백성들을 괴롭힐 것으로 생각했습니다. 그러나 그의 머리에도 말뚝이 들어갔습니다. 이스라엘 사람들은 믿지 못하겠지만 그도 쓰러졌습니다. 그 교만하던 자가 꾸부러졌고 그도 넘어졌습니다. 그것도 한 이방 여인의 발밑에서 말입니다. 결국 '죽어 자빠지고 말았습니다'라는 뜻입니다.

드보라는 야엘의 존귀함을 알고 있습니다. 야엘을 높이신 하나님을 찬양하고 있습니다. 드보라는 이스라엘의 어머니로서 이스라엘 백성 전체를 대표해서 야엘에게 감사하고 있습니다. 이제 그들은 더 이상 은혜의 구걸자가 아니요, 주인의 상에서 떨어지는 부스러기를 먹는 개가 아니요, 이스라엘의 구원자요 하나님의 사자였습니다.

목을 내어 아들을 기다리는 시스라의 어머니

드보라의 승리의 노래의 절정은 늦은 시간까지 돌아오지 않는 아들을 초조하게 기다리는 시스라의 늙은 어미의 심정으로 절정을 이루고 있습니다.

28절 시스라의 어머니가 창문을 통하여 바라보며 창살을 통하여 부르짖기를 그의 병거가 어찌하여 더디 오는가 그의 병거들의 걸음이 어찌하여 늦어지는가 하매

사실 이 부분은 여성이 아니면 도저히 생각해낼 수 없는 드보라의 노래의 극치입니다. 사실 시스라의 백성들이 울며 통곡하는 것보다 아들이 돌아오기를 초조하게 기다리는 늙은 어미의 심정으로 노래를 끝내는 것이 훨씬 더 진한 감동을 불러일으킵니다.

시스라의 늙은 어미는 무엇인가 육감적으로 불길한 예감을 가지고 자꾸 창밖을 내다보면서 '왜 전쟁터에 나간 아들이 이제껏 돌아오지 않는가?' 하면서 소리를 지릅니다. '왜 하필 오늘따라 병거 바퀴가 더디게 구르는고' 라고 불평을 합니다. '오늘 같은 날 빨리 돌아와서 이 어미의 마음을 편케 하면 좋겠는데 왜 이렇게 빨리 오지 않는가?' 하면서 초조하게 기다립니다. 이미 청중들은 야엘의 발밑에서 머리에 말뚝을 박고 비

참하게 죽어 있는 시스라의 모습을 보았습니다. 그런데 그것을 모르는 늙은 시스라의 어미는 눈이 빠지게 자기 아들을 기다리고 있습니다. 아마도 악당일수록 어머니에 대한 효심은 깊었던 모양입니다. 시스라는 늘 전쟁에서 이기고 돌아오면 어머니에게 먼저 문안 인사를 했던것 같습니다. 그리고 전리품 중에서 가장 좋은 것을 자기 어미에게 주었던 것 같습니다. 그것도 죄 없는 이스라엘 백성들에게 빼앗은 것을 말입니다. 악한 자들이 자기 가족들을 생각하는 것은 과히 알아주어야 합니다. 그러나 이제는 그 효도도 끝이 나고 말았습니다. 아마도 이제 영원히 시스라의 어미는 자식이 모는 병거 소리를 듣지 못하게 될 것입니다. 그가 지금까지 이스라엘 백성들의 마음에 말뚝을 박았던 것처럼 이제는 자기 머리에 말뚝이 박힌 모습으로 늙은 어미 마음에 영원히 말뚝을 박게 될 것입니다.

똑똑한 시녀들은 나름대로 시스라의 어미를 위로하려고 합니다.

29, 30절 그의 지혜로운 시녀들이 대답하였겠고 그도 스스로 대답하기를, 그들이 어찌 노략물을 얻지 못하였으랴 그것을 나누지 못하였으랴 사람마다 한두 처녀를 얻었으리로다 시스라는 채색 옷을 노략하였으리니 그것은 수 놓은 채색 옷이리로다 곧 양쪽에 수 놓은 채색 옷이리니 노략한 자의 목에 꾸미리로다 하였으리라

여기서 여성의 섬세한 부분이 잘 나타나고 있습니다. 시스라의 늙은 어미와 시녀들은 스스로 위로하기를 아마도 노략질하는 것이 너무 많아서 더디 오는 것이 분명하다고 합니다. 사람들마다 처녀를 한두 명씩 노략질 해 오려면 얼마나 시간이 걸리겠습니까? 처녀들을 찾아야지요, 또 상처입지 않게 곱게 잡아 오려면 시간이 오래 걸릴 것입니다. 마치 도둑질하러 나간 형을 기다리는 동생의 마음과 같습니다. 형이 올 시간이 지

났는데도 도저히 나타나지 않습니다. 그때 마음속에 별의 별 생각이 다 들 것입니다. '형이 왜 아직까지 나타나지 않을까? 혹시 들켜서 잡힌 것이 아닐까? 혹시 총격전을 벌이다가 경찰의 총에 맞은 것은 아닐까?' 그러다가 스스로 위로를 합니다. '형이 누구야? 산전수전을 다 겪은 사람 아니야? 이번에도 틀림없이 성공했을 거야. 아마도 다이아몬드를 수두룩하게 가져올 거야.'

아마도 이 당시 최고의 노략물은 처녀와 양쪽에 수놓은 채색 옷이었던 것 같습니다. 처녀는 팔아먹는데 최고의 가격이었던 것 같고 수놓은 채색 옷을 가져 오면 여자들에게 최고의 인기였던 것 같습니다. 아마도 노략질을 한 자가 채색 옷을 목에 걸고 돌아오면 여자들이 그 채색 옷을 얻기 위하여 목에 매달리면서 입을 맞추었던 것 같습니다. 그러나 이번에 그들의 기대는 완전히 물거품으로 나타나게 될 것입니다. 드보라의 승리의 찬송이 31절입니다.

"여호와여 주의 원수들은 다 이와 같이 망하게 하시고 주를 사랑하는 자들은 해가 힘 있게 돋음 같게 하시옵소서" 바로 이것이 드보라의 신앙 고백이며 말씀의 약속입니다. 결국 하나님의 백성을 우습게 알고 해치려고 하는 자들은 하나님을 대적하는 것이며 결국 시스라처럼 망할 것입니다. 그의 기대는 시스라의 늙은 어미처럼 허망하게 될 것입니다. 그러나 하나님을 사랑하는 자는 해가 힘 있게 솟음같이 떠오를 것입니다. 누가 감히 해를 막을 수 있습니까? 누가 감히 떠오르는 해를 다시 주저앉게 할 수 있습니까? 여기서 해가 누구입니까? 바로 야엘 같은 이방여자입니다. 하나님을 사랑하여 광야 끝에서 끝까지 따라오면서 하나님의 말씀의 부스러기라도 얻어먹기를 원했던 야엘이 의인입니다. 자기에게 이스라엘 백성들을 복수할 수 있는 기회가 주어졌을 때 그 기회를 피하지 않고 정면으로 승부했던 여자 용사가 바로 떠오르는 해입니다. 그리고 자기가 가진 힘만 믿고 이스라엘을 노략하려고 했던 시스라와 그의 가족들은 영원히 머리와 가슴에 말뚝을 박은 채로 멸망할 것입니다.

드보라의 승리의 노래가 우리들에게도 중요한 이유가 무엇입니까? 이것은 바로 오늘 현대를 사는 우리들의 문제이기 때문입니다. 오늘날도 자기 힘으로 사는 자가 더 잘 살기도 합니다. 믿음으로 살려고 하는 자는 강한 자들의 눈에 '노략물'로 밖에는 보이지 않을 것입니다. 사람들은 하나님만 의지하고 사는 자들을 자기 '밥'으로 생각합니다. 그러나 하나님께서 의인의 손을 들어 주실 때가 있습니다. 그때 우리는 바로 이 드보라와 같은 찬송을 부르게 될 것입니다. 결국 하나님은 살아계시며 하나님은 의로운 자들의 믿음을 저버리지 않는다는 것이 증명이 되기 때문입니다. 그리고 결국 이 세상의 강한 자 보다 하나님이 더 강하신 것이 증명되기 때문입니다. 하나님은 영원히 찬양받으시기에 합당하신 분이십니다.

CHAPTER 12

고통의 때에 찾아오신 하나님

사사기 6:1-13

어떤 환자가 몸에 심한 통증이 있어서 의사를 찾아가면 의사는 바로 그 통증부터 제거하지 않습니다. 의사는 자세한 진찰과 검사를 통해서 병의 원인이 무엇인지 찾아내려고 합니다. 대개 환자에게 나타나는 증세는 많지만 원인은 단 하나인 경우가 많습니다. 의사가 일단 병의 원인을 찾아내어서 그 병에 맞는 치료를 하면 놀라울 정도로 건강이 회복되면서 몸이 낫는 것을 체험하게 될 것입니다. 그러나 원인을 찾지 못하고 진통제만 주면 병은 제대로 낫지 않고 더욱 더 상황은 어려워지게 됩니다.

우리는 성경 본문에서 바로 이스라엘 백성들이 그런 상태에 있는 것을 보게 됩니다. 기드온 때 이스라엘 백성들의 상태는 환자로 친다면 목숨만 붙어 있지 전혀 혼자 힘으로는 일어날 수 없는 중환자의 처지였습니다. 이스라엘 백성들은 살아남기 위하여 여러 가지 방법을 다 동원해 보았지만 아무 소용이 없었습니다. 이제 그들이 마지막으로 해본 것이 하나 있었습니다. 그것은 하나님께 부르짖는 것이었습니다. 물론 이 부르짖음이라고 하는 것이 제대로 된 기도도 아니었습니다. "만일 하나님이 계신다면 우리를 이 어려움에도 좀 도와주십시오"라는 식이었습니다. 그러나 놀랍게도 이 부르짖음에 반응이 있었습니다. 무엇인가 그들에게 어떤 일이 일어나기 시작했습니다. 그것은 하나님의 선지자가 찾아와서 그들의 병을 진단하기 시작한 것입니다. 바로 이것입니다.

하나님께서는 부르짖는 자들에게 어려움부터 해결해 주시지 않습니다. 무엇보다 말씀을 듣게 하심으로 자신의 문제를 진단하게 하십니다. 그리고 난 후 하나님께서는 그들을 치료하시기 시작합니다. 그렇게 하지 않으면 또 그런 문제에 반복적으로 빠질 수밖에 없기 때문입니다.

오늘날 우리 사회는 중병에 걸려 있는 환자와 같습니다. 우리에게 어려운 것은 단지 경제만이 아닙니다. 정치, 사회, 교육할 것 없이 깊이 병들지 않은 곳이 없을 정도입니다. 그러나 우리 사회에서 가장 답답한 것은 이런 어려움에 대한 해결의 실마리가 보이지 않는다는 것입니다. 이때 이스라엘 백성들은 하나님께 부르짖었습니다. 우리는 어느 때 부르짖게 됩니까? 다른 어떤 가능성도 보이지 않을 때 부르짖게 되어 있습니다. 오늘 우리가 살 수 있는 유일한 길은 하나님께 부르짖는 것입니다. 그러면 하나님께서 우리를 찾아오실 것입니다. 하나님께서 기뻐하시는 자가 누구입니까? 어려움이 왔을 때 모든 손해를 무릅쓰고 하나님을 찾고 부르짖는 사람들입니다. 그러면 하나님께서 그를 그 어려움에서부터 놀랍게 구원해 주실 것입니다.

이스라엘 백성들의 증세

기드온 당시 이스라엘 백성들의 증세가 어떠하였습니까?

1, 2절 이스라엘 자손이 또 여호와의 목전에 악을 행하였으므로 여호와께서 칠년 동안 그들을 미디안의 손에 넘겨 주시니. 미디안의 손이 이스라엘을 이긴지라 이스라엘 자손이 미디안으로 말미암아 산에서 웅덩이와 굴과 산성을 자기들을 위하여 만들었으며

성경은 이스라엘 백성들이 또 여호와의 목전에 악을 행하였다고 말씀하고 있습니다. 그러나 그들은 그것을 모릅니다. 그들의 눈에 보이는 것은 7년 동안의 미디안의 압제뿐입니다. 하나님께서는 이스라엘 백성들에게 7년 동안 미디안으로부터 압제와 약탈을 당하도록 내버려두셨습니다. 그래서 그들은 모든 면에서 심한 어려움과 궁핍을 겪고 있었습니다. 이스라엘 백성들은 미디안 사람들에게 밀려서 산 위에서 토굴이나 임시 숙소를 만들어서 피난민 생활을 하고 있었습니다. 한국 전쟁을 겪으신 분들은 피난 생활을 해 보신 분들이 많습니다. 전에 제가 만난 한 분은 전쟁 때 개성에서 부산까지 걸어갔다는 말을 들었습니다.

한국 전쟁 때 부산은 온 산이 피난민 촌이었습니다. 거의 산꼭대기까지 사람들이 판자나 텐트 천으로 비나 해를 겨우 가리고 살았습니다. 화장실은 공중 화장실 하나뿐이고 물은 멀리 공동 수도나 우물에서 지게나 통으로 날랐습니다. 아이들은 몸에는 이가 득실거렸기 때문에 아이들을 세워놓고 DDT를 뿌렸습니다.

요즘 우리나라는 그런 정도는 아니지만 중요한 회사들은 다른 나라 소유로 넘어가고 이제는 점점 경기가 바닥을 향하여 떨어지고 있습니다. 옛날 한국 전쟁 때와의 차이라면 옛날에는 옷 자체가 다 떨어진 거지라면 지금은 옷은 잘 차려입었지만 실제로는 돈이 없는 거지라고 말해야 할 것입니다.

이때 이스라엘 백성들의 상황이 그러하였습니다. 얼마나 자주 미디안

사람들이 쳐들어 왔던지 그들은 아예 산 위로 도망을 쳐서 굴이나 구덩이에 숨어서 살아야만 했습니다. 산성이라고 하지만 제대로 된 성이 아니었습니다. 대충 돌로 성 비슷하게 쌓은 것이지만 제대로 그들을 보호할 수는 없었습니다.

3-5절 이스라엘이 파종한 때면 미디안과 아말렉과 동방 사람들이 치러 올라와서. 진을 치고 가사에 이르도록 토지 소산을 멸하여 이스라엘 가운데에 먹을 것을 남겨 두지 아니하며 양이나 소나 나귀도 남기지 아니하니. 이는 그들이 그들의 짐승과 장막을 가지고 올라와 메뚜기 떼 같이 많이 들어오니 그 사람과 낙타가 무수함이라 그들이 그 땅에 들어와 멸하려 하니

아무리 어려워도 농사만 지을 수 있으면 살아남을 수 있습니다. 그러나 미디안 사람들은 아예 이스라엘 백성들로 하여금 씨 뿌리는 것조차 하지 못하게 했습니다. 씨를 뿌리는 계절이 되면 다른 부족들까지 합쳐서 짐승들까지 몰고 와서 이스라엘의 밭을 다 밟아버렸습니다. 그래서 이스라엘 백성들은 아예 땅에 씨를 뿌릴 수가 없었습니다. 미디안 사람들이 의도하는 것이 무엇입니까? 이스라엘 자손들은 여기서 없어지라는 것입니다.

그런데 이스라엘 백성들에게는 이렇게 만신창이가 되었는데도 도무지 길이 보이지 않는다는 것입니다. 그들은 자기들이 할 수 있는 방법을 다 동원해 보았을 것입니다. 미디안과 협상을 시도해 보기도 하고 또 다른 부족들에게 도움을 요청해 보기도 하고 자기들 안에서도 수없이 회의에 회의를 거듭해 보았을 것입니다. 그러나 분명히 그들의 상태는 만신창이인데 도저히 고침을 받을 수 있는 방법이 없었습니다. 그때 이스라엘 백성들이 한 것은 하나님께 부르짖는 것이었습니다.

6절 이스라엘이 미디안으로 말미암아 궁핍함이 심한지라 이에 이스라엘 자손이 여호와께 부르짖었더라

여기서 '궁핍함이 심하다'는 것은 도저히 자신들의 힘으로는 이 어려움을 해결할 길이 없었다는 것입니다. 마치 중환자처럼 누워 있어서 누군가가 일으켜 주지 않으면 도저히 일어설 수 없는 형편이었습니다. 그때 이스라엘 백성들은 하나님께 부르짖으면서 기도했습니다. 그러자 하나님께서는 그들의 기도에 응답하셨습니다.

하나님의 진단

7, 8절 이스라엘 자손이 미디안으로 말미암아 여호와께 부르짖었으므로. 여호와께서 이스라엘 자손에게 한 선지자를 보내시니 그가 그들에게 이르되 여호와께서 이같이 말씀하시기를 이스라엘의 하나님 내가 너희를 애굽에서 인도하여 내며 너희를 그 종 되었던 집에서 나오게 하여

하나님께서는 한 선지자를 보내어 이스라엘 백성들의 죄를 책망하게 하셨습니다. 물론 이 선지자가 누구였는지 알 수 없습니다. 그리고 전혀 이름도 알려지지 않은 선지자였습니다. 그러나 이스라엘 백성들은 그 말씀을 듣자마자 이번에는 무엇인가 다르다는 것을 느끼기 시작했습니다. 그 이유가 무엇입니까? 하나님의 말씀에는 권세가 있습니다. 그냥 일반적인 말이 아니라 이상하게도 나에게 너무나도 생생하게 적용되는 말씀이기 때문입니다. 마치 나 들으라고 하시는 말씀인 것 같습니다. 분명히 나를 완벽하게 잘 아는 사람이 마치 나를 꿰뚫어 보면서 말씀하시는 것 같습니다.

하나님께서 이스라엘 백성들에게 주신 말씀이 무엇입니까?

8-10절 여호와께서 이스라엘 자손에게 한 선지자를 보내시니 그가 그들에게 이르되 여호와께서 이같이 말씀하시기를 이스라엘의 하나님 내가 너희를 애굽에서 인도하여 내며 너희를 그 종 되었던 집에서 나오게 하여. 애굽 사람의 손과 너희를 학대하는 모든 자의 손에서 너희를 건져내고 그들을 너희 앞에서 쫓아내고 그 땅을 너희에게 주었으며. 내가 또 너희에게 이르기를 나는 너희의 하나님 여호와이니 너희가 거주하는 아모리 사람의 땅의 신들을 두려워하지 말라 하였으나 너희가 내 목소리를 듣지 아니하였느니라 하셨다 하니라

선지자가 한 말은 깁니다. 그러나 그 핵심은 한 가지입니다. 이스라엘 백성들이 바로 출애굽의 신앙을 버렸다는 것입니다. 우리가 생각하기에 선지자의 처방이 도무지 이해가 되지 않습니다. 그들이 애굽 땅을 떠나온 지가 벌써 오래 되었습니다. 이미 기드온 때 이스라엘 백성들은 애굽을 떠난 지가 백년도 넘은 때였습니다. 그런데 선지자는 이스라엘 백성들의 모든 고통의 원인이 출애굽의 신앙을 버린데 있다고 진단을 했습니다. 그러나 이것은 바로 정확한 진단이었습니다. 이스라엘 백성들의 존재의 근거는 바로 출애굽이었습니다. 다시 말해서 이스라엘 백성들의 존재 이유는 오직 유일하신 살아계신 하나님 한 분을 나타내기 위하여 존재하는 것이었습니다. 그런데 이스라엘 백성들은 하나님만 의지하지 못하고 가나안 땅에서 바알을 섬기고 아세라 우상을 섬겼던 것입니다.

우리는 하나님께서 이스라엘 백성들에게 가나안 사람들을 몰아내라고 하신 것이 이해되지 않습니다. 왜 이웃과 잘 지내라고 하시지 않고 그들을 몰아내라고 하십니까? 그 이유는 가나안 사람들은 그냥 이웃이 아

니었기 때문입니다. 그곳의 남자는 무당이었고 여자들은 창녀들이었습니다. 하나님께서 이스라엘 백성들에게 요구하신 것은 이 무당들과 창녀들을 몰아내고 새로운 깨끗한 사회를 건설하라는 것이었습니다. 그러나 그들은 먹고사는 문제 때문에 하나님의 말씀에 온전히 순종하지 못했습니다. 이스라엘 백성들은 대대로 목축업자들이었습니다. 그런데 그들은 가나안 땅에 들어오면서 농사를 지어야만 했습니다. 그러나 그들은 농사짓는 법을 몰랐습니다. 농사짓는 전문가들은 가나안 사람들이었습니다. 이스라엘 백성들은 우선 먹고사는 것이 더 급하다고 생각했습니다. 그래서 그들은 가나안 사람들을 몰아내지 않고 그들의 도움을 받았습니다. 그 결과가 무엇입니까? 백년이 지나면서 이스라엘의 남자들은 무당이 되고 여자들은 창녀들로 변해갔던 것입니다.

하나님께서 이스라엘 백성들을 가나안 땅에 살게 하신 이유가 무엇입니까? 이 백성들을 통하여 하나님 자신을 온 세상에 나타내시기 위해서였습니다. 그러나 이스라엘 백성들은 바로 출애굽의 정신을 잃어버린 것입니다. 다시 말해서 자기들이 무엇 때문에 존재하는지 모르고 산 것이 엄청난 고통의 원인이었습니다.

우리나라의 위기가 무엇입니까? 그것은 결코 경제적인 어려움만이 아닙니다. 위기는 죄를 두려워하거나 부끄러워하지 않는데서 온 것입니다. 우리나라 사람들은 죄를 짓다가 발각이 되어도 부끄러워하는 사람이 없습니다. 음란하고 부끄러운 짓을 하다가 발각이 되어도 수치스러워하지 않습니다. 그 이유가 무엇입니까? 마음속에서 하나님을 두려워하는 것이 없기 때문입니다. 하나님을 겁내지 않습니다. 무엇보다 하나님의 백성들이 하나님을 두려워하지 않기 때문입니다. 예수 믿는 사람들이 돈 많은 사람, 권력을 가진 자들을 두려워하고 하나님을 두려워하지 않습니다. 그 결과가 세상 사람들은 죄를 자랑하고 아예 드러내 놓고 죄를 짓게 된 것입니다. 부끄럽게도 오늘 우리 사회의 위기는 교회에서부터 시작되었다고 진단해야 합니다. 목회자들이 하나님을 얼마나 두려워하고, 장로들이나 집사들 중에서 하나님을 두려워하는 자가 얼마나 됩니까? 청년들 중에서 하나님을 두려워하는 자가 얼마나 됩니까? 그러니까 이 세상은 아예 머릿속에 하나님이라는 존재가 없습니다.

교회는 죄와 싸우는 곳이고 죄를 치료하는 곳입니다. 그런데 어느 한 순간부터는 신사협정을 맺어서 죄 이야기를 피차간에 하지 않는 것입니다. 그래서 아예 죄에 대한 경고와 지적을 빼 버립니다. 그 이유가 무엇입니까? 나도 말씀대로 살지 못하면서 어떻게 다른 사람들의 죄를 지적할 수 있느냐 하는 것입니다. 이것이 바로 이스라엘 백성들의 문제였습니다. 하나님께서는 이스라엘 백성들이 끊임없이 고민하고 갈등하기를 원하셨습니다. 그들은 완전한 의인이 아닙니다. 물론 그들 자신들도 하나님의 말씀에 다 순종하지 못합니다. 그럼에도 불구하고 그들은 끊임없이 세상의 죄를 지적하고 세상의 죄와 싸우라는 것입니다. 그렇게 할 때 하나님의 은혜는 계속되는 것입니다.

많은 사람들이 예수를 믿다가 중도에 타락하는 것은 바로 이런 갈등 때문입니다. 자기 혼자만 위선적으로 예수를 믿는 것 같습니다. 다른 사람들은 다 정직하게 신앙생활하는 것 같은데 자기 혼자만 일주일 동안 실컷 술 마시고 담배 피우고 위선적으로 예배 시간에 앉아 있는 것 같은 것입니다. 그러니까 어떤 생각이 듭니까? 이렇게 갈등을 겪으면서 억지로 신앙생활을 하느니 차라리 세상으로 가버리자는 것입니다. 그러나 우리 안에 갈등이 있다고 하는 것은 아직 우리가 살아 있는 증거입니다.

하나님께서는 이스라엘 백성들에게 '아모리 사람의 땅의 신들을 두려워하지 말라'고 말씀하셨습니다. 이 당시 사람들이 다른 신을 섬기면서 잘사는 것을 부러워하거나 두려워하지 말라는 뜻입니다. 왜냐하면 하나님의 백성들이 사는 원리는 따로 있기 때문입니다.

하나님의 백성들의 비극이 어디에 있습니까? 그들이 어떤 사람인지 그것을 잊어버리는 것입니다. 자신들이 무엇 때문에 이 세상에 사는지 그 존재의 이유를 잃어버리는 것입니다. 그리고 자신의 삶이 이 세상 사람들의 길과 다르게 보여질 때 너무나도 두려워하고 절망하면서 자신을 이 세상의 패배자로 생각하는 것입니다. 그러나 하나님께서는 우리가 이 세상 사람들과 다른 길을 걷는 것을 두려워하지 말고 오히려 기뻐하고 감사하라고 말씀하십니다.

기드온을 찾아오신 하나님

하나님은 말씀만 하시고 끝나는 분이 아니십니다. 하나님께서 말씀하셨다면 우리가 모르는 가운데 반드시 놀라운 구원의 길을 준비하시는 분이십니다. 그래서 우리 귀에 말씀이 들리면 '내가 모르는 가운데 하나님께서 놀라운 구원을 준비하시는구나'라고 생각하면 좋습니다. 하나님께서는 이스라엘 백성들을 이 위기에서 건지시기 위해 한 사람을 찾으러 가셨습니다.

11절 여호와의 사자가 아비에셀 사람 요아스에게 속한 오브라에 이르러 상수리나무 아래에 앉으니라 마침 요아스의 아들 기드온이 미디안 사람에게 알리지 아니하려 하여 밀을 포도주 틀에서 타작하더니

여기서 '하나님의 사자'는 이스라엘 백성들을 애굽에서 이끌어 내신 바로 그 하나님의 사자입니다. 그는 신성을 가지신 하나님의 아들이십니다. 그는 친히 기드온을 찾아가셨습니다. 마치 유비가 제갈공명을 만나러

삼고초려 하듯이 하나님 자신이 한 장수를 찾기 위하여 먼 길을 찾아 오셨습니다. 이것은 이 사람이 이만큼 중요한 사람이라는 뜻입니다. 그러나 우리가 보게 되는 한 사람은 전혀 장수 같은 사람이 아니었습니다.

그는 미디안 사람들에게 들키지 않으려고 혼자 먹을 곡식을 포도주 틀에서 몰래 타작하던 사람이었습니다. 한번 생각해 보십시오. 이런 위기에서 이스라엘 백성들을 건져내려면 그 사람은 깊은 산골에서 의병들이라도 모아서 훈련을 시키든지, 아니면 민족의 장래를 생각하면서 깊이 고민하거나 도를 닦는 사람이어야 할 것입니다. 그러나 하나님께서 먼 길을 걸어서 찾아오신 이스라엘의 장수는 너무나도 평범한 사람이었습니다. 그는 아주 작은 므낫세 지파 사람이었고 그 중에서도 보잘 것 없는 요아스 집안의 아들이었습니다.

12절 여호와의 사자가 기드온에게 나타나 이르되 큰 용사여 여호와께서 너와 함께 계시도다 하매

하나님의 사자는 기드온에게 그가 큰 용사이며 하나님께서 그와 함께 하신다고 말씀하셨습니다. 우리가 보기에 기드온은 큰 용사가 아니었습니다. 그러나 하나님께서는 기드온을 큰 용사로 쓰시겠다고 말씀하시는 것입니다. 여호와의 사자가 기드온을 찾아간 이유가 어디에 있습니까?

13절 기드온이 그에게 대답하되 오 나의 주여 여호와께서 우리와 함께 계시면 어찌하여 이 모든 일이 우리에게 일어났나이까 또 우리 조상들이 일찍이 우리에게 이르기를 여호와께서 우리를 애굽에서 올라오게 하신 것이 아니냐 한 그 모든 이적이 어디 있나이까 이제 여호와께서 우리를 버리사 미디안의 손에 우리를 넘겨 주셨나이다 하니

기드온은 여호와의 사자에게 하나님께서 우리와 함께 하신다는 것은 사실이 아니라는 것입니다. 왜냐하면 만일 하나님께서 우리와 함께 하신다면 왜 출애굽 때의 기적이 지금은 일어나지 않느냐는 것입니다.

즉, 기드온이 말하는 것은 출애굽 때 기적이 일어났으면 지금도 일어나야 한다는 것입니다.

우리가 기드온의 태도에서 볼 수 있는 것이 무엇입니까? 그래도 기드온은 다른 이스라엘 백성과는 다른 것이 있습니다. 그것이 무엇입니까? 그는 출애굽을 믿었습니다. 그는 하나님의 기적을 믿었습니다. 그는 지금 성경을 믿었기 때문에 이 지경까지 온 사람이었습니다. 하나님께서 찾아간 사람은 어떤 사람이었습니까? 하나님의 말씀을 믿었기 때문에 이 세상에서 실패했으며 하나님의 기적을 믿었기 때문에 패인이 되다시피한 사람이었습니다. 그는 하나님의 말씀을 믿었지만 왜 그 말씀의 능력이 나타나지 않는지 몰라서 고민하고 방황하는 사람이었습니다. 하나님은 그 사람을 찾아가셨습니다. 그 이유가 무엇입니까? 그는 비록 작지만 분명한 믿음을 가지고 있는 사람이었기 때문입니다.

다시 말해서 신앙은 겨자씨만큼 작지만 그는 분명히 말씀을 믿으며 하나님의 능력과 존재를 믿었습니다. 하나님께서는 바로 이 겨자씨만한 믿음을 가진 기드온을 큰 용사로 사용하시기로 작정하셨습니다. 그 이유가 무엇입니까? 이번 전쟁은 과연 하나님은 살아계시느냐 아니면 하나님은 없느냐를 결정하는 전쟁이기 때문입니다.

예수님께서는 제자들에게 '너희에게 믿음이 겨자씨 한 알 만큼만 있어도 이 산을 명하여 여기서 저기로 옮겨지라 하면 옮겨질 것이요'라고 말씀하셨습니다. 하나님께서 친히 걸어서 찾아온 사람은 하나님에 대하여 겨자씨만한 믿음을 가진 기드온이었습니다. 성경을 성경대로 믿고 하나님을 하나님으로 믿는 사람이었습니다. 물론 그는 아주 힘이 없고 내성적인 사람이며 전쟁 같은 것과는 전혀 무관한 사람 같았습니다.

오늘 우리에게 중요한 것은 과연 성경을 믿느냐는 것입니다. 그리고 하나님의 기적을 믿느냐 하는 것입니다. 하나님께서 물으시는 것은 오늘날도 오직 성경의 그 하나님을 믿느냐 하는 것입니다. 하나님께서 오늘도 살아계시며 능력으로 역사하실 수 있는 것을 믿느냐 하는 것입니다.

오늘 우리의 전쟁은 어떤 전쟁입니까? 이 현대 시대에 과연 하나님께서 살아 계시느냐 하는 것입니다. 인간두뇌의 승리냐 아니면 아직도 하나님께서 개입하시느냐 하는 것입니다. 사람들은 양의 복제 사건을 두고 인간두뇌의 승리라고 합니다. 오늘 같은 세상에서 과연 믿음이 통하느냐 하는 것입니다. 믿음으로 공부하고 사업하는 것이 통할까요? 이것은 바로 성경을 믿고 하나님의 능력을 믿느냐 하는 것과 직결되는 것입니다.

이 본문이 우리에게 무엇을 말씀하고 있습니까?

우리의 많은 어려움은 한 가지 이유에서 나왔다는 것입니다. 그것이 무엇입니까? 이 세상의 풍요에 젖어서 하나님을 잃어버린 것입니다. 출애굽의 신앙을 버린 것입니다. 우리가 회복될 수 있는 길은 하나님께 부르짖는 것입니다. 이것은 시간을 정해서 하나님 앞에 함께 기도하는 것입니다. 하나님께 도움을 호소하는 것입니다. 그리고 하나님이 기뻐하시는 신앙을 되찾는 것입니다.

그러면 하나님께서는 두 가지 일을 하십니다. 하나는 말씀으로 우리의 문제를 진단하십니다. 그리고 우리를 어려움에서 건질 위대한 용사를 준비시키십니다. 그는 누구입니까? 겨자씨만한 믿음을 가졌지만 성경을 믿고 출애굽을 믿고 하나님의 능력을 믿는 사람입니다. 나는 할 수 없기 때문에 하나님도 할 수 없다는 것이 불신앙입니다. 그러나 나는 할 수 없지만 하나님은 할 수 있다는 것이 믿음입니다. 겨자씨만한 믿음을 가진 사람을 하나님은 찾으십니다.

CHAPTER 13

기드온의 첫 번째 임무

사사기 6:14-24

하나님께서 우리를 부르실 때 두 가지 부르심이 있습니다. 하나는 우리를 이 세상에서 불러내어 하나님의 백성이 되게 하는 것입니다. 이것은 회개의 부르심입니다. 하나님께서 정욕대로 사는 삶에서 돌이켜 하나님의 은혜 안으로 오게 하시는 부르심입니다. 그러나 또 다른 하나의 부르심이 있습니다. 그것은 우리에게 새로운 사명을 주셔서 이 세상에서 하나님의 뜻을 이루라는 사명의 부르심인 것입니다. 그러나 대개 하나님께서 주시는 이런 사명은 인간의 힘으로는 감당하기 불가능한 것들입니다. 이것은 빈손으로 혼자 뛰어 들어서 위기에 빠진 하나님의 백성들을 그 위기에서 건져내라는 것입니다.

우리가 성경을 보면 이런 부르심을 받은 종들은 한결같이 자기들이 그 일을 할 수 없다고 사양한 것을 보게 됩니다. 이 본문의 말씀은 하나님께서 기드온을 바로 그런 임무를 위하여 부르시는 내용입니다.

기드온을 부르심

하나님께서 기드온을 찾아 오셔서 하신 말씀은 아직 하나님께서는 이스라엘을 버리지 않으셨다는 것입니다. 기드온은 자기들이 이렇게 비참한 상태에 있는 이유는 하나님께서 자기들을 버리셨기 때문이라고 믿고 있었습니다. 이스라엘 백성들이 출애굽 할 때에는 기적이 있었는데 지금은 그런 기적이 없는 것을 보면 하나님께서 이스라엘 백성들이 싫어서 이들을 버린 것이 틀림없다는 것입니다. 그러나 하나님께서는 결코 이스라엘을 버리신 것이 아니라 그들이 가지고 있는 불신앙과 우상이 하나님의 능력을 막고 있을 뿐이며, 이제 기드온이 해야 할 일은 바로 이스라엘 안에 있는 우상과 불신앙을 제거하는 일이라고 말씀하십니다.

14절 여호와께서 그를 향하여 이르시되 너는 가서 이 너의 힘으로 이스라엘을 미디안의 손에서 구원하라 내가 너를 보낸 것이 아니냐

하나님께서는 기드온을 부르셨습니다. 그런데 이 부르심은 하나님을 믿지 않던 자가 죄를 버리고 하나님께로 돌아오게 하는 부르심이 아닙니다. 이것은 하나님을 믿는 자를 특별하게 부르셔서 자기 백성들을 사탄의 세력으로부터 건져내라는 것입니다.

하나님께서 불쑥 기드온에게 말씀하신 것은 '네 힘을 의지하고 가서 이스라엘을 미디안의 손에서 건져내라'는 것입니다. 이 말은 다른 사람의 도움을 받으려고 하지 말고 지금 네가 가지고 있는 힘으로 이스라엘을 7년 동안 학대하고 있는 미디안 족속들을 몰아내라는 말입니다.

사람이 이상은 높은데 현실이 거기에 따라주지 않으면 어떻게 됩니까? 자꾸 멍하게 허공을 쳐다보게 되고 엉뚱한 공상에 빠지게 됩니다. 그

리고 어떤 우연한 행복이 자기에게 찾아와 주지 않을까 하는 막연한 기대 같은 것을 하게 됩니다.

하나님께서는 기드온에게 혹시 누군가 다른 사람이 이 일을 해주지 않을까하는 엉뚱한 공상을 버리고 아무도 도와주지 않는 가운데 네 힘으로 미디안과 싸워야 한다는 것입니다. 이것이 불가능한 것을 하라고 하시는 것이었습니다. 지금 이스라엘 백성들은 그 전체 힘으로도 미디안 사람들을 이길 수 없어서 지금 이렇게 비참하게 지내고 있습니다. 그런데 하나님께서는 기드온에게 다른 사람의 도움 없이 혼자의 힘으로 그렇게 하라는 것입니다.

15절 그러나 기드온이 그에게 대답하되 오 주여 내가 무엇으로 이스라엘을 구원하리이까 보소서 나의 집은 므낫세 중에 극히 약하고 나는 내 아버지 집에서 가장 작은 자니이다

기드온은 당연히 하나님께 자기는 그런 일을 할 수 없다고 대답을 할 수밖에 없었습니다. 그는 이스라엘 중에서도 가장 작은 므낫세 지파였고 또 므낫세 지파 중에서도 가장 작은 집안이었습니다. 다시 말해서 가장 힘이 없고 사람도 없는 집안이었습니다.

우리는 하나님을 믿기만 하면 다 된다는 식의 믿음을 가지고 있습니다. 그런데 그런 믿음을 가지고 나갔는데 그 믿음이 불발이 되면 어떻게 됩니까? 혼자 개죽음당하고 마는 것입니다.

그런데 하나님께서는 기드온에게 무엇이라고 대답하셨습니까?

16절 여호와께서 그에게 이르시되 내가 반드시 너와 함께 하리니 네가 미디안 사람 치기를 한 사람을 치듯 하리라 하시니라

하나님께서는 네가 미디안 사람들을 이기거나 지는 것은 너의 일이 아니라고 말씀하십니다. 이스라엘 백성들이 네 말을 듣고 순종하거나 순종하지 않는 것은 너의 책임이 아니라는 것입니다. 너는 단지 사용되기만 하면 되고 모든 것은 기드온에게 나타나신 하나님 자신이 하시겠다고 말씀하십니다. 기드온은 한 사람도 설득할 필요가 없습니다. 그는 하나님이 시키는 대로 하기만 하면 됩니다.

그러면 하나님께서 함께 하시는 일은 우리가 아무것도 하지 않고 가만히 있기만 하면 되는 것일까요? 절대로 그렇지 않습니다. 아무리 하나님께서 하라고 하시는 일이며 아무리 하나님께서 함께 하시는 일이라도 우리는 사력을 다해야 합니다. 그런데 내 힘으로 싸우는 것과 하나님의 힘으로 하는 것의 차이가 무엇입니까? 하나님이 함께 하시는 일은 소망이 있습니다. 이것은 마치 이미 답을 알고 문제를 푸는 것과 같습니다. 이미 답은 나와 있기 때문에 끝까지 견디기만 하면 되는 것입니다.

하나님께서는 기드온에게 이기고 지는 것은 그의 일이 아니라고 말씀하셨습니다. 이스라엘 백성들이 어떻게 반응하던 그것은 그와 상관이 없는 일이라고 말씀하셨습니다. 오직 그는 하나님이 하라고 하는 것만 하기만 하면 됩니다. 그러면 모든 것을 하나님께서 하시겠다고 말씀하십니다. 이것이 하나님이 주시는 임무입니다. 결과까지 우리가 책임져야 한다면 우리는 그 엄청난 부담 때문에 포기하고 말 것입니다. 그저 하나님께서 하라고 하시는 대로 하고 결과는 맡겨 드리는 것입니다. 결과가 좋아도 하나님의 일이요, 결과가 나빠도 스스로를 책망할 필요가 없습니다. 왜냐하면 하나님께서 그렇게 하신 것이기 때문입니다. 하나님은 기드온을 설득하셨습니다. 그러니까 기드온이 무엇이라 대답을 합니까?

17, 18절 기드온이 그에게 대답하되 만일 내가 주께 은혜를 얻었사오면 나와 말씀하신 이가 주 되시는 표징을 내게 보이소서. 내가 예물을 가지고 다시 주께로 와서 그것을 주 앞에 드리기까지 이곳을 떠나지 마시기를 원하나이다 하니 그가 이르되 내가 너 돌아올 때까지 머무르리라

여기서 새로운 문제가 시작되고 있습니다. 하나님께서는 기드온에서 함께 하셔서 그가 미디안 사람을 치되 한 사람 치듯 하게 하겠다고 말씀하십니다. 그때 기드온은 여호와의 사자에게 예물을 드리겠다고 말을 합니다. 여기서 예물은 하나님께 드리는 예물입니다. 그런데 기드온이 준비해 온 예물을 보면 자기와 대화를 나누는 대상을 잘 모르고 있다는 것을 알 수 있습니다.

먼저 기드온이 가장 힘들어하는 것은 하나님의 말씀과 현실 사이의 엄청난 차이입니다. 자기에게 찾아와서 말씀하시는 분은 미디안 사람을 한 사람 치듯 하겠다고 말합니다. 그러나 어떻게 미디안 사람을 한 사람 치듯 할 수 있습니까? 오늘 우리들이 겪은 어려움이 바로 이런 것입니다. 우리가 설교를 듣거나 기도를 할 때 확신을 가지는 것은 쉬운 일입니다. 그러나 이런 믿음을 가지고 현실과 부딪치면 말씀과는 너무나도 다른 것입니다. 하나님의 말씀은 간단하게 그들을 물리치겠다고 하시지만 십만 명이 넘는 미디안 사람을 치는 것이 어떻게 그렇게 쉬운 일일 수 있습니까? 오늘날 많은 크리스천들은 하나님의 말씀과 현실 사이에서 절망을 느낍니다. 이때 기드온은 낙심하지 않고 하나님께 예물을 드릴테니까 잠시만 기다려 달라고 합니다.

일단 기드온은 자기에게 찾아와서 말씀하시는 이 분이 누구신지를 확인하고 싶었습니다. 기드온과 말씀하시는 분은 자신을 하나님으로 말씀하고 있습니다. 그러나 그는 육신을 입고 찾아 오셨고 그저 평범한 한 사

람이었습니다.

그는 말씀은 믿지만 말씀과 현실사이에는 너무나도 엄청난 차이가 있습니다. 바로 이 문제였습니다. 그는 자신이 하나님인 것처럼 말씀을 하시는데 그는 군인도 아니고 병사도 없습니다. 그저 여행하는 객으로 자기를 찾아 왔습니다. 그래서 주되심을 보여 달라는 것입니다. 자신의 믿음 없음을 그대로 고백하고 있습니다. "당신은 내가 당신의 말씀대로 순종하면 이스라엘을 구원하실 것이라고 말씀하십니다. 저도 그것을 원합니다. 그러나 나의 믿음은 이 현실을 인정하기가 너무나도 어렵습니다. 제발 저에게 믿음을 주십시오. 당신이 주님이시며 지금까지 나에게 말씀하신 분이 하나님이신 증거를 보여 주십시오."

그러면서 기드온은 집에 가서 예물을 가져오겠다고 말을 했습니다. 이 예물은 하나님께 드리는 헌신의 예물이며 감사 헌금과 같은 것이었습니다. 이때 기드온이 드린 예물은 7년 동안 고생을 한 이스라엘 백성들의 입장에서 생각해보면 상당히 많은 것이었습니다.

19절 기드온이 가서 염소 새끼 하나를 준비하고 가루 한 에바로 무교병을 만들고 고기를 소쿠리에 담고 국을 양푼에 담아 상수리나무 아래 그에게로 가져다가 드리매

기드온이 가져 온 것은 한 사람이 먹기에는 너무나도 많은 것이었습니다. 이때 염소 새끼는 얼마나 귀한 것이었는지 모릅니다. 그리고 에바는 큰 것으로 한 통을 말하는데 아주 큰 통으로 무교전병을 만들어왔고 또 고기도 가져오고 국도 양푼에 담아서 왔습니다. 기드온의 이 예물이 의미하는 것이 무엇입니까?

이것은 하나님의 사람에 대한 감사의 표시였습니다. 기드온은 사실 성

경의 하나님을 믿는 귀한 신앙을 가진 자였습니다. 그런데 현실 가운데는 기드온의 성경적인 신앙은 아무 소용이 없었습니다. 그런데 드디어 하나님으로부터 한 분이 찾아왔습니다. 기드온이 그분의 말씀을 듣고 얼마나 은혜를 받았던지 자기가 가지고 있는 것은 다 그분께 드려도 아깝지가 않았던 것입니다. 왜냐하면 하나님께서 자신의 부족한 신앙을 친히 사자를 보내어 인정을 해주셨기 때문입니다.

처음 여호와의 사자가 기드온을 만났을 때 그는 포도주 틀에서 몰래 밀을 타작하고 있던 중이었습니다. 이것은 그가 깊은 절망에 빠져서 소망 없이 하루하루를 살아가고 있는 모습을 보여주는 것입니다. 그는 민족의 장래에도 소망을 가질 수 없었고 자신의 미래에 대해서도 비전을 가질 수 없었습니다. 그런데 하나님의 말씀을 듣고 보니까 적어도 자기 신앙이 틀린 신앙은 아니며 제대로 길을 가고 있구나 하는 확인이 된 것입니다.

바로 이것이 오늘 어려운 현실을 살아가고 있는 그리스도인들에게 필요한 것입니다. 전에 어떤 한 여성도는 현실적으로 많은 어려움을 겪고 있었습니다. 이 분은 자기가 너무나도 잘못 믿고 있기 때문에 이렇게 경제적으로 쪼들리고 가정 형편이 어렵다고 생각을 했습니다. 그래서 하루하루를 소망 없이 살아가고 있었는데, 어느 날 하나님의 말씀을 듣고 얼마나 은혜를 받았던지 눈물을 한 바가지를 쏟았습니다. 그리고 집에 가서 손에 잡히는 대로 가지고 와서 저에게 주는데 그것은 샴푸 한 다스였습니다. 저는 그 무거운 것을 들고 집으로 오느라 얼마나 고생을 했는지 모릅니다. 성경적인 신앙을 가진 분들이 하나님의 말씀을 들으면 대개 웁니다. 왜냐하면 지금까지 자기가 이렇게 고생하는 것은 너무나도 잘 믿었기 때문이라고 생각하고 있는데 그것이 아니더라는 것입니다. 그래도 이것이 바른 길이라는 확신을 갖게 되면서 마음속에 자신감이 생기게 되는 것입니다. 그때 하나님께 대하여 마음이 열리게 되고 감사하는 마음으로 무엇인가 드리고 싶은 마음이 드는 것입니다.

하나님의 응답

기드온이 하나님께 바친 것은 번제가 아니었습니다. 이것은 단지 말씀에 은혜를 받은 감사의 표시였습니다. 그런데 여호와의 사자는 그 예물에 불을 내리셨습니다. 이것이 하나님의 응답이었습니다. 이것을 보면 우리가 하나님의 말씀을 듣고 작은 자신감을 가지는 것이 능력의 시작이고 축복의 시작이라는 것을 알 수 있습니다.

20, 21절 하나님의 사자가 그에게 이르되 고기와 무교병을 가져다가 이 바위 위에 놓고 국을 부으라 하니 기드온이 그대로 하니라. 여호와의 사자가 손에 잡은 지팡이 끝을 내밀어 고기와 무교병에 대니 불이 바위에서 나와 고기와 무교병을 살랐고 여호와의 사자는 떠나서 보이지 아니한지라

아마도 기드온은 미디안과 전쟁을 하려면 양식이 필요할 것이라고 생각한 것 같습니다. 그러나 하나님께서는 기드온이 드린 선물을 양식으로 받지 아니하셨습니다. 하나님의 사자는 기드온이 가져온 음식을 바위 위에 두라고 하고 그 위에 국을 쏟으라고 하셨습니다. 기드온이 그대로 하니까 지팡이 끝으로 그 음식에 대니 불이 반석에서 나와서 그 모든 음식을 태워버렸습니다. 원래 제물위에 붓는 것은 포도주였습니다. 타고 있는 제물이 꺼져 가면 그 위에 포도주를 부어서 마지막 제물의 불꽃과 향기를 일으킵니다. 이것은 우리 안에 있는 마지막 모든 것까지 하나님께 드리는 표시입니다.

기드온이 하나님으로부터 원한 표징이 무엇이었는지 알 수 없습니다. 그러나 하나님께서 기드온에게 보여주신 것은 불이 있는 예배였습니다. 하나님께서 기뻐 받으시는 예배가 증표였습니다. 이 예배가 의미하는 것이 무엇입니까? 하나님께서는 지금까지 기드온의 삶 가운데서 하나님 앞에서 아름답지 못한 모든 것을 불로 태워서 없애버린다는 뜻입니다. 하나님께서는 이 번제를 통하여 기드온의 삶과 그 모든 인격을 받으시는 것입니다. 이 번제를 통하여 하나님께서는 기드온이 과거에 지은 모든 부끄러운 죄들을 다 용서하시고 이제 완전히 새사람으로 만드신다는 뜻입니다.

기드온이 가장 힘들어 했던 것은 이상과 현실의 차이였습니다. 하나님의 말씀을 들으면 분명히 미디안을 이길 수 있을 것 같은데 현실은 그것이 불가능한 일이었습니다. 하나님께서는 이 말씀과 현실의 차이를 불로써 응답하셨습니다. 즉 하나님의 불이 있고 감동이 있는 예배가 오늘 우리로 하여금 세상을 이기게 하는 것입니다. 처음 예배를 드릴 때에는 실패자요 자신감을 다 상실한 모습으로 예배를 드립니다. 그런데 예배를 드리는 가운데 마음속에 뜨거운 감동이 생기면서 우리는 아주 강한 한 마리의 사자로 변하게 되는 것입니다. 그래서 세상이 감당할 수 없는 믿음의 사람으로 다시 태어나게 되는 것입니다.

옛날 이스라엘 백성들은 하나님께서 예배를 받으시는 것을 알 수 있었습니다. 특히 하나님께서 내리시는 가장 큰 축복이 불이 있는 예배였습니다. 하늘에서 불이 내리거나 반석에서 불이 내리는 예배는 하나님께서 살아계시며 그 크신 능력으로 모든 거짓된 신들을 심판하실 것을 보여주시는 것입니다.

하나님께서 받으시는 예배의 특징이 무엇입니까? 그 안에 뜨거움이 있고 확신이 있습니다. 그리고 과거의 나의 모든 부끄러운 죄가 예수 그리스도의 십자가로 다 사하여진 바 되었으며 이제는 어느 누구도 나의 과거를 들추어내어서 나를 부끄럽게 할 자가 없다는 뜨거운 확신입니다.

갑작스런 하나님의 임재는 기드온을 매우 두렵게 했습니다.

22절 기드온이 그가 여호와의 사자인 줄을 알고 이르되 슬프도소이다 주 여호와여 내가 여호와의 사자를 대면하여 보았나이다

이미 하나님께서는 임재해 계셨습니다. 그와 실컷 말씀을 하셨지만 마치 기드온은 얼굴에 수건을 쓴 것처럼 그를 분명히 알지 못했습니다. 그가 하나님의 사자인 줄 막연히 느끼기는 했지만 분명히 알지는 못했습니다. 그러나 예배 가운데 불이 임할 때 그는 갑작스럽게 하나님의 임재를 느꼈고 심한 두려움에 쌓이게 되었습니다.

23, 24절 여호와께서 그에게 이르시되 너는 안심하라 두려워하지 말라 죽지 아니하리라 하시니라. 기드온이 여호와를 위하여 거기서 제단을 쌓고 그것을 여호와 살롬이라 하였더라 그것이 오늘까지 아비에셀 사람에게 속한 오브라에 있더라

분명히 모세의 율법에 의하면 하나님을 본 사람은 죽게 되어 있습니다. 그러나 하나님께서는 기드온에게 모세의 율법 이상의 체험을 하게 하셨습니다. 그는 분명히 하나님의 사자를 보았는데 죽지 않았습니다. 이것이 은혜입니다. 기드온은 단을 쌓고 '여호와 샬롬'이라고 불렀습니다. 이것은 '하나님은 평강이시다'는 뜻입니다. 하나님의 사자가 친히 제사장이 되셔서 제사를 집행하셨을 때 기드온은 율법을 뛰어넘는 하나님의 은혜를 체험했습니다. 하나님은 나의 모든 죄를 다 용서하셨으며 나와 하나님 사이에는 화평이 있으며 하나님께서 나의 죄로 나를 심판하시지 않는다는

약속이 있는 것입니다. 하나님이 나를 심판하시지 않는데 누가 나를 심판하겠습니까? 하나님의 사죄의 확신이 하나님께서 기드온과 함께 하시는 증거였습니다.

기드온의 첫 번째 임무

하나님께서 기드온에게 가장 먼저 하게 하신 일은 미디안 사람들과 싸우는 것이 아니었습니다. 하나님께서는 기드온에게 자기 집에 있는 므낫세 부족의 바알 신상을 쳐부수고 하나님께 제사를 드리게 한 것입니다.

25, 26절 그날 밤에 여호와께서 기드온에게 이르시되 네 아버지에게 있는 수소 곧 칠 년 된 둘째 수소를 끌어 오고 네 아버지에게 있는 바알의 제단을 헐며 그 곁의 아세라 상을 찍고. 또 이 산성 꼭대기에 네 하나님 여호와를 위하여 규례대로 한 제단을 쌓고 그 둘째 수소를 잡아 네가 찍은 아세라 나무로 번제를 드릴지니라 하시니라

여기서 우리가 놀라게 되는 것은 왜 하나님께서는 미디안 사람들을 치기 전에 므낫세 사람들의 바알 신상과 아세라 신상을 깨트리게 하셨을까요? 그것은 바로 이스라엘 안에서 하나님의 능력을 몰아내고 미디안 세력을 불러들인 것이 바로 이 바알 신이었고 아세라 신이었기 때문입니다. 하나님께서 이스라엘 백성들을 버리신 것은 하나님의 능력이 부족하셨기 때문이 아닙니다. 이스라엘 백성들이 하나님 한 분만 믿지 못하고 바알이라는 다른 신을 끌어들였기 때문입니다.

하나님께서 가장 먼저 하신 것은 이 바알을 부수라는 것입니다. 이것이 기드온의 첫 번째 임무였습니다. 그러나 이것이 쉬운 일이 아니었습니

다. 왜냐하면 기드온의 성에서 바알을 섬기고 아세라를 섬기는 자는 기드온의 아버지였고 또 친척들이었기 때문입니다.

성경에 보면 '네 아버지에게 있는 바알의 제단을 헐며 그 곁의 아세라 상을 찍고'라고 말씀하고 있습니다. 기드온의 아버지가 바알을 섬기고 아세라를 섬기는데 거의 주동자의 역할을 하고 있었습니다. 요즘 우리 성도들 중 많은 집에서 그동안 지내고 있던 제사를 폐지하고 예배를 드리는 것을 보게 됩니다. 이것이 다른 사람들에게는 아무것도 아닐지 몰라도 그 집의 식구들에게는 위대한 믿음의 승리인 것입니다. 하나님께서는 기드온에게 먼저 가정 안에 있는 바알의 단을 부수고 아세라 상을 찍는 일을 첫 번째 사명으로 주셨습니다.

하나님께서는 기드온에게 왜 아버지의 둘째 수소로 번제를 드리라고 하셨을까요? 25절에 보면 '네 아버지에게 있는 수소 곧 칠 년 된 둘째 수소를 끌어 오고'라고 되어 있습니다. 왜 하필 둘째 수소일까요? 아마도 첫째 수소는 바알에게 바쳐진 소이기 때문에 제물로는 부적합했을지도 모릅니다. 아니면 이 둘째 수소가 칠 년 되었으며 이스라엘 백성들이 미디안으로 고생한 햇수와 똑같습니다. 어떻게 보면 이 둘째 수소는 미디안의 공격 가운데 태어났고 내내 미디안의 고통에서 살아남은 수소였습니다. 하나님께서는 이 수소를 바침으로 이제는 미디안의 고통이 끝났다는 것을 그들에게 체험적으로 깨닫게 하시는 것이 아닌가 하는 생각이 듭니다.

또 어쩌면 기드온의 아버지는 이 둘째 수소를 자식보다 더 소중하게 생각했을 수도 있습니다. 어쩌면 이것이 기드온의 아버지에게는 살아있는 우상이었을 수도 있습니다. 어떤 아버지는 둘째 딸을 굉장히 좋아합니다. 왜냐하면 둘째 딸을 낳던 해 사업이 잘되었기 때문입니다. 그러나 그 대신 큰 아들을 아주 미워합니다. 그 이유는 큰 아들이 태어나던 해에 부도가 났기 때문입니다. 하나님께서는 그런 미신적인 생각을 부수고 기드온에게 중단되었던 예배를 회복하게 하셨습니다. 하나님께서 기드온에게 원하신 것은 먼 곳에 가서 복음을 전하기 이전에 집 안에서 하나님이 기뻐하시지 않는 우상을 부수라는 것입니다. 그리고 그동안 중단되었던 하나님께 대한 예배를 회복하는 것이었습니다.

27절 이에 기드온이 종 열 사람을 데리고 여호와께서 그에게 말씀하신 대로 행하되 그의 아버지의 가문과 그 성읍 사람들을 두려워하므로 이 일을 감히 낮에 행하지 못하고 밤에 행하니라

기드온은 므낫세 지파 사람이기 때문에 제사장이 아니었습니다. 그러나 하나님은 그를 제사장으로 삼으셔서 집안에 있는 우상을 파괴하며 하나님께 제사를 드리라고 하셨습니다. 이런 위기의 때에는 누가 하나님의 제사장입니까? 하나님의 은혜를 가장 먼저 체험한 사람이 제사장입니다.

기드온은 낮에 도저히 자기 가족들이나 친척들을 대적할 수가 없었습니다. 그래서 기드온은 밤에 가서 일을 저질러 버렸습니다. 기드온은 엘리야처럼 백주에 사람들과 대결할 자신은 없습니다. 그는 대단히 소극적인 사람이었습니다. 그러나 그는 밤에라도 하나님께서 싫어하시는 것은 가서 부수어 버렸습니다. 사람이 자기 가족으로부터 버림받는 것보다 더 힘든 것은 없습니다. 그러나 기드온은 하나님의 말씀을 받들어 나중에 어떻게 되더라도 이스라엘의 영혼을 갉아 먹는 우상을 부수어버렸습니다. 하나님께서 우리에게 원하시는 것은 많은 것이 아닙니다. 하나님을 향한 한결음을 원하십니다.

가장 무서운 원수는 먼 곳에 있지 않았습니다. 바로 자기 가족들 안에 있는 우상이었습니다. 그것을 부수지 못하는 이유가 무엇입니까? 어머니가 섭섭해 하고 아버지가 싫어하시기 때문입니다. 나에게 학비를 대어

준 형들이 싫어하기 때문입니다. 그러나 기드온은 하나님의 능력을 막는 우상을 자기 집 안에서부터 부수기 시작했습니다.

이 본문이 우리들에게 무엇을 말씀하고 있습니까?

이스라엘을 이토록 고통스럽게 만든 것은 먼데 있는 적이 아니라 그들 안에 있는 우상이었다는 사실입니다. 그들은 자신들이 가나안 땅에 사는 것이 하나님의 일로 생각하지 않았습니다. 그들은 자기들이 이 세상에 적응을 잘해야 살 수 있는 것으로 생각해서 세상적인 방법을 그들의 삶 속에 끌어들이기 시작했습니다.

그 결과가 무엇입니까? 미디안 사람들이 와서 그들의 모든 양식과 가축을 다 빼앗아 가는 것입니다. 그것도 7년 동안이나 말입니다. 7년 동안 고생하면서도 무엇 때문에 그들이 이렇게 고생하는지 몰랐습니다. 아무리 돈을 벌면 무슨 소용이 있습니까? 미디안 사람들이 와서 다 가져가 버립니다. 실컷 돈을 벌어서 집을 사면 무슨 소용이 있습니까? 집값은 떨어지고 이자는 올라가는데요.

원인은 우리 안에 있습니다.

우리로 하여금 이 세상에 살게 하는 것은 하나님의 말씀이고 하나님의 약속입니다. 앞으로 얼마나 많이 울고 얼마나 많이 헐벗어야 우리 안에 있는 우상이 없어지게 될지 모르겠습니다. 우리는 돈을 믿고 사람의 수를 믿습니다. 그러나 하나님께서 미디안 사람들을 메뚜기 떼같이 보내시면 돈이나 사람의 수는 아무 소용이 없습니다. 아마도 철저하게 피를 빨듯이 빨아갈 것입니다.

우리가 해야 할 것이 무엇입니까? 하나님과 우리 사이를 가로막고 있는 것을 부숴 버리는 것입니다. 내 안에서 하나님을 하나님 되지 못하게 하는 것이 무엇입니까? 무엇이 하나님으로 하여금 나를 싫어하게 하시며 나로부터 능력의 손을 거두시게 합니까? 교회 안에서 하나님을 몰아내는 것이 무엇입니까? 세상적인 가치관이 들어오면 하나님의 영광은 교회를 떠납니다. 예배가 기계적이며 습관적일 때 성령님은 우리 안에서 역사하시지 않습니다. 우리는 불이 있는 예배를 드려야 합니다. 하나님께서 내 안에 있는 모든 부끄러움을 다 불로 태우시는 체험이 있는 예배를 드려야 합니다.

기드온은 작은 물질을 하나님께 바쳤습니다. 그러나 하나님은 이 작은 물질을 오병이어의 기적으로 받으셨습니다. 하나님께서는 기드온이 바친 예물을 불로 태우셨습니다. 이것은 이 싸움이 양식의 문제나 군사력의 문제나 사람의 숫자의 많고 적음에 달려 있는 것이 아니라는 것입니다.

성령께서 우리에게 불로 임하셔서 우리의 모든 부끄러운 불신앙을 태워주시기를 기도합니다. 그리고 하나님을 거역하면서도 깨닫지 못했던 그 7년을 태울 수 있는 제물을 찾아야 합니다. 무엇이 그동안 우리를 내내 깨닫지 못하게 했습니까? 무엇이 우리를 진리에서 눈멀게 하였으며, 무엇이 하나님을 떠나서 방황하게 했습니까? 아마도 기드온의 집이 이 7년 동안 수소를 빼앗기지 않고 지키려고 했으면 많은 신경을 써야만 했을 것입니다. 그러나 이제는 더 이상 그런 신경을 쓸 필요가 없습니다. 왜냐하면 이제 미디안의 고통은 끝났기 때문입니다. 이제 하나님의 시간이 다 되었기 때문입니다. 기드온에게 만일 이스라엘 백성들이 해방될 수만 있다면 7년 동안 아껴온 수소를 바치는 것이 무엇이 아깝겠습니까? 만일 모든 사람들이 진정으로 하나님께 돌아올 수만 있다면 그동안 내가 아껴온 돈이나 다른 것들이 하나님께 바쳐지는 것이 무엇이 아깝겠습니까?

하나님의 은혜를 체험하려면 보리떡 다섯 개 같은 작은 희생이 있어야 합니다. 기드온처럼 얼마 되지는 않지만 기쁨으로 헌신하는 것이 있어야 합니다. 하나님께서는 그 작은 헌신에 축복하셔서 불이 임하게 하시고 하나님의 살아계심을 체험하게 하십니다.

CHAPTER 14

하나님이 함께 하시는 표적

사사기 6:28-40

《록키》Rocky라는 영화는 한 평범한 남자가 권투의 세계에 뛰어들어서 무명의 신세를 벗고 유명하게 된다는 내용의 일종의 출세 영화입니다. 미국 사회에는 하루하루 평범하게 살지만 마음속으로는 한 순간의 출세를 꿈꾸는 사람들이 많습니다. 이 영화가 그토록 인기를 끌 수 있었던 것은 바로 이 평범한 삶에서 탈출하여 유명해지고 싶은 사람들의 욕망을 채워주는데 성공했기 때문이라고 생각됩니다. 그런데 이 영화에 나오는 젊은이는 시합을 할 때 자기 애인이 함께 있어주어야 힘을 냅니다. 그는 첫 경기를 하면서 너무나도 힘든 상대로부터 연방 얻어터지면서도 자기 애인이 관중석 어디 있는지 눈을 두리번거리다가 상대방 선수로부터 결정타를 맞고 쓰러집니다. 나중에 거의 눈을 뜰 수 없을 정도로 눈이 부은 상태에서 자기 애인의 이름을 부르는 것으로 1편은 끝이 납니다. 사실 수많은 관중들 속에서 자기 애인이 어디에 앉아 있는지 찾는 것은 쉽지 않을 것입니다. 그리고 그 수많은 사람들의 환호 소리 때문에 여자 친구가 아무리 소리를 지른다고 해도 그 선수의 귀에는 들릴 리가 없습니다.

사실 하루하루를 살아가고 있는 우리 크리스천들은 이 영화에 나오는 무명의 젊은이와 비슷한 점이 많습니다. 왜냐하면 사실 우리는 신데렐리즘에 빠져 있는 사람들입니다. 하루하루 평범하게 살아가지만 하나님께서 함께 하시기만 하면 한 순간에 얼마든지 성공하고 출세할 수 있다는 환상을 가지고 살아갑니다. 그러나 우리 눈앞에 있는 현실은 아주 힘센 선수와 같습니다. 생각 같아서는 쉽게 이길 수 있을 것 같았는데 막상 한번 붙어 보니까 결코 상대하기가 그렇게 쉬운 것은 아닙니다. 매일 엄청나게 얻어터지면서 하나님을 찾지만 관중석에서 하나님을 찾기란 그렇게 쉬운 일이 아닙니다. 주일마다 거의 눈뜨고 볼 수 없을 정도로 얻어맞고 와서 하나님의 이름을 부르는 것이 우리들의 현실인 것 같습니다.

우리가 살고 있는 이 현실은 결코 만만하지가 않습니다. 믿지 않는 사람들은 이 세상의 삶을 위하여 헌신한 사람들입니다. 권투 선수를 예로 들어 설명한다면 그들은 이미 프로며 우리들은 이제 겨우 글로브를 손에 낀 아마추어나 마찬가지입니다. 우리는 하나님의 도우심 없이는 현실에서 도저히 견디어 낼 수가 없습니다. 그런데 중요한 것은 하나님께서 나와 함께 하시며 내가 하고 있는 이 일이 하나님이 기뻐하시는 일이라는 것을 어떻게 확신할 수 있습니까?

이 본문을 보면 기드온이 자기 성읍에 있는 바알의 우상을 훼파한 죄로 거의 죽임을 당할 뻔합니다. 기드온은 전쟁에는 한번 나가보지도 못하고 자기 동족들에게 맞아 죽을 처지였습니다. 그러나 하나님께서는 생각지도 못한 방법으로 기드온을 지켜 주셨습니다. 그 후 미디안이 쳐들어왔을 때 기드온이 전쟁 나팔을 불었습니다. 그때 그의 나팔 소리를 듣고 반응하는 이스라엘 사람들이 있었습니다. 그뿐만 아니라 하나님께서는 아무도 알 수 없는 방법으로 기드온과 함께 하시는 것을 확인시켜 주셨습니다.

성읍 사람들의 난동

기드온이 하나님의 명령에 따라서 그 밤 성읍에 있는 바알의 제단을 부수고, 아세라 신상을 찍고, 아버지의 둘째 수소로 하나님께 새로운 제사를 드린 것은 아침이 되자 말자 들통이 나게 되었습니다.

28-30절 그 성읍 사람들이 아침에 일찍이 일어나 본즉 바알의 제단이 파괴되었으며 그 곁의 아세라가 찍혔고 새로 쌓은 제단 위에 그 둘째 수소를 드렸는지라. 서로 물어 이르되 이것이 누구의 소행인가 하고 그들이 캐어 물은 후에 이르되 요아스의 아들 기드온이 이를 행하였도다 하고. 성읍 사람들이 요아스에게 이르되 네 아들을 끌어내라 그는 당연히 죽을지니 이는 바알의 제단을 파괴하고 그 곁의 아세라를 찍었음이니라

아마도 성읍 사람들은 아침 일찍 바알의 단에 가서 아침 참배 비슷한 것을 하면서 복을 빌었던 것 같습니다. 그러나 그날 아침에 바알의 단은 비참할 정도로 파괴되어 있었고 아세라 나무는 찍혀져서 불에 타 있었고 새로운 단이 만들어져 있었습니다.

성읍 사람들은 그렇지 않아도 바알에게 바치는 정성이 부족하여 그들이 복을 받지 못한다고 생각했는데 아침에 나가보니 아니 누군가가 바알의 단을 완전히 파괴시켜 놓았습니다. 그들은 완전히 누군가가 자기들을 망하게 하려고 이런 짓을 했다고 생각해서 매우 분개했습니다. 아마도 범인을 찾는 데는 그렇게 오랜 시간이 걸린 것 같지가 않습니다. 왜냐하면 단에 바쳐진 소가 그 유명한 기드온 아버지의 둘째 수소였기 때문입니다. 성읍 이스라엘 백성들은 여기에 바쳐진 수소를 보고서 이 짓을 한 사람이 기드온이라는 것을 금방 알아내었고 기드온의 아버지 요아스에게 몰

려가서 당장 기드온을 죽여야 한다고 소동을 벌렸습니다. 기드온이 바알을 성나게 하였기 때문에 큰 재앙이 임할 것이라 생각했기 때문입니다.

성읍 사람들은 훼파된 바알의 단이나 찍혀진 아세라 나무를 보고서 자신들의 영적 상태를 보았어야 합니다. 바로 그들의 영적인 상태가 그러하였기 때문입니다. 그들은 지난 7년 동안 전혀 도움이 되지 않는 신을 붙잡고 도움을 기대했습니다. 바알의 단이 파괴되고 아세라가 찍혀 있는 것은 바로 그것의 실체였습니다.

그러나 그들은 그 모든 책임을 기드온에게 돌리면서 기드온을 죽여야 바알의 진노를 막을 수 있다고 소리를 지르고 있었습니다.

이와 비슷한 경우를 우리 가족이나 친척들 사이에서 볼 수 있습니다. 그들은 말도 못하는 죽은 조상들을 섬깁니다. 다른 일은 다 제쳐놓아도 제사는 어떤 일이 있어도 드려야 한다고 생각합니다. 그런데 가족 중 한 사람이 예수를 믿기 때문에 제사상에 절하지 않으면 마치 그 한 사람 때문에 자기 집이 복을 받지 못하고 몰락하는 것처럼 모든 책임을 덮어씌우려고 합니다. 죽은 조상이 무엇을 할 수 있습니까? 숟가락질이나 젓가락질을 할 수 있습니까? 죽은 조상은 아무것도 하지 못합니다. 그러나 혹시라도 죽은 조상이 노여워할까봐 벌벌 떨면서 제사를 드리는 사람들은 참으로 미련하고 무지한 자들입니다. 기드온이 하나님의 말씀에 순종해서 그 단을 파괴시켰을 때 성읍에는 큰 소동이 일어났고 그들은 기드온에게 이 모든 어려움의 책임을 뒤집어 씌워서 죽이려고 했습니다. 바로 그때 성읍 사람들이나 기드온 자신도 도저히 이해할 수 없는 일이 일어났습니다. 그것은 바로 기드온의 아버지 요아스가 기드온을 두둔하고 나선 것입니다.

31절 요아스가 자기를 둘러선 모든 자에게 이르되 너희가 바알을 위하여 다투느냐 너희가 바알을 구원하겠느냐 그를 위하여 다투는 자는 아침까지

죽임을 당하리라 바알이 과연 신일진대 그의 제단을 파괴하였은즉 그가 자신을 위해 다툴 것이니라 하니라

여기서 우리는 세 가지 사실을 생각할 수 있습니다.

우선 기드온의 아버지 요아스가 갑자기 변했다는 사실입니다. 기드온의 아버지 요아스는 지금까지 바알의 단을 관리하던 사람이었습니다. 그리고 그 위에 바쳐진 수소는 바로 요아스 자신의 둘째 수소였습니다. 그렇다면 어느 누구보다도 요아스가 가장 많이 화를 내고, 기드온을 미워해야 할 처지였습니다. 그런데 놀랍게도 요아스는 기드온을 두둔하고 나섰습니다. 이것은 다른 어떤 것으로도 설명할 수 없는 놀라운 일입니다. 이것이 바로 성령의 역사였습니다. 지금까지 요아스의 눈을 가리고 있던 무지의 수건이 갑자기 벗겨진 것이 아니면 이런 일은 일어날 수가 없습니다.

어떤 영화에 보면 많은 사람들이 미치는 독이 있는 약을 마시고 정신을 잃고 악한 자에게 복종을 합니다. 그래서 자기편인지도 모르고 친구를 죽이려고 합니다. 그런데 갑자기 정신이 번쩍 들면서 자기가 누구이며 지금 눈앞에 무슨 일이 일어나고 있는지 깨닫고는 죽이려던 친구를 도와서 그 위기를 빠져나가는 장면들이 있습니다. 기드온의 아버지에게 일어난 일이 바로 그와 비슷한 것이었습니다. 지금까지 요아스는 제 정신이 아니었습니다. 그는 미친 상태나 마찬가지였습니다. 오히려 바알의 제단을 자기 집에 만들게 하고 앞장서서 바알을 섬겼습니다. 그러나 그의 아들 기드온이 자기가 잠든 사이에 바알의 제단을 파괴시키고 아세라상을 찍어버리고 자기 수소로 자기를 대신하여 하나님께 제사를 드렸을 때 갑자기 정신이 돌아온 것입니다. 마치 지금까지 사탄의 독을 마신 것처럼 미친 사람처럼 사탄의 앞잡이 노릇을 하면서 지내왔는데 한순간에 정신이 번쩍 들면서 이 모든 것의 실체를 바로 본 것입니다.

가끔 교인들 중에서 그렇게 자식이 교회 나가는 것을 반대하고 핍박하시던 아버지께서 어느 날 갑자기 심경의 변화를 일으키면서 친척들에게 제사를 포기한다는 선언을 하고 교회에 나오시는 경우가 있었습니다. 이것은 기적입니다. 어느 날 갑자기 변할 것 같지 않던 아버지나 어머니의 마음속에 변화가 일어나는 것입니다. 이것이 바로 성령께서 하시는 것입니다.

두 번째로 어떻게 요아스가 정신이 들게 되었느냐는 것입니다.

요아스가 갑자기 정신을 차리게 된 것은 아무래도 기드온의 제사 때문이라고 생각됩니다. 기드온이 바알의 단을 부수고 하나님께 제사를 드린 것은 바알이 거짓된 신이며 이제는 하나님께 대한 참된 신앙을 되찾겠다는 선언임과 동시에 아버지를 대신하여 드리는 속죄의 제사 의미도 있었습니다. 기드온의 아버지 요아스는 너무나도 무지한 상태에 있었기 때문에 스스로의 힘으로는 이 미신에서 벗어날 수가 없었습니다. 그래서 기드온이 드린 이 제사는 아버지의 죄를 대신 씻는 제사의 의미도 있었습니다. 아들이 자신이 하지 못하는 이 엄청난 일을 해버렸을 때 갑자기 요아스의 마음에 빛이 들어 온 것입니다.

어떤 사람은 영적으로 너무 병들어 도저히 자신의 힘으로는 일어날 수 없을 때 가족이 대신하여 드리는 기도를 하나님은 들으십니다. 그래서 가족 중 누군가가 정신이 이상할 때 가족이 대신하여 기도하고 예배드릴 수 있습니다. 가족 중의 어떤 사람이 심한 미신에 빠져 있을 때에는 신앙을 가진 아들이나 딸이 대신하여 이 우상을 부수어 버리는 것입니다. 가족 중 어떤 사람이 불륜의 관계에 빠졌을 때 신앙을 가진 사람이 대신 찾아가서 그 나쁜 사람을 쫓아주는 것입니다. 그럴 때 하나님께서 그 가족의 눈을 덮고 있는 무지와 미신의 장막을 벗겨서 제정신이 들게 하실 것입니다. 그래서 우리는 예배를 드리면서 내 자신만을 위해서가 아니라 아직도 무지와 미신과 두려움에 빠져 있는 가족을 위해 기도해야 합니다.

상담에서는 '대결상담'이라고 합니다. 가까운 사람이 죄인 줄 알면서 거기에 빠져들고 있을 때 한번 대결을 해서 입장을 분명히 해야 합니다. 그러면 놀랍게도 사탄의 세력이 두려워하면서 도망칠 때가 있습니다. 그런 대결을 통하여 가까운 가족의 이성을 회복시켜주실 때가 있습니다.

하나님께서 요아스의 마음속에 건전한 상식을 회복시켜 주신 것은 바로 기드온과 함께 하시는 증거였습니다.

세 번째로 요아스는 상식적인 대화로 흥분한 성읍 사람들의 마음을 가라앉혔습니다. 몰려온 사람들에 대한 요아스의 논쟁이 무엇이었습니까? 그는 왜 우리가 바알을 위하여 논쟁을 해야 하느냐 하는 것입니다. 아마도 이스라엘 사람들이 바알신을 끌어들인 것은 주위에 있는 가나안 족속들과의 생존을 위하여 어쩔 수 없이 받아 들였던 것이지 그들이 원해서 받아들인 것이 아니라는 것입니다. 다시 말해서 이 당시 이스라엘 족속들은 가나안 사람들과 잘 지내기 위하여 결혼 조약이나 불가침 조약 같은 것을 맺어야만 했고 그렇게 하다보니까 바알신이나 아세라신도 세울 수밖에 없었다는 것입니다. 요아스가 말하는 것은 어쩔 수 없이 바알을 받아들였다 하더라도 바알을 위하여 변호할 필요는 없지 않느냐는 것입니다. 즉 이스라엘 사람들이 바알을 두둔하는 것은 혹시라도 바알이 노여워할까 두려워하는 것인데 그렇다고 해서 바알의 앞잡이 노릇을 할 필요는 없다는 것입니다. 그리고 요아스는 놀라운 이야기를 합니다. 만일 바알이 참 신이라면 자기가 알아서 싸우라는 것입니다.

하나님께서는 때때로 자기 백성들을 도우시는데 전혀 생각지도 않던 사람들을 통하여 도우십니다. 물론 어떤 경우에는 전혀 신앙을 가지지 않은 사람들의 건전한 상식을 통하여 돕기도 하십니다. 그렇게 하시는 이유가 무엇입니까? 이 세상에 있는 모든 사람들의 마음을 하나님께서 주장하시기 때문입니다. 건전한 상식은 하나님께서 사용하시는 아주 중요한 무기중 하나입니다. 만일 많은 사람들이 미친 사람들처럼 소리를 지르면서 난동을 부리는데 어떤 한 사람이 아주 사리에 맞는 말로 사람들을 진정시킨다면 그것은 하나님께서 나를 위하여 그 일을 하시는 것입니다. 건전한 상식이나 분별력의 회복, 이것이 하나님께서 기드온에게 주신 첫 번째 증거였습니다.

32절 그날에 기드온을 여룹바알이라 불렀으니 이는 그가 바알의 제단을 파괴하였으므로 바알이 그와 더불어 다툴 것이라 함이었더라

여기서 '여룹'이라는 말은 '싸우다'는 뜻입니다. 그래서 '여룹바알'이라는 말은 '바알과 싸우다', 좀 더 쉽게 설명하면 '바알 파괴'라는 뜻입니다.

우리 주위에도 이런 것이 많이 있습니다. 무서운 것이 '관행'이라는 것입니다. 전부터 이렇게 해 왔기 때문에 당연히 그렇게 해야 하는 줄 압니다. 사실 아무나 관행을 깨트리는 것은 쉬운 것이 아닙니다. 그러나 어떤 정신 나간 사람이 관행을 깨트리고도 살아남는다면 그는 '바알 파이터'가 될 것입니다. 이미 기드온의 우상 파괴는 이스라엘 백성들 안에 큰 충격을 주었고 신앙의 자신감을 회복하는 하나의 계기가 되었습니다.

기드온과 함께 한 사람들

이런 일이 있은 지 얼마 되지 않아서 다시 미디안 사람들이 이스라엘 백성들을 치기 위하여 몰려 왔습니다.

33절 그때에 미디안과 아말렉과 동방 사람들이 다 함께 모여 요단 강을 건너와서 이스르엘 골짜기에 진을 친지라

기드온이 바알을 부순 이 용감한 소문은 아마도 다른 지역에 있는 이스라엘 사람들에게도 상당한 힘을 주었던 것 같습니다. 그래서 아마도 다른 여러 곳에서도 신앙을 회복하고자 하는 자들을 중심으로 바알 파괴 운동이 일어나지 않았을까 하는 생각이 듭니다. 하나님의 백성들 사이에는 좋은 것이나 나쁜 것이나 퍼지게 되어 있습니다. 교회 안에서 나쁜 운동이 하나 일어나기 시작하면 당장 다른 교회에도 전염되게 됩니다. 뿐만 아니라 어느 한 곳에서 참된 신앙의 운동이 일어나면 그것이 다른 곳에도 영향을 미치게 되어 있습니다. 결국 바알의 제단이나 아세라상의 파괴 운동은 기드온으로부터 시작되었고 우상이 뒤덮고 있는 이스라엘에서 기드온은 하나님이 세운 성령의 사람으로 인정되고 있었습니다.

놀라운 것은 이스라엘 백성들 안에서 신앙 부흥 운동이 일어나려고 하자 적은 대규모로 쳐들어 온 것입니다. 어떻게 이렇게 될 수 있습니까? 그러나 이것은 우연의 일치가 아닙니다. 이 세상 신이 가장 두려워하는 것이 하나님의 백성들이 은혜를 받고 힘을 내는 것입니다. 이것보다 더 싫어하는 것이 없습니다. 그래서 하나님의 백성들이 은혜를 받고 신앙을 회복하려고 하면 온갖 수단과 방법을 가리지 않고 공격을 해 옵니다.

그때 미디안 사람들이 쳐들어오니까 사람들의 관심이 자연히 기드온에서 쏠리게 되었고 기드온이 성령에 충만하여 나팔을 불었을 때 몰려드는 사람들이 있게 되었습니다.

34, 35절 여호와의 영이 기드온에게 임하시니 기드온이 나팔을 불매 아비에셀이 그의 뒤를 따라 부름을 받으니라. 기드온이 또 사자들을 온 므낫세에 두루 보내매 그들도 모여서 그를 따르고 또 사자들을 아셀과 스불론과 납달리에 보내매 그 무리도 올라와 그를 영접하더라

성경 본문에는 '여호와의 영이 기드온에게 임했다'는 사실을 특별히 밝히고 있습니다. 하나님의 성령이 임하시면 사람이 완전히 다른 사람이 됩니다. 물론 그 사람 자체가 딴 사람이 되는 것은 아닙니다. 그러나 성령이 임하시면 책임을 지기 싫어하던 자가 책임을 지게 되고, 전혀 다른 사람을 지도할 수 없는 소극적인 사람이 사자처럼 담대하게 되기도 합니다.

중요한 것은 기드온이 혼자가 아니었다는 것입니다. 이스라엘 백성들 중에서는 이 지긋지긋한 도피 생활이 하나님을 온전히 섬기지 못한 것 때문이며 이제는 정말 이 죄악된 삶에서 회복해 바른 모습을 되찾아야 한다고 생각하는 사람들이 생각보다 많았다는 것입니다. 우리가 여기서 알아야 할 것은 바알신의 신상을 파괴시켰다고 해서 축복이 저절로 오는 것은 아니었다는 사실입니다. 이 세상에 하나님의 축복이 거저 주어지는 것은 아닙니다. 하나님께서는 절대로 우리를 안아서 옮기시지 않으십니다. 우리는 내가 걸어갈 길을 다 걸어가야 하며, 내가 지불해야 할 것은 모두 지불해야 합니다.

예를 들어, 내가 하나님 앞에서 잘못된 신앙을 버리고 바른 신앙을 되찾았다고 해서 갑자기 누가 와서 결혼을 하자고 하거나, 가만히 있는데 직장의 취업 통지서가 날아오지 않습니다. 이제부터 다시 하나씩 다 해야 합니다. 여러 번 선을 보면서 새롭게 결혼 대상자를 만나야 하고, 이제부터 다시 토플 시험을 쳐야하기도 하고, 여기저기에 입사 원서를 내야 합니다. 하나님을 의지한다고 해서 절대로 공짜로 주어지지 않습니다. 단지 중요한 것은 하나님이 함께 하시는 일에도 시행착오나 실수가 있기는 하지만 전반적으로 회복이 상상할 수 없을 정도로 빠릅니다.

중요한 것은 기드온이 더 이상 혼자가 아니라는 것입니다. 이것이 대단히 중요합니다. 기드온 때에는 아직 하나님을 믿고자 하는 자들이 많이 남아 있었습니다. 교회가 침체되어 있기는 했지만 그럼에도 불구하고 신앙이 완전히 바닥까지 내려간 것은 아니었습니다. 그러나 삼손 때는 어떻습니까? 삼손과 함께한 자가 없었습니다. 오히려 유대인의 지도자들은 삼손을 묶어서 블레셋 사람들에게 넘겨주기까지 했습니다. 이것은 이스라엘 백성들의 신앙이 완전히 바닥까지 내려간 것이며 이제 그들에게는 새로운 전도가 필요한 것을 의미합니다.

현재 우리나라 교회들이 많이 침체되어 있습니다. 그러나 우리나라의 경우는 미국과는 많이 다릅니다. 왜냐하면 말씀을 사모하는 자들이 있으며 말씀을 들을 귀를 가진 자들이 많이 있기 때문입니다. 그래서 아직 우리나라 안에서는 나팔 소리가 나기만 하면 다시 일어설 자들이 많이 있는 것입니다. 오늘 우리나라의 많은 교회들이 미국 교회를 배우려고 하는 것 같습니다. 그러나 미국 교회와 우리나라 교회 사이에는 큰 차이가 있습니다. 미국 교회는 완전히 바닥까지 내려간 교회이고 우리나라 교회는 지금 바닥을 향하여 내려가고 있는 상태에 있습니다. 그래서 미국 교회를 모방하는 것이 우리나라 교회의 바른 처방이 되지 못합니다.

우리나라에는 아직 바른 나팔 소리가 들리기만 하면 침체되어 있는 자리를 박차고 일어나 그리스도의 깃발 아래로 모여들 자들이 많이 있습니다. 바른 말씀의 선포, 죽은 교리적인 논쟁이 아니라 성령의 능력 있는 나팔 소리 같은 말씀의 증거가 우리나라의 침체되어 있는 교회들을 살릴 것입니다.

하나님이 함께 하시는 표징

이제 이스라엘 백성들이 제법 많이 모여서 전쟁을 준비하게 되었습니다. 기드온은 이스라엘을 책임지는 총사령관이 되었습니다. 그러나 그는 어느 곳에서도 보이지 않습니다. 기드온은 다른 족장들과 함께 지도를 보면서 작전을 짜지도 않습니다. 그는 식량이나 군인들의 수를 점검하는 곳에도 있지 않습니다. 그러면 기드온은 어디에 있습니까? 아무도 없는 곳에서 혼자 하나님 앞에서 씨름을 하고 있습니다.

36, 37절 기드온이 하나님께 여쭈되 주께서 이미 말씀하심 같이 내 손으로 이스라엘을 구원하시려거든. 보소서 내가 양털 한 뭉치를 타작 마당에 두리니 만일 이슬이 양털에만 있고 주변 땅은 마르면 주께서 이미 말씀하심 같이 내 손으로 이스라엘을 구원하실 줄을 내가 알겠나이다 하였더니

기드온은 다른 곳에 있지 않았습니다. 그는 하나님 앞에 홀로 서서 무엇인가를 두고 하나님께서 응답해 달라고 간절히 기도하고 있습니다. 그가 가지고 있는 것이 무엇입니까? 그것은 양털 한 뭉치였습니다.

여기서 우리는 왜 기드온은 하나님의 말씀만으로 믿지 못하고 양털로 하나님의 뜻을 다시 확인하려고 했느냐 하는 것입니다. 이것은 불신앙이 아닙니까?

물론 기드온이 하나님께 표적을 구한 것은 물론 신앙이 부족했기 때문이라고 볼 수 있습니다. 그러나 그렇게 간단한 문제는 아닙니다. 왜냐하면 우리는 때때로 연약해서 말씀만으로는 자신감을 가지지 못할 때가 있습니다. 머리로는 믿어지는데 도저히 가슴으로는 믿어지지가 않고 받아들여지지가 않는 것입니다. 그럴 때 어떻게 해야 합니까? 그때에는 더 분명한 확신을 달라고 하나님께 매어달려야 하기 때문입니다.

왜 우리에게 기도의 시간이 필요합니까? 머리로는 믿어지는데 가슴으로는 도저히 믿어지지 않기 때문입니다. 우리는 머리로 믿는 것으로 어려움을 이기지 못합니다. 그런데 우리가 기도를 하면 머리로 믿는 것이 가슴으로 내려옵니다. 그때 큰 능력과 권능이 우리에게 임하게 되는 것입니

다. 만일 기드온이 이런 확신 없이 싸우러 나갔다면 전쟁에 이기지 못했을 것입니다.

신앙은 성경 공부가 아닙니다. 아무리 성경 공부를 해도 내 마음이 움직여지지 않으면 그만입니다. 자기가 원하면 아무리 멀어도 열심히 가서 성경 공부를 합니다. 그러나 내가 싫으면 그만입니다. 이것으로는 이 세상을 이길 수 없습니다.

나의 감정을 설득해야 하고 내가 하기 싫어하는 그 일에 내 자신을 쳐 복종시켜서 하게 해야 합니다. 그것을 위해서 기도의 시간이 필요한 것입니다. 자기가 하고 싶은 것만 한다면 무엇 때문에 영적인 싸움이 필요하겠습니까?

그러면 두 번째로 왜 기드온이 하필이면 다른 것으로 하나님의 확인을 구하지 아니하고 양털과 이슬로 하나님의 뜻을 구했을까요? 다시 한 번 하나님께 불이 있는 제사를 구하면 어떨까요? 다른 양을 한 마리 잡아 놓고 불이 임하게 기도하면 좋지 않겠습니까? 그러나 기드온은 손에 있는 양털과 이슬로 하나님의 뜻을 구했습니다. 제가 생각하기에 기드온은 영적인 자폐아였던 것 같습니다. 자폐아의 문제가 무엇입니까? 부모와 정상적인 의사소통이 되지 않는 것입니다.

물론 자폐아에 여러 종류가 있지만 가장 어려운 것이 감정 통제가 되지 않고 의사소통이 되지 않는 것입니다. 부모가 아무리 소리를 지르며 이야기를 해도 아이의 귀에는 그 소리가 들리지 않고 끝없는 어두움만 눈앞에 있습니다. 예를 들면, 헬렌 켈러 같은 경우에는 보지 못하고, 듣지 못하고, 말하지 못하는 삼중고로 고통을 받았습니다. 그래서 그의 선생님은 손바닥으로 의사소통을 했습니다. 기드온은 엄청난 전쟁을 눈앞에 두고 거의 영적인 자폐증에 빠지게 되었습니다. 그의 귀에는 아무 소리도 들리지 않고 눈앞에는 끝없는 어두움만 있습니다. 그에게 있어서 의사소통이 가능한 부분은 오직 손바닥이었습니다. 그는 손바닥을 통하여 하나님을 느끼기를 원했습니다.

첫 번째 그가 구한 것은 양털에만 이슬이 있고 주위는 이슬이 없는 것이었습니다. 그대로 되었습니다. 양털이 얼마나 물이 많든지 그릇에 가득할 정도였습니다. 하나님은 손바닥을 통하여 기드온이 하나님의 임재를 느낄 수 있게 해 주셨습니다. 그 다음 날에 그는 반대로 기도했습니다. 이것은 첫날 보다 좀 어려운 것이었습니다. 양털은 마르고 주위에는 이슬이 있는 것이었습니다. 하나님은 이슬을 통하여 온 천하에 충만하신 것을 체험하게 하셨습니다.

하나님께서는 기드온의 기도를 듣고 계셨습니다. 아니 온 세상이 하나님의 귀이기 때문에 하나님께서는 기드온의 마음 저 깊은 곳에 있는 불안과 두려움을 알고 계셨습니다. 우리는 설마 하나님께서 나 같은 사람의 기도를 들으실까 의심하면서 기도합니다. 그러나 하나님께서는 할 수만 있으면 온 하늘에 하나님의 사인을 기록해서 우리에게 믿음을 주시려고 하십니다.

우리는 이 세상을 하나님의 도우심 없이는 이길 수 없습니다. 그런데 하나님께서 나와 함께 하심을 어떻게 확인할 수 있습니까? 물론 하나님은 우리 앞에도 계시며 우리 뒤에도 계시며 우리 위에도 계시지만 우리의 눈에는 하나님이 보이지 않습니다. 그런데 어떻게 하나님이 나를 사랑하시며 나를 도우시는지 알 수 있습니까? 하나님께서 건전한 상식을 통하여 우리를 도우십니다. 때로는 전혀 생각하지 못했던 사람, 때로는 전혀 하나님을 모르는 사람을 통해서 도우십니다. 바로 이것입니다. 그리고 놀랍게도 다른 믿음의 형제자매들의 반응을 통하여 내 마음에 확신을 주시기도 합니다. 그러나 가장 놀라운 것은 내 마음속에 있는 깊은 불안과 불신을 눈에 보이는 증거를 통하여 하나님의 뜻을 인 쳐주실 때가 있습니다.

우리는 하나님의 말씀에 귀를 기울여야 합니다. 미신적인 생각이나 두려움에서 일어나야 할 때입니다. 건전한 상식만 사용해도 내가 얼마나 말도 되지도 않는 말에 속고 있는가 하는 것을 알 것입니다. 정신이 번쩍 들어야 합니다. 사탄의 독에서 깨어나서 건전한 분별력을 되찾으시기 바랍니다. 그리고 더 분명한 하나님의 뜻을 구하기 위하여 혼자 하나님 앞에 독대하는 시간을 가지시기 바랍니다.

그러면 분명히 불가능한 것을 이겨낼 수 있는 능력을 주실 것입니다.

CHAPTER15

기드온의 전쟁 준비

사사기 7:1–14

전쟁이라고 하는 것은 결국 자기편이 가지고 있는 힘을 얼마나 많이 응집시켜서 효과적으로 상대편에 타격을 가해 전력을 무력화시키는데 달린 것 같습니다.

이 본문은 기드온이 이스라엘 백성들과 싸우기 위하여 몰려든 미디안의 군사들과 전쟁을 준비하는 내용입니다. 엄청난 군사를 끌고 온 적과 싸우기 위해서 준비할 수 있는 것이 무엇이 있겠습니까? 아마도 할 수 있는 대로 한 명의 사람이라도 더 전쟁에 끌어들이고 또 할 수 있는 대로 하나의 무기라도 더 징발하는 일을 해야 할 것입니다. 그러나 기드온은 어떻게 된 일인지 정반대되는 일을 하고 있습니다. 그는 싸우기 위하여 모여든 이스라엘 군인들 거의 대부분을 이 핑계 저 핑계대면서 돌려보냅니다. 결국 남은 자들은 삼백 명이었습니다. 기드온은 삼백 명의 이스라엘 백성들로 십 수만 명의 미디안 사람들과 싸우겠다고 하는 것입니다. 자살특공대가 아니라면 삼백 명이 할 수 있는 것이 무엇이 있겠습니까?

하나님이 개입하시는 전쟁

이제 전쟁이 터지려고 합니다. 얼마나 긴장된 순간입니까? 그때 하나님께서는 기드온에게 전쟁이 시작되기도 전에 전쟁의 성격부터 분명히 하자고 말씀하십니다.

2절 여호와께서 기드온에게 이르시되 너를 따르는 백성이 너무 많은즉 내가 그들의 손에 미디안 사람을 넘겨주지 아니하리니 이는 이스라엘이 나를 거슬러 스스로 자랑하기를 내 손이 나를 구원하였다 할까 함이니라

하나님께서는 무엇보다 기드온에게 이 전쟁의 성격을 명확히 하셨습니다. 이 전쟁은 무슨 전쟁이냐 하는 것입니다. 그것이 무슨 뜻입니까? 이번 전쟁은 단순히 이기고 지는 전쟁이 아니었습니다. 이번 전쟁은 과연 하나님이 살아계시느냐, 그리고 하나님께서 살아계신다면 얼마나 능력이 있느냐 하는 것을 결정하는 싸움이었습니다. 이것을 하나님께서는 분명히 하셨습니다. 그래서 지금 기드온과 함께 싸우겠다고 모인 군사들의 숫자가 삼만 이천 명인데 이들의 수도 미디안 사람들의 수에 비하면 너무나도 적은 것이었습니다. 그런데 하나님께서는 이 삼만 이천 명도 너무 많아서 만일 이렇게 많은 사람이 싸우러 가려면 너희들끼리 가라고 말씀하십니다.

사실 우리는 이해가 되지 않습니다. 도대체 이 전쟁이 어떻게 하나님의 전쟁이 될 수 있습니까? 이스라엘 백성들이 이 모양 이 꼴이 된 것이 누구의 잘못 때문입니까? 이스라엘 백성들이 잘못했기 때문이 아닙니까? 이스라엘 백성들이 하나님을 두려워하지 않고 바알을 섬기고 아세라 같은 우상을 섬겼기 때문에 이 지경까지 오게 된 것입니다.

그러나 놀라운 것은 아무리 우리가 잘못해서 큰 곤경에 빠지게 되었다 하더라도 완전히 하나님께 맡기고 빈손 들고 하나님께 나아가기만 하면 그것은 하나님의 전쟁이 됩니다. 그런데 주의해야 하는 것은 하나님께 맡길 때 완전히 맡긴다고 해놓고 내가 걱정하고 근심하면 맡긴 것이 아닙니다. 사실 하나님께 맡긴다고 해서 반드시 좋은 결과가 나오는 것은 아닙니다. 실제로 기드온은 하나님께 이 문제를 맡겼기 때문에 거의 망하다시피 합니다. 하나님께서는 구조조정을 한다고 하시면서 싸우겠다고 나온 사람들을 거의 다 돌려보냅니다. 지금 단 한 명의 사람도 아쉬운 때에 돌아가겠다는 사람도 설득해서 남게 해야 하는데 하나님은 다 돌려보내십니다. 그러나 기드온은 하나님께 맡깁니다. 왜냐하면 어차피 사람의 힘으로는 미디안 족속들을 이길 수 없는 것이 분명했기 때문입니다. 삼백 명으로 싸우든지 삼만 명으로 싸우든지 이길 수 없는 것은 분명했기 때문입니다.

사실 오늘 본문에서 가장 이해되지 않는 것이 하나님의 군사 선발 방식입니다.

하나님께서는 결국 이 핑계 저 핑계 대서 거의 대부분을 돌려보내시고 삼백 명을 남겨 놓으시면서 이 삼백 명과 함께 미디안 사람들을 내어쫓으시겠다고 하십니다. 사실 이것이 현실에서 가능한 이야기입니까? 오늘 우리들은 하나님의 뜻을 분별하는데 있어서 건전한 상식을 아주 중요하게 생각합니다. 그러나 어떤 때에는 상식적으로 나가면 안 될 때도 있습니다.

예수님은 한 비유에서 이렇게 말씀하셨습니다.

눅 14:31, 32 또 어떤 임금이 다른 임금과 싸우러 갈 때에 먼저 앉아 일만 명으로써 저 이만 명을 거느리고 오는 자를 대적할 수 있을까 헤아리지 아니

하겠느냐. 만일 못할 터이면 그가 아직 멀리 있을 때에 사신을 보내어 화친을 청할지니라

전쟁에 있어서 군사력을 미리 비교해 보는 것은 상식적인 일입니다. 다시 말해서 우리가 가지고 있는 군사력과 상대방이 가지고 있는 군사력을 비교해 보아서 절대적으로 힘이 달리면 싸우지 않고 화친하는 것이 상식이라는 뜻입니다.

그런데 하나님께서는 이번에는 그런 상식적인 방법을 사용하시지 않으셨습니다. 그 이유가 무엇입니까? 그것은 이번 전쟁이 하나님의 이름이 걸려 있으며, 하나님이 살아계시느냐 하나님이 존재하지 않느냐를 결정하는 싸움이었기 때문입니다. 그래서 기드온과 이스라엘 백성들의 믿음을 시험해 보셨습니다.

많은 경우에 그리스도인들이 상식적인 판단을 하지 않기 때문에 실패를 합니다. 예를 들어, 우리가 평상시에는 교통질서를 잘 지켜야 합니다. 파란 불에는 건너가고 빨간 불이 켜지면 아무리 급해도 기다려야 합니다. 그러나 위급한 일이 발생해서 사람이 죽어갈 때는 그런 신호를 무시하고 가야 할 때도 있습니다.

평소에는 우리가 사탄의 세력과 싸우는데 철저하게 상식적으로 생각을 해 보아야 합니다. 나의 힘과 상대방의 힘을 잘 비교해 보아야 합니다. 특히 자신이 가지고 있는 능력을 잘 객관화할 수 있어야 합니다. 어떤 교회는 예배당을 지을 능력이 도저히 되지 않는데도 믿음을 앞세운 나머지 빚을 많이 져서 넘어지는 경우도 있습니다. 이런 경우에는 믿음이 좋은 것이 아니라 건전한 상식을 사용하지 않고 너무 주관적인 확신에 빠졌기 때문입니다.

그러나 절대로 상식적으로 생각해서는 안 되는 것이 있습니다. 그것은

악의 세력이 너무나도 절대적인 힘을 가지고 믿는 사람들을 멸망을 시키려고 할 때입니다. 이때에는 사람의 수나 혹은 가지고 있는 돈을 모으는 것으로는 절대로 이기지 못합니다. 예수님은 '기도 외에는 이런 유가 나갈 수가 없느니라' 고 말씀하셨습니다. 여기서 기도라고 하는 것은 우리 힘으로는 불가능하기 때문에 주님의 힘을 빌려 와야 합니다.

두려워 떠는 자는 길르앗을 떠나라

하나님은 두 가지 방법으로 이스라엘 군사들을 선발하셨습니다.

첫째는 싸우기 위하여 모인 자들 중에서 두려워 떠는 자는 집으로 돌아가도 좋다는 것입니다.

3절 이제 너는 백성의 귀에 외쳐 이르기를 누구든지 두려워 떠는 자는 길르앗 산을 떠나 돌아가라 하라 하시니 이에 돌아간 백성이 이만 이천 명이요 남은 자가 만 명이었더라

하나님께서는 전쟁이 겁이 나서 떨고 있는 자는 집으로 돌아가도 좋다고 하셨습니다. 사실 전쟁이 두렵지 않은 사람이 어디에 있습니까? 그래도 사령관이라고 하면 두렵더라도 모두 마음을 합하여 싸우자고 독려를 해야 할 것입니다. 그런데 하나님께서는 두려운 자들은 다 집으로 돌아가라는 것입니다. 그런데 문제가 되는 것은 장소입니다. 여기에는 '길르앗을 떠나라'고 했는데 지금 기드온과 이스라엘 백성들이 모여 있는 곳은 길르앗이 아니고 요단 서편 이스라엘 본토였습니다. 그래서 학자들 중에는 '길보아'라는 지명을 잘못 써서 '길르앗'이라고 하지 않았을까 생각하는 사람도 있습니다. 그러나 이것은 하나님께서 이스라엘 백성들의 마

음을 떠보는 것입니다. 원래 이스라엘의 용감한 자들은 길르앗을 떠나지 않습니다. 왜냐하면 하나님께서 주신 땅을 포기하면 안 된다는 뜻입니다. 마치 우리나라의 독도와 같은 것입니다. 그러나 지금은 길르앗이 아니고 이스라엘 본토를 위한 전쟁입니다. 이 전쟁은 절대로 포기해서는 안 되는 전쟁인 것입니다.

지금 이 전쟁은 과연 이 세상에서 하나님의 백성들이 존재할 수 있느냐, 아니면 세상의 힘에 의하여 영원히 사라져야 하느냐를 결정하는 중요한 싸움입니다. 이것은 싸워도 되고 혹은 싸우기 싫으면 그만둬도 되는 싸움이 아니었습니다.

예를 들어, 옆집 사람과 주차하는 문제에 대한 싸움은 싸워도 그만이고 싸우지 않아도 그만입니다. 그 사람이 굳이 그곳에 차를 세우겠다고 하면 다른 곳을 찾아서 세우면 그만입니다. 그런 싸움은 할 수 있는 대로 하지 않는 것이 좋습니다. 그러나 눈 앞에서 사람들이 아내나 딸을 잡아가고 있습니다. 이런 경우에는 그만둘 수 있는 싸움이 아닙니다. 이것은 돌아가라고 해서 돌아갈 수 있는 성질의 것이 아닙니다. 어떻게 해서든지 싸워서 아내와 아이를 지켜야 합니다.

이번에 미디안 사람들이 쳐들어 온 것은 이 세상에서 이스라엘 백성들을 완전히 없애려고 온 것입니다. 이것은 이 땅에서 하나님의 교회가 존재하느냐 존재하지 않느냐를 결정하는 사활이 달린 문제입니다. 이런 중요한 문제에서 돌아가라 한다고 해서 돌아가면 어떻게 됩니까? 설사 돌아가라고 해도 돌아가지 말아야지요. 그러나 많은 이스라엘 백성들이 돌아가라고 한다고 해서 돌아갔습니다. 이것이 의미하는 것이 무엇입니까? 아직까지 이스라엘 백성들 가운데는 이 문제의 심각성을 전혀 모르고 있는 사람들이 그만큼 많다는 것을 보여주는 것입니다. 이스라엘 백성들 가운데서 왜 이 세상에 자기들이 존재해야 하는지 그 이유를 모르는 사람들이 너무나도 많다는 것입니다. 그들은 적어도 무엇 때문에 싸워야 하는지 그 이유를 모르는 사람들이었습니다. 하나님께서는 이 많은 사람들이 돌아간 것을 통하여 이스라엘 백성들의 상태를 보여주십니다. 이스라엘 백성들이 많이 있으면 무슨 소용이 있습니까? 그들은 왜 자기들이 이스라엘이며 이스라엘과 미디안이 무엇이 다른지 모르는 사람들이었습니다.

오늘 교회의 문제는 바로 여기에 있습니다. 많은 사람들이 크리스천이라고 하지만 크리스천이 무엇하는 사람인지 모르는 사람이 태반입니다. 그들은 왜 믿음의 싸움을 싸워야 하며, 왜 죄 때문에 눈물을 흘려야 하며, 왜 그리스도인들이 하나님의 자녀라고 하면서도 고난을 받아야 하는지 이유를 모르고 있습니다.

무릎을 꿇은 자와 손으로 먹는 자

일만 명의 군사가 남았지만 하나님께서는 아직도 그들의 수가 너무 많다고 말씀하십니다. 그러면서 하나님께서는 물가에 내려가서 물 먹는 방법으로 사람을 나눌테니까 아무 소리하지 말고 물먹는 방법으로 두 편으로 나누라고 말씀하셨습니다.

그들은 오전 내내 군인들의 수를 헤아리느라 시간을 다 보낸 것 같습니다. 아마 이때는 날씨도 더워서 사람들은 대단히 목이 말랐던 것 같습니다. 드디어 하나님께서는 기드온에게 명령하시기를 군인들을 물가에 보내어 물을 마시게 하라고 하셨습니다. 그러나 물을 마시는 이것도 군사를 선발하는 하나님의 시험이었습니다. 하나님께서는 물 마시는 방법에 따라서 무릎을 꿇고 혀로 핥아서 물을 마신 사람과 무릎을 꿇지 않고 손으로 물을 떠서 마신 사람을 구분하라고 하셨습니다. 그 숫자는 구천 칠백 명과 삼백 명이었습니다. 하나님께서는 놀랍게도 구천 칠백 명을 포기하시고 삼백 명을 선택하셨습니다.

그렇게 하신 이유가 무엇이겠습니까? 사실 군인이 무릎을 꿇고 혀로 물을 핥아 먹는다고 해서 무슨 큰 잘못을 저지른 것은 아닙니다. 율법에 무릎을 꿇고 물을 마시면 안 된다고 하지도 않았습니다. 그러나 하나님께서는 무릎을 꿇고 혀로 물을 핥아 먹는 자들을 택하지 아니하셨습니다. 그렇게 하신 이유가 무엇이겠습니까? 어떤 분은 말씀하시기를 군인으로서 충분한 경계 자세를 취하지 않았기 때문이라고 합니다. 군인은 아무리 목이 말라도 군인으로서 절도가 있고 특히 전쟁터에서는 항상 적을 경계하는 자세를 갖추고 있어야 하는데 무릎을 꿇고 물을 마셨기 때문에 군인으로서 자격이 없다는 것입니다.

그러나 유대 랍비들은 이것을 재미있게 해석합니다. 즉 적어도 물을 마시기 위하여 무릎을 꿇을 정도라면 이 사람은 분명히 우상에서 무릎을 꿇고 절을 한 적이 있다는 것입니다. 그렇지 않다면 어떻게 하나님의 백성들이 물을 마시기 위하여 무릎을 꿇을 수 있느냐 하는 것입니다.

아직 이스라엘 백성들은 전쟁을 시작하지 않았습니다. 이제 전쟁을 하러 가야 할 형편입니다. 그럼에도 불구하고 앞으로 싸울 것을 전혀 생각하지 않고 입을 물에 대고 꿀꺽 꿀꺽 양껏 마시는 자는 아마도 몸이 아주 둔하게 될 것입니다.

군대 생활을 해 보신 분들은 작전 나갈 때 수통에 물을 넣어서 가는 것이 아주 중요하다는 것을 아실 것입니다. 왜냐하면 작전을 하다보면 물을 구하기가 어렵기 때문입니다. 그런데 선배들이 하는 말이 무엇입니까? 물을 한꺼번에 많이 마시지 말라는 것입니다. 그러면 오히려 갈증이 더 심해지고 배가 무거워져서 구보나 행군하는데 어려우니까 입만 적시라는 것입니다. 그 대신 소금을 조금씩 먹으라고 합니다. 그러나 미련한 병사들은 심지어는 수통에 있는 물을 부어버리고 막걸리나 소주를 몰래 넣는 병사들도 있습니다. 그런 병사들은 전쟁이 아니라 소풍가는 심정으로 작전에 임하는 것입니다.

하나님께서 기드온의 용사들을 물 마시는 것으로 구분한 이유가 무엇입니까?

기왕 전쟁하러 나왔으면 끝까지 헌신하는 사람을 택하여 사용하시겠다는 것입니다. 목이 마르다고 해서 배가 터지도록 물을 마시고 또 어떤 여자가 예쁘다고 해서 그에게 마음이 빼앗기는 사람이라면 전쟁터에 데리고 나가서는 안 될 것입니다. 사실 나중에 이 전쟁은 결국 얼마나 자기 자신과 싸워서 이기느냐 하는 전쟁으로 판가름 납니다.

결국 하나님께서는 이번 전쟁에서 프로를 사용하시겠다는 것입니다. 아마추어와 프로의 차이가 무엇입니까? 프로는 그 일이 밥벌이이기 때문에 그 일에 전적으로 매달립니다. 그러나 아마추어는 그 일이 자기 직업이 아니기 때문에 해도 그만, 하지 않아도 그만입니다. 마귀는 하나님의 일을 방해하는데 프로입니다. 마귀는 그 일에 전적으로 헌신합니다. 그러나 하나님의 백성들은 해도 그만, 하지 않아도 그만인 식으로 할 때가 많습니다. 하나님께서는 그의 백성들이 옳은 줄 알면 끝까지 딴 소리하지 않고 헌신하기를 원하십니다. 그런데 누가 그렇게 할 수 있습니까? 그것은 자기 자신의 욕망을 절제할 수 있는 자들입니다.

하나님이 주시는 확신

기드온은 돌다리도 두들겨서 건너는 아주 내성적인 사람이며 거의 완벽주의적인 사람이었습니다. 그런데 아무리 하나님의 명령이라고 하지만 눈앞에서 싸우겠다고 나온 거의 대부분의 이스라엘 사람들이 돌아가고 삼백 명만 남았을 때 그의 마음은 낙심하고 자포자기할 수밖에 없었을 것입니다. 그의 마음속에 하나님께서 하시는 일에 항의하고 이번 전쟁은 못하겠다고 사표를 던지고 집에 가고 싶은 생각이 솟구쳐 올랐습니다. 바로 눈앞에서 왔던 이스라엘 사람들은 다 돌아갔습니다. 그리고 남아있는 자는 물을 손으로 마신 삼백 명뿐입니다.

그때 하나님께서는 기드온에게 적진으로 들어가 보라고 명령을 하셨습니다.

11절하-12절 기드온이 이에 그의 부하 부라와 함께 군대가 있는 진영 근처로 내려간즉. 미디안과 아말렉과 동방의 모든 사람들이 골짜기에 누웠는데 메뚜기의 많은 수와 같고 그들의 낙타의 수가 많아 해변의 모래가 많음 같은지라

기드온은 미디안 사람들의 수가 실제로 막강한 것을 눈으로 확인했습니다. 지금 그가 싸워야 하는 대상은 결코 약한 자들이 아니라는 것을 다시 한 번 확인할 수 있었습니다. 그런데 중요한 것은 한 미디안 군인이 자기 친구에게 하는 꿈 이야기였습니다.

13, 14절 기드온이 그곳에 이른즉 어떤 사람이 그의 친구에게 꿈을 말하여 이르기를 보라 내가 한 꿈을 꾸었는데 꿈에 보리떡 한 덩어리가 미디안 진영으로 굴러 들어와 한 장막에 이르러 그것을 쳐서 무너뜨려 위쪽으로 엎으니 그 장막이 쓰러지더라. 그의 친구가 대답하여 이르되 이는 다른 것이 아니라 이스라엘 사람 요아스의 아들 기드온의 칼이라 하나님이 미디안과 그 모든 진영을 그의 손에 넘겨 주셨느니라 하더라

여기서 기드온을 뭉클하게 한 말이 무엇입니까? 바로 '보리떡'이었습니다. 보리떡이라고 하는 것은 떡 중에서도 가장 맛이 없고 볼품이 없어서 사람들로부터 사랑받지 못하는 떡이었습니다. '보리떡'은 기드온의 깊은 자의식 가운데 있는 자아상이었습니다. 기드온은 늘 자기 자신이 다른 사람들 앞에서는 별 볼일 없는 보리떡과 같은 자라고 생각했습니다. 우리는 떡 중에서 가장 볼품없는 떡을 '개떡'이라고 합니다. 그래서 기분 나쁜 일이 있으면 '개떡' 같다고 하면서 불평을 합니다.

하나님의 백성들은 어떤 자들입니까? 다 보리떡과 같은 자이고 개떡과 같은 자들입니다. 하나님께서 그들로 하여금 하나님 앞에서 무릎 꿇게 하기 위하여 다 어느 한 부분을 고장 나게 해서 사회적인 장애인으로 만들어 놓은 것입니다.

사람들은 언제 은혜를 받습니까? 자기 안에 깊숙이 감추인 그 부분이 건드려질 때 눈물 흘리게 되어 있고 마음이 열리게 되어 있습니다. 마치 사람들은 잘 포장해 놓은 상품과 같습니다. 그러나 그 안에 무엇이 들어 있는지 아무도 모릅니다. 그러나 어느 날 하나님의 말씀이 내 깊숙한 곳에 들어 있는 그 깊은 자아상을 건드릴 때 그때 마음이 열리고 뜨거워지며 눈에서 눈물이 흐르게 되어 있습니다. 기드온이 은혜를 받은 것은 하나님께서 두려워 떠는 길르앗을 떠나라고 말씀하실 때가 아니었습니다. 또 이스라엘 사람들을 물가로 데리고 가서 그들을 시험하게 할 때가 아니었습니다. 그리고 수많은 미디안 사람들이 진을 치고 누워 자는 것을 보면서도 아무 생각이 없었습니다. 그러나 그의 마음을 활짝 열게 하고 뜨거워지게 한 단어가 있었습니다. 그것은 바로 '보리떡'이었습니다. '보리떡', 이것은 기드온이 항상 자신에 대하여 생각할 때 느낀 것이었습니다. "나는 쓸모없는 인간이다. 나는 제대로 할 수 있는 것이 아무것도 없다. 이번 싸움에서도 나는 틀림없이 실수할 것이다." 그런데 그의 귀에 바로 이 보리떡 이야기가 들렸습니다. 한 미디안 군사가 밤에 꿈을 꾸었는데 보리떡 한 개가 굴러 오더니 장막을 쳐서 무너지게 하더라는 것입니다. 그 보리떡은 바로 자기 자신이었습니다. 이때 기드온이 깨달았습니다. 하나님께서는 바로 보리떡 같은 자기를 사용하신다고 확신했습니다. 이때 기드온의 마음은 뜨거워지면서 모든 의심과 두려움을 떨쳐 버리고 하나님께서 함께 하실 것을 믿었습니다.

그 사람의 친구가 무엇이라고 해몽을 합니까? "이는 다른 것이 아니라 이스라엘 사람 요아스의 아들 기드온의 칼이라."

무슨 뜻입니까? 이미 미디안 사람들의 의식 속에는 기드온이 여호와의 칼로 인식되어지기 시작했습니다. 어떻게 한 사람 안에 상반된 두 가지 이미지가 공존할 수 있습니까? 보리떡이라는 이미지는 가장 둔한 이미지입니다. 칼이라는 것은 가장 날카롭고 예민한 것입니다. 그러나 기드온이 하나님 앞에 보리떡 같으면 같을수록 미디안 사람들에게는 칼날로 느껴졌습니다. 기드온은 자신을 보리떡으로 생각하지만 다른 사람들은 그를 여호와의 칼로 생각하고 있었다는 것입니다. 보리떡과 칼은 많은 차이가 있습니다.

하나님의 말씀대로 살려고 하는 자는 바로 이 두 개의 상반된 이미지를 가지게 됩니다. 하나는 자기 자신에 대하여 너무나도 보잘것없는 이미지입니다. 마치 보리떡 같은 천덕꾸러기입니다. 그러나 다른 사람들에게는 칼날을 느끼게 될 것입니다.

왜냐하면 그는 일단 불의라고 하면 참지 못하기 때문입니다. 그렇게 하려고 하는 것이 아니라 다른 사람들이 벌써 그런 느낌을 받고 겁을 집어 먹습니다.

오늘 우리는 자신의 칼날이 많이 무디어 졌다고 생각합니다. 타협하지 말아야 할 것을 상대방이 너무나도 약하며 아직 준비되어 있지 않다는 이유로 너무 기준을 낮추지 않았나 하는 생각이 듭니다. 그래서 이제는 다시 여호와의 칼날을 갈아야 한다고 생각합니다. 어떻게 이 칼날을 날카롭게 할 수 있습니까? 역시 보리떡은 보리떡 같을 때 제구실을 할 수 있습니다. 보리떡이 세련된 케이크처럼 행세하려고 하면 여호와의 칼날이 무디어지게 되어 있습니다. 다른 사람 흉내낼 필요 없이 내가 옳다고 생각하는 진리를 굳게 붙들 때 우리의 칼날에서는 바람 소리가 나게 될 것입니다.

오늘 우리의 싸움은 믿음의 싸움입니다. 그래서 비록 내가 잘못해서 큰 어려움이 왔다 하더라도 끝까지 하나님께 맡기면 하나님은 우리를 대신하여 일어나셔서 이기게 하실 것입니다. 그리고 주님은 우리로 하여금 최소한 믿음이 무엇이며 내가 무엇 때문에 이런 고생을 하는지 알고 있기를 원하십니다. 그저 편하게 아무 스트레스 없이 믿으려고 하는 자는 길르앗 싸움에 적합하지 않습니다. 그런 사람은 숫자에 넣어서는 안 되는 것입니다. 그리고 일단 싸우러 나가려면 자기 자신을 절제할 수 있어야 합니다. 끝까지 부르신 목적에 충성하지 않으면 중간에 포기하게 될 것입니다. 우리는 자신에 대하여 보리떡이며 사회적인 불구자라고 생각하지 않습니까? 그러나 하나님은 이런 보리떡 사용하기를 기뻐하시며 내가 더 보리떡다울 때 여호와의 칼날로 사용될 것입니다.

CHAPTER 16

기드온의 승리

사사기 7:15-25

전쟁에서 심리전이라는 것은 대단히 중요합니다. 적과 싸운다고 할 때 반드시 총이나 칼로 상대방을 다 죽여야만 이길 수 있는 것은 아닙니다. 옛날 임진왜란 때 이순신 장군은 산을 짚단으로 에워싸고 횟가루를 강에 풀어서 많은 군인들이 밥을 지어먹는 것으로 보이게 해서 일본의 왜적들을 쫓았다는 말이 있습니다.

이 본문에서 보게 되는 것은 기드온과 그의 삼백 명의 용사가 나팔과 횃불만 가지고 미디안의 군대 수십만 명을 혼란과 공포의 도가니에 빠트려 자멸하게 하는 내용을 보게 됩니다. 정신 무장이 잘된 기드온의 삼백 명이 수십만 명의 미디안 용사들을 칼 한 자루, 창 하나 없이 죽게 만든 것입니다. 기드온의 군사들의 무장을 보면 도저히 전쟁하러 나가는 사람들 같지가 않습니다. 그들의 무장은 야간에 무슨 데모를 하러 나가는 사람들 같습니다. 그들은 칼이나 창 대신에 작은 항아리를 하나씩 들었는데 그 안에 나팔과 횃불을 감추었습니다. 기드온의 군대는 횃불과 나팔 그리고 항아리가 무기의 전부였습니다. 그러나 그들이 철저하게 하나님을 의지할 때 칼 하나 없이 외치는 소리만으로 수많은 미디안 군사들을 물리쳤습니다.

오늘 우리들은 정신적인 것이 얼마나 중요한지 잘 생각하지 않습니다. 오히려 정신적인 것보다는 먹고사는 것과 사회적인 지위를 더 중요하게 생각합니다. 물론 세상에서 아무 일이 없고 모든 것이 정상적으로 돌아갈 때에는 정신은 별로 중요한 것 같지 않습니다. 대신 연봉을 얼마나 받으며 또 직장에서 얼마나 높은 직책에 올라갔느냐 하는 것이 더 중요할 것입니다. 그러나 일단 위기가 발생하였을 때에는 연봉이나 사회적 직책 같은 것은 아무 의미를 가지지 못합니다. 결국 그 사람이 가지고 있는 정신력입니다. 얼마나 자기 마음과 생각을 다스릴 수 있느냐 하는 것으로 결정됩니다.

요즘은 많은 사람들이 피해 의식에 시달리고 있습니다. 아무도 자기를 해치려고 하지 않는데도 불구하고 본인은 항상 누군가로부터 쫓기고 있다는 생각을 갖고 살아갑니다. 이러한 현상은 정신력이 얼마나 허약한가 하는 것입니다.

기드온 군대의 무장

16-18절 삼백 명을 세 대로 나누어 각 손에 나팔과 빈 항아리를 들리고 항아리 안에는 횃불을 감추게 하고. 그들에게 이르되 너희는 나만 보고 내가 하는 대로 하되 내가 그 진영 근처에 이르러서 내가 하는 대로 너희도 그리하여. 나와 나를 따르는 자가 다 나팔을 불거든 너희도 모든 진영 주위에서 나팔을 불며 이르기를 여호와를 위하라, 기드온을 위하라 하니라

기드온의 군대는 나팔과 횃불로 무장한 군대였습니다. 하나님께서는 기드온의 삼백 명의 용사들에게 칼이나 창을 지급하지 않으셨습니다. 오

로지 이 횃불을 감출 수 있는 빈 항아리 하나씩만 가지게 했습니다. 보통 군대에서는 비전투원들도 많이 있습니다. 그러나 그들도 유사시에는 총기나 탄약을 지급받습니다. 왜냐하면 자기를 방어해야 하는 일이 일어날지도 모르기 때문입니다. 그러나 하나님께서는 기드온의 삼백 명의 용사들에게는 공격용 무기는 물론이고 자기 자신을 방어할 수 있는 무기조차 전혀 주지 않으셨습니다. 그것은 오직 믿음만으로 미디안 군사들을 이길 수 있다는 것입니다.

밤에 나팔을 불고 횃불을 비추면 자신들의 위치만 드러내게 될 것입니다. 그리고 자기 자신들은 전혀 공격용 무기도 없습니다. 사실 이것보다 더 위험한 작전은 없을 것입니다. 그래도 기드온은 순종합니다. 그 이유는 오직 믿음 때문입니다. 그것은 하나님은 나보다 더 지혜로우시다는 것입니다. 이 믿음이 없으면 절대로 하나님의 뜻에 끝까지 순종하지 못합니다. 하나님의 생각은 우리의 생각과 다르며 하나님의 길은 우리의 길과 다릅니다.

사람들이 가지고 있는 생각이 무엇입니까? 그것은 항상 어떤 전제를 깔고 있는 가정입니다. 예를 들어, '다른 모든 조건이 변함이 없다면 이러이러한 것이 가장 유리하다'는 식입니다. 사람들은 모든 상황이 일정하다고 가정을 합니다. 모든 것이 지금과 같다면 무엇인가 많이 가진 것이 유리할 것이며 힘이 더 센 것이 유리할 것입니다. 그러나 하나님 앞에서는 그런 가정이 통하지 않습니다.

하나님께서 기드온의 삼백 명의 용사를 횃불과 나팔로 무장하게 하신 것은 오늘 우리들에게 교훈을 주시기 위한 것입니다.

첫째는 적들을 물리치기 위하여 반드시 많은 군인들이나 좋은 무기가 필요한 것이 아니라는 것입니다. 이것은 우리의 상식을 뛰어넘는 진리입니다. 우리 상식으로는 일단 군인들이 많고 무기가 좋아야 전쟁에서 이길 수 있다고 생각하지만 이런 많은 군인들이나 무기가 믿음보다 못한 것입니다. 우리가 하나님을 의지하는 믿음만 있다면 아무 무기 없이도 수많은 적들을 물리칠 수 있는 것입니다.

두 번째는 하나님께서는 진리의 선포가 사탄의 역사를 붕괴시키는데 얼마나 강력한 힘을 가지고 있는지 깨닫게 하기 위한 것입니다. 여기서 나팔이나 횃불은 모두 진리를 상징합니다. 물론 횃불과 나팔의 역할은 조금 다릅니다. 횃불은 아무 소리가 없습니다. 그 대신 모든 것을 사실 그대로 드러내는 것입니다. 어떤 때에는 아무 소리 없이 사실을 사실 그대로 드러내기만 해도 엄청난 악의 세력이 저절로 붕괴되는 경우가 많습니다. 그러나 어떤 때에는 좀 더 직접적으로 나팔을 불어야 할 때가 있습니다.

사도 바울은 고린도 교회를 향하여 '만일 나팔이 분명하지 못한 소리를 내면 누가 전투를 준비하리요' 하고 반문하고 있습니다. 여기서 '나팔 소리'는 진리의 선포입니다. 사실 요즘 사람들은 자기 내면적인 감정을 아주 중요하게 생각합니다. 젊은 세대를 감성 세대라고 부르는데 객관적인 사실보다는 자기 개인의 느낌이나 기분 같은 것을 중요하게 생각합니다. 그래서 무조건 자기가 하고 싶은 대로 하는 것이 진리라고 생각하는 것입니다. 그러나 속으로 아무리 생각을 많이 했다고 하더라도 객관적으로 선포된 사실 앞에는 아무 힘이 없습니다. 진리를 감추어 놓으면 아무 힘이 없습니다. 그러나 진리가 선포되어 버리면 악의 세력이 더 이상 사람을 속박하고 속이지 못합니다.

물론 결혼이 성립되려면 두 남녀가 사랑의 감정을 가져야 합니다. 그러나 중요한 것은 많은 증인들 앞에서 두 사람이 부부가 된 것을 선언하는 것입니다. 선포된 사실 앞에 다른 것들은 힘을 잃고 맙니다. 하나님께서 기드온을 통하여 보여 주시는 것은 오늘 우리의 눈에는 보이지 않지만 엄청난 악의 세력이 사람들을 속박하고 있습니다. 그때 이 악한 세력을 몰아내는 것은 진리를 선포하는 것입니다. 그래서 사도 바울은 복음은 매이지 않는다고 했습니다. 설사 바울은 잡아 맬 수 있을지 몰라도 복음은 잡아 맬 수가 없고, 복음이 선포되는 곳마다 사람들은 자신의 가치를 되찾으며 하나님께서 주신 존귀한 삶으로 돌아오게 된다는 것입니다.

'믿음으로 의롭다 함'을 얻는 진리가 가려지니까 중세에 무려 천년 동안 사람들은 종교적인 노예의 상태에서 살았습니다. 그러나 루터가 복음을 선포했을 때 어떻게 되었습니까? 교회를 지배하고 있던 이 어두움의 세력은 힘을 잃기 시작했습니다. 천년 동안 어두웠던 세계가 밝아지기 시작했습니다. 마치 냉장고에서 냉동실의 스위치 하나를 누르면 그 안에 얼어 있던 모든 것이 녹는 것처럼 진리의 선포는 얼어붙어 있던 마음을 녹게 하고 무지와 미신으로 지배하던 악의 세력으로 하여금 도망치게 합니다.

교회는 어떤 곳입니까? 바로 이 하나님의 진리가 선포되는 곳입니다. 교회가 제대로 진리를 선포하면 미신과 악의 지배와 착취가 있을 수 없습니다. 교회는 끊임없이 진리를 선포해야 합니다. 사람들이 듣기 좋아하든 싫어하든 진리를 선포해야 합니다. 우리 가운데 진리가 선포되면 우리를 지배하고 두렵게 하던 사탄의 세력이 무너집니다.

중요한 것은 우리가 많은 경우에 상대방의 마음을 상하게 하지 않으려고 반드시 해야 할 말인데도 하지 않고 침묵을 지키는 경우가 많다는 것입니다. 그때 사탄은 독버섯처럼 퍼지게 되어 있고 어느새 하나님의 백성들의 마음을 결박하여 아무것도 하지 못하게 합니다. 어려우면 어려울수록 나의 생각을 솔직하게 다 말하는 것이 사탄의 결박을 끊게 됩니다. 직장에서 아무리 상관이라 하더라도 하나님보다 더 높을 수는 없습니다. 내가 옳다고 생각하는 것이 무엇이며 옳지 않다고 생각하는 것이 무엇인지 분명히 밝힐 때는 밝혀야 합니다. 그렇지 않으면 인정에 질질 끌려가서 나중에는 좋은 일을 실컷 해 놓고서도 욕만 먹게 되어 있습니다.

무너진 미디안의 군대

19-22절 기드온과 그와 함께 한 백 명이 이경 초에 진영 근처에 이른즉 바로 파수꾼들을 교대한 때라 그들이 나팔을 불며 손에 가졌던 항아리를 부수니라. 세 대가 나팔을 불며 항아리를 부수고 왼손에 횃불을 들고 오른손에 나팔을 들어 불며 외쳐 이르되 여호와와 기드온의 칼이다 하고. 각기 제자리에 서서 그 진영을 에워싸매 그 온 진영의 군사들이 뛰고 부르짖으며 도망하였는데. 삼백 명이 나팔을 불 때에 여호와께서 그 온 진영에서 친구끼리 칼로 치게 하시므로 적군이 도망하여 스레라의 벧 싯다에 이르고 또 답밧에 가까운 아벨므홀라의 경계에 이르렀으며

기드온의 용사들이 하나님의 말씀에 순종하여 나팔을 불고 횃불을 들며 가지고 갔던 항아리를 깨트렸습니다. 기드온의 병사들이 한 것은 세 가지입니다.

그들은 나팔을 불고, 횃불을 들고, 항아리를 깨트렸습니다. 여기서 나팔과 횃불은 하나님의 진리를 나타냅니다. 하나님의 진리는 하나님의 백성들의 가장 강력한 무기입니다. 그런데 여기에 한 가지 더, 삼백 명의 용사들은 들고 있던 항아리를 깨트렸습니다. 여기서 우리에게 궁금한 것은 왜 항아리를 깨트렸겠느냐 하는 것입니다. 물론 항아리를 깨면 한꺼번에 큰 소리가 나면서 미디안 사람들을 혼란에 빠트리는 효과가 있을 것입니다. 그러나 또 다른 의미는 이 삼백 명은 하나님 앞에서 자기 자신들을 완전히 깨트린다는 표시였던 것입니다. 대개 과거의 사람들은 전쟁을 할

때 전리품을 챙기기 위하여 전쟁을 했습니다. 그런데 이들은 자기들의 항아리를 완전히 깨트려서 일체 자기 이익을 챙기지 않고 하나님의 뜻에만 헌신하겠다는 뜻을 보여준 것입니다.

어떤 사람은 하나님의 일을 한다고 하면서도 자기 이익을 챙기는 사람들이 있습니다. 우리는 그런 사람에 대하여 '저 사람은 자기 주머니를 또 차고 있다'고 말을 하는 것입니다. 그런데 진정으로 헌신된 사람들은 과감하게 자기 이익을 버리고 오직 하나님의 나라를 위하고 교회를 위합니다. 아예 자신들의 항아리를 깨어버리는 것입니다. 그랬더니 그 안에 감추었던 횃불이 드러나게 되었습니다.

사도 바울은 교회에 대하여 비유하기를 보화가 담긴 질그릇이라고 했습니다. 우리 인간들은 많은 약점과 문제들을 가지고 있습니다. 마치 보잘 것 없는 질그릇과 같습니다. 그러나 우리 안에 진리를 신적인 능력을 가지고 있는 것입니다. 그래서 이 진리가 진리가 되려면 우리 인간의 질그릇은 깨어져야 하는 것입니다. 삼백 명의 용사들이 질그릇을 깨고 횃불을 들고 나팔을 불었을 때 갑자기 인간의 머리로 이해할 수 없는 능력이 나타나기 시작했습니다. 그것은 모든 미디안 사람들이 갑자기 미쳐버린 것이었습니다. 신약 성경에 보면 예수님의 말씀에 귀신들렸던 사람 속에 있는 귀신이 돼지 떼에 들어가서 돼지들이 모두 미쳐서 호수에 빠져 죽은 기록이 있습니다. 그런데 기드온의 용사들의 외치는 소리에 수십만 명의 미디안 용사들이 한꺼번에 미치는 일이 일어났습니다. 일종의 발광에 가까운 일들이 일어났습니다. 미디안 군사들의 눈에는 모든 미디안 사람들이 다 이스라엘 사람들로 보였던 것입니다. 그래서 그들은 닥치는 대로 칼로 쳐 죽였는데 모두 다 같은 미디안 사람들이었습니다. 이스라엘 백성들은 얼마 되지도 않는 인원으로 이들을 에워싸면서 계속 구호를 지르고 나팔을 불었습니다. 그런데 이 소리는 미디안 사람들을 미치게 하는 소리였습니다. 너무나도 싫어하는 소리였고 화나게 하는 소리였고 미치게 하는 소리였습니다. 그들은 '여호와와 기드온의 칼이여' 하는 소리를 들을 때마다 정말 누군가가 자기들을 칼로 찌르는 것 같았고 그 결과 거의 광적인 혼란의 상태에 빠지고 말았습니다.

어떻게 해서 이런 일이 일어나게 되었습니까? 이것은 하나님께서 그들의 마음속에서 정상적인 분별력을 빼앗아 가셨기 때문입니다. 폭동이 일어나는 이유가 무엇입니까? 두려움과 공포 때문입니다. 무엇인가 당장 어떤 난리가 자기를 덮칠 것 같으니까 혼자라도 살기 위하여 질서나 명령을 무시하고 눈에 보이는 대로 빼앗고 죽이고 겁탈하는 것이 폭동입니다. 이것은 하나님의 심판의 한 방법입니다.

미디안 사람들이 공포와 혼란의 도가니에 빠지게 된 것은 이스라엘 백성들의 목소리가 컸거나 혹은 항아리를 깨는 소리가 컸기 때문이 아닙니다. 하나님께서 그들의 작은 목소리에 함께 하셨습니다. 그들이 외치기 시작했을 때 하나님께서는 손을 들어서 미디안 사람들을 심판하시기 시작하였습니다.

그런데 염병이나 다른 재앙으로 치신 것이 아니라 그들의 마음의 평안을 빼앗아 가셨습니다. 그들의 마음속에 있는 안정감을 빼앗아 가셨습니다. 하나님께서는 어떤 의미에서는 아무것도 하시지 않으셨다고 말할 수 있습니다. 하나님께서는 그들에게 주시던 상식적인 분별력을 주시지 않으셨습니다. 늘 주시던 은혜를 한 순간만 거두셨습니다.

지옥이 다른데 있지 않았습니다. 미디안 사람들이 진을 친 바로 그곳은 지옥 그 자체였습니다. 사람들이 그렇게 난폭해질 수가 없었고 사람들이 서로에 대하여 그렇게 미워할 수가 없었고 사람들이 그렇게 잔인해질 수가 없었습니다.

하나님께서는 그 백성들의 작은 소리와 함께 일하시기를 기뻐하십니다. 비록 그들의 소리가 너무 작아서 거의 대부분의 사람들의 귀에 들리지 않는다 하더라도 하나님께서는 그들의 작은 소리를 통하여 세상을 살리기도 하시고 심판하기도 하십니다.

기드온의 삼백 용사들이 체험한 것은 여리고 성의 재판이었습니다. 그때도 그들의 외치는 소리가 커서 성이 무너진 것은 아니었습니다. 하나님께서는 이스라엘 백성들의 함성이 심판의 소리가 되게 하셨습니다. 그들의 소리에 하나님의 능력이 실리게 하셨고 그들의 소리에 땅이 흔들리게 하셨습니다. 이스라엘 백성들이 부르짖을 때 하나님께서는 지진이 일어나게 하셔서 여리고 성이 무너지게 하셨습니다. 이번에도 마찬가지입니다. 기드온의 삼백 용사들이 부르짖는 소리에 하나님께서는 미디안 사람들의 평안과 상식과 믿음을 빼앗아 가셨습니다. 하나님께서는 그 수십만의 사람을 멸망시키는데 아무런 무기가 필요치 않으셨습니다. 오직 하나님께서 그들의 마음에서 평안만 빼앗아 가셔도 그곳은 바로 지옥으로 변했습니다.

오늘 우리가 경험하고 있는 것이 무엇입니까? 우리 주위에 있는 사람들의 마음속에서 평안이 점점 사라지고 있다는 것입니다. 그들의 마음속에서 다른 인간에 대한 믿음이 없어지고 있습니다. 이것은 그들이 점점 미디안 사람들로 변하고 있다는 것입니다. 하나님께서 오늘 우리들을 부르고 계십니다. 어디서 부르고 계십니까? 바로 이런 불신과 불안의 삶에서 평안의 세계로 불러내고 계십니다. 그 이유가 무엇입니까? 그렇게 하지 않으면 미디안 사람들과 함께 멸망할 수밖에 없기 때문입니다. 그리스도인들 중에서 우울증 환자들이 많다는 것은 대단히 가슴 아픈 일입니다. 물론 그 모든 원인은 사람들마다 다양할 것입니다. 그러나 중요한 한 가지 공통점은 정말 하나님의 용서를 믿지 않고 있다는 것입니다. 머리로는 믿고 있을지 몰라도 진정으로 자기 자신에게는 적용시키지 않고 있습니다. 그 이유는 너무 쉽게 자기 죄를 용서하지 않는 것이 하나님 앞에서 정직하다고 생각하기 때문인 것 같습니다. 그러나 그 결과는 무서운 것입니다. 마음속에 있는 불안과 불신 때문에 하나님이 주시는 축복을 다 누리지 못합니다.

돌아온 이스라엘 백성들

하나님께서는 처음 미디안 사람들과 싸우겠다고 모인 이스라엘 백성들을 다 돌려보내셨습니다. 그러나 하나님께서 그들을 돌려보내셨다고 해서 이 사람들이 완전히 필요 없는 존재라는 뜻은 아니었습니다. 하나님께서는 그 사람들을 다시 돌아오게 하셔서 더 큰 일을 하게 하셨습니다.

23, 24절 이스라엘 사람들은 납달리와 아셀과 온 므낫세에서부터 부름을 받고 미디안을 추격하였더라. 기드온이 사자들을 보내서 에브라임 온 산지로 두루 다니게 하여 이르기를 내려와서 미디안을 치고 그들을 앞질러 벧 바라와 요단 강에 이르는 수로를 점령하라 하매 이에 에브라임 사람들이 다 모여 벧 바라와 요단 강에 이르는 수로를 점령하고

왜 하나님께서 처음에 그의 대부분의 이스라엘 사람들을 돌려 보내셨을까요?

그것은 그들의 마음속에 이 삼백 명과 같은 믿음이 없었기 때문이었습니다. 적어도 이 사람들은 밤에 아무 무기도 없이 항아리 하나만 들고 적과 싸울 믿음은 가지지 못했습니다. 그러나 다른 사람들이 앞장서서 싸울 때에 무엇인가 되는 것 같으면 그때는 얼마든지 동참할 수 있는 사람들이었습니다. 결국 삼백 명은 전쟁을 시작하는 사람들이었고 나머지

는 이 전쟁을 끝장내는 사람들이었습니다. 그러나 모두 다 귀한 하나님의 백성들이었습니다.

그러나 기드온의 삼백 용사는 믿음이 있는 자들이었습니다. 이들은 일단 기드온과 함께라면 갈 데까지 가겠다는 결단이 있는 사람들이었습니다. 비록 눈앞에서 벌어지는 것들이 도저히 상식적으로 이해되지 않는다 하여도 적어도 하나님께서 기드온을 사용하고 계시며 일단 기드온과 함께라면 죽이 되던 밥이 되던 끝까지 가겠다는 믿음이 있는 사람들이었습니다.

다른 이스라엘 백성들은 이 믿음이 부족한 사람들이었습니다. 물론 하나님을 믿고 이스라엘을 사랑하지만 마음속에 있는 상처와 의심 때문에 이런 엄청난 모험을 할 수 없는 자들이었습니다. 그러나 그들도 기드온의 삼백 용사가 일단 물꼬를 터트려 놓으니까 다 함께 동참하여 미디안 사람들을 물리치는 일을 하였습니다. 모든 일을 기드온의 삼백 명이 할 수 없었습니다. 그들이 한 것은 일단 일을 시작하는 것이었습니다. 처음으로 일을 터트리는 것이었습니다. 그러나 이 일에 하나님께서 함께 하시는 것을 본 다른 모든 이스라엘 백성들은 집으로 가지 않고 다시 돌아와서 엄청난 전과를 세웠습니다. 그래서 온 이스라엘의 마음이 하나가 되었습니다. 특히 그들은 미디안 사람들이 도망가는 길이 요단 나루 밖에 없다는 것을 알고 그 길목을 지킴으로 많은 미디안 사람들을 죽일 수 있었습니다.

25절 또 미디안의 두 방백 오렙과 스엡을 사로잡아 오렙은 오렙 바위에서 죽이고 스엡은 스엡 포도주 틀에서 죽이고 미디안을 추격하였고 오렙과 스엡의 머리를 요단 강 건너편에서 기드온에게 가져왔더라 아마도 미디안 장군 오렙과 스엡은 아주 유명한 사람들이었던 것 같습니다. 그들은 이스라엘 땅에 자기 이름으로 불리는 바위와 포도주 틀이 있을 정도로 유명한 사람들이었습니다. 그러나 자기들의 이름이 있는 그곳에서 죽임을 당하고 말았습니다. 하나님은 처음 전쟁에 참여할 수 없었던 자들이라고 해서 결코 버리지 아니하셨습니다. 그들은 잠시 후에 더 중요한 일들을 감당할 수 있게 되었습니다. 결국 하나님께서는 모든 사람들을 상황에 맞게 적절히 사용하시는 것 같습니다.

이 본문이 우리에게 말씀하시는 것이 무엇입니까? 중요한 것은 눈에 보이는 군사력이나 무기가 아니라는 것입니다. 가장 중요한 것은 하나님을 신뢰하는 믿음입니다. 우리가 하나님을 의지하는 믿음이 있다면 북한의 핵이나 다른 나라 사람들이 하는 말에 흔들릴 필요가 없습니다. 중요한 것은 우리 안에 있습니다.

하나님께서 사람들의 마음속에 있는 평안을 빼앗아 가시면 무기 하나 없이도 나라가 무너지게 되는데 이것을 잘 보여주는 것이 폭동입니다.

마음의 평안은 하나님이 주시는 선물입니다. 만일 요즘 우리들의 삶에 평안이 없고 의심과 불안이 가득하다면 이유가 어디에 있든지 간에 그것은 대단히 위험한 상태에 있는 것입니다. 하나님이 나와 함께 하신다면 우리는 어떤 위기 앞에서도 마음이 평안할 것입니다. 우리는 내일 죽음이 온다 하여도 평안할 것입니다. 하나님께서 미디안을 무너지게 하신 것은 불안과 공포의 마음이었습니다. 하나님께서 그들의 마음에서 평안을 빼앗아 가니까 그들이 있는 곳은 바로 지옥으로 변했습니다. 오늘 하나님을 모르는 사람들도 사실 하나님이 주시는 평안으로 하루하루를 살고 있습니다. 그러나 그 은혜를 모르고 교만한 마음으로 하나님을 대적하려고 할 때 하루아침에 그의 집이 지옥으로 변할 수 있고 그의 직장이 지옥으로 변할 수 있습니다.

이 세상에서 악을 이기는 가장 강력한 방법이 무엇입니까? 진리의 빛을 비추는 것이며 진리의 나팔을 부는 것입니다. 사람들의 반응이 무서워서 진리를 은폐한다면 그때에는 우리들에게 어두움의 그늘이 찾아오게 될 것입니다. 그리고 아주 작은 소리에도 놀라서 도망을 치고 남이 던진 의미 없는 말에도 충격을 받아서 밤에 잠을 이루지 못하는 일이 많아지게 될 것입니다. 결국 우리가 승리할 수 있는 것은 믿음입니다. 기드온의 삼백 용사들처럼 하나님께서 기드온과 함께 한다면 일단 눈앞에 어떤 일이 일어나더라도 갈 데까지 가겠다는 믿음이 부흥의 물고를 트게 했고 많은 이스라엘 사람들로 하여금 자신감을 되찾게 했습니다.

CHAPTER 17

끝까지 헌신한 사람들

사사기 8:1-21

불 위에 올려져 있는 주전자 뚜껑에서 새어나오는 증기는 거의 의미가 없습니다. 그러나 증기가 집약되어서 기관을 움직일 때에는 커다란 배도 움직이고 기차도 가게 합니다. 이것은 사람에게 있어서도 마찬가지입니다. 사람의 능력이라고 하는 것은 한정된 것이어서 여러 가지 일에 힘을 분산시키면 결국 중요한 일을 해내지 못합니다. 그러나 그 힘을 바른 목표에 집중시킬 때에는 얼마 되지 않는 소수의 힘으로도 엄청난 위력을 발휘할 수 있습니다.

이 본문에서 기드온 삼백 명의 용사는 의견이 분열된 많은 사람들보다는 소수의 의견이 일치된 사람들이 얼마나 큰 힘을 발휘하는지 잘 보여주고 있는 것입니다.

기드온과 삼백 명의 용사들이 하나님의 지시대로 밤중에 미디안 진을 습격을 해서 나팔을 불고 횃불을 들었을 때 미디안 사람들은 너무나도 당황해서 서로 죽이고 도망치는 바람에 큰 패배를 경험하게 되었습니다. 거기에다가 오렙과 스엡이라는 미디안 장군들까지 잡아서 죽일 수 있게 되었습니다. 기드온은 하나님의 말씀에 순종함으로 어마어마한 승리를 거두게 되었습니다. 그런데 문제는 세바와 살문나라고 하는 장수가 만 오천 명의 패잔병을 이끌고 요단을 건너서 도주를 한 것입니다. 사실 이제까지 기드온이 한 것만 해도 대단한 것입니다. 그러나 기드온은 그것으로 만족하지 않고 삼백 명의 용사들을 이끌고 끝까지 세바와 살문나를 쫓아가서 그들을 붙들어 와서 죽였습니다. 기드온이 그렇게 한 이유는 하나님이 이기게 하신 전쟁은 끝장을 봐야 끝난 것이라고 생각을 했기 때문입니다.

에브라임 지파의 불평

기드온의 삼백 용사가 미디안 진을 밤에 습격함으로서 큰 승리를 거둔 후 자체 안에서 문제가 터지기 시작했습니다. 그것은 바로 에브라임 지파 사람들의 불평이었습니다.

1절 에브라임 사람들이 기드온에게 이르되 네가 미디안과 싸우러 갈 때에 우리를 부르지 아니하였으니 우리를 이같이 대접함은 어찌 됨이냐 하고 그와 크게 다투는지라

전투는 성공리에 끝났고 이제 남은 일은 마지막 패잔병을 추격해서 전쟁을 끝내는 것입니다. 그런데 바로 이 순간에 에브라임 지파의 불만이 터져 나왔습니다.

에브라임 지파의 불만은 '너희들이 뭔데 우리에게 물어 보지도 않고 너희 마음대로 미디안을 공격했느냐' 하는 것이었습니다. 평소에 에브라임 지파 사람들은 항상 므낫세 사람들을 자기 힘으로는 아무것도 할 수 없는 사람처럼 취급했습니다. 그래서 에브라임 사람들의 도움을 받아야

무엇이든지 할 수 있고 또 물어보지 않고서는 아무것도 할 수 없도록 만들어 놓았습니다. 그래서 에브라임 사람들은 감히 므낫세 사람들이 자기들에게 의논도 하지 않고 미디안 사람들을 선제공격했을 뿐만 아니라, 그것도 나중에 뒤치다꺼리 하는 일에 자기들을 불렀다고 하면서 항의를 했습니다.

가끔 교회에서도 보면 시키는 일을 절대로 하지 않으면서 남이 실컷 일을 다 해놓고 나면 왜 우리에게 물어보지도 않고 네 마음대로 이렇게 했느냐고 불평을 하는 사람들이 있습니다.

사실 기드온이 이런 불평을 들으면 크게 낙심하지 않을 수가 없습니다. 자기는 나름대로 하나님의 뜻을 확인하기 위하여 양털로 하나님의 뜻을 묻고 지금까지 되어진 일 중에서 하나님의 지시 없이 한 것이 하나도 없었습니다. 그래서 이 큰 승리를 거두었고 이제 모두 힘을 합해서 미디안의 패잔병을 추격을 해야 하는데 에브라임 족속들이 문제를 제기하고 나선 것입니다. 즉 '기드온, 너가 뭔데 우리 에브라임 지파와 상의도 없이 네 마음대로 전쟁을 시작했느냐' 하는 것입니다.

겉으로 보면 굉장히 생각해주는 것 같지만 실제로는 기드온을 인정하지 못하겠다는 것입니다.

이렇게 하는 것이 사랑일까요, 아니면 독선일까요? 에브라임 사람들 자신은 사랑이라고 주장하지만 므낫세 사람들에게는 독선이 아닐 수 없었습니다. 그래서 이 두 가지를 합쳐서 '독선적 사랑'이라고 부르는 것입니다.

예를 들어, 우리나라가 미국의 동의 없이 핵무기 실험에 성공했다고 합시다. 미국이 그것에 대하여 축하의 메시지를 보내겠습니까? 천만의 말씀입니다. 아마도 어린아이가 무슨 폭탄 같은 것을 가지고 장난을 한다고 온갖 수단과 방법을 다해서 제재를 가할 것입니다. 강대국이 가지고 있는 사고방식이 바로 이런 것입니다. 핵무기라고 하는 것은 너무나도 위험하기 때문에 아이들이 가지고 놀아서는 안 된다는 것입니다. 물론 그 아이들 속에 북한도 들어 있고 우리도 들어 있습니다. 이것은 사랑하는 것이 아닙니다. 모든 것을 강대국 중심으로, 다시 말해서 자기들의 이익 중심으로 생각하는 것입니다.

어떤 어머니는 이미 성인이 된 아들이 자기의 도움 없이는 아무것도 할 수 없다고 생각합니다. 그래서 아들이 독자적으로 어떤 결정을 내리면 분노를 합니다. '아들아, 너는 어떻게 해서 그렇게 엄청난 일을 이 어미에게 의논도 하지 않고 혼자서 해 버리니? 나는 네가 나를 그렇게 우습게 아는지 몰랐다' 하시면서 방에 들어가서 훌쩍거리며 우시는 것입니다. 그때 자식은 어머니가 혼자 울도록 내버려두어야 합니까? 아니면 방에 따라 들어가서 잘못했다고 하면서 무릎을 꿇고 싹싹 빌어야 합니까?

'크게 다투는지라'고 하는데 이것은 이 문제 때문에 관계가 아주 험악하게 되어서 일촉즉발의 상태까지 갔다는 것입니다.

기드온의 입장에서 생각해 보면 이런 에브라임 사람들의 난동은 억울한 것입니다. 왜냐하면 이 전쟁을 시작하기 까지 기드온은 혼자서 너무나도 무거운 짐을 감당해야 했으며 또 이미 모여든 이스라엘 백성들을 돌아가게 하신 분도 하나님이십니다. 그런데 이제 와서 자기들을 불러 주지 않았다고 해서 난동을 부리는 에브라임 사람들은 어떻게 보면 너무나도 영적인 분별력이 없는 것이고 어떻게 보면 자존심으로 가득차서 남들이 하는 것은 다 유치하고 불안해서 믿을 수 없다는 식입니다. 그러나 기드온은 에브라임 사람들의 불평에 대하여 화를 내지 않았습니다. 오히려 그들을 좋은 말로 위로를 해서 돌려보내었습니다. 그 이유는 만일 지금 이 사람들과 싸우면 세바와 살문나의 패잔병들을 놓치게 되기 때문입니다.

전쟁이 크게 승리로 끝나게 되었을 때 내부적인 갈등이 일어났습니다.

그러나 기드온은 하나님께서 자기를 세우신 것이 에브라임 지파와 싸우라고 세우신 것이 아니라는 것을 잘 알고 있습니다. 그래서 에브라임 지파 사람들이 무엇이라고 하든지 간에 그들을 대항하여 싸우지 않습니다. 그 대신 아주 멋진 말로 그들을 위로했습니다.

2, 3절 기드온이 그들에게 이르되 내가 이제 행한 일이 너희가 한 것에 비교되겠느냐 에브라임의 끝물 포도가 아비에셀의 맏물 포도보다 낫지 아니하냐. 하나님이 미디안의 방백 오렙과 스엡을 너희 손에 넘겨 주셨으니 내가 한 일이 어찌 능히 너희가 한 것에 비교되겠느냐 하니라 기드온이 이 말을 하매 그때에 그들의 노여움이 풀리니라

에브라임 지파의 불만은 왜 자기들로 하여금 먼저 이 전쟁을 시작하게 하지 않았느냐는 것이었습니다. 여기에 대하여 기드온은 사람들이 흔히 쓰는 속담을 사용해서 에브라임 사람들의 마음을 달래었습니다. 그 말은 '에브라임의 끝물 포도가 아비에셀의 맏물 포도보다 낫다'는 것이었습니다. 대개 포도는 처음 따는 것이 당도가 높고 맛이 있으며 마지막으로 따는 것은 못한 것이었습니다. 그런데 에브라임의 포도는 얼마나 우수한지 마지막 포도도 기드온이 속한 아비에셀의 포도 맏물보다 더 맛이 있다는 것입니다. 즉 기드온과 그의 족속들이 한 것은 전쟁을 시작하기만 한 것이지만 에브라임 사람들이 한 것은 전쟁을 끝내기를 해서 오렙과 스엡이라는 장수를 잡아서 죽였으니까 이 공이 더 크다는 뜻입니다.

사실 야구에서 가장 중요한 선수는 투수입니다. 그러나 요즘은 선발투수도 중요하지만 마무리 투수도 중요합니다. 왜냐하면 처음에는 실컷 이기고 있던 경기를 끝에 마무리를 잘하지 못하는 바람에 역전패하는 경우가 많기 때문입니다.

에브라임 지파의 불만은 왜 우리를 선발 투수로 세우지 않고 마무리 투수로 세우느냐 하는 것입니다. 그때 기드온은 사실 형편없는 선발 투수보다는 실력 있는 마무리 투수가 더 나으니까 그것으로 만족하라는 것이었습니다.

여기서 우리는 몇 가지를 볼 수 있습니다.

우선 에브라임 사람들의 자존심이 얼마나 하나님의 일을 잘 마친 후에도 위태롭게 하는가 하는 것이었습니다. 지금 전쟁에 이겼고 이스라엘은 18년 만에 드디어 자유를 되찾게 되었습니다. 여기서 마지막 한 고비만 넘으면 되는데 그것은 세바와 살문나의 군대를 추격해서 쳐부수면 이제 이스라엘은 아무 걱정할 것이 없는 것입니다. 그런데 에브라임 지파는 이 중요한 시점에서 자기들을 알아주지 않았다고 불만을 터트리면서 기드온과 싸우려고 했습니다. 만일 여기서 기드온이 불같은 성질을 가지고 있었더라면 자기들끼리 치고 박고 싸우는 것입니다. 조금 전에는 아말렉 사람들이 자기들끼리 찔러 죽여서 망했는데 이제는 에브라임과 기드온이 싸우면 미디안 족속들이 다시 요단 강을 넘어올 것입니다. 그런데 이런 것이 에브라임 사람들의 눈에는 전혀 보이지 않았던 것입니다.

이때 기드온의 온유와 겸손이 내전을 막았습니다. 즉 우리가 한 것이 에브라임 너희들이 한 것보다 훨씬 못하다는 것을 시인한 것입니다. 그리고 에브라임 지파가 왜 우리와 상의를 하지 않았느냐고 할 때, 기드온이 '경황이 없어서 그랬는데 앞으로는 꼭 의논을 하겠고 선발 투수로 모시겠다'고 약속을 하면 분이 풀리는 것입니다.

기드온이 에브라임 사람들 앞에서 온유할 수 있었던 것은 에브라임이 적이 아니라는 것을 알았기 때문입니다. 기드온은 에브라임을 이기는 것이 하나님의 뜻이 아니라는 것을 알았습니다. 그리고 적어도 그들은 이번 전쟁에서 마무리를 잘한 동역자들이었습니다. 기질이나 생각은 다르지만 에브라임은 동역자이지 적이 아닙니다.

어떤 사람은 적과 동지를 구별하지 못해서 엉뚱한 사람들과 실컷 싸우는 것을 보게 됩니다. 지금 우리나라 사람들도 협력을 해야 하는 사람들끼리 싸우는 경우가 많이 있습니다. 그러면 아무것도 해낼 수 없습니다. 오늘 우리 사회는 기드온처럼 그릇이 좀 큰 지도자가 없는 것이 문제입니다. 그래서 대국적인 견지에서 나라 일을 보지 못하고 아주 작은 것 가지고 끝까지 물고 늘어지면서 싸우는 것입니다. 우리가 알아야 할 것은 같은 편끼리의 싸움은 지는 것이 이기는 것입니다. 어른들이 하는 말이 부부 싸움은 지는 것이 이기는 것이라고 하십니다. 이것은 교인들끼리도 마찬가지입니다. 지는 것이 이기는 것입니다.

그런데 기드온은 여기서 한 가지 중요한 판단을 해야 했습니다. 그것은 세바와 살문나라는 장군이 만 오천 명의 패잔병을 데리고 요단 강을 건너서 도망중인데 사실은 그곳에 에브라임의 도움을 기대를 했던 것입니다. 기드온이 에브라임 지파 군인들을 끌고 세바와 살문나를 치면 미디안의 18년의 지배를 끝을 낼 수가 있습니다. 그런데 분위기를 보니까 에브라임이 도와주기는커녕 자기와 싸우려고 하고 있습니다. 이때 에브라임의 도움 없이 미디안 사람들을 추격하는 것을 포기하느냐, 아니면 시간이 좀 걸리더라도 아셀이나 납달리 같은 지파의 도움을 받아야 하느냐, 아니면 말도 되지도 않지만 삼백 명으로 만 오천 명을 추격하느냐 하는 문제였습니다. 기드온은 에브라임의 도움을 받을 수 없을 것으로 판단을 했습니다. 그 이유는 생각이 너무나도 다르기 때문입니다. 에브라임은 그저 한번 사용된 것으로 만족해야 했습니다. 그리고 다른 지파 사람들을 긁어모으는 것은 가능하기는 하지만 시간이 걸렸습니다. 지금 가장 중요한 것은 하나님이 주신 기회를 놓치지 말아야 하는데 시간을 주면 세바와 살문나는 다시 군대를 재정비하여 올 것입니다. 그러면 미디안의 문제를 원점으로 돌아가고 마는 것입니다. 이때 기드온이 생각한 것은 차라리 미친 짓이라고 할지 모르지만 삼백 명의 용사를 데리고 만 오천 명을 치자는 것입니다. 왜냐하면 하나님께서 삼백 명으로 십만 명도 치게 하셨는데, 만 오천 명을 치지 못하게 하실 리가 없다는 것입니다. 그래서 기드온은 다른 군인들은 모두 전리품을 챙긴다고 정신이 없을 때 삼백 명만 데리고 요단 강을 건너 세바와 살문나를 추격했던 것입니다.

요단 동편 사람들의 무관심

기드온과 삼백 명의 용사들이 요단 강을 건너서 미디안 잔당들을 추격할 때 그들은 대단히 피곤한 가운데 있었습니다. 그런데 요단 동편에는 이스라엘 두 성이 있었는데 하나는 숙곳이고 다른 하나는 브누엘이었습니다. 기드온은 목도 마르고 배도 고팠기 때문에 이 성에 있는 사람들에게 먹을 것을 좀 달라고 부탁을 했습니다. 그러나 두 성은 기드온의 요청을 깨끗하게 거절하고 그들의 어려움을 돌아보지 않았습니다.

4, 5절 기드온과 그와 함께 한 자 삼백 명이 요단 강에 이르러 건너고 비록 피곤하나 추격하며. 그가 숙곳 사람들에게 이르되 나를 따르는 백성이 피곤하니 청하건대 그들에게 떡덩이를 주라 나는 미디안의 왕들인 세바와 살문나의 뒤를 추격하고 있노라 하니

기드온이 숙곳을 지나가게 된 것은 큰 다행이었습니다. 왜냐하면 거기에 이스라엘 백성들이 있어서 그들로부터 긴급히 필요한 것을 공급받고 힘을 내어서 세바와 살문나를 추격을 할 수 있기 때문입니다. 그런데 놀라운 것은 숫곳 사람들은 기드온의 요청을 거절하면서 자기들은 도울 수

가 없다고 말을 했습니다.

6절 숙곳의 방백들이 이르되 세바와 살문나의 손이 지금 네 손 안에 있다는거냐 어찌 우리가 네 군대에게 떡을 주겠느냐 하는지라

숙곳 사람들이 기드온의 요청을 거절한 이유는 두 가지 일 것입니다. 하나는 기드온의 군대가 너무나도 숫자가 적다는 것입니다. 어떻게 삼백 명 밖에 되지 않는 사람들이 만 오천 명의 군사를 추격하겠느냐는 것입니다. 이것은 마치 사람들이 투자를 할 때 될만한데 투자를 해야지 아무것도 없는데 투자를 했다가 아무것도 건지지 못하겠다는 것과 같습니다. 숙곳 사람들의 눈에는 기드온의 삼백 명이 같은 이스라엘 백성들이지만 너무나도 보잘 것 없어 보였습니다. 숙곳 사람들이 알지 못한 것은 하나님의 말씀에 헌신된 한 사람은 한 사람이 아니고 백 명이라는 것입니다. 숙곳 사람들이 만일 이런 눈을 가지고 있었더라면 기드온의 용사들이 삼백 명밖에 되지 않지만 한 사람이 백 명과 같기 때문에 그들은 삼만 명으로 보아야 하고 이 전쟁에 승산이 있다는 것을 알았어야 하는 것입니다.

교회는 무조건 숫자만 많다고 해서 좋은 것이 아닙니다. 헌신된 한 사람을 백 명으로 보아야 하는 것입니다.

그뿐만 아니라 숙곳 사람들은 공연히 그들이 기드온의 용사들을 도와주었다가 나중에 세바와 살문나의 보복을 받는 것이 더 두려웠던 것입니다. 그래서 우리는 이 일에 관여하고 싶지 않으니까 먹든지 굶든지 너희들 알아서 하고 우리를 이 전쟁에 끌어들이지 말라고 하는 것입니다.

사실 버스 같은데서 소매치기를 잡으려고 하거나 폭력배를 잡으려고 할 때 주위에 사람들이 많이 있어도 아무도 상관하려고 하지 않습니다. 왜냐하면 괜히 폭력배나 소매치기를 잡으려고 하다가 칼에 찔릴 수도 있

고 또 나중에 보복을 당하게 될지 모르기 때문입니다.

그러나 지금 기드온의 군대는 그런 것과 성격이 근본적으로 다릅니다. 그동안 이스라엘 사람들은 무려 18년 동안이나 미디안의 압제를 받아 왔고 이제 하나님께서 그들을 몰아내고 계십니다. 그렇다면 다른 족속들도 어떻게 해서든지 이 일에 조금이라도 힘을 합쳐야 합니다. 그러나 그들은 오히려 기드온 때문에 자기들에게 피해가 돌아올까봐 걱정을 했습니다. 숙곳 사람들은 미디안 족속들과 타협을 해서 편안하게 되는 것을 원했지, 기드온의 용사들처럼 일어나서 미디안과 싸우는 것을 원치 않았습니다.

예를 들어, 일제시대 때 독립군이 부잣집에 몰래 들어와서 독립군이 쓸 군자금을 지원해 달라고 하면 그 부자는 굉장히 두려워했습니다. 왜냐하면 지금까지 장사를 잘해서 돈을 많이 벌었는데 괜히 독립군을 도왔다는 것이 발각되면 그때에는 일본 경찰에 끌려가서 죽도록 고생하고 재산을 다 빼앗긴다는 것을 알기 때문입니다. 그래서 독립군에게 제발 우리 집에서 그냥 나가달라고 부탁을 할 것입니다.

이들의 거절에 대하여 기드온은 분노했습니다.

7절 기드온이 이르되 그러면 여호와께서 세바와 살문나를 내 손에 넘겨 주신 후에 내가 들가시와 찔레로 너희 살을 찢으리라 하고

지금 기드온의 군대는 가시와 찔레에 찔리면서 적을 추격하고 있습니다. 그런데 이들은 같은 이스라엘이라고 하면서 가만히 보고만 있습니다. 오히려 그들은 기드온의 용사들을 도왔다고 해서 미디안 사람들에게 보복을 당할 것을 두려워하고 있습니다. 그래서 기드온은 세바와 살문나를 이기고 올 때 그들을 그냥 편안하게 살게 하지는 않겠다고 말합니다. 그들이 찔렸던 그 가시와 찔레로 그들을 치겠다고 선언을 합니다.

기드온은 또 거기서 얼마 떨어져 있지 않은 곳인 브누엘에서도 똑같은 취급을 당했습니다. 특히 브누엘은 이스라엘의 망대가 있는 곳이었습니다. 이스라엘 백성들에게는 최전방과 같은 곳이었습니다. 기드온은 이스라엘 최전방에 있는 사람들은 자기들을 도울 것이라고 생각했습니다. 그러나 브누엘 사람들의 태도도 마찬가지였습니다. 이 일에 쓸데없이 끼어들고 싶지 않으니까 너희 문제는 너희가 알아서 하라고 하면서 외면했습니다. 기드온은 이들의 거부에 분노했습니다.

9절 기드온이 또 브누엘 사람들에게 말하여 이르되 내가 평안히 돌아올 때에 이 망대를 헐리라 하니라

왜 기드온은 소리를 지르면서 거칠게 대어드는 에브라임 사람들은 겸손한 말로 타일러서 돌려보내면서, 숙곳 사람과 브누엘 사람들에 대해서는 보복을 선언합니까? 기드온의 판단 기준은 하나님의 백성이라고 하면서, 하나님의 일에 동참했느냐 아니면 구경만 했느냐 하는 것이었습니다. 에브라임 사람들은 그래도 동참했습니다. 소리를 지르고 거칠게 항의를 하기는 했지만 그래도 그들은 무엇인가 한 것이 있었습니다. 그러나 숙곳 사람들이나 브누엘 사람들은 아예 손에 물도 묻히려고 하지 않았습니다. 오히려 그들은 이스라엘 백성들을 도왔다가 미디안 족속으로부터 보복당할 것을 더 두려워하고 있습니다. 이들은 차라리 미디안에게 복종하고 평안히 살겠다는 식이었습니다. 기드온은 이런 사람들을 보면서 내가 과연 이 고생을 하면서 미디안 사람들과 싸워야 하는지 낙심이 되었을 것입니다.

숙곳과 브누엘 사람들은 겉으로는 이스라엘일지 모르지만 실제로는 이스라엘을 좀 먹는 사람들이었습니다. 기드온은 세바와 살문나를 잡아오면서 이들을 철저하게 응징했습니다. 브누엘의 망대는 헐어버렸고 숙곳

지도자들은 아예 명단까지 작성해서 한 사람도 빼놓지 않고 가시와 찔레로 쳐서 죽였습니다.

누가 하나님 나라의 적입니까? 그리스도인이라고 하면서도 전혀 고난에 동참하려고 하지 않는 사람입니다. 다시 말해서 세상적인 방법으로 편하게 살면서 전혀 진리로 인하여 고난을 받으려고 하지 않는 사람들이 실제로는 많은 그리스도인들로 하여금 믿음의 선한 싸움을 포기하게 만드는 것입니다.

복음은 항상 낮은 곳에서 역사하게 되어 있습니다. 그래서 진정한 그리스도인들은 믿음의 선한 싸움을 싸우고 있는 자들에게 관심이 가게 되어 있습니다. 그들의 수고와 땀이 귀한 것으로 여겨집니다. 그래서 그들이 믿음 때문에 어려움 가운데 도움을 요청하는 것에 대하여 외면할 수가 없습니다.

물론 우리는 어떤 사람이 요청하는 모든 것이 다 그의 진정한 필요라고 생각할 수 없는 때가 있습니다. 예를 들어, 어떤 사람은 여기저기에 일단 많은 도움을 요청해 놓고 봅니다. 그런 경우에는 좀 생각을 해 볼 필요가 있습니다. 그러나 너무나도 분명히 진리 때문에 고통을 받고 있고 그런 가운데 도움을 요청할 때 거부하는 것은 하나님 나라 운동의 불씨를 끄는 것과 같습니다. 성령의 불길을 끄는 것과 같습니다.

전쟁을 끝내는 기드온

결국 기드온은 자신에 의하여 시작된 이 전쟁을 끝을 냅니다. 그것은 세바와 살문나를 추격해서 잡아오고 또 전쟁에 협조하지 않은 숙곳과 브누엘 사람들을 징계하고 마지막으로 세바와 살문나를 심문해서 죽이는 것으로 이루어집니다.

전체적으로 동방 사람들의 군대는 십 이만 명이 죽었고 만 오천 명만 남았습니다. 물론 만 오천 명도 결코 적은 숫자는 아니었습니다. 기드온의 삼백 용사는 떡도 제대로 먹지 못하고 물도 제대로 마시지 못한 상태에서 끝까지 이들을 추격해서 결국 세바와 살문나를 사로잡아 왔습니다.

10-12절 이 때에 세바와 살문나가 갈골에 있는데 동방 사람의 모든 군대 중에 칼 든 자 십이만 명이 죽었고 그 남은 만 오천 명 가량은 그들을 따라와서 거기에 있더라. 적군이 안심하고 있는 중에 기드온이 노바와 욕브하 동쪽 장막에 거주하는 자의 길로 올라가서 그 적진을 치니. 세바와 살문나가 도망하는지라 기드온이 그들의 뒤를 추격하여 미디안의 두 왕 세바와 살문나를 사로잡고 그 온 진영을 격파하니라

기드온은 이번에 이들을 놓쳐 버리면 또 다시 군사력을 모아 가지고 올 것이기 때문에 어떻게 해서든지 이번에 뿌리를 뽑아야 한다고 생각을 했습니다.

여기에 보면 '장막에 거주하는 자의 길'이라는 것이 나오는데 아마도 유목민들의 길을 의미하는 것 같고 다른 사람들에게는 알려지지 않은 길인 것 같습니다. 기드온은 큰 길로 가지 않았습니다. 왜냐하면 큰 길은 미디안이 지켜보고 있기 때문에 자신들이 적은 수라는 것이 드러나게 되어 있습니다. 그래서 기드온은 원주민들이 아는 길을 물어서 갑자기 세바와 살문나의 군대를 기습했습니다. 그렇게 했더니 미디안 군대는 다시 한번 기드온의 삼백 명 앞에서 패배하게 되었습니다. 놀라운 것은 한번 이기게 하신 하나님께서 또 다시 그들에게 승리를 주신 것입니다.

하나님께서 함께 하신다고 해서 아무 노력이나 어려움 없이 결과를 얻는 것은 아닙니다. 하나님께서 함께 하셔도 때로는 유목민들의 비밀 통

로를 알아낼 필요가 있고 내 나름대로 최선을 다해서 싸워야 합니다.

기드온이 어떻게 해서 세바와 살문나를 사로잡게 되었습니까? 그의 목표가 분명했기 때문입니다. 그의 목표는 이제 어떤 일이 있어도 이번 기회가 미디안 사람들의 뿌리를 뽑아야 한다는 것이었습니다. 그리고 그 일에 끝까지 헌신을 했습니다. 기드온은 자신의 목표가 다른데 있다고 생각하지 않았습니다. 군대를 더 크게 하는 것도 아니고 자기가 왕이 되는 것도 아니고 전리품을 많이 얻는 것도 아니었습니다. 어떻게 해서든지 미디안의 뿌리를 뽑아야 한다고 생각했기 때문에 중간에 감정적인 싸움에 빠지지도 않고 끝까지 사명을 감당해낼 수 있었습니다.

성경 본문은 기드온이 돌아오면서 숙곳과 브누엘을 이미 선포한대로 심판한 것을 기록하고 있습니다. 그는 숙곳을 철저히 심판하기 위하여 한 소년을 잡아서 숙곳 장로들의 명단을 받아 적게 했습니다. 그리고 숙곳 사람들 앞에 세바와 살문나를 보이고 명단에 있는 방백들과 장로들을 가시와 찔레로 쳐 죽였습니다.

우리는 이것을 보고 기드온이 너무 개인적인 감정으로 죄 없는 사람들을 심하게 보복한 것이 아닌가 하는 생각을 하기 쉽습니다. 그러나 이것은 신약의 우리들을 위한 교훈을 위해서입니다. 오늘 어떤 사람이 하나님 나라의 원수입니까? 믿는다 하면서도 세상과 타협해서 철저하게 자기만을 위하여 사는 사람들입니다. 그 사람들이 당장은 대접받고 존경을 받는 것 같지만 주님이 오시면 이들을 가시로 쳐서 징벌할 것입니다. 이름은 망대라 하면서 제대로 망대 구실을 하지 못한 브누엘 사람들도 마찬가지입니다. 망대는 사람들에게 전쟁을 알려주고 준비하게 해야 하는데 자기들이 더 편하게 지내려고 했습니다. 도망치는 적을 뻔히 보면서도 내버려 두었습니다. 만일 전방 부대 관측소에서 무장간첩들이 철조망을 넘어 오는 것을 뻔히 보고 가만히 두었다면 그들은 이적 행위로 처벌을 받게 될 것입니다. 그런 망대는 헐어버려야 할 것입니다. 왜냐하면 오히려 수많은 사람들을 방심하게 하는 망대가 되기 때문입니다.

우리가 이 본문 말씀에서 보게 되는 것이 무엇입니까? 기드온은 큰 전쟁에서 승리한 후에도 자신을 바꾸려고 하지 않았다는 것입니다. 그는 삼백 명을 중심으로 더 군대를 조직하지 않았습니다. 그 이유는 이스라엘의 진정한 왕은 그리스도이시기 때문에 자기가 모든 것을 다 할 수 있다고 생각하지 않았습니다. 그의 군대는 처음부터 끝까지 삼백 명이었습니다. 이 삼백 명은 미디안 사람을 끝내는데 헌신된 자들이었습니다. 그들은 에브라임 사람들의 분노에도 넘어가지 않았고, 숙곳이나 브누엘 사람들의 조롱이나 무관심에도 넘어가지 않았습니다. 굶주린 상태에서 끝까지 적을 추격하여 원수들을 뿌리 뽑았습니다.

여기서 우리가 관심을 가지게 되는 것은 함께 싸움에 동참했지만 기질이나 자존심 때문에 분쟁이 일어나는 경우입니다. 그런 때에는 겸손한 말로 그들의 수고를 인정함으로 분쟁은 끝나게 되어 있습니다. 그러나 기드온은 그들을 데리고 세바와 살문나를 추격할 수 없다는 것을 깨달아야만 했습니다. 무엇인가 기대할 때 화가 나고 섭섭한 것입니다. 아예 기대조차 하지 않으면 화를 낼 이유가 없습니다.

마지막으로 우리는 어떻게 하면 기드온이나 그의 삼백 용사처럼 끝까지 하나님의 뜻에 충실할 수 있느냐 하는 것입니다. 저는 교회를 통하여 하나님께서 하시는 일이 일단 세 가지라고 생각합니다.

하나는 말씀을 밝히는 것입니다. 이것은 어느 한 사람이 할 일이 아닙니다. 우리 모두가 열심히 모일 때 가능한 것입니다. 그리고 말씀의 능력을 믿을 때 가능해집니다. 말씀도 좋지만 또 다른 것이 있어야 한다고 할 때 그것은 말씀과는 상관이 없는 것입니다. 이것저것을 다 가지려고 하는 것이 미련한 것입니다. 오직 하나입니다. 하나님의 말씀을 더 풍성하게, 더 환하게 나의 삶을 비추게 하는 것입니다.

다른 하나는 치유의 공동체입니다. 여기서 치유라고 하는 것은 삶 전체를 의미합니다. 우리 교회를 통해서 인생에 실패하고, 사업에 실패하고, 도덕적으로 실패하고, 육신에 병든 사람들이 고침을 받아야 합니다. 그의 가치관이나 그의 생활 습관이나 그의 병든 육체나 그의 인간관계나 직업이나 미래의 비전, 이 모든 것이 치유되는 것입니다. 그리고 교회에서 은혜가 세상에 흘러나가 병든 세상도 치료를 해야 합니다.

세 번째는 우리를 통하여 많은 젊은이들이 주께로 돌아오고 진리로 무장이 되는 것입니다. 하나님의 진리로 무장이 된 젊은이 한 사람은 한 명이 아니고 백 명이라고 보아야 하는 것입니다. 결국 진리로 무장된 사람들을 길러내지 않으면 우리나라는 소망이 없게 되는 것입니다. 어떤 환경에서도 기드온과 그의 용사들처럼 하나님께 헌신된 젊은이들을 길러낼 때 우리에게는 비전이 있는 것입니다. 이들을 통해서 한국 교회 전체가 부흥되는 역사가 나타나는 것입니다.

지금 우리가 삼백 명의 용사처럼 되어서 한 마음으로 하나의 뜻을 가지고 끝까지 헌신할 수 있는 하나님의 뜻이 무엇인지 생각해 보십시오. 먹지도 못하고, 마시지도 못하며, 다른 사람들은 자기 자존심만을 내세우고 어떤 사람들은 편안하게 있으면서 오히려 조롱할 때에 끝까지 함께 달려갈 우리의 목표가 무엇인가 생각해 보시기 바랍니다.

CHAPTER 18

하나님이 다스리신다

사사기 8:22-35

요즘 우리는 정치적으로 '철새'라는 말을 많이 듣습니다. 철새 정치인이라고 하는 것은 정치적인 소신없이 형편과 기회에 따라 이 정당에 붙었다 저 정당에 붙었다 하는 기회주의적인 정치인을 두고 하는 말입니다. 거기에 비하여 아예 자신의 직업이나 전공을 벗어나서 정치판에 뛰어드는 사람도 있습니다. 어떤 때에는 연예인들 중 상당수가 브라운관의 위력을 힘입어 정치인이 되는가 하면 교수나 법조인들 중에서도 정치를 하겠다고 정치판에 뛰어드는 사람들도 있습니다.

어떤 분은 교수로서 많은 학생과 시민의 존경을 받고 있었는데 그만 정치판에 뛰어드는 바람에 그 좋은 이미지를 다 망치고 정치에 실패해서 은퇴하신 분도 있습니다. 사람은 누구나 자신의 부르심에 끝까지 충성할 때 아름답고, 끝을 맺을 때에는 깨끗하게 은퇴함으로 하나님께 영광을 돌리는 것이 옳습니다.

언젠가 한 젊은이를 만난 적이 있는데 자신의 꿈을 이렇게 말했습니다. 즉 젊어서는 교수를 하고, 중년이 되어서는 정치를 해 보고, 그리고 늙어서는 목회를 하겠노라고 말을 했습니다. 저는 그분의 말을 듣고 이 분이 무엇을 몰라도 한참 모르는구나 하는 생각이 들었습니다. 물론 머리가 좋으면 교수를 할 수 있을지 모릅니다. 그러나 정치라고 하는 것은 혼자서 하는 것이 아니며 정치를 하려면 다른 사람을 움직일 수 있는 능력을 가지고 있어야 합니다. 머리 좋은 사람들이 대개 정치에서 실패하는 이유는 다른 사람을 움직일 수 있는 능력이 부족하기 때문입니다. 그러나 목회라고 하는 것은 단순히 다른 사람을 움직이는 것과도 차원이 다릅니다. 이것은 하나님과 사람들 사이에 서서 어떤 때에는 하나님 편에 서서 사람들의 죄를 책망하기도 하고 때로는 사람의 편에 서서 하나님께 눈물과 기도로 간구할 때도 있습니다. 이것은 개인의 능력과는 어떤 의미에서 상관이 없는 것입니다. 하나님께서 그를 택하여 사용하셔야 합니다.

우리는 이 본문에서 미디안과 큰 전쟁을 승리로 이끈 믿음의 용사 기드온의 나머지 생애를 보게 됩니다. 기드온은 역시 정치적으로는 영웅이었고 신조나 철학이 분명한 사람이었습니다. 그는 사람의 다수나 아첨에 넘어가지 않는 지조가 있는 정치인이었습니다. 그러나 그는 종교인으로서의 삶은 대실패였고 어떤 의미에서는 거의 신흥 이단의 창시자에 가까울 정도로 이상한 목회를 하고 말았습니다. 그리고 그의 사생활은 더 실패했습니다. 그는 거의 수십 명의 아내들을 거느리고 거기서 또 수십 명의 아이들을 낳았습니다. 중동지방에서는 수십 명의 여자들이 함께 사는 방을 '하렘'이라고 부릅니다. 기드온은 그런 수준에 가까운 여자들의 집단촌을 거느리고 살았습니다. 우리는 이해가 잘되지 않습니다. 어떻게 정치적으로는 그렇게 정직했으며 하나님 앞에 바로 살려고 했던 기드온이 종교적인 측면과 사생활에 있어서는 그렇게 비성경적이고 실패한 삶을 살게 되었느냐 하는 것입니다.

이것은 우리 인간의 욕심이 가져온 결과입니다. 결국 우리의 삶이라고 하는 것이 하나님의 말씀의 통제 안에 있을 때 아름답고 자유로울 수 있는 것이지, 그 통제를 벗어나게 되면 결국 영혼의 타락이요 파멸로 빠지게 되는 것입니다.

기드온의 정치 철학

기드온은 분명한 정치 철학을 가진 사람이었습니다. 그것은 이스라엘을 다스리는 분은 오직 하나님이시며 사람이 이스라엘을 다스려서는 안 된다는 것입니다.

이스라엘 백성들은 미디안과의 전쟁이 성공적으로 끝난 후 기드온에게 이스라엘의 왕이 되어줄 것으로 요구했습니다. 그러나 기드온은 분명하게 거절했습니다.

그 이유가 무엇입니까? 이스라엘의 왕은 오직 여호와 한 분이시기 때문입니다.

22, 23절 상 그때에 이스라엘 사람들이 기드온에게 이르되 당신이 우리를 미디안의 손에서 구원하셨으니 당신과 당신의 아들과 당신의 손자가 우리를 다스리소서 하는지라. 기드온이 그들에게 이르되 내가 너희를 다스리지 아니하겠고

이스라엘 백성들이 기드온에게 이스라엘의 왕이 되어 달라고 요구한 이유가 무엇입니까? 그것은 단순히 기드온에 미디안 군사들을 내어 쫓고 그들에게 자유를 주었기 때문에 그 은혜에 고마워서 그렇게 하는 것이 아닙니다.

원래 이스라엘에는 왕이 없었습니다. 그 이유는 하나님께서 친히 이스라엘 백성들의 왕이 되시기 때문입니다. 이스라엘 백성들이 하나님의 말

씀에 순종하기만 하면 주위에 있는 어느 나라도 이스라엘을 넘보지 못하도록 하나님께서 지켜 주시게 되어 있습니다. 이것이 하나님과 이스라엘의 약속이었습니다. 그러나 문제가 무엇입니까? 이스라엘 백성들이 늘 하나님의 말씀대로 살 수는 없었다는 것입니다. 언젠가는 죄를 짓게 되어 있고 죄를 짓기만 하면 원수들이 몰려오니 사람이 불안해서 어떻게 살 수가 있습니까? 이론적으로는 하나님을 늘 의지하고 하나님이 기뻐하시는 삶을 살면 복을 받고 언제나 안전할 수 있습니다. 그러나 그것은 어디까지나 이론이지, 실제로는 사람은 늘 넘어지고 늘 죄를 지으며 때로는 하나님의 뜻이 아닌 줄 알면서도 고집스럽게 죄에 머물러 있을 때가 많이 있습니다.

다시 말해서 이스라엘 백성들에게 있어서 하나님만 의지한다고 하는 것은 너무나도 불안했습니다. 한번 생각해 보십시오. 앞으로 무슨 일이 생길지 모르는데 돈이라도 은행에 좀 저축되어 있는 것이 낫습니까?, 아니면 하나님 한 분만 의지하고 돈 한 푼 모아 놓은 것 없이 그때그때 채워지는 것으로 사는 것이 낫습니까?

사람들은 안정을 원합니다. 하나님을 의지하면서 일 년에 한두 번씩 월세나 전세 이사 다니는 것 보다는, 하나님을 좀 의지하지 않더라도 자기 집을 가지고 사는 것을 더 원합니다.

이스라엘 백성들이 왕을 뽑으면 어떻게 됩니까? 왕은 일단 군사를 뽑게 되어 있고 평상시에도 정부의 형태가 갖추어져 있으니까 적이 쳐들어오거나 전쟁이 일어나도 대비하기가 쉽습니다. 그러나 왕이 없으면 적들이 쳐들어오면 아예 처음부터 모든 것을 다시 시작해야 하고, 어떤 때에는 회의를 하느라고 시간을 다 보낼 수도 있습니다. 이스라엘 백성들이 기드온에게 왕이 되어달라고 부탁한 것은 하나님만 바라보고 아무것도 하지 않고 있는 것이 너무나도 자신들의 미래를 불안하게 만든다는 것입니다. 그러니까 기드온이 왕이 되어서 평소에도 군대를 선발하고 훈련시켜서 미래를 대비하게 해 달라는 것입니다.

바로 이것이 오늘 우리들의 문제이기도 합니다. 하나님을 의지하는 삶의 특징이 무엇입니까? 도저히 미래를 예측할 수 없다는 것입니다. 나이가 들어도 결혼을 하지 않은 자매들 입장을 한번 생각해 보십시오. 도대체 언제까지 기다려야 하는지 알 수가 없습니다. 그리고 안정된 직장 없이 그때그때 하나님의 도우심으로 사는 사람들의 형편을 생각해 보십시오. 앞으로 무슨 일이 터지면 어떻게 합니까? 물론 무슨 일이 터질 때 마다 하나님께서 함께 하셔서 잘 이기게 하였습니다. 그러나 말이 그렇지, 실제로는 그런 일이 터질 때마다 얼마나 마음을 조리고 불안해 합니까? 예를 들어, 전혀 돈이 없는데 집세가 껑충 뛰어 보십시오. 얼마나 마음이 답답하고 고통스러우며 자신의 무능이 한심하게 느껴집니까? 그래서 이스라엘 백성들이 기드온에게 왕을 요구한 것입니다.

이러한 이스라엘 백성들의 요구에 대하여 기드온이 보인 반응이 무엇입니까?

"내가 너희를 다스리지 아니하겠고 나의 아들도 너희를 다스리지 아니할 것이요 여호와께서 너희를 다스리시리라"

그 당시 이스라엘의 분위기를 보면 얼마든지 기드온이 왕이 될 수 있는 그런 분위기였습니다. 그러나 기드온은 분명하게 백성들의 요청을 거절했습니다. 요즘 정치인들이 늘 하는 말처럼 '국민들이 원한다면' 하는 식으로 주저앉지 않았습니다.

그 이유는 기드온에게는 분명한 신앙적인 정치철학이 있었기 때문입니다. 그것은 이스라엘을 다스리는 분은 하나님이시란 것입니다. 하나님이 이스라엘의 왕이시며 정치적인 문제는 이스라엘 백성들이나 자기가 결정할 것이 아니고 오직 하나님만이 결정하실 수 있다는 것이었습니다.

오늘 그리스도인들의 정치철학이 무엇입니까? 그리스도인들이 무엇 때문에 시장 선거에 나가고 또 국회의원 선거에도 나갑니까? 많은 사람들은 '내가 아니면 안 되기 때문에' 나간다고 말을 합니다. 그러나 사실은 그런 사람들 때문에 정치를 망치는 경우가 너무나도 많습니다.

정치는 하나님의 권세를 빌려 와서 이 세상을 질서 있게 하는 것입니다. 성경에서 '다스린다'는 말을 쓸 때에는 '관리한다' 또는 '보살펴준다'는 의미를 가지고 있지, '군림한다' 혹은 '지배한다'는 뜻을 가지고 있는 것이 아닙니다. 정치는 약자를 보살펴 주고 도와주는 것입니다.

예를 들어, 하나님께서 처음 사람들에게 공중의 새를 다스리는 권세를 주셨는데 새를 다스린다는 것이 어떤 것입니까? 새 알을 꺼내어 삶아 먹거나 혹은 새를 잡아서 초롱에 넣고 키우거나 혹은 새를 잡아먹는 것을 말하지 않습니다. 반대로 새 새끼가 둥지에서 떨어져 있으면 치료해서 다시 둥지로 돌려 보내고 뱀이나 다른 짐승들이 둥지를 공격하지 못하게 하고 새들이 멸종하지 않도록 보호해주고 관리해 주는 것을 말합니다. 요즘 공해 때문에 소쩍새나 황새 같은 새들이 병들어 땅에 떨어져 있으면 전문가들이 치료하여 다시 날려 주는데 바로 그렇게 하는 것이 다스리는 것이고 정치하는 것입니다.

기드온에게서 볼 수 있는 것은 '나 아니면 안 된다'는 생각을 버렸다는 것입니다. 이것이 그로 하여금 정치인으로서 깨끗하게 끝을 마칠 수 있게 했습니다. 그는 하나님이 모든 것을 하시기 때문에 내가 아니라도 얼마든지 하나님은 다른 사람을 사용하셔서 내가 한 이상의 일을 하실 수 있다는 생각을 가지고 있었습니다. 그러면 정말 하나님의 다스림을 받는 생활은 끊임없는 불안의 연속일까요? 하나님께서는 언제까지나 이스라엘 백성들이 왕이 없이 지내며 위기가 생기면 그때그때 임시방편으로 위기를 극복하기를 원하셨을까요? 그렇지 않습니다. 하나님께서는 이스라엘 백성들에게 왕을 주실 생각을 하셨습니다. 그러나 처음 훈련할 때 그들에게 왕을 주시지 않고 안정된 생활을 주시지 않는 것입니다. 이것은 오늘 우리들에게도 마찬가지입니다. 하나님께서 우리를 불안하게 하시는 것은 훈련하기 위해서이지 하나님께서 함께 하시는 삶이 늘 불안하고 즉흥적인 것은 아닙니다. 하나님은 질서의 하나님이시며 체계를 세우시는 분이십니다. 그러나 먼저 사람의 됨됨이를 중요하게 생각하시기 때문에 제도 없이 하나님만 바라보며 사는 훈련을 받게 하시는 것입니다.

기드온의 신앙적인 실패

만일 기드온이 정치적인 은퇴로서 자신의 모든 사명을 끝내었다면 그는 정말 흠이 없는 위대한 믿음의 사람으로 성경 역사에 남게 되었을 것입니다. 그러나 기드온은 정치적인 은퇴로 만족하지 못하고 종교적인 일에 종사할 욕심을 가지게 되었습니다. 그 욕심이 그가 미디안 사람들로부터 빼앗은 금귀고리로 제사장의 에봇을 만든 것으로 나타났습니다.

24-27절 기드온이 또 그들에게 이르되 내가 너희에게 요청할 일이 있으니 너희는 각기 탈취한 귀고리를 내게 줄지니라 하였으니 이는 그들이 이스마엘 사람들이므로 금 귀고리가 있었음이라. 무리가 대답하되 우리가 즐거이 드리리이다 하고 겉옷을 펴고 각기 탈취한 귀고리를 그 가운데에 던지니. 기드온이 요청한 금 귀고리의 무게가 금 천칠백 세겔이요 그 외에 또 초승달 장식들과 패물과 미디안 왕들이 입었던 자색 의복과 또 그 외에 그들의 낙타 목에 둘렀던 사슬이 있었더라. 기드온이 그 금으로 에봇 하나를 만들어 자기의 성읍 오브라에 두었더니 온 이스라엘이 그것을 음란하게 위하므로 그것이 기드온과 그의 집에 올무가 되니라

이스라엘 백성들은 미디안 군대를 몰아냄으로 졸지에 모두 부자들이 되었습니다. 그 이유는 수십만 명이나 되는 미디안 사람들이 자기들이 가지고 있던 모든 전리품들을 두고서 죽거나 도망을 쳤기 때문입니다. 도둑떼가 훔친 것을 모두 자기 집에 두고 갔다고 생각을 한번 해 보십시오. 이스라엘 백성들은 한번 일어섬으로 그동안 잃어버렸던 모든 것을 도로 다 받게 되었습니다. 이것이 하나님이 하시는 방법입니다. 하나님께서는 이스라엘 백성들이 말씀대로 살지 않으면 그들의 모든 것을 빼앗기게 하십니다. 그러나 그들이 회개하고 일어설 때에는 적의 것을 빼앗아서 그들이 그동안 잃어버렸던 모든 것을 도로 찾게 하십니다.

그런데 지금까지 기드온은 자기에게 주어진 일에 몰두하느라 전혀 전리품을 챙기지 못했습니다. 기드온이 가진 것이라고는 겨우 세바와 살문나의 낙타 목에 걸려 있는 반달형 장식품이 고작이었습니다. 기드온은 이스라엘 백성들에게 자신의 몫을 요구했습니다. 그것은 다름 아닌 미디안 사람들의 귀고리였습니다.

오늘 본문에는 이스라엘 사람이라고 되어 있는데 실제로는 동방 사람들은 이스마엘 자손으로 불리우기도 했습니다. 그런데 그들은 남자들이 모두 귀고리를 달고 다녔습니다. 그래서 저는 지금도 남자가 귀고리를 달고 있으면 혹시 이스마엘 족속이 아닌가 하는 생각을 합니다. 사막을 다니는 도둑떼들은 이런 장식을 좋아했던 것 같습니다. 왜냐하면 그런 것이 아니면 전혀 다른 사람들의 시선을 끌만한 문화가 그들에게는 없었기 때문입니다. 이스라엘 백성들은 기꺼이 귀고리를 모았습니다. 그것은 무려 일천칠백 세겔이나 되었습니다. 이것은 대략 20킬로그램이 넘는 무게였습니다. 이것은 기드온에 대한 일종의 퇴직금과 같은 것이었습니다.

그런데 기드온은 이 금귀고리로 에봇을 하나 만들었습니다. 문제는 바로 여기에서부터 시작됩니다. 에봇이라는 것이 무엇입니까? 그것은 제사장이 하나님을 섬길 때 입는 조끼 겸 앞치마와 같은 겉옷입니다. 에이프런이라고 생각하면 좋을 것입니다. 그러나 원래 이 제사장의 에봇은 보통으로 화려한 것이 아니었습니다. 그것은 각색 수실로 짜였고 그 위에는 이스라엘 열두 지파를 나타내는 열두 개의 보석이 달려 있었습니다. 그리고 어깨에는 두 개의 보석이 있었는데 하나는 '우림'이라고 하고 다른 하나는 '둠밈'이라고 해서 제사장이 하나님의 뜻을 묻는데 사용했습니다. 아마도 하나님의 뜻을 물을 때 'Yes'와 'No' 정도를 보석의 색깔로 나타낸 것 같습니다. 예를 들면, 어떤 보석이 빛을 내면 하나님께서 승낙하신 것이며 또 다른 보석이 빛을 내면 거부한 것이며 아예 변화가 없으면 응답하시지 않는 것으로 생각한 것 같습니다. 그런데 중요한 것은 왜 기드온이 이런 에봇을 금으로 만들어서 자기 집에 두었느냐 하는 것입니다. 그것도 다른 금이 아니라 그들이 멸망시킨 이스마엘 사람들의 몸에서 빼낸 금귀고리로 이런 에봇을 만들었느냐 하는 것입니다. 그것은 기드온의 새로운 변신을 의미합니다. 다시 말해서 지금까지의 정치인이요 군인 기드온에서 제사장이며 예언자로서의 기드온으로 역할을 바꾸는 것입니다.

물론 기드온이 만든 에봇은 가짜 에봇입니다. 왜냐하면 진짜 에봇은 금으로 만들지 않습니다. 천으로 짜게 되어 있고 거기에 여러 가지 색깔의 보석을 부착하게 되어 있습니다. 그리고 이 진짜 에봇은 제사장이 몸에 입을 때 의미를 가지는 것이지 그냥 두면 아무 소용이 없습니다. 그러나 기드온의 에봇은 입기 위한 에봇이 아니었습니다. 왜냐하면 모두 금으로 되어 있어서 입을 수가 없었습니다. 그러면 이 에이프런은 무엇을 의미합니까? 보기 위한 것이며 숭배를 위한 것이었습니다. 기드온이 이것을 만들자 이스라엘 백성들은 이 에봇을 음란하게 섬겼다고 성경은 기록을 하고 있습니다.

그렇다면 하나씩 생각해 봅시다. 기드온이 전리품으로 얻은 금으로 이런 에봇을 만든 이유가 무엇입니까? 그것은 자신이 계속적으로 하나님 앞에서 제사장의 역할을 감당하고자 하는 생각이 있었기 때문입니다. 기드온은 미디안 사람들과 전쟁을 치르면서 계속 하나님의 음성을 들었습니다. 어떤 경우에는 하나님을 직접 만나기도 하고 혹은 하나님의 음성을 듣기도 하고 때로는 하나님의 표적을 체험하기도 했습니다. 그리고 하나님께서는 기드온으로 하여금 제사를 드리게 하셨습니다. 아버지 집에 있는 바알 제단을 헐고 그 위에 하나님께 새로운 단을 쌓고 제사를 드리게 하신 분이 하나님이십니다. 우리가 알다시피 기드온은 레위인이 아닙니다. 그런데 하나님께서는 레위인이 아닌 자의 제사도 받으셨습니다. 바로 이 체험이 기드온에게는 아주 중요한 것이었습니다.

그가 하나님을 '여호와 살롬'이라고 부른 이유가 무엇입니까? 하나님께서 레위인이 아닌 자의 제사도 받으시더라는 것입니다.

하나님께서 기드온의 제사를 받으신 이유가 무엇입니까? 그것은 그 당시 정상적인 레위인 제사장을 구하기 어려웠기 때문입니다. 하나님은 기계적으로 일하시는 분이 아니십니다. 하나님은 율법을 뛰어 넘는 엄청난 은혜의 하나님이십니다.

그러나 기드온이 잘못 생각한 것이 무엇입니까? 하나님께서 아예 레위 제사장을 폐하셨으며 자기를 제사장으로 삼으시는가 하는 것이었습니다. 기드온은 계속 하나님의 말씀을 듣고 싶었고 또 그런 역할을 계속 하고 싶었던 것 같습니다. 그래서 모든 제사 의식 대신에 하나님의 뜻을 분별하는 부분만 떼어 가지고 와서 그것을 자신의 신앙으로 삼으려고 했습니다. 이것이 말하는 것이 무엇입니까? 기드온의 욕심이요 진리에 대한 무지를 보여주고 있습니다. 정치보다 더 어려운 것이 종교입니다. 정치가 사람들의 욕망을 조절하여 바른 방향으로 나아가게 하는데 있다면, 종교는 사람의 죄성을 바로 칼을 들이대어서 수술하는 것과 같습니다. 이것은 자기가 하고 싶다고 해서 되는 것이 아닙니다. 더욱이 이렇게 하면 좋겠지 생각해도 실제로는 그렇게 되지 않습니다. 영적인 부분은 철저하게 하나님의 말씀대로 하지 않으면 엄청난 부작용을 낳게 됩니다. 그것을 잘 보여 주는 것이 기드온의 에봇입니다.

기드온이 제대로 하려고 했다면 레위인 제사장을 찾아서 돌아오게 한 후 그들에게서 하나님의 말씀을 들어야만 했을 것입니다. 그러나 기드온은 그렇게 하지 않고 직접 자기가 계속 하나님의 말씀을 들으려고 했습니다. 아마 전쟁이 끝난 후부터 기드온에게는 하나님의 말씀이 들리지 않게 되었던 것 같습니다. 아마도 그는 하나님께서 제사장의 에봇을 통하여 말씀하셨다는 것을 기억해서 그렇게 해서라도 하나님의 말씀을 들으려고 했던 것 같습니다. 그러나 그 결과는 대실패였습니다. 그 이유는 이스라엘 백성들이 그 에봇을 완전히 하나의 우상으로 취급했기 때문입니다. 27절에 보면 '온 이스라엘이 그것을 음란하게 위하므로'라고 말씀하고 있습니다. 이 에봇을 음란하게 위한다는 것이 무슨 뜻입니까? 에봇은 실제로 입는 것입니다. 제사장이 하나님 앞에 입고 가서 섬기는 것이며 그 옷이 능력이 있기 때문이 아니라 그 옷을 입은 제사장의 믿음을 보시고 하나님께서는 이스라엘 백성들에게 은혜를 주셨습니다. 그러나 이제는 이 옷이 신이 되었습니다. 사람들은 이 옷에 입을 맞추기도 하고 이 옷에 제물을 바치기도 하고 이 옷에 대고 무슨 맹세를 하기도 했습니다. 심지어는 이 에봇이 바알 신앙을 대신하게 되는 지경까지 가게 된 것입니다.

만일 기드온이 교만을 버리고 자신의 영역을 정치적인 것으로 그쳤다면 얼마나 훌륭한 믿음의 사람으로 남았겠습니까? 그러나 그의 말년은 거의 이단 지도자와 비슷한 처지로 몰락하게 되고, 그의 자식들 가운데 무서운 피비린내 나는 살육이 있게 됩니다.

'금으로 만든 기드온의 에봇'이 상징하는 것이 무엇입니까? 정치적인 것을 그대로 종교의 영역 안으로 끌어 들인 사이비 종교의 상징인 것입니다. 세상적인 지위를 신앙의 세계 안에 그대로 끌고 들어와서 영적인 제사장의 역할을 하려고 하는 것입니다. 가끔 보면 변호사나 의사나 교수의 신분을 그대로 유지하면서 목회를 하려고 하는 분들이 있습니다. 그런 경우를 저는 '금으로 만든 에봇'으로 생각합니다. 목회를 하려면 세상 직업을 포기하고 바닥에서부터 시작하라는 것입니다.

사람들 중에서 자기가 신앙적인 지식도 있고 체험도 있으니까 여러 가지 신앙 서적을 봐가면서 설교를 하려고 하는 사람들이 있습니다. 물론 평신도들도 훌륭한 설교자가 될 수는 있습니다. 그러나 하나님께서 부르셔야 하고 세우셔야 하는 것입니다. 하나님께서 기드온을 세우신 것은 예외적인 상황이었습니다. 그러나 전쟁이 끝난 후 기드온은 자신의 원래 위치로 돌아가는 것이 옳습니다. 그는 다시 평신도로 돌아가서 레위인 제사장을 세워서 모든 백성들로 하여금 바른 방법으로 하나님께 나아가게 했어야 옳습니다.

기드온의 사생활

우리는 기드온의 마지막 삶에서 추악하고 아름답지 못한 부분을 보게 됩니다. 그것은 그가 수십 명의 아내를 두었고 또 그들로부터 칠십 명의 아들을 둔 것입니다.

29-31절 요아스의 아들 여룹바알이 돌아가서 자기 집에 거주하였는데, 기드온이 아내가 많으므로 그의 몸에서 낳은 아들이 칠십 명이었고, 세겜에 있는 그의 첩도 아들을 낳았으므로 그 이름을 아비멜렉이라 하였더라

기드온에게는 아들만 칠십 명이 있었습니다. 아들이 칠십이라면 딸이 한 명도 없을 수 없습니다. 그렇다면 그에게는 부인이 몇 명이나 있었다는 말이 됩니까? 그뿐만 아니라 이들은 어디까지나 부인이고 첩도 있었는데 첩도 아들을 낳았다고 합니다. 그러면 부인과 첩은 무슨 차이가 있습니까? 부인은 번호가 붙여져 있습니다. 첫 번째 부인, 두 번째 부인…, 스무 번째 부인 하는 식입니다. 그러나 첩은 번호가 없습니다. 다시 말해서 군번이 없는 부인인 셈입니다. 지금도 아랍 지역에서 여러 명의 부인을 둔 왕이나 귀족이 외국에 나가면 부인들을 다 데리고 가게 되어 있습니다. 부인들은 다 똑같은 자격이 주어져 있기 때문입니다. 그러나 첩은 따라가지 못하게 되어 있습니다. 그러면 기드온이 언제부터 이런 대규모의 부인들의 집단을 거느리게 되었을까요? 아마 처음부터 그렇게 하지는 않았을 것입니다. 아마도 그가 이상한 신앙 운동을 한 후부터 그의 영성이 떨어지고 성령의 역사가 소멸되면서 급격하게 자신의 분별력이나 절제하는 능력이 없어지면서 이런 엄청난 짓을 한 것으로 생각됩니다.

우리 그리스도인들은 계속적으로 긴장해야 하는 사람들입니다. 그러나 계속적인 긴장은 우리를 매우 유치하게 할 때가 많습니다. 그래서 긴장이 풀어지게 되면 긴장했던 만큼 육체적인 정욕에 빠지게 됩니다.

우리가 성경에서 보는 사람들 중에 다윗 같은 성령의 사람은 없을 것입니다. 그는 많은 찬양을 지었습니다. 오늘 어느 찬양 작곡가도 다윗의 찬양은 따라오지 못할 것입니다. 그는 작곡가였고 연주자였으며 또 노래하는 사람이기도 했습니다. 그뿐만 아니라 그는 용사였고 정치가이기도 했습니다.

그러나 한 순간 긴장을 풀었을 때 목욕하고 있는 다른 사람의 부인을 보게 되었습니다. 다윗 자신만이 아니라 우리들에게도 가장 안타까운 것이 바로 이 부분입니다. 만일 다윗의 죄가 감추어졌더라면 우리는 그를 천국에서 만나지 못하였을지도 모릅니다. 그렇게 많은 찬송가를 지었으며 골리앗을 쓰러트리고 이스라엘을 구원하였으며 하나님과 함께 동행한 믿음의 용사가 지옥에 떨어진다는 것을 생각해 보십시오. 다윗은 자기의 죄가 드러나고 수치를 당하더라도 용서받는 것이 차라리 죄를 감추고 지옥에 가는 것보다 낫다고 고백했습니다.

기드온의 경우는 전쟁이 끝난 후 그가 하나님의 말씀이 아닌 방법으로 말씀을 들으려고 했을 때 성령의 역사가 그에게서 떠났고 그 후 그는 계속 정신을 차리지 못하고 육체적인 욕망에 빠져서 산 것 같습니다. 아마도 황금 에봇을 음란하게 섬기러 왔던 사람들 중에서 하나 둘씩 기드온의 부인이 되었다면 이것은 그가 얼마나 음란하고 방탕하게 하나님을 떠난 삶을 하면서도 깨닫지 못했는가 하는 것을 보여 줍니다.

성경이 스스로 내리고 있는 결론이 무엇입니까?

33-35절 기드온이 이미 죽으매 이스라엘 자손이 돌아서서 바알들을 따라가 음행하였으며 또 바알브릿을 자기들의 신으로 삼고. 이스라엘 자손이 수위의 모든 원수들의 손에서 자기들을 건져내신 여호와 자기들의 하나님을 기억하지 아니하며. 또 여룹바알이라 하는 기드온이 이스라엘에 베푼 모든 은혜를 따라 그의 집을 후대하지도 아니하였더라

이스라엘 백성들 안에서 기드온은 완전히 잊혀진 사람이 되고 말았습니다. 그 이유가 무엇입니까? 기드온의 개혁이 근본적인 개혁이 되지 못했기 때문입니다.

바알 숭배로 인하여 하나님으로부터 버림받은 이스라엘 백성들에게 하나님이 살아계심은 보여 주었지만 그것이 그들로 하여금 깊은 근본적인 회개의 차원으로 가는데 미흡했습니다. 그래서 결국 기드온이 살았을

때는 물론이지만 그가 죽을 때에 이미 기드온이 한 것이나 그의 존재는 이스라엘 백성들 가운데서 찾아 볼 수 없게 되고 말았습니다.

우리는 자신에 대한 하나님의 부르심을 바로 깨달아서 죽을 때 까지 충성해야 합니다. 그리고 아무리 크게 훌륭한 일을 많이 했다 하더라도 끝까지 '나는 무익한 종이라'는 고백이 그 입에서 나와야 합니다. 모든 것을 하나님이 하셨지, 내가 한 것이 아닙니다. 그리고 내가 아니면 안 된다는 교만을 버려야 합니다.

우리가 은퇴를 하거나 떠날 때는 앉은 자리를 깨끗이 하고 떠남으로 하나님께 온전한 영광이 돌아가게 해야 할 것입니다. 실컷 수고한 후에 욕심을 버리지 못함으로 그가 한 일이 아무 소용이 없게 된다면 하나님 앞에서 부끄러운 심판을 받게 될 것입니다.

CHAPTER 19

아비멜렉의 반란

사사기 9:1-6

어느 한 나라가 민주적으로 성숙하는데는 상당히 비싼 대가를 지불해야 합니다. 미국이나 영국 같은 나라가 선진국이 되는데도 이런 혼란을 겪었습니다. 그런데 우리의 걱정은 선진국이 되기도 전에 나라가 망하지는 않을까 하는 것입니다.

우리나라 현대사는 비록 얼마 되지 않지만 무능하고 혼란스러운 기간과 군사 독재의 기간이 반복적으로 나타나고 있습니다.

즉, 무능하고 부패한 정권이 부정과 부패로 썩을 대로 썩으면 그 다음에 군사 쿠데타가 일어나서 무능 정권을 무너뜨리는 것입니다. 그리고 군사 정권이 세워지면 뒤에 온전한 자유를 원하는 시민운동이 일어나서 많은 희생을 치르다가 결국 군사 정권을 몰아내고 민간 정부가 들어서게 하는 것입니다. 그리고 나서 사람들은 또 자기 이익을 주장하고 자기 목소리를 높임으로 다시 사회가 혼란스러워지고 어지러워지는 것입니다.

그런데 우리나라 현대사에서 가장 치명적인 것은 역시 몇 차례 있었던 군사 쿠데타였습니다. 군사 혁명은 우리나라 정치를 몇십 년 이상 뒤로 후퇴시켰을 뿐만 아니라 사람들의 의식 속에 우리가 미처 깨닫지도 못하는 여러 가지 의식을 심어 주었습니다. 그 중요한 것 하나가 '한탕주의'입니다. 우리나라 사람들은 처음부터 꾸준히 기초를 닦아 올라갈 필요가 없다고 생각합니다. 왜냐하면 총칼을 휘두르면 되는데 무엇 때문에 바닥에서부터 착실히 올라갈 필요가 있겠습니까? 바로 이런 의식들이 오늘 국제 사회에서 우리 한국 사람들로 하여금 대단히 비싼 대가를 지불하게 만들고 있습니다. 외국 사람들은 우리의 이런 급한 성격이나 한탕주의를 결코 이해하지 못합니다.

성경 본문을 보면 이스라엘 최초의 군사 쿠데타가 일어난 것을 보게 됩니다. 쿠데타를 일으킨 장본인은 기드온이 첩에게서 낳은 아들 아비멜렉이었습니다.

아비멜렉은 첩의 자식이어서 그런지 기드온의 다른 아들들로 부터 상당한 소외를 당했던 것 같습니다. 그래서 그는 아비지 기드온이 죽고 난 다음에 자기 외가인 세겜 사람들을 부추겨 군사 쿠데타를 일으켜서 기드온의 칠십 명의 아들을 다 죽이고 정권을 찬탈합니다. 이것을 성경에서는 아주 중요한 문제로 다루고 있습니다. 그 이유는 이 아비멜렉의 쿠데타가 이스라엘과 좋은 관계에 있던 이방 세력을 유혹해서 하나님을 대적하는 자리에 있게 했을 뿐 아니라 아무런 자격 없이 이스라엘을 다스리려고 했기 때문입니다. 이 본문에서 중요한 것은 아비멜렉의 반란과 세겜 사람들의 동조에 대한 요담의 평가입니다. 지금 이스라엘 백성들 중에는 아무도 이스라엘의 왕이 되려고 하는 사람이 없습니다. 그 이유는 하나님께서 각자에게 주신 귀중한 사명과 역할이 있기 때문입니다. 그러나 생각하지도 못했던 아비멜렉이 왕이 되려고 한 것은 완전히 돌연변이가 아닐 수 없습니다. 요담은 이렇게 하나님의 질서를 지키지 않고 스스로 높이려고 하는 자는 자기도 망할 뿐 아니라 그를 따르는 자들도 망하게 할 것이라고 일침을 놓습니다.

아비멜렉의 반란을 가져 오게 한 것

어느 곳에서 반란이 일어나려면 반드시 반란이 일어날만한 여건이 조성되어 있어야 합니다. 다시 말해서 혼란이 너무 장기화 되어서 무엇인가 특단의 조치가 내려지지 않으면 안 되겠다는 위기감이나 공감대가 형성되어야만 합니다. 그러나 아비멜렉이 반란을 일으킨 것은 이런 위기감과는 아무 상관이 없었습니다. 순전히 자기가 다른 사람들 위에 군림하고 싶은 욕망 때문이었습니다.

1, 2절 여룹바알의 아들 아비멜렉이 세겜에 가서 그의 어머니의 형제에게 이르러 그들과 그의 외조부의 집의 온 가족에게 말하여 이르되, 청하노니 너희는 세겜의 모든 사람들의 귀에 말하라 여룹바알의 아들 칠십 명이 다 너희를 다스림과 한 사람이 너희를 다스림이 어느 것이 너희에게 나으냐 또 나는 너희와 골육임을 기억하라 하니

물론 여기서 아비멜렉으로 하여금 반란을 일으킬 수 있는 빌미를 제공한 것은 기드온이 너무나도 많은 아들을 낳았다는 것입니다.

아비멜렉은 세겜 사람들에게 '여룹바알의 아들 칠십 인이 다 너희를 다스리는 것과 한 사람이 너희를 다스리는 것이 어느 것이 너희에게 더 낫겠느냐?'고 하면서 질문을 던집니다. 이것이 의미하는 것이 무엇입니까? 기드온의 칠십 명 아들은 이미 왕 같은 생활을 하고 있었다는 것입니다. 기드온의 말로는 자기나 아들들이 왕이나 왕자라고 하지 않지만 실제로 생활하는 것은 왕 같은 특권을 가지고 살았던 것입니다. 아비멜렉은 첩의 소생이었기 때문에 늘 이 칠십 인에게 따돌림을 당했을 뿐 아니라 이제 이들이 정말 왕처럼 행세할까봐 위기감을 느꼈던 것 같습니다. 그래

서 아비멜렉은 자기 외가 집인 세겜으로 갔습니다.

이스라엘의 왕은 하나님이십니다. 그런데 기드온이 죽자 하나님이 세우시지도 않고 이스라엘 사람도 아닌 세겜 사람들과 손을 잡고 무력으로 쿠데타를 일으켜 왕이 되었습니다. 이것은 너무나도 충격적인 사건이었습니다.

먼저 이런 일이 일어나게 된 일차적인 원인은 누구에게 있습니까? 아비멜렉이라는 기드온의 첩의 아들에게 있습니다. 그가 야심을 실현하기 위하여 인간적인 방법으로 이스라엘을 차지해버린 것입니다. 그러나 또 다른 원인은 기드온에게 있습니다. 기드온은 자기 입으로는 자기가 왕이 아니라고 하지만 실제로 그는 거의 왕에 가까운 생활을 하고 있었습니다. 그 증거가 아들이 칠십 명이었다는 것입니다. 어떻게 왕이 아니고서 그렇게 많은 아들들을 둘 수 있습니까?

그러나 실제로 기드온은 그의 말년에 자신의 주장과는 달리 거의 정권에 가까운 것을 만들었고 자기의 아들들에게도 왕에 가까운 지위와 권세를 주었다는 뜻입니다. 아비멜렉이 이 엄청난 짓을 하게 된 원인이 어디에 있습니까? 그것은 지도자가 하나님의 말씀에 순종하지 않았기 때문입니다. 하나님께서 그 백성들에게 약속하신 것이 무엇인가 하면 그들이 하나님의 말씀에 순종하기만 하면 하나님께서 성령으로 그들의 삶을 안팎으로 지켜주신다는 것입니다. 그러나 하나님의 말씀에 순종하는 체 하면서 실제로 자기 욕심대로 행할 때 하나님께서는 나라를 지켜 주시지 않습니다. 우리의 가정과 교회를 지켜주시지 않으십니다. 그래서 평소에는 생각지도 못했던 여기저기에서 구멍이 터지기 시작하는 것입니다.

찬송 중에 '평화, 하나님이 주신 선물'이라는 가사가 있습니다. 평화는 하나님이 주신 선물입니다. 우리가 하나님의 말씀에 철저하게 순종할 때 하나님께서는 마치 대기가 지구를 싸듯이 하나님의 은혜로 우리를 품어

주시는 것입니다. 그러나 믿노라고 하지만 실제로 하나님의 말씀을 제쳐놓고 자기 욕심대로 행할 때에 갑자기 지구를 싸고 있던 대기가 사라져버리는 것입니다. 그러면 여기저기서 문제가 터지기 시작하는데 걷잡을 수가 없게 되는 것입니다.

이스라엘 지도자들이 하나님의 말씀에 불순종하면 가장 가까운 곳에서부터 반역의 역사가 일어납니다. 우리가 아비멜렉의 쿠데타에서 보게 되는 것이 외적인 침략보다 내적인 분열과 반역이 훨씬 더 치명적이며 그 영향이 오래 간다는 것입니다. 우리가 아름다운 삶을 살 수 있는 힘이 어디서 나옵니까? 그것은 바로 하나님께서 은혜로 지켜주시기 때문입니다. 하나님께서 이 세상의 모든 것을 질서 있게 붙들어 주셔서 아름답게 잘 유지되는 것입니다.

그러나 권력을 맡은 자가 자신의 권력을 남용하여 신의를 저버리고 자기 욕심을 채우기 위하여 권력을 남용하면 하나님께서 그들을 지탱하고 있는 은혜를 거두셔서 안에서부터 반역과 불신이 터져 나오게 하십니다.

바로 이것이 죄를 다루시는 하나님의 한 방법입니다. 하나님께서는 지도자가 하나님을 대신해서 겸허하게 백성들을 다스리지 않으면 일반 은총을 거두십니다. 그러면 그 나라는 반란이나 데모를 진압하다가 세월을 다 보내게 됩니다. 그리고 엉뚱한데서 군사 반란이 일어나서 그런 부패한 정권을 무너뜨리는 것입니다. 결국 기드온이 자기 소신대로 왕이 되기를 거부하고 평범한 삶으로 돌아갔더라면 자기 아들들도 죽지 않을 뿐 아니라 이런 쿠데타 자체가 불가능했습니다.

그런데 기드온은 자기 말과는 달리 정권 비슷한 것을 만들어 놓았고 그의 칠십 명의 아들들이 다 왕같이 군림하고 있었기 때문에 이런 쿠데타가 가능했던 것입니다. 성경에서는 이런 것을 '하나님께서 내버려 두신다'고 표현하고 있습니다.

롬 1:28 또한 그들이 마음에 하나님 두기를 싫어하매 하나님께서 그들을 그 상실한 마음대로 내버려 두사 합당하지 못한 일을 하게 하셨으니

하나님께서는 사랑하는 자들이 죄짓는 방향으로 나가려고 하면 반드시 개입하셔서 실패하게 하십니다. 어디가 틀어지든지 틀어져서 결국 자기가 욕심내는 것을 하지 못하게 하십니다. 그러나 분명히 죄임에도 불구하고 하나님께서 내버려두실 때에는 바로 그것이 무서운 심판인 것입니다. 뛰는 자 위에 나는 자가 있다고 훨씬 더 악한 것이 나와서 덜 악한 것들을 싹 쓸어버리는 것입니다. 아마추어 죄인들에게 프로급 죄인들이 와서 깨끗하게 청소를 해 버립니다.

아비멜렉이 세겜 사람들을 끌어들임

중요한 것은 아비멜렉이 정권을 찬탈하기 위하여 세겜 사람들을 끌어들였다는 사실입니다.

3, 4절 그의 어머니의 형제들이 그를 위하여 이 모든 말을 세겜의 모든 사람들의 귀에 말하매 그들의 마음이 아비멜렉에게로 기울어서 이르기를 그는 우리 형제라 하고, 바알브릿 신전에서 은 칠십 개를 내어 그에게 주매 아비멜렉이 그것으로 방탕하고 경박한 사람들을 사서 자기를 따르게 하고

세겜 사람들은 가나안 족속들이지만 이스라엘 백성들의 통치 안에 들어와 있는 이방인들이었습니다. 물론 그들은 하나님의 백성이 된 것은 아니지만 그럼에도 불구하고 하나님의 은혜의 일부를 얻어먹는 자들이었습니다. 구약 성경에서 나그네 또는 외인이라고 할 때 이들은 이스라엘 백성

들의 영역 안에 사는 외국인 노예들을 의미했습니다. 물론 하나님께서는 가나안 땅에 있는 모든 이방인들을 쫓아내든지 죽이게 하셨지만 이들은 일찍부터 이스라엘 백성들에게 복종함으로 이방인의 지위를 보장받고 있는 자들이었습니다. 다시 말해서 영주권을 가진 외국인들이라고 말할 수 있습니다. 그런데 아비멜렉은 바로 이런 이방인들을 충동질해서 쿠데타를 일으켰습니다. 물론 이들은 여호와를 섬기지는 않았습니다.

다시 말해서 세겜 사람들은 가나안 땅에서 이스라엘 사람들의 종인 이방인들이었습니다. 구약 성경에서 나그네 또는 외국인이라고 할 때 이처럼 이스라엘 백성들 안에서 종살이 하고 있는 이방인들을 의미합니다. 하나님께서는 이들을 사랑하셨습니다. 이들에게도 안식일을 허락하셨고 이들의 생명도 보장해 주셨습니다. 장차 이들은 선교의 일차적인 대상이었습니다. 그러나 아비멜렉은 이들을 유혹하고 선동해서 이스라엘에 반역을 하게 한 것입니다.

그런데 이들이 아비멜렉의 쿠데타에 동참한 것은 이스라엘로부터 학대받고 인간 이하의 취급을 받았기 때문이 아닙니다. 오히려 이스라엘 백성들이 하는 것이 너무나도 우습고 마음에 차지 않아서 그들을 배신한 것입니다. 이 세상 사람들도 얼마든지 하나님의 은총을 입을 수 있습니다. 그러나 그것은 하나님의 백성들의 멍에를 자발적으로 메는 것을 통하여 이루어집니다. 즉 하나님께서는 겸손한 자에게 은혜를 주시는 것입니다.

하나님은 에서를 버리고 야곱을 택하셨지만 에서도 얼마든지 은혜를 받을 수 있었습니다. 그것은 야곱을 자기 제사장으로 삼고 야곱을 통해서 하나님의 은혜를 받으면 되는 것입니다. 가인은 하나님이 자기 제사를 받지 않는다고 아벨을 죽였는데, 가인도 얼마든지 하나님의 은혜를 받을 수가 있었습니다. 그것은 아벨을 자기 선지자로 삼으면 되는 것입니다. 그러나 사람들은 하나님의 백성들이 시시하게 보이기 때문에 그들로부터 축복받을 생각을 하지 않습니다. 그래서 스스로 망하는 것입니다.

세겜 사람들은 평범한 기드온의 아들들보다 무엇인가 특별해 보이는 아비멜렉을 택했습니다. 그래서 어떻게 했습니까?

4, 5절 바알브릿 신전에서 은 칠십 개를 내어 그에게 주매 아비멜렉이 그것으로 방탕하고 경박한 사람들을 사서 자기를 따르게 하고. 오브라에 있는 그의 아버지의 집으로 가서 여룹바알의 아들 곧 자기 형제 칠십 명을 한 바위 위에서 죽였으되 다만 여룹바알의 막내 아들 요담은 스스로 숨었으므로 남으니라

바알브릿 묘에서 꺼낸 은 칠십 개가 거사 자금이었습니다. 아비멜렉은 그 돈으로 불량배들을 사모아서 자기 사병으로 삼았습니다. 그리고 자기 집으로 가서 한 반석 위에서 자기 형제 칠십 명을 죽였습니다. 이것이 바로 성경에 나오는 '용의 눈물'입니다.

아비멜렉의 거사가 의미하는 것이 무엇입니까? 이스라엘에는 왕이 없기 때문에 누구든지 맞는 사람 몇 명이 마음을 맞춰서 밀고 나가면 얼마든지 자기 뜻대로 쥐고 흔들 수 있다는 것입니다. 지금까지 아무도 이스라엘 안에서 자신의 분수를 벗어나서 다른 사람위에 군림하려고 한 사람이 없었습니다. 그러나 아비멜렉은 이스라엘 안에도 얼마든지 음모와 술수가 통하며 칼자루를 쥔 사람이 이스라엘을 지배할 수 있다는 것을 보여준 것입니다.

하나님께서 이스라엘 백성들에게 첫 번째 계명으로 준 것이 무엇입니까? "네 부모를 공경하라. 그리하면 내가 네게 줄 땅에서 네 생명이 길리라"는 것이었습니다. 이스라엘 백성들에게 가장 중요한 것은 순종하는 것을 배우는 것입니다. 왜냐하면 순종하는 기질이 없으면 아무리 하나님께

서 축복을 부어주셔도 만족을 하지 못하고 들나귀처럼 튀어나가기 때문입니다.

마음속에 야망이 가득 찬 사람은 절대로 교회 울타리 안에서 만족을 하지 못합니다. 그래서 자기 야망을 위하여 하나님이 주신 축복을 발로 차버리고 세상으로 뛰쳐나가는 것입니다.

여기서 부모를 공경한다는 것은 인간으로서 가장 기본적인 자세입니다. 우리는 어렸을 때 부모님으로부터 보호를 받고 양육을 받습니다. 어렸을 때부터 부모님을 가르친 사람은 없습니다. 마찬가지로 우리는 하나님 앞에서 언제나 부족하고 어리석은 자들이기 때문에 하나님 앞에 겸손히 배울 생각을 하라는 것입니다. 그렇게 하면 절대로 하나님의 축복에서 버림을 받는 일이 없습니다.

우리 교회는 오로지 하나님의 말씀만 따라가고 있습니다. 이렇게 되기까지가 얼마나 어려운 일인지 모릅니다. 사람들은 이 길을 찾지 못해서 수없이 시행착오를 하는 것입니다. 어떤 사람들은 영원히 시행착오만 반복하기도 합니다. 그러나 우리는 이미 축복의 길로 들어섰습니다. 교만하지 않고 죄짓지 않으면 모두 복을 받게 되어 있습니다. 그러나 야망이 가득 차 있는 사람은 이것이 시시하게 보이는 것입니다. 자기가 최고가 되어야 하고 세상적인 방법을 교회 안에 끌고 들어와서 자기가 최고가 되어야 만족을 하는 것입니다.

우리 안에는 항상 최고가 되고 싶어 하는 기질이 있습니다. 그리고 모든 것을 내 마음대로 하고 싶은 욕망이 있습니다. 그러나 최고가 되면 다른 사람들을 자기 마음대로 부리고 하나님도 두려워하지 않게 되는 것입니다. 하나님께서 우리 인간으로 하여금 하나님이 주시는 축복을 오래 누릴 수 있는 비결로 말씀에 복종하는 법을 배우게 하셨습니다.

여기서 우리가 보게 되는 것이 무엇입니까? 물론 기드온이나 그의 아들들이 잘했다는 것은 아닙니다. 그러나 이 세상의 악에 대하여 심판하실 분은 하나님이십니다. 적어도 이스라엘 안에서는 그렇습니다. 하나님께서는 때가 되면 하나님께서 기드온과 그 아들들의 죄를 심판하실 것입니다. 그럼에도 불구하고 아비멜렉이 하나님을 믿지 못하고 자기 힘으로 기드온의 칠십 명의 아들들을 다 죽이고 스스로 왕의 자리에 올랐다는 것은 자기가 하나님을 대적하는 것입니다. 이런 인간적인 방법이 한번 성공하게 되면 오랫동안은 신앙에 혼란이 오게 됩니다. 왜냐하면 이제부터 누가 눈물을 흘리면서 하나님의 때를 기다리겠습니까? 아비멜렉과 세겜 사람들이 일으킨 반역은 하나님의 때를 기다리면서 오래 오래 기다리고 있는 하나님의 백성들에게 엄청난 충격과 좌절을 주었습니다. '아, 하나님의 나라도 결국은 힘이 센 자가 최고이구나. 하나님의 뜻을 기다리면서 인내하는 것은 아무 소용이 없구나' 하고 생각하게 되는 것입니다.

요담의 책망

요담은 기드온의 칠십 명의 아들 중에서 막내였습니다. 그런데 그는 이 무서운 살육의 현장에 있지 않고 스스로 피했기 때문에 목숨을 건질 수 있었습니다. 만일 요담이 죽는 것이 두려워서 무조건 도망치기만 했더라면 우리는 무엇이 옳고 그른지 모든 것이 뒤죽박죽 되어버렸을 것입니다. 그러나 요담은 도망치는 중에서도 큰 소리로 아비멜렉이 한 악행을 책망하고 달아났습니다.

요담의 결론은 조용하게 하나님의 말씀에 순종하는 것이 결코 바보가 아니라는 것입니다. 이스라엘이 가만히 당하고 있는 것은 결코 힘이 없는 바보라서 그런 것이 아니라 하나님의 능력을 믿기 때문이며 인간의 능력을 믿은 너희들은 스스로 망하게 될 것이라고 책망하고 있습니다.

7절 사람들이 요담에게 그 일을 알리매 요담이 그리심 산 꼭대기로 가서 서서 그의 목소리를 높여 그들에게 외쳐 이르되 세겜 사람들아 내 말을 들으라 그리하여야 하나님이 너희의 말을 들으시리라

그러면서 요담은 한 비유를 말했습니다. 나무숲이 있는데 나무들이 자기들의 왕을 뽑기로 했습니다. 그래서 무엇보다 먼저 감람나무에게 가서 우리의 왕이 되어주지 않겠느냐고 물었습니다. 그랬더니 감람나무는 거절하면서 내가 기름으로 하나님과 사람을 영화롭게 하는데 어떻게 그 사명을 버리고 왕이 되어 나무들 위에서 잘난 체 하겠느냐고 합니다.

그래서 그들은 이번에 무화과나무에게 가서 왕이 되어 달라고 부탁을 했습니다. 그랬더니 무화과나무는 자기 열매로 사람들에게 맛있는 것을 제공하는데 어떻게 이 귀한 사명을 버리고 왕이 되어 나무들 위에서 요동을 하겠느냐고 대답하면서 거절했습니다.

그래서 이번에 그들은 포도나무에게 가서 왕이 되어 달라고 부탁을 했습니다. 그랬더니 포도나무는 내가 포도주로 하나님과 사람들에게 기쁨을 주는 사명을 맡았는데 어떻게 그것을 버리고 나무들 위에서 요동을 하겠느냐고 하면서 거절했습니다.

할 수 없어서 나무들은 가시나무를 찾아 갔습니다. 그러면서 왕이 되어 달라고 하니 가시나무는 깜짝 놀라는 체 하면서 정말 나를 왕으로 삼으려면 내 그늘에 피하라고 하면서 모든 나무들을 가시나무 안에 가두어 버렸습니다. 그리고 자기 말대로 하지 않으면 불이 나와서 모든 나무를 다 태워버릴 것이라고 대답을 했습니다.

요담은 이 비유를 통하여 말하고 싶어 하는 것이 무엇입니까? 그것은 왜 이스라엘 백성들이 스스로 왕이 되려고 하지 않는가 하는 것입니다. 이스라엘 백성들이 스스로 왕이 되려고 하지 않는 것은 각자 다 하나님

으로부터 받은 소명이 있기 때문이라는 것입니다. 감람나무는 기름으로 하나님께 봉사합니다. 하나님께 바치는 기름이 얼마나 귀한 것입니까? 그래서 감람나무는 다른 것을 생각할 여지가 없다는 것입니다. 그는 기름을 만드는 것만으로도 시간이 부족하며 다른 것을 욕심낼 필요를 느끼지 못합니다. 무화과나무도 무화과 열매를 맺는 것으로 만족합니다. 그것을 하나님이 주신 천직으로 생각하는 것입니다. 그래서 왕 같은 것은 그에게 전혀 생각도 없습니다. 또 포도나무는 어떻습니까? 그는 자기 같이 형편없는 나무에 엄청난 열매가 맺히는 것만으로도 너무 과분합니다. 그는 이 포도열매로 사람들을 기쁘게 하는 것을 소명으로 생각합니다.

하나님의 백성들의 특징이 무엇입니까? 모두가 다 하나님 앞에서 작은 할 일들이 있고 그들은 그것으로 만족한다는 것입니다. 하나님의 백성들의 특징이 자기 믿음의 분수를 넘어서는 것을 죄로 생각합니다. 자기 아내로 만족하고 자기 아이들이 건강한 것으로 만족합니다. 자신의 작은 수입으로 충분히 감사하면서 삽니다.

그러나 가시나무의 특징이 무엇입니까? 가시나무는 자기가 무엇 때문에 사는지 모릅니다. 그래서 어떻게 합니까? 자꾸 다른 나무들도 가시처럼 만들어야 직성이 풀립니다. 나무들이 가시나무에게 와서 왕이 되어 달라고 하니까 뭐라고 대답을 합니까? 나를 왕으로 삼으려거든 내 그늘 안으로 들어오라는 것입니다. 아니, 가시나무에 무슨 그늘이 있습니까? 그러나 그는 다른 모든 나무가 자기 같아지기를 강요합니다. 그렇게 하지 않으면 자기에게서 분노의 불이 나와서 다른 모든 나무를 태울 것이며 심지어는 레바논의 백향목 같은 나무까지 다 태워버린다고 했습니다. 가시나무는 무엇 때문에 존재합니까? 사실 용도는 하나밖에 없습니다. 그것은 땔감입니다. 나중에 모아서 불로 태우는 것입니다. 그러나 만일 가시나무가 그것으로 만족한다면 하나님께서 얼마나 기뻐하시겠습니까?

다른 나무들이 가시나무에게 왕이 되어달라고 했을 때 '나는 최후에 불에 타서 다른 사람들을 따뜻하게 하는 것이 내 사명이야. 나의 마지막 최후를 잘 지켜보라구' 이렇게 했더라면 하나님께서 가시나무를 축복하셨을 것입니다. 그러나 가시나무는 자기가 무엇 때문에 존재하는지 그 이유를 알지 못했습니다. 그래서 자꾸만 높아지려고 했고 다른 모든 나무들을 가시처럼 만들어야 만족할 수 있었던 것입니다. 그는 다른 나무들이 가시나무가 아닌 것은 참지 못했습니다. 레바논의 백향목이라고 하면 나무 중에 최고가 아닙니까? 그러나 그는 그런 나무도 보기 싫어서 태워버린다고 했습니다.

결국 감람나무나 포도나무 또는 무화과나무와 가시나무의 문제는 자아상의 문제로 귀결되게 됩니다.

이스라엘은 어떤 자들입니까? 그들은 하나님 앞에서 자기가 무엇 때문에 존재하는지 그 이유를 압니다. 하나님께서 자기에게 무엇을 찾으며 또 다른 사람들이 자기에게서 기대하는 것이 무엇인지 압니다. 그것이 무엇입니까? 작은 열매입니다. 그것이 포도일 수도 있고 감람열매일 수도 있고 무화과열매일 수도 있습니다.

그러나 그는 자기에게 주어진 그 작은 일에 만족하기 때문에 굳이 다른 사람들 위에 군림하거나 남들 위에서 우쭐거려야 할 이유를 전혀 발견하지 못하는 것입니다. 그러면 이스라엘 백성들도 처음부터 이런 열매 맺는 나무였습니까? 그렇지 않았습니다. 그들도 가시나무 같은 자들이었습니다. 그러나 하나님의 은혜로 변화되니까 귀한 열매 맺는 나무가 될 수 있었습니다. 그러나 가시나무는 아직 하나님의 은혜를 체험하지 못했습니다. 자기가 얼마나 못생겼고 얼마나 가치 없는 자인지는 생각하지 않고, 다른 사람들이 알아주지 않고 인정해주지 않는 것으로 기분 나빠하고 열등감을 가지는 것입니다.

이런 열등감들이 민족주의로 표출되었을 때에는 히틀러 같은 사람이 나오는 것입니다. 그들은 영국이나 프랑스 같은 나라를 완전히 바보로 알았습니다. 이 세상에서 가장 똑똑한 사람들은 자기들 독일인들밖에 없는 줄 알았습니다. 사실 독일인들은 머리가 무척이나 좋았습니다. 그러나 하나님께서는 히틀러의 편을 들어주시지 않으셨습니다. 하나님께서는 바보 같은 연합군의 손을 들어주셔서 히틀러로 하여금 완전히 망하게 하셨습니다. 요담이 말하는 것이 무엇입니까? 이 세상에서 성공하고 잘되는 것은 얼마나 머리가 좋고 열심히 사느냐 하는데 있는 것이 아니라 하나님께서 손을 들어 주셔야 한다는 것입니다.

하나님 앞에서 자기 작은 영역으로 만족하고 감사하는 사람들을 보면 얼마나 바보스럽습니까? 아비멜렉이 기드온의 칠십 명 아들을 한 자리에서 죽일 때만 해도 이 세상의 모든 것은 자기 것인 줄 알았습니다. 그러나 하나님께서는 아비멜렉의 편을 들어주시지 않으셨습니다.

그러면 우리 믿는 형제나 자매들 중에서 아직 자기의 소명이 무엇인지 역할이 무엇인지 모르는 사람들이 많이 있을 텐데 우리는 무엇입니까? 우리는 지금 가시나무에서 열매 맺는 나무로 변해가고 있는 중이라는 것입니다. 하나님께서 어떤 목표를 정해주시면 우리는 모든 것을 다 제쳐놓고 그것만을 향하여 돌진합니다. 그러니까 하나님께서 길을 열어 주시지 않는 것입니다. 가시나무가 자신의 소명이 도둑을 막는 것이며 마지막에 불타면서 주님과 다른 사람을 따뜻하게 하는 것이라는 고백이 나온다면 그는 최고로 아름다운 나무가 되는 것입니다.

CHAPTER 20

아비멜렉의 몰락

사사기 9:50-57

우리는 주위에서 힘을 가진 사람들이 자기 힘만 믿고 정당한 절차나 질서를 무시하고 횡포를 일삼는 것을 볼 때가 있습니다. 그런데 그런 힘 있는 자들의 횡포 앞에서 힘 없는 대부분의 사람들은 고통을 참으면서 당할 수밖에 없습니다. 그런데 이상한 것은 그런 식으로 독재를 하거나 바른 질서를 무시하고 자기 멋대로 행동하는 사람들의 생명이 길지 않다는 것입니다. 어느 한순간에 그 독재자는 몰락하는데 참으로 두려운 마음을 가지지 않을 수 없습니다.

그러면 도대체 이런 권력자들을 내리치시는 분이 누구신가 하는 것입니다. 그분은 바로 우리가 믿는 예수 그리스도입니다. 예수님은 하나님의 보좌 우편에서 온 세상을 다스리고 계시는데 악한 자들이 자기 힘만 믿고 멋대로 까불 때 조용히 지켜보십니다. 그렇게 하시다가 한순간에 내리치시는데 그때는 큰 소리를 치던 이들이 순식간에 망하는 것입니다.

이렇게 망한 자 중에 독일의 히틀러도 있고, 이탈리아의 무솔리니도 있고 일본 천황도 있는 것입니다. 그래서 성경이 우리에게 말씀하시는 것은 절대로 하나님께서 정하신 창조의 질서를 무시하지 말라는 것입니다.

하나님의 창조 질서를 깨트리고 욕심대로 행하면 몇 배의 대가를 치르게 되어 있습니다. 그리고 권력을 가진 사람은 권력을 가졌을 때 조심해서 그것을 사용해야 합니다. 그렇지 않으면 언젠가는 그 죗값을 받게 됩니다.

우리가 오늘 성경에서 보게 되는 것은 기드온의 아들 아비멜렉이 자기 머리만 믿고 인간적인 힘으로 배 다른 형제 칠십 명을 죽이고 이스라엘의 왕이 되었지만 결국 하나님께서는 아비메렉을 망하게 하신 것입니다.

아비멜렉의 정치

아비멜렉이라는 사람은 처세에 아주 능하고 상황 판단에 아주 빠른 사람 같습니다. 그것은 그가 정권을 차지하는 과정과 그 후의 그의 화려한 변신을 보면 잘 알 수 있습니다.

우선 아비멜렉은 기회를 볼 줄 아는 사람이었습니다. 아버지 기드온의 죽음은 이스라엘 백성들 안에서 커다란 권력의 공백을 가져 왔습니다. 아비멜렉은 야망은 가지고 있었지만 현실적으로 그를 지지해주는 것은 아무것도 없었습니다. 기드온의 아들은 칠십 명이나 되었지만 아무도 그를 지지해줄 것 같지 않았습니다.

그래서 아비멜렉은 자기 어머니 족속인 세겜 사람들을 찾아가서 왕은 필요한데 기드온의 아들 칠십 명은 모두 다 무능하고 바보 같기 때문에 나를 지지해 달라고 부탁했습니다. 그리고 그 사람들로부터 자금을 지원받아 불량배들을 사서 왕자의 난을 일으켜 한자리에서 칠십 명을 모두 죽여 버렸습니다. 그리고 스스로 이스라엘의 왕이 되었습니다.

이스라엘의 왕이 된 후 아비멜렉이 어떻게 변신했는지 본문은 어느 정도 보여 주고 있습니다.

22절 아비멜렉이 이스라엘을 다스린 지 삼 년에

아비멜렉은 왕이 된 후 삼 년 동안 이스라엘을 제법 잘 다스리는 것 같았습니다. 그런데 문제가 무엇입니까? 그는 세겜 사람들을 중용하지 않았습니다. 그 이유가 무엇입니까? 역시 아비멜렉은 머리가 잘 돌아가는 사람이었기 때문입니다. 그는 이스라엘을 다스리기 위해서는 이스라엘 귀족들과 손을 잡을 필요가 있다는 것을 알았습니다. 그래서 아비멜렉은 세겜 사람들에게 가서는 자기 어머니의 피를 팔고 이스라엘 사람들에게는 자기가 기드온의 아들인 것을 부각시켰습니다.

누구든지 어차피 나라를 다스리려면 귀족들과 손을 잡아야 합니다. 왕은 왕이 되기 전과, 되고 난 후의 사정이 많이 다르다는 것을 알아야 합니다. 왕이 될 때에는 가난하고 어려운 사람들의 지지로 왕이 될 수 있지만 일단 왕이 된 후 나라를 다스리려면 돈이 있고 영향력이 있는 자들의 도움을 받지 않으면 결코 나라를 다스려나갈 수가 없는 것입니다. 그러니까 아비멜렉은 일단 정권을 잡고 난 후에는 철저하게 세겜 사람들을 소외시켰던 것 같습니다.

그때 세겜 사람들이 아비멜렉에 대한 섭섭함을 그곳을 지나가는 사람들에게 약탈하는 것을 통해서 나타내었습니다.

25절 세겜 사람들이 산들의 꼭대기에 사람을 매복시켜 아비멜렉을 엿보게 하고 그 길로 지나는 모든 자를 다 강탈하게 하니 어떤 사람이 그것을 아비멜렉에게 알리니라

세겜 사람들은 아비멜렉에 대해서 섭섭했던 것입니다. 세겜 사람들은 아비멜렉을 도와서 정권을 잡게 해주면 아비멜렉이 자기들과 손을 잡고

나라를 다스릴 줄 알았습니다. 그는 나라를 다스리는 것은 가나안 사람들의 힘으로는 안 된다는 것을 알았습니다. 그래서 그는 다시 한 번 변신을 해서 철저히 기드온의 아들로 행세를 했고 세겜 사람들을 따돌렸습니다. 그랬더니 세겜 사람들이 아비멜렉에 대한 자신들의 불만을 표현하기 시작했습니다. 그것은 세겜을 지나가는 사람들마다 겁탈을 하는 것입니다. 이것은 아비멜렉의 귀에 들어가라고 하는 짓들이었습니다.

즉, "우리들의 도움으로 왕이 될 때는 언제이고 이제 왕이 되고 난 후에는 우리를 모르는 체 하느냐? 계속 이런 식으로 나가면 우리가 가만히 있지 않겠다. 네가 어떻게 왕이 되었으며 네가 저지른 그 모든 죄들을 다 폭로하겠다"는 식으로 나오고 있는 것입니다.

아비멜렉이 세겜 사람들로부터 발목 잡힌 것이 무엇입니까? 그가 첩의 아들이며 그가 정권을 차지하는 과정에서 기드온의 아들 칠십 명을 모두 다 죽였다는 것입니다. 이 엄청난 사실을 세겜 사람들은 알고 있습니다. 물론 이스라엘 사람들은 아비멜렉이 그런 짓을 했거나 그런 과정으로 왕이 된 줄은 모르고 있습니다. 원래부터 기드온이나 그의 아들늘이 왕이 되었으면 좋겠다고 생각하고 있었는데 다른 아들들은 불의의 사고로 다 죽었기 때문에 어쩔 수 없어서 마지막 살아남은 아비멜렉을 왕으로 세운 것뿐이며 그런 불행 중에도 아비멜렉이라도 살아남은 것을 다행으로 생각하고 있었습니다. 그러나 아비멜렉에게는 아주 큰 약점이 있었던 것입니다. 세겜 사람들은 지나가는 사람들을 약탈함으로서 우리를 계속 섭섭하게 하면 너의 모든 비밀을 다 폭로해 버리겠다는 위협을 했던 것입니다.

우리는 이와 비슷한 내용을 추리 영화 같은데서 많이 볼 수 있었습니다. 어떤 사람이 엄청난 재산을 가진 친구를 죽이고 그의 아내를 차지하고 행복하게 살고 있습니다. 그러나 그의 이런 비밀을 알고 있는 교도소 동기가 한 명 있었습니다. 어느 날 바로 그 친구가 집에 찾아와서 온 집을 난장판으로 만들어 놓는 것입니다. 그런데도 그 집 주인은 꼼짝을 하지 못합니다. 그 이유는 이 감옥에서 나온 사람이 무슨 큰 비밀을 알고 있는 것입니다. 그래서 발목이 잡혀 난동을 부려도 꼼짝을 못하는 것입니다. 부자는 가만히 참으면서 무엇을 생각합니까? '이 친구만 입을 다물고 있어주면 아무 문제가 없는데' 하는 것입니다.

이것에 대하여 성경이 말씀하고 있는 것이 무엇입니까?

23절 하나님이 아비멜렉과 세겜 사람들 사이에 악한 영을 보내시매 세겜 사람들이 아비멜렉을 배반하였으니

여기서 하나님께서 아비멜렉과 세겜 사람들 사이에 '악한 영'을 보내었다고 하는 것은 하나님께서 귀신을 그들에게 보내었다는 뜻이 아닙니다. 하나님께서는 귀신이나 사탄을 보내어서 나쁜 짓을 하게 하시는 분이 아니십니다. 하나님께서 하신 것은 그들에게 허락하시던 은혜를 거두신 것입니다. 이 세상이 평화로울 수 있는 것은 하나님께서 그 성신을 늘 보내셔서 모든 것을 지켜 주시기 때문입니다. 사람들이 미치지 않는 것도 하나님께서 그의 은총으로 지켜 주시기 때문입니다. 이것은 비단 사람들의 마음만이 아니라 일반 자연 환경에도 미치는 것입니다.

하나님께서 그 성신을 거두시면 엄청난 곤충들이 생겨나서 곤충의 대재앙이 일어나게 됩니다. 엘니뇨현상으로 수온이 오르니까 엄청난 물고기 떼들이 죽어서 떠오르게 됩니다. 폭설이 쏟아지고 우박이 쏟아집니다. 우리가 이 세상에서 한순간이라도 편안하게 살 수 있는 것은 늘 하나님께서 그 은총으로 모든 것을 붙들어 주시기 때문입니다. 이것을 비유로 들면 하나님의 손은 거대한 댐과 같습니다. 만일 댐이 무너지면 어떻게 됩니까? 그 밑에 있는 모든 것들은 다 수몰되고 말 것입니다. 하나님의 손

이 모든 것을 붙들어 주시기 때문에 우리가 하루하루를 살 수 있는 것입니다. 그러나 우리 인간들의 교만이나 죄악이 어느 수준을 벗어나게 되면 하나님께서는 더 이상 그 손으로 이 세상을 붙들어 주시지 않으십니다. 그 손을 거두시면 어떻게 됩니까? 바로 한순간에 재앙이 터집니다.

그래서 조나단 에드워드 목사는 우리 인간들을 '진노하시는 하나님의 손에 붙들린 죄인들'이라고 불렀습니다. 밑에는 끝없는 유황불이 붙들고 있습니다. 그런데 하나님께서 꼭 붙들고 계시기 때문에 우리는 안전할 수 있는 것입니다. 그러나 하나님께서 한순간이라도 그 붙드신 손을 놓으면 어떻게 됩니까? 한순간에 우리에게 재앙이 덮치게 됩니다.

하나님께서 무려 삼 년 동안 아비멜렉을 은혜로 지켜 주셨습니다. 그의 그 무서운 살인과 거짓에도 불구하고 삼 년 동안이나 이스라엘의 왕이 되게 하셨습니다. 그래서 그는 자기가 영원히 성공한 줄 알았고 자기같이 살지 않는 모든 자들을 바보로 생각했습니다. 그러나 하나님은 영원히 침묵하시지 않으셨습니다. 하나님은 아무 일도 하시지 않으셨습니다. 단지 늘 주시던 은혜를 거두어 가셨습니다. 그랬더니 가장 두려운 것이 현실로 나타나기 시작했습니다. 그것은 세겜 사람들이 일어나 떠들기 시작한 것입니다. 세겜 사람들만 잠잠해주면 아비멜렉은 아무 어려움 없이 이스라엘의 왕노릇을 할 수 있습니다. 또 지금 정치도 제법 잘하고 있습니다. 모든 것이 생각대로 잘 풀려나가고 있습니다. 그런데 세겜 사람들이 자꾸 일을 저지르고 다니는 것입니다. 그 이유가 무엇입니까? 아비멜렉이 왕이 되면서 무죄한 피를 흘린 죄가 있기 때문입니다. 결국 그 죄 때문에 아비멜렉은 절대로 평안한 정치를 할 수가 없는 것입니다. 그는 세겜 사람들이 지나가는 사람들을 약탈하는 것을 알면서도 일단 참았습니다. 왜냐하면 괜히 세겜 사람들을 건드려서 좋을 것이 없다고 생각을 했기 때문입니다.

더 심하게 나가는 세겜 사람들

일단 아비멜렉으로부터 아무 반응이 없는 것을 본 세겜 사람들은 드디어 일을 저지르기 시작했습니다. 그것은 가알이라는 뜨내기를 자기들의 우두머리로 채용을 한 것입니다.

26절 에벳의 아들 가알이 그의 형제와 더불어 세겜에 이르니 세겜 사람들이 그를 신뢰하니라

가알이 누구이며 무엇하는 사람인지는 알 수도 없고 중요하지도 않습니다. 중요한 것은 세겜 사람들이 그를 고용한 것입니다. 제가 생각하기에 가알이라는 사람은 전문적인 약탈자이며 선동자인 것 같습니다. 다시 말해 지금까지 세겜 사람들이 한 것은 아마추어 정도의 도둑질이었습니다. 누군가가 도둑질을 하거나 강도질을 한다고 해도 아마추어와 프로는 금방 차이가 납니다. 아마추어 강도는 강도짓을 하면서 자기가 더 떨고 많은 땀을 흘립니다. 그러나 프로는 강도짓을 아주 즐기면서 하고 아무것이나 가져가지도 않습니다. 가알이라는 사람은 아마도 이런 일에는 프로급이었던 것 같습니다. 물론 세겜 사람들도 처음부터 이렇게 하려고 했던 것은 아닙니다. 자기들이 약간의 소동을 일으켰을 때 아비멜렉이 약간만 보상을 해주고 자기들을 달래 주었더라면 이런 식으로 까지는 나가지 않았을 것입니다. 그러나 한번 어긋나기 시작한 관계는 시간이 갈수록 더욱더 멀어지기만 합니다. 세겜 사람들이 가알을 고용한 것은 이미 그들과 아비멜렉의 관계가 돌아올 수 없는 강을 건넌 것과 마찬가지였습니다.

그들이 포도를 추수하고 그것으로 자기 신들에게 감사제를 드렸을 때 가알은 본격적으로 아비멜렉을 저주하고 나섰습니다.

27-29절 그들이 밭에 가서 포도를 거두어다가 밟아 짜서 연회를 베풀고 그들의 신당에 들어가서 먹고 마시며 아비멜렉을 저주하니. 에벳의 아들 가알이 이르되 아비멜렉은 누구며 세겜은 누구기에 우리가 아비멜렉을 섬기리요 그가 여룹바알의 아들이 아니냐 그의 신복은 스불이 아니냐 차라리 세겜의 아버지 하몰의 후손을 섬길 것이라 우리가 어찌 아비멜렉을 섬기리요. 이 백성이 내 수하에 있었더라면 내가 아비멜렉을 제거하였으리라 하고 아비멜렉에게 이르되 네 군대를 증원해서 나오라 하니라

물론 포도주에 취한 상태에서 떠들어댄 것이지만 이 안에는 무서운 진실이 들어 있습니다. 아비멜렉이 누구냐 하는 것입니다. 결국 그는 여룹바알 기드온의 아들이 아니냐 하는 것입니다. 세겜 사람들이 아비멜렉을 지지했던 것은 그에게 세겜의 피가 있었기 때문인데 지금 나타난 것을 보면 그는 역시 세겜과는 상관이 없는 여룹바알의 아들이라는 것입니다. 그러면서 세겜 사람들에게 아비멜렉을 배반하자고 충동질을 합니다.

아마 처음부터 아비멜렉과 세겜 사람들이 허심탄회하게 만났더라면 이 정도의 오해나 관계의 악화까지는 가지 않았을 것입니다. 그러나 이상하게 한번 의심이 들기 시작하면 그 뒤부터는 신경이 예민하게 되어서 일거수일투족이 더욱 더 의심을 불러일으키고 나중에는 완전히 그것을 확신하게 하는 단계까지 가게 합니다. 이것은 부부 사이에도 마찬가지입니다. 남편이나 아내가 약간 의심살만한 일이 있었다고 합시다. 살다가 보면 그럴 수도 있습니다. 그런데 상대방이 그것을 감추고 이상하게 엉뚱한 방향으로 돌려대면 그 뒤부터는 이상하게 하는 것마다 의심 사는 방향으로 일이 진행되게 됩니다. 이것을 성경은 여호와께서 '악한 영'을 보내었다고 말씀하고 있습니다.

저는 어쩌면 가알이 사람들 앞에서 큰 소리 친 것이 술기운으로 그렇

게 했는지도 모른다고 생각합니다. 어쩌면 가알이 세겜 사람들을 충동질하기 위하여 그런 말을 했을지라도 세겜 사람들의 전체의 의사는 아니었을 수도 있습니다. 그러나 이것이 세겜의 장관 스불의 입을 한번 거치니까 돌이킬 수 없는 분노를 아비멜렉에게 일으키게 했습니다.

30, 31절 그 성읍의 방백 스불이 에벳의 아들 가알의 말을 듣고 노하여. 사자들을 아비멜렉에게 가만히 보내어 이르되 보소서 에벳의 아들 가알과 그의 형제들이 세겜에 이르러 그 성읍이 당신을 대적하게 하니

한 사람의 입을 거치는 것이 그렇게 무서울 수가 없습니다. 한 사람을 통과하면서 그 사람의 생각이 첨가되고 그의 감정이 추가되면서 '아'가 '어'로 변하는 것입니다. 스불의 고자질은 아비멜렉으로 하여금 극심한 분노를 불러 일으켜서 다시 그로 하여금 야수가 되게 했습니다. 그는 속으로 세겜 사람들은 한 사람도 살려두지 않기로 결심을 합니다.

아비멜렉의 지나친 복수

세겜 사람들에 대한 아비멜렉의 복수는 여러 차례에 걸쳐서 이루어지게 됩니다.

그가 제일 먼저 한 것이 당연히 가알과 그와 함께 한 자들을 죽이는 것이었습니다. 아비멜렉은 스불의 말에 따라서 밤새 매복을 하고 있다가 아침 해 뜰 때 성으로 진격을 했습니다. 처음에는 왜 아침에 진격하게 했는지 잘 이해가 되지 않았습니다.

32, 33절 당신은 당신과 함께 있는 백성과 더불어 밤에 일어나 밭에 매복하

였다가. 아침 해 뜰 때에 당신이 일찍 일어나 이 성읍을 엄습하면 가알 및 그와 함께 있는 백성이 나와서 당신을 대적하리니 당신은 기회를 보아 그에게 행하소서 하니

팔레스타인은 평지나 구릉이기 때문에 아침 햇살이 아주 강렬했습니다. 그래서 아침에 해가 뜰 때에는 앞을 잘 볼 수가 없습니다. 아마도 아침에 가알은 성 문으로 나갔다가 산에서 사람들이 내려오는 것을 본 것 같습니다. 가알은 스불에게 산에서 사람들이 내려온다고 하니까 스불은 사람이 아니고 산 그림자를 잘못 본 것이라고 둘러 대었습니다.

36절 가알이 그 백성을 보고 스불에게 이르되 보라 백성이 산 꼭대기에서부터 내려오는도다 하니 스불이 그에게 이르되 네가 산 그림자를 사람으로 보았느니라 하는지라

이런 말이 가능한 이유가 팔레스타인의 일출이 워낙 강렬해서 앞을 잘 볼 수 없기 때문입니다. 그러나 산에서 내려 온 자들은 백성들의 일부에 불과했습니다. 그가 사물들을 좀 더 잘 볼 수 있게 되었을 때에는 다른 곳에서도 사람들이 몰려오고 있었습니다.

37절 가알이 다시 말하여 이르되 보라 백성이 밭 가운데를 따라 내려오고 또 한 떼는 므오느님 상수리나무 길을 따라 오는도다 하니

이런 경우 우리가 할 수 있는 말이 '불쌍한 가알!'이라는 표현일 것입니다. 이미 사람들 앞에서 자기가 아비멜렉을 이길 수 있다고 큰 소리를 쳤는데 바로 그 군사들이 눈앞에 들이닥친 것입니다. 조금이라도 일찍 알

았더라면 도망쳤을 텐데 그는 도망칠 시간도 없었습니다. 스불은 그가 한 말을 상기시키면서 나가서 싸우라고 충동질했습니다. 이미 그 주위에 있는 사람들은 그의 말을 믿고 있었습니다. 실제로는 그런 것이 아니었는데 가알은 자기가 한 말 때문에 어쩔 수 없이 나가서 싸우지 않을 수 없었습니다. 그런 사람이 어떻게 아비멜렉의 상대가 될 수 있겠습니까? 많은 사람들이 성으로 돌아오려고 하다가 성문 앞에서 죽임을 당했습니다.

그러나 아비멜렉의 복수는 이것으로 그치지 않았습니다. 자기의 가장 약한 부분을 걸고 넘어지려고 한 세겜 사람들은 이미 한 명도 살려 두지 않기고 결심했습니다. 그래서 아비멜렉의 이차 공격은 포도 농사하러 밭으로 나오는 사람들이었습니다. 아비멜렉은 물러난 것처럼 해 놓고 가까운 다른 성에서 기다리고 있었습니다.

42-44절 이튿날 백성이 밭으로 나오매 사람들이 그것을 아비멜렉에게 알리니라. 아비멜렉이 자기 백성을 세 무리로 나누어 밭에 매복시켰더니 백성이 성에서 나오는 것을 보고 일어나 그들을 치되. 아비멜렉과 그 떼는 돌격하여 성문 입구에 서고 두 무리는 밭에 있는 자들에게 돌격하여 그들을 죽이니

이것이 바로 포도밭의 살육이었습니다. 퇴로를 막고 마치 이 사냥하듯 찾아서 죽이니 살아날 재간이 없었습니다. 아비멜렉은 세겜 성을 헐고 거기에 있는 사람들을 다 죽이고 소금을 뿌렸습니다. 이것은 영원히 저주한다는 뜻입니다. 세겜 사람들에 대한 아비멜렉의 증오심이 얼마나 깊었는가 하는 것을 알 수 있습니다.

아비멜렉의 복수는 이것으로 끝나지 않았습니다. 세겜 사람들이 망대에 모였다는 소식을 들었습니다. 아마 여기는 세겜과 좀 떨어진 그들의 사당인 것 같습니다.

46절 세겜 망대의 모든 사람들이 이를 듣고 엘브릿 신전의 보루로 들어갔더니

여기서 '엘브릿'은 '바알브릿'과 같은 뜻입니다. 바알 종교와 여호와의 종교가 섞인 새로운 종교였습니다. 그 신전의 보루로 들어갔다고 했는데 그것이 망대처럼 높은 곳인지 아니면 땅 속에 있는 커다란 지하실인지 알 수 없습니다. 이것은 그들의 성소였습니다. 고대에는 성소에 도피한 자는 죽이지 않는 것으로 되어 있었습니다. 그러나 아비멜렉의 눈에는 성소 같은 것은 보이지도 않았습니다. 그는 자기가 직접 산에 가서 도끼로 나무를 찍어서 어깨에 메고 부하들에게 그렇게 따라하게 했습니다. 이것은 아주 강력한 방법입니다. 왕은 말로만 명령하면 되는 것이지 이렇게까지 시범을 보일 필요가 없었기 때문입니다. 그러나 왕은 주저하는 부하들을 독려해서 그 엘브릿 신전의 보루에 엄청난 나무더미를 쌓아서 그 안에 있는 남녀를 모두 다 태워 죽였습니다. 그곳에서 죽임을 당한 사람이 대략 천명 정도 된다고 기록되어 있습니다.

이 정도면 아비멜렉의 복수는 끝났을 것 같습니다. 그러나 그는 결코 만족할 수가 없었습니다. 그는 세겜 사람들 중에서 일부가 데베스에 있는데 그곳 견고한 망대에 피했다는 말을 듣고 또 거기로 갔습니다. 그곳 망대에 가서 또 그곳을 불 지르려고 했는데 이번에는 달랐습니다. 망대 위에 피한 사람들 중에 한 여인이 맷돌 위짝을 가지고 있었는데, 아마도 거기에 오래 피해 있으려면 그것이 필요하다고 생각했던 것 같습니다, 그 여인은 아비멜렉이 바로 망대 밑에 까지 와 있는 것을 보고 그 맷돌을 던졌더니 그것이 아비멜렉의 머리에 맞아서 그의 두개골이 깨어지고 말았습니다. 결국 아비멜렉은 자기가 여인의 손에 죽었다는 조롱을 피하기 위하여 자기 무기를 들고 있는 부관에서 자기를 찔러서 죽여 달라고 했습

니다. 부관이 아비멜렉을 찌르니까 아비멜렉은 그 자리에서 죽고 이스라엘 백성들은 각기 집으로 돌아왔습니다. 이것에 대하여 성경은 이렇게 평가하고 있습니다.

56, 57절 아비멜렉이 그의 형제 칠십 명을 죽여 자기 아버지에게 행한 악행을 하나님이 이같이 갚으셨고, 또 세겜 사람들의 모든 악행을 하나님이 그들의 머리에 갚으셨으니 여룹바알의 아들 요담의 저주가 그들에게 응하니라

아비멜렉이 세겜 사람들을 죽이는데 이렇게 철저할 필요가 있었습니까? 그러나 사람이 한번 다른 사람을 미워하게 되면 그의 모든 것이 그토록 미울 수가 없었습니다. 그리고 오해에 오해를 거듭하여 결국 끝까지 보복하지 않고서는 견딜 수 없도록 만드는 것입니다.

이 본문이 우리에게 보여주는 것이 무엇입니까?

사람들은 이 세상을 마치 아무도 주인이 없는 빈 땅으로 생각합니다. 그래서 자기 머리만 믿고 노력해서 기회만 잘 얻으면 얼마든지 부자가 될 수 있고 권력자가 될 수 있다고 생각합니다. 그래서 많은 사람들이 하는 말이 '기회를 붙들어야 성공한다'는 것입니다. 우리가 보기에 처세가 능한 사람들이 출세를 하는 것 같습니다. 아비멜렉처럼 세겜 사람들에게는 동족인 것을 내세우고 정권을 차지한 후에는 기드온의 아들인 것을 내세우는 것처럼 말입니다. 그러나 이 세상은 결코 주인 없는 빈 땅이 아닙니다. 이 모든 것을 조용히 보고 계시며 이들의 욕심을 지켜보고 계신 분이 있습니다. 바로 하나님이십니다. 하나님께서는 아비멜렉의 능력보다는 그가 정권을 차지하는 과정에서 죽인 기드온의 칠십 명의 다른 아들들의 피를 기억하고 계십니다.

결국 중요한 것은 나의 야망이나 기회가 아니라 하나님의 나라입니다. 나의 야망이나 나의 계획이 하나님의 나라 중심이 아니라면 그것은 오래 가지 않아서 산산이 부서지고 말 것입니다.

두 번째로 우리가 생각해야 할 것은 분노는 사이클을 이룬다는 것입니다. 분노라고 하는 것은 항상 쌍방적이며 이것은 더욱 더 가속화하는 습성을 가지고 있었습니다. 그래서 내가 만일 어떤 사람에 대하여 화를 낸다면 그는 더 화를 낼 것입니다. 혼자서 화를 내는 경우는 많지 않습니다. 좋지 않은 말 한마디가 상대방으로 하여금 밤새 잠 못자고 고민하고 분노하게 만듭니다. 그리고 내리는 결론이 무엇입니까? 저 사람의 모든 것이 다 싫다는 것입니다. 그래서 그는 마음속으로 상대방이나 그의 식구들까지 다 죽기를 바랍니다. 그러다가 중간에 어떤 사람이 끼어서 말을 잘못 전달하면 그 분노는 더욱 더 가속화되게 되어 있습니다. 이것을 성경은 악한 영을 보내었다고 말씀하고 있습니다. 사실 나타나는 현상을 보면 악한 영에게 씌운 것 같습니다. 밥도 잘 먹지도 않고 잘 웃지도 않으며 무엇인가 골똘하게 생각하고, 때로는 허공을 향하여 주먹질도 하고, 때로는 땅이 꺼지라 한숨을 쉬기도 하고, 때로는 알아듣지도 못할 욕을 퍼붓기도 하는데 그것을 정상이라고 말할 수 있겠습니까? 이런 사이클은 반드시 중간에 끊어야 합니다. 하나님께서 우리에게 주신 가장 귀한 선물이 용서입니다. 우리는 우리 자신의 잘못도 용서받고 또 다른 사람의 허물도 용서해주어야 합니다.

좌우간 사람에게 분노하는 것은 무서운 죄의 시작입니다. 어떻게 하든지 이것은 초기에 진압를 해야 합니다. 그렇게 하지 않으면 많은 사람을 다치게 하고 결국 자기도 망하게 되어 있습니다. 무조건 용서하는 것입니다. 이것은 자기 자신이 살기 위한 길입니다.

세 번째로 아비멜렉은 중단할 수가 없었습니다. 그것은 하나님께서 그에게서 안전장치 브레이크를 풀어 놓으셨기 때문입니다. 하나님께서 사랑하시는 자는 아무리 화가 나더라도 한번쯤은 정상적인 생각을 해 보게 되어 있습니다. '참, 내가 이렇게 화를 내는 것이 옳은가? 하나님께서 다 알고 계실 텐데 내가 한두 가지 이유로 사람을 이렇게 미워하고 증오하는 것이 옳은가?' 이런 생각이 드는 사람은 아직 하나님의 은혜가 남아있는 사람입니다. 그러나 하나님께서 버리신 사람은 어떻습니까? 마지막 죽는 순간까지 절대로 자기가 옳고 상대방이 틀렸다고 생각합니다. 이 세상에 어떻게 사람이 절대적으로 자기가 옳고 다른 사람이 틀릴 수 있습니까? 다 어느 정도 맞고 어느 정도 잘못한 것이지요. 그러나 망하는 사람은 그렇지 않습니다. 절대로 자기만 옳고 저 사람은 나쁘기 때문에 어떤 대화나 타협도 거부합니다. 그 결과가 무엇입니까? 다른 사람의 잘못에 대하여 지나치게 파헤치게 되는 것입니다. 데베스에 맷돌을 안고 도망친 여인들까지 태워 죽이려고 하는 것입니다. 그 결과가 무엇입니까? 결국 자기 머리에 그 맷돌이 떨어지는 것입니다. 언제나 승자의 아량을 잊지 않는 것이 중요합니다. 죄에 대하여 파헤칠 때에는 무섭게 철저하게 해야 하지만, 죄인에 대해서는 어떻게 하든지 정상을 참작하고 할 수 있는 한 마지막 코너까지는 밀어붙이지 않는 것이 좋습니다.

우리가 하루하루 평안하게 사는 것은 하나님의 은혜가 우리를 지켜주시기 때문입니다. 하나님의 일반 은총입니다. 우리가 하루하루 사는 것 자체가 하나님의 은혜인데 그것을 감사할 줄 모르고 자기 생각대로 모든 것이 될 줄 알고 사람 생각에 따라 갔다가는 큰 어려움에 봉착하게 됩니다. 이때 우리의 삶에서 빨리 회복되어야 할 것이 무엇입니까? 그것은 하나님이 주신 은혜에 다시 감사를 드리는 것입니다. 나에게 부족한 한두 가지 일로 화를 내고 불평하는 것이 아니라, 내가 알지 못하는 가운데 지키시고 보호하신 그 많은 은혜를 기억하라고 우리에게 어려움을 주시는 것입니다. 하나님께서 지켜 주셨기 때문에 우리는 전쟁 없이 건강하게 잘 살았습니다.

하나님께서 더욱 더 우리의 삶을 지켜 주시도록 하나님 앞에서 겸손하며 자족하는 자세를 가져야 할 것입니다.

우리가 돈을 많이 벌고 아무리 절약을 해도, 유학을 가서 많은 공부를 한다고 해도 하나님께서 함께 하시지 않으시면 그 모든 성공이 한순간에 물거품이 되고 맙니다. 오늘 많은 학생들이 대학에 들어가는 것을 목표로 삼고 어떤 사람은 학위를 받는 자체를 목표로 삼습니다. 그래서 분노로 열심히 공부해서 그 원하는 것을 얻습니다. 그러나 그것을 전혀 써 먹지 못하는 경우가 많습니다. 대학에 들어가서는 술이나 마시고 방황을 하거나 학위를 받아 놓고는 또 다른 목표를 찾습니다. 그 이유가 무엇입니까? 우리의 욕심은 끝이 없기 때문입니다. 우리는 모두 하나님의 것을 빌려 쓰고 있습니다. 더 빌려 쓰려고 할 때, 더 높아지려고 할 때 그 이유를 충분히 생각해 보아야 합니다. 그렇지 않고 남보다 더 높아지기 위하여 욕심을 부릴 때 그의 성공은 자기 자신이나 다른 사람에게 비극이 될 때가 많습니다.

그러면 우리가 구해야 할 것이 무엇입니까? 우리는 이것 이상의 것을 구해야 합니다. 그것은 우리의 마음이 성령의 능력으로 충만해지는 것이며 하나님의 뜻을 더욱 더 분명히 아는 것입니다. 이것이 내 자신을 살릴 뿐 아니라 다른 모든 사람들도 살리는 길입니다. 하나님의 구원 계획에 의하면 아비멜렉의 정권은 전혀 계획되어 있지 않았던 것이었습니다. 이런 돌연변이는 아무 의미가 없습니다. 하나님의 뜻에 따라 하나씩 해 나가는 것이 실패하지 않는 길입니다. 하나님의 뜻이 분명치 않을 때에는 일단 서서 기다려 보시고 질문해 보십시오. 그러면 하나님께서 많은 것을 말씀해 주실 것입니다.

하나님께서 허락하시지 않은 자칭 이스라엘의 왕 아비멜렉은 결국 자기를 밀어 주었던 세겜 사람들과의 불화로 한순간의 해프닝으로 끝나고 말았습니다. 그렇게 된 이유가 무엇입니까? 죄가 해결되지 않았기 때문입니다. 죄가 해결되지 않은 어떤 부귀나 영화도 모두 다 무너지게 되어 있습니다. 무죄한 피를 흘리고 왕권을 차지한 아비멜렉을 온 세상의 주관자이신 그리스도께서 결코 그냥 넘어가시지 않고 망하게 하셨습니다. 그것도 아주 조용히 은총을 거두시니까 자기들끼리 미워해서 서로 죽이고 죽임을 당했습니다. 그리스도께서는 이 세상의 악한 자들을 멸하시는데 많은 힘이나 노력이 필요하지 않습니다. 전혀 힘들이지 않고 그들을 그 권좌에서 내어 쫓으실 수 있는 능력을 가지고 계십니다. 우리는 더욱더 그리스도의 왕권을 신뢰하십시다. 그래서 일시적으로 악이 득세하는 것 같은 것에 마음을 흔들리지 말고 나를 통한 하나님의 뜻이 무엇인지 인내하면서 기다리도록 합시다. 이것이 영원히 망하지 않는 길입니다.

CHAPTER 21

왜 변하지 않는가?

사사기 10:6-16

한때 우리나라 사람들은 군사 독재 정권 아래서 신음하면서 이런 생각을 했던 적이 있었습니다. 만일 우리나라에 군사 독재가 무너지고 정치적으로 민주주의가 뿌리내리기만 한다면 모두가 아무 걱정 없이 잘 살 수 있는 행복한 나라가 될 것이라는 소망이었습니다. 그런데 그동안 많은 희생을 치르고 수많은 젊은이들이 피를 흘리면서 정치적인 민주주의는 실현이 되었지만 여전히 상황은 크게 나아진 것 같지가 않습니다. 오히려 나라의 부정부패는 더 심해지고 경제는 더 어려워졌으며 사회적으로도 큰 혼란을 겪고 있습니다.

그동안 우리나라 사람들은 한번 잘살아 보기 위하여 몸부림치면서 일을 했습니다. 완전히 가정을 팽개치다시피 하면서 회사 일에 매달렸고 회사의 이익이라면 양심 같은 것도 포기하고 또 윤리에 어긋나는 일도 서슴지 않고 했습니다. 그리고 세계를 알아야 한다고 해서 유럽이나 미국 등지에 여행도 했고 또 엄청나게 유학도 많이 갔다 왔습니다. 그러나 현재 우리의 모습은 과거에 비하여 별로 나아진 것도 없고 오히려 훨씬 못한 모습을 보여주고 있는 이유는 어디에 있을까요? 왜 그렇게 잘 살아보려고 몸부림을 쳤는데 경제는 더 어려워지고 실업자들은 더 많아지고 젊은이들이 나아갈 길은 보이지 않는 것입니까?

이제 우리는 스스로에게 가장 중요한 질문을 제기해 보아야 합니다. 과연 무엇이 문제인가 하는 것입니다.

이스라엘 역사에 있어서 아비멜렉의 독재 정치는 전혀 일어나서는 안 되는 돌연변이였습니다. 이것은 마치 전혀 예상치 못한 군사 쿠데타가 성공해서 정권을 잡은 것과 같았습니다. 물론 다행스럽게도 그의 통치 기간은 그렇게 길지 못했습니다. 만일 아비멜렉의 통치 기간이 길었다면 이스라엘 백성들은 자기들의 모든 어려움의 원인을 아비멜렉의 군사 독재의 책임으로 돌렸을 것입니다. 그러나 그의 군사 통치는 끝나고 이스라엘 백성들은 다시 과거 사사들의 통치로 돌아왔습니다.

가나안 본토는 돌라라는 사사가 이십 년 동안 다스렸습니다. 그리고 요단 서편 길르앗 땅은 야일이라는 사사가 이십이 년 동안 다스렸습니다. 그런데 문제는 이스라엘이 아비멜렉의 독재하에 그렇게 많은 고통을 당했으면서도 아무것도 깨달은 것도 없고 달라진 것도 없다는 것입니다. 이스라엘 백성들은 과거 그들이 실패했던 역사를 그대로 답습하고 있습니다. 그들은 여전히 바알이나 아스다롯 같은 우상을 섬겼고 오히려 더 많은 외국의 우상을 끌어들여 섬겼습니다. 그리고 그들은 여전히 주위의 나라들로부터 압제와 약탈을 당했습니다. 이들은 어려우니까 하나님께 부르짖습니다. 그때 하나님께서 이스라엘 백성들에게 묻는 말씀이 '왜 너희들은 이렇게 달라진 것이 없느냐?' 하는 것입니다. 사람이 어떤 어려운 시련을 겪었으면 그 시련을 통하여 무엇인가 작은 것이라도 배우는 것이 있어야 하고 깨닫는 것이 있어야 합니다. 그러나 가장 답답한 것은 아무리 어려운 시련을 당해도 전혀 깨닫지 못하고 어려움이 지나간 후에는 옛날 생활로 돌아가고 마는 것입니다. 이것은 개가 자기가 토한 것을 도로 먹고 돼지가 깨끗이 씻어주어도 그 더러운데 도로 눕는 것과 같습니다.

과거에 하나님께서 이스라엘 백성들을 이와 비슷한 상황에서부터 수없이 건져 주셨습니다. 그런데 이스라엘 백성들은 그 많은 구원과 은혜를 체험하고서도 아무것도 달라진 것이 없었습니다. 그들은 모든 것이 똑같았습니다. 하나님께서는 이스라엘에 대하여 너희는 왜 이렇게 깨닫지 못하며 변하지 않느냐는 것입니다.

사실 이것은 우리들이 우리 자신에게 해야 할 질문들입니다. 우리는 하나님의 은혜를 체험하고 기뻐합니다. 그러나 시간이 지난 후 자기 자신의 모습을 보면 과거의 은혜 받은 체험은 간 곳이 없고 과거의 그 좋지 못한 모습을 그대로 가지고 있는 것을 보게 됩니다. 그때 우리는 스스로에게 질문을 해보아야 합니다. 왜 우리는 이토록 변하지 않느냐 하는 것입니다.

사사 체제로 돌아감

아비멜렉이 죽은 후 이스라엘은 다시 사사 체제로 돌아갔습니다.

1, 2절 아비멜렉의 뒤를 이어서 잇사갈 사람 도도의 손자 부아의 아들 돌라가 일어나서 이스라엘을 구원하니라 그가 에브라임 산지 사밀에 거주하면서. 이스라엘의 사사가 된 지 이십삼 년 만에 죽으매 사밀에 장사되었더라

기드온의 아들 아비멜렉이 하나님의 법을 어기고 독재로 이스라엘의 왕이 되었다가 죽은 후에 이스라엘은 다시 사사의 체제로 돌아가게 됩니다. 그래서 이스라엘 본토는 돌라라는 사람이 통치를 하고 요단 동편은 야일이라는 사람이 사사가 되어서 이스라엘 백성들을 다스렸습니다. 여

기서 사사의 통치라고 하는 것은 군사적인 통치가 아니고 일종의 목회였습니다. 사사들이 하나님의 말씀을 잘 가르치면 백성들이 각자 자기가 알아서 하나님의 뜻대로 순종하는 체제를 말하는 것입니다.

성경 본문을 보면 돌라의 치적에 대해서는 거의 기록하고 있는 것이 없습니다. 단지 그가 아비멜렉 이후에 이스라엘을 구원했다고 기록하고 있습니다. 우리가 이미 살펴 본 드보라나 기드온 같은 사람에 대해서는 성경에 길고 자세하게 기록하고 있습니다. 그런데 돌라 같은 사람에 대해서는 그가 사사로 일했다는 것 외에는 아무것도 기록하고 있지 않습니다. 그래서 성경학자들 사이에는 드보라나 기드온 같은 사사를 대사사라 하고, 돌라나 야일 같은 사사를 소사사라고 부르기도 합니다. 아마도 대사사에 대해서 기록이 자세한 것은 그들이 성령의 능력으로 이스라엘 백성들을 위기에서 구원한 것이 너무나도 크고 훌륭한 일이기 때문에 기록이 자세한 것 같습니다. 그리고 아마도 이 소사사들의 활동은 이런 위기에서 이스라엘 백성들을 구원하는 것 보다는 일상적인 상담이나 사소한 분쟁의 해결 같은 일에 종사한 것 같습니다.

물론 이스라엘을 위기에서 구원하는 일도 중요하지만 언제나 진리의 등불을 꺼트리지 아니하고 지속적으로 백성들을 일깨우는 일도 중요한 일입니다.

다시 말해서 돌라와 야일은 아비멜렉이라는 군사 독재의 후유증에서 이스라엘 백성들을 치료하고 고치는 역할을 잘 감당했습니다. 그런데 문제는 정치적으로는 이스라엘이 정상을 되찾았지만 그들의 영적인 상태는 조금도 달라지지 않았다는 것입니다.

성경 본문을 보면 아비멜렉 이후에 이스라엘 백성들이 섬긴 신들의 수가 엄청나게 늘어난 것을 보게 됩니다.

6, 7절 이스라엘 자손이 다시 여호와의 목전에 악을 행하여 바알들과 아스다롯과 아람의 신들과 시돈의 신들과 모압의 신들과 암몬 자손의 신들과 블레셋 사람들의 신들을 섬기고 여호와를 버리고 그를 섬기지 아니하므로. 여호와께서 이스라엘에게 진노하사 블레셋 사람들의 손과 암몬 자손의 손에 그들을 파시매

이스라엘 백성들이 무려 일곱 개의 신을 섬기는 것을 보게 됩니다. 우리는 이것이 그렇게 쉽게 이해가 되지 않습니다. 하나님께서 그렇게 우상을 섬기지 말라고 하시면 버리면 될 것이지, 무엇 때문에 그렇게 다른 신들을 끌어 들여서 이토록 어려움을 당하느냐 하는 것입니다.

그러나 고질병이라고 하는 것은 그렇게 쉽게 떨어지지 않는 것입니다.

조금 고쳐졌는가 싶으면 어느새 다시 병이 재발해서 다시 자리에 눕게 하고 병원에 입원하게 하는 것이 고질병입니다. 한번 중독이 된 것은 그렇게 쉽게 빠져나가지 못합니다. 한번 중독이 된 것에서 벗어나려면 금단 증세로 거의 한번 죽을 각오를 해야 합니다. 알코올에 중독이 되거나 마약에 중독이 되거나 혹은 좋지 못한 죄에 빠진 자들이 그런 죄에서 벗어나려면 금단 증세로 한번 죽을 각오를 해야 합니다. 그런데 죽을 각오를 하지 못하기 때문에 그런 중독이나 죄에서 벗어나지 못하는 것입니다.

우리는 사사 시대로부터 아주 먼 시대에 살고 있기 때문에 왜 우상숭배가 이렇게 심각한 죄가 되는지 이해가 되지 않습니다. 그러나 이 당시 이스라엘 백성들에게 가장 두려운 것은 주위에 있는 다른 민족이나 나라들로부터 완전히 고립이 되어버리는 것입니다. 요즘도 학교를 다니는 학생들에게 가장 두려운 것은 아마 친구들로부터 왕따를 당하는 것으로 생각이 됩니다. 다른 사람들로부터 한번 따돌림을 당해보지 않으면 따돌림을 당하는 것이 얼마나 고통스러운지 잘 이해가 되지 않을 것입니다. 그

러나 이미 직장 생활을 하는 사람들에게는 술이라고 하는 것이 사회생활을 하는데 아주 중요한 것으로 생각되고 있습니다.

만일 어떤 사람이 크리스천이라고 해서 모든 술좌석을 피해버린다면 도저히 사회생활을 해내지 못할 것입니다. 이 당시 민족끼리 교류를 하려면 서로의 신을 교환을 하고 인정을 해주어야만 했습니다. 예를 들어, 우리나라가 한창 오일 파동을 겪을 때 우리나라에 회교 성전을 지어준 것과 같습니다. 그들은 우리나라가 이슬람을 인정을 해야 석유를 팔겠다는 것입니다.

물론 한두 번 관계하는 것은 신 없이도 상관이 없었는지 모르겠지만 지속적으로 좋은 관계에 있으려면 그들의 신을 상호간에 인정하는 것이 필수적이었습니다. 가나안 땅에서 이스라엘 백성들이 가장 두려워했던 것은 정치적으로 고립되는 것이었습니다.

이스라엘 백성들이 가나안 땅에서 먹고 살기 위해서는 어쩔 수 없이 가나안 사람의 신들을 인정하지 않을 수 없었습니다. 그뿐이 아니었습니다. 이방신들을 섬기는 데는 표면에 드러나지 않은 재미가 있었습니다. 그것은 이방신을 섬기는 제사 때에는 모든 것이 '프리' 하다는 것이었습니다. 이방신에게 제사하는 시간에는 체면이나 위신 같은 것이 없었습니다. 마음대로 먹고 마음대로 즐기고 마음대로 성적인 쾌락을 즐길 수가 있었습니다. 하나님의 종교의 특징은 무엇이든지 하지 말라는 것이었습니다.

하나님의 율법을 보면 모든 것이 죄이기 때문에 하지 말라는 것으로 되어 있습니다. 그러나 이 당시 가나안의 종교는 무엇이든지 할 수가 있었습니다. 그리고도 얼마든지 멸망하지 않고 잘 살았던 것입니다. 이스라엘 백성들은 하나님의 율법을 범하면 당장 죽는 줄 알았는데 가나안 족속들은 얼마든지 자기 욕망을 채우면서도 행복하게 잘 사는 것을 보고 그들은 대담하게 하나님을 버리기로 결정을 했던 것입니다.

성경 본문을 보면 이스라엘 백성들이 섬긴 이방신들의 종류가 엄청나게 증가한 것을 볼 수 있습니다. 그 이유가 무엇입니까? 이미 그들의 활동 범위가 예전과는 다르게 넓어졌다는 것입니다. 이제 그들은 시돈 사람들과도 거래를 하고 암몬이나 모압 사람들과도 자유롭게 내왕하는 관계가 되었습니다. 그러니까 자연스럽게 그들의 삶의 방식도 받아들이고 그들의 신도 인정하게 되었습니다. 이스라엘 백성들이 볼 때 하나님은 어떤 분이십니까? 마치 대원군과 같습니다. 분명히 세상은 변하고 있고 이스라엘 백성들은 점점 더 많은 외국 사람들이나 외국 문물과 접하게 되는데, 하나님께서는 이스라엘 백성들로 하여금 문을 완전히 닫고 절대로 외국을 인정하지 말라고 말씀하시는 것과 같습니다. 하나님께서 이스라엘 백성들에게 요구하는 것은 결국 쇄국 정치였습니다. 절대로 다른 나라의 존재를 인정하지 말라는 것입니다. 다른 신을 인정하지 말라는 것은 다른 나라의 존재를 인정하지 말라는 것입니다. 그런데 어떻게 다른 나라와 인접해 살고 또 그들과 무역을 하면서 그들의 존재를 인정하지 않을 수 있습니까?

6절 끝에 보면 '여호와를 버리고 그를 섬기지 아니하므로'라고 되어 있습니다. 다시 말해서 다른 신들을 끌어들이면서 오히려 여호와를 버렸다는 말입니다.

왜 그들이 여호와를 버렸습니까? 그것은 너무나도 사람을 답답하게 만들었기 때문입니다. 도대체 하나님은 현실을 인정하시지 않는 분이신 것 같습니다. 이 세상에 살면서도 전혀 현실을 인정하지 못하게 하십니다. 분명히 다른 나라에는 본받아야 할 것이 많습니다. 그들의 문명은 이스라엘의 문명보다 뛰어난 것이 너무나도 많았습니다. 사실 이스라엘 백성들에게 좋은 것이 있다면 율법밖에 더 있습니까? 오히려 다른 나라에 유학생들을 보내어서 할 수 있는 대로 많은 것을 배워와야 할 것 같은데 철저하게 문을 걸어 잠그고 오직 이 세상에는 이스라엘 밖에 없으며 하나님도 여호와 한 분 뿐이시라는 것입니다.

여기서 이스라엘 백성들이 깨닫지 못한 것이 무엇입니까? 물론 이 세상에 좋은 것이 너무나도 많지만 그 모든 것을 다 합쳐도 하나님의 율법의 작은 한 부분과 비교가 되지 않는다는 것을 깨닫지 못하고 있었던 것입니다. 이스라엘 백성들이 가지고 있는 하나님의 말씀은 온 세상이 가지고 있는 부귀와 영화와 능력을 다 합쳐도 구할 수 없는 가장 진귀한 하나님의 축복이었습니다.

한 가지 예를 들면, 우리가 아주 높은 빌딩을 세우려면 모래나 철근만 가지고는 세울 수가 없습니다. 모래를 굳게 해주는 시멘트가 있어야 하고 철근을 연결시켜주는 볼트가 있어야 하고, 땜질을 해주어야 하는 것입니다. 이 세상에 있는 많은 축복들은 모두 모래나 철근과 같습니다. 그것만 가지고 아무리 세워도 견고한 집을 세울 수가 없습니다. 이런 것들이 모두 제대로 축복이 되려고 하면 시멘트가 필요하고 땜질을 필요한데 그것이 바로 하나님의 말씀인 것입니다.

우리나라 사람들이 아무리 잘 살려고 몸부림을 쳐도 더 이상 행복해지지 않고 오히려 더 못살게 되고 행복이 무너지려고 흔들리는 이유는 그동안 하나님의 축복을 너무나도 등한히 했기 때문입니다. 사람들에게 가장 중요한 것은 자기 영혼이 하나님의 말씀으로 축복을 받는 것입니다. 그러나 그동안 우리나라 사람들은 돈 벌고 먹고 사는 것을 너무나도 중요하게 생각한 나머지 정신적인 문제라든지 영혼의 문제는 전혀 중요하게 생각하지 않았습니다. 오히려 돈을 벌기 위하여 양심을 팔아먹는 것을 당연하게 생각했고 정신적으로 자신을 깨우치는 것을 어리석은 것으로 생각했습니다. 그 결과 우리는 그렇게 잘 살려고 몸부림을 쳤음에도 불구하고 조금도 나아진 것이 없고 오히려 그 동안의 쌓은 모든 축복들이 무너지고 있는 것을 보고 있는 것입니다.

특히 우리 믿는 사람들이나 교회도 문제가 많았습니다. 그것은 우리 안에 있는 하나님의 말씀과 성령의 은혜가 얼마나 중요한지 모르고 자꾸 세상적인 재미에 도취가 되었던 것입니다. 하나님께서 교회가 폐쇄적이 되어야 한다는 것은 전혀 현실을 인정하지 말라는 뜻이 아닙니다. 오히려 이 세상에서 하나님의 백성들보다 더 현실적인 사람들은 없을 것입니다. 그럼에도 불구하고 하나님의 말씀과 은혜가 너무나도 소중하기 때문에 세상적인 것을 조금도 섞지 말라고 말씀하시는 것입니다. 오직 교회에서 순수한 하나님의 말씀이 흘러 나가야 교회가 바로 부흥될 수 있으며 세상도 그 은혜로 살 수가 있는 것입니다. 그러나 우리 믿는 사람들이 말씀의 가치를 알지 못하고 세상에서 성공한 것을 교회 안에 끌고 들어와서 교회를 마구 짓밟을 때 교회 안에서 말씀과 성령의 생수가 그쳐버리게 되는 것입니다.

7-9절 여호와께서 이스라엘에게 진노하사 블레셋 사람들의 손과 암몬 자손의 손에 그들을 파시매. 그 해에 그들이 요단 강 저쪽 길르앗에 있는 아모리 족속의 땅에 있는 모든 이스라엘 자손을 쳤으며 열여덟 해 동안 억압하였더라. 암몬 자손이 또 요단을 건너서 유다와 베냐민과 에브라임 족속과 싸우므로 이스라엘의 곤고가 심하였더라

이스라엘 백성들은 잘살기 위하여 많은 부족들의 우상을 받아들였지만 그 결과는 오히려 더 많은 학대를 받고 더 비참하게 되는 것이었습니다. 그 이유는 그들이 세상 사람들과는 잘 지내려고 했지만 결국 하나님의 말씀의 능력을 막아버려서 하나님이 그들을 다른 부족에게 넘기셨기 때문입니다.

사람들이 많은 어려움을 당한 후에도 변하지 않는 것은 깨닫지 못하기 때문입니다. 그들은 모두 자기들이 당한 어려움을 우연히 당한 일이라고 생각합니다. 그러니까 어려움을 당한 후에도 조금도 변함없이 과거의 모습으로 다시 돌아가고 마는 것입니다.

오늘 우리들은 우리의 문제를 어떻게 보고 있습니까? "왜 나는 하는 일마다 되지 않을까? 왜 하나님께서는 나의 앞길을 꽉 틀어막으시고 조금도 열어주시지 않는 것일까? 왜 나는 그동안 죽자고 회사를 위해서 일을 했는데 되는 것이 없는가?" 하는 식으로 보고 있는 것입니다. 하나님께서 보시는 눈으로 내 자신을 보아야 일이 풀리기 시작합니다. "왜 나는 그토록 말씀을 들었음에도 불구하고 또 고질적인 문제에 빠지고 말았는가? 왜 나는 이토록 변하지 않는가?" 하는 것을 생각해야 할 것입니다.

하나님의 거절

하나님께서 이스라엘 백성들에 대하여 가장 중요하게 생각하시는 것은 말씀으로 인하여 변하는 것입니다. 하나님 앞에서 가장 불행한 사람들은 자기는 이미 다 되었기 때문에 더 이상 변할 것이 없다고 생각하는 사람들입니다. 그래서 예수님께서는 아흔아홉 마리의 양과 한 마리의 잃은 양의 비유를 말씀하셨습니다.

어느 목자가 한 마리의 양을 잃어버렸을 때 아흔아홉 마리를 두고 그 한 마리를 찾아 나섰다고 말씀을 하고 있습니다. 예수님께서는 조금도 실수를 하지 않는 엘리트 신자들 아흔아홉 명 보다는 부족하고 실수도 많이 하지만 말씀으로 변하려고 하는 한 마리를 더 기뻐하시는 것입니다.

성경 본문을 보면 이스라엘 백성들이 그 어려움 가운데서 하나님께 부르짖습니다. 그런데 놀랍게도 하나님께서는 그들의 부르짖음을 거부하시고 오히려 너희들이 선택한 우상에게 가서 부르짖으라고 쫓아내시는 내용입니다.

10절 이스라엘 자손이 여호와께 부르짖어 이르되 우리가 우리 하나님을 버리고 바알들을 섬김으로 주께 범죄하였나이다

이스라엘 백성들은 어려움을 벗어나기 위하여 여러 가지 방법을 다 동원을 해보았지만 도무지 소용이 없을 때 하나님께 부르짖으면서 기도를 드렸습니다. 이것은 놀라운 회개입니다. 정말 하나님은 이러한 기도를 원하시는 것입니다. 이스라엘 백성들이 이런 기도를 드릴 수 있었다는 것은 백성들 중에서 어느 누군가가 이스라엘의 문제를 직시하고 하나님의 말씀을 깨닫는 자가 있었다는 뜻입니다. 그런데 놀라운 것은 하나님께서 그의 기도를 외면하시고 듣지 아니하시는 것입니다.

11-14절 여호와께서 이스라엘 자손에게 이르시되 내가 애굽 사람과 아모리 사람과 암몬 자손과 블레셋 사람에게서 너희를 구원하지 아니하였느냐. 또 시돈 사람과 아말렉 사람과 마온 사람이 너희를 압제할 때에 너희가 내게 부르짖으므로 내가 너희를 그들의 손에서 구원하였거늘. 너희가 나를 버리고 다른 신들을 섬기니 그러므로 내가 다시는 너희를 구원하지 아니하리라. 가서 너희가 택한 신들에게 부르짖어 너희의 환난 때에 그들이 너희를 구원하게 하라 하신지라

이스라엘 백성들이 이 어려움 속에서 하나님께 돌아와 자신들의 죄를 자복하고 회개한 것은 잘한 일입니다. 그러나 하나님께서는 그들의 기도를 듣지 아니하시고 오히려 자기들이 택한 우상들에게 가서 기도하라

고 하시면서 그들의 기도를 거부하십니다. 그렇게 하시는 이유가 무엇일까요? 정말 이스라엘 백성들이 완전히 하나님을 버리고 우상에게 가기를 원하시기 때문에 이렇게 말씀하시는 것인가요? 결코 그렇지 않습니다. 그렇다면 하나님께서 의도하시는 것이 무엇입니까?

이런 회개가 이스라엘 백성들이 전심으로 하나님께 돌아오려고 하는 것이 아니고 일시적으로 어려움을 면해보려는 생각에서 회개한다는 것을 아시기 때문입니다. 지금 이스라엘 백성들은 한번 죽을 각오를 하고 죄를 회개하는 것이 아니라 당장의 형편이 어려우니까 하나님의 도움으로 어려움을 면해보려고 회개를 하는 것뿐이었습니다. 그러니까 하나님께서는 이런 식으로 회개하려거든 아예 너희들이 섬기는 신에게로 가서 그 신들에게 기도나 하라고 하면서 기도를 듣지 아니하셨습니다. 이것은 이스라엘 백성들로 하여금 완전히 하나님을 떠나서 우상에게 가라는 뜻이 아닙니다. 오히려 이번 기회에 한번 죽을 각오를 하고 완전한 하나님의 말씀으로 돌아오라는 뜻이었습니다. 하나님께서는 이번 기회에 완전히 이스라엘 백성들의 고질병인 우상 숭배의 문제를 철저하게 해결해보자는 것입니다.

어려우면 하나님께 돌아와서 회개하다가 조금만 형편이 나아지면 다시 세상으로 달려가서 옛날의 그 은혜를 다 잊어버리는 악의 고리를 이번에는 한번 철저하게 끊어보자는 것입니다.

세례 요한은 이렇게 하는 것을 '회개의 열매'를 맺는다고 표현했습니다. 나무나 풀에 꽃이 필 때 그 꽃이 모두 열매를 맺는 것은 아닙니다. 꽃만 폈다가 없어지는 경우도 너무나도 많습니다. 이것은 일단 죄에 대하여는 유감스럽게 생각하지만 죄가 주는 달콤함에 미련이 남아서 완전히 죄를 끊어버리지 못하는 것입니다.

하나님께서는 먼저 역사를 말씀하십니다. 하나님께서는 이스라엘 백성들을 애굽사람들과 아모리 사람들의 손에서 구원하셨습니다. 출애굽 때와 가나안 정복 때의 일입니다. 그리고 블레셋 사람들의 손은 삼갈을 통해서 구원한 것을 말합니다. 시돈 사람은 시스라의 손에서 드보라를 통하여 구원한 것입니다. 마온 사람은 미디안 사람을 의미하는데 기드온을 통하여 구원한 것을 의미합니다. 하나님께서 이스라엘 백성들에게 질문하시는 것이 무엇입니까? 너희들이 이렇게 여러 차례 하나님의 구원을 경험했다면 무엇인가 달라진 것이 있어야 하는데 왜 너희들은 이렇게도 철저하게 똑같냐는 것입니다. 왜 너희들은 이런 놀라운 하나님의 구원을 체험하고서도 변한 것이 하나도 없느냐는 것입니다.

우리가 진정으로 하나님의 은혜를 회복하려면 과거에서 배우는 것이 있어야 합니다. 우리에게 있었던 과거가 우연히 일어난 것이 아닙니다. 우리는 신실하지 못했지만 하나님께서는 신실하게 우리의 기도를 응답해주셨습니다. 이제 우리가 하나님께 완전히 돌아가려면 다시 한 번 은혜가 필요합니다. 그것은 죽었으면 죽었지 이제는 완전히 하나님의 말씀대로 한번 살아가겠다는 결단인 것입니다.

우리에게 있어서 악의 고리는 너무나도 강한 것 같습니다. 그래서 꼭 공식과 같습니다. 편안할 때에는 하나님의 은혜를 다 잊어버리고 있다가 그렇게 은혜를 받고 그렇게 도움을 받고서도 결국 보면 옛날의 그 죄와 그 상태에서 조금도 벗어나지 못한 모습으로 나타나고 있는 것입니다. 술을 좋아하는 사람은 결국 술에 빠져 있고 음란한 것을 좋아하는 자는 또 그 문제에 걸려 있습니다. 세상 사람들과 어울려서 노는 것을 좋아하는 사람은 역시 그 문제에 걸려 넘어져 있습니다. 우울증이 있는 사람은 우울증이 도져 있고 낙심하기 좋아하는 사람은 또 낙심해 있습니다. 한때 제가 제 자신에게 던진 질문이 바로 이것이었습니다. "왜 나는 이렇게 변하지 않느냐?" 하는 것이었습니다.

우리는 몸을 가지고 있기 때문에 어쩔 수 없이 죄에 빠질 수밖에 없는 것입니까? 아니면 우리는 너무나도 건망증이 심하기 때문에 시간이 지나면 하나님의 은혜를 자동적으로 잊어버리게 되어 있습니까? 아니면 인간이라는 존재는 어쩔 수 없이 편할 때는 죄를 짓다가 급하면 하나님께 부르짖게 되어 있습니까?

하나님께서 이번에 이스라엘 백성들의 부르짖음을 거부하시는 이유가 무엇입니까? 이번에는 정말 한번 변해보자는 것입니다. 이제는 더 이상, 어려우면 하나님 앞에서 울고불고 하다가, 또 다시 어려움이 없어지면 옛날 상태로 돌아가는 것이 아니라, 이번에는 정말 이 악한 고리를 한번 끊어보자는 것입니다. 이 악의 사이클을 끊어서 독수리의 날개 치면서 올라가는 것처럼 지속적으로 하나님께서 기뻐하시는 삶을 한번 살아보자는 것입니다.

이스라엘 안의 작은 목소리들

하나님께서는 이스라엘 백성들의 회개를 거절하셨습니다. 그럼에도 불구하고 낙심하지 않고 계속 하나님께 나아가는 자들이 있었습니다.

15-16절 상 이스라엘 자손이 여호와께 여쭈되 우리가 범죄하였사오니 주께서 보시기에 좋은 대로 우리에게 행하시려니와 오직 주께 구하옵나니 오늘 우리를 건져내옵소서 하고. 자기 가운데에서 이방 신들을 제하여 버리고 여호와를 섬기매

아마도 이스라엘 백성들은 하나님께서 자신들의 기도를 거절하셨다는 것을 알았던 것 같습니다. 어쩌면 느낌을 통해서 알았는지 아니면 어

떤 사람을 통하여 말씀하셨는지 모르겠지만 하나님께서는 그들의 기도를 거절하셨습니다. 그럼에도 불구하고 하나님 앞에서 물러가지 않고 계속 하나님께 기도로 나아가는 무리들이 있었습니다. 이 본문을 보면 '이스라엘 자손'이라고 되어 있는데 분명 이들은 이스라엘 백성들 가운데 다수는 아니었던 것 같습니다. 그러나 소수 중에서 이스라엘 백성들의 문제를 영적으로 꿰뚫어 보고 하나님의 거절을 거절로 보지 않고 더욱더 전심으로 나아오라는 뜻으로 알고 회개 운동을 주도하는 무리들이 있었습니다. 이들이 누구인지 성경은 명시하고 있지 않습니다. 선지자들의 무리도 아니고 사사도 아니었습니다. 그러나 이스라엘 안에는 분명히 자신들의 문제를 하나님과의 관계에서 보는 자들이 있었고 그들은 아무리 하나님께서 거절하셔도 하나님 외에는 답이 없다는 것을 믿은 자들이 있었습니다. 그들은 하나님께서 거절하셔도 하나님 앞을 떠나지 않았습니다.

오히려 자기들의 우상을 버리고 '주의 보시기에 좋은 대로 행하시라는 것'입니다. 다시 말해서 살리려면 살리시고 죽이려면 죽이시되, 단지 우리의 죄는 용서해 주시고 우리를 다시 한 번 불쌍히 여겨 달라는 뜻입니다. 이스라엘 백성들 가운데 다행스러운 것은 비록 소수이지만 그들의 신앙을 리드해 나가는 무리가 있었습니다.

이들이 하나님 앞에서 끈질기게 회개한 결과가 무엇입니까?

16절 하 여호와께서 이스라엘의 곤고로 말미암아 마음에 근심하시니라

비로소 하나님께서는 이스라엘을 불쌍히 여기시기 시작하셨습니다. 하나님께서 그들의 고통에 근심하셨습니다. 다시 말해서 그들의 고통을 들으셨으며 그들의 마음에 하나님의 위로가 임하기 시작했다는 뜻입니다.

오늘 우리나라의 어려움도 하나님께서 한번만 불쌍히 여기시기만 하

면 한 순간에 얼마든지 달라질 수 있습니다. 우리는 하나님으로 하여금 이 민족을 불쌍히 여기시게 만들어야 합니다. 그렇게 하려면 하나님께서 우리의 기도를 거절하셔도 하나님을 떠나지 말고 계속 끈질기게 기도하는 무리들이 있어야 하는 것입니다.

우리가 어려움을 당하면서도 변하지 않는 이유는 그만큼 세상에 대한 욕심이 강하기 때문입니다. 이스라엘 백성들처럼 이 세상에서 잘 살고 싶은 것입니다. 꼭 잘 살고 싶다는 것보다는 남에게 싫은 소리 듣기 싫어서 그러는지 모릅니다. 이스라엘 백성들의 욕심은 하나님을 바로 알고 바로 믿는 것만으로 만족할 수가 없습니다. 그래서 다른 나라의 많은 우상들을 끌어들인 것입니다. 우리가 하나님을 바로 알고 바로 믿는 것 하나만으로 만족하고 살 수는 없습니까? 그래야 우리도 살 수 있고 이 세상도 살 수가 있는 것입니다.

이스라엘 백성들에게 있어서 다행스러웠던 것이 무엇입니까? 하나님의 눈으로 자신의 문제를 볼 수 있는 소수의 사람들이 있었다는 것입니다. 하나님께서 그들의 기도를 거절하셨지만 그것이 거절이 아니라는 것을 알았습니다.

'너희들이 택한 이방신에게로 가라'는 말을 '더욱더 전심으로 하나님께로 돌아오라'는 말로 제대로 알아들은 자들이 있었습니다. 그들이 이스라엘의 회개를 주도했기 때문에 다시 한 번 하나님의 마음이 이스라엘 백성들의 고통을 불쌍히 여기게 되었습니다.

왜 우리나라에 민주주의는 왔지만 변한 것이 없습니까? 그것은 바로 죄 문제에 있습니다. 우리 민족은 죄를 죄로 여기지 않습니다. 교회 안에서도 죄에 대한 설교를 들을 수 없습니다. 모두 축복이라든지 아니면 자기를 알아주는 설교를 좋아했습니다. 그 결과가 무엇입니까? 하나님께서 우리 민족을 보따리 채 다른 나라에 헐값으로 팔아넘기시는 것입니다.

지금 우리나라 공장들이나 회사들이 다른 나라에 아주 싼 값으로 팔리고 있습니다. 우리가 다시 사는 길은 우리의 문제를 영적으로 볼 수 있어야 합니다. 이제는 돈이나, 먹고 사는 것이나, 자녀들의 공부보다도 하나님의 은혜가 있어야, 이런 축복들이 무너지지 않는다는 것을 아는 사람들이 있어야 하는 것입니다.

우리는 하나님이 우리의 기도를 거절하신다고 해서 절대로 물러서거나 포기해서는 안 됩니다. 이제는 어떻게 해서든지 악순환의 고리를 끊어야 합니다. 개인적으로도 그렇고 사회적으로도 그렇습니다. 그렇게 할 때 다시 한 번 이 땅에 하나님의 온전한 축복과 부흥의 역사가 나타나게 될 것입니다.

CHAPTER 22

입다의 등장

사사기 11:1-11

하나님의 나라 일은 사람이 많다고 해서 일이 이루어지는 것이 아닙니다. 하나님께서 준비한 그 사람을 찾아서 무조건 맡겨야 합니다. 자기들이 그래도 똑똑하고 지금까지 해온 것이 그런 것이 아니라는 식으로 자꾸 잔소리하면 이길 수가 없습니다. 왜냐하면 큰 전쟁은 부분적으로 이긴다고 해서 되는 것이 아니기 때문입니다. 전체적으로 볼 수 있어야 하고 특히 하나님의 능력을 끌고 올 수 있는 믿음이 있어야 합니다. 하나님이 우리에게 주신 약속은 하나님께서 준비하신 사람을 찾아서 일을 맡기면 무조건 이기게 하신다는 것입니다. 설사 그 사람이 부족하거나 잘못한 것이 있어도 그 사람과 해결할 문제이지 일단 하나님이 세우신 사람이 하는 일은 이기게 하십니다. 그러나 하나님이 세우지 않은 사람이 그 자리를 차지하고 있으면 그만큼 일이 더디게 이루어지게 되는 것입니다.

성경 본문은 이스라엘의 반을 구원한 위대한 사사 입다의 등장을 기록하고 있습니다. 이스라엘은 요단 강을 중심으로 해서 요단 동쪽과 서쪽으로 나누어져 있었습니다. 그런데 이스라엘 백성들이 하나님을 불순종하고 우상을 섬겼을 때 요단 동편과 서편 모두 이방 민족의 공격으로 큰 고통을 당하게 되었습니다. 특히 요단 동편 사람들을 길르앗 사람이라고 불렀는데 암몬 족속들이 쳐들어 와서 18년 동안 약탈을 하고 착취를 했는데 그것도 부족해서 모든 이스라엘 자손들을 자기가 살던 땅에서 떠나라고 통보를 한 것입니다. 이때 길르앗의 장로들은 과거에 기생의 아들이라고 해서 자기들이 추방했던 입다라는 사람을 생각하게 되었습니다. 그래서 길르앗의 장로들이 입다를 찾아가서 자기들의 머리가 되어 달라고 부탁하면서 입다를 자기들의 지도자로 청빙합니다. 여기서 길르앗의 장로들이 잘한 것이 하나 있었습니다. 그것은 하나님이 준비한 사람을 찾아내는 믿음이 있었다는 것입니다. 그리고 일단 그를 부른 후에는 일체 간섭하지 않고 무조건 그에게 모든 것을 다 맡겼습니다. 그랬더니 엄청난 승리를 거두게 되었는데 그것은 자기들을 쳐들어온 모압을 물리칠 정도가 아니라 오히려 다 정복할 정도까지 이기게 된 것입니다.

쫓겨난 입다

1-3절 길르앗 사람 입다는 큰 용사였으니 기생이 길르앗에게서 낳은 아들이었고, 길르앗의 아내도 그의 아들들을 낳았더라 그 아내의 아들들이 자라매 입다를 쫓아내며 그에게 이르되 너는 다른 여인의 자식이니 우리 아버지의 집에서 기업을 잇지 못하리라 한지라. 이에 입다가 그의 형제들을 피하여 돕 땅에 거주하매 잡류가 그에게로 모여 와서 그와 함께 출입하였더라

입다의 아버지의 이름도 길르앗이었습니다. 아마도 길르앗 지명에서 그 이름을 따 온 것 같은데 이 길르앗 땅에 오래오래 살려고 그런 이름을 지은 것 같습니다. 그런데 입다의 아버지는 그렇게 행실이 깨끗한 사람이

아니었던 것 같습니다. 길르앗은 창녀와 관계해서 아들을 하나 낳았습니다. 이것을 보면 그가 이 창녀와 지속적인 관계를 가졌던 것 같습니다. 그리고 길르앗의 본 부인 밑에서도 여러 명의 아들들이 태어나게 되었습니다. 그런데 길르앗의 본처의 소생들은 그곳의 장로들과 의논해서 입다를 길르앗 땅에서 영구 추방해버렸습니다. 그들이 입다를 내어 쫓은 이유는 분명합니다. 입다 같은 창녀의 아들이 이스라엘 안에 있으면 이스라엘의 물을 흐린다는 것입니다.

입다는 단지 창녀의 아들이라는 사실 때문에 아버지 집에 있지 못하고 쫓겨났습니다. 그런데 단순히 집에서 쫓겨난 정도가 아니라 길르앗 땅에서 쫓겨나서 다시는 이 땅에 들어 올 수 없는 형편이 되어버렸습니다. 그는 기생의 아들이었기 때문에 성장 과정에서 깊은 마음의 상처를 가진 사람이었습니다. 그는 이방 땅 돕이라는 곳에 가서 살았는데 이곳은 북쪽에 있는 수리아 땅으로 생각이 됩니다. 입다는 그곳에서도 특출했습니다. 그래서 많은 잡류들이 입다에게 모여들었는데 이유는 입다가 아주 큰 장사였기 때문입니다. 여기서 '잡류'라고 하는 것은 불량배들을 말하지 않습니다. 입다처럼 사회법의 보호를 받지 못하는 가난하고 어려운 자들이었습니다.

여기까지만 생각하면 우리는 전혀 어떤 특이한 점을 발견하지 못하게 됩니다. 얼마든지 본부인의 아들들이 서출을 싫어해서 내어쫓을 수 있습니다. 더욱이 입다는 서출도 아니고 창녀의 아들이었습니다. 그러니까 그런 아들을 집안에 두지 않고 내어쫓는 것은 얼마든지 이해가 됩니다. 그런데 문제의 성격을 완전히 다른 시각에서 보게 되는 것은 그 당시 이스라엘의 엄청난 우상숭배와 입다의 너무나도 분명한 여호와 신앙이었습니다.

그 당시 이스라엘 백성들은 바알이나 아스다롯 신도 부족해서 시돈 사람의 신이나 블레셋 사람들의 신이나 모압이나 암몬 사람들의 신까지 섬겼습니다. 입다의 아버지 길르앗이 창녀와 관계했다고 하는데 아마도 이 창녀는 바알 신전의 창녀로 생각이 됩니다. 그렇다면 이스라엘 백성들의 삶 전체가 엄청난 우상숭배와 음란에 빠져 있었는데 입다만은 그렇지 않았습니다. 그는 너무나도 분명한 여호와의 신앙을 붙들고 있었고 사실 입다의 능력은 그의 믿음에서 나왔던 것입니다. 입다는 돕 땅에 갔지만 거기서 하나님의 말씀대로 살았고 거기에서도 하나님의 능력이 나타나게 되었습니다. 그래서 억울한 일을 당한 많은 사람들이 입다를 찾아와서 그를 통하여 하나님의 은혜를 체험했던 것입니다.

아마도 입다는 성장 과정에서 형제들이나 주위 사람들로부터 많은 괄시와 천대를 받는 가운데 마음이 가난하여져서 철저히 하나님을 찾게 되었던 것 같습니다. 그래서 하나님께서는 어느 누구도 거들떠보지 않는 입다를 만나주셨고 놀라운 신앙의 사람으로 자라게 되었던 것입니다.

우리는 많은 경우 불행한 가정에서 성장한 아이들이 자라서 문제아가 되는 것을 많이 보게 됩니다. 그러나 그것은 자기 자신에게도 책임이 있습니다. 왜냐하면 어떤 사람은 그런 불행한 가정에서 자랐기 때문에 더 하나님께 나아가서 굉장히 훌륭한 사람이 된 경우도 있기 때문입니다. 그래서 불행한 가정에서 자랐다는 자체가 나쁜 것은 아닙니다. 그런 가운데 하나님을 원망하고 불평하면서 자포자기한 사람은 나쁜 사람들과 어울려서 나쁘게 풀리게 되는 것이고, 오히려 그런 어려운 가운데 철저하게 하나님을 의지했던 사람들은 오히려 현실을 꿰뚫어보는 통찰력과 믿음을 가짐으로 위대한 역사적인 인물이 되기도 하는 것입니다.

입다는 후자에 속했습니다. 그는 너무나도 비참한 가운데 자랐기 때문에 다른 형제들은 교만하여 거들떠보지도 않는 하나님을 의지하게 되었고 이 신앙을 철저하게 붙들었습니다.

그러면 우리는 입다의 추방을 다른 시각에서 보아야 합니다. 그의 가족들이 입다를 추방한 이유가 무엇입니까? 물론 겉으로는 사생아인 그를 이스라엘 백성들 가운데서 내어쫓음으로 이스라엘을 도덕적으로 정결하게 하려고 하는 것 같지만 실제로는 시기심이요 질투심이었습니다. 다시 말해서 자기들은 바알이라든지 다른 이방의 신을 섬기는데, 입다는 서출이요 창녀의 소생이었지만 너무나도 분명한 여호와의 신앙을 가지고 있는 것에 대한 시기심이었습니다. 이것은 정통 교회가 타락했을 때 자주 나타나는 현상입니다. 정통 교회가 타락했을 때 평신도들 중에서 누군가가 너무나도 복음적이며 성경적일 때 그들은 그를 두려워합니다. 나중에는 자신들의 위치가 흔들릴 것을 두려워해서 말도 되지도 않는 오명을 뒤집어 씌워서 교회에서 내어 쫓아버립니다.

그러면 입다가 돕 땅에서 사람들로부터 인정을 받은 이유가 분명해 집니다.

그는 그곳에서 정말 다른 사람의 간섭을 받지 않고 오직 하나님만 믿는 사회를 만들었던 것입니다. 그런데 거기서 성령의 능력이 나타나고 하나님의 구원의 역사가 이루어지게 되는데 결국 그 소문이 길르앗까지 퍼지게 되었던 것입니다. 우리가 알아야 할 것은 하나님의 나라는 규모가 아닌 것입니다. 크든지 작든지 성경대로 믿으면 하나님의 능력이 나타나게 되어 있습니다. 그런데 오래 믿은 사람들의 특징이 무엇인가 하면 그것을 믿지 못하는 것입니다. 가장 중요한 하나님의 말씀보다는 인간관계나 붙들고 믿은 경륜이나 자랑하면서 하나님의 능력이 나타나지 못하게 막고 있는 것입니다. 결국 이런 자들에게 하나님의 무서운 심판이 찾아오게 되었습니다. 그것이 무엇입니까? 암몬 족속들이 처음에는 약탈을 하고 탈취를 하더니 이제는 아예 길르앗 땅을 내어놓고 떠나라고 통보를 한 것입니다. 이제서야 하나님을 두려워하지 않던 길르앗 사람들의 발등에 불이 떨어지게 되었습니다. 그러나 길르앗 땅에는 아무리 눈을 씻고 찾아도 자기들에게서 암몬 족속을 물리칠만한 용사가 없었습니다. 그 이유는 그들이 키운 사람들은 자기 말만 잘 듣는 피라미들만 키웠기 때문입니다.

길르앗 사람들이 입다를 내어 쫓은 진짜 이유는 바로 그의 바른 신앙 때문이었습니다. 기생의 아들이 너무 바른 신앙을 가지고 있으니까 보기가 싫었던 것입니다. 그가 기생의 아들이기 때문에 내어쫓은 것은 오직 핑계에 불과했습니다.

이것은 교회사를 통하여 여러 번 반복되는 일이기도 합니다. 교회가 타락해서 하나님의 말씀을 버리고 온갖 더러운 우상을 교회 안에 끌어들이고 인간의 공로나 노력으로 그리스도의 십자가를 먹칠할 때 교회에서 추방되어 가정이나 지하실에서 예배를 드리던 소수의 무리들이 있었습니다. 하나님께서는 그들을 다시 일으키셔서 교회를 완전히 갱신하시곤 하셨습니다. 루터도 바로 그런 자였습니다. 칼빈도 바로 그런 자였습니다.

입다를 찾아 온 길르앗의 장로들

아마도 모든 상황이 정상적이었다면 입다는 돕 땅에서 잡류들과 한평생 어울려서 살다가 인생을 끝마쳤을 것입니다. 그러나 하나님께서는 입다를 그곳에서 끄집어내셔서 다시 하나님의 백성들을 위하여 사용되게 하셨습니다.

4-6절 얼마 후에 암몬 자손이 이스라엘을 치려 하니라. 암몬 자손이 이스라엘을 치려 할 때에 길르앗 장로들이 입다를 데려오려고 돕 땅에 가서. 입다에게 이르되 우리가 암몬 자손과 싸우려 하니 당신은 와서 우리의 장관이 되라

하나님께서 이런 위기 가운데서 장로들로 하여금 입다를 생각할 수 있게 하신 것은 큰 은혜가 아닐 수 없습니다. 평소의 길르앗 장로들 같으면 어림도 없는 일이었습니다. 그러나 위기가 그들에게 바른 생각을 가지게 했습니다. 그들이 마음속에 믿음이 발동하고 있는 것입니다. 과거에 하나님이 세우신 사람은 반드시 전쟁을 승리로 이끌더라는 것입니다. 기드온이 보여준 것이 무엇입니까? 하나님의 전쟁은 사람 수에 달려있는 것이 아니라 하나님이 세우신 장수 한 사람에 모든 것이 달려 있다는 것입니다. 하나님께서는 사람을 통하여 일하십니다. 그들이 과거의 경험을 통해서 안 것이 하나님이 세운 한 사람만 있으면 어떤 전쟁도 이길 수 있다는 것을 알았습니다. 그런데 길르앗에는 그럴만한 사람이 없었습니다.

그들이 어떻게 해서 돕까지 입다를 찾아갈 생각을 했는지 알 수 없습니다. 그러나 이미 돕 땅에서 입다의 소문은 길르앗까지 퍼졌던 것 같습니다. 돕 땅에서 입다가 한 것이 무엇입니까? 그는 그곳에서 장수였습니다. 아무도 알아주지 않았고 아무도 임명하지 않은 장수였습니다. 그러나 어떻든지 간에 그를 통하여 하나님의 역사가 나타나는 것은 부인할 수 없는 사실이었습니다. 아마도 길르앗 장로들이 돕에서 입다의 소문을 듣고 하나님께서 입다를 사용하신다는 확신을 한 것 같습니다. 길르앗 장로들이 입다를 찾아가서 자기들의 장관이 되어 달라고 부탁했을 때 이것이 입다에게 얼마나 의외이고 충격이었는지 충분히 알 수 있습니다.

여기서 우리가 알 수 있는 것은 위기는 하나님이 준비해 놓으신 사람을 등장시키는 기회가 된다는 것입니다. 만약 길르앗 땅에 위기가 오지 않았더라면 길르앗 사람들은 영원히 입다를 찾지 않았을 것입니다. 그러나 암몬 자손들이 쳐들어와서 모든 것을 다 빼앗아 가려고 하니까 결국 준비된 사람을 찾아야 하는데 입다 밖에 없었던 것입니다. 우리가 알아야 할 것은 하나님의 사람들은 남들이 알아주지 않을 때 철저하게 준비되어 있어야 한다는 사실입니다. 다른 사람들이 하는 정도로 준비되면 이런 위기를 감당할 수가 없습니다. 남들은 놀고 자기 멋대로 살 때 하나님 앞에서 기도와 말씀으로 철저하게 준비가 되어야 큰 용사가 될 수 있는 것입니다. 위기 때 하나님의 백성들이 살 수 있는 길은 하나님이 준비하신 사람을 찾아서 그에게 전적으로 모든 것을 다 맡겨야 하는 것입니다.

우리나라 축구가 잘 안 되는 이유는 사공이 너무 많은 것입니다. 사람을 불러다가 일을 맡겨놓고 주위에서 모든 것을 간섭하고 말이 너무나도 많습니다. 그러니까 배가 산 위로 올라가 버리는 것입니다. 이것은 하나님의 일에도 마찬가지입니다. 대부분의 사람들은 자기 눈앞에 있는 그것만 보지만 그렇게 해서는 절대로 배를 안전하게 이끌어갈 수가 없습니다. 전체적인 흐름을 보아야 하고 그런 가운데서 가장 바른 결정을 내릴 수 있어야 하는 것입니다.

7절 입다가 길르앗 장로들에게 이르되 너희가 전에 나를 미워하여 내 아버지 집에서 쫓아내지 아니하였느냐 이제 너희가 환난을 당하였다고 어찌하여 내게 왔느냐

길르앗 장로들이 자기를 찾아와서 다시 이스라엘 백성으로 받아 준다고 말하여도 믿을 수 없는 일인데 자기에게 장관이 되어 달라고 말하고 있습니다. 이것을 어떻게 믿을 수 있겠습니까? 아마도 이 한순간에 입다의 눈앞에는 지나간 모든 일들이 파노라마처럼 지나갔는지도 모릅니다. 그는 어렸을 때부터 창녀의 아들이라고 놀림을 받으면서 자랐습니다. 그때는 무조건 복수밖에 몰랐습니다. 그는 힘으로 다른 아이들을 두들겨 패면서 분노를 풀었는지 모릅니다. 그는 인격적인 하나님을 알았습니다. 그리고 나서 더욱더 핍박은 심해졌습니다. 더욱이 길르앗 장로들이 부르

더니 장로들의 결정이라면서 너는 다시 이곳으로 돌아와서는 안 된다고 하면서 쫓아내었습니다. 아무도 그를 편들어 주는 사람이 없었습니다.

그는 맨손으로 쫓겨나 돕 지방에서 온갖 고생을 다 하면서 지냈습니다. 지금 자기를 쫓아낸 바로 그 장로들이 자기 앞에 찾아와서 애원을 하고 있습니다. 나에게 얼마나 깊은 상처를 준 사람들입니까? 그럼에도 불구하고 입다는 그들을 사랑했습니다. 왜냐하면 그들은 하나님의 백성이었기 때문입니다.

그래서 입다는 무엇이 잘못되었는지도 모르기 때문에 '왜 쫓아내었던 자기를 또 찾아 왔느냐?'고 다시 한 번 물어 보았습니다.

그랬더니 그들의 대답은 동일하였습니다.

8절 그러므로 길르앗 장로들이 입다에게 이르되 이제 우리가 당신을 찾아 온 것은 우리와 함께 가서 암몬 자손과 싸우게 하려 함이니 그리하면 당신이 우리 길르앗 모든 주민의 머리가 되리라

9절 입다가 길르앗 장로들에게 이르되 너희가 나를 데리고 고향으로 돌아가서 암몬 자손과 싸우게 할 때에 만일 여호와께서 그들을 내게 넘겨주시면 내가 과연 너희의 머리가 되겠느냐

여기서 우리가 입다에게서 보게 되는 것이 무엇입니까? 길르앗의 장로들의 부름이 진정한 하나님의 부르심인지 여러 번 걸쳐 확인하려고 하는 것입니다. 그는 장로들에게 과연 자기가 암몬을 이기면 이제는 더 이상 자기를 창녀의 아들이라고 버리지 않고 머리를 삼겠느냐고 묻습니다. 이것은 이들의 부름이 진정한 하나님의 부름이라면 암몬 자손들도 이기게 하실 것이라는 뜻입니다.

만일 그들이 대답하기를 '이긴 후에도 한번 생각을 해 보겠다'든지 아니면 '그 문제는 일이 끝난 후에 다시 한 번 생각해 보자'고 말했다면 하나님의 뜻이 아니라고 판단하는 것입니다.

길르앗 장로들이 잘한 것은 두 가지였습니다.

하나는 그들이 돕 땅에서 입다에게 나타난 소문을 들은 것입니다. 그 소문은 하나님의 능력이 그곳의 입다를 통해서 나타난다는 것입니다. 하나님의 나라에서는 소문이 굉장히 중요합니다. 한 군데서 부흥의 역사가 나타나면 그 부흥은 다른 곳에서도 나타날 수 있는 것입니다. 돕과 길르앗은 규모에서는 차이가 있지만 부흥의 원리는 동일합니다. 철저하게 하나님의 말씀을 의지하면 성령의 역사가 나타나고 부흥이 일어나고 축복의 역사가 일어나게 되는 것입니다. 그리고 길르앗의 장로들이 잘 한 또 한 가지는 사실 입다는 겉으로 제시할 수 있는 자격이 아무것도 없었습니다. 그는 공식적인 직함이 없는 사람이었고 잡류들의 우두머리였고 오히려 자기들이 기생의 자식이라고 해서 추방을 했던 자였습니다. 그런데 그들은 모든 자존심을 버리고 하나님이 입다를 쓰시는 것만 믿고 자기들의 머리로 받아들인 것입니다. 이것이 길르앗을 살게 했습니다.

10절 길르앗 장로들이 입다에게 이르되 여호와는 우리 사이의 증인이시니 당신의 말대로 우리가 그렇게 행하리이다

장로들이 해야 할 일이 바로 이런 것입니다. 자기들이 입다를 발탁했다고 그 뒤에도 무슨 권리를 주장하려고 해서는 안 됩니다. 장로들이 할 일은 현실을 현실로 인식하는 것입니다. 그리고 그 어려운 상황에서 하나님께서 준비한 사람을 찾아내는 것입니다. 그리고 일단 그를 찾아내면 그에게 전권을 위임해 주어야 합니다. 그래야 일을 할 수 가 있습니다. 일단

사람을 부르고 난 후에 사사건건 간섭하고 자기 뜻대로 해달라고 하면 길르앗은 스스로 망하는 것입니다. 입다가 묻는 것은 바로 이것입니다. 일단 내가 머리가 되고 난 후에 엉뚱한 소리를 하지 않고 무조건 따라오겠느냐 하는 것입니다. 장로들이 약속하니까 입다는 하나님께 이 모든 것을 보고합니다.

11절 이에 입다가 길르앗 장로들과 함께 가니 백성이 그를 자기들의 머리와 장관을 삼은지라 입다가 미스바에서 자기의 말을 다 여호와 앞에 아뢰니라

입다의 암몬과의 논쟁

입다는 암몬 사람들과 싸우기 이전에 왜 그들이 길르앗 땅을 빼앗으려고 해서는 안 되는지 사신을 보내어 길게 설명합니다. 옛날의 전쟁은 명분의 전쟁이었습니다. 그래서 전쟁의 명분에서 밀리면 한 수 밀리는 것이었습니다. 입다는 암몬 족속의 왕에게 그들이 길르앗을 빼앗으려고 하는 것이 왜 잘못된 것인지 역사적인 배경을 가지고 잘 설명을 해서 이깁니다.

12-13절 입다가 암몬 자손의 왕에게 사자들을 보내 이르되 네가 나와 무슨 상관이 있기에 내 땅을 치러 내게 왔느냐 하니. 암몬 자손의 왕이 입다의 사자들에게 대답하되 이스라엘이 애굽에서 올라올 때에 아르논에서부터 얍복과 요단까지 내 땅을 점령했기 때문이니 이제 그것을 평화롭게 돌려 달라

암몬 왕은 아주 품위 있게 대답을 했습니다. 이스라엘 백성들이 애굽에서 올라와서 내 땅인 이 길르앗 땅 아르논에서 얍복까지의 땅을 차지했기 때문에 달라고 한다는 것입니다. 다시 말해서 너희들은 애굽에서

올라왔고 우리는 여기 오래 살아왔기 때문에 여기에는 원래 너희 땅이 없는 것이 정상이라는 것입니다. 좋게 말할 때 순순하게 내어주는 것이 좋을 것이라고 말하고 있습니다. 그런데 여기서 입다의 풍부한 성경 지식은 쏟아지고 있습니다. 입다는 이스라엘 역사에 정통한 사람이었습니다. 그는 출애굽의 모든 과정을 소상하게 알고 있었습니다. 14절부터 보면 입다는 몇 가지로 암몬 왕의 주장을 반박합니다.

첫째 이스라엘 백성들이 애굽에서 나와서 광야 경계선인 가데스까지 왔을 때 가나안 땅에 들어가려고 에돔과 모압에 길을 부탁했다는 것입니다. 그런데 그들이 반대했기 때문에 그들은 억지로 길을 우회하여 아주 먼 길을 돌아서 요단 동편까지 왔다는 것입니다. 그리고 바로 이 길르앗 땅의 왕인 시혼에서 길을 부탁하니까 그들은 거부했을 뿐 아니라 군사를 끌고 나와서 전쟁을 벌였기 때문에 싸우지 않을 수 없었다는 것입니다. 다시 말해서 이 땅은 암몬 사람의 것이 아니고 아모리 사람들의 것인데 전쟁으로 빼앗았다는 것입니다. 그래서 그들에게 이것을 적용시킵니다. 너희들도 그모스 신을 믿는데 그모스가 싸워서 이기게 하면 그 땅을 가지지 않느냐 하는 것입니다. 우리도 우리 하나님 여호와가 이기게 해서 가졌다는 것입니다.

그리고 27절에 결론을 내립니다.

27절 내가 네게 죄를 짓지 아니하였거늘 네가 나를 쳐서 내게 악을 행하고자 하는도다 원하건대 심판하시는 여호와께서 오늘 이스라엘 자손과 암몬 자손 사이에 판결하시옵소서 하였으나

물론 암몬 왕은 억지로 이스라엘 백성들로부터 길르앗 땅을 빼앗으려고 합니다.

그런데 입다가 암몬 왕에서 사신을 보내서 이 긴 설교에 가까운 반박을 하는 이유가 무엇입니까? 그것은 암몬 왕이 입다의 말을 듣고 물러날 것이라고 생각해서 한 것은 아니었습니다. 그러면 입다의 이 말이 가지는 의미가 무엇입니까?

첫째는 하나님께 한 말이었습니다. 입다는 이 세상 모든 것이 하나님의 주권하에 있다는 것을 인정합니다. 물론 이스라엘 백성들이 하나님께 범죄하여 이렇게 고생하는 것은 당연합니다. 하나님을 믿는다고 하면서도 하나님의 뜻대로 살지 못한 것이 많은 것은 분명합니다. 그러나 아무리 하나님의 백성들이 하나님께 범죄하여 고난을 당하고 어려움을 겪는다 하여도 그것 때문에 암몬이 하나님께서 주신 길르앗 땅을 빼앗으려 하는 것은 옳지 않다는 것을 하나님께 고발하는 것입니다. 이스라엘 백성들의 고생은 어디까지나 하나님과 이스라엘 백성들 사이의 문제이지, 여기에 암몬 왕이 끼일 자리가 아닙니다. 아무리 하나님의 백성들이 하나님으로부터 연단을 받아서 사글세 집에서 살고 변변한 월급도 받지 못한다 하여도 그것 때문에 악한 자가 그의 재산이나 소유를 넘어 볼 성질의 것이 되지 못합니다.

이 세상의 특징이 무엇입니까? 괜히 누군가가 약하게 보이면 그를 집어 삼키고 싶은 것입니다. 그러나 하나님의 백성들은 아무리 연약해져 있고 낮아져 있어도 하나님의 소유입니다. 그들의 것을 빼앗기 위하여 넘보는 것은 하나님께 대한 공격이 됩니다.

그뿐만 아니라 이것은 암몬 왕을 부추기고 있는 악의 세력에 대한 선포입니다. 악의 세력의 특징이 무엇입니까? 교만하고 혈기 있는 자들을 충동질해서 하나님의 백성들을 괴롭게 하는 것입니다. 그러나 하나님의 백성들에게 말씀의 역사가 회복되면 그들은 더 이상 하나님의 백성들을 속일 수가 없습니다. 길르앗의 장로들이 겸손을 회복하고 신령한 눈을 되찾아서 입다를 데려왔을 때 이들은 이미 회개의 열매를 거두고 있는 것이었습니다. 입다는 이 사실을 선포함으로 악의 세력을 내어 쫓고 있는 것입니다. 우리 안에 하나님의 말씀의 능력이 회복되고 있을 때 악의 세력은 더 이상 있을 수가 없습니다. 악의 세력은 우리가 무지하고 혼미한 가운데 빠져 있을 때 설칠 수 있습니다. 그러나 말씀의 역사가 회복되면 악의 세력은 힘을 잃게 되어 있습니다.

이 세상이 나의 모든 것을 빼앗으려고 할 때 우리는 먼저 하나님께로 돌아가야 합니다. 그리고 하나님께서 사람을 통하여 일하신다는 것을 기억하시기 바랍니다. 그렇게 하시는 이유가 무엇입니까? 우리의 겸손을 확인해 보시기 위한 것입니다. 만일 길르앗 장로들이 입다로부터 책망 받는 것을 싫어했거나 혹은 그의 신분 때문에 그를 거부했다면 그들은 도저히 소생할 수 없었을 것입니다. 그리고 일시적으로 겸손한 체 하다가 입다를 이용하고 암몬 사람들이 물러 간 후 그를 다시 배척했더라면 길르앗은 구원받을 수 없었을 것입니다. 하나님께서 우리를 힘들게 하실 때 다른 사람들을 상대하려고 할 것이 아니라 그동안 내 안 있는 불신앙과 교만을 회개해야 합니다. 그러나 회개하는 척하면 안 되고, 철저하게 맡기고 입을 다물어야 하나님이 역사를 하시는 것입니다.

이 본문이 우리에게 말씀하시는 것이 무엇입니까?

우선 입다는 출신 때문에 대단히 불행한 성장과정을 겪어야만 했습니다. 그는 창녀의 아들이었기 때문에 어렸을 때부터 많은 천대를 받았고 결국 집에서 쫓겨나기까지 했습니다. 그러나 그는 그런 어려운 과정을 통하여 하나님을 알게 되었고 그는 더욱더 하나님을 가까이 했습니다. 하나님을 가까이 했기 때문에 그는 더 핍박을 받게 되었습니다. 그러나 결국 하나님께 더 가까이 나아가는 것이 모든 문제를 푸는 열쇠라는 것입니다.

이스라엘 백성들이 어려울 때 준비된 사람은 입다 한 사람밖에 없었습니다. 그는 말씀으로는 준비되었지만 그를 알아주는 사람도 없었고 오히려 길르앗 사람들은 그를 내어 쫓았고 그를 미워했습니다. 혹시 여러분들 중에서 성장 과정에서 많은 아픔과 상처를 겪은 분이 계십니까? 사람들이 알아주지 않는 천덕꾸러기로 살아 왔습니까? 하나님을 가까이 하십시오. 하나님께서는 모든 것을 다 회복시켜 주십니다. 결국 미워하던 사람들까지 다 하나 되게 하십니다. 왜냐하면 하나님은 외모를 보시지 않기 때문입니다.

두 번째는 길르앗 장로들이 겸손을 되찾은 것이 그들이 사는 길이었습니다. 만일 그들이 위신이나 체면을 생각했다면 망하는 것입니다. 그들이 하나님께 기도하고 회개했을 때 무엇이 보였습니까? 입다라는 '히든카드'가 눈에 들어 왔습니다. 만일 그들이 끝까지 교만했더라면 이런 기생의 아들이 눈에 보였을리가 없습니다. 더욱이 한때 그들이 미워하여 쫓아낸 자가 눈에 들어 올리가 없었습니다. 그들이 깨달은 것이 무엇입니까? 하나님은 사람을 통하여 일하신다는 것입니다. 그 이유가 무엇입니까? 우리의 겸손을 테스트 해 보시기 때문입니다.

그러나 한번만 겸손하면 안 됩니다. 이번을 기회로 해서 철저하게 자신을 낮추어야 합니다. 하나님의 백성들이 겸손하기가 더 어렵습니다. 그 이유가 무엇입니까? 내가 하나님을 섬기면 되지 네가 무슨 상관이냐 하는 것입니다. 그러나 하나님에 대한 나의 태도는 반드시 사람을 통하여 확증되게 되어 있습니다. 다른 사람을 인정하지 않는 신앙은 기질이지, 신앙이 아닙니다. 그것은 마치 안전핀이 뽑힌 수류탄과 같습니다. 언제 터질지 모릅니다.

우리가 계속 기도해야 할 이유가 무엇입니까? 가족들이나 주위에 있는 사람들의 마음이 겸손하게 되어 실제적이 되는 것입니다. 장관이 기생 아들인 것이 무슨 상관입니까? 나라 전체를 빼앗기는 것 보다는 낫지 않습니까?

세 번째는 우리의 길르앗이 무엇입니까? 그것이 하나님보다 더 중요한 것이 되지 않게 하십시오. 그러나 예수 믿는다는 것이 현실을 완전히 무시하고 수도승처럼 사는 것을 말하지는 않습니다. 포기할 것은 포기하지만 그런 중에도 건질 것은 건져야 합니다. 길르앗은 하나님이 주신 귀중한 선물입니다. 하나님이 주시지 않은 것을 포기해야지 하나님이 주신 것은 절대로 잃지 마시기 바랍니다.

CHAPTER 23

입다의 서원

사사기 11:29–40

국가 원수가 어느 나라를 방문할 때 반드시 찾아가서 헌화하는 곳이 있습니다.

그곳은 다름 아닌 그 나라의 '무명용사의 비'입니다. 그 나라를 지키기 위하여 이름도 없이 죽어간 젊은 용사들의 희생에 경의를 표하는 것입니다. 그렇게 하는 것이 방문한 그 나라 사람들에게 진심으로 경의를 표하는 것이 될 것입니다. 제가 초등학교 시절에 소풍을 간 곳 중에 유엔 묘지가 있었습니다. 우리나라를 적의 공격으로부터 지키기 위해서 죽은 외국 군인들의 묘지에 가서 우리에게 주어진 자유의 소중함을 생각할 수 있었던 것입니다.

요단 동편의 길르앗 사람들에게 그들의 자유의 소중함을 깨닫게 해준 작은 무덤이 하나 있었습니다. 그것은 바로 길르앗의 장수 입다의 무남독녀 딸이 처녀로 죽은 작은 무덤이었습니다.

길르앗 사람들은 암몬 족속들의 침략을 받아서 존폐의 위기에 처해 있었습니다. 그런데 길르앗의 장로들이 기생의 아들이어서 추방당한 입다를 데리고 와서 자신들의 지도자로 삼았습니다. 입다는 암몬 족속들과 나가서 싸우기 전에 하나님께 서원을 하나 했습니다. 그것은 만일 자기가 이기고 살아서 돌아온다면 자기 집에서 가장 먼저 나와 자기를 맞이하는 자를 하나님께 바치겠다는 것이었습니다. 그런데 승리하고 돌아왔을 때 입다의 무남독녀 딸이 소고를 치면서 아버지의 승리를 축하하기 위하여 먼저 나왔습니다. 결국 입다의 서원 때문에 입다의 딸은 죽었습니다. 이것이 길르앗 사람들에게는 그렇게 가슴 아픈 일일 수 없었습니다. 아무것도 모르는 죄 없는 소녀가 아버지가 암몬을 무찌르고 돌아오는 날, 아버지를 축하하기 위하여 나갔다가 죽게 되었습니다. 암몬만 없었더라면 이런 희생은 없었을텐데. 그래서 길르앗 처녀들만이 아니라 모든 길르앗 사람들의 가슴에 입다의 딸의 아까운 죽음은 두고두고 아픔이 되었습니다. 결국 길르앗 사람들에게 자유의 소중함을 가르쳐준 것은 입다의 딸의 아까운 죽음이었습니다.

입다의 서원

입다는 전쟁에 나가기 전에 하나님의 성령이 그에게 강하게 임하는 체험을 했습니다.

29절 이에 여호와의 영이 입다에게 임하시니 입다가 길르앗과 므낫세를 지나서 길르앗의 미스베에 이르고 길르앗의 미스베에서부터 암몬 자손에게로 나아갈 때에

사사기에서 우리가 반복해서 보는 바이지만 사사들은 전쟁에 나가기 전에 성령이 그에게 임하는 체험을 했습니다. 사사들은 모두 자기 힘으로 나가서 싸운 것이 아니었습니다. 그들도 성령의 능력이 임하기 전에는 능

력 면에서 다른 사람들과 별로 다를 것이 없는 평범한 사람들이었습니다. 그런데 성령이 그들에게 임하니까 그들은 변했습니다. 완전히 다른 사람으로 변해서 지혜가 있었고 용기가 있었으며 엄청난 권능으로 상대들을 무찔렀습니다.

사사기는 바로 오늘날 교회 시대를 보여주는 말씀입니다. 그리스도인들이 세상을 이기는 힘은 오직 성령의 능력에서 나옵니다. 그리스도인이라고 해서 다른 사람들과 다르지 않습니다. 그들도 염려하고 걱정하고 힘이 없습니다. 그런데 한번 주님의 손에 붙들리기만 하면 어떤 엄청난 일도 능히 감당합니다.

그래서 길르앗 사람들이 입다를 찾아서 데려온 이유가 바로 거기에 있었습니다. 어떤 어려운 전쟁이라도 하나님께서 세우신 사람만 내세우면 반드시 이긴다는 것입니다. 그들은 무려 십팔 년 동안이나 암몬 사람들에게 학대와 착취를 당했고 이번에는 아예 모든 삶의 기반을 빼앗길 수밖에 없는 위기에 처해 있었지만 하나님이 준비한 사람만 찾으면 어떤 어려움도 이겨낼 수 있다는 믿음이 있었습니다. 그 사람을 그들은 입다에게서 찾았습니다.

오늘 신약 시대에 우리가 가지고 있는 믿음이 무엇입니까?

내가 아무리 연약하고 학벌도 없고 알아주는 사람도 없지만 일단 주님의 손에 붙들리기만 하면 못할 일이 없다는 믿음이 있는 것입니다. 그래서 우리에게 가장 중요한 것은 하나님의 뜻이 어디에 있느냐 하는 것입니다. 그것만 확인이 되면 어떤 불가능한 일들도 우리는 해낼 수가 있는 것입니다.

그런데 이 본문의 중요한 점은 입다가 암몬과의 전쟁에 나가기 전에 하나님께 서원을 하는 것입니다.

30, 31절 그가 여호와께 서원하여 이르되 주께서 과연 암몬 자손을 내 손에 넘겨 주시면, 내가 암몬 자손에게서 평안히 돌아올 때에 누구든지 내 집 문에서 나와서 나를 영접하는 그는 여호와께 돌릴 것이니 내가 그를 번제물로 드리겠나이다 하니라

가장 중요한 것이 바로 입다가 전쟁에 나가기 전에 하나님께 서원을 한 이유가 무엇이냐 하는 것입니다. 우리는 여기서 입다가 즉흥적으로 서원을 했다고 생각하지 않습니다. 그는 충분히 생각을 하고서 아마 길르앗 미스베를 지나면서 다른 모든 부하들이 들을 수 있게 하나님께 공개적으로 서원을 했던 것 같습니다.

이 본문을 보면 '내 집 문에서 나와서 나를 영접하는 그'라고 했습니다. 이것은 분명히 사람을 의미하는 것으로 봅니다. 그가 자기 집에 있는 가축 중에서 먼저 뛰어 나와서 자기를 맞이할 것을 염두에 두고 한 말은 아닐 것입니다. 더욱이 길르앗 전체의 사활이 달린 전쟁에 나가면서 개나 양과 같은 가축을 하나님께 바치겠다는 의미의 서원 같지는 않습니다. 그는 분명히 사람을 하나님께 바칠 것을 서원하고 있는 것입니다. '내 집 문'이라고 하면 자기 가족이나 하인이나 종을 염두에 두고 하는 말입니다.

그런데 문제는 이스라엘 율법에서 사람을 하나님께 바치는 인신 제사를 하나님이 가장 싫어하는 것으로 규정하고 있는 것입니다. 그 당시 암몬 족속이나 모압 자손은 사람을 죽여서 제사로 드리는 풍습이 있었습니다. 그런데 하나님께서는 이런 인신 제사를 가장 싫어하셨고 증오하셨습니다. 그래서 하나님께서는 이스라엘 백성들에게는 어떤 경우에도 이러한 인신 제사를 드리지 못하게 하셨습니다. 그런데 무엇 때문에 입다는 전쟁을 하기 전에 이런 인신 제사를 하나님께 서약을 했느냐 하는 것입니다. 이것에 대하여 몇 가지 생각할 수 있습니다.

첫째는 입다의 신앙이 이방신으로 오염되었다는 것입니다. 입다가 암몬 왕을 성경적인 배경을 가지고 꾸짖는 것을 보면 그가 대단히 성경적인 신앙을 가진 것으로 생각되지만, 그럼에도 불구하고 이 당시 이스라엘 백성들에게는 보편적으로 이런 이방 신앙으로 오염되어 있어서 급할 때에는 자기도 모르게 이방 신앙이 튀어나왔다고 보는 것입니다. 다시 말해서 입다의 신앙에 혼동이 있었다고 보는 것입니다. 입다 같은 사람도 어느 부분에서는 여호와의 신앙과 이방 신앙이 혼합되어 있을 정도로 이스라엘 백성들의 신앙은 오염되어 있어서 하나님께서 가장 싫어하시는 서원을 한 것입니다.

두 번째는 입다의 불신앙이라고 봅니다. 입다는 전쟁에 나가기 전에 성령이 그에게 임하여 주시고 자기 안에 성령의 감동이 있음에도 불구하고 승리를 확신하지 못했던 것 같습니다. 입다의 이번 전쟁은 모두 사느냐 죽느냐가 달린 전쟁이었습니다. 자기가 나가서 이기면 길르앗 사람들은 모두 살 수 있습니다. 그러나 자기가 나가서 이기지 못하면 길르앗 사람들은 아무도 살지 못하고 다 죽게 됩니다. 그때 입다가 생각한 것이 무엇이겠습니까? 우리가 나가서 목숨을 걸고 싸우는 것만큼 남아 있는 사람들도 죽을 각오를 해야 한다는 것입니다.

입다는 전쟁에 이길 것을 확신하지 못했던 것 같습니다. 그의 머리를 자꾸 괴롭히는 것이 무엇입니까? 자기들은 모두 몰사하고 자기 가족들이 모두 적의 칼에 유린당하는 불길한 생각이었습니다. 아마도 입다는 이런 최악의 경우를 염두에 둔 것 같습니다. 그는 그것을 기정사실화하면서 혹시라도 만일 우리가 이기고 온다면 그때는 모두 다 죽어야 정상인데 그래도 만일 하나님의 도우심으로 무사히 살아서 돌아온다면 성에 남아 있는 우리 집 가족 중 한 사람을 바치겠다는 것입니다. 뒤집어서 말하면 만일 우리 집 가족 중에서 한 명이 희생되어 길르앗 사람 전체를 살릴 수 있다면 기꺼이 그렇게 하겠다는 것입니다.

세 번째는 번제로 바치겠다는 것이 꼭 사람을 죽이겠다는 뜻이 아니라 평생을 성전에서 봉사하는 자로 바치겠다는 뜻으로 해석하는 사람들이 있습니다. 그러나 전체적인 의미를 보면 인신 제사였던 것으로 보는 것이 옳습니다.

입다의 인신 제사의 서원은 불신앙에서 온 것입니다. 입다는 자기가 하나님이 세운 사람이며 하나님의 성령이 함께 하신다면 어떤 적이라도 이길 수 있을 것을 믿었어야만 했습니다. 그러나 그의 마음속에는 이런 믿음이 부족했던 것입니다. 그 작은 불신앙을 사탄이 파고 들어와서 큰 불행을 가져오게 되었습니다.

서원의 바른 의미

원래 서원이라고 하는 것은 감사제의 일종이었습니다. 하나님의 은혜가 너무나도 감사해서 그 받은 은혜를 헛되지 않게 하기 위하여 자신의 행복의 일부를 포기하거나 혹은 어떤 희생을 감수하기로 하나님께 자진해서 약속을 드리는 것입니다. 그런데 사람의 불신앙 때문에 서원이라는 것이 조건부 약속처럼 변하게 되었고 가장 대표적인 케이스가 바로 이 입다의 서원이라고 생각됩니다.

우리가 어려운 일을 당했을 때 그 어려움을 하나님께 기도드리고 하나님의 도우심을 믿어야 합니다. 그러나 상황은 너무나도 다급하고 도저히 그 어려움에서 벗어날 가능성이 없을 때 사람들은 마치 지푸라기라도 잡고 싶은 심정으로 하나님께 서원을 하게 됩니다. '하나님, 만일 이 어려움에서 벗어나게만 해 주신다면 어느 것을 하나님께 바치겠습니다'라고 한다든지 '하나님, 만일 저에게 아들을 주신다면 그 아들을 목회자로 하나님께 바치겠습니다'라는 식으로 조건부 약속을 하게 되는 것입니다. 그런데 성경이 말씀하고 있는 것이 무엇입니까? 하나님께서는 우리가 우리의 필요를 말하기도 전에 이미 우리에게 무엇이 필요한지 아신다는 것입니다. 그런 조건을 달지 않아도 하나님께서는 우리에게 은혜를 주시고 우리를 그 어려움에서 건져 주시기를 기뻐하십니다. 그런데 만일 하나님께서 응답하신 후 우리의 마음이 변하게 된다면 그때에는 서원이 올무가 되어서 두고두고 발목을 잡게 되는 것입니다.

전에 어떤 부인은 병원에서 암이라는 진단을 받았습니다. 그래서 그는 무척이나 낙심하고 절망했습니다. 그런데 나중에 정밀 검사를 해 보니까 암이 아니라는 판정이 나왔습니다. 그는 너무나도 기쁘고 감사해서 암이었을 때 치료비에 해당되는 돈을 가난한 의대생을 위하여 써 달라고 하면서 그 병원에 기부를 했습니다. 그렇게 하는 것이 정상적인 서원이지요. 그런데 암에 걸렸다고 해서 낫게만 해 주시면 얼마를 하나님께 바치겠다고 서원을 했는데 그것이 오진으로 판정이 나면 그때부터 과연 그 돈을 바쳐야 하는지 갈등이 생기게 되는 것입니다. 그래서 서원에 있어서 가장 중요한 것이 자신이 감당할 수 없는 것은 서원하지 않는 것입니다. 그리고 결코 조건이 되어서는 안 됩니다. 서원이 하나님의 은혜를 잊지 않고 또 그것을 헛되게 하지 않으려는 노력이 되어야지, 지키지도 못할 약속을 하게 되면 올무가 되게 됩니다.

입다의 경우에는 어떻습니까? 이미 하나님께서는 입다를 통하여 이스라엘 백성들을 구원하시기로 작정하셨습니다. 그렇다면 입다는 그것을 믿었어야만 합니다. 하나님은 입다의 서원 여부와 상관없이 입다를 도우시려고 작정하셨습니다. 그런데 입다가 그것을 믿지 못하고 조건부 서원을 하는 바람에 큰 승리의 날이 애통의 날로 바뀌고 말았습니다. 온 백성들이 기뻐하며 하나님께 영광을 돌려야 하는 날에 비통한 슬픔의 눈물을 흘려야만 했습니다.

우리는 신앙생활하면서 아무리 어렵고 힘들고 절박한 순간을 만난다 하더라도 하나님이 나를 도아주실 것을 믿어야 합니다. 그렇지 않고 조건부 서원을 하게 되면 내가 하나님을 앞질러 가게 될 때가 많습니다. 내가 먼저 약속을 해 버리고 내가 먼저 선수를 치는 바람에 하나님께서 주신 큰 구원의 날에 자기 욕심의 올무에 걸리든지, 아니면 비통한 눈물을 흘리게 될 때가 있습니다. 그래서 우리 믿음의 선배들은 이런 어려운 순간에 자신들의 입을 단속하는데 많은 훈련을 받았습니다. 입에 손을 대고 아무 소리도 하지 않고 조용히 하나님께서 하시는 구원을 바라보고 기다리는 것입니다. 그렇게 했을 때 하나님의 큰 역사에 온전히 영광을 돌리고 기뻐할 수 있었습니다. 중요한 일이면 중요한 일일수록 입을 열지 않았습니다. 왜냐하면 그것을 통해서 하나님의 개입을 기다리고 하나님의 온전한 역사를 바라는 표시로 그렇게 한 것입니다.

혹시 입다의 서원이 그의 자아상과는 어떤 관계가 있을까요? 입다처럼 어렸을 때부터 정상적인 가정에서 성장하지 못하고 결손 가정에서 자란 사람은 자아상이 많이 구겨져 있을 가능성이 많습니다. 그런 사람은 어떤 일을 맡아서 패배주의적인 생각이 지배하기 쉽습니다. '나는 못해. 나는 한 번도 일을 제대로 해 본 적이 없어. 이번에도 분명히 실패할거야. 나의 군대는 다 죽고 집에 남아 있는 식구들도 모두 죽임을 당하든지 노예로 끌려갈 거야' 하는 식의 생각을 하기 쉽습니다.

그러나 하나님께서는 자아상이 치료되기 전에는 이렇게 큰일을 맡기시지 않습니다. 하나님께서는 이런 큰 전쟁을 감당하기 전에 자아상이 반드시 치료되게 하십니다.

입다의 승리와 딸의 죽음

입다는 암몬과의 전쟁에 예상과는 달리 엄청난 승리를 거두었습니다.

32, 33절 이에 입다가 암몬 자손에게 이르러 그들과 싸우더니 여호와께서 그들을 그의 손에 넘겨 주시매. 아로엘에서부터 민닛에 이르기까지 이십 성읍을 치고 또 아벨 그라밈까지 매우 크게 무찌르니 이에 암몬 자손이 이스라엘 자손 앞에 항복하였더라

유감스러운 것은 여기에 나오는 지명들을 확인할 수 없는 것입니다. 아로엘과 민닛 그리고 아벨 그라밈은 암몬 지역의 도시 이름으로 생각됩니다. 아마도 이 당시 사람들은 이 도시들을 잘 알았고 이름만 들어도 입다의 승리가 얼마나 엄청난 것이었는지 알 수 있었을 것입니다. 그러나 우리는 암몬과는 너무나도 먼 곳에 살고 있고 또 지금은 이 도시들이 남아있지 않습니다. 우리는 단지 속으로 짐작할 뿐입니다. 아마도 입다가 암몬 자손들의 땅 안으로 깊숙이 치고 들어가서 결국 암몬 나라 전체의 항복을 받아내고야 말았구나 하는 것이 우리의 추측입니다.

하나님께서는 우리에 대한 선한 계획을 우리의 상태와 상관없이 행하십니다. 우리를 축복하려고 작정하셨으면 비록 우리가 축복받을 태도나 믿음이 없다 하더라도 그 작정하신 것을 이루십니다. 하나님께서 우리에게 무엇인가 주시려고 작정하셨으면 비록 우리가 그것을 받을만한 상태에 있지 못하다 하더라도 주십니다. 그래서 하나님께서 우리에게 어떤 축복을 주시거나 혹은 어떤 좋은 선물을 주실 때 그것이 나의 믿음에 따르는 당연한 결과라고 생각해서는 안 됩니다. 오직 하나님께서 나에게 이런 좋은 것을 주시려고 마음을 먹으셨고 나의 상태나 나의 믿음과 상관없이

그것을 실천하신 것뿐입니다. 그래서 하나님께서 나에게 놀라운 승리를 주시고 큰 이김을 주셨을 때 오히려 더 겸손해야 합니다.

입다가 암몬 족속을 물리쳐서 항복을 받고 돌아오던 때 입다의 무남독녀인 딸이 아버지의 승리를 축하하기 위하여 소고를 치며 가장 먼저 뛰어나와 영접했습니다. 이것은 입다가 전혀 생각하지 못한 일이었습니다.

34절 입다가 미스바에 있는 자기 집에 이를 때에 보라 그의 딸이 소고를 잡고 춤추며 나와서 영접하니 이는 그의 무남독녀라

딸의 입장에서 보면 이것이 당연한 일일 것입니다. 다른 어느 누구보다 먼저 아버지의 승리를 축하하는 것이 딸의 도리가 아니겠습니까? 그러나 입다는 자기가 하나님께 서원한 것을 생각하게 되었습니다. 그리고 그렇게 비통해 할 수가 없었습니다.

35절 입다가 이를 보고 자기 옷을 찢으며 이르되 어찌할꼬 내 딸이여 너는 나를 참담하게 하는 자요 너는 나를 괴롭게 하는 자 중의 하나로다 내가 여호와를 향하여 입을 열었으니 능히 돌이키지 못하리로다

입다는 하나님께서 주신 놀라운 승리의 날에 자신의 서원에 올무가 잡혀서 가장 슬퍼하고 비통해 했습니다. 사령관이 이렇게 비통해 하는데 어느 누가 축하의 노래를 부르며 춤을 출 수 있겠습니까? 마치 모두 부끄러운 승리를 한 것처럼 슬금슬금 다른 사람의 눈치를 볼 뿐이었습니다. 하지 말아야 할 서원을 하는 바람에, 가장 크게 기뻐하고 해방과 자유의 기쁨을 나누어야 할 시간에, 딸의 죽음을 슬퍼해야 하는 것으로 바뀌고 말았습니다. 이런 일은 사울 왕 때도 있었습니다. 사울은 하나님께서 요

나단으로 블레셋 군대를 이기게 하셨을 때 전군에게 금식을 명함으로 결국 힘이 없어서 이긴 승리도 놓칠 판이었습니다. 이스라엘 백성들은 굶었기 때문에 힘이 없어서 블레셋 사람들을 추격하지 못했습니다. 그런데 왕의 명령을 알지 못한 요나단이 꿀을 찍어 먹었다고 해서 죽임을 당해야 할 판이었습니다. 이것이 바로 거꾸로 가는 것입니다. 약간의 불신앙이 놀라운 승리의 순간에 하나님을 원망하게 만들었습니다.

'내가 여호와를 향하여 입을 열었으니 능히 돌이키지 못하리로다'

그때 입다의 딸이 아버지에게 이렇게 말을 합니다.

36, 37절 딸이 그에게 이르되 나의 아버지여 아버지께서 여호와를 향하여 입을 여셨으니 아버지의 입에서 낸 말씀대로 내게 행하소서 이는 여호와께서 아버지를 위하여 아버지의 대적 암몬 자손에게 원수를 갚으셨음이니이다 하니라. 또 그의 아버지에게 이르되 이 일만 내게 허락하사 나를 두 달만 버려 두소서 내가 내 여자 친구들과 산에 가서 나의 처녀로 죽음을 인하여 애곡하겠나이다 하니

딸은 놀라운 믿음의 소유자였습니다. 그는 아버지의 서원을 그대로 행하라고 말을 했습니다. 입다의 딸은 아버지가 하나님께 서원한 것은 꼭 지켜달라고 했습니다. 그 대신 자기가 처녀 죽음을 슬퍼할 수 있도록 두 달의 기회를 달라고 부탁을 했습니다.

이스라엘 사람들은 결혼을 하지 않고 처녀로 죽는 것을 가장 안타까워했습니다. 한번 생각을 해 보십시오. 어렸을 때 여자 아이들은 귀엽기만 합니다. 그러다가 성숙한 처녀가 되면 얼마나 탐스럽게 핍니까? 그리고 처녀가 죽으면 얼마나 아깝습니까? 물론 모든 생명이 다 아깝고 귀하지만 아름답게 필 것을 기다리고 있었는데 아름답게 핀 처녀가 행복하게

살지 못하고 죽는다고 생각해 보십시오. 얼마나 가슴 아픈 일입니까?

오래 전에 고故김준곤 목사님이 책을 하나 쓰신 것이 있는데 책 이름은 『딸의 죽음-그 존재의 제로 점에서』라는 것입니다. 결혼한 딸이었습니다. 남편을 유학보내고 암에 걸려 죽어갔습니다. 나중에는 몸무게가 26kg까지 내려갔다고 합니다. 사랑하는 딸의 죽음을 옆에서 지켜보아야 하는 아버지의 심정이 어떻겠습니까? 그 죽음 앞에서는 위대한 복음 전도자도 그저 아무것도 할 수 없는 한 아버지일 뿐이었습니다.

길르앗 사람들에게 마음의 아픔은 바로 이 입다의 딸의 죽음이었습니다. 입다는 자기 말대로 두 달 동안 산에서 친구들과 애곡하다가 돌아와서 죽임을 당했습니다.

39, 40절 두 달 만에 그의 아버지에게로 돌아온지라 그는 자기가 서원한 대로 딸에게 행하니 딸이 남자를 알지 못하였더라 이것이 이스라엘에 관습이 되어. 이스라엘의 딸들이 해마다 가서 길르앗 사람 입다의 딸을 위하여 나흘씩 애곡하더라

물론 입다의 딸이 구체적으로 어떻게 죽임을 당했느냐 하는 것은 문제가 있습니다. 아버지의 손에 의하여 죽음을 당했는지 아니면 정말 양이나 소처럼 제사장의 손에 넘기워져서 짐승처럼 죽임을 당했는지 알 수가 없습니다. 그러나 전체적인 흐름을 보면 입다의 딸은 분명히 아버지의 서원대로 죽임을 당한 것은 분명합니다. 중요한 것은 하나님께서는 인신제사를 가장 싫어하십니다. 그래서 아브라함에게 아들 이삭을 모리아 산에서 바치라고 하시고서도 결정적인 순간에 숫양으로 대신하셨습니다. 그러나 이번에는 숫양도 나타나지 않았고 아무도 입다를 말리지 못했습니다. 하나님께서도 침묵으로 입다의 딸의 희생을 허락하셨습니다.

가장 큰 이유가 무엇이겠습니까? 그것은 길르앗 사람들의 죄였습니다. 그들이 비록 암몬 사람으로부터는 구원을 받았고 놀라운 승리를 얻었을지 몰라도 그들의 죄는 아직까지 전혀 해결되지 않고 있었습니다. 하나님께서는 그들이 암몬 사람들의 손으로부터 건짐을 받았다고 해서 모든 문제가 끝난 것이 아니라는 것을 알기를 원하셨습니다. 그래서 입다의 잘못된 서원을 막지 아니하시고 허용하셔서 엄청난 승리의 순간에도 그들로 기뻐하지 못하게 하셨습니다.

입다의 딸의 죽음이 의미하는 것이 무엇입니까? 이스라엘의 문제는 아직 끝난 것이 아니라는 것입니다. 비록 그들이 암몬 사람들에게서는 구원받았을지 모르지만 아직 그들의 죄는 그대로 남아 있으며 결국 그들은 이제 하나님 앞에 나아가야만 한다는 것을 보여주는 것입니다.

왜 하나님께서는 이 승리의 날에 그 큰 아픔과 슬픔을 주셨습니까? 길르앗 사람들로 하여금 자신의 죄를 보게 하기 위해서입니다. 그래서 입다의 딸의 죽음은 한편으로는 암몬 사람들로부터 얻은 자유와 생명이 얼마나 소중한가 하는 것을 언제나 기억하게 할 뿐만 아니라 이 놀라운 축복의 순간에도 그들은 자기들의 죄를 속하기 위하여 하나님께 나아가야 한다는 것을 밝혀주는 위대한 죽음이었습니다. 길르앗 사람들이 이해할 수 없었던 것이 왜 이 죄 없는 처녀가 죽어야 했느냐 하는 것입니다. 왜 이 아름다운 처녀가 활짝 피어서 행복하게 살아보지도 못하고 이 놀라운 승리의 날에 산 제물로 하나님께 바쳐져야만 하느냐 하는 것입니다. 길르앗의 처녀들은 입다의 딸의 죽음을 자신의 죽음을 대신하는 것으로 생각했습니다. 그래서 그들은 두 달 동안 함께 산에 가서 울었습니다.

아마 제 생각에 길르앗의 처녀들 중에서 산에 따라가서 울지 않은 처녀가 없었을 것입니다. 입다의 딸은 어떤 의미에서 길르앗 사람들의 죄값과 같은 것이었습니다. 언제부터인가 길르앗 사람들은 하나님께서 입다의 딸의 죽음을 보시고 자기들을 죽음에서 구원하셨다고 생각하기 시작했을 것입니다.

육체적인 행복이 모든 문제의 해결이 아니었습니다. 병원에서 큰 수술을 받고 살아서 나왔다고 해서 모든 문제가 다 해결된 것은 아닙니다. 우리가 이 세상에서 성공했다고 해서 너무 크게 입을 벌리고 웃을 처지가 되지 못합니다. 그 이유가 무엇입니까? 우리의 죄가 하나님 앞에 그대로 있기 때문입니다. 그리스도의 죽음이 없었더라면 우리는 결코 행복할 수가 없습니다. 입다의 용기로 길르앗 사람들이 구원받은 것이 아니었습니다. 길르앗 사람들은 입다의 딸의 죽음 때문이라고 생각했습니다. 무죄한 피가 흘려지지 않는 이상 우리의 죄는 씻어지지 않습니다. 결국 길르앗 사람들의 죄가 입다의 딸을 죽게 한 것입니다.

결국 우리의 죄가 예수 그리스도를 십자가에 못 박히게 한 것입니다. 결코 우리는 그리스도의 죽음을 잊을 수 없습니다. 왜냐하면 그가 마치 짐승처럼 비참하게 나무에 달려 죽지 아니하셨더라면 자유나 존엄성이나 진정한 행복이 우리에게 주어질 수 없습니다.

이 본문이 우리에게 말씀하고 있는 것이 무엇입니까?

길르앗의 이스라엘 백성들이 암몬 사람들로부터 건짐을 받은 것이 진정한 자유의 전부가 아니라는 것입니다. 그들이 자신의 죄 문제를 가지고 하나님 앞에 나아가기까지 그들은 진정으로 해방된 사람들이 아니었습니다. 입다의 딸의 아까운 죽음이 의미하는 것이 무엇입니까? 그녀의 죽음에 길르앗 사람들의 죄를 대속해주지는 못합니다. 그러나 그들로 하여금 각자 자기 죄를 가지고 하나님께 나아가라는 메시지였습니다.

요즘은 입다 같은 딸이 없을 것입니다. 아마 두 달 여유를 주면 국경을 넘어서 도망을 쳐버릴 것입니다. 누가 자신의 젊음을 희생해서 아버지의 서원을 이루어 드리려고 하겠습니까? 그러나 입다의 딸은 아버지의 기도를 소중하게 생각했습니다. 그리고 자기는 알 수 없지만 자신의 죽음에 대한 하나님의 뜻을 인정했습니다. 그녀의 죽음은 오랫동안 이스라엘 사람들의 마음속에 진한 감동을 남겼습니다. 그 이유가 어디에 있습니까? 자신의 행복을 추구하지 않고 자신의 죽음을 통하여 이스라엘이 암몬으로부터 영원히 자유로워지기를 원했기 때문입니다. 그러나 그녀의 죽음은 단순히 암몬의 압제로부터의 자유가 아니라 그들로 하여금 자신의 죄를 보게 하고 영원한 멸망에서부터 구원받은 예수 그리스도의 예표로 나타나고 있습니다.

우리의 눈앞에 있는 빚이나 다른 질병의 문제가 해결되었다고 해서 모든 것이 다 끝났다고 생각하지 마시기 바랍니다. 그것을 통하여 더 본질적인 문제가 해결되는 믿음의 기회를 삼으시기 바랍니다. 그리고 내가 행복을 포기함으로 다른 많은 사람들을 자유케 할 수 있다면 기꺼이 감당하는 믿음의 사람들이 많아지기를 원합니다.

CHAPTER 24

에브라임의 전쟁

사사기 12:1-15

우리나라 정치에서 민주화가 이루어진 다음 과제는 누가 뭐라고 해도 민족 통일인 것은 부인할 수 없을 것입니다. 그러나 이 통일만큼 어려운 문제는 없는 것 같습니다. 많은 사람들은 통일을 잘못하다가 나라가 망하는 것이 아니냐는 두려움을 가지고 있는 것도 사실입니다.

우리나라가 이렇게 분단이 되게 된 것은 일제가 우리나라를 지배하다가 망하게 되었을 때 그 공백을 미국과 소련이 들어와서 차지해버렸기 때문입니다. 우리나라를 지배하던 일본은 망하고 우리나라 사람들은 힘을 가지지 못한 틈을 타서 강대국들이 자기들의 뜻에 따라 나라를 나누어 버린 것입니다. 소련이 망한 지금 앞으로 어떻게 하면 우리나라를 지키며 또 남북한 통일을 이루어야 할지는 참으로 어려운 문제가 아닐 수 없습니다.

우리가 이 본문에서 보게 되는 것은 길르앗 사람들이 암몬의 오랜 식민지배에서 벗어나자마자 요단 서편에 있는 에브라임 족속들이 그 위치를 차지하겠다고 나선 것입니다. 암몬 왕은 단순히 길르앗을 착취하는 것으로 만족할 수가 없었습니다. 그래서 모든 길르앗 사람들로 하여금 정해진 시간까지 요단 동편을 떠나든지 아니면 죽든지 하라고 요구를 했습니다. 그때 길르앗 사람들은 입다라는 하나님의 사람을 찾아내었습니다. 입다는 목숨을 걸고 싸워서 오히려 암몬 사람들의 항복을 받아 내었습니다. 이제 길르앗 사람들은 자신의 기본적인 자유나 삶을 되찾을 수 있게 되었습니다. 그때 요단 동편에 있는 에브라임 족속들은 갑자기 자기들이 길르앗을 지배해야 되겠다고 하면서 길르앗 땅으로 쳐들어 왔던 것입니다. 즉 암몬 족속들이 물러난 그 힘의 공백을 이용해서 자기들이 길르앗 땅의 주인이 되어보겠다는 것입니다. 우리는 이 본문을 통해서 이런 에브라임 족속들의 억지에 대하여 입다가 어떻게 싸워서 그들을 물리치고 길르앗 사람들의 자유를 지켜주었는가 하는 것을 보게 됩니다.

에브라임의 억지 주장

1절 에브라임 사람들이 모여 북쪽으로 가서 입다에게 이르되 네가 암몬 자손과 싸우러 건너갈 때에 어찌하여 우리를 불러 너와 함께 가게 하지 아니하였느냐 우리가 반드시 너와 네 집을 불사르리라 하니

길르앗 사람들이 18년 동안 암몬 사람들의 지배를 받다가 그들을 몰아내고 자유를 얻게 되었을 때 그들에게 남아있는 것이라고는 아무것도 없었습니다. 마치 우리나라가 일제 36년 동안 식민통치 받은 후 해방되었을 때 제대로 되어 있는 것이 아무것도 없었던 것과 마찬가지입니다. 일종의 권력의 진공 상태와 같은 상태였습니다. 바로 이런 약점을 알고 길르앗을 지배하겠다고 나선 사람들이 있었습니다. 그들은 바로 같은 이스라엘 족속인 에브라임 사람들이었습니다.

어떻게 생각하면 에브라임 사람들이 길르앗 사람들을 사랑하는 것 같습니다. 암몬과 싸우러 가면 싸우러 간다고 이야기를 하고 가야지 그냥 가면 어떻게 하느냐는 것입니다. 말이라도 하고 갔으면 우리가 도와주었을 텐데 아무 말도 하지 않고 간 것은 자기들을 완전히 무시했다는 것입니다.

여기서 우리가 알아야 할 것은 에브라임 사람들이 여기서 입다를 비난하는 것이 오직 하나의 핑계에 불과하다는 것입니다.

2, 3절 입다가 그들에게 이르되 나와 내 백성이 암몬 자손과 크게 싸울 때에 내가 너희를 부르되 너희가 나를 그들의 손에서 구원하지 아니한 고로. 나는 너희가 도와주지 아니하는 것을 보고 내 목숨을 돌보지 아니하고 건너가서 암몬 자손을 쳤더니 여호와께서 그들을 내 손에 넘겨 주셨거늘 너희가 어찌하여 오늘 내게 올라와서 나와 더불어 싸우고자 하느냐 하니라

여기서 입다가 대답한 것은 내가 암몬 족속과 싸울 때 너희를 불렀지만 너희가 모르는 체 하지 않았느냐는 것입니다. 즉 에브라임 사람들이 자기들의 허락도 받지 않고 입다가 암몬 족속들과 싸운 것은 자기들을 무시했다는 것은 한 가지 핑계에 불과한 것입니다. 그들이 바라는 것은 암몬 사람들이 물러난 틈을 타서 길르앗을 지배하려고 하는 것입니다.

에브라임 사람들이 원한 것은 길르앗 땅이었습니다. 그런데 하나님께서는 이스라엘 각 족속에게 땅을 분배해 주셨기 때문에 그곳을 차지할 수가 없었습니다. 그런데 이번에 암몬 사람들이 물러간 틈을 타서 '길르앗 사람들은 자기 땅을 다스릴 능력이 없다. 암몬 사람들도 18년 동안 다스렸는데 우리라고 해서 다스리지 못할 이유가 어디 있느냐'고 빼앗으려고 들어온 것입니다.

사사기 8장에 보면 기드온이 미디안 사람들을 물리치고 크게 승리했을 때 그때에도 에브라임 사람들이 기드온에게 몰려가서 그와 싸우려고 했던 것을 볼 수 있습니다. 그때 그들이 기드온에게 따졌던 것은 왜 우리로 하여금 먼저 싸우게 하지 않고 끝에 마무리 전쟁을 하게 했느냐 하는 것이었습니다. 아마 이때 기드온이 화를 내거나 기분 나쁘게 대답했더라면 에브라임과 므낫세 사이에 전쟁이 터졌을 것입니다. 그러나 그때 기드온은 아주 지혜롭게 대답을 함으로 에브라임 사람들을 무마시켰습니다. 왜 기드온은 에브라임의 억지 주장을 반박하면서 싸우지 않았을까요? 그것은 적어도 그들은 함께 싸운 동역자들이었고 지금 세바와 살문나라고 하는 도주하는 적을 추격 중에 있기 때문에 그들을 추격하는 것이 더 급했기 때문입니다.

그런데 이번에 입다의 경우는 달랐습니다. 에브라임 사람들은 전혀 암몬 사람들과 싸우지 않았습니다. 만일 그들이 함께 피 흘리며 싸웠더라면 입다가 절대로 에브라임 사람들과 싸우지 않았을 것입니다. 그뿐만 아니라 그들은 지금 길르앗이 약한 틈을 타서 입다를 몰아내고 자기들이 길르앗 땅을 차지하려고 하고 있습니다. 마치 온 힘을 다하여 도둑을 내쫓았더니 가만히 구경만 하고 있던 사람이 보따리를 차지하려고 하는 것과 같습니다. 설사 에브라임 사람들이 길르앗 사람들을 도와서 암몬 사람을 내어 쫓았다 하더라도 그들은 길르앗 땅을 차지하거나 혹은 거기서 무슨 이권 같은 것을 요구해서는 안 됩니다. 왜냐하면 하나님께서 각자에게 주신 삶이 있기 때문입니다.

여기서 우리가 보게 되는 것이 무엇입니까? 에브라임의 욕심입니다. 에브라임 족속이 겉으로는 길르앗을 걱정해주는 체 하지만 실제로는 그들의 땅을 몽땅 삼키려는 무서운 욕심이었습니다. 가끔 길에서나 주차장에서 작은 쪽지를 나누어주는 아주머니들이나 청년들이 있습니다. 그 쪽지에는 '급히 돈이 필요한 분!' 이렇게 적혀 있습니다. 우리가 보기에 얼마나 친절한 사람 같습니까? 그러나 그들은 단순한 고리대금업자들이 아닙니다. 어떤 사람은 순진하게 그들로부터 담보를 맡기고 돈을 빌렸다는 것입니다. 그런데 나중에 돈을 갚으려고 하니까 사람이 없는 것입니다. 그들이 목적으로 하는 것은 고리 이자 이상이었습니다. 시간을 끌다가 나중에 집이나 땅 전체를 삼키는 것이 목적입니다.

어떻게 같은 이스라엘 사람들 사이에 이런 일이 있을 수 있습니까? 그것은 이스라엘 사람들이라고 해서 다른 사람들과 본질적으로는 다를 바가 없는 죄성을 가진 탐욕스러운 인간이라는 사실입니다. 서로 관계가 좋을 때에는 집사 또는 권사 혹은 장로의 관계에 통합니다. 그러나 이권이 달려 있고 내 주머니에 있는 돈이 손해를 보게 되었을 때에는 장로와 집사, 권사도 없습니다. 서로 무섭게 물고 늘어져서 싸우는 것입니다. 그 이유가 어디에 있습니까? 이것은 바로 사람 속에 있는 죄와 탐욕이 십자가에 못 박히지 않고 그대로 남아있기 때문입니다.

인류가 하나된다고 하는 것은 속에 있는 죄가 해결되어야 합니다. 우리 안에 있는 근본적인 죄가 깨트려져서 내가 저 사람 때문에 아무리 속아도 괜찮고 내가 저 사람 때문에 망해도 좋다고 할 때 하나가 되는 것이지, 입으로만 외치는 구호나 이념만으로는 결코 하나될 수 없습니다. 적어도 자기 이익이 손해 보지 않을 때 까지는 평화롭지만 자기 이익이 손해 보게 되거나 혹은 주인 없는 공짜 돈이나 땅을 자치하려고 할 때 속에 있는 욕심이 발동을 하게 되는 것입니다.

그래서 우리에게 중요한 사람을 어느 정도까지 믿어야 하느냐 하는 것입니다. 사람 안에 있는 작은 가능성을 보고 누구든지 믿어야 하느냐 아니면 사람 속에 있는 무서운 죄성을 보고 아무도 믿어서는 안 되느냐 하는 것입니다.

자유주의 신학의 핵심이 '인간을 믿으라'는 것입니다. 사람을 믿어주고 잘 대해주면 누구든지 좋은 사람이 될 수 있다는 것입니다. 그러나 성경은 그렇게 말하지 않습니다. 특히 사도 바울은 사람이 철저하게 부패했다고 주장합니다. 사람이 부패하면 아무도 믿을 수 없는 것이 됩니다.

그런데 우리가 이 본문에서 보는 것은 역시 인간의 철저한 부패요 타락입니다. 지금 에브라임 족속들이 하려고 하는 것은 암몬 족속들이 한 것 보다 더 추악하고 더러운 짓입니다. 지금 그들은 길르앗 사람들을 도와주어서 자기 스스로 일어설 수 있게 해 주어야 합니다. 그런데 그들을 마치 빚을 받으러 온 사람들처럼 당당하게 들어와서 길르앗을 접수하려고 하고 있습니다.

에브라임이 길르앗을 도울 수 있는 유일한 방법이 무엇입니까? 그것은 그들을 그냥 내버려 두는 것이었습니다. 혼란이 있고 시행착오를 거듭한다 하더라도 자기들로 하여금 자기 문제를 해결하게 내버려두는 것입니다. 오늘날 많은 사람들이 자기 방식으로 다른 사람들을 사랑하려고 하기 때문에 얼마나 많은 고통을 주는지 모릅니다. 성령께서 우리에게 가장 먼저 하시는 것이 무엇입니까? 다른 사람을 그 사람으로 인정하는 것입니다. 자기 방식으로 사랑하는 것은 진정한 사랑이 아닙니다. 그 사람의 인격이나 그 사람의 삶을 인정하는 것이 사랑의 가장 기본이며 첫 번째 단계입니다.

결국 사람이 서로 사랑할 수 있는 것은 하나님이 주시는 성령의 능력밖에 없습니다. 우리 안에는 모두 저 깊은 곳에 무서운 욕망과 죄성이 도사리고 있습니다. 우리의 본질 안에는 분노와 보복하려는 본성이 숨겨져 있습니다. 성령께서 이 악한 본성을 누르시고 새 마음을 주셔야 진정으로 서로 도울 수 있고 남북이 하나 될 수 있으며 세계화도 그때 이루어지는 것입니다.

오늘 우리의 문제는 어디에 있습니까? 우리 안에 있는 죄성에 대하여 너무나도 무관심한 것입니다. 북한에 빨리 갔다 오려고 하고 영어나 몇 마디 하려고 하지 아직 내 속에 가득 차 있는 자존심과 남을 위하여 조금도 희생하려고 하지 않는 이기심 그리고 조금이라도 나의 것이 손해 볼 때 참지 못하는 분노에 대하여 관심이 없는 것입니다. 그러나 우리 안에 있는 죄성을 보지 못하면 다른 사람을 향하여 한발자국도 나아가지 못합니다. 그의 모든 주장은 공허한 메아리가 되어 돌아올 뿐입니다.

입다의 전쟁

입다가 에브라임과 싸우는 문제는 결코 쉬운 문제가 아니었습니다. 왜냐하면 이것은 하나님의 백성들 안에서의 내전이요 어떻게 보면 이스라엘을 갈라놓는 일이 될 수 있기 때문입니다.

이스라엘 백성들 안에서 이스라엘은 하나이어야 한다는 의식이 강했습니다. 그런데 입다는 첩의 소생인데 에브라임 지파와 전쟁을 일으켜서 이스라엘을 분리시켜 버리면 그 책임을 어떻게 감당하겠습니까? 그렇지 않아도 본토 사람들과 길르앗 사람들은 감정이 좋지 않았는데 전쟁까지 하면 어떻게 되겠습니까?

차라리 입다 자신이 길르앗을 포기하고 옛날처럼 돕 땅으로 돌아가는 것이 낫지 않을까요? 아마 입다도 그 생각을 했을 것입니다. 나 하나만 없어지면 이스라엘이 하나 되지 않을까? 그러나 그것은 무서운 속임수였습니다.

에브라임 사람들은 길르앗 사람들 모두를 입다와 같은 도망자로 생각했습니다.

4절 입다가 길르앗 사람을 다 모으고 에브라임과 싸웠으며 길르앗 사람들이 에브라임을 쳐서 무찔렀으니 이는 에브라임의 말이 너희 길르앗 사람은 본래 에브라임에서 도망한 자로서 에브라임과 므낫세 중에 있다 하였음이라

다시 말해서 길르앗 사람들은 모두 죄를 짓고 도망한 사람들이기 때문에 길르앗 땅을 차지할 권리가 없다는 것입니다. 이 말이 입다를 정신 차리게 했습니다. 이들은 말만 이스라엘 족속이지, 실제로는 사악한 도둑놈들이었습니다.

입다에게 있어서 가장 분별하기 어려운 것은 지금 이 요단 강을 건너온 에브라임 사람들이 적인가 친구인가 하는 것이었습니다. 과연 이들은 설득하고 대화를 나누어야 할 대상인가 아니면 한 명도 남기지 않고 죽여야 할 대상인가 하는 것이었습니다. 어떻게 보면 차라리 암몬 사람과 싸우는 것이 더 쉬웠습니다. 왜냐하면 그들은 모두 적이었고 옷이나 생김새가 완전히 구별되었습니다. 그러나 에브라임 사람들은 외모가 살 구별이 되지 않았고 특히 같은 이스라엘 사람들이었습니다.

오늘 우리 그리스도인들이 싸워야 하는 싸움은 바로 이렇게 눈에 보이지 않는 사탄의 세력과의 싸움입니다. 우리가 세상에 나가보면 모든 악들이 세력을 형성하고 있습니다. 그것을 어떻게 분별해서, 거부할 것은 거부하고 싸워서 이겨야 할 것은 이겨야 하는 것입니다. 이것을 할 수 있는 사람은 운동권에 빠지게 되는 것입니다. 세상은 모순덩어리요 정상적인 방법으로는 바로 되지 않을 것 같으니까 폭력의 방법을 사용하는 것입니다. 그러나 우리 예수 그리스도는 이런 악의 세력을 쳐부수는데 전문가이십니다. 그래서 우리에게 지혜와 믿음을 주셔서 이런 악을 분별해서 이기게 하시는 것입니다.

여기서 입다가 생각한 것이 무엇입니까?

첫째, 그로 하여금 암몬과 싸워서 이기게 하신 분은 하나님이란 사실이었습니다. 3절 중간에 '여호와께서 그들을 내 손에 넘겨 주셨거늘 너희가 어찌하여 오늘 내게 올라와서 나와 더불어 싸우고자 하느냐?'라고 말하고 있습니다. 에브라임 사람들은 일체 하나님이 하신 것을 인정하려고 하지 않습니다. 이번 전쟁을 시작하신 분이나 이기게 하신 분은 하나님이신데 에브라임은 하나님이 하신 것을 인정하려고 하지 않습니다. 그뿐만 아니라 그들은 길르앗 사람들 모두를 도망자로 규정하고 있습니다. 이것은 하나님께서 각 지파에게 주신 한계를 인정하지 않겠다는 뜻입니다.

입다는 에브라임 사람들의 주장이 일시적인 감정적인 오해나 기질의 문제가 아니고 이것은 아주 깊이 생각한 악한 궤계라는 것을 알았습니다. 입다는 길르앗으로 옴으로 정당한 이스라엘의 자격을 얻었습니다. 그런데 에브라임 사람들은 자기 멋대로 그들을 하나님의 땅에서 내어 쫓으려 하고 있습니다. 입다는 이것을 악의 문제로 보고 철저하게 응징하기로 결론을 내렸습니다. 그래서 입다는 과감하게 에브라임 사람들과 싸워서 그들을 물리쳤습니다.

여기에 보면 입다가 에브라임 사람들을 치는데 몇 가지 원칙이 있는 것을 보게 됩니다.

첫째, 입다는 에브라임과 전쟁을 하는데 모든 에브라임 사람들과 싸우지 않고 요단 강을 건너온 에브라임 족속들만 죽인 것입니다.

5, 6절 길르앗 사람이 에브라임 사람보다 앞서 요단 강 나루턱을 장악하고 에브라임 사람의 도망하는 자가 말하기를 청하건대 나를 건너가게 하라 하면 길르앗 사람이 그에게 묻기를 네가 에브라임 사람이냐 하여 그가 만일 아니라 하면. 그에게 이르기를 쉽볼렛이라 발음하라 하여 에브라임 사

람이 그렇게 바로 말하지 못하고 십볼렛이라 발음하면 길르앗 사람이 곧 그를 잡아서 요단 강 나루턱에서 죽였더라 그때에 에브라임 사람의 죽은 자가 사만 이천 명이었더라

사람은 감정의 동물이기 때문에 한번 전쟁을 시작하면 눈에 보이는 것이 없이 그와 상관되는 모든 사람들과 다 싸우려고 합니다. 요즘 테러하는 사람들은 미국을 돕는 자는 모두 다 테러의 대상으로 공격을 하겠다고 합니다. 이것은 벌써 전쟁에서 진 것입니다. 입다는 에브라임 족속 중에서 요단 강을 건너와서 적극적으로 길르앗을 쳐들어온 에브라임 족속들만 골라서 공격을 했습니다. 특히 입다는 다른 족속들이 피해를 보지 않도록 오직 에브라임 족속들만 골라내었습니다. 그 방법은 에브라임 족속들만 사용하는 발음이 있는데 그 발음으로 골라낸 것입니다. 그것이 '십볼렛'이라는 말이었습니다.

원래 '십볼렛'이라는 말은 개울이나 강을 의미했습니다. 그런데 에브라임 사람들은 '에스' 발음을 하지 못했습니다. 그들은 항상 '쉽볼렛'이라고 발음했습니다. 이것은 마치 '경제'를 '갱재'라고 발음하는 것과 같습니다. 어떤 사람은 '쌀'을 꼭 '살'이라고 발음하는 사람이 있습니다.

원래 나루턱을 지켜서 적을 죽이는 전법은 길르앗 사람들이 잘 쓰는 전법이었습니다. 그런데 이번에는 그들이 반대로 이 방법으로 당했습니다. 어떻게 해서 이렇게 많은 에브라임 사람들이 죽임을 당했을까요? 그들은 자신들의 외모가 다른 이스라엘 사람들과 똑같기 때문에 입다가 자기들을 구별하지 못할 것으로 생각했던 것 같습니다. 그러나 입다에게는 하나님이 주신 지혜가 있었습니다. 에브라임 사람들은 자기들이 사용하는 발음이 자기들을 죽게 할 줄은 꿈에도 생각하지 못했던 것입니다. 물론 에브라임 사람이라고 해서 모두 다 '십볼렛' 발음을 하지 못한 것은 아

닐 것입니다. 그러나 입다는 에브라임 사람 틈에 다른 지파 사람들이 억울하게 죽임을 당하는 일이 없도록 '십볼렛' 발음을 하지 못하는 자들만 잡아서 죽였습니다. 입다는 결코 요단 강을 건너가서 에브라임 족속 전체와 싸우지 않았습니다. 그 이유가 무엇입니까? 요단 강을 건너 온 자들만 하나님의 한계를 넘은 자들이기 때문입니다.

모세의 율법에는 땅의 경계선을 옮기는 것을 죄로 정하고 있습니다. 다른 사람들의 한계에 함부로 뛰어들어서는 안 됩니다. 만일 입다가 도망친 에브라임 사람들을 추격해서 요단 강을 건너가면 그도 하나님께 죄를 짓는 것입니다.

입다는 싸울 때와 멈출 때를 분별할 줄 알았습니다. 이것이 그가 죄는 응징하면서도 다른 지파에는 반감을 주지 않은 지혜였습니다.

세상에 법이 필요한 이유가 무엇입니까? 우리는 감정으로 싸워서는 안 됩니다. 감정으로 싸우게 되면 나도 하나님의 경계선을 넘어가서 너무 철저하게 보복할 가능성이 많습니다. 그래서 법이 필요합니다. 입다는 주어진 경계 안에서는 철저했지만 절대로 경계선을 넘어가지 않았습니다. 이것이 바로 그가 하나님의 손에 붙들려 있다는 증거였습니다. 하나님의 사람은 아무리 열심히 어떤 일을 하더라도 절대로 자신의 한계를 넘는 법이 없습니다. 자기에게 주어진 범위 안에서 철저하게 일을 할 뿐입니다.

우리의 주위에서 악으로 악을 갚는 경우를 많이 봅니다. 어떤 사람의 악을 해결하기 위하여 자기 자신도 또 악을 행하는 것입니다. 다른 사람의 악을 처리하기 위하여 자기도 뇌물을 쓴다거나 혹은 흑색선전을 한다면 그것은 똑같은 죄에 빠지는 것입니다. 결국 에브라임이나 입다나 다 같은 사람이 되고 맙니다. 그러나 입다는 자기 선을 지킬 수 있었습니다. 그것이 바로 입다가 하나님의 사람인 것을 보여주는 것입니다.

이스라엘 사사들의 세계화

입다가 죽은 후에 여러 명의 사사들이 등장하였습니다. 입산과 엘론과 압돈입니다. 그런데 이들의 사역에 대해서는 성경이 거의 말을 하지 않고 있습니다.

이것은 그들이 훌륭한 일을 하지 않았기 때문이 아닙니다. 오히려 정반대로 너무나도 훌륭한 일을 많이 한 사람들일 것입니다. 그러나 문제는 하나님의 눈으로 볼 때 이들의 사역은 거의 언급할 가치가 없다는 것입니다. 아마도 이 당시 사람들이 이들의 치적을 본다면 너무나도 놀랄 것입니다. 그 이유는 그들이 행한 많은 일들이 전혀 인정되지 않고 있는 점 때문입니다. 이것은 우리가 하나님 앞에 섰을 때도 마찬가지일 것입니다. 우리가 알고 있는 그 훌륭한 사람들의 많은 사역들이 하나님 앞에서 전혀 언급조차 되지 않는 것을 보게 될 것입니다. 그 이유가 무엇입니까? 하나님이 주시는 힘으로 하지 않고 자기 멋대로 했기 때문입니다.

입산의 사역은 아들 30명과 딸 30명을 외국 사람들과 결혼시킨 것입니다.

8-10절 그 뒤를 이어 베들레헴의 입산이 이스라엘의 사사가 되었더라. 그가 아들 삼십 명과 딸 삼십 명을 두었더니 그가 딸들을 밖으로 시집 보냈고 아들들을 위하여는 밖에서 여자 삼십 명을 데려왔더라 그가 이스라엘의 사사가 된 지 칠 년이라. 입산이 죽으매 베들레헴에 장사되었더라

이 당시 결혼은 지금 결혼과 개념이 달랐습니다. 이 당시 결혼은 조약과 일종의 불가침 조약과 같았습니다. 입산이 아들 30명과 딸 30명을 외국인과 결혼을 시켰다고 하는 것은 그의 사역이 주로 외국과의 관계에

있었음을 알 수 있습니다. 만일 그가 자기 아들이나 딸을 중복되지 않고 외국과 결혼을 시켰다면 무려 60개 나라나 부족과 불가침 조약을 맺은 것입니다. 아마도 그가 중요하게 생각한 것은 이스라엘의 개방이라고 생각했던 것 같습니다. 그래서 그는 가장 적극적인 방식으로 나라를 개방했습니다. 그 결과가 무엇이었습니까? 이스라엘이 세계적인 나라가 되는 것이 아니라 이스라엘 자체가 없어지는 것이었습니다.

아마 이 당시 사람들의 눈에는 입산이 세계적인 지도자로 보였을 것입니다. 그렇지 않다면 그가 그런 많은 외국 사람들과 사돈관계를 맺을 수가 없었을 것입니다. 그의 지위는 사사였지만 다른 나라 사람들에게는 거의 왕처럼 보였을 것입니다. 그는 이스라엘을 위하여 나름대로 애를 많이 썼고 또 성공을 거둔 사람이었습니다. 자식을 60명이나 낳으려면 분명히 부인이 많았을 것입니다. 수단과 방법이야 어떠했든지 간에 그는 성공한 사람이었습니다. 그러나 하나님 앞에서는 그가 한 일은 보잘것 없었습니다.

이스라엘이 세계화할 수 있는 길이 어디에 있습니까? 그것은 그들이 더욱 하나님의 말씀에 충실할 때입니다. 그러면 그들로부터 하나님의 은혜가 흘러나오게 되어 있습니다. 누구든지 그들과 함께 있으면 새사람이 되는 체험을 할 수 있습니다. 바로 이러한 성령의 은혜가 이스라엘을 세계적으로 만드는 것입니다. 교회가 자신이 없으면 없을수록 여러 가지 다른 것들을 끌고 오려고 합니다.

이 세상에 있는 좋은 것들을 많이 끌어 오는 것이 교회를 아름답게 하는 것이라고 생각하는 사람들이 있습니다. 그러나 실제로 그것은 교회를 죽이는 것입니다.

입산은 교회를 세계화시킨 것이 아니라 성령의 샘물을 이 세상의 찌꺼기로 막아서 죽게 한 사람으로 기록되는 것입니다. 교회가 사는 길은 하나님과 우리 사이를 막고 있는 인간쓰레기를 치우는 것입니다. 자신이 없으면 없을수록 이상한 여러 가지 것들을 끌고 와서 사람들의 기대를 충족시키려고 합니다. 아마 입산 때 이스라엘 백성들은 행복했을 것입니다. 그 이유는 좋은 지도자를 만나서 전 세계의 여러 가지를 맛볼 수 있었기 때문입니다. 그러나 세계는 맛볼 수 있었을지 몰라도 하나님의 신령한 은혜는 맛볼 수 없었을 것입니다. 이스라엘의 힘은 성령이 능력에 있고 사람을 변화시키는 능력에 있습니다.

엘론의 사역은 더 언급이 없습니다. 이것은 그가 아무것도 한 일이 없다기 보다는 아마도 입산의 사역을 그대로 이어받았기 때문에 할 말이 없는 것이 아닌가 하는 생각이 듭니다. 쉽게 말하면 '이하동문'과 같은 것입니다. 학교에서 상을 줄 때 내용이 똑같으면 '이하동문!'이라고 합니다. 똑같기 때문에 더 이상 할 말이 없다는 뜻입니다. 엘론은 입산의 성공을 모델 삼아서 그대로 사역한 것 같습니다. 그래서 그에 대하여 아무것도 할 말이 없는 것입니다. 사람들마다 다 자기 방법이 있습니다. 사울의 싸우는 방식이 다르고 다윗이 싸우는 방식이 달랐습니다. 하나님께서는 각자에게 독특한 자기 나름대로의 은사와 방법을 주십니다. 아무리 시간이 오래 걸려도 나의 방식을 찾아야 합니다.

압돈의 사역은 좀 독특했습니다.

13-15절 그 뒤를 이어 비라돈 사람 힐렐의 아들 압돈이 이스라엘의 사사가 되었더라. 그에게 아들 사십 명과 손자 삼십 명이 있어 어린 나귀 칠십 마리를 탔더라 압돈이 이스라엘의 사사가 된 지 팔 년이라. 비라돈 사람 힐렐의 아들 압돈이 죽으매 에브라임 땅 아말렉 사람의 산지 비라돈에 장사되었더라

세상적으로 보면 압돈의 사역은 대단히 성공한 것 같습니다. 아들 40명과 손자 30명이 모두 나귀를 타고 다녔다면 그들이 모두 귀족처럼 행세했다는 뜻입니다. 아마 다른 사사들은 이 성 저 성을 걸어 다니면서 재판을 하고 백성들을 가르쳤을 것입니다. 사무엘은 그렇게 했습니다. 그래서 전쟁을 앞두고 있는 사울에게 올 때에도 늦게 왔습니다. 아마도 사무엘은 지각을 자주했던 것 같습니다. 그러나 압돈의 사역은 기동성이 있었습니다. 그가 한번 말하면 아들들과 손자들이 한꺼번에 여러 성에 있는 사람들에게 전달할 수 있었던 것 같습니다. 그러니까 그는 대단히 뛰어난 하드웨어를 가진 셈이었습니다. 아마도 압돈은 커뮤니케이션의 중요성을 안 사람인 것 같습니다. 그가 한마디를 하면 그의 아들들과 손자들 70명이 나귀를 타고 여러 성에 가서 그것을 알렸습니다. 그러니까 얼마나 신속하게 모든 일을 처리할 수 있었겠습니까? 요즘으로 말하면 컴퓨터의 인터넷 정보 같은 것을 사용하는 것과 같습니다. 아마도 압돈이 요즘 세상에 살았다면 분명히 컴퓨터 프로그램을 이용해서 세계적인 네트워크를 구축했을 것입니다.

압돈은 정보화시대의 주역이었습니다. 그러나 그의 그 많은 아이들이나 손자들은 어떻게 생긴 것입니까? 물론 한 부인의 아들일 수는 없습니다. 그는 창조의 원리를 무시해 가면서 정보화 시대를 열었습니다.

그러나 하나님의 구원은 입산이나 압돈을 통하여 이루어지지 않았습니다. 아이를 낳지 못한 여인 마노아의 부인을 통하여 삼손이라는 위대한 구원자를 주셨습니다. 하나님 나라의 능력이 어디에 있습니까? 세계화나 정보에 있지 않았습니다. 철저하게 성령의 능력에 있었습니다. 삼손은 성령의 사람이었습니다. 아이를 낳지 못함에도 불구하고 세상과 타협하지 않고 오래 오래 기다리던 마노아의 부인을 통하여 하나님께서는 역사하셨습니다. 원래 기독교는 탁월한 네트워크가 있습니다. 그것이 무엇입니까? 성령의 교통하심입니다. 이것은 하늘과 땅을 연결시키며 땅에 있는 온 성도들을 연결시키는 통신망이요 정보망입니다. 우리가 살 수 있는 길은 오직 하나밖에 없습니다. 그것은 성령의 능력으로 사는 것이며 성령의 능력으로 더 충만하여지는 것입니다.

이 본문이 우리에게 말씀하고 있는 것이 무엇입니까?

첫째는 어떻게 하나님의 백성인 에브라임 족속들이 이렇게 악할 수가 있느냐 하는 것입니다. 그것에 대하여 성경은 전혀 놀랄 것이 아니라고 말씀하고 있습니다. 아무리 오래 신앙생활을 한 사람이라 하더라도 그가 진정으로 마음에 할례를 받지 못하였으면 평소와 달리 욕심에 사로잡힐 때 전혀 다른 사람이 될 수 있다는 것입니다. 우리는 절대로 인간적인 사랑을 믿어서는 안 됩니다. 어디까지나 성령의 능력 안에서 교제하고 성령의 능력 안에서 도와야 다른 사람을 진정으로 살릴 수 있습니다.

둘째는 입다의 전쟁은 이스라엘을 분리시킬 수 있는 전쟁이었습니다. 그러나 그는 죄를 용납하면서 하나되는 것이 결코 진정한 일치가 아니라고 생각했습니다. 그래서 에브라임 전체를 정죄하지는 않았지만 요단 강을 건너 온 자들을 용서하지 않았습니다. 오늘 누가 나의 친구이며, 적입니까? 이것을 구별하는 것이 너무나도 어렵습니다. 그러나 입다는 하나님께서 하신 일을 기준으로 분별했습니다. 죄와 싸우는 것은 오히려 이스라엘을 하나 되게 하는 것이었습니다.

셋째는 이스라엘을 잘되게 하기 위하여 애쓴 자들이 많이 있었습니다. 입산이나 압돈 같은 사람들이 대표적인 사람들이었습니다. 그러나 그들이 한 것은 더 이스라엘을 타락하게 하는 것이었습니다. 하나님의 능력은 아이를 낳지 못한 여인 마노아의 부인을 통하여 나타났고 그의 아들 삼손의 성령의 능력으로 나타났습니다. 오늘도 우리가 살 수 있는 유일한 길은 하나님의 성령의 능력이 우리 안에서 나타날 수 있도록 모두 겸손해지는 것입니다. 하나님과 우리 사이를 막으려고 하는 모든 세상적인 찌꺼기를 버리는 것입니다. 그러면 의의 태양이신 하나님의 은혜가 우리의 삶 전체를 둘러 비췰 것입니다.

CHAPTER 25

삼손의 출생 예고

사사기 13:1-7

요즘은 여성이 임신했는지 여부를 확인하는 간단한 방법들이 많이 개발되어 있습니다. 병원에 가서 확인할 수도 있고 약국에서 어떤 것을 사서 스스로 검사할 수도 있습니다. 그러나 옛날 어머니들은 그런 방법이 없었기 때문에 자신의 임신을 태몽을 통하여 확인하는 경우가 많았습니다. 대개 여인들이 임신을 하게 될 때에는 자기 나름대로 어떤 짐작이 생기기도 하고 또 신체에도 이상이 오기 때문에 평소와는 다른 꿈을 꿀 가능성이 많습니다. 이럴 때 꾸게 되는 것이 태몽인데 이 태몽이라고 하는 것이 무슨 특별한 의미가 있는 것이 아니라 일종의 옛날 방식의 임신 확인이라고 보면 좋습니다. 그러나 어머니들에게는 이런 임신의 확인이 대단히 중요했습니다. 특히 쉽게 아이를 가질 수 없었던 부인이게는 이런 확신이 너무나도 중요한 것이었습니다. 왜냐하면 이 이후의 어머니의 모든 삶은 뱃속에 있는 아기를 바로 키우는 태교로 연결이 되기 때문입니다. 그래서 이 때부터 어머니는 모든 부정한 것을 멀리하고 또 말이나 행동을 조심하게 됩니다.

그런데 성경에는 아주 드물게 하나님의 천사가 여인들에게 임신을 알리는 경우가 있습니다. 이런 것을 한자어로 '수태고지'受殆告知라고 합니다. 이것은 천사가 산모에게 임신한 사실을 알려준다는 뜻입니다. 이러한 수태고지는 결코 흔한 일이 아닙니다.

이런 식으로 천사가 여인들에게 임신의 사실을 알려 줄 때에는 몇 가지 특징이 있습니다.

첫 번째는 그 여자는 임신할 수 없는 여자입니다. 성경에는 아이를 잘 낳는 여자에게 천사가 수태의 사실을 알려준 경우는 없습니다. 천사가 수태고지를 하는 경우의 여인들은 모두 불임의 여성들이었습니다. 고대에는 불임의 여성들은 불임으로 많은 고통을 받았고 주위 사람들로부터 멸시를 받았습니다. 그런데 하나님께서는 이런 부인들에게 특별한 아이를 주셔서 위대한 구원을 이루시려고 하는 것입니다. 그래서 하나님께서는 너무나도 낮은 자존감을 가지고 있는 불임의 여성들을 찾아가셔서 위로하시고 축복하심과 동시에 아이를 어떤 식으로 키우라는 것을 가르쳐 주셨습니다.

두 번째는 대체로 이런 경우 이스라엘 백성들의 영적인 상태는 최악의 상태에 빠져 있을 때가 많았습니다. 그래서 도저히 자기 스스로의 힘으로는 일어설 수가 없는 것입니다. 그때 하나님께서는 특별한 사람을 보내실 계획을 세우십니다. 거의 대개의 경우 하나님의 백성들은 바른 말씀만 들으면 다 치료되고 어려움을 이길 수가 있습니다. 그러나 이스라엘 백성들이 쉽게 신앙을 잃어버렸을 때에는 말씀만으로는 일어서지 못합니다. 그럴 때에는 하나님의 초비상 수단이 동원되는 수밖에 없습니다. 그래서 하나님께서는 이스라엘 백성들에게 초강력 수단을 사용해서 불임의 여성에게 아이를 주시는 것입니다. 불임의 여성이 아이를 가진다는 자체가 예사 일이 아닙니다. 특히 이렇게 해서 태어난 아이는 특별한 믿음의 사람이 되는 것입니다.

세 번째 이런 수태고지를 할 때에는 100퍼센트 하나님의 능력으로 이스라엘 백성들을 구원하실 때입니다. 이스라엘 백성들은 너무 침체 되어서 스스로 일어설 수 있는 능력이 전혀 없었습니다. 그래서 하나님께서는 한 사람을 준비시키시는데 아예 잉태되는 순간부터 하나님의 능력에 붙들리게 하심으로 100퍼센트 하나님의 능력으로 구원하시는 것입니다. 그래서 이스라엘 백성들은 다른 것은 아무것도 필요가 없고 오직 하나님을 믿기만 하면 어려움에서 건져지는 것입니다. 그러나 믿기만 하면 되는데도 믿는 것이 얼마나 어려운지 모릅니다. 그래서 하나님의 사람을 배신하기도 하고 죽이기도 하는 것입니다.

신약 성경에는 두 번의 유명한 수태고지가 있습니다. 하나는 세례 요한의 어머니 엘리사벳에게 하나님의 천사가 나타나서 그의 임신을 알려준 것입니다. 엘리사벳은 불임의 여성이었습니다. 그는 늙도록 아이가 없었습니다. 그런데 하나님께서 그에게 은혜를 주셔서 대단히 중요한 사람을 보내시려고 임신하게 하셨습니다. 그냥 임신하면 자기가 죽을병에 걸린 줄 알고 너무 낙심할 것이기 때문에 미리 그와 남편에게 각각 아기를 낳게 될 것을 알려 주셨습니다.

그리고 예수님의 모친 마리아에게 천사가 나타나서 수태고지를 한 것입니다. 마리아는 생리적인 불임이 아니라 윤리적인 불임이었습니다. 그는 아직 처녀의 신분이었기 때문에 임신할 수 없는 것이 아니라 임신하면 큰일이 나는 경우였습니다. 그러나 하나님께서는 모든 사람을 구원하시기 위하여 마리아가 그리스도를 잉태하게 하셨습니다. 이때 사람들은 오직 하나님의 사람을 믿기만 하면 되는 것입니다. 그런데도 사람들은 세례 요한을 헤롯의 칼에 죽게 했고, 하나님의 독생자는 십자가에 못 박혀 죽게 했습니다.

본문에는 이스라엘의 단 지파에 마노아라고 하는 사람이 있었는데 하나님의 사자가 그의 부인에게 나타나 아기를 가지게 될 것을 알려주는 내용입니다. 마노아의 부인도 불임의 여성이었습니다. 다른 지도자들은 부인을 여러 명씩 두고서 자식들을 30, 40명씩 두고 있을 때, 이 부부에게는 아이가 없었습니다. 하나님의 사자는 이 부인을 만나서 수태고지를 하였습니다. 그가 아이를 낳을 것이며 이 아이는 하나님의 성령의 사람이기 때문에 태어나면서 부터는 물론이요 어머니의 뱃속에 있을 때부터 부정한 것이나 사람을 취하게 하는 것을 가까이하지 못하게 했습니다.

초강력 수단이 필요한 이스라엘 백성들

삼손이 태어날 때 이스라엘은 전체적으로 가장 절망적인 때였습니다.

1절 이스라엘 자손이 다시 여호와의 목전에 악을 행하였으므로 여호와께서 그들을 사십 년 동안 블레셋 사람의 손에 넘겨 주시니라

하나님께서 이스라엘 지파를 열두 지파로 나누신 것은 바로 그들의 부패한 본성 때문이었습니다. 그들이 하나의 나라로 있으면 한꺼번에 부패해 버리기 때문에 여러 지파로 나누어서 한 지파가 부패 하더라도 다른 지파는 좀 견디고 있다가 한 지파가 어려울 때 옆에 있는 지파에서 위대한 부흥의 역사가 일어남으로 다시 정신을 차리게 하기 위한 것입니다. 그래서 사사기는 오늘 교회 시대와 가장 비슷한 모습을 보여준다고 볼 수 있습니다. 하나님께서 교회를 여러 교파로 분열시켜 놓으신 이유가 무엇입니까? 교회가 어렵고 침체될 때 한 교파가 침체되더라도 다른 교파는 영향을 덜 받도록 하기 위하여 그렇게 나누어 놓으신 것입니다. 그러다가 부흥의 역사가 일어날 때에는 함께 은혜 받고 힘을 내면 되는 것입

니다. 그러나 삼손이 출생할 때에는 이스라엘 모든 지파가 침체되고 모두 부패해버렸습니다.

삼손이 태어날 때 이스라엘의 상황이 어느 정도였는가 하면 신앙은 거의 전무하고 백성들 가운데 믿는 자가 없었습니다.

우리가 사사기를 보면 언제나 하나의 사이클이 있는 것을 볼 수 있습니다. 즉 이스라엘 백성들이 하나님을 떠나면 그들을 이방인의 손에 붙여서 징계하십니다. 그러면 그들이 자신들의 잘못을 깨닫고 하나님께 부르짖습니다. 그러면 하나님께서 사사를 일으켜서 그들을 구원하십니다. 그러나 삼손 때에는 이스라엘 백성들이 하나님께 부르짖지 않습니다. 그 이유가 무엇입니까? 그들이 영적으로 완전히 죽어버렸기 때문입니다.

우리는 병원 응급실에 가 보면 마치 전쟁터와 같습니다. 여기저기서 신음 소리를 내거나 도움을 호소합니다. 그러나 그런 사람은 아직 의식이 있고 호흡이 있는 사람들입니다. 그런데 호흡마저 끊어진 사람들이 있습니다. 그런 사람들은 신음 소리도 못 내고 그냥 침대 위에 가만히 누워 있습니다. 이럴 때 의사들은 어떻게 합니까? 환자의 가슴에 전기 충격을 가합니다. 그러면 벌떡 일어나기도 합니다. 그러나 아직 완전한 것은 아닙니다. 아마도 전기 충격으로 소생할 가능성은 그렇게 높지 않을 것입니다.

그런데 이스라엘 백성들의 영적인 상태가 바로 그러했습니다. 그들은 이제 영적인 호흡마저 중단되었습니다. 그들의 의식 속에 하나님의 존재는 거의 없어지고 무슨 특별한 충격이 주어지고 기적이 일어나지 않는 이상 절대로 살아날 가망이 없는 상태였습니다. 그래서 그들은 무려 40년 동안 블레셋의 지배를 받았지만 하나님께 부르짖지 않았습니다. 그들은 영적으로 거의 죽어 있었습니다. 하나님께서 삼손을 보내신 이유가 어디에 있습니까? 이스라엘을 살리기 위한 초강경 수단으로 그를 보낸 것입니다.

정상적인 하나님의 백성들은 아무리 형편이 어려워도 하나님의 말씀을 들으면 다 살아나게 되어 있습니다. 그들은 말씀을 통하여 자신의 교만을 깨닫고 하나님 없이 살아온 자신의 삶을 깨닫습니다. 그리고 회개해서 능력을 되찾습니다.

한번은 사업이 대단히 어려운 분을 만났습니다. 그런데 그는 놀라울 정도로 안정되어 있었습니다. 그러면서 하는 말이 "이 고난이 저에게 유익했습니다." 바로 이것입니다. 이 사람은 살아있는 것입니다. 아무리 죽는다고 소리를 지르고 고통을 호소해도 아직 호흡이 있고 의식이 있는 사람입니다. 그러나 여전히 하나님의 말씀을 들어도 꿈쩍도 하지 않는 사람들이 있습니다. 어떤 말씀을 해도 반응이 없고 어떤 어려움이 와도 꿈쩍도 하지 않는 사람들이 있습니다. 아무리 어려운 일을 당해도 깨달으려고 하지도 않고 하나님의 말씀을 아무리 들어도 변하지 않는 사람이 있습니다. 그는 거의 죽은 사람입니다. 그런 사람은 초강경 수단이 아닌 이상 살릴 수 없습니다. 그런데 두려운 것은 그런 초강경 수단이 반드시 그를 살린다고도 보장할 수 없다는 것입니다. 마치 병원 응급실에서 전기충격을 주는 것과 같습니다. 그러나 이런 초강경 수단을 쓴다고 해서 그 사람의 신앙이 살아나지 않는다는 것입니다.

누가복음에서 부자와 거지 나사로의 비유를 보면 부자가 지옥에 가서 깜짝 놀랍니다. 왜냐하면 자기 가족들도 자기와 같은 식으로 신앙생활하고 있는데 그렇게 하다가는 지옥에 오기 꼭 알맞기 때문입니다. 그래서 아브라함에게 나사로를 도로 살려서 세상에 보내어 자기 가족들이 여기에 오지 않도록 바로 가르쳐 달라고 합니다. 그때 아브라함이 하는 말이 그곳에서 말씀을 듣지 않는 자는 죽은 자가 다시 살아나서 말을 해도 듣지 않을 것이라고 말을 했습니다.

하나님께서 삼손을 보내신 것은 꺼져 가는 이스라엘의 생명의 불씨를 다시 살리기 위한 초강경 수단이었습니다. 기적이나 특별한 이적이 있어야 믿는 것은 좋은 신앙이 아닙니다. 그런 사람은 마치 페니실린으로 연명하려고 하는 것과 같습니다. 평소에 말씀을 듣고 신앙생활하는 것이 가장 좋은 것입니다.

예수님께서 십자가에 못 박히시기 전에 높은 산에 올라가셔서 변화되신 것은 아마도 하나님 은혜의 가장 강력한 표현이었을 것입니다. 제자들은 예수님의 빛나는 모습과 그 앞에 나타난 모세와 엘리야의 모습에 정신을 차릴 수가 없었습니다. 그때 하늘에서 하나님의 음성이 들리기를 "이는 내 사랑하는 아들이요 내 기뻐하는 자니 너희는 그의 말을 들으라"(마 17:5)고 하셨습니다.

높은 산에서 예수님의 변화된 모습을 보고 또 엘리야와 모세를 만난 것보다 더 큰 체험이 어디에 있습니까? 그런데 하나님께서는 '너희는 오직 그의 말만 들으라'고 말씀하셨습니다. 하나님께서 이 놀라운 체험을 주신 이유가 무엇입니까? 이 세상에 믿음이 없었기 때문입니다. 너무나도 많은 사람들이 영적으로 호흡이 중단된 상태에 있었고 제자들도 마찬가지였습니다. 그래서 하나님께서는 초강경 은혜를 쏟으신 것입니다. 그러나 이런 체험보다 더 귀한 것은 예수님의 말씀을 듣는 것입니다.

고난 중에 있는 한 여성을 보신 하나님

하나님께서는 단 지파에서 아이를 낳지 못하는 한 여성을 보셨습니다.

2, 3절 소라 땅에 단 지파의 가족 중에 마노아라 이름하는 자가 있더라 그의 아내가 임신하지 못하므로 출산하지 못하더니. 여호와의 사자가 그 여

인에게 나타나서 그에게 이르시되 보라 네가 본래 임신하지 못하므로 출산하지 못하였으나 이제 임신하여 아들을 낳으리니

원래 단 지파는 이스라엘 열두 지파 중에서 가장 운이 나쁜 지파였습니다. 왜냐하면 그들이 제비 뽑아서 차지하게 된 땅은 가장 강력한 적이 포진하고 있는 곳이었기 때문입니다. 그들은 바로 블레셋 족속이었습니다.

예를 들어, 우리나라 월드컵 축구 본선에서 조 배정 추첨을 하는데 가장 강력한 팀인 브라질 대표와 첫 대전을 하게 되었다고 합시다. 아마도 우리는 너무나도 운이 없다고 말할 것입니다. 어떤 나라는 제비를 잘 뽑아서 가장 약한 팀과 붙어서 쉽게 이기는데 처음부터 너무 강한 팀을 만나면 힘을 한번 써보지도 못하고 지고 말 것입니다. 단 지파가 바로 그러하였습니다. 너무나도 강력한 상대를 만났기 때문에 아예 평지로는 내려와 보지도 못한 사람들이 단 지파 사람들이었습니다. 그러나 하나님께서는 그 불행한 단 지파에 초강력 능력을 주셨습니다. 그가 바로 태어날 삼손입니다.

이 단 지파에는 마노아라는 아주 귀한 가정이 있었습니다. 이 가정이 귀한 이유는 그들에게 자식이 없었지만 인간적인 방법으로 자식을 가지려 하지 않고 늙도록 하나님을 은혜를 기다리고 있었다는 것입니다. 이 당시 신앙 지도자들에게서 보게 되는 것이 무엇입니까? 입산은 아들 30명과 딸 30명을 두었는데 모두 외국인들과 결혼을 시켰습니다. 아들이 30명이나 있고 딸 30명 있는 것은 축복이지요. 그러나 이 축복은 하나님이 주신 축복이 아니었습니다. 그것은 그가 세상적인 방법으로 스스로 만들어낸 축복이었습니다. 입산은 하나님의 말씀을 깨뜨려 가면서 여러 명의 부인에게서 많은 자녀를 둔 것입니다.

압돈에게는 아들 40명과 손자 30명이 있었습니다. 이것은 엄청난 축복이었습니다. 그러나 그것도 순수하게 하나님께서 주신 축복이 아니고 자기 스스로 만들어낸 축복이었습니다.

이것을 통해서 우리가 볼 수 있는 것은 당시 이스라엘 백성들 안에는 하나님께서 주신 것으로 만족하지 못하고 인간적인 방법으로 자기 스스로 복을 만들어서 받는 경우가 많았던 것입니다.

그러나 마노아와 그의 아내는 그렇지 않았습니다. 그들은 다른 사람들은 스스로 만든 행복에 젖어 있었지만 이들에게는 그런 행복마저도 없었습니다.

마노아와 그의 부인은 하나님의 법을 깨뜨려 가면서까지 많은 자식을 두지 않고 그냥 자식 없이 늙어가고 있었습니다. 이것이 그 당시 사람들에게는 어리석고 바보처럼 보였을 것입니다. 입산이나 압돈처럼 여러 명의 부인을 두면 얼마든지 많은 자식을 얻을 수 있는데, 마노아는 그런 축복을 원치 않았습니다. 그래서 하나님이 주시지 않는 대로 늙어가고 있었습니다. 세상에서 이 두 사람은 복을 받지 못한 사람이었지만, 하나님은 이 두 사람을 너무나도 소중하게 생각하셔서 그들이 알지 못하는 놀라운 계획을 가지고 계셨습니다. 그것은 이 세상에 한 번도 태어난 적이 없는 특별한 아들을 얻게 되는 것입니다.

오늘날 사람들은 남들처럼 사는 것을 원합니다. 남들이 팔다리가 다 있을 때 나도 있고, 남들이 대학 들어갈 때 나도 들어가고, 남들이 결혼할 때 나도 결혼하고, 남들이 아이를 낳을 때 나도 낳으면 되는 것입니다. 그런데 거기서 한 가지만 빠지게 되면 그때부터 그는 이 사회에서는 부족한 사람이 되고 모자라는 사람이 되며 무시당하는 사람이 되는 것입니다. 이것을 사람들은 너무나도 견디기 힘들어 합니다. 나의 부족한 것은 부족한대로 하나님께 맡겨드리고 믿음으로 하루하루 살아가는 것이 하나님 앞에서는 너무나도 귀한 것입니다. 하나님은 그런 사람을 사랑하시며 축복하시며 존귀하게 하십니다.

우리가 믿음 생활을 하는 것은 하나님과 결혼하는 것과 같습니다. 어떤 사람이 가난한 남자와 결혼을 했는데 남편이 반지를 사주지 않는다고 해서 동네의 여러 남자로부터 반지를 받아서 차고 있다면 그것은 영광스러운 것이 아니고 부정한 것입니다. 마찬가지로 하나님께서 나를 가난하게 하셔서 가난한 것은 부끄러운 것이 아닙니다. 하나님께서 나를 무식하게 하셔서 무식한 것도 부끄러운 것이 아닙니다. 그런데 우리 사회는 사람을 그런 식으로 보지 않습니다. 어떻게 되었든지 간에 가난한 것은 무능한 것이고, 무식한 것은 수치스러운 것이라고 생각해서 수단과 방법을 가리지 않고 일단 남을 따라가야 인간 구실을 할 수가 있는 세상인 것입니다. 삼손이 태어나기 전에 입산과 압돈 같은 사람들을 보십시오. 인간적인 방법으로 자식들을 수십 명씩 낳아서 모두 외국으로 결혼을 시키고 또 나귀를 태워서 보낼 때 얼마나 사람들이 축복하고 칭송을 했겠습니까? 그러나 하나님 앞에서 그들은 모두 가치 없는 자들이었습니다. 왜냐하면 하나님이 주시지 않은 것으로 잔득 치장을 하고 있었기 때문입니다.

하나님께서는 조용히 우리 모두를 보고 계십니다. 그래서 하나님이 어떤 중요한 것을 주시지 않으실 때에도 하나님을 의지하고 믿음으로 사는 자를 지켜보시고 그 사람을 축복하시는 것입니다.

아마도 분명히 이 부부도 세상적인 방법을 사용하고 싶었을 것입니다. 그러나 이상한 것은 자기들에게는 이런 세상적인 방법을 쓰려고 할 때 마다 길이 열리지 않고 실패하더라는 것입니다. 그들이라고 해서 쉽게 잘 사는 방법을 몰랐을 리가 없습니다. 마노아도 여러 명의 부인을 두고 싶었을 것이고 또 다른 지도자들이 한 방법대로 스스로 축복을 만들어내고 싶었을 것입니다. 그러나 이상하게도 그들에게는 그런 길마저 열리지 않았습니다. 그 이유가 무엇입니까? 하나님께서 이 부부를 사랑하셨기 때문입니다.

성경 본문에서 하나님의 사자는 마노아의 부인에게 이렇게 말씀하십니다.

"보라 네가 본래 임신하지 못하므로 출산하지 못하였으나"

무슨 뜻입니까? 마노아의 부인에게는 하나님의 은혜가 원천적으로 봉쇄되어 있었습니다. 그는 아이를 낳았는데 자라서 무슨 병에 걸리거나 혹은 잃거나 한 것이 아닙니다. 그는 한 번도 아이를 낳아 본 적이 없었고 아예 임신조차 되지 않았습니다. 그것은 하나님의 축복이 그에게는 원천 봉쇄된 것을 의미합니다.

하나님께서 마노아와 그의 부인을 그런 식으로 준비시키신 이유가 무엇입니까?

이스라엘의 위대한 구원자들은 위대한 신앙의 어머니의 아들이었습니다. 위대한 신앙의 사람들은 절대로 하늘에서 떨어지거나 땅에서 솟지 않았습니다. 그들은 모두 위대한 스승으로부터 신앙을 배운 자들이었습니다.

그런데 가장 위대한 신앙의 스승은 그들의 어머니였습니다. 하나님께서는 위대한 구원자를 준비시키기 전에 어머니를 먼저 준비시키셨습니다. 그런데 어떻게 이 어머니들을 준비시키셨습니까? 그들에게 오랫동안 아이를 주시지 않으심으로 철저하게 낮아지게 하신 것입니다. 이 어머니들은 이런 낮아지는 과정을 통하여 하나님 앞에서 자기 자신을 부인하는 훈련을 하였습니다. 그리고 하나님을 의지하는 훈련을 받았습니다. 그들에게는 자존심이라고는 전혀 남아 있을 수가 없었습니다.

우리 안에는 모두 자기도취의 영역이 있습니다. "나는 이 정도 똑똑하다. 우리 아들은 어느 대학 출신이다. 우리 남편은 대학을 졸업할 때 수석으로 졸업했다" 등등의 자기 자랑들이 있었습니다. 이런 자랑이 있는 이상 그는 절대로 다른 사람을 살리는 수단으로 사용되지 못합니다. 다른 사람을 살리려면 다른 사람의 고통을 끌어안을 수 있어야 하는데 이런 자랑들이 다른 사람들과 하나되는 것을 막기 때문입니다. 그래서 하나님께서는 다른 사람을 위하여 자기 사람을 철저하게 낮아지게 하십니다. 언제부터 낮아지게 하시는가 하면 그의 어머니 때부터 낮아지게 하십니다. 어머니부터 아예 자식 자랑을 하지 못하게 하십니다.

하나님의 구원은 어디서부터 시작됩니까? 인간이 철저하게 실패한 바로 거기서 부터입니다. 사람은 너무나도 부끄러워서 도저히 입도 벌릴 수 없는 그런 수치와 무능과 부끄러움에서부터 하나님의 구원이 시작됩니다. 철저하게 낮아진 어머니들은 이 아들이 자기 아들이 아니라는 것을 압니다. 이 아들은 나의 아들이 아니라 하나님의 아들입니다. 왜냐하면 나는 원래부터 아이를 낳을 수 없었기 때문입니다. 그래서 이 어머니들은 귀한 자식을 모정으로 키우지 않습니다. 오직 하나님의 말씀으로 키웁니다. 보통 어머니들의 사랑은 눈 먼 사랑입니다. 그러나 낮아진 어머니들은 오직 하나님의 사랑으로 키웁니다.

어머니는 아들에게 말합니다.

"너는 나의 아이가 아니다. 너는 하나님의 사람이다. 하나님의 말씀을 순종하기 위하여 이 어미의 마음을 섭섭하게 하는 것을 조금도 두려워하지 말아라"

이렇게 키운 아이들이 위대한 구원의 사람이 되는 것입니다. 울기만 하면 안아주고 무슨 짓을 해도 자기 아이이기 때문에 야단도 치지 못하게 하는 아이는 그 부모의 아이일 뿐입니다. 나중에 그 부모의 사랑조차도 알지 못할 것입니다. 부모의 사랑 안에는 조금씩 타락한 독이 들어있습니다. 그래서 인간적으로 많이 사랑할수록 더 타락한 자식이 되는 것입니다.

성령의 사람에게 필요한 조건

하나님의 사자는 마노아의 아내에게 앞으로 어떻게 아이를 키울 것이며 특히 태교를 어떻게 해야 할 것인지 가르쳐주었습니다.

4, 5절 그러므로 너는 삼가 포도주와 독주를 마시지 말며 어떤 부정한 것도 먹지 말지니라. 보라 네가 임신하여 아들을 낳으리니 그의 머리 위에 삭도를 대지 말라 이 아이는 태에서 나옴으로부터 하나님께 바쳐진 나실인이 됨이라 그가 블레셋 사람의 손에서 이스라엘을 구원하기 시작하리라 하시니

'나실인'이라는 말뜻은 '구별되었다. 바쳐졌다'는 뜻을 가지고 있습니다.

율법에는 하나님께 바쳐진 나실인의 규정이 나옵니다. 이 나실인은 제사장과는 좀 다른 것입니다. 나실인은 서원과 관계가 있습니다. 서원이라고 하는 것이 하나님의 은혜에 감사하여 그 은혜를 헛되게 하지 않기 위하여 어떤 의무를 지거나 혹은 책임을 감당하는 것을 말합니다. 나실인은 그 중에서 물질적인 것이 아니라 자신의 몸의 사용을 제한하는 것입니다. 우리나라 젊은이들은 누구든지 병역의 의무를 지게 되어 있습니다. 누구든지 군에 있을 때에는 그 사람의 몸은 나라의 것입니다.

나실인은 자진해서 몸을 하나님께 드리는 것이었습니다. 그의 몸은 자신의 것이 아니고 하나님의 것이었습니다. 그래서 부모도 마음대로 하지 못하고 자기 자신도 마음대로 할 수가 없었습니다.

나실인에게는 몇 가지 규정이 있었습니다.

첫째로 절대로 술을 마시지 않는 것입니다. 단순히 포도주나 독주 정도가 아니라 아예 포도에서 난 것은 포도 열매나 건포도 등도 먹을 수

가 없었습니다. 그리고 다른 하나는 머리를 깍지 못하는 것이었습니다. 이것은 그의 소속을 나타내는 것입니다. 그가 하나님께만 속했다는 뜻으로 머리를 자르지 못하게 했습니다. 그리고 죽은 시체나 부정한 것을 가까이 하지 못하게 하셨습니다. 심지어는 아버지가 돌아가셔도 가서 장례를 지낼 수가 없었습니다.

저는 자주 목회자들에게 "목사도 사람이냐?"라고 말을 합니다. 목사는 사람도 아닙니다. 때로는 부모니 친척이 돌아가셔도 교회 때문에 가지 못할 때가 많습니다. 나실인이 포도주나 독주를 마시지 못하게 하신 것은 그들이 성령의 사람이기 때문입니다. 나실인은 자기 힘으로 봉사하는 사람이 아니었습니다. 언제나 성령에 감동되며 성령이 주시는 능력이 충만할 수 있도록 하기 위하여 술을 마실 수가 없었습니다. 특히 팔레스타인에서 술은 우리가 생각하는 술보다는 음료수에 가까웠습니다. 그리고 수질이 좋지 못하기 때문에 포도주가 없으면 아무것도 할 수가 없었습니다. 열매 중에서 가장 맛있는 것이 포도였습니다. 그리고 떡 중에서 최고의 떡은 건포도가 들어간 떡이었습니다. 그러나 하나님께서는 나실인으로 하여금 습관성이 될 수 있는 것은 절제하게 하셨습니다. 무슨 뜻입니까? 하나님의 성령은 그 백성들이 어떤 다른 것에 의하여 지배당하는 것을 기뻐하시지 아니하신다는 것입니다. 술은 어떻습니까? 그 사람에게 영향을 줍니다.

때로는 기분이 나빠도 좋은 것처럼 느끼게 합니다. 술은 이상하게 사람으로 하여금 용감하게 합니다. 그러나 성령께서는 그런 것과는 상극이십니다. 하나님의 사람들은 언제나 성령께서 자기에게 임하셔서 성령의 뜻대로 자기를 사용하실 수 있도록 늘 준비되어 있어야 합니다.

예수 믿는 사람들은 절대로 술을 가까이 해서는 안 됩니다. 술은 우리를 성령으로부터 멀어지게 할 것입니다. 물론 술 외에도 그리스도인들은 인이 박이는 습관성의 모든 것들을 멀리 해야 합니다. 심지어 어떤 사람은 커피에 중독이 되는 사람도 있고 텔레비전이나 오락에 중독이 되는 사람도 있는데 크리스천은 이 모든 중독이 죄가 됩니다.

하나님의 사람들은 자신을 지배하려고 하는 것을 삼가야 언제든지 성령에 충만해질 수 있습니다. 사실 우리 몸 안에는 치열한 전쟁이 있습니다. 하나는 성령이 우리를 주장하려고 하는 것이며 다른 하나는 육체가 자기 마음대로 하려는 것입니다. 우리는 우리 자신의 몸을 길들여야 합니다. 이들이 포도에서 난 것은 어떤 것이든지 먹지 않았던 것은 혹시라도 작은 것을 허용함으로 결국 술을 마시게 될까 두려웠기 때문입니다.

오늘날에는 모든 그리스도인이 하나님께 구별된 자들입니다.

우리에게 있어서 가장 중요한 것은 성령의 능력에 지배당하는 것이며 그것을 위하여 세상적인 것을 포기하는 것이 있어야 합니다. 세상적인 즐거움을 다 취하고 성령 충만을 받으려고 하면 이미 그는 늦은 것입니다.

그런데 삼손의 경우에는 날 때부터 나실인이었습니다. 그는 태어나면서부터 하나님의 사람으로 구별된 자이기 때문에 하나님의 사자는 어머니에게서부터 포도주나 독주를 마시지 말고 부정한 것을 가까이 하지 말라고 하셨습니다.

아이들은 어머니가 임신 중에 많이 먹었던 것을 좋아한다고 합니다. 어머니가 아이를 가졌을 때 갈비를 좋아하면 그 아이도 태어나서 갈비를, 생선을 좋아하면 생선을 좋아하게 된다고 합니다. 아마도 어머니가 아이를 임신했을 때 포도주와 독주를 좋아하면 아이는 태어날 때부터 알코올에 중독된 상태로 태어날지 모릅니다.

왜 하나님께서는 아이 때부터 나실인의 규정을 지키라고 했습니까? 그것은 태아도 하나님의 사람이며 한 인격이기 때문입니다. 우리는 세례 요한이 어머니 엘리사벳의 태중에 있을 때 마리아가 방문한 소리를 듣고 태중에서 성령 충만해서 날 뛴 것을 알고 있습니다. 태중에 있는 아기들도 얼마든지 성령 충만할 수 있습니다. 우리는 아이를 키우면서 왜 아이들은 성령 충만하지 않을까 의심할 때가 많습니다. 물론 아이들은 성령 충만한 시간이 아주 짧을 것입니다. 그러나 아이들도 성령에 충만해질 수 있습니다. 그래서 아이를 성령의 능력으로 키우시기 바랍니다. 뱃속에 있는 아기도 소리를 듣습니다. 아마도 어머니의 귀를 통하여 들을 것입니다. 분명히 알아듣지는 못해도 무엇인가 기쁜 것이나 놀라운 것은 구별할 수 있을 것입니다.

하나님께서는 마노아의 아내에게 아이를 태중에서부터 성령에 지배받도록 키우라고 말씀하셨습니다. 이것보다 더 좋은 태교가 어디에 있습니까? 아이를 임신하고서 매일 사람을 죽이는 영화를 보면 아마 아기는 커서 액션 스타가 되든지 아니면 정말 악당이 될지 모릅니다. 왜냐하면 매일 태중에서 듣던 소리가 총 쏘는 소리고 사람을 죽이는 소리였기 때문입니다. 그것이 그의 정신적인 고향이 될 것입니다. 성령의 능력으로 아이를 키우도록 합시다. 그러기 위해서는 어머니가 먼저 성령 충만해야 합니다. 엄마가 감정적으로 불안하면 아이들도 아주 불안해하는 것을 보게 됩니다. 이미 태어나서 자라는 아이들도 성령의 능력으로 키우시기 바랍니다. 성령이 그의 정신적인 고향이 되며 성령이 그의 모든 힘의 근원이 되게 키우시기 바랍니다.

하나님께서 삼손이 태중에서부터 성령에 붙들리게 한 것은 이스라엘을 살리는 것은 오직 성령의 능력밖에 없었기 때문입니다. 하나님께서는 성령의 강한 능력을 삼손에게 주셨습니다.

마노아의 부인은 먼저 하나님의 사자를 만났습니다. 그리고 그 사실을 자기 남편에게 그대로 말해 주었습니다. 그런데 놀라운 것은 그의 남편의 반응입니다. 우리가 이것을 볼 때 어떻게 타락한 시대에 이 부부가 이토록 아름답게 보존되었는지 그 이유를 알 수 있습니다.

아마 보통 남편이라면 여자가 아이를 가지지 못하더니 드디어 이상하게 되었다고 말하면서 정신 병원에나 가보라고 할 것입니다. 그러나 마노아의 자세는 참으로 놀라왔습니다. 그는 아내를 조롱하거나 무시하지 않았습니다. 그 대신 자신이 하나님께 직접 기도를 드렸습니다.

8절 마노아가 여호와께 기도하여 이르되 주여 구하옵나니 주께서 보내셨던 하나님의 사람을 우리에게 다시 오게 하사 우리가 그 낳을 아이에게 어떻게 행할지를 우리에게 가르치게 하소서

물론 우리가 생각하기에 마노아의 자세는 불신앙으로 볼 수 있습니다. 부인이 들은 것을 그대로 믿지 않고 또 하나님의 사자를 보내어 달라고 하고 있으니까 말입니다. 그러나 마노아는 대단히 탐구적인 신앙을 가진 자였습니다. 그는 남이 뭐라고 하면 그러려니 하고 넘어가는 자가 아니었습니다. 그렇게 중요한 것이라면 자기 자신도 직접 확인하기를 원했습니다.

남편이 진정으로 아내를 사랑한다면 그가 소중하게 생각하는 것을 무시하지 않습니다. 그의 말을 신중하게 듣습니다. 때로는 믿는 여자가 믿지 않는 남자와 교제를 하게 될 때가 있습니다. 그때 이 사람이 하나님이 주신 사람인지 아닌지는 자신이 믿는 신앙에 대해서 진지하게 말을 해보면 압니다. 그러면 정말로 이 여자를 사랑하는 남자라면 그의 신앙에 대해서 절대로 무시하지 않고 신중하게 관심을 가집니다. 그리고 반드시 그의 교회에 한번 출석을 해 봅니다. 그냥 말로만 듣고 신통치 않게 넘어가는 것이 아니라 자기 자신도 한번 확인하고 싶어 합니다. 이것이 바로 탐구적인 신앙입니다. 마노아는 그런 신앙을 가지고 있었습니다. 그리고 실제로 하나님의 사자를 만났을 때 그는 대접을 하려고 했고 또 이름을 물

었습니다. 이것은 그의 부인은 상상할 수 없는 것이었습니다. 물론 마노아는 부인보다 신앙이 못했습니다. 그러나 그는 아내에 대해서 진지했고 정직했습니다. 아내가 체험한 것에 대하여 말했을 때 그는 자기도 직접 확인하기를 원했고 거기서 그치지 않고 한 걸음 더 나아갔습니다.

많은 위대한 사역자들이 아내의 신앙적인 조언을 진지하게 그리고 탐구하는 자세로 받아들인 결과 나중에는 아내보다 신앙이 더 좋아졌을 뿐 아니라 자기 자신이 주의 훌륭한 종이 된 경우가 많습니다. 오늘 우리들에게 필요한 것은 바로 하나님의 은혜에 있어서 이런 탐구적인 자세입니다. 남들이 그렇다고 하니까 그것을 그대로 복사하는 신앙이 아니라, 들은 말에 기초하여 자기 자신도 직접 확인해 보고 그 하나님의 은혜에 동참하려는 자세입니다. 이것이 가정을 풍성하게 만들고 결국 하나님의 백성들로 하여금 새 힘을 얻게 합니다.

CHAPTER 26

하나님의 임재 경험

사사기 13:15–25

만일 인간들이 이 세상을 살아가면서 남녀 간 사랑의 감정이 없다면 이 세상은 어떻게 되겠습니까? 그야말로 하루하루 살아가는 것이 죽도록 일이나 하고 먹기만 하는 짐승 같은 삶을 살게 될 것입니다. 그런데 사랑의 감정이 있기 때문에 때로는 시간이 가는 줄도 모르고 때로는 어려움이나 절망 가운데서도 소망을 가지고 살아가게 되는 것입니다.

우리 민족은 오랫동안 기쁨 없이 살아왔습니다. 민주화가 이루어지고 난 후에는 당장 통일이 되고 나라가 아주 잘 살게 될 줄 알았는데 경제적으로 침체되고 정치적으로 극심한 혼란을 겪으면서 너무나도 기쁨이 없는 삶을 살아오고 있습니다.

성경 본문을 보면 이스라엘 단 지파에 마노아라는 사람이 있었는데 부부가 늙도록 아무런 소망없이 살아가고 있었습니다. 그 이유는 그들에게 자식이 없었기 때문입니다. 옛날에는 자식이 없이 노부부만 늙어간다는 것은 너무나도 재미없는 세상에 사는 것과 같았습니다. 그런데 그들이 이렇게 소망이 없이 살아가게 된 이유는 하나님의 말씀에 순종을 했기 때문이었습니다. 그 당시 사람들은 모두 세상적인 방법으로 부인들을 수십 명씩 두어서 자식들이나 손자들을 많이 낳아서 너무나도 재미있게 살아가고 있었지만, 마노아라는 사람은 하나님의 말씀을 지켰기 때문에 자식을 낳지 못해서 재미없이 살아가고 있었습니다.

그런데다가 이스라엘은 블레셋의 식민지가 되어 소망이 없이 살아가고 있었습니다. 무려 이스라엘 백성들은 40년 동안이나 블레셋의 지배를 받았지만 하나님께 부르짖지 않았습니다. 거의 모든 이스라엘 백성들은 자포자기하는 심정으로 살아가고 있었던 것입니다.

그런데 이런 마노아의 무의미한 삶에 하나님의 사자가 방문함으로 갑자기 활기를 띠기 시작했습니다. 여호와의 사자는 노부부에게 아이가 생기게 될 것이라고 말씀을 하시고 이 아이가 이스라엘을 다시 살릴 것이라고 알려주었습니다. 노인들에게 아이가 생긴다는 것은 엄청난 일이 아닐 수 없습니다. 옛날에 아이를 키웠던 분들이라도 늙으면 과거에 아이를 키웠던 것을 다 잊어버리는데 이 노부부는 아이를 키워본 적이 없었습니다. 하나님의 사자는 그들에게 성경적인 육아법을 가르쳐주었습니다. 젖을 먹이고 이유식을 하는 법을 가르쳐 준 것이 아니라, 이 아이를 성령의 사람으로 키우는 법을 가르쳐준 것입니다. 그런데 이야기가 여기서 끝나지 않습니다. 마노아는 은혜를 아는 사람이었기 때문에 자기에게 찾아와서 이 기쁜 소식을 전해준 여호와의 사자에게 식사 대접을 하고자 했습니다. 이때 여호와의 사자는 마노아의 식사 대접을 받지 아니하고 그에게 놀라운 기적을 체험하게 하십니다. 그것은 마노아가 준비한 것이 제물이 되어서 하나님께 바쳐짐과 동시에 여호와의 사자가 그 불 위로 뛰어들어 하늘로 올라가는 것입니다. 이스라엘이 경험하고 있는 역경을 어떻게 해결하는지 살펴보는 것이 설교의 목적입니다.

여호와의 사자를 대접하려는 마노아

15절 마노아가 여호와의 사자에게 말하되 구하옵나니 당신은 우리에게 머물러서 우리가 당신을 위하여 염소 새끼 하나를 준비하게 하소서

우리가 이 말씀을 제대로 이해하려면 일제시대 때 가난한 노부부의 경우를 생각해 보면 될 것입니다. 일제 36년 동안 나라는 망하고 모든 것은 일제에 수탈을 당하면서 가난하게 살았습니다. 그런 중에서 부자들은 자식들을 동경 같은데 유학을 보내 공부를 시켰지만 가난한 농부에게는 그런 자식도 없고 돈도 없었던 것입니다. 마찬가지로 마노아 때 이스라엘 백성들은 무려 40년 동안이나 블레셋의 통치를 받았고 거기에다가 마노아의 집에는 자식이 없어서 소망이 없이 살아가고 있는데, 여호와의 사자가 찾아와서 아들을 낳을 것인데 이 아들이 이스라엘을 블레셋의 손에서 구한다는 것입니다.

그런데 마노아는 이 분이 여호와의 사자인 줄도 모르고 또 자기 집에 태어날 아이가 그렇게 훌륭한 사람이 될 줄도 믿어지지 않았습니다. 마노아는 단지 좌우간 누군지 모르지만 자기 집을 찾아와 주어서 이렇게 귀한 하나님의 말씀을 들려준 사람이 너무나도 고마운 것입니다. 그래서 이 사람을 대접하기 위하여 잠시 기다려주면 자기가 염소 새끼 한 마리를 잡아서 식사를 준비하겠다고 말을 한 것입니다. 마노아는 나중에 삼손의 아버지가 되는 사람입니다. 그가 이 하나님의 사자의 말을 듣고 그렇게 기뻐하고 감사하는 이유가 무엇입니까?

그들은 지금까지 하나님의 축복을 받지 못하고 사는 이유가 하나님을 잘못 믿어서 그렇다고 생각하고 있었던 것입니다. 다른 사람들은 모두 다 하나님을 잘 믿어서 자식들도 많이 낳고 돈도 많이 벌어서 부자가 되

어 자식들은 모두 외국 사람들과 결혼을 시키고 자식, 손자들 모두 나귀를 태워서 보내는데 자기는 잘못 믿어서 하나님이 축복하지 않으셔서 지금 이렇게 살아가고 있다고 생각을 하고 있었던 것입니다. 그런데 하나님의 사자가 찾아와서 하신 말씀을 통하여 확인할 수 있었던 것은 적어도 자기들이 엉터리로 믿었던 것은 아니며 하나님께서 자기들을 완전히 버리신 것은 아니라는 사실입니다. 이것을 생각할 때 너무나도 기쁘고 감사해서 이런 귀한 말씀을 들려주신 분에게 무엇을 드려도 아깝지가 않았던 것입니다.

예를 들어, 우리는 바른 길을 찾아가면서도 목적한 곳이 바로 나타나지 않으면 길을 잘못 든 것처럼 생각이 되어 굉장히 불안해합니다. 어떤 경우에는 불안한 나머지 식구들끼리 심하게 다투기도 하고 때로는 히스테리를 일으킬 때도 있습니다. 그런데 어떤 분을 만났는데 그분이 자기들의 방향이 바른 방향이라는 것을 확인해줄 때 안심이 되고 마음이 기쁜지, 가지고 있는 좋은 것을 드리고 싶은 마음이 드는 것입니다.

우리 성도들이 어려운 환난을 당하게 되었을 때 가장 걱정하는 것이 바로 이것입니다. 내가 이렇게 어려움을 당하고 하는 일이 뜻대로 되지 않는 것은 내 믿음이 잘못되어서 하나님의 축복을 받지 못한다는 것입니다. 그리고 이미 하나님은 나를 잊으셨으며 나를 포기하셨을 것이라고 생각합니다. 그런데 설교 말씀을 듣는 가운데 큰 은혜가 되면서 내가 그래도 잘못 믿는 것은 아니고 제대로 축복의 길을 가고 있구나 하는 것이 확인될 때는 그렇게 기쁘고 감사할 수가 없는 것입니다. 그럴 때 대개 얼마나 우는지 모릅니다. 그 눈물의 의미는 슬퍼서 우는 것이 아니고, 기쁘고 감사해서 우는 것입니다. 그리고 설교한 목사님을 만나서 그렇게 감사를 하고 또 무엇인가 선물을 하려고 합니다.

바로 이것이 마노아의 심정이었던 것입니다. 마노아는 하나님의 사자에게 울면서 (성경에는 운다는 표현이 안 나오지만) 제발 조금만 기다려 주면 염소 새끼 한 마리를 잡아서 대접해 드리겠다고 말씀을 합니다. 그런데 문제는 바로 여기서 생기게 됩니다.

16절 여호와의 사자가 마노아에게 이르되 네가 비록 나를 머물게 하나 내가 네 음식을 먹지 아니하리라 번제를 준비하려거든 마땅히 여호와께 드릴지니라 하니 이는 그가 여호와의 사자인 줄을 마노아가 알지 못함이었더라

여호와의 사자는 마노아에게 '나보고 기다리라고 하면 기다리겠지만 음식은 먹지 않겠다'라고 하시면서 '번제를 드리려거든 마땅히 여호와께 드리라'고 말씀을 하고 있습니다.

여기서 마노아는 여호와의 사자에게 음식을 대접하겠다고 합니다. 그런데 여호와의 사자는 번제를 준비하려고 하거든 마땅히 여호와께 바치라고 말씀하십니다. 히브리어로 이렇게 알쏭달쏭한 말을 '마샬'이라고 합니다. 즉 하나님께서 우리에게 무엇이라고 말씀하시는데 우리가 그 뜻을 잘 모르는 것입니다.

여기서 여호와의 사자가 말씀하시는 것은 '너는 나에게 음식을 대접하려고 하는데 너는 내가 누구인지 잘 모르고 있다'는 뜻이 있습니다. 그 이유는 마노아는 자기를 찾아간 여호와의 사자가 그냥 보통 사람인 줄 알고 있었습니다. 왜냐하면 모습이 사람의 모습이었기 때문입니다. 그래서 너무 고마워서 대접을 하려고 하는 것입니다. 그러나 그분은 사람이 아니었습니다. 두 번째는 지금 하나님께서 마노아에게 원하시는 것은 음식이 아니고 제사라는 것입니다. 즉 인간 수준의 교제가 아니고 하나님께 드리는 예배를 원하신다는 것입니다.

여호와의 사자는 마노아가 식사 대접을 하겠다는 것을 거절하시면서

그에게 하나님께 대한 예배로 초청을 하고 계신 것입니다.

우리는 이와 비슷한 것을 요한복음 2장에서 찾아볼 수 있습니다.

가나에 혼인 잔치가 있고 예수님과 그의 제자들이 함께 그 잔치에 초대되어 갔습니다. 그때 갑자기 포도주가 떨어지게 되었습니다. 그때 예수의 모친 마리아가 예수에게 가셔서 저희에게 포도주가 없다고 했을 때 예수님께서는 "여자여, 나와 무슨 상관이 있나이까? 내 때가 아직 이르지 아니하였나이다"라고 하시면서 거절하셨습니다. 물론 마리아가 '저희에게 포도주가 없다'고 말한 것은 반드시 기적을 일으켜 달라는 뜻이 아니었습니다. 늘 지금까지 했듯이 이런 어려운 사정을 그와 의논을 한 것이며 혹시 그가 할 수 있는 것이 있다면 해 주기를 바란 것이었습니다. 예를 들어, 혹이 제자들 중 어떤 사람의 집에 포도주가 있는지 수소문을 해 달라는 뜻일 수도 있습니다. 그러나 예수님은 냉정하게 거절하셨습니다.

그 이유는 예수님은 더 이상 자신을 마리아의 아들로 생각하지 않으시며, 하나님의 아들로서 무엇을 해야 할 것인지를 생각하고 계신 것입니다. 예수님은 자신이 이제는 더 이상 옛날 집안의 어려움을 도맡아 해결하던 아들이 아니고, 온 세상을 구원할 하나님의 아들로서 이 문제를 보고 계신 것입니다. 예수님은 이 결혼식에서 포도주가 있든 없든 그것이 인간을 구원하는 예수님의 일과 아무 상관이 없다고 보시는 것입니다. 예수님은 모친 마리아에게 인간적인 아들로서의 도리가 아니라 하나님의 아들에 대한 믿음을 요구하셨습니다. 마리아가 그렇게 했을 때 예수님은 물로 포도주를 만드심으로 자기가 하나님의 아들인 것을 나타내셨습니다.

마노아가 하나님의 사자에게 음식을 대접하겠다고 한 것은 나쁜 뜻이 아닙니다. 마노아는 자기를 찾아와서 너무나도 귀한 하나님의 말씀을 전해주신 여호와의 사자가 고마워서 대접하려고 하는 것입니다. 그러나 마노아는 아직도 여호와의 사자를 인간적으로 생각하고 있었습니다. 그냥 한 고마운 분 정도로 생각하고 있지, 이스라엘 백성들을 애굽에서 능력으로 건져내신 그 하나님의 사자인 줄 모르고 있는 것입니다. 바로 이 분이 그리스도이신 것입니다. 그러나 마노아는 아직 얼마나 능력 있는 분이 친히 자기를 찾아오셨는지 모르고 있는 것입니다. 그것을 깨달을 수 있는 방법은 하나님께 예배를 드리는 수밖에 없는 것입니다. 하나님은 예배 가운데 자신을 온전히 드러내시는 것입니다.

요즘 많은 사람들이 예배를 드리면서 인간적인 위로를 받으려고 합니다. "하나님은 당신을 사랑하십니다. 지금은 좀 어려우시겠지만 좀 참으십시오. 그러면 하나님께서 당신을 행복하게 해 주실 것입니다." 사람들은 이런 말을 들으면 매우 좋아 합니다.

그러나 성경은 그렇게 말씀하시지 않습니다.

"당신은 아무것도 하려고 하지 마십시오. 당신이 남을 위해서나 자신을 위해서 할 수 있는 것은 아무것도 없습니다. 당신이 지금 해야 할 유일한 것은 하나님 앞에 진정으로 예배를 드리는 것입니다. 그러면 하나님의 아들 예수 그리스도가 자신을 나타내실 것입니다"

성경 본문을 보면 마노아가 자기에게 나타난 하나님의 사자의 이름을 물어봅니다.

17절 마노아가 또 여호와의 사자에게 말하되 당신의 이름이 무엇이니이까 당신의 말씀이 이루어질 때에 우리가 당신을 존귀히 여기리이다

여기서 이름을 묻는 것은 정체를 묻는 것입니다. 이름을 물으면 정체가 드러나게 되어 있습니다. 나는 어느 지파 누구의 아들 누구라고 대답을 하면 그가 누구인지 분명히 알 수 있습니다. 마노아는 비로소 이 분에 대하여 관심을 가지게 됩니다. 그러나 아직까지 마노아는 하나님의 사자

를 사람으로 알고 있습니다.

내가 당신의 이름을 기억하고 있다가 우리 아이가 태어나면 당신의 말대로 태어났다고 하면서 당신을 존경하겠다는 뜻입니다.

그때 하나님의 사자가 무엇이라고 대답을 합니까?

18절 여호와의 사자가 그에게 이르되 어찌하여 내 이름을 묻느냐 내 이름은 기묘자라 하니라

하나님의 사자는 이름을 묻는 마노아를 책망하셨습니다. 그것은 자신의 신적인 권위를 나타내시는 것입니다. 자고로 높은 자가 낮은 자의 이름을 묻는 것이지, 낮은 자가 높은 자의 이름을 묻는 법이 아닙니다. 이름이라고 하는 것은 그의 정체를 분명히 하는 것입니다. 여기서 하나님의 사자가 마노아를 책망하시는 것은 '어떻게 네가 나의 정체를 완전히 알려고 하느냐?' 하는 뜻입니다. 그러면서 '그것은 기묘자'라고 대답하셨습니다. 우리 번역에는 '내 이름은 기묘자라'고 되어있지만 원문에는 '그는 기묘'라고 되어 있습니다. 이것은 그의 정체는 네 머리로는 이해할 수 없다는 뜻입니다. 그는 인간의 머리로는 도무지 생각할 수 없는 놀라운 분이신 것입니다. 기묘자는 영어로 'wonderful'입니다. 천국에서 'wonderful'이라는 이름을 가진 천사는 한 명도 없습니다. 이것은 오직 하나님의 아들 그리스도의 별명인 것입니다. 이사야는 말하기를 '그의 이름은 기묘자라, 모사라, 전능하신 하나님이라, 영존하시는 아버지라, 평강의 왕이라'(사 9:6)고 했습니다. 이런 이름을 가진 분은 오직 하나님의 아들 예수 그리스도밖에 없습니다. 그는 우리가 상상할 수 없는 놀라운 방법으로 우리를 위기에서 건지시는 분입니다.

구약성경에는 한 특별한 분이 자주 나타나고 있습니다. 특히 이스라엘

백성들이 위험에 처했을 때마다 나타나는 한 분이 계셨습니다. 그분은 신적인 권위를 가지신 분이지만 성부는 아닙니다. 천사 또한 아닙니다. 그러면서도 이스라엘 백성들을 너무나도 사랑하시는 한 특별한 분이 계셨습니다. 마노아는 자기에게 나타나신 분을 한 사람으로 생각했습니다. 하나님께서 누군가를 시켜서 보내신 줄 알았습니다. 그러나 그와 대화를 나누는 가운데 그의 외모는 평범한 사람이지만 그 안에 놀라운 하나님의 영광과 신성이 있다는 것을 알아가고 있습니다. 그는 기묘자이십니다. 그의 존재 자체를 우리는 이해할 수 없고 특히 그가 일하시는 것은 우리의 상상을 뛰어 넘습니다. 바로 그 놀라운 하나님의 사자가 특별하게 마노아를 찾아오신 것입니다.

우리가 교회에서 보게 되는 것이 바로 이 이중성입니다. 교회는 철저하게 사람들의 모임입니다. 이 세상에서 구체적인 직업을 가지고 하루하루 밥을 먹고 사는 사람들의 모임입니다. 사람들의 모임이기 때문에 이 안에 문제들도 많이 있습니다. 그리고 말씀이나 찬양, 기도도 항상 우리가 상투적으로 사용하는 언어를 사용합니다. 그러나 중요한 것은 우리 안에 신적인 영광이 들어 있다는 것입니다.

이것은 눈에 보이지 않는 영광입니다. 우리 안에 하나님의 영광이 있고 하나님의 능력이 있습니다. 이것 자체가 기묘요, wonderful입니다. 우리 안에서 하나님의 영광을 볼 수 있으며 하나님의 음성을 들을 수 있는 자가 복된 자입니다. 겉으로 보면 모두 다 아는 사람들입니다. 이 안에서 무엇인가 특별한 것이 나올 것 같지가 않습니다. 그런데 우리 안에는 이 세상의 모든 것을 이길 수 있는 하나님의 영광과 능력이 있습니다. 주님께서는 우리에게 충고하십니다. 지금 너희들이 해야 할 것은 다른 것이 아니라 하나님께 예배드리는 것이라고 말입니다.

우리는 어떤 때는 예배드리는 것보다 사람을 만나서 대화를 나누고 위로를 받는 것이 더 도움이 된다고 생각합니다. 그러나 하나님의 사자는 무엇을 준비하려면 하나님께 드리는 번제를 준비하라고 하십니다. 이것이 앞으로 그의 가족이 살아갈 힘이요, 능력이요, 이스라엘이 살 수 있는 길이었습니다.

하나님의 임재의 체험

마노아는 하나님의 사자의 명령대로 하나님께 번제를 준비했습니다.

19, 20절 이에 마노아가 염소 새끼와 소제물을 가져다가 바위 위에서 여호와께 드리매 이적이 일어난지라 마노아와 그의 아내가 본즉. 불꽃이 제단에서부터 하늘로 올라가는 동시에 여호와의 사자가 제단 불꽃에 휩싸여 올라간지라 마노아와 그의 아내가 그것을 보고 그들의 얼굴을 땅에 대고 엎드리니라

마노아는 단 지파 사람이기 때문에 제사장이 아닙니다. 그럼에도 불구하고 제물을 준비한 것은 하나님의 사자를 제사장으로 생각했기 때문인 것 같습니다. 그런데 그는 제사장 이상이었습니다.

여호와의 사자는 마노아에게 준비한 것을 바위 위에 놓게 하셨습니다. 마노아가 그대로 순종했을 때 여호와의 사자는 사람의 불이 아닌 하나님의 불이 반석에서 나와서 제물을 불태운 것입니다. 이것은 그 제사를 하나님이 받으신 것이며 하나님의 살아계심과 영광을 그에게 나타내시는 것입니다. 이것은 마치 엘리야가 450명의 바알의 제사장들 앞에서 제사를 드렸을 때 하늘에서 불이 내려와서 제물들을 다 태운 것과 같습니다. 그런데 더 놀라운 것은 불길이 하늘로 솟을 때 하나님의 사자가 불꽃 가

운데 하늘로 올리워 가신 것입니다. 이것은 너무나도 엄청난 체험이었습니다.

여기서 우리는 몇 가지를 나누어서 생각해볼 필요가 있습니다.

첫째로 마노아가 경험한 것은 하나님의 불이 임하는 예배였습니다. 아마도 마노아는 오랫동안 진정한 예배를 경험하지 못했던 것 같습니다. 그들은 여호와께 제사를 드렸지만 이렇게 응답이 있고 기적이 있는 제사를 체험하지 못했습니다. 그런데 이번에는 제사를 드리는 가운데 하나님의 불이 임했습니다. 이것은 하나님께서 살아계시며 그들과 함께 하신다는 것이었습니다. 그리고 이 불이 있는 제사를 통하여 마노아는 자신과 말씀을 나누신 분이 단순한 인간 선지자가 아니고, 이스라엘 백성들을 애굽에서 인도하여 내신 그 여호와의 사자라는 것을 알게 되었습니다. 여호와의 사자가 멀리 계신 것이 아니라 바로 자기와 함께 있었다는 것을 알게 되었습니다.

오늘도 우리는 믿음과 현실 세계 사이의 엄청난 간격을 경험하고 있습니다. 이 세상은 소망이 없고 재미가 없습니다. 그러면 우리가 살기 위해서는 어디로 도망을 가야 하겠습니까? 아니면 도대체 무슨 방법을 써야 이 세상에서 의미를 가지고 살아갈 수 있겠습니까? 방법은 불이 있는 살아 있는 예배를 체험하는 것입니다. 그러면 출애굽의 위대한 하나님이 우리와 함께 있는 것을 체험하게 될 것입니다.

두 번째는 그 여호와의 사자가 제물이 타는 불과 함께 하늘로 올라가신 것입니다. 이것은 그 번제를 드리신 분이 하나님이실 뿐 아니라 그가 하실 놀라운 두 가지 사역을 보여주는 것입니다. 하나는 그가 제사장으로서 하나님께 번제를 드릴 뿐 아니라, 또 하나는 자기 자신이 제물처럼 불에 뛰어 들어서 하나님께 바쳐지는 것입니다. 예수 그리스도는 자신이 제사장이셨지만 또한 제물이기도 하셨습니다. 그러나 그는 불로 하늘에 올라가시며 영광스럽게 되셨습니다. 결국 예수님은 하나님의 보좌 우편에 올라가셔서 온 세상을 다스리시고 심판하시게 되는 것입니다.

결국 이스라엘의 고통의 진정한 원인은 무엇이었습니까? 그것은 군사적인 약세가 아니라 하나님 앞에서 죄였습니다. 그들은 하나님 앞에서 교만하지 않을 수 없고 범죄하지 않을 수 없는 죄성을 가진 자였습니다. 그들을 살릴 수 있는 것은 사람이 손을 대지 않은 한 거룩한 제사였습니다.

우리는 하나님을 위하여 많은 일을 하려고 합니다. 그러나 하나님께서는 그런 우리의 열심을 거절하십니다. 그 이유가 무엇입니까? 우리의 그런 열심 안에는 결국 그런 일을 통하여 나를 주장하고 나를 나타내려고 하는 죄의 욕망이 섞여 있기 때문입니다. 하나님께서 우리에게서 원하시는 것은 우리 안에 있는 죄성의 발견입니다. 믿는다고 하면서도 얼마나 무서운 죄성이 우리 안에 있으며, 얼마나 교만한 마음이 내 안에 있으며, 얼마나 지기 싫어하는 악한 본성이 내 안에 있는가 하는 것입니다. 우리를 비참하게 하는 것은 우리의 무능이 아니라 죄성입니다.

진정한 예배라고 하는 것은 살아계신 하나님 앞에서 나의 죄성을 있는 그대로 내어놓고 하나님의 불로 태우는 것입니다. 우리의 부끄러운 생활들, 다른 사람들을 알지 못하는 내 안에 깊숙이 들어 있는 교만과 악한 죄성들을 예수님 앞에 내어놓는 것입니다. 그러면 예수님께서 그것을 다 불로 태우시고 자기 십자가로 가져가시는 것입니다. 이것이 오늘 이 세상을 바꿀 수 있는 우리의 능력입니다. 왜냐하면 이런 예배가 하나님의 위대한 구원을 이 세상에 가져올 수 있기 때문입니다.

마노아는 주님이 오셔서 말씀하셨지만 눈이 어두워서 그를 알아보지 못했습니다. 그런데 불이 있는 예배 가운데 주님의 강력한 임재를 경험했습니다.

하나님께서 우리에게 가까이 오실 때 우리가 느끼는 것이 무엇입니까? 도저히 이 세상의 것으로는 만족할 수 없는 답답합니다. 그리고 무엇을 해도 만족감이 없습니다. 그러나 예배를 드리면서 다른 때와 다른 뜨거운 감동이 마음속에서 일어나는 것입니다. 그때 하나님의 살아계심과 능력의 임재를 체험하게 됩니다. 지금까지는 현실적인 것만 중요하다고 생각했는데 하나님 앞에서 보니까 그것이 아니라는 것입니다.

하나님이 얼마나 크시며 하나님이 얼마나 위엄 있고 권세가 있으신지 그 앞에서 나는 완전히 죽은 것처럼 되는 경험입니다. 이것이 내가 변하는 것입니다. 처음으로 내 안에서 성령으로 채워지는 경험입니다. 하나님께서는 마노아의 아들 삼손을 성령으로 충만하게 하시기 전에 그의 아버지에게 그 체험을 주셨습니다. 왜냐하면 그렇게 하지 않으면 아들의 삶을 이해할 수 없기 때문입니다. 우리가 이 세상에 나가서 무엇인가 하기 이전에 필요한 것은 나의 인격과 육신이 성령으로 충만하게 채움 받는 것입니다. 하나님의 영광을 한번 경험해 보아야 합니다.

영광 그 후에 있은 것

마노아는 이 영광된 기적의 예배를 체험한 후에 두 가지 경험을 하게 됩니다. 하나는 하나님께 대한 두려움이었습니다.

21, 22절 여호와의 사자가 마노아와 그의 아내에게 다시 나타나지 아니하니 마노아가 그제야 그가 여호와의 사자인 줄 알고, 그의 아내에게 이르되 우리가 하나님을 보았으니 반드시 죽으리로다 하니

구약 성도들이 하나님께 대하여 가졌던 믿음은 여호와의 사자를 보면

죽는다는 것이었습니다. 물론 이것은 율법적인 생각이지만 하나님께 대한 두려움이 생겼던 것은 사실이었습니다. 이들은 하나님을 믿고 말씀대로 산다고 하면서도 하나님을 늘 멀리 계신 분으로 생각했습니다. 그러나 그분이 살아계시며 자기들의 눈앞에 나타나셨을 때 그들은 살아계신 하나님에 대한 두려움으로 가득차게 되었습니다. 이것이 바로 부흥의 시작입니다.

오늘 우리나라가 이토록 부패하게 된 것은 하나님에 대한 두려움이 없기 때문입니다. 신앙생활을 한다고 하면서 하나님을 그림책에 있는 호랑이처럼 생각하는 것입니다. 그림책에 있는 호랑이는 무섭지 않습니다. 그러나 그 호랑이를 직접 집 앞에서 만나게 되었다면 죽었다는 생각이 들것입니다. 하나님 앞에서 우리 인생은 아무것도 아닙니다. 그러나 살아있는 하나님을 만나지 못했기 때문에 인간의 문제가 크게 보이는 것입니다. 그러나 하나님을 한번 만나서 죽었다 살아나는 체험을 하고 나면 그때부터는 인간들이 두렵지가 않게 됩니다. 그리고 하나님이 나의 하나님이 되는 것입니다. 부인의 하나님이나 부모님의 하나님이 아니라, 나의 하나님이 되는 것입니다. 오늘 우리나라를 살릴 수 있는 것은 하나님의 살아계심을 체험하고 하나님을 두려워하는 것입니다. 그러면 살게 되어 있습니다.

두 번째는 하나님의 뜻을 생각하는 지각이 생기게 된 것입니다.

23절 그의 아내가 그에게 이르되 여호와께서 우리를 죽이려 하셨더라면 우리 손에서 번제와 소제를 받지 아니하셨을 것이요 이 모든 일을 보이지 아니하셨을 것이며 이제 이런 말씀도 우리에게 이르지 아니하셨으리이다 하였더라이 두 사람은 하나님을 두려워하기만 하지 않았습니다. 그들은 하나님의 말씀에 입각해서 논리적으로 생각할 수 있는 능력을 가지게 되었습니다.

특히 마노아의 아내는 여호와의 사자가 불길을 타고 올라간 이 번제가 우리를 죽음의 자리에서 지켰을 것이라고 말하면서 만일 하나님께서 우리를 죽이려고 하셨더라면 이런 체험이나 말씀을 하시지 않았을 것이라고 말하고 있습니다. 하나의 특별한 예배, 그것이 그들을 죽지 않게 지켰을 뿐 아니라 그들을 더 영광스러운 세계로 인도하였다는 설명입니다.

우리가 여기서 보게 되는 것이 무엇입니까? 마노아나 그의 부인은 이 놀라운 체험을 하고 난 후에 도리어 영적으로 침체에 빠질 뻔 했다는 것입니다. 그것은 그들이 가지고 있었던 기존의 가치관 때문이었습니다. 하나님께서는 그들을 더 영광스럽고 더 놀라운 능력의 세계로 초청하고 있는데, 기존의 그 율법적이며 생명이 없는 가치관 때문에 오히려 더 혼란스러워 하고 더 불안해하는 것을 볼 수 있습니다. 그때 기존의 생각을 떨쳐 버리는 것은 놀랍게도 그의 부인의 신앙적인 지각이었습니다. 이번에 우리가 드린 예배는 특별한 예배였다는 것입니다. 이것은 시내 산에서 모세가 경험한 것을 능가하는 것이었습니다. 모세도 하나님의 사자가 제물과 함께 하늘로 올라가는 것은 체험하지 못했습니다. 하나님은 그 영광된 능력으로 우리를 지켜주고 계시며 그가 이 모든 것을 말씀하시고 준비하게 하신 것은 율법의 틀로는 절대로 맞출 수 없는 새로운 능력이요 새로운 축복이라는 것입니다.

우리에게 불필요한 두려움이 엄습해 올 때가 많습니다. 그 이유가 무엇입니까?

우리는 무지하기 때문입니다. 하나님의 말씀에 무지하면 두려워하지 않을 수 없고 미신적인 신앙에 빠지지 않을 수 없습니다. 그러나 그것은 종의 영이며 불필요한 두려움입니다. 오늘 우리가 이 세상을 이길 수 있는 길은 믿음과 지혜입니다. 어떤 사람은 지혜만 가지고 있는데 그러면 죄를 짓게 됩니다. 그리고 어떤 사람은 지각은 없이 믿음으로 밀어 붙이는데 그러면 우직하게 되어 실패할 수 있습니다. 우리는 믿음과 지혜가 함께 있을 때 이 세상을 이기는 것입니다.

하나님께서 마노아에게 주신 선물은 두 가지였습니다. 하나는 하나님이 임재 하셔서 그의 모든 과거의 죄를 다 태우시며 이스라엘의 죄를 태우시는 예배의 체험이었습니다. 다른 하나는 불필요한 두려움이나 미신 대신에 성경적으로 추론하는 건전한 능력이었습니다. 더욱이 이 부부는 이것을 나눔으로 더욱 하나님의 사랑을 확신할 수 있었습니다.

그 후에 이들에게 어떤 일이 있었습니까?

24, 25절 그 여인이 아들을 낳으매 그의 이름을 삼손이라 하니라 그 아이가 자라매 여호와께서 그에게 복을 주시더니. 소라와 에스다올 사이 마하네단에서 여호와의 영이 그를 움직이기 시작하셨더라

여기서 '마하네단'이라고 하는 것은 '단의 진영'이라는 뜻입니다. 아마도 그곳에 단 지파의 군대가 형식적으로나마 있었던 것 같습니다. 그런데 삼손은 거기서 하나님의 신에 충만하여지는 체험을 처음으로 했습니다. 기묘이신 하나님께서 어떻게 이스라엘을 이 어려움에서 건져 내십니까? 그것은 성령의 감동을 통해서였습니다. 기독교에서 가장 놀라운 것은 하나님의 성령이 사람 안에 들어오신다는 것입니다. 사람에게 있어서 최상의 상태는 사람 안에 하나님의 성령이 임하실 때입니다. 그때 비겁한 자는 용감하게 됩니다. 미련한 자는 통찰력이 있는 사람이 됩니다. 힘이 없는 자는 강한 자로 변합니다. 하나님의 기묘가 무엇입니까? 바로 연약한

사람 안에 성령의 능력으로 하나님의 사자가 임하셔서 모든 적을 파하고 이스라엘로 승리하게 하는 것입니다.

오늘 우리가 이 세상을 이길 수 있는 비결이 무엇입니까? 그것은 성령의 사람이 되는 것입니다. 가장 중요한 것이 하나님의 임재를 체험하는 예배입니다. 마노아에게 이 예배는 한번 있었습니다. 그러나 우리는 주님의 이름을 부르면서 예배할 때마다 하나님의 임재하심을 체험할 수 있습니다. 어떤 때에는 이 체험이 너무 강렬해서 몸이 터져 나갈 것 같기도 합니다. 어떤 때에는 너무나도 하나님께서 강하게 찾아오셔서 울다가 찬송하다가 정신을 잃을 것 같기도 합니다.

사도 바울은 이 체험에 대하여 내가 몸 안에 있었는지 몸 밖에 있었는지 알지 못한다고 고백하고 있습니다. 바로 하나님의 영광의 체험, 이것이 바로 우리의 능력이며 이 세상에 집착하고 있는 것으로부터 멀어지게 합니다. 그리고 우리는 미신적이며 율법적인 사고를 버려야 합니다. 하나님의 사랑에 기초한 논리적인 추론을 해야 합니다. 그것이 바로 이 시대의 예언이며 설교입니다. 그리고 성령께서 내 육체 가운데 오시게 해야 합니다. 성령께서 나의 삶을 사용하시게 해야 합니다. 나의 입을 사용하시며 나의 눈을 사용하시며 나의 손을 사용하시며 나의 삶을 사용하시게 해야 합니다. 우리 한 사람 한 사람 모두 다 그리스도처럼 되는 것입니다. 그리스도의 영으로 지배당하는 것입니다. 이것은 내가 하고 싶은 대로 하지 않는 것을 의미합니다. 이것이 이 암담한 세상에서 어두움을 세력을 물리치고 믿음으로 승리할 수 있는 유일한 길입니다.

오늘날 그 예배를 드리도록 하십시다. 그리고 건전한 이성을 사용하십니다. 우리의 육체를 주님께 적극적으로 내어드리십시다. 오래 가지고 있던 썩고 케케묵은 생각은 버리시기 바랍니다.

CHAPTER 27

삼손의 결혼식

사사기 14:1-20

보통 결혼식은 가족의 대사大事이기 때문에 많은 친척들이나 친구들이 모여서 축하합니다. 그런데 우리나라와 외국의 결혼식에 많은 차이가 있는 것 같습니다. 요즘 예식장에서 하는 결혼식은 그야말로 하나의 요식 행위처럼 금방 끝이 나고 신랑 신부는 신혼여행을 떠나버립니다. 결혼식은 하나님 앞에서 서약하고 영원히 변치 않는 성경에 손을 얹고 기도를 해야 제대로 된 결혼식입니다. 그런데 아주 드물게 결혼식을 통하여 무슨 국가적인 일을 터트릴 때가 있습니다.

성경의 다른 사사들의 사역은 쳐들어 온 원수들을 보고서 그가 나팔을 불어서 백성들을 불러 모으는데서 부터 시작됩니다. 그러나 삼손의 사역은 그의 결혼식에서부터 시작됩니다. 그 이유는 삼손 때 이스라엘 백성들은 너무나도 침체되어 있어서 나팔을 불어도 몰려들 자가 없었기 때문입니다. 삼손의 결혼식은 어떤 의미에서 진짜 결혼식이 아니었습니다. 삼손은 이스라엘 백성을 깨우치는 것은 불가능하다고 생각한 것 같습니다. 그래서 호랑이를 잡으려면 호랑이 굴에 들어가야 하는 것과 마찬가지로 직접 블레셋 사람들과 부딪쳐서 그들을 치려는 것이었습니다. 그러니까 이스라엘 백성들의 대 블레셋 투쟁사에서 삼손의 결혼식은 최초의 독립 선언과 같은 것이었습니다. 그런데 이 중요한 결혼 작전에서 삼손은 성공하지 못합니다. 왜냐하면 그가 초기의 목적이 철저하지 못했기 때문입니다.

삼손의 결혼 준비

삼손이 성장할 때 이스라엘은 완전한 블레셋의 속국이었습니다. 이 당시 블레셋은 너무나도 강했기 때문에 이스라엘 사람들은 감히 독립 같은 것은 생각하지도 못하고 철저한 굴종의 삶을 살 수밖에 없었습니다. 삼손이 어느 정도 장성했을 때 그는 결혼 문제를 놓고 부모와 트러블을 일으켰습니다.

> 1-3절 삼손이 딤나에 내려가서 거기서 블레셋 사람의 딸들 중에서 한 여자를 보고. 올라와서 자기 부모에게 말하여 이르되 내가 딤나에서 블레셋 사람의 딸들 중에서 한 여자를 보았사오니 이제 그를 맞이하여 내 아내로 삼게 하소서 하매. 그의 부모가 그에게 이르되 네 형제들의 딸들 중에나 내 백성 중에 어찌 여자가 없어서 네가 할례 받지 아니한 블레셋 사람에게 가서 아내를 맞으려 하느냐 하니 삼손이 그의 아버지에게 이르되 내가 그 여자를 좋아하오니 나를 위하여 그 여자를 데려오소서 하니라

딤나라고 하는 곳은 블레셋 땅입니다. 삼손는 그 딤나라는 땅에 가서 한 블레셋 여자를 알게 되었습니다. 삼손은 집에 돌아와서 그의 경건한 부모님께 그 여자와 결혼을 하겠다고 우겼습니다. 경건한 신앙을 가진 삼손의 부모가 할례 받지 않은 이방인의 딸과의 결혼을 허락할 리가 없었

습니다. 삼손의 부모는 분명하게 잘라서 거절했습니다. 삼손의 부모는 어떤 사람이었습니까? 그 당시 지도자들은 인간적인 방법으로 여러 명의 부인을 두고 또 여러 명의 자식을 둔 것을 자랑으로 생각했습니다. 그리고 그들은 그 자녀들을 외국인과 결혼하게 하는 것을 큰 자랑으로 알았습니다. 그러나 삼손의 부모는 세상 조류를 따라가는 사람들이 아니었습니다. 그들은 하나님께서 아이를 주시기까지 결코 아이를 가지지 않았습니다. 그리고 그들은 하나님께 바쳐진 삼손이 경건한 결혼을 하기를 원했습니다.

그래서 삼손의 부모는 삼손이 갑자기 블레셋 여자와 결혼을 하겠다고 하니까 상당히 언짢아하면서 할 수 있으면 먼저 이스라엘 안에서 신부를 찾으라고 하면서 반대를 했습니다. 그러나 삼손은 부모에게 떼를 써서 억지로 결혼의 동의를 받아내고야 말았습니다. 본문에 보면 '내가 그 여자를 좋아하오니 나를 위하여 그 여자를 데려오소서' 다시 말해서 '내가 좋아한다니까요. 아버지 허락해 주세요!' 하는 식으로 졸라서 결국 부모를 억지로 설득을 한 것 같습니다. 이 경건한 부부도 결국 자식 하나만은 자기 마음으로 하지 못했던 것 같습니다.

그런데 중요한 것은 이 결혼에 대한 성경의 평가입니다.

4절 그때에 블레셋 사람이 이스라엘을 다스린 까닭에 삼손이 틈을 타서 블레셋 사람을 치려함이었으나 그의 부모는 이 일이 여호와께로부터 나온 것인 줄은 알지 못하였더라

삼손이 이 블레셋 여자와 결혼을 하려고 하는 것은 단순한 자기 욕심을 위해서가 아니었습니다. 그 당시 이스라엘 사람들은 완전히 블레셋의 속국이 되어서 스스로의 힘으로는 전혀 일어설 수가 없었습니다. 삼손에

게는 기드온처럼 끝까지 그와 마음을 합하여 싸울 삼백 명의 용사가 없었습니다. 아마도 삼손이 나팔을 불려고 하면 이스라엘 사람들은 그를 잡아서 블레셋 사람들에게 잡아 넘겨버릴 것입니다. 이스라엘은 완전히 죽어 있었고 의욕을 상실하고 있었기 때문에 삼손은 이스라엘 사람들의 도움을 전혀 기대할 수가 없었습니다. 그가 할 수 있는 것은 혼자의 힘으로 블레셋과 싸우는 것인데 블레셋 사람들이 이스라엘 사람들을 경계하고 있었기 때문에 접촉하기가 쉽지 않았던 것 같습니다. 그래서 삼손은 블레셋 여자와 결혼을 함으로서 블레셋 사람들과 쉽게 접촉을 하는 가운데 기회를 봐서 그들을 때려눕히려고 한 것입니다.

다시 말해서 삼손에게 있어서 결혼식은 일종의 거사와 같았습니다. 이스라엘 민족사에 있어서 이스라엘 사람들이 블레셋 사람에 대하여 최초로 저항의 소리를 내어 본 것은 삼손의 결혼식이 최초의 사건이었습니다. 그리고 그 후 사무엘 때 한번 크게 승리하고 사울 때에는 오히려 길보아 산에서 사울의 삼부자가 전사를 당하는 참패를 겪게 됩니다. 그만큼 블레셋은 이스라엘 백성들에게 너무 상한 석이었습니다.

삼손이 이 결혼식에 아버지를 끌어들인 것은 블레셋 사람들로 하여금 이 결혼을 믿도록 하기 위한 것으로 생각됩니다.

물론 우리는 이런 의문을 제기할 수 있습니다. 그것은 과연 거룩한 하나님의 사람이 이 신성한 결혼을 정치적인 목적으로 이용할 수 있느냐 하는 것입니다. 결혼은 신성한 것이며 결코 다른 정치적인 목적이나 정략적인 이유로 사용되어서는 안 됩니다. 그러나 지금의 윤리관으로 3천 년 전의 윤리를 판단한다고 하는 것은 무리가 있습니다. 예수님은 제자들에게 말씀하시기를 자연적으로 성불능이 된 사람도 있고 하나님 나라를 위하여 성불능인 사람도 있다고 하셨습니다. 그것은 복음을 위하여 정상적인 결혼 생활을 하지 못할 제자들이 있다는 것을 의미하시는 것입니다.

포도원의 사자와 꿀

우리가 삼손의 입장에 처해 있다고 생각해 본다면 결혼식을 준비하는 그의 마음은 그렇게 외롭고 힘들 수가 없을 것입니다. 그는 존경하는 부모님에게도 왜 이방여자와 결혼을 하는지 그 이유를 설명할 수가 없었습니다. 그는 부모님까지 속여가면서 부모님의 마음까지 아프게 해 가면서 이 일을 하는 것이 그토록 가슴이 아플 수가 없었습니다. 그러나 나실인이 하는 것이 바로 그런 것입니다. 그가 머리를 기른 이유는 그가 하나님께 속한 사람이라는 뜻입니다. 이 어려운 처지에 있는 삼손에게 하나님께서는 아주 귀한 체험을 주셨습니다.

5-7절 삼손이 그의 부모와 함께 딤나에 내려가 딤나의 포도원에 이른즉 젊은 사자가 그를 보고 소리 지르는지라. 여호와의 영이 삼손에게 강하게 임하니 그가 손에 아무것도 없이 그 사자를 염소 새끼를 찢는 것 같이 찢었으나 그는 자기가 행한 일을 부모에게 알리지 아니하였더라. 그가 내려가서 그 여자와 말하니 그 여자가 삼손의 눈에 들었더라

삼손이 여자를 만나서 결혼을 준비하러 딤나로 내려갈 때에 갑자기 길에서 어린 사자를 만나게 되었습니다. 여기서 어린 사자라고 하는 것은 새끼 사자를 말하는 것이 아닙니다. 완전히 큰 사자는 아니고 중간 정도의 사자를 말합니다. 갈기만 멋있게 만들어지지 않았지, 사납기나 크기는 거의 어른 사자와 비슷한 사자를 말합니다.

삼손이 사자를 보았을 때 갑자기 성령이 충만해지면서 그는 큰 힘을 느꼈고 당장 그 사자에게 달려가서 사자를 맨손으로 찢어 죽였습니다. 이것은 그에게 아주 중요한 체험이었습니다. 아마도 알아주지 않고 아무의

도움도 받지 못하는 이 결혼식 작전을 하나님께서 기뻐하시며 그가 결코 실패하지 않을 것을 하나님께서 체험으로 인쳐주시는 것이었습니다. 이것은 삼손을 아주 기쁘게 했으며 이 일에 하나님께서 함께 하시는 것을 확신할 수 있게 해 주었습니다.

우리가 어떤 일을 하려고 할 때 하나님의 뜻인 줄 알면서도 아무도 하지 않는 일을 하려고 할 때에는 그렇게 마음이 두렵고 망설여질 수가 없습니다. '내가 굳이 이렇게까지 해 가면서 이 일을 할 필요가 있을까?' 하는 생각이 들 때가 많습니다. 그때 하나님께서는 다른 어떤 사람의 말이나 상황의 변화를 통하여 하나님이 함께 하시며 결코 이 일로 인하여 실패하지 않을 것이라는 것을 인쳐주실 때가 있습니다. 삼손이 이 체험을 부모에게 말하지 않은 것은 이것을 아주 소중하게 생각했기 때문입니다. 그는 기쁨을 가지고 딤나로 내려가서 결혼을 준비했습니다.

그런데 얼마 후 삼손은 다시 그 여자를 만나기 위하여 딤나로 내려가야만 했습니다. 그는 자기가 죽인 그 사자가 어떻게 되었는지 보고 싶었습니다. 아마 그 죽은 사자를 보면 다시 한 번 하나님의 은혜가 생각나서 기분이 좋아질 것으로 생각한 것 같습니다.

8절 얼마 후에 삼손이 그 여자를 맞이하려고 다시 가다가 돌이켜 그 사자의 주검을 본즉 사자의 몸에 벌 떼와 꿀이 있는지라

삼손이 사자의 시체를 찾은 것은 다른 뜻이 아닙니다. 다시 한 번 그 승리의 순간을 보고 싶었던 것입니다. 그런데 삼손은 거기서 결코 포기하기 아까운 것을 보게 되었습니다. 그것은 바로 꿀이었습니다. 팔레스타인 땅은 너무 더워서 동물이 죽어도 바로 썩지 않고 더위에 마르면서 딱딱해지는 경우가 많습니다. 벌들은 이 사자의 시체가 바위나 나무인줄 알

고 거기에 많은 꿀을 만들어 내었습니다. 삼손은 나실인이었고 나실인의 의무가 시체를 가까이 하지 않는 것입니다. 물론 공격하는 적은 죽일 수 있지만 죽은 시체를 가까이 해서는 안 됩니다. 그러나 지금 삼손의 눈앞에는 너무나도 아까운 꿀이 잔뜩 있습니다. 그것은 공짜이며 손만 내밀면 얼마든지 가질 수 있는 것입니다.

9절 손으로 그 꿀을 떠서 걸어가며 먹고 그의 부모에게 이르러 그들에게 그것을 드려서 먹게 하였으나 그 꿀을 사자의 몸에서 떠왔다고는 알리지 아니하였더라

아마 이 때에는 간식도 별로 없을 때이고 생활도 어려울 때이니까 꿀이라고 하는 것은 아주 귀하고 고급스러운 음식이었던 것 같습니다. 삼손은 길을 가면서 내내 꿀을 먹었습니다. 그리고 부모님께도 꿀을 드렸습니다. 그런데 그 꿀이 어디서 나온 것인지는 말하지 않았습니다. 왜일까요? 그가 나실인의 규정을 깨트린 것에 대하여 부모가 책망할 것이 분명하기 때문입니다.

그런데 만일 우리 자신이 삼손이라고 해 봅시다. 아무도 없는 곳에서 손을 뻗기만 하면 얼마든지 가질 수 있는 곳에 내가 좋아하는 술이나 잡지나 혹은 금지된 어떤 좋은 것이 있을 때 그것을 포기하고 돌아서는 것이 결코 쉽지 않을 것입니다. 결국 그리스도인에게 가장 큰 유혹이 무엇인가 하면 혼자 있을 때입니다. 혼자 방에 있을 때, 혼자 화장실에 앉아 있을 때, 피곤한데 잠은 오지 않고 책도 볼 수 없는데 시간은 무료할 때, 바로 이때 사탄은 우리에게 접근해 옵니다. 아마도 삼손이 꿀의 유혹에 쉽게 넘어가게 된 것은 일이 잘되고 있다는 기쁨 때문이었을 것입니다. 지금 모든 것이 그의 뜻대로 착착 이루어지고 있습니다. 부모님도 함

께 동행을 해 주시고 블레셋 여자도 자기를 좋아하는 것 같습니다. 포도원에서 사자를 죽이는 체험까지도 했습니다. 그래서 삼손은 방심을 했던 것 같습니다. 많은 경우 하나님의 백성들이 일이 뜻대로 잘될 때 방심해서 하나님의 뜻을 거역하고 죄를 짓기 쉽습니다. 그래서 일이 뜻한대로 잘될수록 더 많이 기도를 해야 합니다. 그래야 사탄의 계략에 넘어가지 않는 것입니다.

삼손이 아무도 보는 사람이 없다고 해서 시체 안에 있는 꿀을 먹은 것이 삼손의 비극의 시작이었습니다. 삼손은 결코 개인이 아니라 공인이요, 이스라엘을 대표하는 사람입니다. 그가 아주 작은 부분에 철저하지 못했을 때 그는 큰 것도 놓치게 되었고 결국 이 중요한 결혼 작전을 실패하고 마는 것입니다.

삼손의 문제는 목적에 일관되지 못했습니다. 자주 여인과 사랑에 빠지기도 했고 꿀이나 술에 빠져서 실패할 때가 많았습니다. 그리고 그 실패들은 모두 작은 실패가 아니라 엄청난 실패였습니다.

삼손의 수수께끼

삼손이 블레셋 여자와 결혼하는 것이 블레셋 사람들에게는 상당히 좋게 생각되었던 것 같습니다. 그래서 블레셋 사람들은 블레셋 청년 30명을 들러리로 삼손에게 붙여 주어서 흥겨운 결혼 잔치를 베풀게 했습니다.

10, 11절 삼손의 아버지가 여자에게로 내려가매 삼손이 거기서 잔치를 베풀었으니 청년들은 이렇게 행하는 풍속이 있음이더라. 무리가 삼손을 보고 삼십 명을 데려와서 친구를 삼아 그와 함께 하게 한지라

삼손은 블레셋 사람이 아니었기 때문에 들러리가 없었습니다. 블레셋 사람들은 블레셋 청년 30명을 데려다가 삼손의 결혼식의 들러리로 삼았고 제법 격식을 갖춘 결혼식이 거행되었습니다.

가장 중요한 것은 역시 삼손이 거기서 수수께끼를 낸 것입니다. 그 당시 결혼식에서는 요즘 행운권 당첨처럼 잔치 중에 수수께끼를 내는 것이 보편적이었던 것 같습니다. 삼손은 드디어 기회를 잡아서 블레셋 들러리들에게 수수께끼를 내었습니다.

12, 13절 삼손이 그들에게 이르되 이제 내가 너희에게 수수께끼를 내리니 잔치하는 이레 동안에 너희가 그것을 풀어내게 말하면 내가 베옷 삼십 벌과 겉옷 삼십 벌을 너희에게 주리라. 그러나 그것을 능히 내게 말하지 못하면 너희가 내게 베옷 삼십 벌과 겉옷 삼십 벌을 줄지니라 하니 그들이 이르되 네가 수수께끼를 내면 우리가 그것을 들으리라 하매

삼손의 결혼식의 피크는 바로 이 수수께끼에 있었습니다. 아무리 그가 결혼식으로 어떤 일을 벌이려고 했다 하더라도 아무렇게나 난동을 부릴 수는 없었습니다.

그가 정당한 핑계거리를 만들어서 블레셋 사람들을 흥분시킨 후에 그들로 하여금 난동을 부리게 해서 그들을 치는 것이 목적이었던 것 같습니다. 그러면 법적으로도 전혀 문제될 것이 없고, 오히려 이스라엘의 결혼식을 블레셋 사람들이 망친 격이 되기 때문에 블레셋 사람들이 트집을 잡지 못할 것입니다. 삼손이 수수께끼를 낸 의도는 아주 어려운 수수께끼를 내어서 블레셋 들러리 30명을 벌거벗겨서 돌려보내자는 것입니다. 그러면 이 30명이 옷을 뺏기지 않으려고 난동을 부리게 될 텐데 그때 자연스럽게 이 사람들을 두들겨 팬다면 합법적으로 블레셋 사람들을 징계하

는 것이 되는 것입니다. 이스라엘의 머리 긴 청년 하나가 수수께끼 하나로 블레셋 청년 30명의 옷을 벗겼다는 것은 완전히 빅 뉴스거리인 것입니다. 거기에다가 이들이 알몸으로 삼손에게 덤벼들다가 두들겨 맞아서 모두 뼈가 부러졌다면 이것은 더 큰 뉴스거리인 것입니다.

그러나 문제는 삼손의 수수께끼에 있었습니다.

14절 상 삼손이 그들에게 이르되 먹는 자에게서 먹는 것이 나오고 강한 자에게서 단 것이 나왔느니라 하니라

삼손의 수수께끼의 재료가 어디서 나온 것입니까? 그의 딤나의 체험에서 나온 것이었고 이것은 성령의 체험이었습니다. 하나님의 백성들이 자신이 한 성령의 체험을 수수께끼 재료로 사용하는 것이 옳은 일일까요? 그것은 결코 옳은 일이 아닙니다. 왜냐하면 성령의 체험은 우리 영혼의 깊은 샘물이요 큰 재산이기 때문입니다.

삼손이 딤나에 내려오다가 체험한 이 놀라운 성령의 체험은 어느 누구도 알 수 없는 것이었습니다. 특히 하나님을 믿지 않는 사람들이 가장 이해할 수 없는 영역이 바로 이 성령의 체험이요 힘입니다. 그래서 하나님의 백성들 자체가 세상 사람들에게는 수수께끼인 것입니다. 삼손에게는 사자와 꿀, 이 두 가지가 모두 잊을 수 없는 것이었던 것 같습니다. 사자의 체험은 삼손이 가장 어려울 때 하나님께서 주신 약속이요 은혜입니다. 거기에 비하여 꿀의 체험은 삼손이 교만하여 방심하는 바람에 나실인의 언약을 깨트린 실패한 부분입니다. 하나는 승리의 약속이요, 다른 하나는 실패의 경험입니다. 이 두 가지는 삼손에게 모두 소중한 영적인 재산이요 양식인 것입니다.

우리가 하나님의 일을 하거나 세상일을 하다가 지칠 때가 있습니다. 때

로는 믿었던 사람에게 배신을 당할 수도 있고 또는 같은 믿은 사람들 사이에 말로 깊은 상처를 받을 때도 있습니다. 그때는 과거에 하나님께서 주셨던 사자의 체험을 생각하는 것입니다. 그러면 마음의 상처가 치료가 되면서 메말랐던 눈에서 눈물이 나오면서 새 힘이 생기는 것입니다. 그러나 또 일이 뜻대로 술술 잘 풀릴 때에는 사람이 교만하게 되고 방심하기 쉽습니다. 그때에는 꿀의 체험을 기억하는 것입니다. '내가 전에도 이렇게 일이 잘될 때 까불다가 큰 실패를 했지'라고 생각하면 경성하게 되고 조심하게 되는 것입니다. 그래서 가장 어리석은 사람은 돌아다니면서 자기가 받은 은혜를 간증한다고 해서 다 쏟아버리는 사람들입니다. 이런 것은 자기 가슴 속에 깊이 묻어두어서 필요할 때마다 꺼내보는 재산인 것입니다.

삼손이 사용한 것은 일종의 난센스 퀴즈입니다. 그것도 깊은 성령의 체험을 난센스 퀴즈로 내었으니 블레셋 사람들이 알아맞힐 리가 없습니다. 삼손이 왜 이렇게 어려운 문제를 내었을까요? 그것은 그가 블레셋 사람들이 너무나도 두려워졌기 때문입니다. 그래서 절대로 풀 수 없는 문제를 내었는데 결국 그것이 자기에게는 가장 귀중한 두 가지 체험이었던 것입니다. 이렇게 된 이유가 어디에 있을까요? 그것은 삼손이 꿀의 시험에 들어서 영적인 균형을 잃어버렸기 때문입니다. 사람들 중에 보면 별 것이 아닌데 굉장히 흥분을 하면서 분노를 터트리는 사람이 있습니다. 그 사람은 자기 안에 무엇인가 균형이 깨어져서 그런 것입니다. 별것 아닌 것을 가지고 굉장히 흥분을 하고 난리를 피우는 사람은 분명히 경건 생활을 잘하지 못하는 사람입니다.

삼손의 사자 체험은 그의 영혼의 오아시스였습니다. 너무나도 지쳐 있고 영육 간에 피곤할 때, 할 수 있는 대로 몸을 편하게 눕거나 아니면 조용한 숲 속에 혼자 나가서 지금까지 하나님께서 주신 은혜 중에 가장 좋았던 것은 조용히 생각해 보는 것입니다. 그리고 앞으로 해주실 가장 아름다운 소망을 마음속에 조용히 그려보는 것입니다. 그러면 마음속의 분노와 복잡한 것이 가라앉으면서 마음이 다시 기뻐지고 평안이 생기는 것을 느낄 수 있을 것입니다. 삼손은 사자를 죽인 체험을 자신의 영적인 오아시스로 사용했어야 옳습니다. 그리고 사자의 시체에서 나온 꿀은 자신의 연약한 부분으로 보아야 합니다. 우리가 지나간 날을 돌이켜 보면 사자와 꿀이 늘 함께 나오는 것을 볼 수 있습니다. 하나님께서는 우리에게 놀라운 힘을 주셔서 큰 승리를 하게 하셨습니다. 그럼에도 불구하고 우리는 작은 유혹을 뿌리치지 못하고 실패해서 영적으로 침체되고 울면서 하나님께 회개했던 기억들이 있습니다. 이 두 가지는 영혼의 엑셀레이터와 브레이크로 작용을 하는 것입니다.

하나님께서는 삼손의 결혼식을 축복하셨습니다. 그러나 그는 자꾸 미끄러지고 있습니다. 그 이유가 무엇입니까? 사소한 부분에 있어서 철저하지 못했기 때문입니다. 그것은 첫째 꿀의 유혹입니다. 그리고 그는 역시 귀한 체험을 잘 간수하지 못한 것입니다.

실패한 결혼 작전

블레셋 사람들은 역시 삼손보다 한 수 위였습니다. 그들은 자기 힘으로 이 수수께끼를 풀 수 없게 되었을 때 삼손의 신부를 위협했습니다.

15절 일곱째 날에 이르러 그들이 삼손의 아내에게 이르되 너는 네 남편을 꾀어 그 수수께끼를 우리에게 알려 달라 하라 그렇지 아니하면 너와 네 아버지의 집을 불사르리라 너희가 우리의 소유를 빼앗고자 하여 우리를 청한 것이 아니냐 그렇지 아니하냐 하니 여기서 블레셋 사람들의 본성이 드러나기 시작합니다. 그들은 삼손의 신부에게 이 수수께끼를 알아내지 않으면 신부와 그 식구들을 모두 다 불태워 죽이겠다고 위협했습니다. 그런데 이것은 사실이었습니다. 블레셋 사람들은 다른 사람을 잡아서 불에 태워 죽이는 것을 예사로 생각했습니다. 그들은 삼손의 아내를 이용하면 그 답을 알 수 있을 것이라고 생각했습니다.

16, 17절 삼손의 아내가 그의 앞에서 울며 이르되 당신이 나를 미워할 뿐이요 사랑하지 아니하는도다 우리 민족에게 수수께끼를 말하고 그 뜻을 내게 알려 주지 아니하도다 하는지라 삼손이 그에게 이르되 보라 내가 그것을 나의 부모에게도 알려 주지 아니하였거든 어찌 그대에게 알게 하리요 하였으나. 칠 일 동안 그들이 잔치할 때 그의 아내가 그 앞에서 울며 그에게 강요함으로 일곱째 날에는 그가 그의 아내에게 수수께끼를 알려 주매 그의 아내가 그것을 자기 백성들에게 알려 주었더라

블레셋 사람들은 삼손을 넘어지게 하기 위해 그의 가장 가까운 사람을 이용했습니다. 이것이 바로 마귀의 전략입니다. 그런데 삼손은 블레셋 사람이 가장 가까운 사람을 사용하여 그를 넘어지게 하려는 것을 알지 못했습니다. 그 이유가 무엇입니까? 그가 역시 꿀에 넘어졌기 때문입니다. 우리는 항상 마귀가 가장 가까운 사람을 격동시켜서 나를 공격한다는 것을 기억해야 합니다. 그러면 그렇게 친하고 믿었던 사람이 어느 날 갑자기 이상하게 되어서 나를 공격하는 이유를 이해하게 될 것입니다.

그런데 삼손은 한편으로는 결혼식으로 블레셋 사람들을 치겠다고 생각하면서 다른 한편으로는 인정에 약했습니다. 삼손은 여자가 울면서 이야기를 하면 무엇이든지 들어주지 않으면 안 되는 약한 마음을 가졌습

니다. 결국 이것이 그 여자에게도 불행하게 사용되었습니다. 나중에 블레셋 사람들은 결국 이 여자를 불에 태워 죽입니다. 삼손이 처음 이 결혼을 사용해서 블레셋 사람들을 치겠다고 생각했으면 이 여자를 사랑을 하면 안 되는 것입니다. 그러나 그는 한편으로는 블레셋 사람을 치겠다고 하면서도 이 블레셋 여인을 사랑함으로서 문제는 아주 복잡하게 되고 말았던 것입니다.

결정적인 순간에 삼손은 마음이 약해져서 자기 아내에게 수수께끼의 비밀을 털어놓고, 블레셋 사람들은 삼손의 수수께끼를 알아맞혔습니다.

그래서 삼손의 결혼 작전은 실패로 돌아가고 맙니다.

18, 19절 일곱째 날 해 지기 전에 성읍 사람들이 삼손에게 이르되 무엇이 꿀보다 달겠으며 무엇이 사자보다 강하겠느냐 한지라 삼손이 그들에게 이르되 너희가 내 암송아지로 밭 갈지 아니하였더라면 내 수수께끼를 능히 풀지 못하였으리라 하니라. 여호와의 영이 삼손에게 갑자기 임하시매 삼손이 아스글론에 내려가서 그 곳 사람 삼십 명을 쳐죽이고 노략하여 수수께끼 푼 자들에게 옷을 주고 심히 노하여 그의 아버지의 집으로 올라갔고

역시 블레셋 사람들은 '물'이 아니었습니다. 삼손의 수수께끼 작전에 그들은 '암송아지 밭 갈기'작전으로 나왔습니다. 블레셋 사람들은 삼손의 한 수 위였습니다. 삼손은 깨끗하게 패배를 시인하지 않을 수가 없었습니다. 삼손은 실패했지만 하나님은 삼손을 버리지 아니하셨습니다. 그에게 성령으로 능력을 주셔서 다른 곳에 있는 블레셋 사람 30명을 쳐 죽이게 했습니다. 그러나 이것은 이미 빛바랜 승리였고 아무런 의미가 없었습니다. 블레셋 사람들로 하여금 꼼짝 못하게 해 놓고 그들을 쳐 죽였어야 이기는 것인데 그가 한 것은 완전히 빚을 갚기 위한 빚잔치밖에 되지

않았습니다. 성령의 능력을 실컷 사용해서 블레셋 사람들 좋게 해주는 것밖에 되지 않았습니다.

우리가 여기서 알 수 있는 것이 무엇입니까? 블레셋과의 싸움은 그렇게 간단한 것이 아니라는 것입니다. 블레셋 사람들은 공연히 이스라엘을 지배하고 있는 것이 아니었습니다. 그들과의 싸움은 혈과 육의 싸움이 아니요 눈에 보이지 않는 영과의 싸움이었고 지혜의 대결이었습니다. 우리가 기도가 필요한 이유가 무엇입니까? 사소한 실수가 하나님의 일을 그르치기 때문입니다. 임무를 부여받은 사람은 철저하게 그 임무에 충실해야 합니다. 길에서 시체에 꿀이 있어도 못 본 체하고 지나가야 하고, 부인이 울면서 수수께끼를 가르쳐 달라고 해도 절대로 가르쳐 주지 않는 독한 마음이 있어야 합니다.

우리가 힘들게 하나님의 일을 할 때 하나님은 귀한 성령의 체험을 주십니다. 이것을 통하여 아무도 나와 함께 하지 않고 나를 돕지 않아도 하나님이 나와 함께 하신다는 것을 믿어야 합니다. 그리고 우리는 꿀의 체험을 통하여 일이 내 뜻대로 잘 풀리고 하나님이 나를 축복하실 때 교만해서 실수해서 하나님의 일을 그르치는 일이 없도록 해야 하겠습니다.

여기에서 우리가 보게 되는 두 번째는 삼손은 실패해도 하나님은 실패하거나 그를 버리지 아니하셨다는 것입니다. 삼손은 나실인의 서원을 깨트렸지만 하나님은 그를 버리지 아니하셨고, 그가 아내에게 비밀을 털어 놓았어도 하나님께서는 그에게 능력을 주셔서 아스글론 사람들을 쳐 죽이게 하셨습니다. 이것은 하나님의 사랑이요 신실하심입니다. 결국 하나님은 늘 신실하시지만 우리는 거짓되고 변덕스럽고 일정하지 못합니다.

그러나 아무리 블레셋 사람들이 머리가 좋아도 결국 허점은 남기는 법입니다.

그것이 바로 20절입니다.

"삼손의 아내는 삼손의 친구였던 그의 친구에게 준 바 되었더라"

그들은 삼손을 너무나도 우습게 알았습니다. 그래서 삼손의 신부인 여자를 들러리 중 한 명에게 주어 버렸습니다. 만일 그들이 삼손의 아내를 그대로 두었더라면 삼손은 블레셋을 칠 구실을 찾지 못했을 것입니다. 그런데 그들은 너무나도 교만한 나머지 삼손의 아내를 남에게 줘버렸습니다. 결국 원숭이도 나무에서 떨어질 때가 있고 여우도 감추었던 꼬리를 한번은 보일 때가 있는 것과 같습니다. 결국 블레셋 사람들의 이 교만이 자기들에게 엄청난 재앙을 가져오게 되고 이것은 하나님께서 행하시는 일입니다.

우리는 실패해도 하나님은 승리하게 하십니다. 그래서 언제나 우리의 연약함을 하나님 앞에 인정하고 오직 그분의 한없는 긍휼만이 나를 위기에서 건지시며 승리하게 하신다는 것을 고백하십니다.

CHAPTER 28

삼손의 전쟁

사사기 15:1-20

우리는 때로 어느 누구의 도움도 받지 못한 채 혼자서 여러 사람의 문제를 책임져야 할 때가 있습니다. 어떤 부인은 남편이 재산도 남겨 놓은 것이 없이 병으로 죽고, 혼자서 아이도 키우고, 돈도 벌어야 하고, 병든 시어른도 모셔야 하는 경우가 있습니다. 이럴 때 그는 남편이 돈을 잘 벌어주는 집처럼 여유 있게 살 수가 없습니다. 그리스도인들이 이 세상에 사는 것은 여러 가지 어려운 여건 가운데서 살림도 꾸리고 돈도 벌어야 하는 이런 부인과 같을 때가 있습니다.

어떤 청년은 공부를 해야 하는데 집의 도움은 받지 못하고 오히려 집을 도와야 하는 형편에 있기도 합니다. 그는 여유 있는 집에서 놀 것 다 놀고 구경할 것 다 하면서 공부하는 학생처럼 학교생활을 하면 안 될 것입니다. 그리스도인들은 세상 사람들과 무엇인가 좀 다른 방식으로 살아야 이 세상에서 승리할 수 있습니다.

삼손 때 이스라엘 백성들은 완전히 식물인간과 같았습니다. 그들은 스스로 일어설 생각을 전혀 가지고 있지 않습니다. 그들은 블레셋의 속국으로 만족했고 다른 어떤 변화도 원치 않았습니다. 그런 가운데 삼손은 어느 누구의 도움도 받지 못한 채 이스라엘 백성들을 블레셋 손에서 건져내어야만 하는 사명을 가졌습니다.

그의 사역이 힘든 이유가 어디에 있었습니까? 이스라엘 백성들이 전혀 움직여 주지 않음은 물론이고 이스라엘 백성들에게 조금이라도 피해가 돌아가지 않게 해야 한다는 것입니다. 그래서 삼손은 블레셋을 치더라도 이스라엘 백성들에게는 전혀 피해가 돌아가지 않도록 합법적으로 해야만 했습니다.

우리는 앞에서 삼손의 결혼 작전이 완전히 실패로 돌아간 것을 보았습니다.

삼손의 결혼 작전이 실패한 이유는 표면적으로는 그가 자신의 목적에 충실하지 못했기 때문입니다. 그가 이 결혼식을 통하여 블레셋 사람들에게 어떤 타격을 가하려고 생각을 했더라면 사사로운 정에 얽매이지 말았어야 합니다. 그는 블레셋 여인을 사랑하여 수수께끼의 비밀을 알려주는 일을 했습니다. 결국 삼손은 너무나도 마음이 약해서 결혼 작전을 성공하지 못했습니다.

그러나 이면적인 이유는 그가 자신의 경건에 실패한 데 있다는 것을 알 수 있습니다. 그는 나실인으로서 사체를 가까이하면 안 되는데도 불구하고 꿀이 아까워서 죽은 사자의 몸에 있는 꿀을 취했습니다. 결국 그의 작은 부주의가 그의 영적인 경계심을 풀어지게 해서 이 결혼 작전에서 실패하게 된 것입니다. 그러나 삼손은 실패했지만 하나님께서는 실패하시지 않으셨습니다. 하나님께서는 블레셋 사람의 교만을 사용하셔서 삼손으로 하여금 합법적으로 블레셋을 치게 하셨고 이번에는 큰 승리를 거두게 하셨습니다.

문제의 발생

우리가 삼손의 결혼식 작전에서 본 것처럼 블레셋 사람들을 친다는 것은 결코 쉬운 일이 아니었습니다. 그러나 블레셋 사람들도 중요한 실수를 했습니다. 그것은 삼손의 장인은 삼손이 자기 아내에게 화를 내고 가는 것을 보고 삼손이 다시는 오지 않을 것이라고 생각해서 자기 딸을 다른 블레셋 청년에게 부인으로 줘버린 것이었습니다.

14:20 삼손의 아내는 삼손의 친구였던 그의 친구에게 준 바 되었더라

원래부터 삼손의 블레셋 장인은 삼손과의 결혼식을 심각하게 생각하지 않았습니다. 그는 삼손을 너무나도 멍청한 사람이라고 생각했기 때문에 실컷 이용해 먹고는 쉽게 그를 버릴 수 있다고 생각했습니다. 비록 삼손이 화를 내고 자기 집으로 갔다 하더라도 삼손과 그의 아내의 결혼 관계는 끝난 것이 아니었습니다. 그러나 삼손의 장인은 삼손이 이런 식으로 한번 혼쭐이 나면 다시는 못 올 줄로 생각했습니다. 그래서 이중으로 신부 대금을 받고 다른 블레셋 청년에게 아내로 줘버렸던 것입니다. 그러나 삼손은 그의 아내를 만나기 위하여 선물을 준비해 가지고 다시 나타났습니다.

1절 얼마 후 밀 거둘 때에 삼손이 염소 새끼를 가지고 그의 아내에게로 찾아 가서 이르되 내가 방에 들어가 내 아내를 보고자 하노라 하니 장인이 들어오지 못하게 하고

우리는 이런 장면을 잘 연상할 수 있습니다. 어떤 일 때문에 심하게

부부 싸움을 하고 난 뒤 친정에 가 버린 아내에게 사과하기 위하여 다 구겨진 양복에 한 손에는 꽃다발을 들고 다른 한 손에는 선물 꾸러미를 들고 찾아 온 남편의 모습과 비슷합니다. 이 당시 염소 새끼는 선물 중 최고의 선물이었습니다. 아마 지금의 보석 목걸이보다 나은 선물이었을 것입니다. 그러나 장인은 삼손에게 그의 부인을 만나게 할 수가 없었습니다. 왜냐하면 이미 그의 딸은 다른 사람에게 주었기 때문입니다. 삼손의 장인은 당황해 하면서 다시 한 번 삼손을 미인계로 속이려고 했습니다.

2절 이르되 네가 그를 심히 미워하는 줄 알고 그를 네 친구에게 주었노라 그의 동생이 그보다 더 아름답지 아니하냐 청하노니 너는 그를 대신하여 동생을 아내로 맞이하라

이것은 굉장한 유혹이었습니다. 삼손은 여자에게 약한 사람이었습니다. 그가 여기에 온 것은 그의 아내를 만나고 싶었기 때문입니다. 그런데 그의 아내는 이미 다른 사람의 부인이 되었고 장인은 언니보다 훨씬 더 예쁜 동생을 주겠다고 합니다. 그러나 삼손은 한 번은 속을 수 있었지만 두 번은 속을 수가 없었습니다.

만약 우리가 삼손이라면 어떻게 했겠습니까? 아마도 인간적인 생각에 빠져서 자기 멋대로 행동했을 가능성이 많습니다. 우선 화가 난다고 해서 장인을 폭행할 수도 있습니다. 아니면 장인의 유혹에 넘어가서 아내의 동생을 취했을 수도 있습니다. 그것도 아니라면 아내를 찾겠다고 나섰을 수도 있었을 것입니다. 그러나 삼손은 그렇게 하지 않고 최악의 경우에서 자신에 대한 하나님의 뜻이 무엇인지 생각해 보았습니다. 그랬더니 하나님의 놀라운 뜻을 알 수 있었습니다. 그것이 무엇입니까? 이번이야말로 합법적으로 블레셋 사람들에게 결정적인 타격을 가할 수 있는 기회인

것을 알았습니다. 그리고 이것은 바로 그가 기다리던 그 기회였습니다. 왜냐하면 자신의 합법적인 아내를 블레셋 사람들이 가로채었기 때문입니다.

3절 삼손이 그들에게 이르되 이번은 내가 블레셋 사람들을 해할지라도 그들에게 대하여 내게 허물이 없을 것이니라 하고

이 세상에서 가장 흉악한 자는 대개 삼박자를 갖추고 있었습니다. 그들은 악하면서 힘이 있고 영리합니다. 이런 사람들은 아무나 이길 수가 없습니다. 블레셋 사람들이 그러하였습니다. 그들은 악인데 교활하고 힘이 있었습니다. 그러나 그들의 약점은 머리를 너무 굴린 것입니다. 아마도 블레셋 사람들은 삼손이 그 정도 혼이 나서 갔다면 다시는 블레셋 땅에 오지 않을 줄 알았습니다. 그러나 그것이 빌미가 되었습니다.

우리 속담에도 악한 자는 자기 꾀에 망한다는 말이 있습니다. 아무리 악한 자가 머리가 좋다고 해도 교만해지는 것만은 통제가 되지 않습니다. 하나님은 바로 이 악한 자의 무리수를 응징하셔서 악한 자를 심판하시는 것입니다.

만일 삼손의 장인이 그의 딸을 그대로 두고 신실하게 삼손과의 약속을 지켰더라면 이스라엘은 영구적으로 블레셋의 속국이 되었을지도 모릅니다. 그러나 그들은 너무나도 삼손을 우습게 안 나머지, 이중으로 돈을 받고 다른 남자에게 줘버렸는데 삼손은 자기 아내를 찾겠다고 하면서 다시 나타난 것입니다. 삼손은 장인이 자기 아내를 다른 블레셋 청년에게 준 것을 보고 블레셋 사람들이 이스라엘 사람의 정상적인 결혼을 방해하고 깨트린 것으로 간주를 했습니다. 그래서 삼손은 이제 합법적으로 블레셋 사람들을 보복합니다. 그러나 삼손은 아내를 빼앗긴 분풀이로 블레셋 사람들의 재산에 타격을 주려고 합니다.

삼백 마리의 여우 작전

삼손은 블레셋 사람들의 재산에 가장 큰 타격을 주려면 밭에 불을 질러야 하겠는데 그를 도와줄 사람이 아무도 없었습니다. 그때 삼손의 눈에 띈 것은 여우같이 생긴 자칼이라는 들짐승이었습니다. 삼손은 그 들짐승의 협력을 좀 구했습니다.

4, 5절 삼손이 가서 여우 삼백 마리를 붙들어서 그 꼬리와 꼬리를 매고 홰를 가지고 그 두 꼬리 사이에 한 홰를 달고, 홰에 불을 붙이고 그것을 블레셋 사람들의 곡식 밭으로 몰아 들여서 곡식 단과 아직 베지 아니한 곡식과 포도원과 감람나무들을 사른지라

여기서 '여우'로 되어 있는 것은 여우와 비슷하게 생긴 자칼이라는 들짐승입니다. 들고양이나 들개의 일종으로 보면 좋을 것입니다. 여우는 떼로 다니지 않기 때문에 삼백 마리씩 잡기가 쉽지 않습니다. 그러나 자칼은 무리를 지어서 다니기 때문에 잡기가 쉬웠던 것 같습니다. 삼손이 어디에서 이런 지혜를 얻었는지 알 수 없습니다. 그에게는 온 들판을 돌아다니면서 불을 질러 줄 수 있는 동역자가 필요했는데 사람들 중에는 그를 도울 수 있는 사람이 아무도 없었습니다. 결국 그는 사람이 아닌 것들과 동역할 수밖에 없었습니다.

삼손은 그것을 잡아서 두 마리씩 꼬리를 잡아매고 꼬리에 횃불을 달고 불을 붙였더니 그 여우들이 놀라서 온 밭을 돌아다니고 특히 곡식 단에 있으면 그 안에 숨으니까 블레셋 사람들의 밭을 구석구석을 다 태워 주었습니다. 그리고 여우를 잡는 것이 쉽지도 않아서 결국 블레셋 사람들의 밭은 큰 피해를 입을 수밖에 없었습니다. 이스라엘 역사에서 블레

셋 사람들을 최초로 공격한 부대는 삼손이 파송한 여우 공수부대였습니다. 하나님께서 이스라엘의 원수를 공격하는데 있어서 반드시 정규 군대가 필요한 것은 아닙니다. 하나님께서는 사람들이 중요하게 생각하지 않는 것들을 사용해서 얼마든지 적에게 결정적인 타격을 가할 수 있습니다. 들에 돌아다니는 여우를 누가 사용할 수 있겠다고 생각하겠습니까? 그러나 그것들도 삼손의 손에 붙들리니까 어느 누구보다 용감한 돌격 부대가 되었습니다. 일종의 가미가제와 같았습니다. 불을 꼬리에 달고 온 들판을 돌아다녔습니다. 하나님께서는 애굽의 바로를 공격하실 때에도 전혀 정규 군대를 사용하시지 않으셨습니다. 개구리나 파리나 이 같은 것을 사용하셔서 바로의 콧대를 얼마든지 꺾어 놓으실 수 있었습니다.

사람들은 교만하게도 내가 아니면 하나님께서 아무 일도 하실 수 없는 것처럼 생각합니다. 그러나 하나님은 한 사람의 도움 없이도 얼마든지 적을 굴복시키실 수 있고 또 살릴 자를 살리실 수 있습니다.

우리는 나에게 모든 자격이 다 갖추어지고 인원이 배정되고 예산이 할당되어야 하나님의 일을 할 수 있다고 생각해서는 안 됩니다. 그런 것 없이 하나님이 주시는 지혜로 원수들과 싸울 수가 있습니다. 오히려 이런 싸움이 훨씬 더 스릴이 있고 역사에 남을만한 것입니다. 지혜를 가지고 주위를 돌아보면 얼마든지 하나님의 군대를 만날 수 있고 하나님의 손길을 느낄 수 있습니다. 저희 교회 어떤 청년은 재활용품 사업을 하는데 쓸데없는 많은 쓰레기를 어떤 정신이 이상한 사람이 들어와서 불을 지르는 바람에 돈 들이지 않고 처리가 되었다는 말을 했습니다.

이 엄청난 피해를 입고 블레셋 사람들이 가만히 있을 리가 없습니다.

6절 블레셋 사람들이 이르되 누가 이 일을 행하였느냐 하니 사람들이 대답하되 딤나 사람의 사위 삼손이니 장인이 삼손의 아내를 빼앗아 그의 친구

에게 준 까닭이라 하였더라 블레셋 사람들이 올라가서 그 여인과 그의 아버지를 불사르니라

여기서 블레셋 사람들이 얼마나 무서운 사람들인지 알 수 있습니다. 그들은 삼손의 분노가 타당하다고 생각했습니다. 어느 누가 자기 아내를 빼앗겼는데 가만히 있겠습니까? 그렇다고 해서 이스라엘 사람들을 죽일 핑계도 되지 못했습니다.

블레셋 사람들은 이스라엘 사람들은 죽이지 못하고 삼손의 장인과 그 여인을 잡아서 불에 태워 죽여 버렸습니다. 왜 쓸데없는 일을 해서 우리 민족에게 이런 피해를 입혔느냐 하는 뜻입니다. 그러나 이것은 또 다시 삼손에게 블레셋 사람들을 보복할 수 있는 기회를 주었습니다. 그들이 아무리 화가 난다 하더라도 삼손의 장인이나 아내까지 죽이는 것은 너무 했습니다. 그래서 삼손은 자기 장인과 아내의 죽임을 이유로 해서 합법적으로 블레셋 사람들을 도륙해서 죽였습니다.

7, 8절 삼손이 그들에게 이르되 너희가 이같이 행하였은즉 내가 너희에게 원수를 갚고야 말리라 하고. 블레셋 사람들의 정강이와 넓적다리를 크게 쳐서 죽이고 내려가서 에담 바위 틈에 머물렀더라

결국 블레셋 사람이 삼손과 결혼한 것은 이렇게 걸리든 저렇게 걸리든 결국 빠져 나올 수 없는 함정에 빠진 것이 되고 말았습니다. 이번에는 삼손이 절대로 속지 않습니다. 무슨 바둑에서 수순을 따라서 하듯이 철저하게 순서에 따라서 블레셋 사람들을 하나씩 하나씩 징계해 가고 있습니다.

삼손의 생애에서 이처럼 놀랍게 하나님의 손에 붙들려서 사용된 적이 없습니다. 그 이유가 무엇일까요? 삼손이 철저하게 하나님의 손에 붙들

렸기 때문입니다. 우리는 성령 충만이라는 것을 자신의 감정에 미쳐 날뛰는 것으로 생각하기 쉽습니다. 그러나 정반대입니다. 자기 생각이나 감정대로 하지 않는 것입니다. 이번에 삼손은 철저하게 하나님의 손에 붙들렸습니다. 그는 화가 난다고 해서 함부로 행동하지 않았습니다. 그는 하나님의 뜻을 생각했고 그 뜻대로 행동했습니다. 그 결과가 무엇입니까? 엄청난 승리였습니다. 아마도 한 번의 실수가 삼손으로 하여금 철저하게 낮아지게 했고 그는 지난번에는 꿀이 문제였듯이 이번에는 장인의 미인계가 문제였습니다. 동생은 언니보다 더 예쁜 여자였습니다. 그러나 삼손은 두 번씩이나 속지 않았습니다.

유다 백성들의 배반

블레셋 사람들은 성질 같았으면 이스라엘 사람들에게 보복하고 싶었지만 이것은 어디까지나 삼손의 단독적인 범행이 분명하기 때문에 그렇게 할 수가 없었습니다. 그 대신 이스라엘 사람들에게 삼손을 잡아 오게 했습니다.

9, 10절 이에 블레셋 사람들이 올라와 유다에 진을 치고 레히에 가득한지라. 유다 사람들이 이르되 너희가 어찌하여 올라와서 우리를 치느냐 그들이 대답하되 우리가 올라온 것은 삼손을 결박하여 그가 우리에게 행한 대로 그에게 행하려 함이로라 하는지라

블레셋 사람들은 절대로 미련한 사람들이 아니었습니다. 그들은 과거에 삼손의 아내를 이용했던 것처럼 이번에는 이스라엘 사람들을 이용해서 삼손을 잡아 오게 합니다. 사탄이 그리스도인들에게 결정타를 가하는

방법은 결국 가장 가까이에 있는 사람의 배신을 통해서입니다. 그렇게 하지 않으면 그리스도인들의 비밀은 알 수도 없습니다. 예수님은 배신한 것도 예수님의 제자 중 한 사람인 가룟 유다였습니다. 그렇게 하지 않았더라면 그들은 예수님이 어디에 있는지도 알지 못했을 것입니다.

그래서 그리스도인들은 가장 가까운 사람으로부터 배신을 당하는 것을 너무 이상한 일인 것처럼 생각해서는 안 됩니다. 얼마든지 있을 수 있는 일입니다. 그래서 너무 인간적으로 사람을 좋아하지 마시기 바랍니다.

블레셋 사람들은 레히라는 곳에 대부대를 집결시켜놓고 만일 이스라엘 사람들이 삼손을 잡아서 넘기지 않으면 대대적인 보복을 가할 것처럼 위협을 합니다. 이때 이스라엘 사람들은 너무나도 쉽게 블레셋의 요구에 굴복하여 삼손은 잡아 넘기겠다고 약속을 합니다.

> 11절 유다 사람 삼천 명이 에담 바위 틈에 내려가서 삼손에게 이르되 너는 블레셋 사람이 우리를 다스리는 줄을 알지 못하느냐 네가 어찌하여 우리에게 이같이 행하였느냐 하니 삼손이 그들에게 이르되 그들이 내게 행한 대로 나도 그들에게 행하였노라 하니라

하나님께서 삼손을 보내신 것은 이스라엘 백성들을 블레셋의 세력에서 구하기 위해서 입니다. 삼손을 잡으러 온 사람들만 3천 명이었습니다. 3천 명이라는 숫자도 결코 적은 숫자가 아니었습니다. 만일 그들이 삼손의 편에 서서 싸우려고 했다면 이스라엘의 역사는 또 달라졌을 것입니다. 그러나 그들은 모두 편하게 살기를 원하는 자들이었고 조금이라도 자기들에게 어떤 피해가 돌아오는 것을 원치 않았습니다. 그들은 신앙 때문에 무슨 대가를 지불하는 것을 원하지 않았습니다. 결국 유다 사람들이 한 것이 무엇입니까? 그들을 구원하기 위하여 보낸 사람 삼손을 잡아서 블

레셋 사람들에게 넘긴 것입니다.

삼손은 자기를 잡으러 온 유다 사람들에게 한 가지만 요구합니다. 그것은 그들이 직접 삼손을 공격하지는 말라는 것입니다. 왜냐하면 그렇게 되면 결국 자기 동족끼리 싸우게 되기 때문입니다. 유다 사람들이 약속을 하자 삼손은 너무나도 순순히 결박을 당해서 끌려갑니다.

12, 13절 그들이 삼손에게 이르되 우리가 너를 결박하여 블레셋 사람의 손에 넘겨 주려고 내려왔노라 하니 삼손이 그들에게 이르되 너희가 나를 치지 아니하겠다고 내게 맹세하라 하매. 그들이 삼손에게 말하여 이르되 아니라 우리가 다만 너를 단단히 결박하여 그들의 손에 넘겨 줄 뿐이요 우리가 결단코 너를 죽이지 아니하리라 하고 새 밧줄 둘로 결박하고 바위 틈에서 그를 끌어내니라

삼손은 마치 순한 양처럼 유대 사람들의 손에 결박당해서 블레셋 사람들에게 넘기어집니다. 가장 중요한 이유는 삼손이 유대 사람은 자신의 적이 되어서는 안 된다고 확신했기 때문인 것 같습니다. 그의 머릿속에 박혀 있는 것이 이스라엘과 싸우면 안 된다는 생각이 있었습니다. 이것은 대단히 중요한 것입니다. 비록 지금 이스라엘 백성들이 침체되고 있고 자기를 팔아먹고 있지만 그럼에도 불구하고 하나님이 나를 보내신 목적은 블레셋의 손에서 이스라엘을 건지는 것이지, 이스라엘을 치는 것은 아니라는 것입니다. 이것을 요즘말로 표현하면 삼손은 교회관이 좋았습니다. 우리가 사도신경에서 '거룩한 공회를 믿는다'는 표현을 쓰는 것은 교회 자체를 신앙의 대상으로 삼겠다는 뜻이 아닙니다. 또 교회가 하는 결정이 항상 옳다'는 뜻도 아닙니다. 우리가 고백하는 것은 하나님께서 교회를 세우셨으며 세상 마지막 날까지 구원의 통로로 사용하신다는 것을 믿

는다는 것입니다.

목회자나 신학자에게 있어서 교회관이 중요합니다. 교회관이 옳지 못한 사람은 교회에 대하여 너무나도 공격적인 것을 보게 됩니다.

삼손의 놀라운 승리

14-16절 삼손이 레히에 이르매 블레셋 사람들이 그에게로 마주 나가며 소리 지를 때 여호와의 영이 삼손에게 갑자기 임하시매 그의 팔 위의 밧줄이 불탄 삼과 같이 그의 결박되었던 손에서 떨어진지라. 삼손이 나귀의 새 턱뼈를 보고 손을 내밀어 집어들고 그것으로 천 명을 죽이고. 이르되 나귀의 턱뼈로 한 더미, 두 더미를 쌓았음이여 나귀의 턱뼈로 내가 천 명을 죽였도다 하니라

삼손이 붙들려오는 것을 보고 블레셋 사람들이 소리 지르면서 나아올 때에 하나님의 신이 삼손에게 임했습니다. 삼손이 한번 힘을 쓰니까 그를 묶었던 줄은 불에 탄 삼겹줄같이 힘없이 떨어지고 눈에 보이는 나귀 턱뼈로 천 명을 때려 죽였습니다.

삼손은 나귀 턱뼈 하나로 천 명을 때려 죽였습니다. 삼손이 블레셋 사람들을 죽이는 데는 정식 무기가 필요 없었습니다. 마치 삼갈이 소 모는 막대기로 블레셋 사람들 600명을 쳐 죽였던 것처럼 삼손도 나귀 턱뼈로 이렇게 많은 블레셋 사람들을 쳐 죽였습니다. 이것은 블레셋 사람들에 대한 엄청난 굴욕이었습니다. '너희 같은 시시한 것들을 치는 데는 정식 무기는 필요도 없다' 뜻입니다. 마치 들개를 쳐 죽이듯이 블레셋 사람들을 쳐 죽였습니다. 그리고 그는 승리의 찬송을 불렀습니다.

16절 이르되 나귀의 턱뼈로 한 더미, 두 더미를 쌓았음이여 나귀의 턱뼈로 내가 천 명을 죽였도다 하니라

성경에는 여러 곳에서 승리의 찬송이 있습니다. 이 승리의 찬송은 적의 위협으로 죽을 수밖에 없는 사지에서 하나님의 능력으로 놀라운 승리를 얻게 되었을 때 부르는 찬송입니다. 대표적인 것이 출애굽기에 나오는 모세의 노래와 사사기에 나오는 드보라의 노래입니다. 모세 때 하나님께서는 홍해가 갈라지게 하심으로 추격하던 애굽의 군대를 바다에 쓸어 넣으셨습니다. 드보라는 시스라의 철병거 구백승이 갑자기 쏟아진 비에 잠기는 것을 보고 하나님의 구원을 노래했습니다. 누가 이런 승리의 노래를 부를 수 있습니까? 그것은 진리 편에 서서 싸우기를 원한 자들입니다. 적의 위력 앞에 절망하고 있다가 갑작스런 하나님의 능력으로 놀라운 승리를 거두게 되었을 때 성도들은 이런 찬송을 불렀습니다.

성경 본문의 삼손의 노래를 보면 너무나도 터프해서 이것이 노래인지 독백인지 구별하기가 어렵습니다.

'나귀의 턱뼈로 한 더미, 두 더미를 쌓았음이여 나귀의 턱뼈로 내가 천 명을 죽였도다'

대개 이런 수준의 시는 가장 시를 지을 줄 모르는 사람의 습작 수준에 해당되는 것 같습니다.

만일 유다 백성 3천 명이 다 함께 삼손의 편에 섰더라면 얼마나 웅장하고 감격스러운 승리의 찬양이 터져 나올 수 있었겠습니까? 삼손은 전쟁을 다 끝낸 후 턱뼈를 집어 던지면서 그곳 이름을 '라맛 레히'라고 했는데 '턱뼈의 언덕'이라는 뜻입니다.

18-19절 삼손이 심히 목이 말라 여호와께 부르짖어 이르되 주께서 종의 손

을 통하여 이 큰 구원을 베푸셨사오나 내가 이제 목말라 죽어서 할례 받지 못한 자들의 손에 떨어지겠나이다 하니. 하나님이 레히에서 한 우묵한 곳을 터뜨리시니 거기서 물이 솟아나오는지라 삼손이 그것을 마시고 정신이 회복되어 소생하니 그러므로 그 샘 이름을 엔학고레라 불렀으며 그 샘이 오늘까지 레히에 있더라

삼손에게 주어진 성령의 능력은 영구적인 것이 아니었습니다. 이것은 일정 기간만 역사하다가 소멸되는 것이었습니다. 아직도 많은 적이 남아 있는데 삼손의 힘은 다 떨어져서 쓰러지게 되었습니다. 그때 그는 하나님께 부르짖었습니다. 그랬더니 하나님께서는 다시 한 번 기적으로 그에게 힘을 주셨습니다. 그 앞에 우묵한 곳이 터지게 하시더니 그곳에서 생수가 솟아올랐습니다. 삼손은 그 생수를 마시고 다시 정신을 차려 힘을 얻게 되었습니다. 그래서 삼손은 그곳 이름을 '엔학고레'라고 지었는데 '부르짖은 자의 샘'이라는 뜻입니다. 하나님께서는 삼손의 부르짖음을 외면치 아니하시고 다시 한 번 능력을 주셨습니다.

이것은 우리에게 아주 중요한 약속을 던져주고 있습니다. 우리가 하나님의 일을 하는 가운데 능력이 고갈되어 지쳐있을 때 어떻게 하면 다시 능력을 힘입을 수가 있습니까? 그때에는 무조건 하나님 앞에 달려가서 지금 내가 지쳐 있으며 소진되어 있음을 고백 드리고 도우심을 간구하는 것입니다. 그러면 바로 다시 성령의 역사가 우리의 심령 안에서 솟아오르는 것을 느끼게 될 것입니다. 우리는 어떻게 나에게 성령의 역사가 소진된 것을 확인할 수 있습니까? 그것은 기쁨이 없어지고 자꾸 신경이 예민해지며 가까운 사람들의 결점이 눈에 들어오고 그들이 자꾸 미워질 때 그때는 내 안에 성령의 능력이 소멸되고 있는 것입니다. 그럴 때에는 다른 사람의 핑계를 대거나 다른 이유를 찾으면 안 됩니다. 이것은 하나님

께서 에너지를 다시 충전 받도록 나를 부르시는 것이며 다시 한 번 하나님께 부르짖게 하시는 것입니다. 놀라운 것은 라맛 레히와 엔학고레는 함께 있는 것입니다. 라맛 레히는 턱뼈의 언덕입니다. 삼손이 하나님의 능력에 붙들려서 엄청난 능력으로 승리한 곳입니다. 그러나 바로 그곳에서 삼손은 목말라 죽게 되어 하나님께 큰 소리로 부르짖음으로 다시 한 번 능력으로 채움을 받았습니다.

결국 우리는 아무리 엄청난 승리의 현장이라고 하더라도 지속적인 하나님의 도우심 없이는 쓰러질 수밖에 없습니다. 우리는 승리한 그 장소가 금방 지쳐 쓰러지는 곳이 될 수도 있습니다. 그러나 상관이 없습니다. 하나님께 울면서 부르짖기만 하면 또 다시 생수는 터져 나옵니다.

이 본문에서 삼손은 전적으로 하나님의 능력에 붙들려서 완전한 승리를 이룹니다. 그의 승리는 어디에서부터 시작되었습니까? 그가 자기 생각이나 감정에 따라 행동하지 않았기 때문입니다. 장인의 미인계를 거부한데서 부터입니다. 지난번에는 꿀 때문에 실패했지만 이번에는 속지 않았습니다. 결국 우리를 이기게 하거나 쓰러지게 하는 것은 자신의 경건에 얼마나 성공하느냐 실패하느냐 하는데 달려 있습니다. 기도하지 않고 절제하지 않고 승리할 수 있는 사람이 없습니다. 그리고 하나님의 용사는 군대가 다 갖추어지고 부대가 집결하고 군수 물자가 공급된 후에 싸우는 것이 아닙니다. 눈을 들어 보면 우리 주위에 너무나도 많은 아군들이 있습니다. 평소에 도저히 도움이 될 것으로 생각되지 않았던 들고양이나 개구리 같은 것들도 놀라운 부대가 될 수 있습니다. 그리고 중요한 것은 내가 과연 진리로 인하여 대가를 지불할 생각이 있느냐 아니면 언제까지나 진리의 구경꾼으로 남을 것이냐 하는 것입니다. 삼손에게 이 3천 명만 있었더라면 얼마나 좋았겠습니까? 그러나 부담지지 않으려고 하는 유대인

3천 명은 동료가 아니라 적이었습니다. 우리는 결단을 해야 합니다.

그리고 우리에게 주어진 성령의 능력은 영구적인 것이 아니라 고갈되며 재충전을 받아야 한다는 것입니다. 삼손은 어떻게 재충전을 받았습니까? 그 자리에서 부르짖음으로 재충전을 받았습니다. 승리한 그곳에서도 지쳐 쓰러질 수 있습니다. 특히 긴장이 풀리면 한 순간에 무너질 수 있습니다. 그럴 때는 하나님 앞에서 다시 어린아이같이 울면서 성령의 도우심을 간구하는 것입니다. 그러면 다시 능력의 샘이 터져 나올 것입니다.

CHAPTER 29

삼손의 위험한 장난

사사기 16:1-17

저희가 어렸을 때 아이들 중에서 위험한 장난을 하는 아이들이 있었습니다. 보통 아이들은 논이나 밭두렁 같은데서 잡기 놀이 정도나 하는데 간이 큰 아이들은 동네 구석이나 밭두렁에서 모닥불 장난을 하는 것입니다. 성냥불로 마른 짚과 나무 가지를 놓고 후후 불면서 불을 피우면 아주 재미가 있습니다. 그런데 갑자기 바람이 불어서 불똥이 다른 곳으로 튀면 태우기도 하고 어떤 경우에는 밭두렁에 불이 번져서 산불이 될 때도 있습니다. 그래서 해서는 안 되는 위험한 장난을 '불장난'이라고 합니다.

어떤 아이들은 폭탄을 주워서 분해하는 장난을 하기도 합니다. 저도 어렸을 때 총알을 주워서 분해를 해본 적이 있습니다. 총알 뒤쪽을 돌로 탁탁 두드리면 총알이 분리됩니다. 그러면 그 화약을 가지고 딱총 놀이를 해도 좋고 분해된 총알은 고철로 팔기도 합니다. 그러나 가끔 전방 부대 같은 데서 터지지 않은 포탄을 줍는 아이들이 있습니다. 그런데 간이 큰 아이들은 그 포탄을 분해해서 팔아먹기 위하여 돌을 가지고 두드리다가 포탄이 터져 큰 부상을 입기도 합니다.

어른들 중에는 사랑해서는 안 되는 사람을 몰래 만나서 사랑하다가 결국 둘 다 파탄에 빠지는 경우가 있습니다. 부인이 있는 남자는 다른 여자를 사랑해서는 안 됩니다. 그것을 뻔히 알면서도 다른 집 처녀를 유혹해 아슬아슬한 사랑의 게임을 하는 사람들이 있습니다. 또 그런 사람을 따라가는 여자들도 있습니다. 그런데 결국 어떻게 됩니까? 나중에 가정은 파탄에 빠지고 당사자들은 비참한 파멸로 인생의 막을 내리는 경우도 있습니다. 그렇게 하는 것도 위험한 장난입니다.

그런데 보면 평범한 사람들은 이런 위험한 놀이를 하지 않습니다. 이런 위험한 장난을 하는 사람들을 보면 머리가 좋거나 꾀가 많거나 무엇인가 자신감이 있는 사람들입니다. 평범한 사람들은 이런 위험한 놀이는 무서워 아예 흉내조차 내지 않습니다. 그러나 무엇인가 자신이 있는 사람은 아슬아슬한 게임을 즐기다가 어느 한 순간에 자기 꾀에 빠져서 멸망하고 마는 것입니다.

한때 언론에서 미국의 전 대통령 클린턴의 스캔들에 대하여 대서특필이 되었습니다. 그런데 클린턴의 스캔들보다 더 유명했던 것이 삼손의 스캔들입니다.

삼손은 하나님이 보내신 사람 중에서 가장 특별한 사람이었습니다. 그는 이 세상에 태어난 사람 중에서 가장 힘이 센 사람이었습니다. 그러나 죄에는 장사가 따로 없었습니다. 그는 평범한 삶으로는 만족하지 못하고 자꾸 위험한 사랑을 하다가 결국 어느 한 순간 죄의 덫에 걸려들면서 파멸에 빠지고 말았습니다.

특히 그가 두 번째로 만난 드릴라라는 여자와는 밤마다 이상한 게임을 즐겼습니다. 그것은 '삼손, 블레셋 사람이 쳐들어 왔어요'라는 게임이었습니다. 여자는 밤마다 삼손을 묶어 놓고 '삼손, 블레셋 사람이 쳐들어 왔어요!'라고 소리를 치면, 삼손은 일어나서 묶인 줄을 끊고 여자를 구출

해내는 게임이었습니다. 그러나 이것은 게임이 아니고 실전이었으며 결국 삼손은 그 여자의 배신으로 하나님이 주신 능력을 다 잃고 눈알은 뽑히고 머리털은 밀려서 노예로 잡혀 갔습니다.

이 본문은 삼손의 몰락 과정을 아주 자세하게 기록하고 있습니다. 그 이유가 무엇입니까? 우리 모두가 삼손 같은 성령의 사람이요, 나실인들이기 때문입니다.

그리스도인들이 몰락하는 것은 힘이 없어서 그런 것이 아니라 조금씩 죄를 용납하는 과정에서 죄에 대한 경계심이 없어지고 한 순간에 사탄이 판 함정에 빠지는 것입니다.

위험한 시도

삼손은 나귀 턱뼈로 블레셋 사람 천 명을 때려죽인 후에 이스라엘의 사사가 되었습니다. 삼손이 이 엄청난 승리를 거두고 이스라엘의 지도자가 된 후에 삼손이 해야 할 일은 빨리 정상적인 체제로 돌아가는 것입니다. 삼손은 이스라엘 장로들과의 관계를 정상화하고 다른 이스라엘 백성들과 힘을 합쳐서 블레셋 사람들을 몰아내는 것입니다. 그러나 삼손은 그렇게 하는 것을 좋아하지 않았습니다. 그는 다시 한 번 결혼 작전 비슷한 것을 해 보려고 시도했습니다.

1, 2절 삼손이 가사에 가서 거기서 한 기생을 보고 그에게로 들어갔더니. 가사 사람들에게 삼손이 왔다고 알려지매 그들이 곧 그를 에워싸고 밤새도록 성문에 매복하고 밤새도록 조용히 하며 이르기를 새벽이 되거든 그를 죽이리라 하였더라

우리에게 금방 이해가 되지 않는 것은 삼손이 이스라엘의 지도자로서 어떻게 그 먼 곳에 있는 블레셋 사람의 땅인 가사에 갈 수 있었으며 그것도 기생의 집에 들어갈 수 있었느냐 하는 것입니다. 그런데 삼손은 가사의 기생의 집에서 큰 위기를 맞이하게 됩니다. 가사의 블레셋 사람들은 삼손이 온 것을 알고 그를 죽이려고 매복하고 있었습니다.

그러나 지금 우리에게 중요한 것은 삼손이 턱뼈의 언덕에서 그 큰 승리를 이룬 후에 이스라엘의 사사가 되어 왜 또 다시 가사의 기생을 찾아갔느냐 하는 것입니다. 그 이유가 풀려야 합니다.

첫 번째 가능성은 삼손이 한 번 더 '결혼 작전'같은 것을 시도한다고 생각할 수 있습니다. 삼손은 이스라엘의 사사가 되었지만 여전히 사람들의 지지를 받지 못하고 있었을 가능성이 있습니다. 그리고 자기를 배신하고 블레셋 사람들에게 묶어서 넘긴 유다 장로들을 깊이 불신할 수 있습니다. 그래서 삼손은 이스라엘의 지도자가 된 후에도 아직 혼자서 블레셋 사람을 칠 수밖에 없다고 생각했을 수 있습니다. 가사라는 곳은 유다에서 남쪽으로 가장 멀리 떨어진 곳에 위치하고 있습니다. 거의 애굽에 붙었다고 보면 좋을 것입니다. 아직 그곳에서는 삼손을 잘 모를 수 있으니까 삼손은 지난번에 했던 것과 비슷한 작전을 가사에서도 한 번 더 해보려고 한다고 생각할 수 있습니다. 그래서 이번 작전은 '결혼 작전Ⅱ'라고 한다든지 아니면 '기생 작전'이라고 부를 수도 있겠습니다. 가사에서는 삼손을 잘 모를 테니까 그곳의 기생집에서 블레셋 사람들과 어울리다 보면 시빗거리가 생기고 그러면 한 번 더 그들에게 타격을 주겠다는 생각으로 볼 수 있습니다.

그러나 이것은 좀 더 생각해볼 문제가 있습니다.

삼손이 애당초 결혼 작전을 계획했던 것은 이스라엘 백성들 중에서 그를 돕는 자가 아무도 없었기 때문입니다. 그런데 지금 삼손은 이스라엘의 사사입니다. 삼손이 이스라엘의 사사라고 하는 것은 그가 이스라엘의 영적인 지도자가 되었다는 뜻입니다. 그러면 삼손이 해야 할 일은 빨리 장로들과의 관계를 정상화하는 것입니다. 비록 과거에는 서로 간에 불신이 있고 불만이 있었다 하더라도 그런 것은 일단 내려놓고 서로 힘을 합쳐서 이스라엘을 부흥시켜야 하는 것입니다.

사람들이 하나님의 일을 하다보면 마음에 드는 사람도 있고 마음에 들지 않는 사람도 있을 수 있습니다. 그러나 그런 것을 따지다 보면 하나님의 일을 할 수 없는 것입니다. 중요한 것은 힘을 합쳐서 교회를 부흥시키고 하나님의 축복이 회복되게 하는 것입니다. 그러나 옛날의 감정을 버리지 않고 끝까지 반대하는 사람은 반대를 하는 것입니다. 그러니까 교회가 분열이 되고 교인들이 엄청난 정신적인 고통을 받게 되는 것입니다.

이제 삼손이 해야 할 것은 결혼 작전이나 기생 작전 같은 위험한 작전이 아니라, 이스라엘 백성들을 말씀을 일깨워서 다시 힘을 내게 해야 합니다. 그러나 삼손은 여전히 이스라엘 백성들과 함께 일을 하려고 하지 않고 자기 혼자 돌아다니고 있습니다. 이것이 삼손이 실패한 가장 중요한 이유였습니다.

그러나 삼손이 가사에 내려간 것은 사역 때문에 내려간 것이 아닐 것 같은 가능성이 있습니다. 삼손이 가사에 내려 간 것은 그것도 아주 먼 곳에 있는 블레셋 땅까지 간 것은 그곳에서 술을 마시고 기생과 함께 나쁜 짓을 하기 위해서 갔을 가능성이 있습니다. 이스라엘의 사사가 블레셋의 기생과 어울려서 술을 마시고 섹스를 즐기는 것이 절대로 바람직한 것은 아닙니다. 그러나 아무리 이스라엘의 사사라 하더라도 인간이기 때문에 얼마든지 죄의 유혹에 빠질 수가 있는 것입니다. 가까운 곳에서는 자기 얼굴을 아는 사람이 있어서 차마 기생집에 가지 못하고 아주 먼 가사에까지 갔을 수 있습니다.

우리가 가끔 경험하지만 사람이 성령으로 기름부음을 받는다고 하는 것이 정상적인 상태는 아닙니다. 우리가 성령의 능력에 강하게 붙잡힐 때 이것은 마치 몇 만 볼트의 전류가 우리 몸에 흐르는 것과 같습니다.

그래서 하나님의 일을 끝내고 난 후에는 영적인 불안이 올 수 있습니다. 사람은 이런 불안이 지속되는 동안에는 정상적인 일을 할 수가 없습니다. 그래서 어떤 사람들은 이 불안을 해소하기 위하여 더 육적인 욕심에 매달리는 것을 볼 수 있습니다. 예를 들어, 음식을 마구 먹는다든지 아니면 전쟁 영화나 만화책 같은 것을 보기도 합니다. 그런데 긴장을 해소하는데 가장 쉬운 방법이 술이나 성적인 방법이었던 것입니다.

삼손에게 임했던 능력은 너무나도 강한 성령의 능력이었습니다. 그러나 그 후 삼손은 계속 안정된 상태에 있지 못했습니다. 그는 정상적인 삶으로 돌아오지 못했습니다. 물론 아직도 이스라엘 백성들이 정신을 차리지 못한 것도 있었고 그의 마음속에 이스라엘 사람들에 대한 불신도 있었을 것입니다. 그러나 그런 것들은 모두 부차적인 것이었고 가장 중요한 것은 삼손 그도 한 사람의 인간이었다는 것입니다. 이럴 때 삼손이 했어야 하는 것이 무엇입니까? 엘리야처럼 아무도 없는데 가서 하나님께 부르짖는 것입니다. '하나님, 요즘 저는 정상적이지 않습니다. 무엇인가 심한 후유증을 앓고 있습니다. 답답하고 무엇을 해도 만족이 없습니다. 오, 하나님이시여 저를 어찌하여 내버려두시나이까?'

그렇게 부르짖으면 하나님께서 그를 쉬게 하셨을 것입니다. 그의 인간적인 연약함을 불쌍히 여기시며 그로 하여금 휴식한 후에 정상적인 방법으로 이스라엘 지도자들과 협력하게 하셨을 것입니다.

저는 가끔 예수를 믿다가 타락한 사람들을 만납니다. 특히 보통으로 믿던 것이 아니라 아주 열심히 교회 생활을 했고 나름대로 은혜를 체험했던 사람들을 만날 때가 있습니다. 그들의 상태가 어떻습니까? 완전히 술고래가 되었든지 아니면 도박꾼이 되든지 합니다. 그 이유가 무엇입니까? 하나님의 은혜를 한번 체험한 후 다시 다른 것으로 채울 수가 없기 때문입니다. 금방 정상적인 상태로 회복이 되지 않습니다.

삼손의 무력시위

삼손은 가사 땅에서 블레셋 사람들에게 포위당하게 되었습니다. 그는 다른 사람들이 자기를 모를 줄 알았지만 삼손은 용모자체가 특이하기 때문에 모를 수가 없는 것입니다. 특히 하나님의 백성은 어디에 가더라도 그를 알아보는 사람이 있습니다. 그래서 아는 사람이 없겠지 하고 함부로 죄에 빠지려고 해서는 안 됩니다. 삼손은 그 위험한 포위망에서 하나님의 특별한 도우심을 체험하게 됩니다.

3절 삼손이 밤중까지 누워 있다가 그 밤중에 일어나 성 문짝들과 두 문설주와 문빗장을 빼어 가지고 그것을 모두 어깨에 메고 헤브론 앞산 꼭대기로 가니라

삼손의 이 무력시위는 하나님의 은혜였습니다.

삼손은 다시 한 번 큰 힘을 발휘하여 가사 성의 성문과 성문 기둥과 빗장을 떼어내어서 어깨에 짊어지고 상당히 멀리 떨어져 있는 헤브론 부근 산꼭대기에 올려다 놓았습니다.

이것은 엄청난 무력 시위였습니다. 그 다음 날 가사 사람들의 얼굴 표정을 한번 생각해 보십시오. 그들의 성문이 휑하니 뚫려 있고 성문은 어디로 갔는지 알 수도 없습니다. 특히 고대 사람들은 성문을 중요하게 생각했습니다. 전쟁을 하다가도 일단 성문을 빼앗기면 전쟁은 진 것이나 마

찬가지였습니다. 삼손이 가지고 있는 힘은 괴력이었습니다. 아마도 성문이나 설주는 몇 톤의 무게는 될 것입니다. 그것을 들고 들판을 가로질러서 맞은편의 산꼭대기에 갖다 놓는다고 하는 것은 아마도 포클레인 정도의 힘이 아니면 불가능할 것입니다.

사실 삼손이 가사의 기생집에 들어갔다는 사실 자체가 이미 하나님의 언약을 깨트리는 것입니다. 그가 기생집에서 무엇을 했겠습니까? 거기서 말씀을 묵상했겠습니까? 기도를 했겠습니까? 찬송을 했겠습니까? 거기서 그가 한 것은 술 마시고 창기와 더러운 짓을 했을 것입니다. 그렇다면 하나님께서는 그곳에서 삼손을 죽여야 합니다. 이미 삼손은 가사의 창기집에서 죽은 것입니다. 적들은 함정을 파 놓고 그를 죽이려고 준비하고 있었습니다. 그러나 하나님께서는 삼손을 죽이는 대신 그에게 더 큰 능력을 주셔서 그를 구원하실 뿐 아니라 감히 적들이 추격해 오지 못하게 하셨습니다. 이것은 하나님께서 삼손에 대한 경고이자 마지막 은혜였습니다.

'삼손아, 너는 나와의 신성한 나실인의 언약을 여기서 배신했다. 너는 지금 대단히 영적으로 위험한 상태에 있다. 나는 너에 대하여 비상사태를 선포한다. 나는 너를 버리지 않겠다. 그러나 너는 이번 위기를 끝으로 다시는 이런 죄에 빠지지 않도록 해라'

바로 이것이지요. 삼손은 거기서 자신의 영적인 위기를 깨달았어야 했습니다.

삼손은 자기를 포위한 블레셋 사람들을 통해서 자신의 타락에 대한 하나님의 진노를 느꼈을 것입니다. 포위한 사람들은 하나님이지만 하나님께서는 삼손에게 그들을 통하여 경고하신 것입니다. '너 계속 이런 식으로 나가다가는 죽을 수도 있어!'라는 뜻입니다.

우리가 여기서 알 수 있는 것이 무엇입니까? 하나님께서 우리들에 대하여 얼마나 오래 참으시는가 하는 것입니다. 삼손이 가사에서 괴력을 나타내어 성문 문짝을 떼어낸 것은 자기가 잘나서 그렇게 한 것이 아니었습니다. 이것은 온전히 하나님의 능력이었고 삼손에게는 오히려 회개하라는 마지막 사인이었습니다. 삼손은 거기서 사이렌 소리를 내면서 도망을 치는 것이 마땅했고 다시는 그런 죄에 얼씬도 하지 말았어야 합니다. 한 번 죄에 빠져도 능력이 회복되는 것은 하나님의 긍휼이 엄청나시기 때문입니다. 그러나 그것이 괜찮다거나 다시 해도 된다는 뜻이 아닙니다. 만일 여러분 중에서 하나님께서 기뻐하시지 않는 죄에 빠져 있는 분이 있으면 이 시간 당장 거기서 빠져 나오시기 바랍니다.

삼손의 두 번째 실수

저는 삼손이 가사의 위기에서 벗어나면서 정말 마음속으로 하나님께 회개했을 것이라고 생각합니다. 하나님께서 그를 죽이시는 대신 다시 한 번 능력을 주셨을 때 그는 몇 번씩이나 하나님의 은혜에 감사했을 것입니다. 그러나 그는 완전히 자기 버릇을 고치지 못했습니다. 우리는 죄에 대하여 완전히 뿌리를 뽑아야 하는 이유는 시간이 지나면 그 나쁜 버릇이 다시 나오기 때문입니다.

4, 5절 이 후에 삼손이 소렉 골짜기의 들릴라라 이름하는 여인을 사랑하매. 블레셋 사람의 방백들이 그 여인에게로 올라가서 그에게 이르되 삼손을 꾀어서 무엇으로 말미암아 그 큰 힘이 생기는지 그리고 우리가 어떻게 하면 능히 그를 결박하여 굴복하게 할 수 있을는지 알아보라 그리하면 우리가 각각 은 천백 개씩을 네게 주리라 하니

삼손은 다시 소렉 골짜기에 있는 들릴라라고 하는 여자를 좋아하기

시작했습니다. 들릴라가 어떤 부류의 여자인지 알 수 없습니다. 그러나 삼손이 정식 결혼 관계를 가지지 않고 계속 교제한 것이나 블레셋 사람들이 돈으로 그를 매수하려고 한 것을 보면 그 여자는 이스라엘 사람은 아닌 것 같고 블레셋 여자이거나 아니면 가나안 여자였던 것 같습니다.

물론 삼손은 가사에서 한번 혼이 난 후 다시는 가사로 가지 않았습니다. 그러나 그는 다시 새로운 여자를 만나기 시작했고 또 위험한 장난에 빠져 들기 시작했습니다. 삼손이 다시 죄에 빠지지 않기 위하여 했어야 하는 것이 무엇입니까? 정상적이고 평범한 삶으로 돌아오는 것입니다. 이스라엘 사람들과 신실한 관계를 회복하고 그것이 여의치 않으면 기드온처럼 3백 명 정도의 공동체를 만드는 것입니다. 물론 이스라엘 사람들을 위해서이지만 실제로는 자기 자신을 위해서입니다.

그리고 평범한 이스라엘 여자와 결혼을 하는 것입니다. 그러나 삼손은 그렇게 하지 않고 또 이상한 여자를 만나기 시작했습니다. 그 이유가 무엇입니까? 평범해지기 싫었기 때문일 것입니다. 사람이 죄에서 빠져 나오려면 반드시 악의 고리를 끊어야 합니다. 술을 끊으려면 술친구와의 관계를 끊어야 합니다. 계속 술친구를 만나면서 술을 끊는다는 말은 거짓말입니다. 도둑이 정말 손을 씻었다면 그는 새로운 직업을 가지고 그 적은 수입으로 만족하면서 살아야 합니다. 삼손이 진정으로 회개했다면 사는 방식을 바꾸어야 했습니다. 그러나 그렇게 하지 않았을 때 그는 블레셋 사람들의 손에 걸려들었습니다.

블레셋 사람들은 삼손을 힘으로는 이길 수 없다는 것을 알았습니다. 그들은 과거에 삼손의 수수께끼를 알아내었듯이 여자를 매수해서 그의 힘의 비밀을 알아내려고 했습니다. 블레셋 사람들이 한 것이 무엇입니까? 삼손이 사귀고 있는 여자를 찾아가서 그의 비밀을 알아내기만 하면 블레셋 각성에서 은 일천 일백씩 주겠다는 것입니다. 블레셋 성은 다섯 개니까 은 오천 오백이 됩니다. 그 당시 노예 한 사람의 값이 은 삼십이니까 은 오천 오백으로는 노예들 180명 정도를 살 수 있는 가격입니다. 이것을 보면 사탄이 일하는 방식을 알 수 있습니다. 사탄은 일단 바른 목표를 찾습니다. 그리고 그 목표가 발견되면 그 목표를 달성하기 위하여 가장 확실한 투자를 합니다. 만일 우리가 하나님의 일을 이런 식으로 한다면 이 세상은 달라져도 몇십 번은 달라졌을 것입니다. 누가 하나님의 나라를 위하여 이런 투자를 합니까? 그러나 마귀는 사탄의 나라에 유용하게 사용되겠다고 생각되면 돈을 아끼지 않습니다. 그러니까 어떻게 해서라도 하나님의 사람을 쓰러뜨리려고 합니다.

우리가 알아야 할 것은 일단 하나님의 백성이 되면 마귀의 컴퓨터에 나의 모든 사항이 다 입력이 된다는 것입니다. 요주의 인물이 됩니다. 그리고 마귀의 나라에 위험한 존재라고 판단되면 나의 모든 약점과 또 나를 쓰러뜨릴 수 있는 가장 효과적인 방법을 찾아서 집중적으로 투자합니다. 여자에게 약한 자는 여자로, 돈에 약한 자는 돈으로, 명예에 약한 자는 명예로 쓰러뜨립니다.

그래서 자신의 가장 약한 부분을 투명하게 해야 합니다.

마귀는 컴퓨터에 이미 삼손에 대한 모든 사항이 화면에 떠오르기 시작했습니다.

"삼손, 나이: ○○살, 본적:소라. 엄청난 괴력을 가진 요주의 인물. 머리를 기르고 있어서 쉽게 발견할 수 있으며 사탄의 나라에 가장 위협적인 인물. 한때 결혼 작전으로 우리에게 치명타를 가한 적이 있으며 한번 여자의 눈물에 수수께끼의 비밀을 알려준 적이 있음. 여우를 부린다는 말이 있으며 나귀 턱뼈를 손에 쥐면 엄청나게 강한 자로 돌변함. 절대로 삼손이 가는 길에는 턱뼈가 있으면 안 됨. 그리고 가사에서 기생의 집에서 잠을 잔 적이 있으며 하나님의 종 치고는 여자를 무지무지 좋아하는 것으로 사료됨. 삼손을 무력으로 이기는 것은 불가능함. 다시 언급하지만 그를 힘으로 이기려는 것은 미친 짓임."

사탄은 들릴라라고 하는 여자를 사용해서 삼손을 다시 무너지게 하려고 합니다.

6절 들릴라가 삼손에게 말하되 청하건대 당신의 큰 힘이 무엇으로 말미암아 생기며 어떻게 하면 능히 당신을 결박하여 굴복하게 할 수 있을는지 내게 말하라 하니

우리는 보통 사탄이라고 하면 온 몸에 털이 덮이고 머리에 뿔이 달렸으며 더러운 삼각팬티를 입고 손에 삼지창을 든 괴물로 생각합니다. 그러나 이런 마귀가 세상에 어디에 있습니까? 마귀 중에서 못생긴 마귀는 아무데도 없습니다. 마귀는 모두 멋있게 생긴 오빠나 여자입니다. 그렇게 나에게 잘해 줄 수 없습니다.

그러나 마귀의 특징은 항상 하나님이 그어놓은 선을 넘어가자고 속입니다. 사랑한다고 하면서 불륜의 관계에 빠지자고 합니다. 아무 걱정도 하지 말고 시키는 대로 하기만 하면 된다고 합니다.

삼손의 적은 무기를 든 블레셋 사람들이 아니었습니다. 그 앞에서 애교를 부리면서 삼손이 없으면 한순간도 살 수 없다고 말하는 아름다운 여자가 마귀였고 가장 무서운 적이었습니다. 삼손이 조금이라도 경건했더라면 당장 이 여자의 문제를 느꼈을 것입니다. 아니면 주위에 경건한 신앙의 친구가 있었더라도 이 여자가 그렇게 정직하지 않으며 욕심으로 가득 차 있는 여자라는 것을 알았을 것입니다. 그 이유가 무엇입니까? 성령께서 우리에게 깨달음을 주십니다.

무엇보다 하나님의 사람이 이런 식으로 비정상적인 관계를 지속하는

것 자체가 올바른 것이 아니지요. 그러나 이미 삼손의 마음에 등불은 꺼지고 그는 정욕 속으로 깊이 빠져 들고 있었습니다.

여자는 대담하게 무엇을 묻습니까? 당신의 힘의 비밀이 어디에 있느냐는 것입니다. 이것은 삼손의 사활이 달린 문제입니다. 아니, 이스라엘 민족의 생사가 달린 문제를 이방 여자가 묻고 있습니다. 이것은 그의 아킬레스건이었습니다.

사실 삼손의 힘의 근원은 어디에 있습니까? 그것은 하나님 앞에 거룩함에 있습니다. 그래서 나실인은 머리를 자르지 않고 술을 마시지 않았습니다. 그러나 지금 삼손은 이미 부정한 것도 많이 가까이 했고 술도 마셨으며 이제 남아 있는 것은 상징적인 머리밖에 없었습니다. 실제로 삼손에게는 하나님의 능력이 떠나고 있었습니다. 그러나 하나님께서는 마지막 순간까지 삼손을 버리지 아니하시고 그에게 힘을 주셨습니다. 이것은 삼손은 범죄하지만 하나님께서는 기다리시며 회개할 기회를 주시는 것이었습니다. 여자가 힘의 근원을 물었을 때 삼손은 그 자리에서 벌떡 일어나 그곳을 떠났어야 합니다. 그러나 그는 그곳에 계속 있었습니다.

그 이유는 아직 자신이 있었기 때문입니다.

우리가 성경을 보면 삼손이 세 번 만에 거의 비밀 근처에 오게 된 것을 보게 됩니다. 삼손은 장난스럽게 거짓말을 했습니다. 처음에는 푸른 칡넝쿨 일곱 가닥으로 묶으라고 했습니다. 물론 여자는 거짓말인 줄 알지만 그를 묶고 소리를 질렀습니다. '삼손, 블레셋 사람들이 왔어요. 구해주세요'라고 소리를 지르면 삼손은 자다 일어나서 기쁨으로 위기에 빠진 들릴라를 구해줍니다.

그러나 이 위험한 장난은 그 다음 날에도 계속되었습니다. 그 다음 날은 사용하지 않는 새 줄로 묶는 것이었습니다. 물론 이것도 거짓이었습니다. 그러나 세 번째는 이미 거의 진실에 가깝게 왔습니다. 그는 자기 머리털을 옷 짜는 틀에 함께 짜면 힘이 없어진다는 것입니다. 아무리 거짓말을 해도 세 번 만에 결국 머리까지 오게 되었습니다. 그리고는 어떻게 됩니까?

16절 날마다 그 말로 그를 재촉하여 조르매 삼손의 마음이 번뇌하여 죽을 지경이라

물론 여자가 매일 조르니까 죽을 지경이겠지요. 그러나 우리는 여기서 한 가지를 더 보아야 합니다. 삼손의 마음이 이토록 번민하고 죽을 지경이 된 이유가 어디에 있습니까? 이미 그의 마음에서 하나님의 성령이 떠나셨기 때문입니다. 성령의 사람의 마음에서 성령이 떠나시면 어떻게 됩니까? 마음이 그렇게 불안하고 답답할 수가 없습니다. 거의 미쳐서 죽을 지경입니다. 이럴 때 어떻게 해야 합니까? 하나님 앞에 나아가서 부르짖어야 합니다. 이것이 하나님께서 주신 마지막 기회였습니다. 하나님 앞에서 부르짖기만 하면 그가 얼마나 위험한 상태에 처해 있으며 자기 앞에 지옥이 입을 벌리고 있는 것을 볼 수 있었을 것입니다. 그러나 삼손은 끝내 하나님께 부르짖지 않습니다. 그 이유가 무엇입니까? 이미 그의 감정이 그 여자의 포로가 되어버렸기 때문입니다.

17절 삼손이 진심을 드러내어 그에게 이르되 내 머리 위에는 삭도를 대지 아니하였나니 이는 내가 모태에서부터 하나님의 나실인이 되었음이라 만일 내 머리가 밀리면 내 힘이 내게서 떠나고 나는 약해져서 다른 사람과 같으리라 하니라

삼손이 큰 소리를 내면서 무너지고 있습니다. 그 뒤에 머리털을 밀리

우고 눈알이 뽑히는 것은 자동적으로 따라오는 결과입니다.

사람들은 일시적인 기쁨을 위하여 죄를 짓습니다. 그러나 이미 자기 몸은 그런 죄에 길들여지고 나중에는 알아차려도 그 자리에서 빠져 나오지 못하게 됩니다. 삼손에게는 몇 번씩 악마의 소굴에서 빠져 나올 기회가 있었습니다. 그가 가사에 갔다가 죽을 고비를 넘겼을 때가 좋은 기회였습니다. 그리고 들릴라가 자신의 아킬레스건과 같은 힘의 근원을 물었을 때 그 여자를 의심할 기회였습니다. 뿐만 아니라 마지막으로 그의 마음이 죽을 지경으로 불안하고 답답했을 때가 하나님께서 주신 마지막 기회였습니다. 그냥 그 자리에서 미친 사람처럼 울부짖으면서 여호와의 이름을 불렀더라도 마귀는 놀라서 도망쳤을 것입니다. 그러나 그는 자기 감정이 자꾸 죄에 빠져 들어가는 것을 허용하였습니다. 그가 알지 못한 것이 무엇입니까? 시간이 지나면 지날수록 더 빠져나오기 어렵다는 사실입니다.

우리가 신앙생활하는 것은 대단히 불안정한 것입니다. 마치 자전거를 타고 가는 것과 같습니다. 바퀴가 두 개 달린 자전거는 굴러가는 동안은 안전합니다. 그러나 제자리에 서면 넘어질 수밖에 없습니다. 우리의 감정을 훈련시키는 것이 중요합니다. 그러기 위해서는 항상 경건에 힘쓰는 자가 되어야 합니다. 한순간에 기도가 나오지 않습니다. 한순간에 말씀이 귀에 들어오지 않습니다. 자기 자신을 계속 훈련시켜야 조금씩 조금씩 진리를 향하여 감정이나 마음이 움직여지는 것이지 한순간에 되지 않습니다.

우리는 절대로 슈퍼맨이 아닙니다. 절대로 자기 자신을 과대평가해서는 안 됩니다. 이것이 넘어지는 첩경입니다. 아무것도 아닌 데도 다 된 것처럼 생각하는 사람이 있습니다. 그는 언젠가는 넘어지고 말 것입니다. 힘들면 힘들다고 해야 합니다. 집에서 엄마들이 병드는 이유는 아픈데도 아프다고 하지 않고 참기 때문입니다. 사역자로서 저는 때때로 엄살을 부려야겠다는 생각을 합니다. 왜냐하면 사람들이 슈퍼맨으로 생각하려고 하기 때문입니다. 그것은 저를 죽이는 것입니다. 우리에게는 휴식이 필요합니다.

그리고 마귀는 그렇게 나쁘게 생기지 않았다는 것을 알아야 합니다. 언제나 멋있고 너무나도 내 마음에 드는 사람입니다. 그러나 그는 책임을 지지 않습니다. 자꾸 하나님이 정해 놓으신 법을 넘어가자고 합니다. 선을 넘어가는 것이 죄입니다. 물론 한번 유혹에 넘어간다고 해서 당장 하나님의 능력이 떠나는 것은 아니지만 그것은 회개할 기회를 주시는 것입니다.

남자에게 가장 무서운 여자는 다 가져가도 좋다는 식으로 무방비 상태에 있는 여자입니다. 내가 마음대로 해도 될 것처럼 전혀 나를 의심하지 않고 무조건 따르는 여자를 조심해야 합니다. 여자들은 자기 부인이 있으면서도 자기 부인보다 다른 여자들에게 더 친절하게 잘 대해주는 사람은 의심할 필요가 있습니다. 그런 사람은 '끼'가 있는 위험한 사람입니다. 총각인데 기혼자 뺨 칠 정도로 여자에게 잘해 주고 편하게 해주는 사람도 의심해야 합니다. 총각은 절대로 온유할 수가 없습니다. 특히 여자가 결혼에 실패하는 것 중 하나는 이 정도면 내 마음대로 주무를 수 있겠지 하면서 너무 순한 남자를 택하는 것입니다. 이 세상에 마음대로 주물러지는 남자가 어디에 있습니까?

결국 왜 위험한 장난을 하는 것입니까? 그것은 자신이 있기 때문입니다. 자기 자신에 대하여 어떤 신화 같은 것을 가지고 있기 때문입니다. '나는 특별한 사람이야. 이 정도 위험한 선까지 가도 얼마든지 돌아올 자신이 있어'라고 생각하기 때문에 결국 덫에 걸리는 것입니다. 사도 바울은 죄는 모양이라도 버리라고 말씀하셨습니다. 결국 우리는 안전하지 않으며 죄를 멀리하고 가까이 하지 않으며 그럴 기회를 주지 않는 것이 가장 안전하다는 뜻입니다.

결국 자기 자신을 위하여 평범한 것이 좋습니다. 그것이 지혜로운 것입니다. 성적으로나 돈으로 한번 실패하고 나면 그 모든 신뢰가 다 깨어지고 맙니다.

아예 처음부터 바보스럽게 한 단계 한 단계 착실하게 걸어가는 것이 가장 안전한 것입니다. 우리는 영원히 안전하지 않습니다. 안심하면 넘어지기 쉽습니다.

특히 중요한 것을 가지고 장난을 치지 마시기 바랍니다. 진리의 말씀이나 생명이나 성 문제 같은 것을 두고 장난을 치면 위험합니다. 위험한 것일수록 안전하게 다루어야 합니다. 삼손은 하나님의 능력 즉, 성령의 능력으로 장난을 쳤습니다. 그 결과가 무엇입니까? 비참한 멸망이었습니다.

CHAPTER 30

삼손의 마지막 전쟁

사사기 16:18-31

사람은 아주 높은 자리에 있다가 인생 밑바닥으로 곤두박질치게 되면 한 순간에 모든 것을 다 잃고 맙니다. 지위도 잃고, 명성도 잃고, 신뢰도 잃고 모든 것을 다 잃습니다. 그럴 때 사람이 생각하게 되는 것은 자살일 것입니다. 죽는 길 외에는 그런 비참한 상태에서 빠져나갈 수 있는 길이 없는 것 같습니다.

아마 여러분들은 감옥에 들어가 보지 않았기 때문에 그곳이 어떤 곳인지 모를 것입니다. 그러나 한번 경험한 분들의 이야기는 사람이 다시는 갈 곳이 못된다고 합니다. 거기에는 예의나 인격 같은 것은 존재하지 않습니다. 오로지 죄인만 있을 뿐입니다. 그런 곳에서 견디어내려면 하루라도 빨리 자기 자존심을 포기하고 죄인인 것을 인정하는 수밖에 없습니다.

이 본문은 하나님께서 가장 놀라운 능력을 주신 삼손이 여자의 꾐에 빠져서 눈알이 뽑히고 머리털은 밀려서 인생 밑바닥의 자리인 블레셋 감옥의 죄수가 되어 커다란 맷돌을 돌리게 되었습니다. 하나님께서 삼손에게 주신 능력은 절대적인 것이었습니다. 이 세상 어느 누구도 힘으로는 삼손을 이길 수가 없었습니다.

요즘 사람들은 누구인가가 다른 사람들보다 월등하게 잘하면 '신'이라는 이름을 붙입니다. 바둑도 최고로 잘하는 사람에게는 '입신'이라고 부릅니다. 예전에 우리나라 어느 여자 골프 선수가 골프를 굉장히 잘 쳤을 때 마치 '신들린 것처럼 티샷을 날렸다'라고 신문은 기사를 썼습니다. 그러나 우리가 알아야 할 것은 결코 사람은 신이 아니라는 것입니다. 사람은 어디까지나 사람일 뿐입니다.

우리가 성경에서 보게 되는 삼손은 어떤 사람입니까? 그에게는 정말 신적인 능력이 있었습니다. 그에게는 하나님의 영광이 있었고 이 세상 어느 누구도 삼손의 능력을 흉내낼 수도 없었습니다. 그러나 그도 어디까지나 하나님의 능력을 빌려 쓰고 있는 사람이었고 그에게서 하나님의 능력이 떠났을 때에는 오히려 영광스러웠던 것만큼이나 비참한 자리에 떨어지고 말았습니다. 블레셋 사람들은 삼손을 짐승 취급하듯이 다루었습니다. 그는 한순간에 인생 밑바닥으로 떨어져서 모든 존귀와 신뢰와 능력을 잃어버리고 눈알까지 뽑힌 상태로 감옥에서 맷돌을 돌렸습니다. 그런데 중요한 것은 삼손의 이야기가 거기서 끝나지 않는다는 것입니다.

만일 그가 감옥에서 너무나도 비참한 생각이 든 나머지 자살이라도 했다면 그의 이야기는 그저 평범한 재미거리로 끝나고 말았을 것입니다. 그러나 삼손의 이야기는 오히려 감옥 안에서부터 다시 시작됩니다. 하나님은 끝까지 삼손을 버리지 아니하셨습니다. 그가 그 비참한 상태에서 철저하게 회개하고 하나님께 부르짖었을 때 하나님께서는 다시 한 번 그에게 능력을 주셔서 원수를 심판하게 하셨습니다. 그는 오히려 그 비참한 자리에서 한평생 죽였던 것보다 더 많은 원수들을 죽일 수 있었습니다. 그 이유가 어디에 있습니까? 그는 낮아진 자리에서 철저하게 하나님께 회개할 수 있었기 때문입니다. 그래서 삼손은 다시 한 번 하나님의 손에 붙들려 사용될 수 있었습니다.

깨어진 삼손의 신화

야구에서 기록은 깨어지기 위하여 존재한다는 말이 있습니다. 어떤 뛰어난 선수가 나타나서 새로운 기록을 세우면 사람들은 그 선수를 칭송하며 그 선수는 인기를 끌게 됩니다. 그러다가 또 다른 새로운 선수가 나타나서 새로운 기록을 세우게 되면 옛날 그 선수는 어느 한 순간에 잊혀지고 모든 관심은 새로운 선수에게 집중됩니다.

우리가 삼손의 생애에서 보게 되는 것이 무엇입니까? 완전한 신화요 깨어질 수 없는 기록입니다. 턱뼈의 언덕에서 천 명을 때려 죽인 것을 보십시오. 그리고 가사에서 매복 당했을 때 성문과 기둥과 빗장까지 뽑아서 헤브론 부근의 산꼭대기까지 옮겨 놓은 것을 보십시오. 이것은 깨어질 수 없는 신화입니다.

이 정도가 되면 삼손의 모든 것은 신화로 만들어지기 마련입니다. 물론 그가 여우 삼백 마리로 블레셋 사람들의 곡식에 타격을 준 것도 신화였습니다. 이럴 때에는 삼손과 관계된 모든 시시콜콜한 것까지 신화가 되기 마련이며 머리가 잘 돌아가는 사람은 삼손과 관계되는 물건을 만들어 팔면 큰돈을 벌 수 있을 것입니다. 예를 들면, 삼손표 티셔츠 한 장에 오천 원, 삼손이 썼던 것과 비슷한 종류의 나귀 턱뼈 만원, 삼손이 사용했던 여우 박제 하나 만원, 삼손이 목말랐을 때 부르짖었던 그 샘물 한 병 삼천 원, 삼손처럼 튼튼한 가방 샘소나이트 십만 원, 삼손 같은 힘을 가지게 하는 한약 한 병 만 원, 삼손이 숨어 있었던 에담 바위 관광 코스 2박 3일에 오십만 원, 하는 식으로 말입니다.

우리가 여기서 생각해야 할 것이 무엇입니까? 신화가 도대체 무엇이냐 하는 것입니다. 원래 신화는 하나님의 기록입니다. 어느 누구도 해내지 못하는 일을 하게 하시는 분은 하나님이십니다. 그러나 신화라고 하는 것은 그것을 사람의 기록으로 만드는 것입니다.

삼손의 신화는 그의 신화가 아니었다는 것입니다. 그것은 하나님의 능력이었습니다. 삼손은 하나님의 능력을 빌려 쓰고 있었지, 자기 자신의 힘이 그렇게 절대적인 것이 아니었습니다. 그러나 삼손의 신화는 자꾸 그것을 자기 자신의 능력으로 믿게 만들었습니다.

18절 들릴라가 삼손이 진심을 다 알려 주므로 사람을 보내어 블레셋 사람들의 방백들을 불러 이르되 삼손이 내게 진심을 알려 주었으니 이제 한 번만 올라오라 하니 블레셋 방백들이 손에 은을 가지고 그 여인에게로 올라오니라

들릴라가 매일같이 삼손에게 그 힘이 어디서 나오느냐고 물으니까 삼손은 견디다 못해서 결국 그 비밀을 털어 놓고야 맙니다.

17절 삼손이 진심을 드러내어 그에게 이르되 내 머리 위에는 삭도를 대지 아니하였나니 이는 내가 모태에서부터 하나님의 나실인이 되었음이라 만일 내 머리가 밀리면 내 힘이 내게서 떠나고 나는 약해져서 다른 사람과 같으리라 하니라

삼손의 말에는 일부는 맞고 일부는 맞지 않습니다. 왜냐하면 삼손의 능력은 머리털에서 나오는 것이 아니었습니다. 하나님에게서 나오는 것입니다. 머리털은 그것이 하나님으로부터 나온다는 하나의 상징이었을 뿐입니다. 그리고 나실인은 부정한 것을 접촉하면 머리털을 밀고 다시 시작해야 했습니다. 그래서 삼손이 사자의 몸에서 꿀을 취하였을 때 머리털을 밀었어야 하고, 또 많은 사람들을 죽인 후에도 머리를 밀었어야 하고, 또

술을 마신 경우에도 머리를 밀었어야 합니다. 그런데 삼손은 지금까지 한 번도 머리를 밀지 않았다고 합니다. 그리고 그는 자기 힘이 머리털에서 나온다고 믿고 있습니다. 이것이 무엇입니까? 일종의 신화를 믿는 것입니다. '나는 특별하다. 그래서 나는 머리를 깍지 않는다. 만일 내가 머리를 깎는다면 나에게서 하나님의 능력이 떠날 것이다.'

그런데 이런 신화가 맥을 추지 못한 것이 무엇입니까? 죄 앞에서는 신화가 전혀 힘을 가지지 못했습니다. 그는 결국 몇 번 거짓말 하다가 여자가 육탄 공격을 하니까 결국 그 신화의 비밀을 털어 놓고야 말았습니다.

신화와 반대되는 것은 '경건'입니다. 경건이라고 하는 것은 하나님 앞에서 언제나 벌거벗은 모습으로 서는 것입니다. 우리가 가지고 있는 능력은 하나님으로부터 빌려 온 것입니다. 절대로 나의 것이 아닙니다. 그래서 어느 누구도 흉내낼 수 없는 엄청난 능력을 나타내고 난 후에도 여전히 하나님 앞에서는 아무것도 없는 빈털터리로 서서 하나님의 능력을 간구하며 몸부림치는 것이 경건입니다. 그러나 주위에서 칭찬하는 사람들이 많아지고 그를 높이는 사람들이 많아지면 높아지는 것이 익숙해져서 그 다음 부터는 하나님 앞에서 그렇게 무릎 꿇게 되지가 않습니다. 자꾸 자신의 신화가 생기면서 자기 스스로 어떤 최면에 걸리게 되는데 그때 사용되는 것이 상징물입니다. 예를 들면, 삼손의 머리털이라든지 아니면 과거에 일등 했던 메달이라든지 혹은 사랑하는 사람이 짜준 조끼 같은 것입니다. 그것을 휴대하기만 하면 언제나 자기에게는 행운이 따라줄 것으로 믿는 것입니다.

사실 신화가 하나 만들어지면 마치 마약과 같습니다. 특히 죄에 대하여 마비되게 만듭니다.

우리가 이 본문에서 보게 되는 것이 무엇입니까? 삼손이 들릴라에게 자기 비밀을 털어 놓으면서 어떤 양심의 고통 같은 것을 느꼈다는 것입니다. 왜냐하면 들릴라가 블레셋 사람들에게 '삼손이 자기에게 진정을 토하였다'는 것입니다. 자기 안에도 양심의 고통은 있었습니다. 삼손은 자기 안에 있는 가장 중요한 비밀을 여자에게 말을 함으로 자신의 사랑이 얼마나 진실하고 간절한 것인지 표현하고 싶었는지도 모릅니다.

그러나 삼손은 여자가 자기를 배신했다는 것을 몰랐다 하더라도 여자를 하나님보다 더 사랑한 것은 분명히 죄입니다. 아무리 사랑한다 하더라도 나의 영혼을 사람에게 맡겨서는 안 됩니다. 오직 하나님만이 책임질 수 있는 것입니다.

많은 사람들은 자꾸 어떤 것을 하나님과 대등하게 놓으려고 합니다. 예를 들면, 신앙이냐 공부냐, 혹은 하나님이냐 사랑이냐, 선택을 하게 합니다. 이것 자체가 속임수입니다. 왜냐하면 하나님을 선택하면 공부나 사랑을 포기해야 하는 것처럼 몰아가고 있기 때문입니다. 하나님이 공부하게 하시며 하나님이 사랑하게 하시는 것입니다. 만일 하나님과 그것을 선택해야 한다면 그것을 버려야 합니다.

그래서 사도 바울이 말한 것이 무엇입니까?

빌 3:12-14 내가 이미 얻었다 함도 아니요 온전히 이루었다 함도 아니라 오직 내가 그리스도 예수께 잡힌 바 된 그것을 잡으려고 달려가노라. 형제들아 나는 아직 내가 잡은 줄로 여기지 아니하고 오직 한 일 즉 뒤에 있는 것은 잊어버리고 앞에 있는 것을 잡으려고, 푯대를 향하여 그리스도 예수 안에서 하나님이 위에서 부르신 부름의 상을 위하여 달려가노라

사도 바울에게도 자기를 자꾸 마비시키는 것이 있었습니다. 그것은 과거에 그가 크게 사용되었던 것이나 혹은 실패한 것들이었습니다. 과거에 크게 사용되었던 것은 그로 하여금 자꾸 도취에 빠지게 만들었습니다.

현실을 제대로 보지 못하게 하려고 했고 신화를 만들게 하려고 했습니다. 그리고 과거에 실패했던 것도 자꾸 그를 잡아매었습니다. '더 잘할 수 있었을 텐데, 다르게 했더라면 더 멋있게 할 수 있었을 텐데' 그러나 그 모든 것이 결국 자기 중심으로 모든 것을 보게 한다는 것을 알았습니다.

하나님의 능력이 계속 되려면 사람들이 하는 말이 귀에 들리지 않아야 합니다. 옛날 아무것도 아니었고 가난했던 때를 늘 기억하고 있어야 합니다. 그래서 존 뉴턴은 자기가 혹시라도 교만하여 하나님의 능력에서 떨어져 나갈까봐 서재에 '애굽의 종 되었던 때를 기억하라'고 붙여 놓고 늘 보았다고 합니다.

그런데 이 본문에서 중요한 것은 들릴라가 삼손의 말대로 그의 머리털 일부를 밀었을 때 정말 삼손에게서 능력이 떠났다는 사실입니다.

19절 들릴라가 삼손에게 자기 무릎을 베고 자게 하고 사람을 불러 그의 머리털 일곱 가닥을 밀고 괴롭게 하여 본즉 그의 힘이 없어졌더라

삼손의 머리털을 밀었을 때 정말 삼손에게서는 힘이 없어졌습니다. 이것은 머리털에 능력이 있는 것이 아니라 하나님의 마지막 한계선이었습니다. 이미 하나님의 능력은 삼손을 떠나는 것이 옳았습니다. 그런데 하나님께서는 이 최후의 순간까지 기다리신 것입니다.

삼손의 몰락

사람의 가치는 그의 영적인 상태에 있습니다. 삼손이 음란한 생활로 영혼이 병들었을 때 결국 시간 문제이지 삼손의 삶에는 그 비참함이 실제로 나타나고 말았습니다.

21절 블레셋 사람들이 그를 붙잡아 그의 눈을 빼고 끌고 가사에 내려가 놋줄로 매고 그에게 옥에서 맷돌을 돌리게 하였더라

한번 내려가는 것이 어려워서 그렇지 한번 내리막길을 타기 시작하니 모든 것은 한 순간이었습니다. 한 순간에 삼손은 모든 것을 잃고 인생 가장 비참한 바닥에 떨어졌습니다. 그들은 철저하게 삼손을 무력하게 만들었습니다.

그의 눈을 뺀 것은 그가 다시 블레셋에 대항하지 못하게 하기 위해서입니다. 그리고 그를 감옥의 노예로 만들어서 맷돌을 돌리게 했습니다. 무엇이 삼손으로 하여금 이렇게 비참한 자리에 떨어지게 만들었습니까? 그것은 죄였습니다. 삼손의 결정적인 실수가 들릴라는 여자를 한 사람으로 본 것입니다. 죄는 절대로 혼자가 아닙니다. 혼자처럼 보이는 것은 오직 미끼를 던지기 위해서입니다. 들릴라 뒤에는 블레셋 다섯 성에 연결되어 있었습니다. 그가 손짓하기만 하면 달려올 수 있는 블레셋 군대가 수만 명이 있었습니다. 왜 많은 사람들이 죄에 빠집니까? 죄를 그 자체로 보기 때문입니다. 아무리 작은 죄라도 그것은 엄청난 사탄의 나라와 연결되어 있으며 일단 한번 걸려들기만 하면 빠져 나오지 못합니다.

가끔 과수원 옆을 지나가는 아이들이 밖으로 나온 과일을 하나씩 따 갑니다. 그러나 한번 잡히기만 하면 어떻게 됩니까? 지금까지 다른 사람들이 따 간 것까지 다 물어 주어야 합니다. 밖으로 나온 과일이 하나처럼 보이지만 그것은 하나가 아닙니다. 수십, 수백 개입니다. 아무리 작은 죄라 하더라도 그것 뒤에는 엄청난 사탄의 나라가 도사리고 있다는 것을 삼손이 알았더라면 혼자서 이 여자를 만나지는 않았을 것입니다. 이 여자를 만날 때 마다 칼을 차고 완전 무장을 하고 특히 어머니를 모시고 만났더라면 이렇게 비참한 자리에 빠지지는 않았을 것입니다. 죄는 절대

로 혼자가 아닙니다. 그 뒤에는 엄청난 세력이 기다리고 있습니다.

감옥에 갇혀서 눈알이 뽑힌 채로 맷돌을 갈며 삼손이 생각한 것이 무엇이겠습니까? 가장 먼저 도대체 내가 어떻게 해서 한 순간에 이렇게 비참하게 몰락하고 말았느냐 하는 것이지요. 아마 들릴라라는 여자가 죽이도록 미웠을 것입니다. 그러나 그가 곧 생각한 것이 무엇입니까? 이제는 아무도 그를 도울 수 없다는 것입니다. 이스라엘 사람들은 전혀 힘이 없고 이제는 눈알까지 뽑혔으니 그는 자기 힘으로 이 비참한 상황에서 벗어날 길은 없었습니다.

저는 삼손이 감옥에서 한 것은 두 가지라고 생각합니다. 하나는 죄에 대한 철저한 회개였습니다. 그는 죄가 얼마나 무서운지 알았습니다. 설마 했는데 설마가 아니었습니다. 하나님의 말씀은 틀림이 없습니다. 교만한 자는 반드시 망하게 되어 있습니다. 삼손은 들릴라와 블레셋 사람들을 연결시켜서 생각하지 못했습니다. 그 이유가 무엇입니까? 죄를 쉽게 생각했기 때문입니다. 삼손은 사랑만 차지하고 얼른 거기서 빠져 나오려고 했지만 그렇게 되지가 않습니다. 죄는 모두 다 한 통속입니다. 그래서 성경은 우리에게 죄는 모양이라도 버리라고 했습니다.

절대로 죄의 단맛만 볼 수가 없습니다. 일단 죄의 단맛을 한번 보면 결국 쓴맛까지 봐야 합니다. 이것은 자동으로 연결되는 것입니다.

그러나 감옥에서 비참한 자리에 떨어진 삼손이 느낀 것이 무엇입니까? 놀라운 평안이었습니다. 오히려 죄의 쾌락을 즐길 때 보다 더 홀가분하고 오히려 터질 것은 잘 터졌다는 마음이었습니다. 그 이유가 무엇입니까? 그는 지금까지 자기 양심을 속이고 있었기 때문입니다. 그러나 터질 것은 터지고 깨어질 것은 깨어져서 더 이상 낮아질 수 없는 인생 밑바닥까지 떨어졌을 때 오히려 마음이 편안했습니다. 그 이유가 무엇입니까? 이제는 더 이상 다른 사람을 속일 필요도 없고, 이제는 더 이상 양심을 속이면서 위험한 사랑놀이를 할 필요도 없고, 이제는 더 이상 감출 것도 없기 때문입니다. 삼손은 자기 자신을 인정했습니다. 지금 눈알을 뽑힌 이 짐승 같은 모습, 이것이 진정한 나의 모습이며 나는 진작 이렇게 되었어야 하는데, 나는 이렇게 되는 것이 싸다(?)고 하면서 인정했을 때 무엇을 느꼈습니까? 그 감옥 안에서도 하나님이 함께 하시는 느낌이었습니다. 이것이 삼손에게는 머리털이었습니다. 사람들은 삼손이 눈알이 뽑힌 채로 감옥에서 맷돌을 돌리고 있는 것을 보면서 그의 인생은 이제 끝났다고 생각했습니다.

22절 그의 머리털이 밀린 후에 다시 자라기 시작하니라

물론 사람의 머리털은 한번 잘려도 다시 자라는 것이 정상입니다. 그러나 이것이 삼손에게는 그렇게 간단한 문제가 아니었습니다. 아마도 삼손은 블레셋 사람들에게 잡혀서 눈알이 뽑혔을 때 하나님께서는 자기를 영원히 버리신 것으로 생각했을 것입니다. 그러나 이상하게도 가장 비참한 그곳에서 그의 마음속에는 안식과 평안이 있었습니다. 아마도 처음에 삼손은 자기 머리에 전혀 신경을 쓰지 않았을 것입니다. 왜냐하면 아무것도 보이지도 않고 그의 마음에는 절망이 지배를 하고 있었기 때문입니다. 그런데 아마도 어느 날 그는 자기에게도 머리털이 다시 자라고 있다는 것을 알고는 미칠 듯이 기뻐했을 것입니다. 삼손은 자기 같은 죄인에게는 하나님께서 다시는 머리털이 나지 않게 하실 것으로 생각했을 것 같습니다. 그러나 아무도 찾아와주지 않는 그 외롭고 비참한 블레셋의 감옥에도 하나님의 은혜는 찾아오고 있었습니다.

하나님께서는 나만 알 수 있는 방식으로 나를 만져 주십니다. 삼손이 감옥에서 피곤하여 지쳐 쓰러져 누워 있는데 한 순간 머리털이 잡혀지는 것입니다. 세상에 머리털이 다시 나고 있습니다. 그것은 그만이 알 수 있는 하나님의 사랑의 확인이었습니다. 하나님께서 그를 용서하시고 다시 그에게 은혜를 주신다는 사인이었습니다.

블레셋 사람들의 최후

삼손의 몰락은 블레셋 사람들을 더욱 더 자신만만하게 했습니다.

23절 블레셋 사람의 방백들이 이르되 우리의 신이 우리 원수 삼손을 우리 손에 넘겨 주었다 하고 다 모여 그들의 신 다곤에게 큰 제사를 드리고 즐거워하고

블레셋은 행정은 자치이지만 제사나 축제는 공동으로 했고 전쟁을 할 때에도 힘을 합했습니다. 그런데 삼손이 그들 모두에게 얼마나 두려움의 대상이었던지, 삼손이 잡혔고 눈알 뽑힌 것을 축하하기 위하여 다섯 개의 도시 국가 대표들이 다 모여서 자기 신에게 제사를 드렸습니다. 이 제사가 단순한 축제인지 아니면 이스라엘 백성들에게 대대적으로 보복하기 위한 출정식의 의미를 가지고 있는지는 분명치 않습니다. 단지 모든 방백이 다 모였고 남녀가 3천 명 이상이 모인 것을 보면 대대적인 행사였다는 것은 알 수 있습니다.

참으로 이상한 것은 하나님의 백성들이나 종이 망하는 것이 세상 사람들에게는 그렇게 기쁜 일일 수가 없다는 것입니다. 그 이유가 무엇입니까? 그만큼 이 세상 사람들은 하나님의 백성들이나 종을 두려워합니다. 그것은 그들의 존귀함 때문입니다. 이 세상 사람들이 아무리 권력이나 돈으로 자신을 에워싸더라도 하나님의 백성들의 존귀함이나 고고함을 이

길 수는 없습니다. 그래서 이 세상 사람들이 가장 바라는 것이 무엇인가 하면 하나님의 백성들도 별 수 없더라는 것입니다.

'그들이 겉으로는 거룩한 체 하고 죄를 짓지 않는 것처럼 하지만 그들도 결국 뇌물을 먹고 그들도 결국 죄를 짓더라. 하나님의 백성이라고 해서 우리와 다를 바가 하나도 없다'는 바로 이것입니다. 이것만 확인이 되면 그들은 이 세상에서 두려워할 것이 아무것도 없습니다. 블레셋 사람들이 기뻐하는 이유가 무엇입니까? 삼손도 별 것이 아니더라는 것입니다. 하나님의 능력이라고 해서 굉장한 줄 알았더니 삼손도 힘이 빠지니까 아무것도 아니더라는 것입니다. 한번 생각해 보십시오. 머리털이 다 밀린 삼손이 무슨 삼손이며 눈알까지 뽑혀서 앞도 보지 못하는 삼손이 무슨 삼손입니까? 이제 그들에게 삼손은 더 이상 두려움의 대상이 되지 못했습니다. 그들의 노예이며 노리개에 불과했습니다. 이 사실이 그들을 너무나도 기쁘게 했습니다.

그러나 세상 사람들이 알지 못하는 것이 있습니다. 삼손이 몰락한 것이 그들이 잘했기 때문이 아니라는 것입니다. 삼손이 몰락한 것은 자신의 죄 때문입니다. 오히려 삼손이 몰락한 것을 보고 그들은 더 두려워했어야 합니다. 왜냐하면 삼손은 죄를 지었지만, 그들이 한 것에 비하면 삼손이 한 것은 죄의 축에도 들지 못하기 때문입니다.

24, 25절 백성들도 삼손을 보았으므로 이르되 우리의 땅을 망쳐 놓고 우리의 많은 사람을 죽인 원수를 우리의 신이 우리 손에 넘겨 주었다 하고 자기들의 신을 찬양하며, 그들의 마음이 즐거울 때에 이르되 삼손을 불러다가 우리를 위하여 재주를 부리게 하자 하고 옥에서 삼손을 불러내매 삼손이 그들을 위하여 재주를 부리니라 그들이 삼손을 두 기둥 사이에 세웠더니

블레셋 사람들은 삼손이 몰락한 것을 보고 너무 기뻐한 나머지 중요한 실수를 하게 됩니다. 그것은 삼손을 너무 비참하게 만든 것입니다. 하나님의 백성이 너무 비참하게 되면 하나님께 부르짖으면서 기도를 하게 됩니다. 하나님의 백성들이 목숨을 걸고 부르짖으면서 기도를 하면 하나님의 역사가 나타나게 되는 것입니다. 블레셋 사람들은 삼손을 불러내어서 재주를 부리게 함으로 더욱 더 그를 비참하게 만들려고 했습니다. 그들이 삼손에게 시킨 재주가 어떤 것인지 알 수 없습니다. 아마 극도로 하나님의 이름을 훼방하고 삼손을 굴욕스럽게 하는 재주였을 것입니다.

삼손은 전에도 비참한 상태에서 하나님께 부르짖으면서 응답을 받은 적이 있었습니다. 삼손은 가장 비참한 지금 다시 하나님께 부르짖으면서 기도를 했습니다. 그 기도는 삼손 생애에서 가장 간절한 기도였습니다.

28절 삼손이 여호와께 부르짖어 이르되 주 여호와여 구하옵나니 나를 생각하옵소서 하나님이여 구하옵나니 이번만 나를 강하게 하사 나의 두 눈을 뺀 블레셋 사람에게 원수를 단번에 갚게 하옵소서 하고

삼손의 기도는 '오직 한 번만!'이었습니다. 삼손이 기도한 것이 무엇입니까? 이 순간을 그냥 넘어가게 하지 말아 달라는 것입니다. 지금 이 순간은 하나님의 이름이 욕을 먹고 있으며 이들은 삼손의 눈알을 빼고 재주를 부리게 함으로 짐승같이 만들어 놓았습니다. 삼손은 이 원수를 갚게 해 달라는 것입니다.

그의 표현은 '나의 두 눈을 뺀 원수를 갚게 해 달라'고 해서 개인적인 차원의 복수로 들립니다. 그러나 삼손이 참을 수 없었던 것은 자기의 잘못으로 인하여 하나님의 이름이 이방인들 가운데 그토록 비참하게 조롱되고 욕을 먹는 것이었습니다. 삼손은 울부짖으면서 하나님께 생명을 걸

고 기도했습니다. '이번 한 번만 다시 힘을 주소서. 이 중요한 순간에 블레셋 사람들에게 승리를 주지 마소서. 하나님의 거룩하신 이름이 나의 죄로 인하여 영원히 수치를 당하지 않게 하소서. 하나님의 살아계심을 단 한번만 나를 통하여 나타낼 수 있게 하소서.' 바로 이것이었습니다. 삼손은 가장 비참한 상태에서 하나님께 부르짖었고 하나님께서는 그의 부르짖음에 응답하셨습니다.

29, 30절 삼손이 집을 버틴 두 기둥 가운데 하나는 왼손으로 하나는 오른손으로 껴 의지하고. 삼손이 이르되 블레셋 사람과 함께 죽기를 원하노라 하고 힘을 다하여 몸을 굽히매 그 집이 곧 무너져 그 안에 있는 모든 방백들과 온 백성에게 덮이니 삼손이 죽을 때에 죽인 자가 살았을 때에 죽인 자보다 더욱 많았더라

삼손이 기둥을 껴안고 힘을 주었을 때 그 거대한 신전이 무너져 내리면서 거기에 있는 모든 블레셋 사람들이 다 죽었고 삼손도 죽었습니다. 삼손이 마지막 힘을 쓰면서 한 말이 무엇입니까? '내가 블레셋 사람들과 함께 죽기를 원하노라.'

어떤 사람은 삼손이 이 말을 두고서 자살 행위가 아닌가 생각하는 사람도 있습니다. 그러나 이것은 자살이 아닙니다. 그의 마지막 생애를 블레셋과의 싸움에 바치는 것입니다. 그는 전혀 살기를 원치 않았고 하나님께서 마지막으로 한 번 더 사용하시는 것으로 충분하다고 생각했습니다.

삼손의 생애는 몰락함으로 끝난 것이 아니었습니다. 그는 눈알이 뽑힌 후 더 많은 것을 보았습니다. 눈알이 박혀 있을 때에는 들릴라의 미모에 속아서 블레셋 사람들이 그토록 악하고 교만한지 몰랐는데, 눈알을 뽑히고 나니까 모든 것이 더 잘 보였습니다. 그가 긴 머리를 길렀을 때에는 하

나님의 임재하심이나 떠나시는 것을 잘 느끼지 못했는데, 머리털이 한번 밀리고 나니까 하나님의 임재를 더 잘 느낄 수 있었습니다. 성경은 분명히 삼손은 한번 몰락하고 난 후 이스라엘을 위하여 더 큰 일을 했고 특히 그의 죽음을 통하여 이스라엘에 큰 구원을 베풀었다고 기록하고 있습니다. 삼손의 몰락은 그의 인생의 끝이 아니었습니다. 오직 불같은 연단이었고 그는 새롭게 하나님의 손에 붙들리게 되었습니다.

이 본문이 우리에게 무엇을 말씀하고 있습니까?

우리는 모두 하나님의 능력을 빌려 쓰고 있으며 우리의 것이라고는 아무것도 없습니다. 하루라도 하나님께서 능력을 차단하시면 한 순간에 눈알 뽑힌 삼손처럼 될 수밖에 없습니다. 그래서 우리에게 중요한 것은 하나님의 긍휼이 항상 나에게 함께 있게 하는 것입니다.

하나님께서 나를 불쌍히 여기시도록 어느 부분엔가 부족한 부분이 있어야 합니다. 삼손이 나실인의 언약을 어겼을 때 머리털을 깎았더라면 그는 머리털에 그렇게 연연해하지 않았을 것이고 더 빨리 자신의 영적인 위기를 발견할 수 있었을 것입니다. 우리는 한 번의 실패가 끝이라고 생각해서는 안 됩니다. 설사 눈알이 뽑히고 내가 세상에서 의지하던 모든 것이 쓸모없게 된다 하여도 하늘은 열려 있습니다.

절대적인 위기 가운데서도 머리털은 자라고 있으며 하나님은 나의 부르짖음을 들으십니다. 우리도 부르짖어야 할 때 부르짖어야 합니다. '하나님, 단 한 번만 나에게 힘을 주소서. 이 중요한 순간을 사탄에게 넘기지 마소서. 나에게 마지막 다시 한 번 힘을 주사 잃어버린 하나님의 영광을 회복하게 하소서!'

부르짖을 때 하나님께서 역사하실 것입니다.

CHAPTER 31

미가의 잘못된 신앙

사사기 17:1-13

사람들이란 참으로 이상합니다. 마리아 상이 눈물을 흘리면 큰 영험이 있다고 생각하고, 어떤 비석에서 땀이 흐르면 나라에 큰 이변이 일어날 것이라고 생각합니다. 그뿐만 아니라 머리에 가마가 몇 개 있으면 장가를 몇 번씩 간다고 하는 말을 믿습니다. 사람들이 그런 생각에 빠지는 이유가 무엇입니까? 사실 우리 주위에 설명할 수 없는 현상이 너무나도 많기 때문입니다. 그래서 인격적인 하나님을 바로 알지 못하면 어쩔 수 없이 미신적인 생각에 빠지게 되어 있습니다. 미신의 힘이 무엇입니까? 아무것도 아닌 것을 믿게 할 뿐 아니라 끝까지 그 힘에서 벗어나지 못하게 만드는 것입니다. 마치 미신은 마약과 같습니다. 한번 마약에 빠진다는 자체가 자신의 건전한 능력을 포기하는 것과 같습니다.

사사기는 크게 세 부분으로 나눌 수 있습니다. 첫 부분은 각 지파의 가나안 정복사입니다. 그런데 이 정복사는 여호수아서와는 달리 제대로 정복하지 못하고 엉거주춤하게 주저앉는 역사를 보여주고 있습니다. 유다 지파를 제외하고는 거의 대부분 이미 차지한 땅에서 가나안 족속들을 몰아내지 못하고 오히려 타협하는 것을 보여줍니다.

두 번째 부분은 이스라엘 백성들이 가나안 족속들을 몰아내지 못하니까 오히려 그들의 지배를 받아서 수년 동안 어려움을 겪는 가운데 하나님께서 사사들을 사용하셔서 그들을 다시 살리시고 일으키시는 내용입니다. 사사들은 군인도 아니고 장관도 아니지만 성령의 능력에 붙들렸을 때 그들은 가장 강한 하나님의 군사들이 되었고 침체되어 있던 이스라엘을 부흥시킬 수 있었습니다.

그러나 사사기 끝 부분에서 보여주는 것은 이런 부흥 중에서 결코 회복될 수 없어서 망하는 것입니다. 이스라엘은 아무리 침체되어 있어도 성령의 능력으로 결국 다시 살아나곤 했습니다. 그러나 그 중에서도 끝내 살아날 수 없어서 잘라내어야만 했던 부분이 있습니다. 다리가 다쳤는데 너무 썩어서 도저히 소생이 불가능하면 아깝지만 잘라낼 수밖에 없는 것과 같습니다.

사사기가 보여주는 것은 하나님의 교회는 아무리 침체되고 타락해 있어도 하나님의 말씀 운동이 일어나면 얼마든지 다시 살아날 수 있습니다. 그러나 도저히 말씀의 역사가 살아날 수 없을 정도로 썩어 있는 부분이 있습니다. 결국 이 부분은 영원히 이스라엘의 역사에서 잘라낼 수밖에 없습니다. 그 지파가 두 지파입니다. 하나는 단 지파의 우상 숭배이고 다른 하나는 베냐민 지파의 음란입니다. 이 두 지파 모두 레위 사람의 타락과 관계가 있습니다. 레위 사람들은 요즘으로 표현하면 성직자나 혹은 성직을 돕는 사람들입니다. 단 지파는 종교적으로 타락하고 베냐민 지파는 성적으로 타락했습니다. 그런데 단 지파는 나중에 완전히 이스라엘의 역사에서 없어져 버리고, 베냐민 지파는 이스라엘 내전으로 거의 다 죽고 육백 명만 살아남습니다. 수술로 치면 거의 대부분 다 잘라내어 버린 것이나 마찬가지입니다. 그러나 거의 다 잘라버린 베냐민 지파는 결국 살아남고, 단 지파는 영원히 하나님의 역사에서 없어지고 맙니다.

미가의 도둑질과 어머니의 저주

단 지파를 망하게 했던 이단은 외국에서 들어온 이단이 아니고 이스라엘 안에서 시작된 이단이었습니다.

1절 에브라임 산지에 미가라 이름하는 사람이 있더니

여호수아는 가나안 땅에 들어가면서 이스라엘 열두 지파에게 땅을 분배해 주었습니다. 그런데 이스라엘 열두 지파 중에서 유독 산지가 많이 할당된 지파가 에브라임 지파였습니다. 여호수아서를 보면 처음 땅을 분배할 때부터 에브라임 지파가 불평하는 것을 볼 수 있습니다. 그래서 에브라임 사람들에게는 '산지 콤플렉스'라는 것이 있었습니다. 그들은 항상 자기들이 산에 있기 때문에 정보도 늦고 또 성전에 가는 길도 힘들다고 불평을 하고 화를 냈습니다. 기드온 때에도 에브라임 사람들은 전쟁을 빨리 알려 주지 않았다고 불평을 하고 다투려 했는데 이것은 결국 자기들이 산에 있기 때문에 모든 정보에 늦다는 불만의 표현이었습니다. 그런데 더 문제 되는 것이 성전에 가는 길이었습니다.

이스라엘은 열두 지파로 나뉘어져 있지만 제사만은 실로에 있는 성소에서 드려야만 했습니다. 그러니까 실로까지 한번 가려면 산을 넘고 또 넘어야하고 골짜기도 빙빙 돌아서 가야만 했습니다. 직선거리는 얼마 되지 않는다 해도 실제로 산을 돌아서 가려면 예사로 먼 길이 아니었습니다. 그런데 그 에브라임 산지에 미가라는 사람이 있었습니다. '미가'라는 이름은 대단히 종교적인 이름입니다. 원래는 '미가야' 또는 '미가예후'인데 '여호와와 같은 자가 누구냐?'라는 뜻입니다. 다시 말해서 '여호와가 최고다'라는 의미를 가지고 있습니다.

그런데 문제는 미가의 어머니가 (아마도 늙은 부인으로 생각되는데) 대단히 돈이 많은 여자였습니다. 옛날에는 보통 부자라고 하면 양이나 가축을 많이 가지고 있는 사람을 말하는데 미가의 어머니는 돈을 많이 가지고 있었습니다. 그러나 옛날에는 은행도 없고 하니까 돈을 보관하는 것이 어려웠고 또 불안했습니다. 그래서 대개는 돈을 항아리 안에 넣고 땅속에 파묻어 두었는데 그 부인은 그만 그 돈을 잃어버리고 말았습니다. 부인은 자신의 귀중한 돈을 모두 잃고 난 후 너무나도 화가 나서 입에 담을 수 없는 엄청난 저주를 그 돈과 돈을 훔쳐간 도둑을 향하여 퍼부었던 것 같습니다. 그런데 실제로 돈을 훔쳐간 도둑은 아들인 미가였습니다. 미가는 처음에 돈이 탐이 나서 훔쳐 가기는 했지만 어머니의 저주를 듣고 보니까 예간 기분이 께름칙한 것이 아니었습니다.

아마 우리는 그 부인이 저주했을 것 같은 말을 얼마든지 짐작할 수 있습니다.

"나의 돈을 훔쳐 간 이 더러운 도둑놈아. 분명히 너는 내장이 다 썩어서 죽을 것이며 너의 자손 대대로 봉사와 거지들이 득실득실할 것이며. 너의 딸들은 모두 창녀가 될 것이며 이 돈을 손대는 자마다 모두 문둥병이 걸려서 죽을 것이다"는 등등의 엄청난 저주였을 것입니다. 사실 도둑은 돈을 가지고 도망을 가버렸기 때문에 누가 욕을 하던 상관이 없습니다. 그러나 미가는 바로 그 옆에서 어미가 하는 모든 저주를 들어야만 했습니다. 그런데 미가는 어떤 사람입니까? 종교성이 강한 사람이었습니다. 어떻게 한 순간 돈이 탐나서 훔치기는 했지만 어머니의 저주를 들으니까 이것이 예삿일이 아니란 말입니다. 어쩌면 그의 어머니는 매일같이 그 돈과 돈을 가져간 도둑을 저주했을지도 모릅니다. 어쩌면 저주하는 기도까지 드렸을 것입니다. 미가는 겁이 덜컥 났습니다. 어머니가 토해 놓는 그 엄청난 저주가 실제로 자기나 자기 자식에게 임하면 어떻게 합니까?

그래서 결국 그는 훔친 돈을 어머니에게 도로 드리면서 사실대로 모든 것을 말했습니다.

2절 그의 어머니에게 이르되 어머니께서 은 천백을 잃어버리셨으므로 저주하시고 내 귀에도 말씀하셨더니 보소서 그 은이 내게 있나이다 내가 그것을 가졌나이다 하니 그의 어머니가 이르되 내 아들이 여호와께 복 받기를 원하노라 하니라

아들은 자기의 모든 잘못을 어머니에게 고했고 어머니는 자식의 잘못을 용서했습니다. 그런데 그들은 모두 종교성이 강한 사람들이었습니다. 돈은 돌아오고 용서는 했지만 이미 입으로 뱉은 저주는 해결할 길이 없었습니다.

옛날 사람들은 저주는 그대로 성취된다고 믿었습니다. 어머니가 한번 입에서 쏟아버린 저주는 아들이 돈을 도로 내어 놓았다고 해서 없어지지 않았습니다.

물론 어머니가 돈을 받으면서 '내 아들이 여호와께 복을 받기를 원한다'고 했지만 그렇게 말을 한다고 해서 저주가 없어지는 것은 아니었습니다. 이럴 때 필요한 것이 어머니와 아들이 함께 하나님의 성전에 나아가서 속죄제를 드리는 것입니다. 그러면 저주를 두려워할 필요가 없습니다. 그러나 그들은 그렇게 하지 않았습니다. 그 대신 다른 신상을 만들고 그 신상을 대대로 섬기기로 했습니다.

아마도 어머니가 돈을 잃고 난 후 입에서 뱉은 저주는 바로 자손 대대로 내려가는 저주였던 것 같습니다. 구약에서 어떤 집에는 저주가 대대로 내려가는 집안이 있습니다. 가장 대표적인 경우가 제사장 엘리의 집안입니다. 하나님께서는 엘리의 집안을 저주하셔서 그 집에 노인이 없을 것이

라고 하셨습니다. 우리도 가끔 주위에서 보면 어떤 집에는 미친 사람이나 자살하는 사람이 계속 나오는 집이 있습니다.

그래서 옛날에는 집안에 흐르는 이런 저주를 끊기 위하여 산에 올라가서 중이 되는 사람들이 있었습니다. 일종의 미신이지만 미가와 그의 어머니도 그런 생각을 한 것 같습니다. 아들의 도둑질과 어머니의 저주로 이 집안은 망하게 되었는데 그 저주를 풀려고 하면 저주 받은 돈을 포기해야 하고 대신 어떤 신상을 세우고 자식들 중에서 누군가가 그 신상을 돌보아 주어야 액땜을 할 수 있다고 생각한 것 같습니다. 그것은 아마도 순수하게 자기들이 생각한 것은 아닌 것 같고 주위에 있는 가나안 사람들이 말해 준 것으로 생각됩니다.

미가는 굉장히 겁이 많은 사람이었던 것 같습니다. 그가 어머니의 돈을 훔치기는 했지만 저주의 말을 듣고는 그 돈을 써 보지도 못하고 도로 돌려주었을 뿐 아니라 저주에서부터 벗어나기 위하여 신당을 짓고 자기 아들 중 하나를 제사장으로 임명을 해서 섬기게 했습니다.

성경을 보면 이 저주받은 은을 그의 어미나 미가나 아무도 가지려고 하지 않는다는 것입니다. 어미는 그 돈을 미가에게 주고 미가는 그 돈을 다시 어미에게 줍니다. 그 이유가 무엇입니까? 그 돈은 저주를 받은 돈이기 때문에 그 돈을 가지면 자기도 망하고 후손들도 망한다고 믿었기 때문입니다.

미가와 그의 어머니의 문제가 어디에 있습니까? 저주를 풀 수가 없었던 것입니다. 돈은 돌아왔지만 이미 입에서 내뱉은 저주는 주워 담을 수가 없었습니다. 그들은 그 저주가 임할까봐 정말 하나님이 싫어하는 신상을 만들어서 섬기기 시작했습니다. 왜 미가는 이 문제를 해결하기 위하여 하나님의 성전을 찾지 않았을까요? 혹시 에브라임이 산지여서 실로까지 가기가 쉽지 않았을지 모르겠습니다.

좌우간 그들은 이 저주에 대한 두려움을 말씀으로 해결하지 않고 주위의 무당들의 말을 들음으로 이스라엘에서 가장 먼저 이단 종교를 만들어 내었습니다. 결국 이것이 단 지파에 흘러 들어가서 단 지파 자체를 망하게 했습니다.

저주를 끊는 방법

미가의 어머니는 많은 돈을 잃고 너무 화가 나서 도둑을 저주했습니다. 미가는 그 저주가 두려워서 어머니 앞에 돈을 도로 내어 놓았지만 어머니는 한번 내어 뱉은 저주를 처리할 방법을 알지 못했습니다. 그래서 그들은 결국 그 돈은 쓰지도 못하고 우상을 만들어서 신에게 바친 것이었습니다.

율법에는 도둑질을 하면 도둑질 한 물건만이 아니라 거기에 네 배나 배상을 하게 되어 있습니다. 그리고 하나님께 속죄 제사를 드려야 합니다. 사실 말이 네 배이지 이것은 완전히 망하는 것입니다. 만일 그 돈을 갚을 수 없으면 종으로 살아야 합니다. 그러니까 이것은 한번 도둑질하다가 붙들렸으면 철저하게 대가를 지불하고 다시는 도둑질을 하지 말라는 뜻이었습니다.

미가의 훔친 돈은 어머니의 돈이었기 때문에 네 배나 갚을 필요는 없었을 것입니다. 그런데 그들은 하나님의 성전으로 가지 않고 그 대신 이상한 것을 만들었습니다.

3, 4절 미가가 은 천백을 그의 어머니에게 도로 주매 그의 어머니가 이르되
내가 내 아들을 위하여 한 신상을 새기며 한 신상을 부어 만들기 위해 내
손에서 이 은을 여호와께 거룩히 드리노라 그러므로 내가 이제 이 은을 네

게 도로 주리라. 미가가 그 은을 그의 어머니에게 도로 주었으므로 어머니가 그 은 이백을 가져다 은장색에게 주어 한 신상을 새기고 한 신상을 부어 만들었더니 그 신상이 미가의 집에 있더라

그러면 미가의 어미가 돈을 잃고 화가 나서 입으로 내 뱉은 저주의 말들이 미가와 그의 후손들에게 그대로 적용될까요? 사람들은 누군가가 자기를 저주하면 좋지 않은 일이 일어날지도 모른다고 생각합니다. 특히 구약 시대 사람들은 저주가 그대로 성취된다고 믿었습니다. 저는 미가의 어미가 자식을 저주하지 않았더라도 그의 후손들은 아버지가 도둑질한 것으로 언제까지 잘 살았을 것이라고 생각하지는 않았습니다.

왜냐하면 아버지가 도둑질해서 잘살 때 자식들이 절대로 양심적으로 열심히 일을 해서 돈을 벌 리가 없습니다. 어떻게 해서든지 공짜로 살려고 하다가 나중에는 남의 공금에 손을 대든지 아니면 뇌물을 받는 사람은 결국 망하게 되는 것입니다. 하나님께서 우상을 만들지 말라고 하신 것도 부모가 우상을 섬기는 것을 본 자식들이 건전한 신앙을 가질 리가 없기 때문입니다.

한번은 어떤 청년이 저를 찾아 왔습니다. 그가 한 말은 자기 집에는 음란한 피가 돌고 있다는 것입니다. 왜 그랬느냐고 했더니 자기 집안 어른들은 바람을 피워서 가정을 파탄에 빠트린 사람이 많다는 것입니다. 자기 아버지도 바람을 피워서 가정을 어렵게 했고 삼촌이나 다른 분들도 그렇게 한 사람들이 많이 있다는 것입니다. 그런데 자기도 그렇게 될까봐 고민을 하다가 기도를 많이 하는 사람을 찾아 갔더니 자기가 정해주는 어떤 사람과 결혼을 하면 그런 것을 액땜할 수 있다는 것입니다. 그런데 그 여자는 전혀 사랑하고 싶지 않은 여자라는 것입니다.

사실 부모가 죄를 짓고 싶어도 자식들이 그런 죄를 배울까 두려워서

죄를 삼가는 경우가 많습니다. 정상적인 부모는 자기 자식들에게는 추잡하고 더러운 꼴을 보여주지 않으려고 죄를 삼갑니다. 그런데 자식들의 앞날도 생각하지 않고 끝까지 자기 욕심에 빠져 바람을 피우거나 혹은 도둑질해서 잘 먹고 잘살려고 하는 부모는 자식의 미래라고는 전혀 생각하지 않는 완전한 이기주의자입니다.

놀라운 것은 아버지가 술을 마시고 행패를 부리는 것을 보면서 자란 아이들은 자기가 자라서도 똑같이 그렇게 합니다. 아버지가 처자식을 버리고 노름을 해서 완전히 가정을 파탄에 빠뜨린 자식은 자기도 그렇게 아버지를 싫어하고 욕하면서도 똑같은 짓을 반복한다는 것입니다. 그 이유가 무엇입니까? 보면서 자란 것이 바로 그런 짓이기 때문입니다. 그런데 자식들 중에서도 아버지가 한 것을 본받지 않는 아들이 있습니다. 그 아들은 철저하게 예수를 믿음으로 내 아버지가 아버지이지만 하나님 앞에 잘못 사셨으며 나는 절대로 저런 식으로 살지 않겠다는 것을 결심하고 실천하는 사람입니다. 그는 아버지의 삶이 하나님 앞에서 옳지 않다는 것을 고백하고 하나님을 나의 아버지로 삶고 밑바닥에서부터 다시 시작한 사람입니다.

한자 속담에 '반면교사'反面教師라는 말이 있습니다. 보통 학생들은 교사의 좋은 점을 모방을 하지만 '반면교사'라고 하는 것은 어떤 사람의 나쁜 점을 철저하게 반성해서 그대로 하지 않음으로 교훈을 얻는 것을 말합니다. 만일 아버지가 어머니를 구타하는 것을 자녀가 보았다면, 자기는 절대로 아버지같이 하지 않고 아내에게 잘해줌으로 바르게 사는 것입니다. 아버지가 알코올 중독자였거나 혹은 노름을 해서 가정을 망치게 했다면, 자기는 술은 입에도 대지 않고 화투는 손에도 대지 않고 건실하게 삶으로 아버지의 영향력을 자기에게 단절시키는 것입니다. 이렇게 할 수 있으려면 예수를 믿는 수밖에 없습니다. 예수 그리스도 안에서 우리는 철저하게 새사람이 될 수 있습니다.

그런데 미가가 한 것이 무엇입니까? 자기 잘못을 인정하기 보다는 신상을 만들고 자식을 제사장으로 세워서 오히려 자신의 도둑질을 미화시키려고 한 것입니다. 사실은 그 모든 것이 도둑질 한 것인데 다른 사람들은 미가와 그의 어머니가 얼마나 경건하면 그 막대한 돈을 들여서 신당을 지었느냐고 칭찬할 것입니다.

사실 사람의 종교성이라고 하는 것은 죄의식을 감추려고 하는 본능과 관계가 깊습니다. 죄를 많이 지은 사람일수록 신비적인 종교 행위 속에 자기 자신을 감춤으로 종교적인 만족을 구하려고 합니다. 그 대신 말씀은 싫어합니다. 왜냐하면 말씀은 모든 것을 드러내게 하고 철저하게 죄를 청산하게 만들기 때문입니다. 하나님의 말씀이 하는 것은 죄스러운 삶을 바꾸라는 것입니다. 그러나 사람들은 자신의 삶은 바꾸지 않고 자꾸 종교의식으로 자기 죄를 덮고 위로만 받으려고 합니다. 그래서 미가 같은 이단 종교가 생겨나게 된 것입니다.

이단 종교가 하는 것이 무엇입니까? 죄 같은 것은 생각하지도 말라는 것입니다. 그리고 오직 열심을 내고 정성을 다하기만 하면 병도 낫고 사업도 잘되고 결혼도 잘한다는 것입니다. 죄를 청산하지 않고 하나님의 사랑과 복을 받을 수 있다는 것입니다. 그러므로 참 종교의 특징은 신비주의의 마술을 벗기는 것입니다. 잘못된 열심의 환상을 벗겨야 합니다.

하나님은 의로우신 하나님입니다. 여기서 의로우시다는 것은 바른 관계의 하나님이시란 뜻입니다. 바른 관계라는 것은 남의 재산에 손을 대지 않는 것입니다. 남의 것에 대하여 욕심을 내지 않는 것입니다.

하나님께서는 예배에 열심을 내는 자들에게, 줄 것을 주는 것이 바른 예배에 선행해야 하는 것이라고 말씀하십니다. 그리고 돈을 손해 보게 되었을 때 나의 입에서 저주의 말이 나오지 않도록 너무 돈을 사랑하거나 집착하지 않는 것이 진정으로 하나님을 섬기는 것이라고 말씀하십니다.

직업주의 제사장

미가가 어머니의 저주를 갚기 위하여 자기 집 안에 신상을 만들고 자기 아들을 제사장으로 만든 것으로 끝났더라면 아마 그 죄의 영향력이 줄어들었을지 모릅니다. 그런데 중요한 것은 그 당시 먹고 살 것이 없어서 여기저기 돌아다니는 레위인들이 많았다는 것입니다.

7-10절 유다 가족에 속한 유다 베들레헴에 한 청년이 있었으니 그는 레위인으로서 거기서 거류하였더라. 그 사람이 거주할 곳을 찾고자 하여 그 성읍 유다 베들레헴을 떠나 가다가 에브라임 산지로 가서 미가의 집에 이르매. 미가가 그에게 묻되 너는 어디서부터 오느냐 하니 그가 이르되 나는 유다 베들레헴의 레위인으로서 거류할 곳을 찾으러 가노라 하는지라. 미가가 그에게 이르되 네가 나와 함께 거주하며 나를 위하여 아버지와 제사장이 되라 내가 해마다 은 열과 의복 한 벌과 먹을 것을 주리라 하므로 그 레위인이 들어갔더라

이 당시에는 사람들의 신앙심이 해이해져서 십일조나 다른 예물들을 하나님께 바치지 않은 것 같습니다. 그러니까 자동적으로 레위인들이나 제사장들이 먹고 살 길이 없으니까 여기저기 먹을 것을 찾아 유리하게 된 것 같습니다.

하나님께서는 레위 지파 사람들에게 따로 땅을 주시지 않으셨습니다. 왜냐하면 하나님께 제사 드리는 것이 그들의 주업이기 때문입니다. 그리고 이스라엘 백성들이 바친 물건으로 살게 하셨습니다. 가장 중요한 것

이 십일조이고 그 다음에 제물이었습니다. 사실 이스라엘 백성들에게 가장 중요한 것은 적을 막는 것보다 하나님을 모시는 것이었습니다. 하나님을 바로 모시기 위해서는 그 일만 전적으로 하는 제사장이나 레위인들이 필요했습니다. 그러나 그들이 가나안 땅에 살면서 하나님을 모시는 일이 중요하지 않다고 생각했습니다. 그들은 가나안 땅에서 먹고 사는 것이 더 중요하다고 생각했기 때문에 십일조도 바치지 않았고 제물도 가져가지 않았습니다. 오히려 산당 같은 데서 복 받으려고 자기 마음대로 제물을 바쳤습니다. 그 결과가 무엇입니까? 제사장이 먹고 살 것이 없었고 레위인들이 일거리가 없어서 돌아다니게 되는 것이었습니다.

그때 먹을 것이 없는 레위인 하나가 여기저기 돌아다니다가 에브라임 산지까지 오게 되었는데 바로 미가를 만난 것입니다. 미가는 자기 집에 신당이 있기는 하지만 제사장이 자기 아들인 것이 영 불만이었습니다. 그런데 갈 데가 마땅치 않은 레위인을 만나고 나서는 그 사람을 자기 집 제사장으로 고용하기로 했습니다.

그래서 갈 데도 없는 레위인에게 일 년 연봉으로 은 열 개와 옷 한 벌과 식물을 주겠다고 하니까 그 레위인은 이런 '떡'이 어디 있느냐는 식으로 그 자리에서 승낙하는 바람에 이 레위인은 하나님의 제사장이 아니라 미가 집의 제사장이 된 것입니다.

11-13절 그 레위인이 그 사람과 함께 거주하기를 만족하게 생각했으니 이는 그 청년이 미가의 아들 중 하나 같이 됨이라. 미가가 그 레위인을 거룩하게 구별하매 그 청년이 미가의 제사장이 되어 그 집에 있었더라. 이에 미가가 이르되 레위인이 내 제사장이 되었으니 이제 여호와께서 내게 복 주실 줄을 아노라 하니라

원래 레위인은 하나님께 속한 사람이었습니다. 물론 이스라엘 백성들이 바친 물건으로 살지만 그것은 하나님께서 주시는 것이었습니다. 그러나 이제 이 레위인은 완전히 한 개인에게 고용되어 그 가정의 복을 빌어주는 고용 제사장이 생기게 되었습니다.

여기서 최초로 직업주의 제사장이 등장하게 됩니다. 즉 하나님의 말씀을 가르치고 백성들의 죄를 해결해주는 제사장이 아니라, 사람에게 고용이 되어서 그들의 복을 빌어주고 그들로부터 생활비를 받는 제사장이 등장한 것입니다. 하나님의 종은 사람의 도움으로 삽니다. 하나님의 종이라고 해서 하늘에서 양식을 내려 주거나 혹은 밥을 먹지 않고도 살 수 있는 것은 아닙니다. 그러나 그의 소속은 어디까지나 하나님입니다. 그들은 결코 사람에게 고용되어 그들이 듣기 원하는 소리를 해 주는 사람이 아닙니다.

만일 미가의 집에 온 레위인이 정직한 자였더라면 그는 그렇게 일자리를 찾아서 돌아다녀서는 안 됩니다. 그는 베들레헴에서 굶고 있든지 빌어먹고 있든지 보냄을 받은 그곳에 있어야 합니다. 하나님의 사람이 보냄을 받았을 때 다행스럽게 사람들이 그를 영접해 주어서 먹을 것을 주면 다행이지만, 먹을 것을 주지 않으면 그는 굶어 죽을 수밖에 없습니다. 그래서 복음 전하는 사람은 사람들이 말씀을 거부할 때에는 그 자리에서 굶고 희생당하는 것이 옳습니다.

예수님께서는 제자들을 보낼 때 오직 지팡이 하나만 가지고 가게 하셨습니다.

그 이유는 그는 자기가 가지고 가는 말씀의 능력에 전적으로 모든 것을 걸어야 한다는 뜻입니다. 만일 사람들이 그 말씀을 듣고 변화되면 다행이지만 말씀을 거부하면 그는 굶어야 하며, 사람들이 심하게 박해할 때에는 희생될 수밖에 없습니다. 그러나 이 레위인은 오직 먹고 살 길을 찾아서 여기저기를 방황했고 결국 미가의 돈에 걸려들어 돈을 위한 제사장이 된 것입니다. 이것은 세상적으로 보면 창기처럼 된 것입니다. 그는 그 약간의 돈을 받고 미가의 이단 종교를 그럴듯한 하나님의 종교로 보이게 만들었고 그 결과 이 이단 종교는 단 지파 속에 흡수되어 급격하게 단 지파를 변질시키게 되었습니다.

이때 예수님의 말씀이 생각납니다.

예수님은 '이들이 양의 옷을 입고 오지만 그 속에는 노략질 하는 이리'라고 말씀하셨습니다. 이리라고 해서 모두 거짓 선지자가 아닙니다. 오히려 겉으로는 정통 신학의 껍질을 뒤집어 쓸 수도 있습니다. 그러나 그 속에 욕심은 사람의 영혼을 도둑질하려는 것입니다. 가장 무서운 것이 영혼을 도둑질 당하는 것입니다. 영혼을 도둑질 당하면 완전히 대화가 되지 않습니다. 건전한 분별력이 없어집니다. 그리고 완전히 시키는 대로 지껄여대는 앵무새처럼 교리를 말합니다. 그리고 어떻게 해서든지 사람을 낚아서 자기 종으로 만들려고 합니다.

미가 집에 있는 레위인은 일단 생활은 안정되었는지 모르지만 그는 자기가 얼마나 많은 사람들을 지옥가게 하는 일꾼으로 사용되는지 모르고 있었습니다. 레위인이 거기서 제사장의 사명을 다하려고 했으면 그 신당부터 부수어야했습니다. 그리고 그들이 주는 연봉 대신에 백성들이 주는 십일조로 살겠다고 했으면 아마도 에브라임에도 부흥의 역사가 나타날 수 있었을 것입니다. 그는 자기가 에브라임에 가서 얼마나 중요한 역할을 감당할 수 있는지 생각하지 않았습니다. 오직 먹는 것만 생각했기 때문에 미가의 집과 결국 단 지파 전체를 망하게 했습니다. 우리는 우리가 생각하는 것보다 훨씬 더 중요한 사람들입니다. 그러나 밥 먹고 사는 문제만 생각하기 때문에 나를 통하여 살릴 수 있는 사람을 살리지 못하고 오히려 멸망하게 할 수 있다는 것을 기억해야 합니다.

CHAPTER 32

단 지파의 선택

사사기 18:1-13

만일 우리가 부모님으로부터 수억 원의 유산을 받게 된다면 그것을 어떻게 사용하시겠습니까? 아마도 위험을 싫어하는 사람은 그 돈을 은행에 넣어두고 이자 수익으로 만족하려고 할 것입니다. 반대로 모험을 좋아하는 사람은 그 돈을 투기하는데 사용할 것입니다. 제가 알고 있는 어떤 사람은 부모가 남긴 유산을 공부하는데 투자를 했습니다. 그 돈으로 대학원을 마치고 또 유학을 가서 미국에서 박사 학위를 받아가지고 돌아왔습니다. 그는 대학에서 강의를 하고 있는 것으로 알고 있습니다. 제 생각에는 부모가 남긴 유산을 가장 잘 사용한 사람인 것 같습니다.

우리 앞에 어떤 어려운 장애가 있을 때 어떤 사람은 우직하게 끝까지 그 장애를 돌파하려고 하는 사람이 있는가 하면, 어떤 사람은 그 장애를 우회해서 쉬운 목표를 찾아서 쉽게 사는 사람도 있습니다.

제가 대학에 입학할 당시에는 계열별로 모집해서 과가 정해져 있지 않았습니다. 전공은 2학년 올라갈 때 선택하게 되는데 1학년 때 성적으로 배정이 되었습니다. 그런데 대부분의 학생들은 공대공부에 필요한 물리학이나 화학을 선택하는 바람에 성적이 별로 좋지 않았습니다. 그런데 어떤 눈치가 빠른 학생은 일단 성적이 쉽게 나오는 생물이나 지구과학 같은 것을 선택해서 좋은 성적을 받아내는 사람도 있었습니다. 그들의 생각은 일단 점수가 잘 나와야 좋은 과에 들어갈 수 있다는 것이었습니다. 그러나 공부를 열심히 하지 않았거나 우직하게 과목을 선택한 학생들은 자신이 원하는 과에 배정받지 못해서 다른 과에서 공부를 해야만 했습니다.

이스라엘 백성들이 가나안 땅에 들어갔을 때 가장 불행한 지파가 있었습니다. 그 지파는 단 지파였습니다. 단 지파는 가장 남쪽 평지를 배정받았는데 그곳에는 너무나도 강력한 민족이 버티고 있는 바람에 도저히 땅을 차지할 수가 없었습니다. 그들은 상당한 시간이 지나기까지 배정받은 땅을 차지하지 못했습니다. 그래서 그들이 생각한 것이 무엇입니까? 하나님으로부터 배정받은 땅을 포기하고 새로운 쉬운 목표를 찾기로 한 것입니다.

우리가 이 본문 말씀을 통하여 찾고자 하는 것은 이런 목표의 변경이 단 지파에게 가져온 것이 무엇이며, 오늘 우리에게 주는 교훈이 무엇이냐 하는 것입니다.

땅을 차지하지 못한 단 지파 사람들

단 지파 사람들은 가나안 땅에 들어온 후 상당한 시간이 지나기까지 땅을 전혀 차지하지 못해서 어려움을 겪고 있었습니다.

1절 그때에 이스라엘에 왕이 없었고 단 지파는 그때에 거주할 기업의 땅을 구하는 중이었으니 이는 그들이 이스라엘 지파 중에서 그때까지 기업을 분배 받지 못하였음이라

물론 이스라엘의 다른 지파들도 가나안 땅에 들어 왔을 때 제대로 자기 땅을 차지하지 못했습니다. 그러나 세월이 지난 후 힘이 강하여졌을 때에는 완전히 쫓아내지는 못해도 제법 주인 같은 행세를 하였습니다. 그러나 유독 단 지파만큼은 시간이 지나도 땅을 차지하지 못했습니다. 그 이유는 너무나도 강한 부족을 상대로 만났기 때문입니다. 블레셋 사람들은 철병거를 가지고 단 지파 사람들이 아예 평지에 발을 들여 놓지 못하게 만들었습니다.

그 결과 단 지파 사람들은 산꼭대기에 살아야만 했고 또 다른 지파의 땅에 세들어 살아야 하는 처지였습니다. 결국 단 지파 사람들이 생각한 것이 무엇입니까?

2절 단 자손이 소라와 에스다올에서부터 그들의 가족 가운데 용맹스런 다섯 사람을 보내어 땅을 정탐하고 살피게 하며 그들에게 이르되 너희는 가서 땅을 살펴보라 하매 그들이 에브라임 산지에 가서 미가의 집에 이르러 거기서 유숙하니라

단 지파 사람들이 도저히 블레셋 사람들을 이길 수 없어서 결국 하나님으로부터 배정받은 땅을 포기하고 다른 곳을 찾기로 한 것입니다.

세상적으로 보면 단 지파 사람들이 행한 것은 상당히 지혜로운 일이라고 할 수 있습니다. 왜냐하면 아무리 오래 버티어도 승산이 없는 그런 일을 붙들고 씨름하는 것 보다는 차라리 그것을 포기하고 다른 것에서 다시 시작하는 것이 훨씬 더 효과적일 수 있기 때문입니다. 사실 요즘같이 기업이 부도가 많이 날 때에 회사를 운영하는 사람의 입장에서는 지금 여기서 손해가 더 커지기 전에 손을 털고 일어서야 할 것인가 아니면, 끝까지 인내심을 가지고 씨름을 해야 할 것인지 판단이 서지 않을 때가

너무나도 많습니다. 포기해야 할 기업을 포기하지 못하고 너무 오래 붙들고 있는 바람에 나중에는 부채가 산더미같이 많아져서 최악의 상태에 빠지는 경우 있습니다. 예를 들어, 어떤 젊은이들은 고시 공부를 포기하지 못해서 십년 이상 가족들을 고생시키면서 승산이 없는 공부에 매달리는 경우도 있습니다. 차라리 빨리 포기했더라면 직장이라도 구할 수 있었을 텐데 그것을 빨리 포기하지 못하는 바람에 너무 오래 동안 가족들을 고생시키는 사람들이 있습니다.

그러나 단 지파의 포기는 적절한 것이 아니었습니다. 왜냐하면 이 땅은 하나님께서 그들에게 주신 영원한 기업이기 때문입니다. 하나님께서 그들에게 어려운 상대를 주셨더라면 또 다른 방법이 있었을 것입니다. 사실 단 지파 사람들이 오랫동안 블레셋 사람들을 몰아내지 못한 것은 지레 겁을 먹고 싸우려고 하지 않았기 때문입니다. 그들은 누군가가 그들을 대신해서 그 땅을 빼앗아 주기를 바랐습니다. 그러나 아무리 오래 기다려도 그 땅을 빼앗아 주는 사람이 없으니까 그들은 쉽게 그 땅을 포기해 버렸습니다.

오늘 우리들은 이 세상에서 두 종류의 삶을 살고 있는 사람들입니다. 하나는 세상적인 삶이고, 다른 하나는 신앙적인 삶입니다. 그런데 우리는 이 세상의 것에 있어서는 절대적으로 집착할 필요가 없다고 생각합니다. 이 기업이 아니면 저 기업이면 되는 것이고, 이 학교가 아니면 저 학교에 들어갈 수 있는 것입니다. 반드시 어느 대학이 아니면 안 된다는 식으로 집착할 필요가 없습니다. 전에 제가 만난 한 의대생은 지방 대학 의대를 다니고 있었습니다. 사실 그가 다니고 있는 대학도 지방 국립대학으로 좋은 대학이었습니다. 그런데 그 학생은 재수를 해서 서울에 있는 더 좋은 의대를 진학하고 싶다는 것입니다. 그래서 저는 그것이 나쁜 것은 아니지만 너무 절대적으로 생각하지는 말라고 조언을 해 주었습니다.

사실 청소년 때 이성을 보면 오직 그 한 사람밖에 없을 것입니다. 앞으로 아무리 이 세상을 산다고 해도 저렇게 마음씨 좋고 착한 여자는 만나지 못할 것 같습니다. 그러나 실제로는 그렇지 않습니다. 오히려 그런 식의 미숙한 이성 교제가 서로의 성숙을 방해하는 경우가 많습니다.

우리가 이 세상에 살면서 높은 목표를 가지고 있거나 혹은 실현 가능성이 없는 목표를 가지고 있을 때 누군가가 그의 목표를 조정해 줄 필요가 있습니다. 사실 교사나 부모님이 조언하는 것이 바로 그런 것입니다. 비현실적인 목표를 가지고 고민을 하고 있을 때 목표를 조정해 주고 구체적인 목표를 세워 자기만의 길을 갈 수 있도록 도와주어야 합니다.

그러나 신앙적인 부분에서는 그렇지 않습니다. 신앙의 영역에서 중요한 것은 모두 다 어려운 것이며 결코 쉽게 얻어지지 않는 것들입니다. 이런 것들은 아무리 시간이 오래 걸리고 아무리 열매가 없어도 절대로 포기해서는 안 되는 것입니다.

단 지파 사람들은 자기들이 이스라엘 여러 지파 중에서 가장 강한 적을 만났기 때문에 빨리 안정되거나 정착하지 못한다고 생각하고 스스로를 불운하게 생각했습니다. 그러나 실제로 이것은 대단히 영광스러운 일이었습니다. 왜냐하면 하나님께서는 어느 누구에게도 맡기지 않는 가장 중요한 일을 그들에게 맡기셨기 때문입니다. 사실 다른 부족들은 다 합쳐도 블레셋만큼 강하지 못했습니다. 만일 단 지파 사람들이 블레셋을 몰아내고 거기에 온전한 하나님 나라를 세울 수 있었다면 하나님의 나라가 얼마나 강한 나라가 되었겠습니까? 또한 하나님께서 단 지파를 위하여 준비하신 비장의 무기가 있었습니다. 그것이 무엇입니까? 바로 삼손이었습니다.

그러나 단 지파 사람들은 처음부터 머리로 계산하였습니다. '블레셋은 강하고 우리는 약하다. 우리는 블레셋과 싸워도 승산이 없다. 그러니까 아예 누군가가 우리를 대신해서 블레셋과 싸워주기를 기다리자' 이것이 단 지파의 생각이었습니다. 그러다가 아무도 자기들을 대신해서 블레셋과 싸워주지 않으니까 하나님이 주신 땅을 포기하고 북쪽의 새로운 목표를 찾아서 이동을 한 것입니다.

사실 종교 개혁이 일어날 때 하나님의 말씀을 붙든 사람들은 모두 목숨을 내어 놓은 사람들이었습니다. 사실 루터는 운이 좋은 편이었습니다. 루터 전의 종교 개혁적인 생각을 가진 사람들은 모두 이단이라고 해서 화형을 당했습니다. 후스 같은 사람도 화형을 당했습니다. 사실 그들은 모두 입을 다물고 있으면 얼마든지 행복한 삶을 살 수 있는 사람들이었습니다. 그러나 그들은 모두 자기 생명을 걸고 진리를 위하여 힘든 싸움을 싸웠습니다. 그 결과 그들을 통해 조금씩 복음의 아침이 오게 했습니다.

우리에게 가장 중요한 싸움이 무엇입니까? 그것은 복음이 복음 되게 하고, 말씀이 말씀되게 하는 것입니다. 말씀이 전혀 제한되거나 방해받지 않고 우리의 삶 가운데 충분히 선포되며, 비록 우리가 그 말씀에 완전히 순종하지 못해서 수없이 넘어지고 또 넘어진다 하여도 말씀이 우리의 삶 구석구석을 비추도록 하는 것입니다. 이것보다 더 중요한 싸움이 없습니다. 이 세상 살면서 다른 것들은 모두 손해 볼 수도 있고 포기할 수도 있지만 하나님의 말씀을 듣고 말할 수 있는 자유는 결코 포기할 수 없는 자유입니다.

단 지파 사람들 앞에는 가장 중요한 선택이 놓여 있었습니다. 그것은 바로 블레셋과 싸워서 약속의 땅을 빼앗느냐, 아니면 그것을 포기하고 쉬운 땅을 차지하느냐 하는 것이었습니다. 그들은 모두 쉬운 땅을 차지하기로 결정했습니다. 블레셋과 싸워보려고 하지도 않고 싸움을 포기하고 말았습니다. 삼손이 한 것이 무엇입니까? 삼손은 일단 블레셋과 부딪쳐 보았습니다. 호랑이를 잡기 위해서 호랑이 굴로 들어간다는 식으로 블레셋 여자와 결혼을 했습니다. 그렇게 하다 보니까 나귀 턱뼈로 천 명을 때려죽이는 역사를 경험하게 되었습니다. 한번 부딪쳐 보면 길이 열리게 되어 있고 실제로 하나님은 이런 힘든 싸움에서 귀한 축복을 우리에게 주십니다.

오늘 많은 사람들이 말씀에 갈급해 하고 있습니다. 그런데 제가 볼 때 모두 다 자기는 가만히 있고 누군가가 와서 자기 입에 하나님의 말씀을 먹여주기를 기다리고 있습니다. 자기 자신은 아무것도 손해를 보지 않으려고 합니다. 절대로 그런 것은 없습니다. 하나님의 나라는 구하는 자가 차지하게 되어 있습니다. 하나님의 말씀을 배우기 위해서 마치 사슴이 시냇물을 찾듯이 이리 뛰고 저리 뛰면서 자기 것을 포기하고 말씀만을 붙드는 자에게 하나님께서는 말씀의 샘을 주십니다. 자기 자신만 목을 적시는 것이 아니라 능히 다른 모든 사람들도 살리게 하십니다. 마치 갈렙이 옷니엘에게 윗샘과 아랫샘을 주었던 것처럼 하나님께서는 말씀을 위하여 모든 것을 희생하고 싸우는 자에게 생명의 샘을 주십니다.

단 지파가 약속의 땅을 포기한 것에 대하여 성경은 '왕이 없었기 때문'이라고 말씀하고 있습니다. 그러면 왕이 해야 할 일이 무엇입니까? 성경적인 바른 목표를 제시하고 끝까지 인내하고 싸우도록 방향을 제시해 주는 사람입니다.

고용 선지자를 만남

단 지파 사람들은 마치 그들이 처음 가나안 땅을 정복하는 것처럼 용감한 사람 다섯 명을 선출해서 가나안 땅 전체를 정탐하게 했습니다. 그들은 계속 북쪽을 조사하다가 드디어 에브라임 땅 미가의 집까지 오게 되었습니다. 그들은 거기서 남쪽 억양을 사용하는 한 레위인을 만나게 되었습니다.

3, 4절 그들이 미가의 집에 있을 때에 그 레위 청년의 음성을 알아듣고 그리로 돌아가서 그에게 이르되 누가 너를 이리로 인도하였으며 네가 여기서 무엇을 하며 여기서 무엇을 얻었느냐 하니. 그가 그들에게 이르되 미가가 이러이러하게 나를 대접하고 나를 고용하여 나를 자기의 제사장으로 삼았느니라 하니라

아마도 미가는 자신의 신당을 소중하게 생각해서 노출되지 않게 했던 것 같습니다. 그래서 단 지파 사람들은 미가 집에 있으면서 그 집에 신당이 있다는 것을 알지 못했습니다. 그런데 그 사실을 드러낸 것은 그 레위인의 억양이었습니다. 그는 별 생각 없이 남쪽의 억양을 가지고 말을 했는데 이것이 단 사람들과 같은 것이었습니다. 그래서 그들은 북쪽 에브라임 땅에서 남쪽 말을 쓰는 것이 이상해서 물어 보니까 엄청난 사실이 있는 것을 알게 되었습니다. 그는 레위인이요 거기서 미가의 개인 제사장 노릇을 하고 있었습니다. 그도 그 사실을 밝히고 있습니다. '나를 초빙하여 나로 자기 제사장으로 삼았느니라' 다시 말해서 자기를 고용했다는 뜻입니다.

사실 어디로 가야 할지 몰라서 고심하고 있던 이 단 지파 사람들은 거기서 레위인을 만난 사실을 아주 크게 기뻐하였습니다. 그들은 이것이야말로 하나님께서 자기들을 도우시며 그들의 길을 인도하시는 손길이라고 생각했습니다. 그래서 그들은 이 레위인에게 자신들에 대한 하나님의 뜻을 물었습니다.

5절 그들이 그에게 이르되 청하건대 우리를 위하여 하나님께 물어 보아서 우리가 가는 길이 형통할는지 우리에게 알게 하라

그러니까 제사장이 무엇이라고 대답을 합니까?

6절 그 제사장이 그들에게 이르되 평안히 가라 너희가 가는 길은 여호와 앞에 있느니라

여기서 단 지파 사람들이 알았어야 할 것이 무엇입니까? 고용된 제사장은 마치 고장난 녹음기와 같다는 사실입니다. 고용된 제사장은 항상 똑같은 말밖에 하지 않습니다. 그것이 무엇입니까? 하나님께서 그들을 축복하시며 하나님께서 그들의 길을 인도해 주실 것이라는 말입니다. 고용된 제사장은 자기를 고용한 사람의 마음을 아프게 하면 당장 목이 날아갈 수밖에 없기 때문에 항상 똑같은 말만 하게 되어 있습니다. 그것은 항상 축복의 말씀입니다. 잘못했다고 하는 법이 없습니다. 언제 어디서 무엇을 했든지 잘했다는 말밖에 없습니다.

우리는 성경에서 '무릇 있는 자는 더 받게 되고 없는 자는 그 있는 것까지 빼앗기게 된다'(마 25:29)는 말을 기억할 필요가 있습니다. 만일 단 지파 사람들이 하나님의 말씀에 순종하기 위하여 블레셋 지방을 조사했더라면 그들은 하나님의 말을 전해주는 사람을 만날 수 있었을 것입니다. 하나님의 뜻대로 여리고 성을 정탐하러 갔던 두 사람은 생각지도 못했던 기생 라합의 도움을 받게 되었습니다. 라합은 이 두 정탐꾼을 도와주었을 뿐 아니라 정확한 정보와 도주로까지 알려 주었습니다. 그런데 이미 약속의 땅을 포기하고 다른 곳을 기웃거리고 있는 단 지파 사람들을 기다리고 있는 것은 무엇이었습니까? 가장 사악한 삯꾼 목자였습니다. 그래

서 우리에게 중요한 것은 첫걸음입니다. 하나님의 말씀에 순종할 마음으로 첫걸음을 옮기면 예상하지 못했던 도움의 손길을 체험하게 될 것입니다. 그런데 불순종하려고 첫걸음을 옮기면 또 나름대로 기가 막힌 도움을 받게 되는데, 실제로 그 사람을 망하게 하는 사탄입니다. 그래서 믿음으로 살려고 하는 사람은 계속 믿음으로 살게 되고, 믿음을 버리고 세상으로 가는 사람은 그때부터 완전히 미끄럼틀을 타고 내려가듯이 세상으로 가게 되어 있습니다.

요나서에 보면 요나가 하나님의 말씀에 불순종해서 니느웨로 가지 않고 다시스로 가려고 하니까 바로 기다리고 있는 것이 다시스로 가는 배였습니다. 그러나 그 배는 요나를 망하게 하는 배였고 죽음의 사자였습니다. 그래서 하나님의 말씀에 불순종하고 있는데 모든 것이 너무 잘 맞아 떨어지고 있을 때 조심해야 합니다. 왜냐하면 그것이 나를 망하게 하려고 준비된 것이기 때문입니다. 그래서 조금이라도 사려가 깊은 사람은 내가 하나님의 뜻에 불순종하는데도 모든 것이 너무 잘되고 있을 때 하나님을 두려워하게 됩니다. 왜냐하면 하나님께서 나를 버리고 계시기 때문입니다.

만약 이 제사장이 정직한 제사장이라면 단 지파 사람들에게 무엇이라고 말했겠습니까? 그들이 약속의 땅을 포기하고 다른 땅을 찾는 것은 옳지 않으며 결코 하나님께서 그들과 함께 하시지 않을 것이라고 말했을 것입니다.

제사장의 사명은 무조건 격려하고 축복하는 것이 아닙니다. 하나님의 말씀대로 행할 때에는 아무리 어려워도 축복이 있을 것이지만, 말씀을 거스르면 당장은 잘되는 것 같아도 그것이 결코 축복이 아니라고 해야 합니다.

라이스 땅을 발견함

미가의 집을 떠난 다섯 명의 단 지파 사람들은 정말 기가 막힌 땅을 발견하게 되었습니다. 그곳은 바로 라이스 땅이었습니다.

7절 이에 다섯 사람이 떠나 라이스에 이르러 거기 있는 백성을 본즉 염려 없이 거주하며 시돈 사람들이 사는 것처럼 평온하며 안전하니 그 땅에는 부족한 것이 없으며 부를 누리며 시돈 사람들과 거리가 멀고 어떤 사람과도 상종하지 아니함이라

어떻게 보면 무릉도원 같습니다. 아마도 그 당시에 가장 평안한 도성은 시돈이었던 것 같습니다. 시돈은 바닷가에 지었던 항구 도시인데 성이 견고해서 쉽게 공격할 수가 없었습니다. 그런데 내륙 지방에 시돈처럼 평안한 곳이 있었습니다. 어떻게 이런 곳이 존재할 수 있었을까요? 저는 드보라 때문이라고 생각됩니다. 가나안 땅은 결코 평안한 곳이 없었습니다. 그런데 여호수아가 일차적으로 북쪽에 있는 하솔왕 야빈을 물리친 후 드보라가 다시 한 번 하솔왕 야빈을 물리칩니다. 그래서 드보라가 야빈과 시스라의 세력을 몰아내고 난 후 이스라엘 백성들에게는 속하지 않으면서 다른 나라의 지배는 받지 않는 그런 곳이 있었는데 그곳이 바로 라이스였던 것 같습니다. 그러니까 라이스는 이방 족속으로서 이스라엘 백성들의 덕을 보고 있는 자들이었다고 말할 수 있습니다. 그러니까 강대국이 몰락하면 소수 민족들이 독립을 하는 것과 같습니다. 구소련이 몰락하고 난 후 수많은 소국가들이 독립을 해서 나름대로 평안하게 잘 살고 있는 것과 같습니다. 그러면 이 신생 소국가는 이스라엘 백성들의 입장에서 볼 때 정복을 해야 할 나라입니까? 아니면 그대로 자기 나름대로 살게 해야

할 나라들입니까? 원칙적으로 하나님께서 가나안 땅에서 이스라엘의 영토를 정해주실 때 그 범위 안에는 의로운 자가 없다는 뜻에서 영토를 정해주신 것입니다.

실제로 북쪽 하솔의 지배를 받다가 하솔이 망한 공백을 틈타 독립한 나라라면 하솔의 피해자였다고 볼 수 있습니다. 그런 자들을 정복해야 하는지 말아야 하는지는 하나님께 물어보아야 할 일입니다. 그런데 단 지파 사람들은 단지 그들을 정복하기 쉽다는 이유만으로 그들을 정복하기로 결정을 했습니다.

8-10절 그들이 소라와 에스다올에 돌아가서 그들의 형제들에게 이르매 형제들이 그들에게 묻되 너희가 보기에 어떠하더냐 하니. 이르되 일어나 그들을 치러 올라가자 우리가 그 땅을 본즉 매우 좋더라 너희는 가만히 있느냐 나아가서 그 땅 얻기를 게을리 하지 말라. 너희가 가면 평화로운 백성을 만날 것이요 그 땅은 넓고 그 곳에는 세상에 있는 것이 하나도 부족함이 없느니라 하나님이 그 땅을 너희 손에 넘겨 주셨느니라 하는지라

라이스에 있는 사람들이 다른 사람들과 교류를 하지 않고 나름대로 평안히 사는 것을 보면 그들은 그렇게 나쁜 사람들 같지는 않습니다. 하나님의 백성이 싸우는 것은 죄를 위한 싸움이 되어야 합니다. 단 지파 사람들은 라이스 사람들보다는 블레셋 사람들과 싸웠어야 합니다. 그러나 그들은 어려운 상대는 피하고 쉬운 상대를 골라서 싸움을 하고자 했습니다.

군인은 할 수 있는 대로 힘든 상대와 싸워서 이기는 것을 영광으로 생각해야 합니다. 쉬운 상대를 찾아서 짓밟고 승리했다고 하는 것은 부끄러운 영광이지요. 그러나 단 지파 사람들은 쉬운 상대를 골랐고 그들을 이기는 것이 하나님의 뜻이라고 설득하고 있습니다.

오늘 우리들에게 가장 쉬운 것이 무엇일까요? 세상대로 살면서 돈도 벌고 출세도 하는 것이 쉽게 잘 사는 것입니다. 청년 때 가장 힘든 것이 무엇입니까? 도대체 나에 대한 하나님의 뜻이 무엇이냐 하는 것입니다. 어떤 때는 그렇게 많이 생각하고 그렇게 많이 노력한 것들 중에서 하나님의 뜻이 아무것도 아닌 때도 있습니다. 하나님의 뜻은 특별한데 있지 않습니다. 아주 보편적이고 평범한데 있는 경우가 많습니다.

오늘 하나님께서 우리들에게 원하시는 것이 무엇입니까? 좋은 것은 절대로 누군가가 공짜로 우리 입에 떠 먹여 주지 않는다는 것입니다. 그 중에서 하나님의 말씀의 자유를 위해서는 모든 것을 희생하고 포기할 가치가 있습니다. 귀한 하나님의 진리의 샘은 가만히 있는 자에게 열려지지 않습니다. 모든 것을 다 포기하고 구하는 자에게 열려집니다. 우리는 아직 말씀을 위하여 버려야 할 것들이 더 많이 있습니다. 그렇지 않으면 결국 쉽게 잘 사는 길로 흘러가게 될 것입니다.

단 지파는 이스라엘에서 소멸된 지파입니다. 쉽게 잘 살려고 한 자들은 결코 하나님 나라의 영광의 기업을 차지하지 못할 것입니다. 믿음으로 살려고 하는 자는 바른 말씀을 듣게 될 것입니다. 그러나 욕심으로 살려고 하면 거짓 선지자가 나타나 그들을 더욱더 불신앙의 자리로 빠져 들게 할 것입니다. 그래서 첫걸음이 중요합니다. 하나님을 향하여 첫걸음을 옮깁시다. 그러면 새로운 삶의 지평이 우리에게 열려지게 될 것입니다.

CHAPTER 33

단 지파의 신상 탈취

사사기 18:11-31

오래전에 미국으로 이민을 떠났던 한 여성이 다시 우리나라를 방문했습니다. 그 여성은 어렸을 때 광주에서 민주화 항쟁을 겪었던 사람이었습니다. 어린 나이에 많은 젊은이들이 군인들에 의하여 매를 맞고 죽고 또 끌려가는 것을 보았습니다. 그리고 그 자신이 광주를 탈출한 후 서울에서 잡혀 단지 광주에서 나왔다는 이유로 심한 고문을 받았습니다. 그리고 난 후, 우리나라에 환멸을 느낀 나머지 완전히 한국을 잊어버리기 위하여 미국으로 이민을 갔습니다. 그는 그곳에서 외국인과 결혼을 했고 그동안 한국을 잊기 위하여 전혀 한국말을 사용하지 않았습니다. 그래서 그는 한국말을 할 수 없게 되었습니다. 그런데 그가 다시 한국을 찾아오게 되었습니다. 왜 완전히 한국을 잊기 위해서 이민을 갔던 그 사람이 다시 한국을 찾지 않으면 안 되었을까요? 아마도 그것은 자신의 피 속에 흐르는 끈끈한 정만큼은 버리기 쉽지 않았기 때문일 것입니다.

성경 본문은 단 지파 사람들의 이민을 기록하고 있습니다. 이 본문이 다루고 있는 단 지파의 이민이 중요한 것은 단지 그들이 땅이 없어서 새로운 땅으로 이주한 것만이 아니라는 것입니다. 그들은 이주하는 과정에서 미가의 집에 있는 새로운 종교를 거의 강제로 탈취하다시피 하여 그것을 자신들의 종교로 발전을 시켰다는 것입니다. 다시 말해서 단 지파는 단지 이민만을 한 것이 아니라 이민을 하면서 완전히 여호와의 종교는 버리고 다른 종교로 개종을 해 버렸습니다. 물론 저는 이주한 사람들이 단 지파 전체라고 생각되지는 않습니다. 이 본문에서도 이번에 이주한 사람들의 숫자는 육백 명 가량으로 기록하고 있습니다. 그런데 성경은 이번에 이 단 지파의 육백 명이 하나님의 땅을 포기하고 하나님의 종교를 버린 것을 아주 중요한 사건으로 다루고 있습니다. 우리가 살펴보려고 하는 것은 이 육백 명의 단 지파 사람들이 이주하면서 무엇 때문에 완전히 신앙까지 버렸느냐 하는 것입니다.

단 지파의 지체

우리는 앞에서 단 지파가 너무 강한 적 블레셋을 상대해야 하는 바람에 약속의 땅을 차지하지 못하고 북쪽에 편하게 정복할 수 있는 라이스라는 땅을 정탐했던 것을 살펴보았습니다. 단 지파 사람들은 힘든 블레셋을 대상으로 승산도 없는 전쟁을 하느니 쉬운 목표를 찾아서 북쪽으로 이동을 하기로 했습니다. 우리가 이 세상에 살면서 때로는 이런 태도가 지혜로운 자세이기도 합니다. 승산도 없는 어려운 목표를 가지고 씨름을 하느라고 허송세월을 하는 것보다는 자기가 감당할 수 있는 목표를 가지고 실속 있게 사는 것이 좋습니다. 그래서 고시 공부를 하거나 승산도 없는 유학에 덤벼들었다가 실패하는 사람이 많은 것입니다. 그러나 신앙에 있어서는 쉽게 믿는 것이 결코 좋은 것이 아니라는 것을 성경은 우리에게 말씀하고 있습니다. 단 지파의 이민은 현실적인 문제가 아니라 신앙적인 문제였습니다.

성경 본문을 보면 단 지파가 약속의 땅을 포기하고 북쪽으로 이민을 가면서 유대 땅에서 상당한 시간 머물러 있는 것을 보게 됩니다. 아마도 단 지파는 정확한 리더십이 없는 군중의 형태로 이동을 했던 것 같습니다. 그래서 그들은 라이스 땅을 정탐한 사람들의 보고를 듣고 라이스로 이동하던 중에 기럇여아림에서 상당 기간 지체를 하게 됩니다.

11, 12절 단 지파의 가족 중 육백 명이 무기를 지니고 소라와 에스다올에서 출발하여. 올라가서 유다에 있는 기럇여아림에 진 치니 그러므로 그곳 이름이 오늘까지 마하네 단이며 그곳은 기럇여아림 뒤에 있더라

단 지파 사람들은 새로운 곳으로 이동하면서 분명한 이유 없이 유대 땅에서 상당한 기간 체류를 하게 되었습니다. 그 증거가 유대 땅 기럇여아림에 마하네 단 즉, 단의 진영이라는 이름이 남아 있는 이유입니다. 무엇 때문에 이주를 결심한 단 지파 사람들이 바로 라이스로 쳐들어가지 않고 유대 땅에서 상당한 기간 체류하게 되었을까요? 적어도 마하네 단이라는 이름이 지명으로 남으려면 단 지파 사람들이 2,3년 이상 그곳에 체류했다는 말이 됩니다. 한두 달 있다가 떠났는데 단 지파의 이름이 지명으로 남을 리는 없습니다. 그러면 단 지파 사람들이 바로 라이스로 쳐들어가지 않고 유대 땅에 상당한 시간 체류한 이유가 무엇일까요?

사실 사람들이 어느 곳을 목표로 해서 이동하다가 자신들의 목표와는 전혀 상관이 없는 곳에 정착하는 경우가 많습니다. 외국에서 가서 정착한 사람들의 경위를 물어 보면 이곳에 정착할 줄은 생각하지도 못했다는 것입니다. 다른 곳을 목표로 해서 이동하다가 생각지도 못한 우연에 의하여 그곳에 주저앉게 되었다고 말하는 사람들이 많습니다.

저는 단 지파 사람들이 바로 라이스로 진격하지 못하고 유대 땅에 체류하게 되었던 것이 하나님의 뜻이었다고 생각됩니다. 왜냐하면 하나님께서는 단 지파 사람들이 그곳으로 가는 것을 원치 않으셨기 때문입니다. 아마도 그들 중 누군가의 건강이 좋지 못해서 그곳에서 지체했건 아니면 내부적으로 의견의 불일치 때문에 지체하게 되었든 간에, 단 지파 사람들은 자신들이 목표한 것처럼 신속하게 라이스로 이동하지 못하고 상당한 시간 지체를 하게 되었습니다. 이것은 하나님께서는 단 지파 사람들이 약속한 곳을 포기하고 새로운 곳으로 가는 것을 기뻐하시지 않으셨기 때문입니다. 이유를 알 수 없는 체류 기간동안 다시 한 번 하나님의 뜻을 생각할 수 있는 기회였습니다.

아마도 그들 중에 이런 문제를 제기할 수 있는 사람이 있었더라면 얼마나 좋았겠습니까? 다시 말해서 '과연 우리가 이렇게 쉽게 약속의 땅을 포기하는 것은 옳은 일인가? 아니면 과연 중간에서 만났다고 하는 레위 제사장의 말을 하나님의 뜻이라고 볼 수 있는가? 혹은 우리가 라이스도 차지하지 못하면 죽도 밥도 안 되는 것이 아닌가?' 하는 신중론이라도 있었더라면 좋았을 뻔했습니다.

우리의 삶 중간 중간에 이런 지체의 시간이 필요합니다. 내 생각으로는 이번에 성공할 것 같더라도 결정적인 순간에 다시 한 번 처음부터 반성해 보는 시간이 필요합니다.

예를 들어, 이민이나 유학, 결혼, 회사에 사표를 제출하려고 하기 전 결정적인 순간에 다시 한 번 하나님의 뜻을 물어 보는 시간이 필요합니다. 물론 이번 일을 위하여 많은 준비를 했고 이미 많은 일이 진행되었다 하더라도 다시 한 번 완전 백지 상태에서 하나님께 질문해 보는 시간이 필요합니다.

마태복음 7:7 '구하라, 그리하면 너희에게 주실 것이요'라는 말씀이 있습니다. 영어 성경은 'ask'로 되어 있었습니다. '하나님께 물어 보라'는 뜻이었습니다. 성경은 우리가 힘들어 하는 문제에 대하여 하나님께 물어 보는 것이 얼마나 중요한 일인지 말씀하고 있었습니다. 하나님은 우리의 삶에 무관심한 분이 아니십니다. 하나님께서는 우리가 여러 번 간청하고 졸라야 겨우 관심을 가지는 그런 아버지가 아닙니다. 하나님은 우리의 삶에 늘 관심을 가지고 계시며 항상 좋은 계획을 가지고 계십니다. 그런데 우리는 그런 하나님께 질문하지 않는 것입니다.

저는 여러 가지 어려운 문제들이 있을 때마다 하나님의 뜻을 물어봅니다. 물론 기도를 한다고 해서 당장 하나님의 음성으로 뜻을 들려주시는 것은 아닙니다. 그런데 하나님께 기도하고 맡기면 마음이 편안해집니다. 그리고 그 결과들은 좋은 방향으로 늘 나타나곤 했습니다. 하나님께서는 우리가 질문하고 맡기는 그 하나하나에 대하여 세심한 관심을 기울여주십니다. 우리는 이때마다 과연 누가 주인이며 누가 종인지 구별이 되지 않았습니다. 왜냐하면 분명히 우리가 주님을 섬겨야 했는데 주님이 종이 되셔서 우리가 의뢰한 모든 것들을 다 이루어주시기 때문입니다.

저는 차라리 단 지파가 그곳에 눌러 앉던지, 아니면 그곳에서 다시 소라와 에스다올로 돌아갔더라면 참으로 좋았겠다는 생각이 들었습니다. 그러나 결코 단 지파 사람들은 돌아가지 않고 원래 자신들의 계획대로 나갔을 뿐 아니라, 한 가지 더해서 미가의 신상을 자기들의 종교로 채택하는 일까지 했습니다. 아마도 그 이유는 처음 땅을 정탐하러 갔던 다섯 명의 강경파가 단 지파를 결국 이끌었기 때문인 것 같습니다.

단 지파의 신상 탈취 사건

단 지파 사람들은 라이스를 정복하기 전에 먼저 가 보았던 미가의 집에 가서 그 집에 있는 신상과 물건들을 통째로 탈취하는 일을 했습니다.

14-17절 전에 라이스 땅을 정탐하러 갔던 다섯 사람이 그 형제들에게 말하여 이르되 이 집에 에봇과 드라빔과 새긴 신상과 부어 만든 신상이 있는 줄을 너희가 아느냐 그런즉 이제 너희는 마땅히 행할 것을 생각하라 하고. 다섯 사람이 그 쪽으로 향하여 그 청년 레위 사람의 집 곧 미가의 집에 이르러 그에게 문안하고. 단 자손 육백 명은 무기를 지니고 문 입구에 서니라. 그 땅을 정탐하러 갔던 다섯 사람이 그리로 들어가서 새긴 신상과 에봇과 드라빔과 부어 만든 신상을 가져갈 때에 그 제사장은 무기를 지닌 육백 명과 함께 문 입구에 섰더니

여기에 보면 땅을 탐지하러 갔던 다섯 명이 나머지 육백 명의 지파 사람들을 문 앞에 세워 놓고 자기들은 그 제사장에게 인사를 하고 안으로 들어가서 그 안에 있는 신상과 에봇과 드라빔을 탈취하고 있습니다.

이것은 그들이 라이스로 이수하는 것이 난순한 땅 문제 때문만이 아니라는 것을 보여 줍니다. 그들은 앞으로 자신들이 라이스 땅에 정착하게 되었을 때 자신들에게 적합한 종교가 무엇인지 미리부터 결정을 하고 있습니다. 그것은 여호와의 종교도 아니고 바알의 종교도 아니고 미가의 집에서 보았던 완전히 새로운 종교였습니다.

이곳을 처음 탐지하러 왔던 다섯 명은 처음부터 이곳의 제사장과 이 물건들을 좋아했습니다. 그들은 무엇보다 제사장에게 인사를 했습니다. 그것은 그들이 제사장을 좋아한다는 뜻입니다. 그리고는 그 안에 들어가서 물건들을 훔치고는 제사장까지 데리고 갑니다. 이것은 완전히 계획된 행동이었습니다. 왜 이들이 이 제사장과 물건들을 좋아하게 되었을까요? 그것은 자신들이 어려울 때 제사장이 좋은 말을 해 주었기 때문입니다.

아마도 단 지파 사람들 속에도 이런 식으로 라이스를 침략하는 것이 하나님의 뜻이 아닐 것 같다는 생각이 있었던 것 같습니다. 그런데 그들에게 확신을 준 것은 바로 이 거짓 제사장의 말이었습니다. 사람들은 다급하면 거짓말일지라도 누군가가 자기에게 좋은 말 해주기를 바랍니다. 이 제사장은 바로 그런 사람이었습니다. 그래서 그들은 라이스를 침공하기 전에 이 제사장의 신앙을 자기들의 신앙으로 삼기로 결정을 했습니다.

중요한 것은 그들이 왜 새로운 곳으로 이주하면서 여호와의 신앙을 버리기로 결정했느냐 하는 것입니다. 몇 가지 가능성을 생각해볼 수 있는데, 그 중에서 가장 유력한 것이 그들의 마음속에 이런 식으로 약속의 땅을 포기하는 것에 대하여 양심의 가책이 있었던 것 같습니다. 이것이 그들이 기럇여아림에서 지체한 이유를 잘 설명해주는 것 같습니다. 지금 단 지파를 이끌고 있는 이 다섯 명이 생각한 것은 만일 이런 식으로 라이스로 이주하면 다른 백성들이 약속의 땅을 생각하느라고 결코 정착하지 못할 것이라는 것입니다. 그러니까 그들로 하여금 이 새로운 땅에 정착해서 살려고 하면 아예 여호와의 약속에 대한 생각을 완전히 지워버려야 한다고 생각을 한 것입니다. 그래서 그들은 아예 이민을 가면서 처음부터 여호와의 신앙을 버리기로 결정한 것입니다.

사실 다른 신상을 강탈하는 것은 흔한 것이 아닙니다. 예를 들어, 부처의 코를 갈아 마시거나 만지면 아들을 낳는다는 미신 때문에 부처의 코를 베어가는 경우는 있지만, 아예 신상 전체와 제단과 제사장까지 모두 다 강탈하는 경우는 그렇게 흔한 경우가 아닙니다.

고대에는 부족끼리 전쟁을 하면 승리한 부족이 상대 부족의 신상을 강탈해 갔습니다. 그것은 숭배하기 위하여 강탈해간 것이 아니라 상대방의 신을 포로로 잡아간 것입니다.

단 지파 다섯 명의 지도자들이 이 미가의 종교를 좋아한 이유가 무엇입니까? 하나님의 말씀을 불순종하는데도 잘될 것이라고 축복해 주기 때문입니다. 세상에 이렇게 좋은 종교가 어디에 있습니까?

예를 들어, 어떤 사람이 자기 부인을 두고 바람을 피우러 갑니다. 그런데 제사장이 복을 빌어 준다고 해 보십시오. 얼마나 그 사람이 제사장을 고마워하겠습니까? 어떤 사람이 부정 축재를 했습니다. 그런데 제사장이 양손을 들어서 그를 축복해 준다고 생각해 보십시오. 얼마나 고마운 종교이며 얼마나 좋은 제사장입니까? 술집에서 일하는 여자 종업원들을 축복해 주는 목회자가 있다고 합시다. 술집에서 얼마든지 일을 하고 그 대신 열심히 교회에 헌금하고 봉사하라고 가르치는 목회자가 있다면 얼마나 좋은 목회자입니까?

미가의 제사장은 양심이 죽은 제사장이었습니다. 그에게 중요한 것은 밥벌이였습니다. 여기서도 단 지파 사람들이 신상을 탈취해 가는 것을 보면서 무엇을 하느냐고 묻습니다. 그것은 신상이 중요해서 그러는 것이 아닙니다. 그것이 없으면 자기 밥벌이가 없어지기 때문입니다. 그런데 단 지파 사람들이 자기 부족의 제사장으로 삼으려고 한다고 하니까 아주 좋아하면서 따라나서는 것을 보게 됩니다.

욕심을 가지고 나가는 사람은 여호와의 종교를 싫어합니다. 왜냐하면 양심의 갈등을 일으켜서 결코 이것도 아니고 저것도 안 되게 하기 때문입니다. 그리스도인으로서 가장 좋지 못한 것이 무엇인가 하면 욕심을 포기하지 못하는 것입니다. 그러면 결국 아무것도 안 되게 되어 있습니다. 사도 바울이 말한 것처럼 육신의 소욕과 성령의 소욕이 서로 싸우는 바람에 아무것도 되는 일이 없습니다. 단 지파 사람들이 안 것이 바로 이것입니다. 만약 그들이 이런 상태로 라이스로 진격한다면 라이스도 차지하지 못하고 약속의 땅도 차지하지 못한다는 것을 알았습니다. 그래서 그들은 하나님의 신앙을 버리고 무조건 자기들에게 좋은 말만 해주는 종교를 새로 택하기로 마음을 먹었습니다. 그것을 그들은 미가의 종교에서 찾은 것입니다.

그러면 미가의 종교와 여호와의 신앙의 차이가 무엇입니까? 미가의 종교에는 죄라는 개념이 없습니다. 무엇이든지 내가 원하는 것은 진리이고 하나님은 그것을 축복하시는 것입니다. 내가 어디서 무엇을 하든 하나님은 사랑의 하나님이십니다.

그런데 오늘 우리가 기독교에서 보게 되는 것이 무엇입니까? 죄에 대한 지적이 빠져 있다는 것입니다. 말씀에서 죄를 지적하는 것을 들을 수가 없습니다. 그 이유가 무엇입니까? 사람들이 죄를 지적당하는 것을 좋아하지 않기 때문입니다. 그리고 죄를 지적하는 자리에 인간의 열심이 대신하고 있습니다. 기독교가 존재하는 것은 사람 속에 있는 죄를 치료해서 새 사람이 되게 하는데 있습니다. 그래서 하나님께서는 이스라엘 백성들로 하여금 죄로 인하여 계속 성전에 나아와서 속제와 번제를 하나님께 드리라고 말씀하셨습니다. 그런데 단 지파가 원하는 것이 무엇입니까? 죄를 지적하는 것은 싫다는 것입니다.

우리는 미가의 신앙이 우리로부터 멀리 있다고 생각해서는 안 됩니다. 얼마나 많은 목회자들이 죄의 회개 없는 복을 부르짖고 있습니까? 그것이 바로 미가의 종교입니다. 진정한 기독교는 사람의 저 깊은 잠재의식 속을 파고 들어가서 그 안에 자리 잡고 있는 엄청난 죄의 세력을 들추어 냅니다. 저는 자주 제 자신에게 엄청나게 실망을 하곤 합니다. 그것은 제 안에 여전히 자리 잡고 있는 거대한 죄의 세력을 볼 때입니다. 만일 성령께서 한 순간이라도 지켜주시지 않는다면 이 죄의 세력에 복종당하지 않을 수가 없습니다. 언제 우리의 삶이 생명력을 가집니까? 내 안에 있는 이 죄의 세력을 보고 철저하게 자신을 의지하지 않고 주님께 맡길 때입니다.

진정한 하나님의 신앙은 죄를 버리고 하나님과 바른 관계로 사는 데 있습니다. 하나님과 바른 관계에서 사는 것 자체가 축복입니다. 그가 얼마나 승진하며, 얼마나 돈을 벌었느냐 하는 것은 그 다음입니다.

미가의 신상 회수 노력

아마도 단 지파 사람들이 신상을 탈취해 갈 때 미가는 거기에 없었던 것 같습니다. 단 지파 사람들이 어느 정도 행진을 한 후 미가는 신상이 탈취당한 것을 알고는 그것을 되찾기 위해서 따라왔습니다.

21-23절 그들이 돌이켜서 어린 아이들과 가축과 값진 물건들을 앞세우고 길을 떠나더니. 그들이 미가의 집을 멀리 떠난 때에 미가의 이웃집 사람들이 모여서 단 자손을 따라 붙어서. 단 자손을 부르는지라 그들이 얼굴을 돌려 미가에게 이르되 네가 무슨 일로 이같이 모아 가지고 왔느냐 하니

단 지파 사람들이 어린아이들과 가축과 물품을 앞쪽으로 옮기고 행진을 한 것은 미가가 사람들을 끌고 와서 한바탕 전쟁이 벌어질 줄 예견을 했기 때문입니다. 아니나 다를까 미가는 이웃 사람들을 모아 가지고 단 지파 사람들에게 항의를 했습니다.

지금 중요한 것은 미가가 신상과 제사장을 회수하려고 하는 이유가 무엇이냐는 것입니다.

미가는 자기가 저지르고 있는 이 엄청난 짓의 심각성을 모르고 있는 것 같습니다. 미가는 단 지파 사람들에게 나에게 남은 것이 아무것도 없다고 하면서 항의를 하고 있습니다.

쉽게 말해서 기왕 가져가려면 권리금 정도라도 쳐주고 가져가야지 돈 한 푼 내지 않고 자기 복을 다 가져가면 어떻게 하느냐고 따라 온 것입니

다. 그러나 미가가 한 것은 판도라의 상자를 연 것과 같습니다. 판도라의 상자라고 하는 것이 무엇인지 다 잘 아시지요? 그리스 신화에 나오는 것인데 이 세상의 온갖 재앙이 다 들어 있는 상자입니다. 그것을 한번 열고나면 다시는 주워 담을 수가 없습니다. 미가가 집에서 한 것은 일종의 종교 장난과 같은 것입니다. 자기 은으로 신상을 만들고 갈 데가 없는 레위인을 불러서 자기 제사장을 삼은 것은 아직 판도라의 상자 안에 이것이 있는 것입니다. 그러나 이것이 일단 단 지파에게 넘어가면서 더 이상 걷잡을 수 없는 불길이 되어서 퍼져 가기 시작합니다. 결국 미가의 작은 실험실에서 시작된 엄청난 재앙이 이스라엘 열 지파를 완전히 멸망하게 만듭니다.

그래서 인간은 처음부터 자신의 한계에 선을 그어서 그 이상의 선을 넘어가지 않도록 해야 합니다. 이 일은 바로 이스라엘의 왕이 해야 할 일인 것입니다. 사람의 호기심은 너무나도 강해서 반드시 어떤 선을 넘어가야 만족을 합니다. 그러나 그 호기심이 다른 사람에게도 퍼지게 될 때 그 때는 더 이상 걷잡을 수 없는 죄의 불길이 되어 수많은 사람들을 태워서 죽이게 됩니다.

일본 문화라고 하는 것은 하나님이 없는 특유한 귀신 문화입니다. 일본에는 모든 것이 귀신이 지배하고 있습니다. 그러니까 문화라고 하는 것도 기독교에서 나온 것과는 근본적으로 빛깔 자체가 다릅니다. 음산하고 우울하며 정신병적이며 인간으로 절제해야 하는 신의 영역이라고 하는 것이 없습니다. 그러니까 젊은 사람들이 완전히 미쳐버리고 한번 빠지면 헤어나오지 못하는 것입니다.

영화감독들이나 과학자들 중에서 사람으로서 넘어서는 안 되는 영역을 자신의 출세를 위하여 넘는 사람들이 있습니다. 마치 파우스트에서 파우스트가 출세를 위해서 자신의 영혼을 마귀에게 담보로 주듯이 도저히 넘어서는 안 되는 부분들을 취급하는 사람들이 있습니다.

영화에는 섹스물이나 영혼을 소재로 한 것들입니다. 섹스는 흥행의 대상이 되어서는 안 되는 아주 귀한 것입니다. 한번은 청소년들이 나름대로 포르노 영화를 만들어서 돌리는 바람에 엄청난 사회적 충격이 된 적이 있습니다. 이것을 한번 만들어 놓으면 걷잡을 수 없이 퍼지게 되어 있고 그것 하나 때문에 얼마나 많은 사람들이 죄짓게 되는지 모릅니다. 과학자도 마찬가지입니다. 양의 복제가 문제가 되더니 이제는 사람까지 복제한다고 떠들어대고 있습니다. 그러나 지식을 가지고 있다고 해서 다 사용해야 하는 것이 아닙니다. 사실 원자탄이 최초로 만들어진 것이 시카고 대학으로 알고 있습니다. 그러나 아인슈타인은 원자탄의 연구에 참여하지 않은 것으로 알고 있습니다. 자기가 알고 있는 것을 다 발표하거나 다 사용하는 것이 얼마나 무책임한 것인지 모릅니다.

사실 사람들은 끊임없이 자유로워지려는 경향이 있습니다. 무엇으로부터의 자유입니까? 신으로부터의 자유입니다. 할수 있는 대로 하나님의 영역을 파괴하고 하나님의 영역을 줄이고 없애는 것이 인간이 더 풍성한 삶을 사는 길이라고 생각하는 것 같습니다. 그러나 그 결과가 무엇입니까? 대재앙입니다. 그런데 보통 사람들은 하나님이 두려워서 그런 짓을 하지 못합니다. 그러나 가끔씩 특별하게 겁이 없는 사람들이 나타납니다. 그들은 자기 머리를 믿는 사람들입니다. 그들은 실험실에서 자기 꾀만 믿고 해서는 안 되는 실험들을 합니다. 그러나 어느 한 순간 그것이 세상으로 흘러나갔을 때에는 더 이상 수습할 수 없는 재앙이 되어버린 후의 일입니다.

저는 미가가 단 사람들을 좇아가서 당신들이 모르고 가져가는 이 신상과 제사장이 당신들의 족속 전체를 망하게 할 수 있다는 소리를 외쳤어야 한다고 생각합니다. 내가 지금까지 한 것은 종교 장난이며 결코 이것이 다른 곳으로 퍼져서는 안 된다고 소리를 질렀어야만 합니다.

우리의 호기심은 판도라의 상자와 같습니다. 어떻게 하든지 호기심을 상자 속에 넣어서 뚜껑으로 닫아 놓아야 합니다. 그리고 이 세상의 왕이 해야 할 일이 무엇인가 하면 바로 인간의 호기심을 어느 범위 안에 가두어 놓는 것입니다.

단 지파 사람들은 자신이 원한대로 라이스를 공격해서 모든 것을 멸망시키고 거기에 단이라는 도시를 건설했습니다.

27-29절 단 자손이 미가가 만든 것과 그 제사장을 취하여 라이스에 이르러 한가하고 걱정 없이 사는 백성을 만나 칼날로 그들을 치며 그 성읍을 불사르되. 그들을 구원할 자가 없었으니 그 성읍이 베드르홉 가까운 골짜기에 있어서 시돈과 거리가 멀고 상종하는 사람도 없음이었더라 단 자손이 성읍을 세우고 거기 거주하면서. 이스라엘에게서 태어난 그들의 조상 단의 이름을 따라 그 성읍을 단이라 하니라 그 성읍의 본 이름은 라이스였더라

라이스가 육백 명 정도 밖에 안 되는 단 사람들에게 멸망당한 것은 전쟁에 대하여 전혀 준비를 하지 않고 있었기 때문입니다. 아마도 라이스는 시돈의 통치를 받았던 것 같습니다. 그러나 시돈으로부터는 멀었고 또 주위에 다른 성도 없어서 이들이 망하는 것을 아무도 몰랐던 것 같습니다. 어떻게 해서 라이스 사람들이 이토록 전쟁에 대비를 하지 않았을까요? 아마도 그들이 현실을 너무나도 이상적으로 생각했던 것 같습니다. 자신들이 남을 해치려고 하지 않는 이상 다른 사람들도 자기들을 치지 않을 것이라고 생각한 것 같습니다. 어쩌면 이 도시에 유명한 철학자가 있었을지도 모릅니다. 그가 주장한 것이 우리도 한번 이 세상에서 이상적인 도시를 건설해 보자고 했을지도 모릅니다. 그러나 이 세상의 악이 해결되지 않는 이상 이상적인 도시나 나라는 존재할 수가 없습니다. 악이

존재하는 한 무장을 해야 합니다.

종교 개혁 때 성경을 문자 그대로 믿는 파가 있었습니다. 그들은 일명 재세례파라고 불리던 사람이었습니다. 그들은 유아 세례를 인정하지 않고 성인이 된 후 신앙 고백으로 다시 하고 세례를 다시 받았기 때문에 재세례파로 불리게 되었습니다. 그런데 그들은 성경을 너무나도 문자적으로 믿은 나머지 현실을 인정하지 않았습니다. 그들은 루터나 칼빈이 너무나도 현실 정치와 야합을 한다고 생각했습니다. 그 결과 그들은 이 세상에서 견딜 수가 없었습니다. 결국 엄청난 희생을 치르고 말았습니다. 너무나도 이상적으로 믿는 분들은 별로 중요하지 않는 일로 인하여 너무 많은 희생을 치르게 됩니다. 어떤 분은 그 나라와 그 의를 구한다고 해서 당장 직장을 그만두고 선교사로 떠나기도 합니다.

중요한 것은 라이스 시대 이후의 단의 운명입니다.

30, 31절 단 자손이 자기들을 위하여 그 새긴 신상을 세웠고 모세의 손자요 게르솜의 아들인 요나단과 그의 자손은 단 지파의 제사장이 되어 그 땅 백성이 사로잡히는 날까지 이르렀더라. 하나님의 집이 실로에 있을 동안에 미가가 만든 바 새긴 신상이 단 자손에게 있었더라

여기서 중요한 사실을 몇 가지 말씀하고 있습니다. 그 중 하나가 이 거짓 제사장의 이름입니다. 여기서 모세의 손자 게르손의 아들 요나단이라고 말하고 있는 사람이 바로 그 거짓 제사장임에 틀림이 없습니다. 그러니까 그는 모세의 증손자인 셈입니다. 물론 히브리인들의 족보는 몇 단계씩 뛰어 넘기도 하기 때문에 정확하게 증손자인지 아니면 몇 대 후손인지 모르겠지만 모세의 후손인 것은 틀림이 없습니다. 그래서 히브리인들은 모세의 후손 중에 이런 거짓 제사장이 나온 것이 너무나도 부끄러워

서 모세라는 이름에 히브리 자음 '눈'(영어로 N에 해당)을 넣어서 므낫세의 손자라고 읽었습니다. 그 이유는 그가 한 행동이 유다에 우상을 끌어들인 므낫세왕과 같은 짓이었기 때문입니다. 그리고 중요한 것은 이 단이 결국 사로잡혔다는 것입니다. 그들은 쉽게 차지한 만큼 똑같은 과정에 의해서 망하고 말았습니다. 그런데 여기 '사로잡혔다'는 것이 언제 사로잡힌 것을 말하느냐 하는데 문제가 있습니다.

그런데 31절에 보면 하나님의 집이 실로에 있을 때까지 미가의 신상이 단에 있었다고 했습니다. 실로가 불에 탄 것은 아마도 사무엘이 어렸을 때 엘리 제사장 때라고 생각됩니다.

그렇다면 단은 이스라엘에 왕이 생기기 전에 이미 이스라엘 중에서 가장 먼저 멸망해서 포로 되어 다른 곳으로 잡혀 가거나 멸망한 것이 아닌가 하는 생각이 듭니다.

다시 말해서 잘 살기 위해서 쉽게 믿음의 싸움을 포기하고 엉뚱한 곳에 정착했던 단 지파는 자기들이 쉽게 얻은 만큼 똑같은 과정에 의해서 이스라엘에 왕이 생기기 전에 멸망했다고 생각됩니다.

지금 우리 모두는 부흥을 원하고 있습니다. 그 부흥의 관건이 어디에 있습니까? 그것은 우리가 얼마나 진리 앞에서 진실할 수 있느냐 하는 것입니다. 외적인 성공을 믿으면 단 지파 사람들과 다를 바가 없습니다. 우리 안에 있는 기회주의적인 것들을 하나님 앞에서 회개해야 합니다. 그리고 죄 문제의 해결 없이 행복하려고 했던 이 미가의 신상을 배격해야 합니다.

하나님의 축복을 받는 길은 바른 길로 돌아와야 합니다. 지금까지 내가 걸어온 죄의 길을 버리고 말씀이 요구하는 길로 들어설 때 하나님의 축복이 우리에게 주어지게 됩니다.

CHAPTER 34

레위인의 도덕적 상태

사사기 19:1-15

오래전 우리나라 신문에 부부를 서로 바꾸어가면서 성관계를 하는 부부가 6천 쌍이 있다는 기사가 실렸습니다. 그리고 이렇게 하는 것을 '스와핑'이라고 했습니다. 원래 '스와핑'이라고 하는 것은 무역을 할 때에 현금으로 거래를 하면 금리나 환율이 자꾸 변하기 때문에 원유와 같은 특정 물건으로 대금을 지급하기로 결정하는 것을 말합니다. 그런데 우리나라에서는 부부를 서로 바꾸어 성관계를 갖는 것을 스와핑이라고 하는 것입니다.

어떤 분은 이런 이야기를 들으면 '아니 요즘 먹고 살기가 얼마나 힘든데 목사님이 은혜로운 말씀을 하시지 않고 서두부터 지저분한 말씀을 하시는가?'라고 생각하는 분들이 있을 것입니다. 그러나 바로 지저분한 문제가 우리의 사활을 결정하는 아주 중요한 문제인 것입니다. 결국 우리나라가 망한다면 그것은 국력의 문제가 아니고 바로 이 도덕적인 타락 때문인 것입니다.

우리가 사사기 끝 부분에서 보게 되는 것은 도저히 상상할 수 없는 일입니다. 이스라엘 백성들도 이런 일은 보지도 못하였다고 실토하고 있습니다. 내용은 어느 레위인이 첩이 있었는데 그 첩이 부정을 저지르고는 자기 집으로 도망을 쳐버렸습니다. 레위인은 첩이 아까워서 집으로 찾아가서 잘 구슬려가지고 다시 데리고 오다가 중간에 같은 이스라엘 지파인 베냐민 지파 기브아에서 잠을 자게 되었는데 거기에 있는 동성연애자 깡패들이 몰려와서 그 남자를 강간하려고 했습니다. 그런데 남자는 자기가 살기 위하여 자기 첩을 내어 주었는데 깡패들이 이 여자를 밤새 겁탈하고 아침에 여자는 죽어 있었습니다.

결국 이 문제 때문에 이스라엘 안에서 내전이 일어나게 되는데 다른 지파도 큰 타격을 입었지만 이 동성연애자 깡패들을 두둔했던 베냐민 지파는 남자 육백 명만 남고 모두 다 전멸을 하게 되는 것입니다.

사사기는 부흥의 역사입니다. 이스라엘 백성들이 가나안 땅에 들어온 후 가나안 세력들을 몰아내지 못하고 주저앉아 있다가 오히려 다른 민족의 지배와 압제를 받을 때 하나님께서 평신도들에게 성령으로 기름을 부으셔서 교회를 다시 살리시고 다시 힘을 내서 그 영광스러운 모습을 되찾게 하셨습니다. 그런데 끝까지 부흥하지 못한 지파가 둘 있었습니다. 하나는 어려운 상대를 피하여 편하게 살려고 했던 단 지파입니다. 영적 싸움을 포기했던 단 지파는 쉽게 얻은 만큼 쉽게 무너질 수밖에 없었습니다.

다른 하나는 베냐민 지파였습니다. 레위인의 첩을 윤간해서 죽인 동성연애자 깡패들을 내어 주기 싫어했던 베냐민 지파는 결국 거의 대부분 죽고 남자 육백 명만 남을 정도로 큰 손실을 입었습니다. 그런데 끝까지 부흥하지 못한 이 두 지파는 모두 레위인의 부패와 관계가 있습니다. 단 지파의 멸망을 부추긴 사람은 미가의 집에서 월급을 받고 있던 고용 레위인이요, 베냐민 지파를 거의 망하게 한 원인도 첩을 데리고 여행하던 레위인이었습니다.

한 레위인의 첩

이 본문의 사건은 한 레위인이 첩을 데리고 사는 데서부터 시작을 합니다.

1절 이스라엘에 왕이 없을 그때에 에브라임 산지 구석에 거류하는 어떤 레위 사람이 유다 베들레헴에서 첩을 맞이하였더니

레위인은 하나님을 섬기는 사람입니다. 그는 비록 에브라임 산지 구석에 산다 하여도 그는 그곳에서 하나님의 율법을 가르치기 위하여 있는 사람이었습니다. 그런데 문제는 그가 첩을 두고 있다는 사실이었습니다. '첩'이라고 하는 것이 무엇입니까? 첩은 본부인 외에 두고 있는 다른 여자입니다. 우리나라도 조선 시대에는 양반들이 첩을 많이 두고 살았습니다. 그러나 그런 첩의 개념과 성경에서 말하는 첩의 개념은 상당한 차이가 있습니다. 성경에서 말하는 첩이라고 하는 것은 부부 관계는 맺고 있지만 아무런 법적인 권리나 의무가 없는 사람을 말합니다.

군인을 예를 들어 말하면 군번이 없는 군인과 같습니다. 고대 중동 지방에는 부인이 여러 명 있었습니다. 그러면 첫 번째 부인 두 번째 부인하는 식으로 부르는데 권리나 의무는 똑같았습니다. 그러니까 어디에 가려고 하면 부인들은 모두 다 데리고 가야 하는 것입니다. 그러나 첩이라고 하는 것은 달랐습니다. 첩은 부인이 아니었습니다. 부인이 되려면 결혼할 때 상당한 신부 대금이나 지참금을 주고받습니다. 그러니까 신부 대금이나 지참금은 일종의 이혼을 방지하는 안전장치라고 말할 수 있습니다. 부인을 버리려고 해도 지참금을 받았기 때문에 부인을 버리지 못하고 데리고 사는 것입니다. 그러나 첩은 지참금 같은 것이 없이 부부 관계를 맺고

있기 때문에 마음에 들지 않으면 언제든지 버릴 수도 있고 또 언제든지 남자를 떠날 수 있는 관계였습니다. 요즘 우리말로 표현하면 내연의 관계와 비슷한 것이었습니다.

율법에서는 레위인이나 제사장의 혼인에 대하여 엄격에서 규정을 하고 있습니다. 그 이유는 그들이 바로 하나님을 섬기는 자들이었기 때문입니다. 그래서 율법은 레위인들이 반드시 처녀와 결혼할 것을 규정했고 성적으로 문제가 있는 사람은 제사장이 되지 못하도록 규정하고 있습니다. 그런데 레위인이 전혀 책임도 없고 어떻게 보면 성적 불장난과 같은 짓을 하고 있습니다. 그런데 어떤 일이 있었습니까?

2절 그 첩이 행음하고 남편을 떠나 유다 베들레헴 그의 아버지의 집에 돌아가서 거기서 넉 달 동안을 지내매

그 첩이라고 하는 여자도 정상적인 여자는 아니었던 것 같습니다. 그래서 레위인의 첩으로 있으면서 다른 남자와 놀아나다가 무슨 이유인지 모르겠지만 자기 아버지 집으로 돌아가서 거기서 살게 되었습니다. 이 여자가 레위인을 떠나게 된 것은 아마 이 불륜의 문제로 심하게 다투었든지 아니면 레위인의 생활이 너무나도 어려워서 생활고 때문에 자기 아버지 집으로 돌아갔는지는 알 수 없습니다. 그런데 문제는 이 레위인이 첩을 잊지 못해서 그녀를 찾으러 유다 베들레헴까지 찾아간 것입니다.

레위인이 첩을 둔 것 자체가 정상적인 것이 아닙니다. 그런데 이 첩이 다른 남자와 행음을 하고 자기 집으로 돌아갔다면 레위인이 어떻게 해야 하겠습니까? 하나님께서 자신의 이 정상적이지 못한 여자관계를 기뻐하지 않으셔서 그 여자를 떼어 보내신 것으로 생각하고 오히려 감사하면서 새로운 생활을 시작했어야 옳습니다. 우리가 죄짓는 생활을 하려고 할 때

어떤 방해가 일어나거나 혹은 예기치 못한 일이 생겨서 죄짓는 일을 못하게 될 때 그것은 바로 하나님께서 간섭하시는 것입니다. 우리는 워낙 이 세상에 사람들이 많기 때문에 나 하나쯤 하는 행동은 하나님께서 모르실 줄 압니다. 그러나 사실은 우리가 생각하는 것보다 하나님은 우리의 일거수일투족에 관계하고 계시며 우리를 너무나도 사랑하셔서 우리가 죄에 빠지려고 할 때에나 혹은 죄에 빠져 있을 때 우리의 걸음을 막으셔서 그 죄에서 나오게 하십니다.

이 레위인은 하나님을 별로 사랑하지 않는 것 같습니다. 왜냐하면 하나님을 진정으로 사랑한다면 레위인이 이런 책임 없는 여자관계를 가질 수가 없습니다. 하나님께서 이 세상에서 가장 중요하게 생각하시는 것이 바로 남녀 관계이기 때문입니다. 하나님께서는 자신의 형상을 남녀에게 주셨습니다. 그래서 하나님을 사랑하는 사람은 반드시 책임 있는 이성 관계를 가져야 합니다. 그런데 레위인이 하나님을 섬긴다고 하면서 첩을 둔 것을 보면 성직자이면서 사생활은 대단히 문란했던 것을 알 수 있습니다. 이 사람은 하나님을 사랑하지 않았지만 하나님께서는 이 레위인을 사랑하셔서 여자와 떨어지게 하셨습니다. 하나님께서는 이 여자를 자기 아버지 집에 가게 하심으로 레위인으로 하여금 바른 생활로 돌아오게 하셨습니다. 그렇다면 과거 좋지 못했던 생활을 청산하고 하나님을 바로 섬기는 생활로 돌아왔어야만 합니다. 그러나 옛날 여자를 잊지 못해서 그녀를 찾아 유다 베들레헴까지 갔습니다.

첩 장인의 환대

교회를 다니지 않는 사람들이 교회에 출석하면서 처음 듣게 되는 어려운 말은 '회개'라는 말입니다. 처음에 어떤 사람들은 이것을 어떤 금전

상의 정리를 말하는 것으로 생각했다고 말합니다. 어떤 사람들은 회개라고 하면 눈물 흘리면서 자기의 죄를 고백하는 것으로 생각합니다. 회개라고 하는 것은 자신의 삶에서 하나님이 기뻐하시지 않는 생활을 버리고 바꾸는 결단을 의미합니다. 예를 들어, 이 레위인처럼 첩을 데리고 사는 사람은 첩에게 먹고 살 것을 주어서 집으로 돌아가게 하는 것이 회개입니다. 다른 사람의 돈으로 흥청망청 낭비하면서 사는 사람은 그 빚을 다 갚고 가난하게 새로 출발하는 것이 회개입니다. 자기 남자가 아닌 남의 남자와 살고 있거나 관계하고 있는 여자는 그런 잘못된 관계를 깨끗하게 청산하는 것이 회개입니다. 그런데 다른 사람에게는 회개를 가르치는 이 레위인이 자기 자신은 옛날 여자를 버리지 못해서 도로 그녀를 찾으려 먼 길을 떠났습니다.

3절 그의 남편이 그 여자에게 다정하게 말하고 그를 데려오고자 하여 하인 한 사람과 나귀 두 마리를 데리고 그에게로 가매 여자가 그를 인도하여 아버지의 집에 들어가니 그 여자의 아버지가 그를 보고 기뻐하니라

이 레위인은 죄짓는 생활을 도로 찾기 위하여 상당한 비용을 지불하고 있습니다. 그는 우선 하인 하나와 나귀 두 필을 준비하여 먼 길을 떠났습니다. 이것은 어떻게 해서든지 이 여자를 데리고 오고야 말겠다는 뜻입니다. '그 여자에게 다정하게 말하고'라는 것은 첩을 책망하거나 바로잡겠다는 뜻이 아니고 어떻게 해서든지 구슬려서 자기 욕망을 채우겠다는 뜻입니다.

그런데 그는 첩의 장인으로부터 대단한 환영을 받습니다. 무려 3일 동안 거의 잔치에 가까운 환대를 받고 이틀을 더 붙들려 있어서 술과 음식으로 대접을 받습니다.

4-7절 그의 장인 곧 그 여자의 아버지가 그를 머물게 하매 그가 삼 일 동안 그와 함께 머물며 먹고 마시며 거기서 유숙하다가. 넷째 날 아침에 일찍이 일어나 떠나고자 하매 그 여자의 아버지가 그의 사위에게 이르되 떡을 조금 먹고 그대의 기력을 돋운 후에 그대의 길을 가라 하니라. 두 사람이 앉아서 함께 먹고 마시매 그 여자의 아버지가 그 사람에게 이르되 청하노니 이 밤을 여기서 유숙하여 그대의 마음을 즐겁게 하라 하니. 그 사람이 일어나서 가고자 하되 그의 장인의 간청으로 거기서 다시 유숙하더니

장인이 이 레위인을 이토록 환대한 이유가 무엇일까요? 그것은 이 사위를 좋아해서가 아닙니다. 그것은 자기 딸의 행실이 온전치 못했기 때문입니다. 율법에는 어떤 여자가 부정을 저질렀을 때 누군가가 문제를 삼으면 돌로 쳐서 죽이게 되어 있었습니다. 아마도 장인은 사위가 이곳까지 와서 자기 딸의 부정을 문제 삼을지도 모른다고 생각한 것 같습니다. 물론 이 레위인은 여자의 부정을 문제 삼아서 죽이기보다는 다시 잘 구슬려서 데리고 갈 생각이었습니다. 그러나 도둑이 제발 저리다고 장인은 어떻게 해서든지 사위의 기분을 좋게 하기 위해서 계속 음식을 주고 술을 마시게 했습니다. 그는 3일 동안 사위를 정신이 없도록 먹고 마시게 했습니다. 레위인은 이런 융숭한 대접을 받고 기분이 좋았을지 모르지만 실제로 그것은 죄의 줄로 그를 단단히 잡아매는 끈이었습니다. 음식을 먹음으로 그는 그녀를 포기할 수 있는 기회마저 잃고 말았습니다.

8-10절 다섯째 날 아침에 일찍이 일어나 떠나고자 하매 그 여자의 아버지가 이르되 청하노니 그대의 기력을 돋우고 해가 기울도록 머물라 하므로 두 사람이 함께 먹고. 그 사람이 첩과 하인과 더불어 일어나 떠나고자 하매 그의 장인 곧 그 여자의 아버지가 그에게 이르되 보라 이제 날이 저물

어 가니 청하건대 이 밤도 유숙하라 보라 해가 기울었느니라 그대는 여기서 유숙하여 그대의 마음을 즐겁게 하고 내일 일찍이 그대의 길을 가서 그대의 집으로 돌아가라 하니. 그 사람이 다시 밤을 지내고자 하지 아니하여 일어나서 떠나 여부스 맞은편에 이르렀으니 여부스는 곧 예루살렘이라 안장 지운 나귀 두 마리와 첩이 그와 함께 하였더라

장인의 작전은 이러하였습니다. 아침이 되면 '어떻게 이렇게 이른 아침에 떠나려고 하느냐' 하면서 음식을 먹고 가라고 합니다. 그래서 음식을 먹느라 시간이 지나면 '어떻게 이 저녁에 길을 떠나려고 하느냐? 자고 가라'고 하면서 붙잡았습니다. 장인이 이런 식으로 하루하루 사위를 붙들었던 이유가 무엇일까요? 혹시 이런 식으로 해서 아예 에브라임으로 가지 못하고 자기 집에 주저앉게 하려고 한 것일까요? 아니면 이번 기회에 아주 후대를 해서 다시는 자기 집에 대하여 좋지 않은 감정을 가지지 않게 하려고 한 것일까요? 아마도 자기 딸의 행실도 온전치 못하고 또 그렇다고 해서 지참금을 많이 줄 처지는 못 되니까 자기 딸을 잘 데리고 있어 달라는 뜻으로 후대한 것이 아닐까 하는 생각이 듭니다.

그런데 다섯째 날이 되었을 때에는 이미 저녁이 되었는데도 레위인은 더 이상 붙잡히지 않고 그곳을 떠났습니다. 왜 이 레위인은 더 이상 체류하지 않고 다섯째 날 오후에 떠나기로 작정했을까요? 가장 유력한 해석은 안식일을 지키기 위해서라는 입장입니다. 육 일째 저녁부터는 안식일이 시작되니까 아마도 그가 에브라임 산지에서 레위인으로서 해야 할 일이 있었던 것 같습니다. 예를 들어, 목회자가 아무리 다른 곳에 가더라도 토요일 오후까지는 집에 돌아와야 주일에 교회에 봉사를 할 수 있는 것처럼 이 사람도 자기의 어떤 책임 때문에 더 이상 그곳에 붙들려 있지 못하고 떠나야 했던 것 같습니다.

그러니까 이 레위인은 어떤 사람입니까? 어떻게 보면 사명감이 좋은 사람이라고 볼 수 있습니다. 아무리 먼 곳에 갔더라도 자신의 사명을 위하여 유혹을 뿌리치고 그곳을 떠났기 때문입니다. 그러나 다른 의미로 보면 이 사람은 말과 행동이 다른 위선적인 사람이었습니다. 다른 사람들이 보기에는 자기 임무를 잘 감당하는 것 같지만 그의 실생활은 위선과 거짓으로 가득 차 있는 것입니다. 그에게 중요한 것은 다른 사람들 앞에서 자신의 임무를 잘 수행하는 것이지만 그의 실생활은 음란과 방탕으로 가득 차 있었던 것입니다. 만일 그에게 안식일의 책임이라는 것이 없었더라면 그는 갈 데까지 간 사람이었습니다. 예배라는 것이 없었다면 이 사람은 완전히 허리띠를 풀고 그곳에서 정신없이 먹고 마실 사람이었습니다. 이 사람이 다섯째 날에 결단하고 그 집을 떠난 것은 장인의 유혹을 벗어나기 위한 결단이 아니었습니다. 마음으로는 그곳에 더 있고 싶었는데 안식일에 에브라임에서 예배 순서가 있었기 때문에 마지못해서 일어선 것이 틀림없습니다. 아마도 다른 사람들은 이 레위인의 도덕적인 타락을 알지 못했습니다.

위기의 발생

유다 베들레헴은 남쪽에 있고 에브라임 산지는 북쪽에 있었습니다. 아마도 이 거리는 하루에 가기는 좀 먼 거리였습니다. 그리고 베들레헴에서 에브라임으로 올라가는 중간에 예루살렘이 있고 그 위에 베냐민 지파에 속한 기브아와 라마라는 곳이 길을 양쪽에 두고 마주보고 있었습니다.

레위인 일행은 워낙 늦게 출발했기 때문에 베들레헴에서 떠난 지 얼마 되지 않아서 저녁이 되게 되었습니다.

11-15절 그들이 여부스에 가까이 갔을 때에 해가 지려 하는지라 종이 주인에게 이르되 청하건대 우리가 돌이켜 여부스 사람의 이 성읍에 들어가서 유숙하십시다 하니. 주인이 그에게 이르되 우리가 돌이켜 이스라엘 자손에게 속하지 아니한 이방 사람의 성읍으로 들어갈 것이 아니니 기브아로 나아가리라 하고. 또 그 종에게 이르되 우리가 기브아나 라마 중 한 곳에 가서 거기서 유숙하자 하고. 모두 앞으로 나아가더니 베냐민에 속한 기브아에 가까이 이르러 해가 진지라. 기브아에 가서 유숙하려고 그리로 돌아 들어가서 성읍 넓은 거리에 앉아 있으나 그를 집으로 영접하여 유숙하게 하는 자가 없었더라

여기서 여부스는 예루살렘의 옛 지명입니다. 그때까지 이스라엘 백성들이 여부스족들을 몰아내지 못하고 있었기 때문에 여부스족들이 예루살렘을 차지하고 있었습니다. 레위인의 종은 날이 어두워가니까 여부스에 들어가서 유숙하자고 했습니다. 그러나 레위인은 이방 족속들 속에 들어갔다가 무슨 봉변이라도 당할까 두려웠습니다. 그래서 기왕 유숙할 것 같으면 같은 동족인 이스라엘 백성들을 찾아가서 거기서 안전하게 밤을 지내는 것이 좋겠다고 하면서 조금 더 걸어가면 베냐민 지파에 속한 기브아가 나오는데 거기서 유숙하자고 하면서 길을 재촉해서 갔습니다. 그들이 기브아에 갔을 때에는 이미 해가 졌고 그들은 기브아에서 아무 집에서나 자려고 했지만 누구도 그들을 영접하는 자가 없었습니다. 그들은 좀 더 안전한 곳을 찾아서 같은 이스라엘 백성 마을을 찾아 갔지만 실제로는 사자의 굴속에 들어 간 것이었습니다. 베냐민 사람들은 아무도 이들을 영접하지 않았습니다. 그 이유는 아마도 그들이 같은 이스라엘 사람들을 좋아하지 않았던지 아니면 새로운 사람을 집으로 데리고 들어갔다가는 동네 사람들로부터 어떤 봉변을 당할지 잘 알았기 때문인 것

같습니다.

기브아는 소돔과 고모라와 다를 바가 없었습니다. 우리가 다음 말씀을 보면 알게 되겠지만 거기에는 동성연애자들이 우글거리고 있었고 그들은 숨어서 동성애를 즐기는 것이 아니라 아예 드러내 놓고 밤마다 몰려 다녔으며 특히 누군가 새로운 사람이 성으로 들어오면 반드시 성폭행하는 것을 관습으로 삼았습니다. 원래 동성애라고 하는 것은 감옥 같은 데서 성행했던 것 같습니다. 오랫동안 여자를 구경할 수 없는 죄수들은 동성애를 통해서 성욕을 해소했던 것 같은데 특히 외국 교도소에서는 신참자들을 집단적으로 성폭행하는 이야기를 들으신 적이 있는지 모르겠습니다. 기브아는 바로 그런 곳이었습니다.

본문은 기브아 사람들의 타락을 이야기하기 전에 한 레위인의 아름답지 못한 사생활에 대하여 길게 설명하고 있습니다. 그 이유가 무엇입니까?

물론 레위인의 사생활과 기브아 사람들의 동성애는 아무 관계가 없습니다. 그러나 성경은 이것을 연결시켜서 말씀하고 있습니다. 그 이유가 무엇입니까? 그것은 레위인의 사생활은 자신의 사생활로 끝나지 않는다는 것입니다.

레위인의 도덕성은 이스라엘 백성 전체의 도덕성을 나타내는 지표였습니다. 물론 이 레위인은 자신의 직분을 버리지도 않았고 또 안식일의 직책을 감당하기 위해서 열심히 집으로 달려오고 있었습니다. 그러나 그의 사생활을 보면 전혀 회개의 기미가 보이지 않았습니다. 레위인이 첩을 두고 살 정도이며 더욱이 한번 부정한 짓을 한 첩을 다시 찾아 올 정도라면 다른 이스라엘 백성들의 도덕적 상태는 사실 소돔과 고모라와 다를 바가 없는 것입니다.

이것은 오늘날도 마찬가지입니다. 물론 구약의 레위인을 오늘 신약교회에서 어느 범위까지 넣어야 할지 모르겠습니다. 그러나 적어도 우리 믿는 사람이나 직분자들의 도덕성은 나 하나의 도덕성으로 그치지 않습니다. 만일 믿는 사람들이 더욱이 직분을 가지고 있는 사람이 하나님의 율법을 공공연하게 깨트리고 자기 욕망을 따라 산다면 다른 사람들의 삶은 볼 필요조차 없습니다.

레위인은 하나님을 섬기는 자입니다. 그는 하나님을 섬기는 일 때문에 할 수 없는 것이 많았습니다. 만일 그가 그런 것을 싫어한다면 이스라엘 백성들을 지켜주지 못하게 됩니다. 레위인은 하나님을 섬기는 자로서 무엇보다 먼저 남들보다 더 성결할 필요가 있었고 오직 하나님을 섬기는 그 하나의 이유만으로 다른 사람들보다 더 구별된 삶을 살았어야만 했습니다. 그러나 그가 그런 희생을 하려고 하지 않았을 때 다른 이스라엘 백성들은 얼마나 더 자기 정욕에 빠져서 살게 되며 그것이 바로 자기 자신에게 피해로 돌아오게 되는지를 생각하지 못하고 있었습니다.

저는 오늘 모든 직분자들은 레위인이라고 생각합니다. 예배를 돕는 자들은 다 레위인들입니다. 물론 어떤 분은 안내 순서를 담당하고 혹은 대표 기도를 감당하기 위하여 먼 곳에서부터 밤을 새워 비행기나 기차로 올라 왔는지도 모릅니다. 그러나 하나님께서는 겉으로 드러난 그 부분 외에, 하나님을 섬기기 위하여 나의 욕망에 어떤 결단을 내렸는가 하는 것을 질문하십니다. 나의 부정한 돈에 어떤 결단을 내렸으며, 나의 부정한 여자관계에 어떤 결단을 내렸으며, 나의 좋지 않은 일에 어떤 결단을 내렸느냐 하는 것입니다. 우리는 밤늦도록 음란한 비디오를 보다가 교회에 오는 일은 없습니까? 혹은 친구들과 어울려서 밤새 고스톱을 하거나 혹은 포커 게임을 하다가 맑지 못한 정신으로 예배드리러 오지는 않습니까? 어떤 사람은 거래처 사람에게서 잘 봐달라는 부탁과 함께 늦게까지 술대접을 받고 이 레위인처럼 2차, 3차까지 끌려 다니다가 겨우 시간에 맞추어서 오지 않습니까?

중요한 것이 바로 이 두 가지입니다. 하나는 레위인의 죄는 드러나지 않는다는 것입니다. 다른 사람이 이 정도의 생활을 하고 있다면 소문이 나도 벌써 소문이 났을 것입니다. 그러나 레위인은 이런 것이 죄라는 것을 알기 때문에 소문나지 않게 죄를 짓습니다. 거의 완전 범죄에 가깝게 나쁜 짓을 합니다. 그래서 나중에 문제가 터졌을 때에는 수습이 불가능할 정도로 완전히 썩어 있는 것입니다. 뿐만 아니라 직분자의 타락은 다른 일반인들의 타락의 지표라는 것입니다. 사실 우리 사회에는 이미 목회자들의 성적인 타락이 나타나고, 수많은 굵직굵직한 사건들에는 장로들이 개입되어 있습니다. 그분들이 알지 못하고 있는 것이 무엇인가 하면 그것은 자기 개인의 문제로 끝나지 않는다는 것입니다. 목회자의 도덕적인 수준이 그 정도이며 장로들이나 집사들의 수준이 그 정도라면 이미 우리 사회의 구석구석은 도저히 눈 뜨고 볼 수 없을 정도로 썩어 있다는 사실입니다.

본문이 우리에게 말씀하시는 것이 무엇입니까? 오늘 우리가 정신을 차리지 않으면 우리나라는 소돔과 고모라처럼 멸망하고 만다는 것입니다. 이미 우리 사회는 소돔과 고모라입니다. 우리는 오늘 자신의 욕망과 거의 사생결단하고 투쟁을 해야 합니다. 그렇지 않으면 우리 자신이 그 피해를 보게 될 것이며 우리 자녀들도 그 피해를 보게 될 것이며 결국 하나님의 큰 진노의 심판을 불러 오게 될 것입니다.

사도 바울은 만일 고기를 먹는 문제가 다른 형제나 자매들에게 걸림돌이 된다면 자신은 영구적으로 고기 먹는 것을 포기하겠다고 말씀하고 있습니다. 그래서 저도 결심을 한 것이 하나 있는데 그것은 하나님의 말씀을 위해서라면 영구적으로 텔레비전이나 영화를 보지 않겠다는 것입니다.

사실 이 나라를 살리기 위해서는 다른 것이 필요한 것이 아니라 우리 안에서 작은 결단들이 필요합니다. 우리는 아직까지 왜 예수 믿는 우리가 다른 사람들처럼 내가 원하는 대로 살 수 없는지 이해를 못하고 있습니다.

그러나 그것이 바로 다른 사람들을 갈 데까지 가게 하는 것입니다. 오늘 우리는 우리 안에 있는 감추인 죄를 드러냅시다. 그리고 이제 필요한 것은 단순히 그런 모습에 슬퍼하는 것이 아니라 결단하는 것입니다. 죄가 주는 달콤한 것을 지금 여기서 끊어버리는 결단을 하는 것입니다. 아마 나의 결심을 다른 사람들이 들으면 너무 유치하다고 하면서 비웃을지 모릅니다. 그러나 하나님께서는 레위인의 결단을 요구하십니다. 우리의 작은 결단이 나의 가족과 민족을 살릴 것입니다.

우리도 사도 바울처럼 아깝지만 하나님을 섬기는 자로서 내 자신의 영성과 다른 영혼을 위하여 영원히 포기해야 할 작은 것이 무엇인지 찾아서 하나님 앞에서 결단하는 시간을 가집시다.

CHAPTER35

기브아에서 일어난 일

사사기 19:16-30

소돔과 고모라는 그들의 죄가 너무나도 극악하기 때문에 유황불로 멸망한 도시입니다. 그런데 우리는 소돔과 고모라라고 하면 도시 전체의 조명이 불그스름하고 사람들이 주야로 술이나 마약에 취해서 남녀가 어울려서 다니는 곳으로 생각하기 쉽습니다. 하지만 소돔과 고모라는 가나안 평지에서 가장 아름다운 곳이었습니다. 그리고 낮에는 모든 것이 정상적이었습니다. 사람들이 장사를 하거나 밭에 가서 일을 했습니다. 그런데 문제는 밤이었습니다. 밤이 되면 사람들이 완전히 돌변해서 아주 미친 사람처럼 자기 욕망에 날뛰는 곳이 되었습니다. 결국 소돔과 고모라는 그 죄 때문에 유황불의 심판을 받았습니다.

오늘날도 동성연애자들이 제일 많은 곳이 시드니라든지 샌프란시스코로 알려져 있는데 그런 도시는 세계에서 제일 아름다운 도시들입니다. 낮에는 정상적입니다. 문제는 밤인 것입니다.

본문 말씀을 보면 자기 첩을 찾으러 갔던 레위인이 베들레헴에서 돌아오면서 안전한 곳에서 자려고 이스라엘 백성들의 성을 찾습니다. 거기가 기브아인데 기브아는 낮에는 정상적인 곳이었습니다. 그런데 밤에는 아주 무서운 곳으로 돌변했습니다. 이 기브아가 바로 이스라엘판 소돔과 고모라였고 거기 있는 사람들은 베냐민 사람, 이스라엘 백성들이었습니다.

우리는 이 본문을 통해서 우리가 살고 있는 이 도시, 또 우리나라가 어떤 형편에 있는지 이해할 필요가 있습니다. 그리고 우리가 이런 상황에서 망하지 않고 구원을 받으려면 어떻게 살아야 되는지 본문 말씀을 통해서 찾아보려고 하는 것입니다.

기브아에서 있은 일

자신의 첩을 찾아서 돌아가던 레위인은 신변의 안전을 걱정해서 여부스 족속들의 성으로 들어가지 않습니다. 좀 멀어도 같은 이스라엘 사람들이 사는 기브아로 갔습니다. 왜냐하면 같은 이스라엘 백성이 아무래도 낫고 도덕적으로 건전하며 안전하리라 생각을 했던 것입니다. 그런데 이상하게도 기브아에서는 이 낯선 사람을 영접하는 집이 아무도 없었습니다.

15절 기브아에 가서 유숙하려고 그리로 돌아 들어가서 성읍 넓은 거리에 앉아 있으나 그를 집으로 영접하여 유숙하게 하는 자가 없었더라

이스라엘 백성들은 손님을 영접해서 대접하고 재우는 것을 가장 아름다운 미덕으로 생각했습니다. 조상 아브라함은 누군지도 모르는 손님 셋을 영접했다가 자기를 찾아오신 하나님과 천사들을 영접하게 된 적이 있습니다. 또 소돔성에 살고 있던 아브라함의 조카 롯도 누군지 모르는 낯선 두 사람을 영접했다가 천사들을 영접하게 되었고 결국 그 천사들 때문에 구원을 받았던 적이 있습니다. 그래서 이스라엘 백성들의 마음속에는 낯선 사람을 대접하는 것을 굉장히 좋은 미덕으로 생각했고 이것은

초대교회에도 그 전통이 이어졌습니다. 그래서 초대교회 교인들은 낯선 사람들, 특히 낯선 그리스도인들, 낯선 목회자들을 집으로 영접해서 대접하고 재우는 것을 아름다운 미덕으로 생각했습니다.

그런데 이상하게도 레위 사람이 기브아에 들어가니까 아무도 영접하는 사람이 없어서 결국 맨땅에 앉아서 밤을 세게 된 것입니다. 그때 밭에서 일하고 오던 한 노인이 이 사람을 보고 어디서 왔느냐, 또 어디로 가느냐 묻고는 자기 집으로 데리고 갔습니다.

16–18절 저녁 때에 한 노인이 밭에서 일하다가 돌아오니 그 사람은 본래 에브라임 산지 사람으로서 기브아에 거류하는 자요 그곳 사람들은 베냐민 자손이더라. 노인이 눈을 들어 성읍 넓은 거리에 나그네가 있는 것을 본지라 노인이 묻되 그대는 어디로 가며 어디서 왔느냐 하니. 그가 그에게 이르되 우리는 유다 베들레헴에서 에브라임 산지 구석으로 가나이다 나는 그곳 사람으로서 유다 베들레헴에 갔다가 이제 여호와의 집으로 가는 중인데 나를 자기 집으로 영접하는 사람이 없나이다

죄악의 도시 기브아가 겉으로 보기에는 큰 문제가 없었습니다. 단지 사람들의 인심이 좀 박하다는 느낌이 들 정도였습니다. 이 레위 사람은 우리가 일행이 너무 많아서 사람들이 부담스러워서 영접하지 않는다고 생각해서 노인이 물을 때에 묻지 않은 것까지 대답을 합니다. 우리는 나귀 먹일 것도 있고 또 우리 먹을 양식도 있으니까 먹는 것은 신경 쓰지 말고 잠만 재워 달라 말합니다.

이 레위 사람은 에브라임 출신 노인의 도움으로 길거리에서 자지 않고 집으로 들어가게 됩니다. 그런데 이것이 큰 실수였습니다. 왜냐하면 그곳은 너무나도 위험한 곳이었고 만약 그가 기브아가 어떤 곳인지 알았더

라면 늦더라도 거기에서 도망을 했어야 합니다.

기브아 사람들이 나그네를 영접하지 않았던 것은 그 동네 사람들이 어떤 짓을 한다는 것을 알고 있었기 때문입니다. 이 동네 사람들은 낯선 사람이 오면 성추행을 하고, 폭행을 하고, 심지어는 죽이는 일까지 했기 때문에 함부로 낯선 사람을 영접하지 못했던 것입니다. 노인이 이 낯선 사람을 데리고 간 것은 같은 에브라임 동향인이고 또 레위인 제사장이고, 이 밤거리는 위험하지만 사람들이 집에까지 쳐들어올 줄은 생각하지 못했던 것입니다.

이 레위 사람은 가장 위험한 곳에 있으면서도 안전한 줄 알고 아주 기분 좋게 먹고 마시면서 쉬고 있었습니다.

21절 그를 데리고 자기 집에 들어가서 나귀에게 먹이니 그들이 발을 씻고 먹고 마시니라

이 레위 사람과 일행은 잠시 후에 어떤 일이 일어날지 몰랐기 때문에 아주 약간의 친절에 굉장히 만족해하면서 기분 좋게 쉬고 있었습니다.

이것은 오늘 거의 대부분의 사람들이 처해 있는 상황과 비슷합니다.

사람들은 잠시 후에 자신에게 어떤 일이 닥칠지 모르기 때문에 그냥 작은 것으로 기뻐하고 먹고 마시고 즐기는 것입니다.

오래 전에 단풍 구경을 하고 오던 버스가 절벽에서 추락하는 바람에 버스에 탔던 많은 사람들이 죽었습니다. 그 버스에 탄 사람들은 잠시 후에 자기들에게 일어날 일을 몰랐기 때문에 그냥 먹고 마시면서 즐겁게 지냈던 것입니다. 오늘 우리의 삶의 주위에는 매순간 매순간 사망의 음침한 골짜기가 우리를 기다리고 있습니다.

우리 주위에는 위험이 있으며 죽음의 사자가 우리를 노리고 있는 것입

니다. 그래도 우리가 안전하게 살 수 있는 것은 하나님께서 24시간, 1분, 1초도 쉬지 않고 우리를 지켜주시기 때문입니다. 만약 하나님께서 1분만 우리를 내버려두신다 해도 우리가 타고 있는 비행기가 떨어질지도 모르고, 버스가 추락할지도 모르고, 어떤 악한 사람이 덤벼들어서 생명을 해칠지도 모르는 것입니다.

요즘 범죄 통계가 말하는 것을 보면 사람들은 전혀 원한관계가 없는 사람들을 죽이고 있다는 것입니다. 누군지도 모르기 때문에, 모르지만 거기 있기 때문에, 그냥 정신 나간 사람이 차로 돌진하면 차에 받혀서 죽는 것이고, 지하철에 불을 지르면 거기 타고 있다가 죽는 것입니다. 아무 상관이 없습니다. 그 사람이 누군지도 모르고 왜 그런지도 모르고 그냥 거기 있기 때문에 희생을 당하는 것입니다.

우리가 알아야 될 것은 하나님의 은혜가 우리의 삶을 100퍼센트 에워싸고 있다는 것을 기억해야 됩니다. 마치 지구를 대기층과 오존층이 에워싸고 있어서 우리 몸에 해로운 자외선이나 다른 광선들이 들어오지 못하도록 차단시키는 것처럼 하나님의 은혜가 24시간, 1분, 1초도 쉬지 않고 우리를 지키고 있기 때문에 우리가 안전하게 살아가고 있는 것입니다.

저희들은 끊임없이 하나님의 마음을 아프게 하고 하나님이 싫어하는 짓을 함에도 불구하고 하나님께서는 우리를 지켜주시고 보호하고 계신 것입니다.

그런데 이번에 왜 이 레위인은 그 악의 소굴로 들어가게 되었으며 하나님께서는 왜 이 레위인을 허락하셨는지 그것을 우리는 이해할 수가 없습니다. 어떤 사람에게는 사고가 생기고 어떤 사람에게는 안 생기는지, 어떤 사람은 암으로 죽게되고 어떤 사람은 치료가 되는지, 우리는 말할 수가 없습니다. 이것은 하나님이 하시는 것입니다.

그럼에도 불구하고 레위인에게는 문제가 있었습니다. 문제는 하나님의 제사장임에도 불구하고 첩에 너무 집착을 한 것입니다. 첩이 달아났을 때에 '아, 하나님께서 이 아름답지 못한 생활을 청산하라고 하시는구나' 하고 포기하면 되는데 끝까지 가서 찾아오다가 결국은 이런 봉변을 당하게 되는 것입니다.

하나님께서 우리를 계속 지켜주시고 이 나라를 계속 지켜주시게 하려면 하나님을 섬기는 사람들이 뭔가 손해를 봐야 되고 믿는 사람들이 뭔가 희생을 해야 되는 것입니다. 가정이 평안한 것은 그 가족을 위해 누군가가 희생을 하고 있기 때문입니다. 대개 어머니들이 희생을 많이 하시죠. 대개 어머니들이 희생하기 때문에 가정이 평안한 것이지, 만약 어머니께서 '나, 희생 못하겠다, 나도 놀러 다니겠다. 요즘 바람도 부는데 나도 춤바람 나서 춤추겠다' 하면 가정은 한순간에 깨지고 맙니다.

교회가 평안한 것은 그냥 평안한 게 아닙니다. 공짜로 평안한 것 없습니다. 누군가가 희생하고, 누군가가 말없이 기도하고, 섬김으로 교회가 평안한 것이지, 모든 사람이 '내가 무엇 때문에 희생하나, 내 할 말 다 하겠다, 무엇 때문에 새벽에 나 혼자 기도해야 돼? 나는 못 하겠다' 그러면 교회는 한순간에 어려워지게 되는 것입니다.

지금 나라가 어려운 이유는 희생하려는 사람이 없기 때문입니다. 손해 보려는 사람이 없습니다. 전부 자기 소리만 냅니다. 그리고 '내 것은 챙기겠다, 내 할 말 다하겠다' 그러니까 나라가 불안하고 국민들은 어렵게 살아가고 있는 것입니다. 이러다가 한 번 일이 터지면 회복할 수 없는 대형사고가 터지고 너무 많은 사람들이 희생이 되는 겁니다. 지금 이런 식으로 가다고 무슨 일이 하나 터지면 그것이 전부 대형사고입니다. 그 이유가 어디에 있는가 하면 아무도 손해를 안 보려고 합니다. 국회의원, 장관도 손해를 안 봅니다. 자리에 있는 동안에 '내 것 다 챙기겠다, 내 할 말 다하겠다', 전부 '내, 내, 내' 이렇게 하니까 나라가 지금 굉장히 어지럽고,

터지는 사고는 전부 대형사고로 가는 것이고 거기 있는 사람은 그냥 죽던지 다치는 것입니다. 이것이 재수 없어서 그런 것이 아닙니다. 평소에 아무도 희생할 생각을 안 해서 그런 것입니다.

오늘 우리나라가 다시 회복이 되려면 누군가가 희생을 해야 합니다. 누군가가 할 말이 있어도 입을 다물어야 되고, 누군가는 참아야 되고, 누군가가 기도를 해야 좀 흔들려도 나라가 안정이 되는 것이지, 전부 내 살길 찾겠다, 내 하고 싶은 대로 하겠다, 그러면 나라가 크게 위기에 빠지게 되는 것입니다. 그래서 우리 믿는 사람들의 자세가 중요합니다. 믿는 사람들이 입을 조심해야 됩니다. 입이 있다고 해서 다 떠드는 게 아닙니다. 그리고 시간을 내서 기도해야 됩니다. 돈도 손해를 좀 봐야 됩니다. 그리고 하고 싶은 것도 절제해야 됩니다.

여기 있는 레위인이 '다른 사람은 다 첩을 두는 데 내가 왜 첩을 못 두느냐, 나도 첩을 두겠다' 하면서 도망간 첩을 데려오다가 결국은 이 사고로 이스라엘 백성들이 많이 죽게 됩니다.

우리가 알아야 될 것은 지금 우리나라가 겪고 있는 문제는 자업자득이라는 것입니다. 자기가 뿌린 씨를 거두는 것입니다. 아무도 손해를 안 보려고 하니까 나라가 이토록 어려워지게 되는 것입니다.

그래서 먼저 우리 믿는 사람들이, 하나님을 섬기는 사람들이 손해를 볼 생각을 해야 됩니다. 할 말이 있어도 참고 시간을 내어서 기도하고 이렇게 할 때 하나님께서 이 나라를 불쌍히 여겨주시는 것입니다.

또 다른 하나의 소돔

우리가 기브아에서 보게 되는 것은 소돔과 고모라가 망하기 전 모습과 똑같다는 것입니다.

22절 그들이 마음을 즐겁게 할 때에 그 성읍의 불량배들이 그 집을 에워싸고 문을 두들기며 집 주인 노인에게 말하여 이르되 네 집에 들어온 사람을 끌어내라 우리가 그와 관계하리라 하니

기브아의 낮은 정상입니다. 역사는 밤에 일어나는 것입니다. 밤에 비류들, 깡패들이 몰려와서 '여기 새로 온 사람을 내놔라, 우리가 상관하겠다'고 합니다. 이 '상관하겠다' 하는 말은 성관계를 갖겠다는 것입니다. '우리가 좀 재미를 보겠다, 그 사람을 내놔라' 그런 뜻입니다.

군대라든지 교도소 같은 데는 신참자들이 들어오면 때리고 괴롭힙니다. 왜냐하면 그만큼 사람들의 마음이 강퍅한 것입니다. 그런데 정상적인 곳은 그럴 수가 없습니다. 옛날에 학교에서도 신입생들을 선배들이 굴리고 괴롭히는 곳이 있습니다. 그러면 그럴수록 야만적인 것입니다.

이 기브아가 어떤 곳인가 하면 지나가는 여행객을 불러내어서 성추행을 하겠다고 하는 굉장히 무서운 죄악의 도시였습니다.

밤에 여자들이 안전하게 다닐 수 있는 도시는 굉장히 좋은 도시입니다. 우리나라도 최근에 여자들이 밤에 다니기 위험합니다. 특히 카드 때문에 카드빚을 지는 사람들이 많이 생기고 난 뒤에는 여자 혼자 나가는 것이 두려워 졌습니다. 어린 아이들을 유괴해서 돈을 요구하는데 이것은 성경에서 사람을 후리는 자는 처형하라고 그랬습니다. 여자나 어린아이들을 후리는 자, 후린다는 것이 납치하는 것인데, 납치하는 자는 처형하라고 했습니다. 이것은 인간으로써 일어날 수 없는 일들이 우리 도시에서 일어나고 있는 것입니다. 아이들도 밤에 혼자 나가면 어떤 일이 일어날지 모릅니다. 이것이 우리가 살고 있는 현실입니다.

이런 일이 일어났을 때 집 주인이 하는 말이 소돔에서 롯이 한 말과 똑같습니다.

23, 24절 집 주인 그 사람이 그들에게로 나와서 이르되 아니라 내 형제들아 청하노니 이같은 악행을 저지르지 말라 이 사람이 내 집에 들어왔으니 이런 망령된 일을 행하지 말라. 보라 여기 내 처녀 딸과 이 사람의 첩이 있은즉 내가 그들을 끌어내리니 너희가 그들을 욕보이든지 너희 눈에 좋은 대로 행하되 오직 이 사람에게는 이런 망령된 일을 행하지 말라 하나

소돔 성도 똑같습니다. 천사 두 사람이 소돔성에 갔을 때에 롯이 자기 집으로 영접했습니다. 천사들이 좀 잘생겼으니까 소돔사람들이 밤에 남녀무론하고 몰려와서 그들을 내놓으라고 하면서 우리가 성추행하겠다고 했습니다. 그때 롯이 뭐라고 했는가 하면 결혼 안한 두 딸을 내어줄테니까 딸을 욕보이든지 어쩌든지 하고 이 남자는 건드리지 말라고 했습니다.

여기 보면 이 주인도 그렇게 합니다. 내 결혼 안한 딸을 줄 테니까, 또 첩을 줄 테니까, 이 사람의 첩을 내놓을 테니까 이 사람들은 건드리지 말라고 합니다. 이것을 보면 그 당시 남자들이 여자들을 어떻게 생각했는지 알 수 있습니다. 여자들은 인격으로도 생각하지 않았습니다. 악한 자와 대결하게 되었을 때 타협하고 싶은 생각이 굴뚝같이 생길 것입니다. 협박하고 괴롭히면 돈을 주어서 무마하고 싶은 생각이 드는데 돈을 자꾸 뜯기게 됩니다. 이것은 악을 악으로 해결하는 것이며 불이 붙었을 때 기름으로 끄려고 하는 것과 같습니다.

악과 싸울 때에는 지혜로워야 됩니다. 특히 기도 밖에 없습니다. 예수님께서 무엇이라고 말씀하셨습니까? "기도 외에는 이런 유가 나갈 수 없느니라"(막 9:29). 이런 악당들은 사람의 지혜로 이기지 못합니다. 예수님의 지혜로, 예수님의 능력으로 이길 수 있는 것이지 사람 머리로는 이기지 못합니다.

그래서 시간을 좀 끌면서 나가기는 나가겠지만, 변이 마렵다 하면서

기도로 하나님의 도움을 구했어야 되는데 처음부터 고개를 숙이고 여자들을 주겠다고 하니까 그들이 날뛰면서 결국 이 여자가 죽는 것입니다.

성경에서는 "마귀를 대적하라, 그리하면 너희를 피하리라"(약 4:7)고 했습니다. 사람이 많아도 악을 쓰면서 결단을 하고 나가면 이 사람들도 어떻게 하지 못합니다. 처음부터 고개를 숙이고 타협하려고 하니까 자기들이 옳다고 생각해서 더 날뛰는 것입니다.

우리에게 중요한 것은 기브아가 이스라엘 사람들인데 이렇게 타락할 수 있었느냐 하는 것입니다. 이것은 하루 이틀에 된 것이 아닙니다. 가나안 정복 초기 때부터 베냐민 지파는 가나안 족속과 싸우는 것을 싫어했습니다. 유다 지파가 예루살렘을 빼앗아 주었습니다. 예루살렘이 베냐민 땅입니다. 그런데 그들은 빼앗아 준 땅도 차지하지 않습니다. 귀찮다고 했습니다. 베냐민 사람들은 입에 음식을 떠먹여줘도 씹기 싫다고 안 먹는 사람들입니다.

그러면 그들은 무엇을 했습니까? 가나안 사람들과 손잡고 돈 버는데 열중했던 것입니다. 돈 벌고 먹고 사는 데 열중했을 때 그들의 자녀들은 동성연애자들이 되어버리고 망나니들이 되어버린 것입니다.

다음 장에 보면 이스라엘이 총회를 열어서 기브아의 깡패들을 내어놓으라고 합니다. 그런데 깡패들을 내어놓지 않습니다. 왜냐하면 이 깡패들이 금이야 옥이야 키운 자기 자식들이기 때문입니다. 자기 자식들이니까 안 내어 놓는 것입니다. 결국 그것이 전쟁으로 이어져 다 죽습니다. 베냐민 지파는 남자 육백 명만 남겨놓고 전부 다 죽습니다. 이스라엘도 그 이상 죽습니다.

우리가 알아야 될 것은 자기 자식을 사랑하고 원하는 대로 해준다고 해서 그 자식이 잘되는 것이 절대로 아닙니다. 부모는 자식의 신앙이라면 뭔가 희생을 하고 결단을 해야 됩니다. 우리나라 부모님들은 자식의 교육을 위해서는 희생합니다. 공부시키기 위해서 논도 팔고 소도 팝니다. 그러나 신앙을 위해서는 주저주저 합니다. 오히려 자식들이 교회에서 오래 있으면 난리를 칩니다. 교회에 좀 오래 붙들고 있으면 전화 걸어서 전도사들에게 아이를 보내라고 큰 소리 칩니다. 그러면 어떻게 됩니까? 그 자녀들이 교회를 아주 우습게 압니다. 제멋대로 행동을 합니다. 그것이 결국은 지옥자식이 되는 지름길입니다.

미국에 가는 교민들이 다 그렇지는 않겠지만 물어보면 자녀 교육 때문에 간다고 합니다. 그런데 그곳에는 부부가 모두 뛰지 않으면 생활이 되지 않습니다. 그러면 그 동안에 자식들은 미국 아이들과 어울리는 것입니다. 결국 이것이 이민 이야기가 아닙니다. 지금 우리나라도 그렇게 되어있습니다. 공부시켜서 고액과외를 하고 어학연수를 하고 그러면 그 자식이 잘 되느냐 하면 그것이 아닙니다. 무엇인가 신앙적으로 결단을 해야 합니다. '너는 하나님의 사람이다, 너는 신앙을 우선적으로 해라' 그런데 부모가 그렇게 하지 않습니다. 왜냐하면 자신은 열심히 봉사하면서 자식들은 내버려 둡니다.

25절 무리가 듣지 아니하므로 그 사람이 자기 첩을 붙잡아 그들에게 밖으로 끌어내매 그들이 그 여자와 관계하였고 밤새도록 그 여자를 능욕하다가 새벽 미명에 놓은지라

이 레위인이 얼마나 냉정한 사람인지 모릅니다. 이 불량배들이 동성연애자들이기 때문에 내놓으라고 하는 사람은 남자입니다. '너, 레위인, 너 좀 보자'는 것입니다. 그런데 첩을 내어줍니다.

'첩을 붙들어 내매' 안 나가려고 몸부림을 치는 여자를 억지로 잡아서 내어놓습니다. 여자가 죽었는데 엎드러져서 문지방을 잡고 있습니다. 방

에 들어오려고 애를 썼는데 문을 잠궈 놓았던 것입니다.

얼마나 이기적이고 냉혹한 남자인지 모릅니다. 이것이 레위인이고, 이것이 제사장이고, 이것이 하나님을 섬기는 사람의 모습입니다.

남자와 여자 중에서 죽어야 된다면 누가 죽어야 되겠습니까? 여자는 살리고 남자가 죽어야 합니다. 영화 '타이타닉'에도 그 배에서 남자들이 찬송가 부르고 경례를 하고 먼저 죽습니다. 남자들은 그렇게 하라고 있는 것입니다. 그런데 자기가 살기 위해서 여자를 희생시켜버립니다. 여자가 나가면 죽는 줄 알고 안 나가려고 했는데, 그리고 밤새도록 문 열어달라고 했는데 열어주지 않았습니다. 이것이 레위인의 모습입니다.

레위인은 이스라엘 백성들의 죄를 책망할 수 있는 사람입니다. 이스라엘 청년들이 이렇게 몰려 왔을 때 문 열고 나가서 '나는 레위인이다. 너희들 왜 이러느냐? 나를 보자고 하는데 그래 한 번 해봐라. 너희들 동성연애자들인 모양인데 그래 레위인하고 한 번 해보자. 재미도 없을 것이고 나를 건드렸다가는 너희들 다 썩어서 죽을 것이다. 한 번 해봐라.' 그러면 '재수 없다'고 하면서 갔을 것입니다.

이 여자도 참 박복한 여자입니다. 한 번 살아보려고 이 레위인을 믿고 따라왔다가 결국은 희생이 된 것입니다.

왜 이 레위인이 떳떳하지 못했습니까? 자기 처지가 떳떳하지 못하니까 자기가 레위인이고 제사장인 것을 밝히지 못하는 것입니다. 무엇 때문에 못 밝힙니까? 지금 첩을 데리고 가는데 어떻게 자기가 레위인이라는 것을 밝힙니까? 결국 레위인은 자기 신분은 감추고 입 다물어 여자도 잘못된 사람을 따라가다가 결국 배반을 당하고 죽음을 맞게 되는 것입니다.

하나님의 백성들은 자신의 신분을 당당히 밝힐 수 있어야 됩니다. 목사는 '나는 목사다', 장로는 '나는 장로다', 집사는 '나는 집사다'라고 자기 신분을 밝일 수 있어야 합니다. 그런데 유리할 때는 장로이고 집사인데 불리할 때는 그냥 안 신자가 되고, 안 장로가 되니 나라가 이렇게 되는 것입니다.

그래서 성도들은 남이 보든지 안 보든지 항상 자의식이 있어야 됩니다. '나는 목사다' 하면서 누가 뭐라고 하든지 간에 떳떳하게 밝히고 '너희들 도대체 뭐하는 거냐?'라고 할 수 있어야 합니다. 서울에도 안 좋은 동네가 있습니다. 무엇 때문에 갔는지 모르겠지만 골목에서 건장한 사람들이 아이 하나를 가운데 두고 발길질을 하고 있었습니다. 제가 낮에는 목사 같지만 밤에는 어깨처럼 보이거든요 마음먹고 소리 한번 크게 질렀습니다. 전부 다 도망을 가는 겁니다. 저도 깜짝 놀랐습니다. 깡패들이 다 덤벼들 줄 알았더니 제가 소리 지르니까 어깨를 보더니 다 달아나는 것입니다. 저는 늘 목사는 좀 작아야 된다고 생각했습니다. 왜냐하면 좀 작아야 교인들이 불쌍하게 생각하면서 '설교 좀 들어주자. 저 조그마한 사람이 얼마나 힘들겠는가' 이러는데 목사가 크면 교인들이 '너는 설교해라' 하면서 안 들을까 싶었는데, 밤에 보니까 쓸모가 있었습니다. '뭐 하는거냐?' 이러니까 다 도망을 가요. 그런데 거기서 놀라운 것이 담에서 머리들이 열 개가 올라오는 것입니다. 열 명이 숨어서 그것을 보고 있었던 것입니다.

좌우간 이 레위인이 '마귀를 대적하라, 그리하면 너희를 피하리라'고 했으면 '좋다, 나를 찾는 모양인데 동성애를 하고 싶은 모양인데 그래, 나하고 한 번 해보자, 하나님의 종 제사장하고 한 번 붙어보자' 하면서 세게 나가면 '우리보다 더 한 놈이 있구나' 그러면서 갈 것입니다. 악한 사람들이 예수 믿는 사람을 두려워하는 이유가 자기들보다 증세가 더한 것입니다. 세게 나가면 도망을 가는데, 떳떳하지 못하니까 말을 못하는 것입니다. 무엇인가 말을 하지 못하는 것은 구린내가 나기 때문입니다. 결국 그래서 이 비극이 터지게 되는 것입니다.

레위인의 보복

자기 첩이 밤새 기브아 사람들에게 욕을 보고 죽었을 때에 레위 사람이 어떻게 합니까? 아무 소리 하지 않고 시체를 수습해서 갑니다. 그러나 자기 집에 가고 난 후 그는 무시무시한 짓을 저질렀습니다.

28절하–29절 이에 그의 시체를 나귀에 싣고 행하여 자기 곳에 돌아가서. 그 집에 이르러서는 칼을 가지고 자기 첩의 시체를 거두어 그 마디를 찍어 열두 덩이에 나누고 그것을 이스라엘 사방에 두루 보내매

이 레위인은 첩이 죽었을 때에 기브아에도 사사들이 있고 장관들이 있습니다. 그들에게 이 사건을 고발하고 법적인 조치를 취하면 되는 것입니다. 그런데 그곳에서 아무 말을 하지 않고 그냥 그것에 승복하는 듯이 그 첩의 시신을 수습해서 집에 돌아와서는 끔찍한 짓을 합니다. 칼로 여자 시체를 열 두 토막을 내어서 이스라엘 지파마다 여자 시체 조각을 보냅니다. 이스라엘 사람들이 이것을 보고 극도로 놀라고 흥분하고 충격을 받아서 온 이스라엘이 모여서 결국은 전쟁을 하게 되는 것입니다.

이 레위인은 이스라엘 전체를 극도로 흥분시킬 수 있는 방법을 취했습니다. 이스라엘 백성들이 여자 시체를 한 토막씩 받고 얼마나 놀랐겠습니까? 그것을 받고 가만히 있을 사람이 어디 있습니까? 그래서 다 몰려온 것입니다. 그렇게 한 이유가 무엇입니까? 기브아 사람들에 대한 보복이었습니다. 법적으로 해결해서는 직성이 안 풀리니까 '좋다, 너희들 한 번 죽어봐라' 하는 식으로 온 이스라엘을 자기 문제에 끌어들였고, 결국 이스라엘 내전으로 발전해 수만 명의 이스라엘 백성들이 죽게 되었습니다.

이 레위 사람이 하나님의 종입니까, 마귀의 종입니까? 그는 하나님의

종이 아닙니다. 아무리 기브아 사람들에게 욕을 당했다고 하더라도 이렇게 감정적으로 해결하면 안 됩니다. 감정적으로 해결하면 법도 필요가 없고 주먹이 센 사람이 이기는 것입니다. 그는 절차를 무시하고 법을 무시하고 온 이스라엘을 자기 문제에 끌어들여서 가장 잔인한 방법으로 충동질을 해서 결국 베냐민에게 보복을 했던 것입니다.

나라나 교회나 가문에 있어서 참 안타까울 때가 뭔가 하면 한 사람이 선동질을 하면 이상하게 다 따라갑니다. 미꾸라지 한 마리가 움직이는데 온 물이 흐려져 버립니다. 사회나 단체가 정신적으로 건강하면 선동에 잘 넘어가지 않습니다. 누가 와서 충동질하고 이간질할 때 오히려 책망을 합니다. 이 레위인의 행동은 책망을 받아야 마땅합니다. '너 봐라, 레위인이 무슨 첩이 있으며, 또 첩을 찾으러 가냐? 그리고 짐승 잡는 칼로 여자를 토막 내는 이런 레위인이 어디 있느냐?'고 옆에 있는 동료들이 또 나이든 분들이 말을 못합니까? 꾸중하는 사람이 없습니다. 그냥 전부 와글와글 합니다. 이 한 명의 장난에 전부다 놀아나서 결국은 모여서 한 지파를 다 죽여 버립니다.

베냐민이 타락했어도 다 타락한 것은 아닙니다. 일부입니다. 그런데 전쟁이 터지면 그런 것 없습니다. 전쟁이 터지면 좀 더 의롭고 덜 의롭고 양심적인 것이 없습니다. 전쟁이 나면 다 죽는 것입니다. 싸울 때 물어보고 싸웁니까? 그런 것 없습니다. 군복이 틀리면 무조건 죽이는 것입니다. 그래서 베냐민은 도망친 남자 육백 명만 남고 여자들은 싹 몰살을 당하는데 이것은 레위인의 아주 못된 충동질에 다 넘어간 것입니다.

어떤 사람은 자기 일에 교회를 끌어들입니다. 그래서 교회가 싸우게 만듭니다. 자기 일에 회사를 끌어들여서 회사가 싸우게 만듭니다. 지금 우리나라는 어떻습니까? 누가 충동질을 하면 온 회사가 부글부글 끓습니다. 결국 그 이유는 정신적으로 건강하지 않아서 그런 것입니다.

우리에게는 분별력이 필요합니다. 사람의 말이라고 하는 것은 지옥불과 같아서 한 사람의 입에서 다음 사람의 입으로 넘어가면 이것이 백배로 커집니다. 그럴 때 성숙한 사람이 불을 꺼야 합니다. '너, 무슨 소리 하느냐? 너는 왜 근거 없는 그런 소리를 하고 다니느냐? 정신 차리고 너나 회개해라' 그러면 불이 죽습니다.

교회에 분쟁이 되는 것을 보면 별 것이 아닙니다. 별 것도 아닌데 절대로 양보를 안 하고 끝까지 싸웁니다. 이럴 때 누가 책임을 져야 합니까? 평소에 하나님의 말씀이 없었기 때문에 위기가 왔을 때 해결이 안 되는 것입니다. 누가 나서서 불을 끄지 못합니다. 소방관이 있어야 되는데 누가 이것을 해결을 못하는 것입니다. 결국은 쥐 한 마리 때문에 초가집을 태우는 것과 같은 그런 일이 지금 한국에서 일어나고 있습니다. 그 이유가 어디에 있습니까? 평소에 하나님 말씀을 소홀히 한 것입니다.

교인들도 마찬가지입니다. 기도하고 말씀 듣자고 하면 잘 안 모이면서도 비판하자고 하면 시간을 내어서 모입니다. 그것은 건강한 것이 아닙니다. 분별을 해서 이것이 지금 사탄이 장난을 치는 것이면 못하게 해야 합니다. '너, 정신 차려라, 무엇 때문에 그러느냐, 네가 잘못한 것이 아니냐?' 레위인 중에 한 몇 사람이라도 '너가 어떻게 칼을 가지고 그런 짓을 할 수 있느냐? 레위인이 첩이 무슨 소리냐?'라고 하면 끝나고 해결이 될 수 있는데 그럴 사람이 없었던 것입니다.

마귀가 사람을 망하게 하는 방법이 이런 방법입니다. 굉장히 교묘한 방법으로 충동질을 시킵니다. 여자 시체를 받았는데 흥분하지 않을 사람이 누가 있습니까? 결국은 다 죽는 것입니다. 이쪽, 저쪽 다 죽습니다.

오늘 우리가 살고 있는 곳은 소돔과 같습니다. 밤에 딸들이 불안합니다. 그래서 엄마 아빠들이 하는 말이 무엇입니까? '골목은 다니지 마라. 사람들이 많이 다니는 밝은 길로 다니고 너무 늦게 다니지 마라'는 것입니다. 왜냐하면 불안하니까요. 카드 빚 때문에 돈 내어놓으라고 멀쩡한 여자를 잡아 죽입니다. 아이들 등하교는 엄마가 시킵니다. 낮에는 정상적인데 문제는 밤인 것입니다.

여기서 우리가 살 수 있는 길은 자꾸 진리를 밝혀야 합니다. 그리고 우리 신분을 드러내는 것입니다. 레위인으로서 "나는 목사다, 나는 장로다, 나는 집사다, 나는 그리스도인이다"라는 것을 드러내는 것입니다. 그런데 우리는 자꾸 숨기려고 합니다. 왜냐하면 떳떳하지 못하니까요. 무언가 구린내가 나는 곳이 있으니까 자꾸 숨기려고 합니다. 만약에 레위인이 '나는 레위인이다' 이랬으면 그 깡패들이 뭐라고 했겠습니까? '너가 무슨 레위인이냐? 젊은 여자 데리고 다니는 너가 무슨 레위인이냐?' 그러면서 덤벼들었을 것입니다.

이 레위인의 침묵이 큰 비극이 되었습니다. 신실한 레위사람 한 명이 왔다면 그들에게 나가서 왜 이러냐고, 너희들은 정말 잘못하고 있다고, 나 한 사람 죽이는 것은 괜찮지만 너희들은 다 회개해야 된다고, 그러면 기브아가 니느웨와 같이 구원받을 수도 있습니다.

본문은 죄와 싸우는데 믿음의 결단을 내리기 싫어했던 베냐민 지파가 얼마가지 않아서 전멸당하는 것을 보여줍니다.

자식을 사랑해서 과외도 시키고 유학도 보내고 해달라는 것은 다 해주었는데 안 되는 것이 머리가 썩어가고 마음이 썩어가는 것은 안 되더라는 것입니다.

교회가 젊은이들을 중심으로 계획을 세워야 합니다. 어른들은 왜 젊은 사람들에게 관심을 가지느냐고 그럽니다. 젊은 사람들에게 관심을 안 가지면 이렇게 됩니다. '우리 늙은 사람들 위주로 해 달라.' 지금까지 한국 교회가 그렇게 해 온 것입니다. 늙은 사람 위주로 교회가 먹고 마시고 놀고, 설교도 듣기 좋은 소리만 하니까 젊은 사람들이 세상으로 다 간 것입니다. 젊은 사람들이 주님을 향하여 마음과 뜻과 정성을 다 바칠 수 있도록 뭔가 결단을 내리고 희생을 할 때에 미래가 보이는 것이지, 어른들이 하고 싶은 대로 다 하겠다고 하면 미래는 없습니다. 비전이 없습니다. 어른들이 욕심을 포기하지 않는 곳에는 미래가 없습니다.

이 레위인이 가장 잔인한 방법으로 이스라엘을 흥분시켰을 때에 이스라엘이 물 끓듯이 끓으면서 다 넘어갔습니다. 그 이유는 성숙하지 못해서 그렇습니다. 평소에 하나님의 말씀으로 성숙되어 있다면 이것이 마귀의 장난인줄 알고 시체를 다 수습해서 잘 매장하고 법적으로 해결했을텐데 성숙하지 못해서 결국은 내전으로 가게 되고 이십만 명가량 죽습니다. 이 여자 한 사람, 이 레위인 한 사람 때문에 그렇게 많은 사람들이 죽임을 당한 것입니다.

작은 불씨 하나가 나라를 태우지 못하도록, 회사를 태우지 못하도록, 교회를 태우지 못하도록 하나님께서 모든 사람들에게 건전한 상식과 이성을 주시도록 기도해야 합니다. 그리고 우리 성도들이 레위인이라고 생각하고 좀 손해보고, 입도 조심하고, 기도하는 시간을 내어서 희생함으로써 교회나 가정, 회사나 나라가 평안한 은혜가 있기를 축원합니다.

CHAPTER 36

기브아의 징계 문제

사사기 20:1–28

우리가 살고 있는 이 사회는 죄성을 가진 인간이 살고 있는 이상 죄를 짓지 않을 수가 없습니다. 특히 죄를 짓는다고 할 때 도저히 먹고 살 수가 없어서 남의 것을 도둑질하는 생계형이 있는가 하면, 자기가 힘이 세기 때문에 그 힘을 사용해서 남을 괴롭히는 폭력형이 있습니다. 정부가 존재하는 가장 중요한 이유 중의 하나가 바로 사람들의 이러한 힘과 욕심을 억제해서 함부로 죄를 짓지 못하게 하는데 있습니다. 그러나 사실 법이라고 하는 것은 이미 일이 터진 후에 수습하는 것뿐이고 법 이전에 중요한 것이 도덕이고 도덕 이전에 각자의 양심이 더 중요한 것입니다. 결국 양심이 타락하니까 도덕이 무너지는 것이고 도덕이 무너지니까 법으로 해결이 되지 않는 것입니다.

우리나라에서 한해 동안 학교 폭력으로 피해를 입는 학생들의 수가 수만 건에 이른다고 합니다. 힘이 센 학생이나 혹은 인근 불량배들이 힘이 약한 아이들을 골목이나 인근 야산에 끌고 가서 때리거나 돈을 뺏는 것입니다. 어떤 학생은 지나가면서 인사하지 않는다고 때리고 혹은 노려보았다고 해서 때리거나 혹은 가방을 들고 가게 하거나 집에서 돈을 가지고 나오게 하기도 합니다. 그것이 때리는 사람에게는 한 순간의 장난에 불과할지 모르겠지만 피해자에게는 목숨이 달려있는 심각한 문제가 됩니다. 그래서 지속적인 괴롭힘 때문에 자살을 하는 아이가 있는가 하면 정신병으로 고통을 받다가 외국으로 이민을 가는 학생들도 있습니다.

그런데 이런 일이 있어서 학교나 경찰에서 부모를 부르면 잘못을 시인하고 용서를 비는 부모가 있는가 하면 오히려 반발하면서 왜 아이들끼리 한 장난인데 그것을 가지고 이렇게 문제를 삼느냐고 화를 내는 부모들도 있습니다. 이들이 잘못 알고 있는 것은 자기 아이에게는 한 때의 장난인지 모르지만 피해를 보는 사람의 입장에서는 목숨이 왔다 갔다 하는 중요한 문제인 것입니다.

본문은 레위인이 기브아라고 하는 베냐민 지파의 동네에 갔다가 밤에 폭도들에게 곤욕을 치르고 자기 첩을 내어주었는데 그 여자가 결국 죽은 것입니다. 이 레위인은 죽은 자기 첩의 시체를 열두 토막으로 만들어서 이스라엘 열두 지파에 보내었을 때 이스라엘 백성들 사십만 명이 모이게 된 것입니다. 모든 이스라엘 족속 대표들은 다 미스바에 모여 베냐민 지파에 나타난 이 강간 살인죄를 다루는 비상 총회를 열게 되었습니다. 이스라엘 대표들은 레위인의 설명을 듣고 난 후 베냐민 지파에 대표를 보내어 기브아의 깡패들을 내어놓으라고 요구했습니다. 그러나 베냐민 지파는 이스라엘 총회의 요구를 거절하고 전쟁 준비에 돌입하는 바람에 결국 이스라엘 백성들은 내전으로 돌입하게 되었습니다. 이 본문에서 안타까운 것은 레위인의 첩 한 사람이 죽었다고 해서 이스라엘 전체가 전쟁을 했어야만 했느냐 하는 것입니다.

이스라엘의 총회

1, 2절 이에 모든 이스라엘 자손이 단에서부터 브엘세바까지와 길르앗 땅에서 나와서 그 회중이 일제히 미스바에서 여호와 앞에 모였으니. 온 백성의 어른 곧 이스라엘 모든 지파의 어른들은 하나님 백성의 총회에 섰고 칼을 빼는 보병은 사십만 명이었으며

레위인이 보낸 여자의 시체 조각을 받은 모든 이스라엘 지파들은 큰 충격을 받고 이 문제를 해결하기 위하여 미스바에 모이게 되었습니다. 이 미스바라는 곳은 이스라엘 백성들이 어떤 어려운 일을 당했을 때 하나님 앞에 모여서 회개하고 기도하던 곳입니다.

이스라엘 다른 지파 사람들은 여자 시체 조각을 받고 무슨 생각을 했을까요? 우선 온 이스라엘에 시체 조각을 보낸다는 것은 두 가지 의미가 있습니다. 하나는 지금 이스라엘에 굉장한 위기가 발생했다는 뜻입니다. 그래서 시체 조각은 그냥 편지보다 더 강한 힘을 가지고 있습니다. 그리고 또 하나는 모두 모이라는 것입니다. 그리고 모이지 않는 지파는 적으로 간주해서 이 시체처럼 죽이겠다는 의미가 들어 있습니다.

다시 말해서 모든 이스라엘 백성들은 모두 피로 연합된 한 몸이기 때문에 만일 이스라엘의 한 지체에 어려움이 생겼을 때에는 모든 이스라엘 족속들이 만사를 제쳐놓고 모여서 그 일에 참여해야 한다는 것입니다.

사울이 왕이 되었을 때 요단 동편에 암몬 족속들이 쳐들어와서 길르앗 야베스 사람들에게 오른 눈을 하나씩 빼라고 했을 때 사울은 그 소식을 듣고 소를 잡아서 온 이스라엘에 보낸 적이 있습니다. 이것은 이스라엘의 한 부분에 큰 위기가 생겼고 모두 다 모여야 한다는 것입니다.

여기서 우리가 생각하게 되는 것은 한 레위인이 기브아에서 자다가 깡

패를 만나서 여자가 죽었을 때 이것이 온 이스라엘을 소집할만한 큰일이냐 하는 것입니다. 이스라엘 백성들이 한 형제요 한 몸인 것은 사실입니다. 그리고 이스라엘의 한 지파에 어려움이 생겼을 때에 모든 이스라엘이 도와야 하는 것도 사실입니다. 사실 우리 몸에서 한 부분만 아파도 온 몸이 아프게 되어 있습니다. 마찬가지로 이스라엘의 한 부분이 아픈 것은 온 이스라엘이 관심을 가져야 할 부분인 것입니다.

저는 옛날에 처음 예수를 믿는 형제들이 연극하는 것을 보고 은혜를 받은 적이 있습니다. 그것은 여러 사람이 한 몸을 연기하는 것인데 어떤 사람은 머리이고 어떤 사람은 손이고 어떤 사람은 다리였습니다. 그런데 서로가 사랑하지 않아서 머리는 손과 다리에게 아무것도 알려주지 않고 손은 몸을 씻어주지 않고 다리는 걷지 않았습니다. 그래서 온 몸이 더러워지고 또 먹지 않아서 배가 고프게 되었습니다. 그러나 나중에는 자기들이 한 몸이라는 것을 깨닫고 서로 도와주게 되었을 때 몸은 다시 깨끗하게 되고 발은 열심히 걸어 다님으로 다시 건강하게 되었습니다. 특히 우리 몸에서 약한 것늘 중에서 더 중요한 것이 많습니다. 또 눈에 보이지 않는 것들이 생명에 더 중요한 역할을 합니다. 교회는 다 머리가 될 수 없고 모두 입이 될 수가 없습니다. 모두 받은 은사대로 섬길 때 교회는 건강한 한 몸으로 자라가게 되는 것입니다. 원래 엔진도 좋은 엔진은 돌아가는 소리조차 나지 않습니다. 고장난 엔진이 요란한 소리를 냅니다.

그런데 문제는 이스라엘의 한 사람이 이스라엘 한 마을에서 곤욕을 치렀고 동행하던 여자 한 사람이 밤새 겁탈을 당하다가 죽은 것입니다. 사실 아주 중요한 죄인 것은 틀림이 없습니다.

그런데 이 죄가 온 이스라엘을 다 소집할 정도로 큰 위기냐 하는 것입니다. 물론 이스라엘이 도덕적으로 큰 위기인 것은 틀림이 없습니다. 그렇다면 미스바에서 먼저 하나님 앞에서 울면서 회개를 했어야 합니다.

'하나님, 도대체 어떻게 해서 우리 이스라엘이 이 지경까지 가게 되었습니까? 지금 우리 이스라엘의 모습은 이스라엘이 아니고 완전히 소돔과 고모라와 같습니다' 이렇게 모든 이스라엘이 울면서 먼저 자신들의 죄를 회개했더라면 하나님께서 바르게 해결할 수 있는 지혜를 주셨을 것입니다. 예수님께서도 '기도 외에는 이런 유가 나갈 수 없느니라'고 말씀하셨습니다. 죄를 처리하는 가장 중요한 방법은 기도입니다. 왜냐하면 어떤 죄가 생기려면 먼저 그 원인이 있습니다. 그 원인은 바로 찾지 않고 죄만 자른다고 해서 죄가 해결되는 것이 아니기 때문입니다. 이스라엘이 이렇게 된 원인은 그들이 하나님의 말씀을 버렸기 때문입니다. 그래서 레위인은 도망간 첩을 찾아다니고 베냐민의 젊은이들은 동성연애자 깡패가 된 것입니다.

그러나 레위인이 첩의 시체를 토막 내어서 온 이스라엘 열두 지파에게 보낸 것은 진정으로 기브아 사람들의 죄를 바로잡으려고 한 것이 아니었습니다. 그는 거기서 봉변당한 것을 복수하려고 한 것입니다. 그러나 이스라엘 백성들은 너무나도 쉽게 흥분하였습니다.

이스라엘 자손들은 모여서 일단 장본인인 레위인의 진술을 들었습니다.

4-7절 레위 사람 곧 죽임을 당한 여인의 남편이 대답하여 이르되 내가 내 첩과 더불어 베냐민에 속한 기브아에 유숙하러 갔더니. 기브아 사람들이 나를 치러 일어나서 밤에 내가 묵고 있던 집을 에워싸고 나를 죽이려 하고 내 첩을 욕보여 그를 죽게 한지라. 내가 내 첩의 시체를 거두어 쪼개서 이스라엘 기업의 온 땅에 보냈나니 이는 그들이 이스라엘 중에서 음행과 망령된 일을 행하였기 때문이라. 이스라엘 자손들아 너희가 다 여기 있은즉 너희의 의견과 방책을 낼지니라 하니라

물론 레위인의 진술은 거의 대개 사실인 것 같습니다. 그러나 문제는 분위기였습니다. 온 이스라엘 백성들이 이미 여인의 조각난 시체를 보았고 군대가 사십만 명이나 모여 있는 상태에서 이 레위인의 진술은 사람들을 쉽게 흥분시키는데 충분했습니다.

물론 기브아 사람들이 굳이 이스라엘 사람이 아니더라도 자기 성에 유숙하려고 온 사람을 영접하지도 않고 밤에 몰려와서 욕을 보이려고 한 것은 무서운 죄입니다. 더욱이 그의 첩을 윤간하고 아침에 죽게 한 것은 이스라엘 안에서 용서할 수 없는 죄입니다. 그런데 이것이 이스라엘 전체를 내전으로 끌어들인 만큼 엄청난 죄는 아닌 것입니다. 이스라엘이 이 정도가 될 때까지 온 이스라엘이 다 썩어 있었고 그들은 기도하는 일부터 먼저 했어야 합니다. 지금 저희들은 다른 어떤 것보다 이 나라의 문제를 두고 기도를 하고 있습니다. 기도를 하면서 완전히 속이 새로워지는 것을 느낍니다. 일주일에 한 번씩 새사람이 되는 것 같습니다. 그리고 모든 어려움들에 하나님이 함께 하시는 것을 너무나도 분명하게 느끼게 되는 것입니다. 이것이 바른 순서입니다.

사실 잘못한 사람은 공연히 자존심이 생깁니다. 그래서 죄를 지은 사람의 자존심도 중요한 것입니다. 죄를 지었다고 해서 무조건 윽박지르거나 비판하면 오히려 반발심이 생기게 되는데 반발심이 생기지 않도록 잘 타일러가면서 잘못을 바로 잡는 것이 성경적인 지혜인 것입니다.

그러나 무엇보다 중요한 것이 예방입니다. 일단 일이 터진 후에는 어떻게 수습을 하든지 아픔이 생길 수밖에 없습니다. 일단 썩은 부분이 있으면 잘라내어야 하니까 아무리 잘 수술을 하더라도 아플 수밖에 없는 것입니다.

그래서 가장 중요한 것이 부지런히 말씀을 가르쳐서 미리 죄를 예방하는 것입니다.

결국 이 한 사건이 이렇게 심각하게 된 것은 이스라엘 안에 진정한 지도자가 없었기 때문입니다. 그 이유는 간단합니다. 너도나도 모두 다 잘났기 때문에 아무도 다른 사람을 인정하지 않는 것입니다.

십계명의 첫 번째 윤리 계명이 '부모를 공경하라'는 것입니다. 부모를 공경한다는 것은 부모가 똑똑하거나 돈이 많기 때문에 공경하는 것이 아닙니다. 그래도 부모님이 세상을 더 많이 사셨고 또 나를 키우셨기 때문에 존경하는 것입니다. 이것이 권위입니다. 진정한 권위가 없으면 사람들이 모두 다 자기만 잘났다고 합니다. 그러면 이렇게 무정부 상태에 빠지게 되고 정작 중요한 일이 생겼을 때에는 수습할 길이 없는 것입니다. 결국 권위라는 것은 모두가 서로에게 겸손할 때 존재하는 것이며 그래야 어려운 일이 생겼을 때 작은 피해로 끝을 낼 수 있습니다. 그러나 모두다 자기가 잘났다고 할 때에는 결국 작은 일에 모두가 다 끌려 들어갈 수밖에 없고 나중에는 잘난 것 이상의 큰 피해를 보게 되는 것입니다.

베냐민 지파의 반발

이스라엘 총회에서는 이번 기브아 사건을 아주 중요한 범죄로 규정하고 이 죄를 바로 잡기 전에는 어느 누구도 돌아가지 않기로 결정을 내렸습니다.

8-10절 모든 백성이 일제히 일어나 이르되 우리가 한 사람도 자기 장막으로 돌아가지 말며 한 사람도 자기 집으로 들어가지 말고. 우리가 이제 기브아 사람에게 이렇게 행하리니 곧 제비를 뽑아서 그들을 치되. 우리가 이스라엘 모든 지파 중에서 백 명에 열 명, 천 명에 백 명, 만 명에 천 명을 뽑아 그 백성을 위하여 양식을 준비하고 그들에게 베냐민의 기브아에 가서 그

무리가 이스라엘 중에서 망령된 일을 행한 대로 징계하게 하리라 하니라

일단 이스라엘 백성들의 대표가 모여서 이번 기브아의 일이 중요한 범죄 행위이며 반드시 바로 잡아야 한다고 결정한 것은 옳은 결정이었습니다. 그러면 베냐민 지파도 당연히 이 결정에 복종을 하는 것이 옳습니다.

그러나 베냐민 지파는 이스라엘 총회의 결정에 복종을 하지 않습니다.

14-16절 도리어 성읍들로부터 기브아에 모이고 나가서 이스라엘 자손과 싸우고자 하니라. 그때에 그 성읍들로부터 나온 베냐민 자손의 수는 칼을 빼는 자가 모두 이만 육천 명이요 그 외에 기브아 주민 중 택한 자가 칠백 명인데. 이 모든 백성 중에서 택한 칠백 명은 다 왼손잡이라 물매로 돌을 던지면 조금도 틀림이 없는 자들이더라

중요한 것은 베냐민 지파 사람들이 정당한 이스라엘 총회의 결정을 받아들이기를 거부한 것입니다. 만일 베냐민 지파 사람들이 총회의 결정을 존중하고 기브아에서 밤에 습격했던 사람들 몇 십 명만 잡아서 넘겨주면 모든 문제는 간단하게 끝이 납니다. 그런데 그들이 총회의 결정에 불복하고 바로 전쟁 준비에 들어간 이유가 무엇입니까?

먼저는 베냐민 지파 사람들이 교만했기 때문입니다. 사람이 교만하게 되면 다른 사람의 지적이나 책망을 받는 것을 싫어합니다. 누가 진심으로 사랑해서 뭐라고 해도 '도대체 네가 뭔데 나에게 이래라 저래라' 하느냐 하는 식으로 반발을 합니다. 그리스도인의 가장 아름다운 모습은 겸손으로 무장하는 것입니다. 겸손은 다른 사람이 자기에게 듣기 싫은 소리를 할 때에도 일단 경청을 하고 고맙게 받아들이는 것입니다. 우리가 내 생각만 옳다고 생각하니까 모든 것이 어려워지는 것입니다. 내가 틀릴 수

도 있고 다른 사람의 생각이 맞을 수도 있다고 생각할 때 얼마나 우리의 생각의 폭이 넓어지는지 모릅니다. 이스라엘 백성들 안에서 진정한 권위가 상실되어 버렸습니다. 이스라엘 백성들이 가나안 땅에 들어온 후에는 진리가 가장 중요한 것이 되지 못했습니다. 오히려 그들은 가나안에 잘 적응해서 평안하게 사는 것을 성공한 것으로 생각했습니다. 그들은 여호와는 광야의 신이라고 생각했습니다. 그러니까 성경적인 가르침이 권위를 가질 수가 없었던 것입니다.

베냐민 사람들이 얼마나 교만했는가 하면 이스라엘 백성들이 다 모여서 총회를 열어서 결정한 것을 무시합니다.

두 번째는 베냐민 사람들은 자식들을 너무 사랑했습니다. 기브아의 깡패들이 자기들이 사랑하는 아들이었습니다. 사람이 이상한 것은 자기 아들이 잘못하는 것은 아무리 잘못해도 잘못하는 것 같지가 않고 오히려 그것을 나무라는 사람들만 이상한 사람으로 보입니다. 아이들이 잘못해서 나무라기라도 하면 '아니, 아이들이 자라면서 그렇게 할 수도 있는 것이지, 뭐 그런 것을 가지고 어른들이 나서고 그래요?' 하면서 반발하는 경우도 있습니다.

아마도 베냐민 사람들은 이스라엘 총회에 이렇게 변명했을지도 모릅니다. 이 아이들이 밤에 몰려든 것은 그 사람을 해치려고 했던 것이 아니고 한번 놀라게 해 주려고 장난을 친 것인데 그 사람이 너무 겁을 집어먹고 아이들에게 젊은 여자를 내어 주니 어떻게 아이들이 유혹을 받지 않겠느냐고 했을 것입니다. 설사 아이들이 잘못했더라도 어른이 잘 타일러야지 여자를 내어 주면서 유혹을 하면 어떻게 하느냐, 즉 아이들 잘못이 아니고 여자를 내어준 어른이 자기 아이들을 유혹했다고 뒤집어 씌웠을 것입니다.

그러나 비록 그들에게는 장난일지 몰라도 밤에 낯선 곳에 여자를 동반하고 찾아 온 사람에게는 결코 장난이 아니라는 것입니다. 물론 힘센 아이가 약한 아이를 장난으로 괴롭힐지 모르지만 당하는 아이의 입장에서는 결코 장난이 아닙니다. 이것은 그의 목숨을 빼앗을 수 있는 중요한 악입니다.

세 번째로 베냐민 사람들이 총회의 결정에 반발한 것은 이미 하나님께서 이들을 심판하시기로 작정하셨기 때문으로 생각됩니다. 하나님께서 베냐민의 죄를 아주 크게 보셨습니다. 그래서 이들을 심판하시기 위하여 회개할 마음을 주시지 않았던 것입니다. 기브아 사람들이 집단으로 밤에 몰려와서 동성애를 하려고 한 것은 이미 하나님의 선에서는 용서할 수 없는 수준이었습니다. 하나님께서 가장 싫어하시는 것 중 하나는 동성애라든지 변태적인 성행위를 하는 것입니다. 하나님께서 베냐민을 용서하려고 생각하셨더라면 분명히 그들의 지도자 중에서 분별력이 있는 사람을 통해서 총회 결정을 존중하게 하셨을 것입니다. 그러나 하나님께서는 이미 베냐민의 죄를 용서하시지 않기로 결정하셨기 때문에 그들은 총회를 이길 수 있다고 생각했던 것입니다.

특히 여기서 베냐민 지파가 믿은 것은 새로운 저격병들이었습니다. 베냐민 지파에 왼손잡이가 칠백 명이 있었는데 그들은 모두 돌팔매질의 백발백중이었습니다. 당시 방패는 모두 왼손으로 들고 오른손에 무기를 들었는데 왼쪽에서 날아오는 돌은 속수무책이었습니다.

이스라엘의 패배

이스라엘 백성들이 베냐민 지파와 싸운 전쟁은 이스라엘의 대패배로 나타났습니다. 이스라엘 백성들은 두 번씩이나 패배를 당했습니다.

19-21절 이스라엘 자손이 아침에 일어나 기브아를 대하여 진을 치니라. 이스라엘 사람이 나가 베냐민과 싸우려고 전열을 갖추고 기브아에서 그들과 싸우고자 하매. 베냐민 자손이 기브아에서 나와서 당일에 이스라엘 사람 이만 이천 명을 땅에 엎드러뜨렸으나

우리가 생각하기에 베냐민 사람들이 죄를 지었고 이스라엘 사람들이 그것을 응징하기 위하여 왔다면 반드시 승리했어야 할 것입니다. 그러나 처음 전쟁의 결과는 무참한 패배였습니다. 이스라엘 백성 쪽에서 무려 이만 이천 명 정도가 죽었습니다.

물론 그들은 전쟁을 시작하기 전에 어느 지파가 먼저 싸울 것인지 하나님께 물어 보았습니다. 하나님께서는 유다 지파가 먼저 나가서 싸우라고 하셨고 하나님의 말씀대로 유다 지파가 먼저 나가서 싸웠습니다. 그런데 그 결과는 너무나도 비참한 패배였습니다.

첫 번째 전투를 실패한 이스라엘 백성들은 하나님 앞에서 울었습니다. 그러면서 또 다시 형제 베냐민을 치러가야 하느냐고 물었습니다. 하나님께서는 올라가라고 하셨습니다. 그러나 두 번째 전투도 비참한 패배였습니다. 무려 만 팔천 명의 이스라엘 용사들이 베냐민 지파에 의해서 죽었습니다.

어떻게 해서 하나님의 말씀에 순종하는데 이런 엄청난 피해가 발생할 수 있습니까? 그 이유는 두 가지로 생각할 수 있습니다.

첫째는 적어도 같은 이스라엘을 치는 것을 어떻게 아픔 없이 칠 수 있느냐 하는 것입니다. 베냐민이 아무리 불순종하고 악하다 하더라도 같은 이스라엘 사람들을 치려고 하면 그 이상으로 아파야 한다는 것입니다. 결국 하나님께서는 이스라엘 백성들로 하여금 베냐민을 치기 이전에 스스로 울게 하셨습니다. 즉 자기가 먼저 아파보지 않고 또 울어보지 않고

는 형제를 칠 생각을 하지 말라는 것입니다.

26절 이에 온 이스라엘 자손 모든 백성이 올라가 벧엘에 이르러 울며 거기서 여호와 앞에 앉아서 그날이 저물도록 금식하고 번제와 화목제를 여호와 앞에 드리고

이것이 하나님의 원칙입니다. 형제를 치거나 그의 잘못을 바로 잡으려면 자기 자신도 그만큼 아파보아야 하는 것입니다. 같은 이스라엘 백성을 치는 것보다 더 중요한 것은 하나님 앞에서 울면서 기도하는 것입니다.

존 칼빈은 진정한 교회의 표지를 세 가지로 제시했습니다. 첫째는 바른 말씀의 선포가 있고, 두 번째는 성례가 행해지며, 세 번째는 바른 징계가 있는 것이라고 했습니다. 교회는 세상의 죄에서 사람들을 건지는 곳입니다. 그래서 마귀는 어떻게 해서든지 교회를 죄에 빠트려서 무기력하게 하려고 합니다.

특히 요즘은 사람들이 쉽게 교회를 옮겨버리기 때문에 징계를 할 수가 없습니다. 그럼에도 불구하고 징계할 것은 반드시 징계해야 합니다. 그렇게 했을 때 그 사람도 살고 교회도 축복을 받습니다. 그런데 이것을 안면이 받힌다고 해서 우물쭈물 넘어가면 결국 그 교회는 죄의 세력에 삼키우게 되는 것입니다. 그러나 할 수 있는 대로 바른 말씀을 전해서 죄를 짓지 못하게 예방을 하면 가장 성공하는 것입니다.

또 다른 이유는 하나님께서 이번에 베냐민을 철저하게 멸하기로 작정하셨기 때문입니다. 만약 처음부터 베냐민이 패배했더라면 그들은 항복했을 것입니다. 그러나 베냐민은 두 번이나 그것도 크게 승리했기 때문에 항복하거나 타협할 필요를 느끼지 못했습니다. 자기들이 이겼는데 굳이 협상할 필요가 어디에 있습니까? 그러니까 끝까지 회개를 하지 않았던

것입니다.

분명히 내가 잘못하고 있는데도 거듭 거듭 일이 잘되는 것은 결코 좋은 것이 아닙니다. 왜냐하면 그것은 하나님께서 그 사람을 확실하게 버리시기로 작정을 하셨기 때문에 회개할 기회를 주시지 않으시는 것입니다.

지금 우리나라가 경제적으로 어려운 것은 하나님께서 우리나라를 사랑하셔서 회개할 기회를 주시는 것입니다.

오늘 우리는 어떤 시대에 살고 있습니까? 사회 안에 진정한 권위가 상실된 시대에 살고 있습니다. 사람들이 스스로 너무 똑똑하다고 생각해서 누구의 말도 들으려고 하지 않습니다. 그러니까 결국 법으로 해결되지 않습니다. 모든 것이 집단행동으로 가서 자기주장을 관철시키는 것입니다. 결국 이것이 성공한다는 것은 대단히 위험한 일입니다.

예수님께서는 베드로에게 풀고 맬 수 있는 권세를 주신다고 말씀하셨습니다.

마 16:18, 19 또 내가 네게 이르노니 너는 베드로라 내가 이 반석 위에 내 교회를 세우리니 음부의 권세가 이기지 못하리라. 내가 천국 열쇠를 네게 주리니 네가 땅에서 무엇이든지 매면 하늘에서도 매일 것이요 네가 땅에서 무엇이든지 풀면 하늘에서도 풀리리라 하시고

여기서 '음부의 권세'는 죄의 세력을 말합니다. 교회는 죄와 싸우는 곳입니다. 죄와 싸우지 않으면 교회는 결국 죄의 세력에 삼키울 수밖에 없습니다. 어떤 사람이 공공연하게 죄를 짓고 있음에도 불구하고 아무 소리하지 못하고 입을 다물고 있어야 한다면 그 교회는 죄에 진 것입니다.

여기서 매고 푼다는 것은 죄 때문에 금지하거나 그 금지를 해제하는 것을 말합니다. 교회는 일정한 기간 어떤 사람에 대하여 제한을 할 수 있

고 또 어떤 부분에 대하여 금지를 명할 수 있습니다. 교회가 신중하게 내린 결정은 순종할 의무가 있습니다. 그것을 '성경에 그런 근거가 어디 있느냐'고 하면서 불순종해서는 안 됩니다.

우리는 죄에 대해서는 엄격해야지만 분노의 감정에 사로잡혀서는 안 됩니다. 진정으로 교회에 필요한 것은 용서의 영입니다. 다른 사람에 대한 감정적인 분노를 다 가라앉히고 나도 귀한 생명을 가지고 있듯이 다른 한 사람도 다 귀한 생명을 가지고 있다는 것을 깨닫는 것입니다. 누가 평화의 사도입니까? 다른 사람에게 맞아도 욕하지 않는 사람입니다. 다른 사람이 나의 것을 빼앗아 가도 보복하지 않는 사람입니다. 예수님이 그렇게 하셨습니다. 주님은 십자가 위에 달려서도 욕을 하지 않으셨습니다. 그렇게 하실 수 있었던 이유는 사람보다는 그 뒤에 있는 영을 아셨기 때문입니다. 사람이 저렇게 악하게 행동하는 것은 사탄에게 속아서 그렇다는 것을 아셨기 때문에 사람을 미워하지 아니하셨습니다.

다른 사람들이 저렇게 악하게 행동하는 것은 그들이 사탄에게 속았기 때문입니다. 그리고 내가 굳이 보복하지 않아도 하나님께서 그에게 충분히 보복하십니다. 저렇게 기쁨 없이 사는 것 자체가 하나님의 보복입니다. 그래서 아무도 미워하지 않기로 결심하십시다. 우리가 이 세상사는 짧은 기간 동안 항상 다른 사람을 나보다 낫게 여기고 기꺼이 복종하도록 하십시다.

CHAPTER 37

이스라엘 내전의 결과

사사기 20:29–48

헤밍웨이의 유명한 작품 『누구를 위하여 종을 울리나?』는 스페인 내전을 배경으로 하고 있는 작품인데 빨치산의 입장에서 소설을 쓴 것입니다. 우리나라에서도 지리산에 있던 공비들을 소재로 한 대하소설들이 나오고 있지만 헤밍웨이는 벌써 그 옛날에 빨치산 소설을 썼던 것입니다. 거기에 보면 중간에 공산주의자들이 파시스트들을 어떻게 학살했는지도 나오고 또 파시스트들이 어떻게 사회주의 입장에 있는 자들을 학살했는지도 나옵니다.

본문은 사사기 끝부분에서 이스라엘 총회가 베냐민 지파 전체를 주적으로 단정하는 바람에 가까스로 도망친 베냐민 남자 육백 명 외에는 여자나 어린아이들까지 모두 다 학살하는 것을 보게 됩니다. 이것이 바로 이스라엘에 왕이 생기기도 전에 일어났던 내전의 결과였습니다.

우리는 어떤 사람과 의견 차이나 갈등이 생길 때 그 사람 자체를 적으로 삼으면 충돌이 일어나게 되고 나중에는 이것이 가족 전체의 분쟁으로 확대되는 경우가 있습니다. 그러나 그 차이가 나는 부분만 다르고 나머지는 인정할 때 불필요한 피해를 줄일 수가 있는 것입니다.

이스라엘의 적

이스라엘 백성들이 가나안 땅에 들어간 지 얼마 되지 않은 시기에 서로 싸워서 굉장히 많은 사람들이 죽게 됩니다. 이스라엘 백성 안에서 서로 죽이고 죽는 피비린내 나는 전쟁이 일어난 이유는 바로 죄 때문이었습니다. 그래서 이스라엘 백성들은 미스바에서 총회로 모여서 이 문제를 논의했고 그 결과 베냐민 지파 사람들에게 그 범죄자들을 내어 달라고 요구를 했습니다. 그런데 베냐민 지파 사람들이 이 정당한 요구를 거부했습니다. 그럼으로 이스라엘 백성들은 전체 이스라엘 대 베냐민 지파의 전쟁이 벌어지게 된 것입니다.

그런데 이스라엘 백성들은 베냐민의 죄를 처리하는데 있어서 너무나도 신중치 못한 모습을 보여주고 있습니다. 우선 그들은 일방적으로 피해를 입은 레위인의 진술만 듣고 너무나도 쉽게 베냐민 지파 전체를 적으로 규정합니다. 그것이 가장 분명하게 나타나는 것이 몇 가지로 나타나는데 첫 번째가 그들은 한 사람도 돌아가지 않고 기브아를 치기로 결정을 합니다. 그리고 더 심한 것은 미스바에서 맹세하기를 아무도 베냐민 사람들에게는 딸을 주지 않기로 맹세한 것입니다.

21:1 이스라엘 사람들이 미스바에서 맹세하여 이르기를 우리 중에 누구든지 딸을 베냐민 사람에게 아내로 주지 아니하리라 하였더라

딸을 베냐민 사람들에게 주지 않겠다는 맹세는 베냐민 지파 사람들 전체를 저주의 대상으로 생각해서 마지막 한 사람까지 멸망을 시키겠다는 것입니다. 하나님께서는 이스라엘 백성들에게 가나안 사람과 결혼하지 못하게 하셨습니다. 그 이유는 모든 가나안 사람들을 멸망의 대상으

로 보았기 때문입니다. 이스라엘 백성들은 기브아 사건을 통해서 이미 베냐민 지파 사람들 전체가 가나안 사람들처럼 타락되었다고 생각해서 기브아 사람들만이 아니라 모든 베냐민의 남자들 심지어는 여자나 아이들 혹은 짐승들까지 적으로 규정한 것입니다.

이스라엘 백성들이 가나안 땅을 침공하는 방식은 세 가지였습니다.

첫째는 여리고 방식입니다. 여리고는 이스라엘 백성들이 가나안 땅에서 최초로 공격했던 성이며 죄악의 상징이었습니다. 하나님께서는 이 여리고 성을 초자연적인 능력으로 무너지게 하셨고 그 안에 있는 것은 사람이나 짐승이나 물건이나 아무것도 손대지 못하게 하시고 다 죽이게 하셨습니다. 이렇게 하는 것을 '헤렘'이라고 합니다. 여리고 성 안에 있는 것들은 모두 저주받은 것이기 때문에 손도 대지 못하게 하시는 것입니다.

두 번째는 아이성을 공격할 때에 아간이라는 사람의 죄 때문에 처음에는 패배하기는 했지만 사람만 죽이고 짐승은 다 전리품으로 가지게 하셨습니다.

세 번째는 기브온 방식인데 이스라엘 백성들과 언약을 맺은 이방인인 기브온을 죽이지 못하는 것은 물론이고 그들을 지켜줄 책임까지 지는 것이었습니다.

그런데 이스라엘 백성들은 같은 이스라엘인 베냐민 지파 전체를 마치 옛날 여리고 성처럼 멸망의 대상으로 규정하고 있습니다. 그래서 죄인들을 감싸고 있는 베냐민 지파를 철저하게 저주하고 베냐민에 속한 것은 하나라도 남김없이 다 멸하기까지는 집으로 돌아가지 않겠다고 맹세한 것입니다. 그리고 실제로 베냐민 지파 사람들 중을 여자나 아이들 할 것 없이 모두 다 전멸시키는 바람에 림몬 바위로 도망친 남자들 육백 명 외에는 남은 자가 아무도 없었습니다. 아마 거기서 좀 진정되지 않았더라면 그 육백 명마저도 다 죽여 버렸을 것입니다.

물론 베냐민 지파 사람들이 범죄자를 감싸고 이스라엘 총회의 정당한 요구를 거부한 것은 잘못이지만 이런 식으로 여자나 아이 할 것 없이 다 죽여야 한다고 생각한 것은 지나친 감정적인 보복이라는 인상을 지울 수가 없습니다. 그리고 이스라엘 백성들도 나중에는 크게 울면서 후회를 했습니다.

그리고 또 다른 하나는 그들은 자신들의 수적인 우세를 너무나도 쉽게 믿었던 것 같습니다. 이스라엘 백성들은 사십만 명이 모였고 베냐민 지파는 기껏 해봐야 이만 명 정도이니까 너무나도 쉽게 승리를 믿었던 것 같습니다.

그래서 이스라엘 백성들은 베냐민을 치는 것을 대수롭지 않게 생각했습니다. 보통 사람들이 결정을 내릴 때 무시할 수 없는 상대방에 대해서는 쉽게 손을 대지 못합니다. 그러나 힘도 없고 백도 없는 사람은 쉽게 판정을 내려버립니다. 그러나 약한 자들이 예상외로 세게 반발하고 나올 때에는 당황하게 되는 것입니다. 예상 밖으로 베냐민 지파 사람들은 강하게 반발하고 나오는 바람에 이스라엘 연합 지파는 두 번씩이나 대패하게 되었습니다. 이것은 그들이 아무리 옳은 일을 하더라도 신중하지 않았던 것을 보여주는 것입니다.

선수들이나 감독들은 도저히 질래야 질 수 없다고 생각했던 게임에서 대패를 하고 나면 큰 갈등에 빠지게 됩니다. 그런데 하나님의 백성은 이런 자신만만한 전쟁에서 패배하면 어떻게 합니까? 하나님 앞에서 무릎을 꿇고 무엇이 잘못되었는지 물어봅니다. '하나님, 도대체 무엇이 잘못되었기에 이렇게 대패했습니까? 우리의 잘못이 무엇인지 가르쳐 주십시오' 하면서 겸손한 마음이 됩니다.

하나님의 백성들은 한번 실패를 하게 되면 겸손하게 됩니다. 태도가 갑자기 진지해지면서 그 동안 장난스럽고 농담하는 것 같은 분위기는 찾을 수 없게 됩니다. 그런데 그 동안 베냐민 사람들은 더욱 더 기고만장해서 더 교만하게 됩니다.

베냐민 사람들은 이스라엘 사람들을 첫 번째 전투에서 이만 이천 명을 죽이고 두 번째 전투에서는 일만 팔천 명을 죽였습니다. 그러니까 두 번의 전투에서 사만 명이나 되는 이스라엘 사람들이 죽임을 당한 것입니다. 그러면 베냐민 지파 안에서도 '우리가 이런 식으로 우리 동족의 피를 흘리게 해서는 안 된다. 우리도 이 정도로 자성하고 우리 안에 있는 죄인들을 내어주어서 더 이상 무죄한 피를 흘리지 않도록 하자'고 했어야 옳습니다. 그러나 그들은 이스라엘 사람들을 죽이면 죽일수록 더욱 더 교만하게 되어 자기들이 옳다고 생각했던 것입니다.

우리가 어떤 일을 하는데 분명히 내가 정의의 편에 서 있고 아무리 생각해도 분명히 이기게 되어 있는데도 크게 패배했거나 결과가 좋지 않으면 그 이유가 반드시 있습니다. 그 이유는 진지하지 못했고 그 일을 가볍게 생각했기 때문입니다. 하나님께서는 내가 정말 옳은 편에 서 있다면 하나님의 일을 할 때 더 진지하기를 원하시며 더 겸손하기를 원하십니다. 하나님께서 원하시는 것은 옳은 것보다 겸손과 진지함입니다. 그래서 하나님께서는 두 차례의 패배를 통하여 이스라엘 연합 지파를 겸손하게 낮추셨으며 진지하게 하셨으며 그 동안에 베냐민 지파는 죄를 지었으면서도 더 교만하게 되었습니다.

이스라엘 연합 지파의 매복 전법

이스라엘 지파 사람들은 두 번씩이나 크게 패배한 후 비로소 작전을 사용하기로 했습니다. 이것은 베냐민 사람들을 기브아 성에서 끌어내는 것입니다.

29-31절 상 이스라엘이 기브아 주위에 군사를 매복하니라. 이스라엘 자손이 셋째 날에 베냐민 자손을 치러 올라가서 전과 같이 기브아에 맞서 전열을 갖추매. 베냐민 자손이 나와서 백성을 맞더니 꾀임에 빠져 성읍을 떠났더라

이스라엘 사람들은 자기들이 정의의 편에 서고 하나님께서 함께 하시기만 하면 아무 노력 없이 쉽게 승리할 수 있을 것으로 생각했습니다. 그러나 두 번의 패배를 경험하고 난 후에 그들이 깨달은 것은 아무리 하나님께서 함께 하셔도 우리는 죽도록 최선을 다해서 싸워야 한다는 것입니다. 우리가 구약 성경을 보면 이스라엘 백성들이 침략한 적과 싸우면서 너무나도 쉽게 승리를 얻은 것처럼 생각하기 쉽습니다. 그러나 실제로는 그렇지가 않습니다. 아무리 하나님께서 함께 하시고 이긴 싸움이라 하더라도 그들은 매번 최선을 다하여 싸워야 겨우 적을 물리칠 수 있는 것입니다. 물론 다 싸우고 났을 때 승리한 것을 보면 하나님께서 함께 하신 것을 알게 되고 도저히 내 힘으로는 이길 수 없는 전쟁을 이겼다는 것을 깨닫게 되지만 막상 전쟁을 할 때에는 최선을 다해서 사력을 다해서 싸워야 하는 것입니다.

하나님의 일에는 큰일이든 작은 일이든 쉬운 것은 아무것도 없습니다. 많은 분들이 작은 일이라고 우습게 생각하고 시작했다가 큰 코를 다치는 일이 많이 있습니다. 그래서 우리는 그 하나 하나에 대하여 최선을 다하고 사력을 다했을 때 하나님의 도우심을 경험할 수 있는 것입니다.

아주 오래 전에 제가 유년부 교사로 있을 때였습니다. 유치부와 유년부 어린이들을 데리고 야유회를 갔었는데 갑자기 비가 쏟아지는 바람에 아이들이 모두 비에 흠뻑 젖게 되었습니다. 놀러 간 곳은 비를 피할 수 있는 곳이 아무것도 없었습니다. 나중에 버스를 탔는데 아이들은 모두 입술이 새파랗게 되고 오들오들 떨었습니다. 그렇게 차를 타고 가다가는 아

이들이 모두 감기에 걸릴 수밖에 없었습니다. 그래서 아이들을 모두 차 안에서 뛰게 했습니다. 소리를 지르고 몸을 움직이니까 몸이 더워져서 감기에 걸린 아이가 없게 되었습니다. 하나님이 함께 하셔도 우리는 우리로서 할 수 있는 최선의 노력은 해야 하는 것입니다.

이스라엘 백성들이 드디어 이 사실을 깨닫게 되었습니다. 그래서 그들은 패배의 원인을 생각해 보았습니다. 그들의 패배의 원인은 돌팔매질하는 칠백 명에 대한 대책이 없었던 것입니다. 사람들은 보통 방패를 왼손에 들고 전진을 하는데 왼손잡이들은 방패가 없는 쪽으로 물맷돌을 던지니까 백발백중으로 머리를 돌에 맞았던 것입니다. 그래서 그저 순진하게 정면 공격을 하니까 이스라엘 사람들은 숫자는 많았지만 베냐민 사람들을 이길 수가 없었습니다. 그래서 이스라엘 지파 사람들이 생각해낸 것이 베냐민을 이기려면 그들을 들판으로 유인해 내어야 한다는 것이었습니다. 아무리 베냐민 사람들의 수가 적어도 이쪽은 몸이 완전히 다 노출이 되어 있고 상대방은 숨어서 저격을 하는데 감당할 수가 없는 것입니다.

이것은 해병대의 상륙 작전과 비슷합니다. 적은 진지 안에서 기관총을 쏘는데 해변에 아무리 많은 군인들을 퍼부어도 소용이 없는 것입니다.

2차 대전 때 노르망디 상륙 작전에서 미군의 피해가 가장 많았던 곳이 오마하 해변이었습니다. 그곳에서 미군이 가장 많이 죽은 이유는 함포가 조준이 잘못되어 진지 뒤쪽을 포격하는 바람에 진지가 파괴되지 않고 그대로 살아 있었기 때문입니다. 할 수 있는 대로 진지 쪽을 함포가 파괴시켜 주어야 상륙하는 부대의 희생이 적습니다. 지금 베냐민 사람들은 진지 안에서 정확하게 돌팔매질을 하고 이스라엘은 완전히 노출된 처지에 있으니까 도저히 당해낼 수가 없었습니다.

문제는 베냐민 사람들의 교만에 있었습니다. 그들은 세 번째 전투에서도 이스라엘 사람들 삼십 명 가량을 죽이니까 이번에도 자기들이 승리한다고 생각해서 아예 성을 지킬 생각도 하지 않고 모두 성을 나와서 이스라엘 사람들을 추격했습니다.

분명히 베냐민 지파 사람들도 처음에는 이 전쟁에 대해서 양심의 가책이 있었을 것입니다. 그러나 두 번 승리하면서 그들의 마음을 더 굳어지게 하고 죄로 더 굳어지게 되었습니다. 죄를 짓고 나서도 일이 잘되면 마음이 점점 더 굳어져서 죄를 가볍게 생각합니다. 이스라엘 백성들을 너무나도 우습게 안 것입니다. 한번 생각해 보십시오. 자기들이 아무리 잘 싸운다 하더라도 이스라엘 전체는 사람이 사십 만 명입니다. 그런데도 그들은 자기들이 이긴다는 생각을 하고 있습니다.

이 본문을 보면 이스라엘 지파가 복병을 써서 베냐민 지파를 이긴 것을 두 번이나 기록하고 있습니다. 한 번은 먼저 대략적인 보고를 하고 그 뒤에는 보다 상세한 속보를 전하고 있습니다. 이것은 이 베냐민과의 전쟁이 이스라엘 지파에는 얼마나 중요했으며 또 얼마나 이것을 긴급하게 알릴 필요가 있었느냐 하는 것을 알게 합니다.

처음 보고에는 이스라엘이 복병을 썼고 베냐민 사람들은 거의 끝까지 자기들이 망한 줄 모르고 싸웠다고 기록하고 있습니다. 그리고 베냐민의 전사자는 이만 오천 백 명으로 전해주고 있습니다.

원래 전쟁에서 죽은 베냐민 사람이 일만 팔천이고 길에서 쉬다가 추격하는 사람들이 덮쳐서 죽은 자가 오천 명이요 기돔이라는 곳으로 도망치다가 죽은 사람이 이천 명 그래서 도합 이만 오천 명이 죽었고, 베냐민의 생존자는 림몬 바위로 도망친 육백 명밖에 없었습니다. 그리고 성안에 있던 여자나 아이나 짐승들까지 하나도 남기지 않고 모두 다 죽였습니다.

48절 이스라엘 사람이 베냐민 자손에게로 돌아와서 온 성읍과 가축과 만나는 자를 다 칼날로 치고 닥치는 성읍은 모두 다 불살랐더라 아마 처음 이스라엘 지파 사람들은 베냐민과의 전쟁을 쉽게 생각했던 것 같습니다. 그래서 초반에 베냐민 지파를 우세한 숫자로 혼을 내면 쉽게 굴복할 줄 알았습니다. 그러나 두 번에 걸쳐서 이스라엘 총회 쪽 사람들이 사만 명이나 죽으면서 결국 극단적인 감정의 대립으로 가게 된 것입니다. 이렇게 된 이유가 사탄의 시험입니다. 사탄의 목적은 미움을 크게 부풀려서 결국 모두 다 죽고 죽이고 망하게 하는 것이 목적입니다. 이스라엘 백성들이 서로 이렇게 많이 죽이고 죽게 되었을 때 누가 좋아하겠습니까? 결국 마귀가 좋아하고 이스라엘이 망하기를 바라는 원수들이 좋아하게 되는 것입니다.

오늘 우리들에게 필요한 것은 진지한 태도입니다. 아무리 작은 것이라도 소홀하게 넘어가서는 안 됩니다. 그래서 언제나 기도를 하고 일을 해야 마귀의 꾐에 넘어가지 않게 됩니다.

이스라엘 백성들이 아무리 베냐민지파를 징계하겠다고 맹세를 했다 하더라도 지쳐서 쉬고 있는 사람들까지 덮쳐서 죽인 것이나 기돔으로 도망치는 자들을 따라가고 혹은 집에 있는 여자나 아이들 그리고 짐승들까지 다 죽인 것은 지나친 일인 것입니다. 결국 베냐민 사람들도 지나쳤지만 이스라엘 백성들도 균형을 잃고 지나친 것을 보게 됩니다. 이것이 바로 이스라엘 백성들이 영적으로 성숙하지 못한 결과인 것입니다.

예를 들어, 초등학교에서 어느 반이 자기 반에 할당된 정원의 풀을 뽑게 되어 있는데 아이들이 서서 이야기만 하고 아무도 풀을 뽑지 않습니다. 그래서 선생님께서 반장과 한두 명을 크게 야단을 치고 나니까 아이들이 얼마나 열심히 생겼는지 풀만 뽑은 것이 아니라 그 안에 있는 화초까지 다 뽑아버린 것과 같습니다.

사람들이 화가 나면 적정한 선을 찾지 못합니다. 그래서 상대방이 하는 일은 무조건 틀리고 무조건 반격해야 한다고 생각하기 때문에 작은 일도 큰일을 만드는 것입니다. 부부가 사소한 것으로 말다툼을 하다가 나중에는 처음 결혼할 때까지 거슬러 올라가서 처가집이나 시댁 사람들까지 들먹이면서 온 집안 싸움으로 번지는 경우가 있습니다. 그래서 우리는 절대로 사람을 적으로 생각해서는 안 되는 것입니다. 우리의 적은 눈에 보이지 않는 원수 마귀이지, 사람이 아닙니다. 그래서 형제나 자매에 대해서는 그가 아무리 잘못을 했다 하더라도 그 인격 자체를 정죄하면 자기가 죄를 짓는 것입니다.

그러면 이스라엘 백성들이 베냐민 지파를 어느 정도까지 쳤으면 적절했겠습니까? 무기를 가지고 대항하는 자들만 치면 되는 것입니다. 주력부대인 만 팔천 명이 쓰러지고 난 후 다른 사람들이 도망을 쳤을 때 그때 나팔을 불어서 군인들을 모아 휴전을 하고 아이들이나 여자들은 죽이지 말았어야 하는 것입니다. 그러나 이미 피를 본 이스라엘 백성들의 분노는 베냐민 지파를 완전히 멸망시키기 전까지 중단되지 않았습니다.

내전의 결과

최초의 이스라엘 내전의 결과는 모든 이스라엘 백성들의 마음속에 큰 상처를 안겨주었습니다. 그래서 이스라엘 백성들은 승리했지만 기뻐하는 사람은 아무도 없었습니다. 모든 이스라엘 백성들은 벧엘에 모여서 대성통곡했습니다.

21:2, 3 백성이 벧엘에 이르러 거기서 저녁까지 하나님 앞에 앉아서 큰 소리로 울며. 이르되 이스라엘의 하나님 여호와여 어찌하여 이스라엘에 이런 일이 생겨서 오늘 이스라엘 중에 한 지파가 없어지게 하시나이까 하더니

이스라엘 백성들의 꿈은 이스라엘 한 지파 한 지파가 부흥이 되어서 온 세상을 하나님의 나라로 만든다는 것이었습니다. 하나님께서는 이 열두 지파로 온 세계를 품게 하신다는 것입니다. 그런데 이 열두 지파가 가나안 땅을 정복하기도 전에 자기들끼리 싸워 한 지파가 거의 멸망하게 되었습니다. 공이 전체가 팽팽하게 커져야 하는데 벌써 한쪽이 찌그러져서 보기 싫게 되었다는 것입니다.

이스라엘 백성들이 생각했던 미래관은 대단히 낙관적이었던 것 같습니다. 이스라엘 한 지파 한 지파가 커지고 또 커져서 나중에는 온 세상을 가득 채우는 비전을 가지고 있었습니다. 이러한 낙관적인 미래관을 완전히 깨트린 것이 바로 베냐민 지파의 죄였습니다. 그리고 그것을 인정하기 싫어하는 교만이었습니다. 물론 하나님의 나라는 커지겠지만 그 과정에 수많은 죄의 대가가 지불되어야 하며 결국 이스라엘이 죄와 싸워서 이기지 못하면 이스라엘의 한쪽만이 아니라 전체가 찌그러질 수 있다는 것을 역사적 사실이 보여 줍니다.

처음에 목회를 시작할 때에는 제자 훈련이나 전도에 굉장한 기대를 가집니다. 한 구역을 열두 명으로 해서 부흥되면 둘로 쪼개고 또 그것이 열두 명이 되면 또 둘로 쪼개어서 기하급수적으로 교회가 부흥될 것이라고 생각합니다. 그러나 교회는 그런 식으로 잘 부흥되지 않습니다. 그 이유는 한 사람 한 사람이 비싼 대가를 지불하고 죄에서 해방되어서 하나님의 백성이 되어야 하기 때문입니다. 죄가 해결되지 않는 부흥은 진정한 부흥이 아닌 것입니다. 그리고 죄가 해결되지 않은 축복도 진정한 축복이 아닙니다. 이것은 영적인 부실 공사인 것입니다.

사실 19세기 유럽의 미래관은 철저하게 낙관적인 것이었습니다. 특히 과학의 경이적인 기술은 완전한 유토피아를 보장해줄 것으로 믿었습니다. 그래서 계시록을 해석하는데도 후천년설이라는 것이 인기를 끌었습니다. 후천년설이라는 것은 이 세상이 점점 복음화 되어서 결국 온 세계가 복음화된다는 것입니다. 그러나 미래에 대한 낙관적인 기대를 완전히 깨뜨린 것은 두 번에 걸친 세계 대전이었습니다. 지금은 미래에 대하여 이런 낙관적인 생각을 가지고 있는 사람은 별로 없는 것 같습니다.

미래에 대한 우리의 생각은 낙관도 아니고 비관도 아닙니다. 인류 역사는 성경의 약속 그대로 그리스도가 두 번째 오실 때까지 계속될 것입니다. 물론 환경은 더 오염이 되고 사는 조건은 더 열악해지겠지만 그럼에도 불구하고 끝은 아닐 것입니다. 우리에게 있어서 중요한 것은 끝까지 죄와 싸운다는 것입니다. 이스라엘 지파가 같은 민족이지만 죄를 두둔하고 죄를 인정하지 않는 베냐민 지파와 싸운 것은 잘한 것입니다. 그러나 그들은 내전의 결과가 이토록 파괴적이고 끔찍한 줄은 몰랐습니다. 그들은 너무 쉽게 맹세했는데 그 맹세의 결과가 얼마나 많은 사람들을 죽게 했는지 모릅니다.

결국 그들은 모두 다 하나님 앞에서 방성대곡했습니다. 그들을 애통하게 만든 것은 죄가 가져온 참혹한 결과였습니다. 기브아 사람들은 장난삼아 자기 마을에 들어온 외인을 괴롭혔는지 모르겠지만 그 죄의 결과는 한 지파 전체의 전멸이었습니다.

예수님께서는 산상설교에서 '애통하는 자는 복이 있나니 저희가 위로를 받을 것이라'고 말씀하셨습니다. 여기서 '애통하는 자'는 어떤 사람입니까? 사람 안에 있는 죄와 그 죄가 가져오는 가공스러운 결과에 대하여 애통하는 사람입니다. 죄는 작게 시작됩니다. 그러나 그 결과는 철저한 파멸이었습니다.

이스라엘 사람들이 모두 벧엘에 가서 방성대곡한 이유가 무엇입니까? 죄가 가져온 그 엄청난 결과를 보았기 때문입니다. 그들은 눈앞에 결과가 나타나기까지 그렇게 심각하게 생각하지 않았습니다. 그러나 눈앞에 한 지파가 완전히 죽어버린 것을 보고서야 죄라고 하는 것이 이렇게 무서운 것이구나 하는 것을 깨달은 것입니다. 우리는 불장난을 하듯이 죄를 지어서는 안 됩니다. 그리고 다른 사람의 문제를 너무 쉽게 생각해서도 안 됩니다.

하나님께서는 베냐민 지파를 치는 이스라엘 총회에 대하여 너희는 죄가 없느냐고 물으시는 것입니다. 지금 베냐민 지파만 문제가 되어서 그렇지, 온 이스라엘이 다 이런 문제에 빠져 있었을 것입니다. 아마 다른 지파가 자기들에게도 범죄한 동생이나 아들을 내어놓으라고 했으면 칼을 들고 싸웠을지 모릅니다. 단지 베냐민이 먼저 심판을 받았을 뿐이지, 이스라엘의 죄는 오십 보 백보였습니다. 베냐민 지파 사람들이 죽어 있는 곳에 자기 자신이나 자기 아내가 죽어 있어야 한다고 생각해보십시오. 얼마나 두렵고 끔찍한 일입니까?

특히 베냐민 지파 사람들이 잘못한 것은 의리와 진리를 혼동했기 때문입니다. 그들은 같은 베냐민 사람을 지키는 것이 의리라고 생각했습니다. 그래서 그들은 죄인을 두둔했습니다. 그러나 그 잘난 의리가 지파 전체와 여자들이나 아이들까지 죽음의 자리로 몰고 갔습니다. 죄를 두둔하는 것은 사랑이 아닙니다. 우리가 거짓말까지 하면서 사랑해야 한다면 그것은 이미 사랑이 아닙니다. 그런 것은 의기투합하는 것이지 진정한 사랑이 아닌 것입니다.

어떻게 해서 한국 교회의 반이 동족상잔의 비극과 함께 어지러지게 되었습니까? 그것은 죄 때문이었습니다. 우리의 오랜 우상 숭배가 결국 일본의 천황에게 절하게 만들고 교회가 순결을 잃은 것이 이런 비극을 가져오게 된 것입니다. 그러면 지금 우리는 안전합니까? 옛날 우리 교회가 우상에 무릎을 꿇었다면 오늘 교회는 돈이나 인간의 탐욕 앞에 무릎을 꿇고 있습니다. 지금 교회가 외형적으로 크고 화려한 것 같지만 속으로는 예전보다 더 무섭게 썩어 있는 것입니다. 교회는 죄를 치료하는 곳이어야 하고 도덕성을 회복하는 곳이 되어야 합니다.

우리의 적은 누구입니까? 사람이 아닙니다. 사람 뒤에서 조정하고 있는 원수 마귀입니다. 왜 이스라엘 백성들이 베냐민을 다 죽여야만 했을까요? 그들은 베냐민 사람들을 모두 적이라고 규정했기 때문입니다. 우리의 적은 마귀이며 악한 사상입니다. 어떻게 하든지 진리를 밝히고 사람의 건전한 상식을 살아나게 해서 다시는 공산주의와 같은 공격적이며 마귀적인 사상이 나오지 못하게 해야 합니다. 운동권이 그토록 과격해지게 된 이유는 바로 독재 정권에 있었습니다. 또 그런 정권이 들어서게 된 이유도 바로 죄에 있습니다. 다시 교회가 파괴되는 비극이 없으려면 교회가 빛을 잘 비추어서 사람들의 건전한 상식이 작동을 하게 해야 합니다. 왜 이스라엘 백성들은 이 작은 죄로 이렇게 큰 희생을 치러야만 했을까요? 그것은 진리를 밝히지 않은 대가였습니다.

그러나 예수님은 가라지 비유에서 가라지를 뽑지 말라고 하셨습니다. 왜냐하면 가라지처럼 생긴 알곡도 많이 있기 때문입니다. 부흥이 일어나면 가라지 같은 사람들이 알곡으로 변하여 많은 열매를 맺게 됩니다. 결국 교회의 부흥과 성령의 역사가 전쟁을 막을 수 있게 되는 것입니다.

우리는 다른 사람을 함부로 정죄해서는 안 됩니다. 변화가 안될 것이라고 단정했던 사람들 중에는 한 순간에 변화되어 열매 맺는 사람들이 얼마나 많습니까? 먼저된 자가 나중되고 나중된 자가 먼저된다고 하셨습니다. 내가 정죄했던 사람이 나 이상으로 더 훌륭한 신앙의 열매를 맺을 수 있습니다. 사람이 살아있는 이상 단정해서는 안 됩니다.

그리고 좌우간 죄 있는 사람의 편에 서거나 교만한 자의 편에 서는 것이 얼마나 위험하다는 것은 우리가 이번 사건을 통하여 알 수 있었습니다. 악하고 교만한 자가 성공하는 것을 보면 심판 때가 되었다는 것을 알고 거기서 도망을 쳐서 합니다. 멸망의 가증한 것이 서지 못할 곳에 서는 것을 보면 도망치라고 하셨습니다. 악하고 교만한 자가 잘되는 것을 잠시라도 부러워하지 말고 그들로부터 떠나시기 바랍니다.

CHAPTER 38

베냐민의 회복

사사기 21:5-25

우리나라 민법에는 노름빚은 갚을 의무가 없다고 되어 있습니다. 그러나 그것은 어디까지나 법적으로 그렇다는 것이지 만일 노름 빚쟁이가 하루도 빠지지 않고 빚을 진 사람의 집이나 직장을 찾아와서 돈을 내놓으라고 협박하면 결국 돈을 주지 않고는 견디기 어려울 것입니다. 요즘 신문을 보면 다른 사람의 약점을 이용해서 돈을 뜯어내다 결국 피해자의 고발로 쇠고랑을 차는 사람들에 대한 기사들이 심심찮게 실리고 있습니다.

예를 들어, 어떤 유부녀가 외간 남자와 좋지 못한 관계를 가졌는데 남자는 그 약점을 이용해서 남편에게 알리겠다고 하면서 계속 돈을 뜯어내는 것입니다. 물론 남편이 있는 여자가 외간 남자와 불륜을 저지른 것은 잘못이고 죄지요. 그러나 그렇다고 해서 그 약점을 이용해서 계속 협박하고 돈을 뜯어내는 것은 더 큰 죄가 되는 것입니다. 그러나 불륜 관계에 빠진 본인은 약점이 있기 때문에 다른 사람에게 말도 하지 못하고 계속 고통을 당할 수밖에 없습니다. 이런 경우에는 경찰의 도움으로 그 악한 자의 손에서 벗어나게 되는 것입니다.

성경 본문에서 이스라엘과 베냐민의 내전 결과 베냐민 지파 사람들은 도망친 육백 명을 제외하고는 모든 남녀들이 모두 학살을 당합니다. 이스라엘 백성들이 결국 자신이 지나쳤음을 듣고 어떻게 하든지 베냐민을 회복시키려고 하는 것입니다.

그런데 이 본문에서 중요한 것은 이스라엘 사람들의 맹세입니다. 이스라엘 백성들은 맹세를 했기 때문에 베냐민 사람들을 죽일 수밖에 없었고, 그들은 맹세를 했기 때문에 남은 베냐민 사람들에게 여자를 줄 수 없었고, 그들은 맹세를 지키기 위하여 길르앗 야베스 사람들을 죽여서 처녀 사백 명을 확보하고 실로에서 춤추는 여자들은 납치한 후에도 납치당한 것은 맹세를 깬 것이 아니라는 식으로 설명을 합니다. 결국 이스라엘 백성들은 무엇 때문에 이렇게 맹세를 많이 할까요? 또 이런 식으로 맹세를 지키기 위하여 사람을 죽이고 여자를 납치하는 것은 옳으냐 하는 것입니다.

이스라엘 사람들의 맹세

이스라엘 백성들은 베냐민 지파를 응징하는데 있어서 크게 세 번의 맹세를 합니다. 첫 번째는 베냐민 지파를 응징하기 전까지는 아무도 자기 집으로 돌아가지 않는다는 것입니다.

20:8 모든 백성이 일제히 일어나 이르되 우리가 한 사람도 자기 장막으로 돌아가지 말며 한 사람도 자기 집으로 들어가지 말고

두 번째는 이번 전쟁에 동참하지 않는 이스라엘 지파는 모두 다 죽인다는 것입니다.

21:5 이스라엘 자손이 이르되 이스라엘 온 지파 중에 총회와 함께 하여 여호와 앞에 올라오지 아니한 자가 누구냐 하니 이는 그들이 크게 맹세하기를 미스바에 와서 여호와 앞에 이르지 아니하는 자는 반드시 죽일 것이라 하였음이라

그리고 세 번째는 이번 일 후로는 절대로 베냐민 사람에게는 딸을 아내로 주지 않겠다는 것입니다.

21:1 이스라엘 사람들이 미스바에서 맹세하여 이르기를 우리 중에 누구든지 딸을 베냐민 사람에게 아내로 주지 아니하리라 하였더라

사람들이 대개 맹세를 하는 이유가 무엇일까요? 거의 대개 다른 사람들이 내가 한 말을 믿어주지 않기 때문에 자기 말을 믿도록 하기 위하여 무엇인가 큰 것을 걸고 약속을 하는 것입니다. 예수님께서는 제자들에게 맹세하지 말라고 말씀하셨습니다. 그 이유는 우리 인간이 할 수 있는 것이 하나도 없기 때문입니다. 우리는 자신의 머리털 하나도 검고 희게 할 수 없습니다. 뿐만 아니라 우리 인간들은 너무나도 변덕이 심한 존재들입니다. 그래서 내가 이것을 하겠다 혹은 저것을 하겠다는 식으로 주장을 할 것이 아니라 하나님의 뜻이면 순종하고 하나님의 뜻이 아니면 하지 않으면 되는 것입니다.

그런데 이스라엘 사람들은 베냐민 지파를 치는데 계속 맹세를 하고 있습니다. 이것은 마치 약속 어음을 남발하는 것과 같았습니다. 결국 이스라엘 사람들은 이 맹세를 지키기 위해 너무나도 많은 사람들을 죽이게 됩니다. 그들은 베냐민 사람들을 다 죽이겠다고 맹세를 했기 때문에 실제로 다 죽이고 난 후 후회를 합니다. 그리고 베냐민 사람들에게 딸을 주지 않

겠다고 맹세를 했기 때문에 또 길르앗 야베스 사람들을 죽여서 딸을 빼앗는 것입니다. 그리고 실로에서 춤추는 여자들을 납치하게 되는 것입니다.

지금 이스라엘 백성들의 모든 행동을 지배하고 있는 것은 맹세입니다.

요즘 우리 시대 사람들은 맹세라는 것을 믿지 않습니다. 아무리 맹세를 하더라도 번복할 수 있는 것이 우리 시대의 상황입니다. 전에 대통령 후보였던 사람도 정치를 다시 하지 않겠다고 맹세를 했는데 상황이 바뀌니까 다시 나와서 대통령으로 당선되어 임기를 마쳤습니다. 그분에게 있어서 한 평생 자기가 한 약속을 지키는 것이 더 현명한가 아니면 한번은 거짓말쟁이라는 말을 듣더라도 약속을 깨고 자신의 말을 번복하고 다시 시작하는 것이 나으냐 하는 것입니다. 정치인들은 한번 거짓말쟁이라는 말을 듣더라도 자신의 말을 번복하고 현실과 타협하는 것이 훨씬 낫다고 생각할 것입니다. 그러나 옛날 이스라엘 사람들은 한번 맹세한 것은 무슨 일이 있어도 반드시 지켜야만 했고 하나님의 이름으로 맹세한 것은 어떤 일이 있어도 지켜야 하는 것으로 믿었습니다. 그러니까 옛날 사람들은 한번 잘못 맹세를 하면 완전히 신세를 망치는 것이 되었습니다. 요즘도 우리 사회에서 다른 사람의 담보를 섰다가 재산의 피해를 입은 사람들이 많은 것으로 보도된 적이 있습니다. 바로 이런 것이 맹세와 비슷합니다. 한번 재정 보증을 잘못하면 자기 재산을 다 날리는 것입니다.

우리는 성경에서 이 잘못된 맹세 때문에 더 큰 죄를 지은 사람과 그 맹세를 취소함으로 죄를 짓지 않은 예를 찾아 볼 수 있습니다.

하나는 신약성경에서 헤롯의 경우입니다. 헤롯의 생일에 그의 의붓딸이 아주 멋진 춤을 추었습니다. 헤롯은 너무나도 기분이 좋아서 그 의붓딸에게 무엇을 원하느냐고 하면서 나라의 반이라도 주겠다고 맹세를 했습니다. 그런데 그 의붓딸은 세례 요한의 머리를 달라고 요구했습니다. 헤롯은 그 말을 듣고 아주 고민에 빠졌습니다. 왜냐하면 맹세를 하기는 했는데 세례 요한은 하나님의 선지자였기 때문입니다. 그러나 주위에 있는 사람들이 맹세는 지켜야 한다고 하니까 결국 세례 요한을 죽여서 그 머리를 소반에 담아 주라고 했습니다.

다른 하나는 사울왕이 블레셋과 싸울 때였습니다. 그는 온 백성들에게 금식을 선포하고 해가 질 때까지 아무것도 먹지 못하게 맹세를 시켰습니다. 이것은 죽기까지 블레셋과 싸우겠다는 비장한 각오를 가지게 하기 위해서였습니다. 그런데 이 맹세를 듣지 못한 사울왕의 아들 요나단은 혼자 적진에 용감하게 건너가서 블레셋 사람들을 무찔렀고 그것을 보고 이스라엘 백성들도 합세하여 블레셋을 공격했습니다. 그런데 요나단은 숲 속에 꿀이 있는 것을 보고 지팡이로 꿀을 찍어 먹었습니다. 그런데 다른 백성들은 맹세 때문에 꿀을 보고도 먹지 않았습니다. 나중에 하나님 앞에서 요나단이 꿀을 먹은 것이 드러났을 때 사울은 맹세 때문에 요나단을 죽이려고 했습니다. 그런데 백성들이 죽이지 못하게 하는 바람에 사울은 죄를 짓지 않았습니다.

이것을 볼 때 맹세가 용감한 것 같기는 한데 잘못 사용되면 맹세하지 않은 것 보다 훨씬 더 못한 것을 볼 수 있습니다.

왜 이스라엘 백성들이 이런 맹세를 세 번씩이나 했을까요? 그것은 그들의 신앙보다 의욕이 앞섰기 때문입니다. 우리 믿는 사람들이 실제 형편은 따라가지 않는데 의욕이 앞서면 식언을 하게 되어 있습니다. 그러나 자기는 어디까지나 하나님의 종이고 하나님이 모든 것을 결정하신다고 생각하면 식언을 하지 않을 것입니다. 사람들은 자기가 할 수 없는 것을 약속하고 한번 약속한 것은 무리해서라도 지키는 것을 멋있다고 생각합니다. 그러나 이런 멋 때문에 얼마나 많은 가족이 고통을 당해야 하는지 모릅니다. 우리는 주인이 아니고 하나님의 종이기 때문에 다른 사람들 앞에서 멋있게 보이려고 큰 소리를 쳐서는 안 됩니다. 그러면 그것은 자기가 책임을 지게 되는 것입니다.

어떤 사람이 한번 거짓말을 하면 그것이 들통 날 것 같아서 또 거짓말을 합니다. 그리고 그것 때문에 또 거짓말을 하게 됩니다. 그래서 나중에는 처음 자신의 의사와는 달리 너무 많이 거짓말을 해버려서 도저히 수습을 할 수가 없게 됩니다. 예를 들어, 어떤 사람이 장난삼아 주식에 투자를 했습니다. 그런데 이익이 제법 많이 생겼습니다. 그래서 친구나 친척들의 돈을 빌려서 투자를 했습니다. 그런데 이번에는 돈을 다 날려 버렸다고 합시다. 그는 이자를 갚기 위하여 또 돈을 빌려야 합니다. 그 다음에는 이자의 이자를 갚기 위하여 또 돈을 빌려야 합니다. 나중에는 도저히 수습할 수 없을 정도로 눈덩이처럼 커지는 것입니다.

죄는 한번으로 끝나는 것이 아니라 마치 물귀신처럼 꼬리를 물고 자꾸 자꾸 사람을 끌고 들어갑니다. 이럴 때 어떻게 해야 합니까? 물론 한번 망신당하고 죄를 털어 버리면 되겠지만 그것이 그렇게 쉽게 할 수 있는 부분이 아닙니다. 이런 문제의 원인을 사사기 저자는 왕이 없는데서 찾습니다. 다시 말해서 이런 맹세라면 왕은 취소할 수 있다는 것입니다. 아무리 사람들이 모여서 합의를 보고 맹세를 하였다 하더라도 왕은 실제적인 힘을 가지고 있기 때문에 왕이 취소하면 취소가 될 수 있었는데 왕이 없었기 때문에 결국 이스라엘 백성들은 자기들이 한 맹세가 올무가 되어서 계속적으로 죄를 짓게 되었다는 것입니다. 예수 그리스도가 필요한 이유가 무엇입니까? 바로 우리에게 있는 악의 고리를 끊을 수 있는 힘을 가진 분이기 때문입니다. 하나님의 백성과 아닌 사람의 차이가 바로 여기에 있습니다. 하나님의 백성이 아닌 사람은 악의 고리를 끊을 용기가 없습니다. 그래서 한번 맹세를 하면 계속 맹세를 해야 하고 한번 거짓말을 하면 계속 거짓말을 해야 합니다. 또 한번 돈을 빌리기 시작하면 최후의 순간까지 계속 돈을 빌리게 되어 있습니다. 그러나 하나님의 백성들은 자기가 잘못되었다고 생각되면 그 순간에 손을 들고 하나님께 항복하면 됩니다. 그러면 자기가 지은 죄만큼은 책임을 지고 비난받는 것으로 끝나는 것입니다.

예를 들어, 돈을 갚지 못한 것이 있으면 그것만 책임을 지면 되는 것이고 또 실수한 것이 있으면 그 부분만 비난을 받으면 되는 것이지 마지막 죽음의 순간까지 자기 자신을 몰아가지 않습니다. 악한 마귀는 우리로 하여금 스스로 책임지지도 못할 일을 하게 하고서는 나중에 결국 '봐라. 너는 네가 저지른 것을 책임을 지라'고 몰아갑니다. 어떤 때에는 죽음의 자리로 몰아갈 때도 있습니다. 네가 이렇게 했으니까 죽음으로 책임을 지라는 것입니다. 오늘 사람들은 모두 이 악의 사슬에 매여 있습니다. 한 번 잘못하면 그것이 한평생 따라 갑니다.

예를 들면, 어떤 사람이 교도소에 갔다 오면 그 사실 때문에 또 죄를 짓게 됩니다. 왜냐하면 아무도 그를 바로 보지 않기 때문입니다. 학벌이 초등학교 밖에 나오지 않았으면 평생 그 학벌이 그를 따라 다닙니다. 결혼에 한번 실패하면 그것이 평생 그를 따라 다니는 것이 오늘 우리의 형편입니다. 그러나 주님이 하시는 것이 무엇입니까? 지금 너를 운명처럼 따라 다니는 것을 내 앞에서 털어 버리라는 것입니다.

이스라엘의 베냐민 회복책

이스라엘 백성들은 베냐민을 응징한 후 큰 딜레마에 빠지게 되었습니다. 그 이유는 완전히 한 지파가 없어지다시피 했기 때문입니다.

6절 이스라엘 자손이 그들의 형제 베냐민을 위하여 뉘우쳐 이르되 오늘 이스라엘 중에 한 지파가 끊어졌도다 결국 그들은 도저히 일치될 수 없는 두 가지 목표를 가지고 있었습니다. 하나는 베냐민 지파를 철저히 응징하기 전까지는 집으로 돌아가지 않는다는 것이고, 또 다른 하나는 베냐민은 이스라엘의 열두 지파 중 하나이기 때문에 남아야 한다는 것입니다. 결국 이스라엘 사람들은 맹세를 잘못하는 바람에 베냐민 사람들 중 도망친 육백 명 외에는 다 죽이게 되었습니다. 그나마 도망친 육백 명마저 따라가서 죽이지 않는 것만 해도 다행입니다. 그런데 이스라엘 사람들은 여기서 일을 끝내지 않고 남은 베냐민 지파 사람들이 자식을 낳아서 후손을 남길 수 있는 대책을 마련해 주고가야 한다고 결론을 내렸습니다.

왜냐하면 지금 베냐민 사람들은 다 죽고, 남자만 육백 명 남아 있는데 그대로 두면 베냐민 지파가 완전히 없어질 것 같았기 때문입니다. 여기서 이스라엘 백성들은 모두 베냐민 사람들에게 여자를 구해주어야 한다는 데 의견의 일치를 보았습니다. 그런데 문제는 아무도 베냐민 사람들에게는 딸을 아내로 주지 않기로 맹세한 것이 걸렸습니다. 모두 맹세를 했기 때문에 딸을 줄 수는 없는데 베냐민 사람들은 여자가 없으면 후손을 만들 수 없으니까 어떻게 합니까? 아마 이 문제를 두고 많이 고민을 한 것 같습니다. 그러다가 그들은 다른 맹세를 기억해 내었습니다. 그것은 이번 전쟁에 참가하지 않은 이스라엘 사람들은 다 죽이기로 결정한 것입니다. 그리고 보니까 야베스 길르앗 사람들이 오지 않았습니다. 이스라엘 사람들은 이 맹세를 근거로 해서 야베스 길르앗 사람들을 다 죽이고 처녀만 사백 명 잡아 와서 베냐민 사람들에게 주었습니다. 야베스 사람의 문제는 완전히 맹세를 위한 맹세였습니다. 이스라엘 사람들이 가지고 있는 생각은 완전히 흑백 논리였습니다. 즉 우리와 함께 하지 않는 자는 우리의 적이기 때문에 우리가 완전히 죽여야 한다는 것입니다.

마가복음 9장에 보면 예수님의 제자 요한이 어떤 사람이 자기들을 따르지 않으면서 예수님의 이름으로 귀신을 쫓아내는 것을 보고, 하지 못하게 금지시켰다고 예수님께 말씀을 드렸습니다. 그랬더니 예수님께서는 금하지 말라고 하시면서 내 이름을 의탁하여 능한 일을 하고 나를 비방할 자가 없다고 말씀하셨습니다. 그러면서 '우리를 반대하지 않는 자는 우리를 위하는 자니라'(막 9:40)고 말씀하셨습니다. 제자들이 가지고 있는 생각은 눈에 보이게 나를 지지하고 따르는 자들만 우리 편이고 다른 사람들은 모두 적이라는 생각이었습니다. 그러나 예수님께서는 제자들의 그런 생각에 반대하셨습니다. 비록 지금은 겉으로 내어놓고 따르지는 못하지만 잠재적으로 예수님을 지지하고 마음속으로 따르는 소극적인 제자들이 상당히 많다는 것을 예수님은 알고 계셨습니다. 우리들은 반드시 나와 친하고 모든 이야기를 다 털어 내어 놓는 사람들만 내 친구라고 생각해서는 안 됩니다. 만약 그렇게 생각한다면 우리는 너무나도 많은 친구들을 잃고 말 것입니다. 일단 노골적으로 나를 적대시하지 않는 자는 다 나의 친구로 알고 어떻게 하든지 그들에게 좋은 영향을 주려고 하는 것이 하나님의 백성의 태도입니다.

물론 야베스 길르앗 사람들이 정당한 이유 없이 모든 이스라엘이 참가하는 전쟁에 빠진 것은 잘한 것이 아닙니다. 그러나 결국 그들을 죽여야만 했던 것은 이스라엘의 맹세였습니다.

우리에게 중요한 것은 맹세냐 생명이냐 하는 것입니다. 이 세상의 어떤 것도 생명보다 중요할 수는 없습니다. 어떤 맹세를 했더라도 사람을 죽이는 맹세는 취소될 수 있어야 합니다. 왜냐하면 이 세상의 그 어떤 것도 사람의 생명보다 더 중요한 것은 없기 때문입니다.

예수님은 이 사실을 말씀하시면서 율법의 정신이 사람을 살리는데 있는 것이지 죽이는 것이 아니라고 하셨습니다. 다시 말해서 안식일을 지키는 것은 사람이 안식일을 지키지 않으면 결국 욕심에 빠져서 무리하는 바람에 죽을 수밖에 없습니다. 그래서 사람을 살리기 위해서 안식일이 있는 것이지 안식일을 지키는가, 지키지 않는가 보고 있다가 안식일을 어기는 사람은 골라내어서 죽이는 것이 목적이 아니라는 뜻입니다. 하나님께 대한 맹세는 사람을 살리는 목적으로 사용되어져야 합니다. 그리고 맹세 때문에 사람을 해치고 맹세 때문에 사람을 죽여야 할 경우에는 그런 맹세는 어겨야 합니다. 다시 말해서 약속 때문에 죄를 지어야 하고 약속 때문에 사람을 죽여야 할 경우에는 그런 약속은 어겨야 합니다.

예를 들어, 아이에게 생일날 장난감을 선물로 사주기로 했는데 돈이 없어서 훔쳐야 할 경우 그런 약속은 지키지 않는 것이 더 아름다운 것이며 친구와 함께 죄를 짓기로 약속한 경우 그런 약속은 지키지 않는 것이 훨씬 더 잘하는 것입니다. "사랑에는 거짓이 없나니 악을 미워하고 선에 속하라"(롬 12:9)고 했습니다. 다시 말해서 거짓말을 해 가면서 사랑을 하고 죄를 지으면서 약속을 지켜야 할 때에는 그런 사랑이나 약속은 깨뜨리라는 것입니다.

실로의 처녀 납치

이스라엘 회중은 베냐민 사람들에게 대표를 보내어 화해를 선포했습니다.

그리고 그들이 그곳에 살 수 있도록 하고 야베스 길르앗에서 빼앗은 여자 사백 명을 주었습니다. 그런데 여자는 이백 명이나 모자랐습니다.

16-18절 회중의 장로들이 이르되 베냐민의 여인이 다 멸절되었으니 이제 그 남은 자들에게 어떻게 하여야 아내를 얻게 할까 하고, 또 이르되 베냐민 중 도망하여 살아 남은 자에게 마땅히 기업이 있어야 하리니 그리하면 이

스라엘 중에 한 지파가 사라짐이 없으리라. 그러나 우리가 우리의 딸을 그들의 아내로 주지 못하리니 이는 이스라엘 자손이 맹세하여 이르기를 딸을 베냐민에게 아내로 주는 자는 저주를 받으리라 하였음이로다 하니라

아직도 베냐민 사람들에게는 이백 명이나 아내가 없는데 여전히 그들은 맹세에 묶여서 아무것도 할 수가 없었습니다. 누구든지 이 맹세를 풀어줄 자가 있으면 좋을 텐데 아무도 하나님 앞에서 한 맹세를 풀어줄 자가 없었습니다. 그래서 그들은 결국 생각해 내기를 벧엘과 세겜 사이에 있는 실로에서 해마다 여호와의 절기에 실로 처녀들이 포도원에서 춤을 추는데 그때 베냐민 사람들이 숨어 있다가 여자들을 납치해서 베냐민 땅으로 데려가기로 하고 실로 사람들이 항의하면 베냐민 지파를 살리기 위해서 어쩔 수 없이 한 것이고 또 납치당한 것은 준 것이 아니기 때문에 맹세를 깬 것이 아니라고 설명을 하기로 한 것입니다. 결국 베냐민 사람들은 여호와의 축일에 춤을 추러 나온 실로 여자들을 납치해 감으로 베냐민의 남은 자 육백 명은 모두 대를 잇게 되었습니다.

결국 이스라엘 사람들은 자신들의 맹세는 모두 다 지켰지만 이 맹세를 지키기 위해서 다른 사람에게 너무나도 많은 희생을 요구하게 되었습니다. 결국 나 한 사람이 깨끗하기 위하여 이렇게 많은 사람들을 죽이고 빼앗고 납치해도 되느냐 하는 문제가 생기게 됩니다. 나는 하나님께 대한 맹세를 지키고 나의 책임을 다 했다고 하지만, 그것 때문에 많은 사람들이 죽고 또 처녀들이 원치 않게 납치를 당해서 결혼을 하게 되었다면 과연 이것이 하나님 앞에 맹세를 바로 지켰다고 볼 수 없을 것입니다.

이것은 신앙이 아니고 하나의 신념인 것입니다. 이데올로기는 일종의 자기 신념을 믿는 것입니다. 그리고 이 신념은 어떤 일이 있어도 지켜져야 합니다. 지금까지 공산주의는 자신들의 목표를 위하여 수단과 방법을 가

리지 않고 투쟁을 해 왔습니다. 그 이유는 이것이 신념이기 때문에 그런 것입니다. 왜냐하면 만일 이것이 무너져 버리면 나에게 남는 것이 아무것도 없기 때문입니다. 예수님 당시에 안식일 문제로 예수님과 유대인들이 그렇게 충돌한 이유가 무엇입니까? 유대인들은 이것이 유대인들을 하나로 묶을 수 있는 이데올로기라고 생각했기 때문입니다. 이데올로기는 자기를 추종하지 않는 모든 자를 적으로 규정합니다. 왜냐하면 실체가 아무것도 아니기 때문입니다. 그러나 신앙은 이렇게 기계적이지 않습니다. 어떻게 해서든지 죄인 한 사람의 마음속에 파고 들어가서 그를 설득해서 과거의 죄를 버리고 새사람이 되게 하는 것입니다.

그래서 신앙 안에는 피가 통하여 사랑이 통하는 것입니다. 만일 율법에서 사랑이라는 피가 빠져 버리면 그것은 유대교라고 하는 무서운 이데올로기가 되는 것입니다. 사실 예수님 당시의 유대인들은 이 유대교의 이데올로기 밑에서 무거운 짐을 지고 신음하는 노예들이었고 이것은 하나님의 종교가 아니었습니다.

때로는 성전이 이데올로기가 될 수도 있고 때로는 교회 성장이 이데올로기가 될 수도 있습니다. 은사나 체험이 이데올로기가 될 수도 있습니다. 교회는 결국 죄인을 치료하는 병원이 되어야 합니다. 교회는 죄인을 심판하고 정죄하는 곳이 아닙니다.

사사기 저자는 '이스라엘에 왕이 없으므로'라는 말로 결론을 내립니다. 결국 아무리 신앙이 좋다고 하지만 신앙이 바른 분별력을 잃어버렸을 때에는 너무나도 무서운 집단으로 변하고 마는 것입니다. 이스라엘에 왕이 필요하다는 말은 아무리 이스라엘이 신앙의 나라라고 하여도 역시 건전한 상식과 바른 분별력으로 나라를 다스려야 이런 무리나 억지가 발생하지 않는다는 뜻입니다. 우리가 이 세상 살면서 겪는 것은 바로 이 수많은 죄악의 문제입니다. 이런 죄를 한 순간에 모두 없애려고 하면 결국 수

많은 피를 흘리지 않을 수 없으며 나와 다른 생각을 가진 자는 모두 나의 적이라는 적개심을 가지게 합니다. 그래서 우리는 주관적인 확신 외에도 건전한 분별력을 가지고 있어야 억울한 희생자를 만들지 않는다는 것입니다.

결국 우리의 신앙은 지혜로 꽃피우게 됩니다. 다윗과 솔로몬 시대에 그렇게 많은 지혜의 말씀과 문학이 만들어지게 된 것은 바로 이러한 열매요 결과입니다. 우리의 신앙이 좀 더 성숙하면 분명히 이 세상에서 보다 많은 사람들을 설득시키며 또 현실적인 문제 가운데 가장 뛰어난 해결책을 찾아내는 지혜로 나타나게 될 것입니다. 하나님을 아는 지식은 이 세상에서도 가장 탁월하고 설득력 있으며 가장 많은 사람들을 설득해서 바른 길로 가게 하는 지혜의 말씀으로 나타나게 될 것입니다. 우리는 이 세상에 있는 모든 것들을 정죄하는 것만이 능사가 아닙니다.

사도 바울이 말한 것처럼 '땅과 거기에 충만한 것이 다 주의 것'(고전 10:26)입니다. 우리가 이 모든 것을 바로 분별하여 잘 사용하기만 하면 버릴 것이 그렇게 많지 않을 것입니다. 대개 그림을 잘 그리지 못하는 자들이 도화지를 불평하는 법입니다. 그러나 정말 실력이 있는 사람은 어떤 종이로도 기가 막힌 작품을 만들어 냅니다.

오늘 우리는 자신의 학벌이나 처지를 불평하지 말고 하나님의 지혜로 주어진 처지에서 최선의 작품을 만들어 냅시다. 그러나 이 모든 것의 동기가 사랑이 되어야 합니다. 아무리 놀라운 진리나 열심이라 하더라도 사랑이 없는 열심은 결국 그 자체가 하나의 신념이 되어서 많은 사람들의 자유를 구속하고 함께 파탄에 빠뜨리는데 사용되고 말 것입니다.

사사기 강해